CND
常州国家高新区

常州国家高新区
常州市新北区
年鉴
2024

常州国家高新区管委会
常州市新北区人民政府 主办
常州市新北区地方志办公室 编

方志出版社
Publishing House of Local Records

图书在版编目（CIP）数据

常州国家高新区　常州市新北区年鉴. 2024 / 常州市新北区地方志办公室编. -- 北京 : 方志出版社, 2024. 12. -- ISBN 978-7-5144-6529-7

Ⅰ. Z525.34

中国国家版本馆 CIP 数据核字第 2024HR1401 号

责任编辑：何明忠
责任校对：张玉霞
责任印制：梅中英
出 版 者：方志出版社
地　　址：北京市朝阳区潘家园东里 9 号（国家方志馆 4 层）
邮　　编：100021
网　　址：http://www.zgfzcb.cn
发　　行：方志出版社图书营销中心（010-67110500）
印　　刷：苏州市越洋印刷有限公司
开　　本：889 毫米×1194 毫米　1/16
印　　张：30.25
字　　数：1090 千字
版　　次：2024 年 12 月第 1 版
印　　次：2024 年 12 月第 1 次印刷
定　　价：128.00 元

《常州国家高新区　常州市新北区年鉴（2024）》编纂人员

主　　审　石旭涌

主　　编　张华锋

执行主编　陈　鑫

副 主 编　许　凯　王文涛　何永才

编　　辑　赵小花　朱　晨　刘梦萍　刘　柳

　　　　　时家华　凌建蓉

统　　编　朱　晨

《常州国家高新区　常州市新北区年鉴（2024）》撰稿单位主审人员

（按姓氏笔画为序排列）

丁欢庆	王永刚	王　强	石耀星	包彩红	包琳霞
戎志斌	朱华明	任　斌	刘志青	刘惠芳	孙亦兴
孙海蓉	花震言	李丹菊	李　锐	杨栋梁	肖和平
邹　莹	沈曙东	张文伟	张素艳	陆　霞	陈一江
陈　丹	陈伟凌	陈国荣	陈　弢	陈俊玮	陈振华
陈　鑫	周衍兵	周凌霞	於　丹	胡　珊	施　虹
贺宝琛	秦浩杰	都战平	顾咏梅	顾维洁	徐竹卿
徐　凯	唐小荣	唐华亮	符刚国	符冰言	章添哲
蒋功伯	谢红婷	樊俊华	潘毅伟	薛　醒	

编辑说明

一、《常州国家高新区 常州市新北区年鉴》是常州国家高新技术产业开发区管理委员会、常州市新北区人民政府主办，常州市新北区地方志办公室编纂的年度资料性文献，创刊于1999年。从2018年起，一年一卷。《常州国家高新区 常州市新北区年鉴（2024）》为第14卷。

二、《常州国家高新区 常州市新北区年鉴（2024）》以马克思列宁主义、毛泽东思想、邓小平理论、“三个代表”重要思想、科学发展观、习近平新时代中国特色社会主义思想为指导，坚持辩证唯物主义和历史唯物主义立场、观点和方法，全面、客观、系统地记载常州国家高新区（新北区）自然、政治、经济、文化、社会和生态建设各方面的年度情况，为各级领导决策提供参考，为社会各界了解常州国家高新区（新北区）提供资讯，为编史修志和研究常州国家高新区（新北区）提供基本素材。

三、《常州国家高新区 常州市新北区年鉴（2024）》记述时限为2023年1月1日至2023年12月31日。为保持资料的完整性、延续性，部分内容适当上溯或下延。

四、《常州国家高新区 常州市新北区年鉴（2024）》采用分类编辑法，设有类目、分目、条目三个层次，部分分目下设副分目。分目、副分目一般设概况、综合记事、常规性专题类和个性化条目，简要记述行业（事业、单位）的总体情况、单项工作和大事、要事、新事、特事。类目、分目、副分目、条目的标题分别使用不同字体区别；副分目标题前后加“·”；条目标题加【 】号。不同类目下相近或相同内容，以参见法处理，部分条目后设资料链接延伸阅读。

五、《常州国家高新区 常州市新北区年鉴（2024）》卷首设专题彩页图版，卷末设附录，主体部分设有39个类目，分别为专记、大事记、区情概览、中共常州国家高新区工委 中共常州市新北区委、常州市新北区人大、常州国家高新区管委会 常州市新北区政府、常州市新北区政协、中共常州国家高新区纪工委 中共常州市新北区纪委 常州市新北区监委、民主党派·工商联、群众团体、法治、军事、经济管理、区域融合发展、开放型经济、功能区建设、科技创新、工业、农业、商贸服务业、金融业、旅游业、建筑业、房地产业、枢纽经济、乡村振兴、城乡建设与管理、生态建设、数字经济、教育、文化、卫生健康、体育、就业、收入与分配、社会事务、公共安全、镇 街道、人物 荣誉。全书收录条目1229条、随文图片161幅、表格86张。

六、与上卷相比，《常州国家高新区 常州市新北区年鉴（2024）》根据区域定位、经济社会发展特点和分类科学、合理的要求，对篇目进行调整。将区域合作类目名称改为区域融合发展，对外及港澳台经济类目名称改为开放型经济，产业园区类目名称改为功能区建设，数字新北建设类目名称改为数字经济；将交通与物流业两个类目名称合并为枢纽经济类目；将就业创业和劳动管理分目从收入与分配类目析出，增设就业类目，由37个类目调整为39个类目，进一步突出区域特征和年度特色。

七、《常州国家高新区 常州市新北区年鉴（2024）》所采用的稿件资料主要由区级机关各部门、各镇、街道、园区等负责撰写或提供，并经所在镇、街道、园区及各单位、各部门分管领导审核。图片资料由区委宣传统战部等单位提供，全区综合性统计资料由区统计局提供。正文部分数据，由于统计来源、口径和时间不同，尚有部分出入，使用时请以区统计局发布的数据为准。与上年进行的数目对比，每个分目第一次用"比上年"，之后省略，直接用"增"或"减"等表述。

八、《常州国家高新区 常州市新北区年鉴（2024）》数字用法、标点符号用法分别采用国家标准《出版物上数字用法》(GB/T 15835—2011)、《标点符号用法》(GB/T 15834—2011)，计量单位采用国家技术监督局1993年12月发布的《量和单位》系列国家标准。

九、《常州国家高新区 常州市新北区年鉴（2024）》卷首设有部分组织机构简称全称对照表、详细目录，卷末编有索引，书眉标示类目全称。全书资料信息可由目录、索引、书眉等检索渠道获得。

常州国家高新区（新北区）部分组织机构全称、简称对照表

全称	简称
中共常州高新技术产业开发区工作委员会	区党工委
中共常州市新北区委员会	区委
常州市新北区人民代表大会常务委员会	区人大常委会
常州国家高新技术产业开发区管理委员会	区管委会
常州市新北区人民政府	区政府
中国人民政治协商会议常州市新北区委员会	区政协
常州市新北区人民代表大会常务委员会办公室	区人大办
中国人民政治协商会议常州市新北区委员会办公室	区政协办
中共常州国家高新技术产业开发区工作委员会（新北区委员会）纪律检查（工作）委员会监察委员会机关	区纪（工）委监委
常州市新北区人民武装部	区人武部
常州高新技术产业开发区（常州市新北区）人民法院	区法院
常州国家高新区（新北区）人民检察院	区检察院
常州国家高新技术产业开发区 （新北区）党政办公室	区党政办
中共常州国家高新技术产业开发区工作委员会（新北区委员会）组织部	区委组织部
中共常州国家高新技术产业开发区工作委员会（新北区委员会）宣传统战部	区委宣传统战部
中共常州国家高新技术产业开发区工作委员会（新北区委员会）政法委员会	区委政法委
中共常州国家高新技术产业开发区工作委员会（新北区委员会）机构编制委员会办公室	区委编办
中共常州国家高新技术产业开发区工作委员会（新北区委员会）巡察工作办公室	区委巡察办
常州国家高新技术产业开发区（新北区）经济发展局	区经发局
常州国家高新技术产业开发区（新北区）教育局	区教育局
常州国家高新技术产业开发区（新北区）科学技术局	区科技局
常州国家高新技术产业开发区（新北区）财政局	区财政局
常州国家高新技术产业开发区（新北区）人力资源和社会保障局	区人社局
常州国家高新技术产业开发区（新北区）住房和城乡建设局	区住建局
常州国家高新技术产业开发区（新北区）城市管理局	区城管局
常州国家高新技术产业开发区（新北区）农业农村局	区农业农村局
常州国家高新技术产业开发区（新北区）商务局	区商务局
常州国家高新技术产业开发区（新北区）卫生健康局	区卫健局
常州国家高新技术产业开发区（新北区）退役军人事务局	区退役军人事务局
常州国家高新技术产业开发区（新北区）应急管理局	区应急管理局
常州国家高新技术产业开发区（新北区）审计局	区审计局
常州国家高新技术产业开发区（新北区）行政审批局	区行政审批局

续表

全称	简称
常州国家高新技术产业开发区（新北区）市场监督管理局	区市场监督管理局
常州国家高新技术产业开发区（新北区）统计局	区统计局
常州国家高新区（新北区）综合保税区管理局	综保区管理局
常州国家高新技术产业开发区（新北区）创意产业园区管理办公室	创意产业园区办
常州市自然资源和规划局高新区（新北）分局	区资规分局
常州市公安局新北分局	公安新北分局
常州市高新区（新北）生态环境局	区生态环境局
常州市医疗保障局新北分局	区医保分局
常州滨江经济开发区	滨开区
中国国民党革命委员会常州市新北区基层委员会	民革新北基层委
中国民主同盟常州市新北区基层委员会	民盟新北基层委
中国民主建国会常州市新北区基层委员会	民建新北基层委
中国民主促进会常州市新北区基层委员会	民进新北基层委
农工党常州市新北区基层委员会	农工党新北基层委
致公党常州市新北区基层委员会	致公党新北基层委
九三学社常州市新北区基层委员会	九三学社新北基层委
常州市新北区党外知识分子联谊会	区知联会
常州市新北区总工会	区总工会
中国共产主义青年团常州市新北区委员会	团区委
常州市新北区妇女联合会	区妇联
常州市新北区工商业联合会	区工商联
常州市新北区红十字会	区红十字会
常州市新北区残疾人联合会	区残联
常州市新北区科学技术协会	区科协
常州市新北区文学艺术界联合会	区文联
常州市新北区关心下一代工作委员会	区关工委
常州市新北区地方志办公室	区志办
常州高铁新城投资建设发展有限公司	高铁新城公司
常高新集团有限公司	常高新集团
江苏龙城国有控股集团有限公司	龙城国控集团
恐龙园文化旅游集团股份有限公司	恐龙园集团

常州国家高新区（新北区）地图

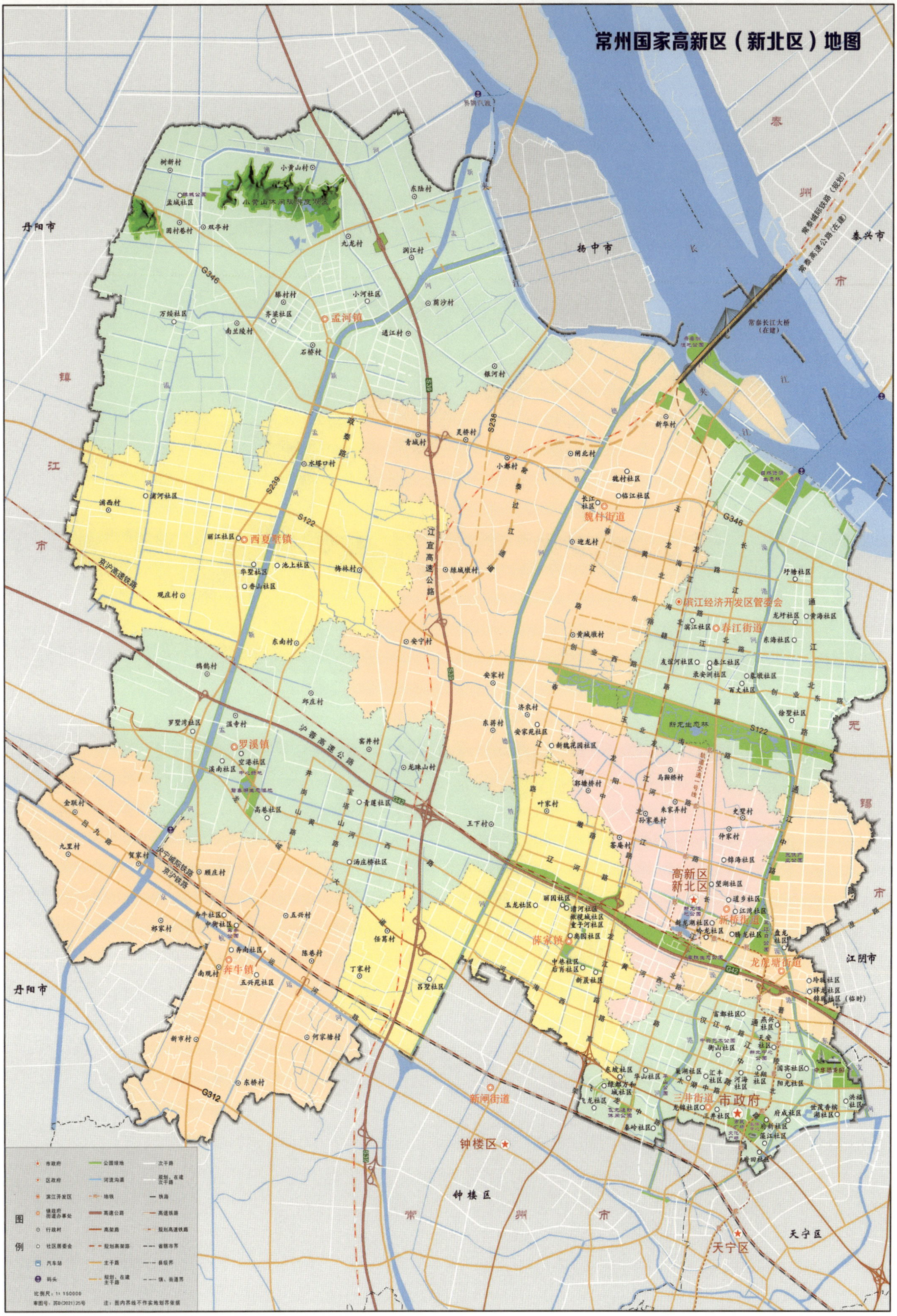

常州国家高新区（新北区）区位图

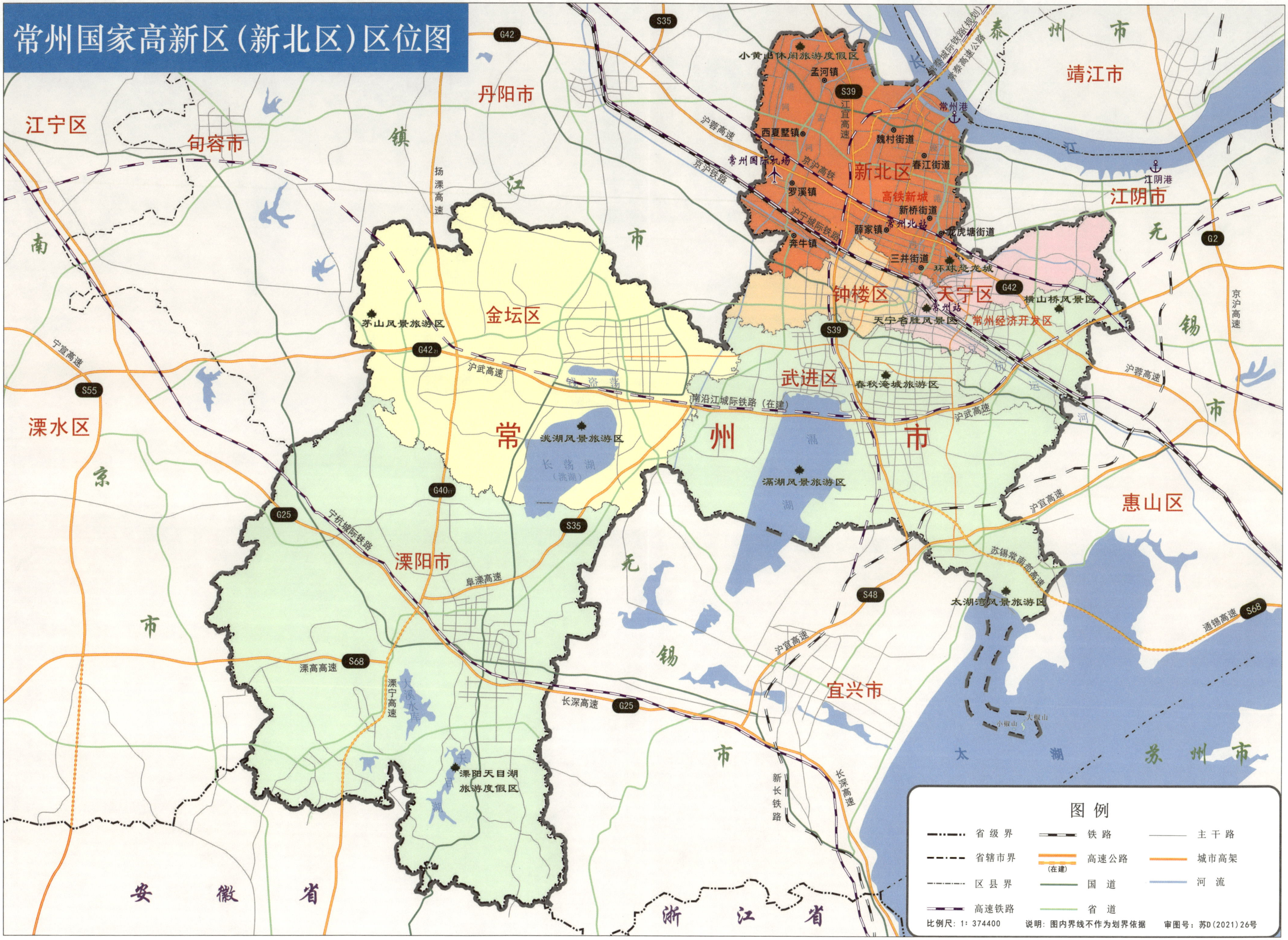

聚焦 2023

综合排名

2023 年度全国综合实力百强区排名列第 15 位

2023 年度全国投资潜力百强区排名列第 15 位

表彰荣誉

全国县域商业“领跑县”

全国无偿献血促进奖

2022 年度“企业创新积分制”优秀工作单位

智慧健康养老应用试点示范基地

2023 年度高质量发展先进县（市、区）

2022 年度江苏省土地执法模范区

2022 年度江苏省自然资源节约集约利用模范区

数说高新

国家一类口岸 1 个

总面积 508.91 平方千米

国家级高新区 1 个

国家级景区 5 个

省级经济开发区 1 个

综合保税区 1 个

省级现代农业产业示范园 1 个

地区生产总值 2118.65 亿元

第一产业增加值 20.78 亿元

第二产业增加值 1075.02 亿元

第三产业增加值 1022.85 亿元

三次产业增加值比例 1.0 ： 50.7 ： 48.3

人均地区生产总值 23.5 万元

一般公共预算收入 144.4 亿元

税收收入 132.3 亿元

规模以上工业总产值 3756.03 亿元

社会消费品零售总额 450.6 亿元

外贸进出口总额 1298 亿元

年末本外币存款余额 2157.07 亿元

年末本外币贷款余额 2228.12 亿元

年末常住人口 90.29 万人

年末户籍人口 63.89 万人

城镇居民人均可支配收入 74789 元

农村居民人均可支配收入 41729 元

年度视点

2023年，常州国家高新区（新北区）深入实施“532”发展战略，聚力推进“三大工程”，持续扮靓“六张高新名片”，全力打造新能源之都核心区，为常州“万亿之城再出发”勇挑大梁、多作贡献。

本专题综合整理这一年发生在新北区的光辉时刻，展现产业强基升级、产城融合共进、民生福祉增进的“新北风采”。

1月31日，由比亚迪常州基地生产并出口至海外的第一批新能源汽车报关（区委宣传统战部　供图）

2 月 20 日，九号科技有限公司新能源智能移动出行产品项目签约仪式举行。图为九号科技有限公司生产车间

（区委宣传统战部　供图）

2月28日，附着在大桥6号主塔西侧的全球最大塔机XGT15000-600S塔机通过动载试验，正式投入世界最大跨度公铁两用斜拉桥——常泰长江大桥建设中。图为建设中的常泰长江大桥

（区委宣传统战部　供图）

5 月 8 日，环球恐龙城休闲旅游区被评为国家级文明旅游示范单位。图为中华恐龙园迪诺水镇

（恐龙园集团　供图）

5 月 22 日，常州长青科技股份有限公司在深圳证券交易所主板上市（股票简称：长青科技，股票代码：001324），成为常州市 2023 年首家主板上市企业。图为常州长青科技股份有限公司上市敲钟现场

（薛家镇　供图）

7月17日，孟河镇南兰陵村郑塔里被江苏省住房和城乡建设厅命名为第十一批次江苏省特色田园乡村

（区委宣传统战部　供图）

9月，区重点外资企业梅特勒－托利多（常州）测量技术有限公司（研发中心）被认定为江苏省符合进口税收政策的外资研发中心。图为梅特勒－托利多（常州）测量技术有限公司生产车间

（区委宣传统战部　供图）

9月12日，全国工商联发布“2023中国民营企业500强”“2023中国制造业民营企业500强”等多项榜单，天合光能股份有限公司、新阳科技集团上榜。图为天合光能股份有限公司生产车间

（区委宣传统战部　供图）

10月7日，2023常州国家高新区重大项目集中签约开工竣工暨捷佳创钙钛矿设备产业化项目奠基仪式举行，115个重大项目集中签约、开工、竣工。图为常州捷佳创精密机械有限公司生产车间

（区委宣传统战部　供图）

10 月 30 日，国内首个超大规模“光伏＋气膜”光伏电站项目建成。12 月 3 日，完成调试并正式投运。该项目位于常州港录安洲长江码头　（朱臻　摄）

“绘”聚“农村美”

2023年，常州国家高新区（新北区）编制全区宜居宜业和美乡村规划，以西夏墅镇片区整治更新和美丽乡村建设运营为抓手，通过分类实施、以点带面、连线成片，逐步打造“点上出彩、线上成景、面上美丽”的美丽乡村格局。孟河镇南兰陵村郑塔里、奔牛镇祁家村祁家塘被评为江苏省特色田园乡村；完成西夏墅镇东南村李家村和魏村街道新华村德胜岛美丽乡村建设项目验收，东南村李家村美丽乡村正式开园；民盟中央“未来乡村·村长论坛”在奔牛镇史陈家村成功举办，美丽乡村影响力不断扩大。

孟河镇南兰陵村郑塔里　　（区委宣传统战部　供图）

西夏墅镇梅林村初心茶社　　（区委宣传统战部　供图）

西夏墅镇新北现代农业产业园

西夏墅镇东南村稻田画　　（区农业农村局　供图）

（区委宣传统战部　供图）

奔牛镇祁家村祁家塘　　（区农业农村局　供图）

合成生物

2023年，常州国家高新区（新北区）在全市率先抢占合成生物产业制高点，以南京师范大学常州合成生物学产业研究院为产业孵化平台，建成综合性、集成性、开放、共享的科技创新平台。至年末，签约落户扬子江紫龙药业等产业化项目，总投资额超300亿元。10月10日，长三角合成生物产业创新园在常州国家高新区开园，打造合成生物产业创新策源地，建设长三角“合成生物港”。创新园内有20个重点项目签约入驻（包括入选工信部第一批生物医用材料的一批高质量产业化项目），总投资额9.5亿元。同时成立20亿元的合成生物产业专项基金和2亿元的园区发展基金。

江苏康润生物科技有限公司　（区委宣传统战部　供图）

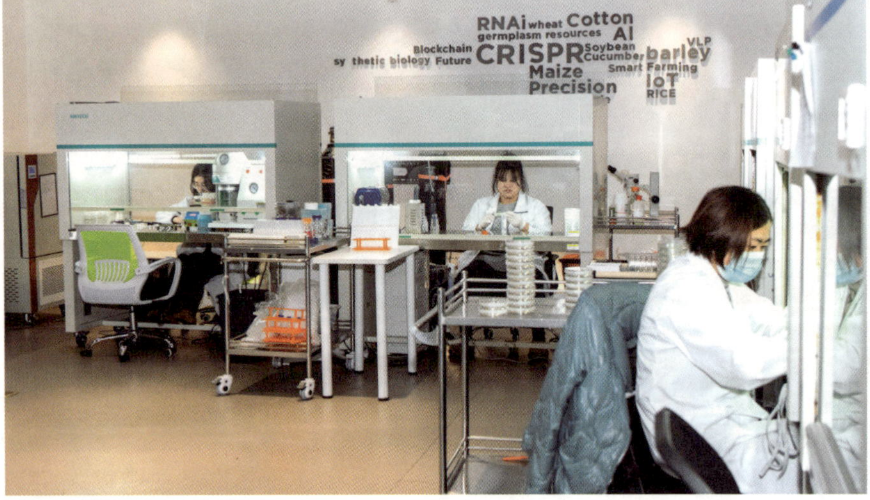

未米生物科技（江苏）有限公司生产车间（区委宣传统战部　供图）

恒泰第一工园生命科技港

南京师范大学常州合成生物学产业研究院　（区委宣传统战部　供图）

（薛家镇　供图）

长三角合成生物产业创新园　（区委宣传统战部　供图）

现代服务业高质量发展

2023 年，常州国家高新区（新北区）推进“服务业大创新”“服务大优化”“安全大提升”三项工作，加快现代服务业提档升级。实现现代服务业平稳增长，全年完成服务业增加值 1022.85 亿元。新北区入选首批全国县域商业“领跑县”，为全市唯一；常州创意产业园被评为省现代服务业高质量发展集聚示范区、全市首家省工业设计示范园区；奔牛港物流中心、环球恐龙城被评为省级现代服务业高质量发展集聚示范区；扬子江药业集团江苏紫龙药业有限公司等 4 家企业被评为省级“两业融合”试点；江苏环亚医用科技集团股份有限公司等 2 家企业被评为市级现代服务业高质量发展领军企业。

2023 年，新北区入选首批全国县域商业“领跑县”。图为高铁新城航拍　（区委宣传统战部 供图）

①

②

③

① 2023年，环球恐龙城被评为省级现代服务业高质量发展集聚示范区。图为环球恐龙城夜景

（恐龙园集团　供图）

② 2023年，江苏环亚医用科技集团股份有限公司被评为市级现代服务业高质量发展领军企业。图为公司外景　（区经发局　供图）

③ 2023年，扬子江药业集团江苏紫龙药业被评为省级“两业融合”试点。图为公司外景

（薛家镇　供图）

④ 2023年，常州创意产业园被评为省现代服务业高质量发展集聚示范区、全市首家省工业设计示范园区。图为常州创意产业园区夜景

（区委宣传统战部　供图）

④

新苏环保产业集团有限公司工人在回收利用工业污泥　（区委宣传统战部　供图）

聚焦“小人物”折射“大时代”

在每一个微小岗位上有一群平凡的“小人物”，人民美好生活的背后，离不开他们辛勤劳动的身影。他们在平凡的岗位上，为城市的建设添砖加瓦，用汗水和智慧见证并推动了社会的发展，以不负“大时代”的情怀创造着不凡的价值。

常州市乐萌压力容器有限公司工人在车间作业　　（朱臻　摄）

温康纳（常州）机械制造有限公司生产车间

（区委宣传统战部　供图）

安费诺汽车连接系统（常州）有限公司生产车间　　（区委宣传统战部　供图）

恩骅力工程材料（常州）有限公司生产车间　　（区委宣传统战部　供图）

海因兹玻璃（常州）有限公司生产线　　（区委宣传统战部　供图）

常州光阳摩托有限公司生产线　　（区委宣传统战部　供图）

蒂森克虏伯转向系统（常州）有限公司生产车间　　（区委宣传统战部　供图）

常州市恒晁工具制造有限公司生产车间　　（区委宣传统战部　供图）

目 录

专 记

大事记

区情概览

中共常州国家高新区工委 中共常州市新北区委

常州市新北区人大

常州国家高新区管委会 常州市新北区政府

常州市新北区政协

中共常州国家高新区纪工委
中共常州市新北区纪委
常州市新北区监委

民主党派·工商联

群众团体

法 治

军 事

经济管理

区域融合发展

开放型经济

功能区建设

科技创新

工　业

农 业

金融业

旅游业

建筑业

房地产业

枢纽经济

乡村振兴

城乡建设与管理

生态建设

数字经济

教 育

文 化

卫生健康

体　育

就　业

收入与分配

社会事务

公共安全

镇 街道

人物 荣誉

附 录

索 引

专 记

“532”发展战略中的“高新”担当

2023年，常州国家高新区（新北区）贯彻习近平总书记对江苏工作重要讲话重要指示精神，推进中国式现代化高新实践。全年实现地区生产总值2118.65亿元，按可比价计算，比上年（下同）增长8.1%；规模以上工业总产值3756.03亿元，增长7.5%；全口径工业开票销售5096亿元，增长5.8%；彰显全市“532”发展战略主力军的使命担当。

现代化产业体系建设。常州国家高新区（新北区）抢抓新能源产业风口，依托常州比亚迪汽车有限公司、天合光能股份有限公司等链主企业，引进旗舰型、基地型项目，持续开展“链上有约 邻里配套”产业沙龙活动，提升主导产业本地配套率，打造新能源之都核心区。规划构建“四个一万亩”产业空间，破解土地要素制约，在滨开区打造万亩产业园区，满足重大项目招引建设需求；在龙江路西侧规划万亩产业空间，建设一批高标准定制厂房，为高端智能制造拓展发展空间；加快低效工业用地连片盘活，规划“十四五”末提质增效工业用地超万亩；推进农村集体经营性建设用地盘活利用，打通存量集体土地合法入市渠道。强化招商提优，重点开展产业链招商，围绕“两特三新一智能”主导产业制定“产业链图谱”，按图索骥招引上下游关键产业和重点企业，创新谋划基金招商、驻点招商、离岸招商等新模式。

科技创新。常州国家高新区（新北区）坚持以科技创新为引领，瞄准高新技术企业、“三高一资”项目，加大引育力度，“一企一策”为重点企业提供精准服务，激发创新主体活力，全年净增高新技术企业307家，总数1371家。常州创意产业园区、科创水镇、碳纤维及复合材料科创港等平台载体创新能级持续提升，长三角碳纤维及复合材料技术创新中心总部大楼启用，引进黄和院士领衔的南京师范大学常州合成生物学产业研究院，打造长三角合成生物港名片。优化创新生态，深度融入沿沪宁产业创新带、太湖湾科创带发展，完善科技创新政策体系，引进顶尖人才，加快建设高端智库，试点打造“一母多子”（一个母基金、多个子基金）、多方联动的基金矩阵。

中轴枢纽。常州国家高新区（新北区）围绕城市新中心定位，加快中轴枢纽建设。常泰长江大桥南接线全

常州国家高新区（新北区）城区风貌　　（区委宣传统战部 供图）

线贯通，龙江路高架北延、腾龙大道等城市主干道开工建设，常州机场改扩建工程加速推进，“公铁水空”无缝衔接立体交通网络初步形成。现代物流枢纽体系加快构建，奔牛港提标提档，长江岸线码头资源加速整合提升，“一区三港”（常州综合保税区，常州长江港、奔牛港、常州空港）实现联动。

产兴城旺。常州国家高新区（新北区）依托企业快速发展，集聚大批产业工人和技术人才，近十年常住人口增长50%，迈出“以产兴城”第一步。以高铁新城建设为契机，全方位提升城市能级，利用区位交通优势，集中力量、集聚资源、集成要素，推动高铁新城快速发展，星耀城楼宇加快建设，常州市第一人民医院高新院区、常州市第二工人文化宫等配套项目加速落地。“城市大管家”业务模式全面推行，统筹停车管理、物业管理、环卫保洁、绿化养护等相关业务系统集成，实现“一脑统管”，城市治理水平提升。

人民福祉。常州国家高新区（新北区）以满足人民对美好生活的向往为目标，兼顾普惠性与高质量，持续优化公共服务供给，合理编制城乡义务教育学校布局规划，解决中心城区“大班额”“大校额”等问题，补足高端医疗、优质学校、品质养老等优质资源，聚力打造“高峰”“高原”，形成品牌效应，以点带面提高公共服务品质。鼓励引导市场和社会组织参与民生保障事业，为民众提供丰富的服务产品，满足群众多元化需求。重点关注特殊人群，针对性出台罕见病患者专项救助政策，为全区罕见病患者购买惠民保，用政府的“小投入”解决群众的“大难题”。

社会治理。常州国家高新区（新北区）聚力打造运营成本低、办事效率高、贸易投资便利、发展预期稳定的营商环境，推进重要领域和关键环节改革，让国企敢干、民企敢闯、外企敢投。树立和践行总体国家安全观，持续加强“六大体系”（国家安全重点领域工作体系、宣传教育培训体系、政策法规体系、风险防控体系、保障体系、组织领导体系）、“六大能力”（国家安全工作协调推进能力、动员引导能力、依法治理能力、驾驭风险能力、综合支撑能力、统筹落实能力）建设，推进“危污乱散低”整治、“除患治违”等专项行动，提升综合应急抢险救援能力。一体推进法治新北、法治政府、法治社会建设，开展“信访突出问题攻坚化解巩固提升年”行动，解决群众合理诉求。坚持政府过“紧日子”思想，防范化解各类风险，社会大局保持和谐稳定。

（区党政办　陈傲）

新能源之都核心区建设

4月，常州国家高新区（新北区）围绕《常州市推进新能源之都建设政策措施》，出台《加快打造新能源之都核心区实施意见》。全区聚焦“两特三新一智能”主导产业，以太阳能光伏及储能、新能源整车及核心零部件、风能氢能关键装备等产业链的创新升级为突破口，实施产业集群培育、创新能力提升、重点项目攻坚、产业赛道拓展、要素资源保障五大工程，加快打造新能源之都核心区。2023年，

2023年，星耀城工人在工地施工　　（区委宣传统战部　供图）

全区纵深推进“三大工程”，持续扮靓“六张高新名片”，新能源之都核心区建设成绩突出，全年新能源汽车及汽车核心零部件产业规模突破1100亿元，比上年（下同）增长23.9%，成为全区首个千亿元级产业集群。

产业集群培育。常州国家高新区（新北区）始终把打造优势产业集群作为赢得区域竞争的关键一招。壮大产业规模。全年，“两特三新一智能”主导产业实现总产值3020.4亿元，增幅9.3%，完成打造新能源汽车及核心零部件产业1个千亿元级和智慧能源、智能装备制造2个五百亿元级产业集群。梳理产业链图谱，找准补链强链主攻方向，推动签约项目加快落地投产，持续攻坚企业总部，全面增强主导产业的创新力、带动力和抗风险能力。提升产业效益。坚持把“智改数转”作为提升产业竞争力的主方向，制定实施专门的支持政策，引导企业加快建立现代企业管理体系，以柔性生产、定制化产品实现降本增效，帮助企业压降生产成本，缩短订单响应时间，最大限度提升制造业企业的生产效益。保障产业空间。聚焦比亚迪常州二期新能源汽车零部件产业园等产业项目，系统规划“四个一万亩”产业空间，高标准、高品质建设厂房载体，加快工业用地提质增效，推进农村集体经营性建设用地入市改革，探索“工业上楼”新模式，持续提高土地复合利用水平。

创新能力提升。常州国家高新区（新北区）聚焦企业发展，壮大创新主体。分类实施上市企业、“1115”大企业、专精特新企业、高新技术企业专项培育计划。培育瞪羚、潜在独角兽等创新型企业，集聚更多轻资产、重科技、跨界融合、高成长性的初创型企业，推进科技型中小企业、高新技术企业招引攻坚，打造创新高地。支持企业参与关键技术攻关和产品研发，在科技成果转化、知识产权入股等方面，最大限度保障企业利益。推动政产学研协同创新，推进长三角碳纤维中心争创国家级技术创新中心，推动光伏科学与技术全国重点实验室加快跻身世界一流科研机构，南京师范大学常州合成生物学产业研究院创成省级创新平台。鼓励和引导企业建设研发机构，实现产业与创新的“无缝对接”。系统布局科技创新载体，持续做强常州创意产业园区、科创水镇、碳纤维及复合材料科创港等载体创新能级，支持各类专业化运营商和国有企业参与建设运营。实施重点项目攻坚，结合产业发展趋势及风口深入研判，招引一批旗舰型、龙头型、基地型的重大项目，引育一批小而优、小而美、小而强的优质项目。利用交通区位、产业基础、营商环境等各方面优势，以最小代价赢得最大招商成果。

城市能级攀高。常州国家高新区（新北区）抢抓长三角一体化、上海大都市圈等多重战略机遇，推进常泰过江通道、常州机场改扩建等重大交通基础设施建设，推动“一区三港”联动发展，放大跨江融合“桥头堡”中轴门户优势。加快高端商业楼宇建设，健全教育、医疗、文化等城市配套，持续为高新区强功能、优环境、聚人气。用优质的城市环境吸引各类人才，完善产城融合配套，优化国际学校、国际医院、国际社区等功能布局，提供更多温馨舒适的人才公寓和高端人才定制房，保障年轻人在区内创新创业、奋斗逐梦。支持文旅经济、夜经济等新业态发展，实施城市精细化管理，让现代感、时尚潮、国际范在高新区涌动。提升金融工作成效，持续扩大“园区保”“积分贷”等担保产品服务，灵活运用直投、风投、私募、IPO（Initial Public Offering，首次公开募股）等金融工具，注重发挥国有金融资本作用，为企业发展提供支撑。

营商环境优化。常州国家高新区（新北区）持续发扬“创新、开放、大气、包容”精神，落实政企沟通“零距离”，解决问题“零耽搁”，政策落实“零障碍”。继续办好“链上有约 邻里配套”等活动，帮助企业抢订单、拓市场。构建亲清新型政商关系，平等保护各类市场主体合法权益。擦亮“高新事·高兴办”综合服务品牌，为企业提供专业专注的“招推服一体化”队伍、精细精准的惠企政策、特色特别的周到保障，打造运营成本低、办事效率高、贸易投资便利、发展预期稳定的营商环境。支持和鼓励企业家做创新发展的探索者、组织者、引领者，推动企业技术创新、模式创新、管理创新，把企业打造成为强大的创新主体。鼓励企业担负起安全环保、降耗减排、保障职工权益等社会责任，在诚信守法、知责尽责上当表率，提升企业社会价值。注重引导企业家提升格局、拓宽视野，提高把握市场动向的能力。

（区党政办 陈傲）

大事记

1月

1—3 日　中国人民政治协商会议常州市新北区第五届委员会第二次会议召开。会议报告大会筹备工作情况，通过大会议程、日程，通过大会秘书长、副秘书长建议名单，成立临时党组织，通报有关表扬事项。

3—5 日　常州市新北区第五届人民代表大会第二次会议召开。大会选举石旭涌为区人民政府区长，选举陈国英、顾菁为区第五届人民代表大会常务委员会委员。

5 日　江苏省商务厅发布《江苏省内外贸一体化试点企业名单》，常州宝菱重工机械有限公司、常州市常蒸蒸发器有限公司、常州爱尔威智能科技有限公司等 7 家企业上榜。

9 日　英力士高性能复合材料生产研发中心项目签约，打造研产销一体的总部基地。

△　江苏省工业和信息化厅发布 2022 年第三批省级绿色工厂认定名单，常州星宇车灯股份有限公司、常州天马集团有限公司（原建材二五三厂）、常州市范群干燥设备有限公司 3 家企业获省级绿色工厂认定。

11 日　江苏省工业和信息化厅公示 2022 年度工业信息安全防护星级企业名单，常州国家高新区 9 家企业上榜。

九号科技新能源智能移动出行产品展厅　　（谢佳妮　摄）

△　江苏省发展和改革委员会下发《省发展改革委关于命名第一批江苏省级特色小镇的通知》，常州智能传感小镇被命名为江苏省级特色小镇。

18 日　常州市工业和信息化局公示 2022 年常州市智能制造示范区拟认定名单，新北区罗溪镇智能制造示范区、新北区龙虎塘智能制造示范区获认定。

29 日　常州国家高新区（新北区）召开产业发展暨新能源之都建设推进大会。会上，表彰 2022 年度明星企业家和优胜企业，说明 2023 年全区重点工作目标。发布《常州国家高新区（新北区）建设江苏省制造业高质量发展示范区 2025 行动计划》《常州国家高新区（新北区）2023 年度重大项目招引推进任务计划》。

2月

6 日　宸光（常州）新材料科技有限公司绿色无机光学材料基地项目开工，项目总投资 3.6 亿元。

9 日　蒂森克虏伯转向系统（常州）有限公司 BMW 生产线——首台转向机下线仪式举行。

△　2023 年江苏省重大项目清单重磅发布，常州国家高新区有 6 个项目列入“实施项目”清单，计划投资

100 亿元。

13 日 常州国家高新区（新北区）生态环境宣传教育基地揭牌暨《大督查》电影项目启动仪式在三江口公园举行。

18 日 常州国家高新区（新北区）举行 2023 年重大项目集中开工集中签约暨比亚迪新能源汽车核心零部件产业园项目奠基仪式。

20 日 瑞士埃莱普精密汽车零部件研发制造项目签约落户常州国家高新区，项目总投资 3000 万美元。

△ 九号科技新能源智能移动出行产品项目签约。

25 日 全国妇联发布《关于表彰全国三八红旗手标兵、全国三八红旗手、全国三八红旗集体和全国巾帼建功标兵、全国巾帼文明岗、全国巾帼建功先进集体的决定》。常州高铁新城投资建设发展有限公司和常高新集团有限公司党委书记、董事长、总经理戈亚芳获全国巾帼建功标兵称号。常州市公安局交警支队新北大队女子中队获全国巾帼文明岗称号。

28 日 江苏省发展和改革委员会公布省级第五批产教融合型试点企业名单，常州环能涡轮动力股份有限公司、维尔利环保科技集团股份有限公司、江苏瑞升华能源科技有限公司、江苏首创高科信息工程技术有限公司、特瑞斯能源装备股份有限公司、常茂生物化学工程股份有限公司、常州市乐萌压力容器有限公司入选。

3月

2 日 常州录安洲码头气膜大棚项目通过交工验收并正式投入使用，成为长江流域首家使用气膜技术实现散货堆场全封闭的码头。

9 日 海因兹玻璃（常州）有限公司举行开业典礼暨集团成立 400 周年纪念活动。

10 日 常州跨境电商峰会在常州国家高新区举行，9 个项目签约。

14 日 江苏省文化和旅游厅公布 2023 年度“双千计划”实施名单，由新桥街道申报的常州华声合唱团、常州市新北区癌症康复协会入选江苏省级“优秀群众文化团队”培育对象名单。

16 日 江苏健瑞宝医疗科技股份有限公司在全国中小企业股份转让系统挂牌（证券简称：健瑞宝，证券代码：872804），成为常州国家高新区 2023 年首家新三板挂牌企业。

22—23 日 全国政协副主席、民盟中央常务副主席王光谦一行到常州调研，实地考察奔牛镇史陈家村。

23 日 工业和信息化部发布 2022 年度绿色制造名单，天合光能股份有限公司入选工业和信息化部“绿色供应链管理企业”榜单。

28 日 北汽重卡数字孪生智慧工厂落成投产暨“北京重卡”首台车下线仪式举行。

△ 赛迪顾问城市经济研究中心发布《2023 年赛迪创新百强区研究报告》，新北区入围。

29 日 常州市工业和信息化局公示 2022 年度（第六批）市级服务型制造企业（平台）名单，高新区（新北区）18 家企业（平台）入选市级服务型制造企业（平台）。其中，常州市华威模具有限公司等 13 家企业入选市级服务型制造企业，宏川石化仓储客户服务平台等 5 家平台入选市级服务型制造平台。

30 日 中煤科工集团常州研究院有限公司、天地（常州）自动化股份有限公司智能工厂项目开工仪式在薛家镇举行。

4月

3 日 中共江苏省委农村工作领导小组发布《关于 2022 年度江苏省生态宜居美丽乡村示范建设评价情况的通报》，新北区西夏墅镇梅林村被评为江苏省生态宜居美丽示范村。

12 日 常州国家高新区与工商银行常州分行签订战略合作协议。

13 日 常州市人民政府与南京师范大学签署全面合作协议、新北区人民政府与南京师范大学签署共建合成生物学产业研究院合作协议。

18 日 胡润研究院发布《2023 全

常州市华威模具有限公司生产车间 （区委宣传统战部 供图）

球独角兽榜》榜单，列出全球成立于2000年之后价值10亿美元以上的非上市公司，区内的辰瑞光学（常州）股份有限公司榜上有名。

26日　省委书记信长星在常州会见美敦力公司全球董事长兼首席执行官杰夫·马萨一行。美敦力康辉常州科技园在高新区（新北区）奠基。

△　江苏省2022年度高质量发展总结表彰会议在南京召开，会上通报全省2022年度综合考核结果，新北区获评江苏省高质量发展先进县（市、区）。

5月

6日　江苏省医疗保障局公布2022年度“15分钟医保服务圈”省级示范县（市、区）和省级示范点名单，薛家镇为民服务中心、孟河中医医院入选。

9日　江苏容大减震股份有限公司在全国中小企业股份转让系统挂牌，成为常州国家高新区2023年第二家新三板挂牌企业。

10日　光伏产业生态创新大会在区举行。

10—11日　全国政协副主席、全国工商联主席高云龙到常州国家高新区考察调研民营企业。

14日　2023长三角碳纤维及复合材料高层论坛暨江苏省复合材料学会第七次会员代表大会召开。

22日　常州长青科技股份有限公司上市（股票简称：长青科技，股票代码：001324），成为常州市2023年首家主板上市企业。

23日　江苏省人力资源和社会保障厅公布2022年第二批博士后科研工作站新设站单位名单，天地（常州）自动化股份有限公司、常州捷佳创精密机械有限公司、常州市宏发纵横新材料科技股份有限公司入选。

27日　全国硅基和宽禁带半导体材料与器件应用论坛在区举办。

30日　蒂森克虏伯集团与常州国家高新区签署下一步新能源汽车领域发展合作协议。

6月

5日　长三角碳纤维及复合材料技术创新中心总部大楼启用。

6日　“品质生活·常享消费”第四届龙城嗨购节启动仪式在江南环球港举行，并通过网络同步直播。

△　由江苏省国防科学技术工业办公室、先进技术成果长三角转化中心和常州市人民政府联合主办，常州市工业和信息化局、常州国家高新区管委会联合承办的国防工业科技成果转化“江苏行”（常州站）暨第四期“链上有约 邻里配套”活动举办。

7日　常州国家高新区（新北区）城市管理局挂牌成立。

12日　市工信局、财政局联合下发《关于下达2023年化工产业安全环保整治提升省级奖补资金预算的通知》，对常州国家高新区完成2022年度化工企业关停目标任务进行奖补，奖补资金4647万元。

13日“2023中国生物医药科技创新价值榜”颁奖典礼在上海召开，常州生命健康产业园入围最具成长性生物医药园区TOP30榜单。

15日　江苏省工业和信息化厅对2023年度首批省星级上云企业进行公示，常州高新区药物研究所等7家企业入选省四星级上云企业，常州理工科技股份有限公司等36家企业入选省三星级上云企业。

19日　2023世界新能源博览会在常州奥体中心体育馆开幕，常州高新区70余家企业通过多种方式亮相博览会。

20日　孟河实验幼儿园富民园区获评江苏省优质幼儿园。

21日　2023年第一季度“中国好人榜”发布仪式暨全国道德模范与身边好人现场交流活动在河南省洛阳市举行。新北区赵革伟获评孝老爱亲类“中国好人”。

7月

3日　江苏省首批农村土地经营权不动产权证书颁发仪式在新北区举行，常州常金农业发展有限公司和常州市云丰农机服务专业合作社分别领取江苏省首批土地经营权不动产权证。

6日　江苏睿恩新能源项目一期工厂启动仪式在常州国家高新区举行。

7日　在2023减污降碳绿色发展峰会暨生态环境治理典型案例发布会上，“常州市破解‘化工围江’难题 切实筑牢长江生态绿色根基”入选2023减污降碳绿色发展峰会绿色生态宜居城市案例。

14日　第五批专精特新“小巨人”企业培育和第二批专精特新“小巨人”企业复核公示名单发布，其中，常州国家高新区新增24家专精特新“小巨人”企业，复核通过2家企业。

17日　孟河镇南兰陵村郑塔里获评第十一批次江苏省特色田园乡村。

19日　新北区薛家牡丹都汇建设项目农民工何先生与用人单位签订常州首份工程建设领域电子劳动合同。该项目是常州首个签订电子劳动合同的在建项目。

△　工业和信息化部公示生物医用材料创新任务揭榜挂帅（第一批）入围揭榜单位，江苏大瓷中科生物材料科技有限公司入选。

8月10日，常州澳弘电子股份有限公司入选2023年度江苏省工业互联网示范工程(标杆工厂类)名单。图为公司生产车间　　（区委宣传统战部 供图）

政厅、南京海关、江苏省税务局发布2023年第一批符合进口税收政策外资研发中心名单，梅特勒－托利多（常州）测量技术有限公司（研发中心）被核定为江苏省符合进口税收政策的外资研发中心。

30日　省教育厅发布《2023年江苏省研究生工作站和江苏省优秀研究生工作站示范基地拟认定结果公示》。常州优谷新能源科技股份有限公司与南京航空航天大学联合申报的江苏省研究生工作站被列入。

31日　全国总工会党组书记、副主席、书记处第一书记徐留平一行到新北区调研工会工作。

8月

1日　中国共产党常州国家高新区工委（扩大）会议暨常州市新北区委五届六次全体会议召开。区委书记、区党工委副书记周庆代表区党工委、区委常委会作报告，会议审议通过《中国共产党常州市新北区第五届委员会第六次全体会议决议》。

3日　市商务局、市发改委和市财政局联合公布常州市2023年度区域性总部企业名单，圣戈班（中国）管理有限公司上榜。

7日　2023新北区全民健身月活动启动，新北（薛家）全民健身中心启用。

7—8日　首届江苏省博士后创新创业大赛暨第二届全国博士后创新创业大赛江苏选拔赛在区举行，常州市新北区人民政府获赛事特别贡献奖。

10日　江苏省工信厅对2023年度省工业互联网示范工程（标杆工厂类）拟认定名单进行公示，常州伟泰科技股份有限公司、常州澳弘电子股份有限公司、常州通宝光电股份有限公司3家企业入选。

15日　由商务部、中宣部、财政部、文化和旅游部、广电总局共同认定的2023—2024年度国家文化出口重点企业名单公示，常州米豆动画制作有限公司上榜，吟飞科技（江苏）有限公司连续7次入选国家文化出口重点企业。

18日　总投资5亿元的燃料电池和锂电池测试系统项目落户常州国家高新区。

22日　2023镇域经济500强暨西部50强发布，新北区3个镇入围，薛家镇列第63位，罗溪镇列第170位，西夏墅镇列372位。

23—24日　第15届海峡两岸复合材料论坛暨2023年常州市“科创中国”海智面对面活动举行。

25日　2023首届常州咖啡文化节暨新北区美好生活文旅周系列活动在常州创意产业园区启幕。

27日　“遇见大咖·链上有约 邻里配套”2023国际卓越运营协会常州大会在常州创意产业园举行。

28日　中国广核集团下属的金沃科技举行江苏常州北辐照中心投运仪式。

29日　江苏省商务厅、江苏省财

9月

1日　江苏欧朗汽车科技股份有限公司在全国中小企业股份转让系统挂牌。

2日　市工信局、市发改委、市财政局联合下发《关于下达2023年工业高质量发展专项资金的通知》，常州国家高新区19个项目获市级重大项目设备投入资金4299万元，25个项目获市级智能化技术改造设备投入资金811万元。

4日　江苏省工业和信息化厅对2023年江苏省首台（套）重大装备拟认定名单进行公示，常州国家高新区3家企业装备获认定，分别是常州科瑞尔科技有限公司的自主研发产品——JS001-020-10000车规级IGBT功率模块分体插针机，江苏天合储能有限公司的非步入式风冷储能系统装备（TSMG5218P12FB1）和常州同惠电子股份有限公司的TH2851精密阻抗测试仪。

7日　2023（第九届）国际智能制造(武汉)论坛开幕，发布2023(第二届)中国标杆智能工厂百强榜，星宇车灯智能制造工厂上榜。

11日 常州国家高新区与美伊电钢集团签订增资协议。

12日 2023年常州市网络安全宣传周开幕式在江南环球港举行。

△ 全国工商联发布2023中国民营企业500强、2023中国制造业民营企业500强等榜单，天合光能股份有限公司、新阳科技集团2家企业上榜。

13日 威乐常州工厂正式开业，全球第3000万台Wilo-Para家族高效泵下线。

14日 福布斯中国首次推出中国企业跨国经营50强，天合光能股份有限公司上榜。

19日 常州锂霸电池数字化工厂启动，项目新增注册资本2000万美元，打造纽扣锂电池行业数字化标杆工厂。

20日 常州国家高新区举行2022年度企业“科技创新积分”发布暨科创积分贷专项金融产品发布会。

21日 新北区成功办理全省首例土地经营权抵押登记。

25日 江苏省工业和信息化厅公示2023年度江苏省工业设计中心（示范园区）拟认定名单和复核通过名单，江苏博之旺自动化设备有限公司、常州汉森机械股份有限公司、莱赛激光科技股份有限公司3家企业的工业设计中心入选；常州创意产业园区入选为工业设计示范园区；江苏凯特汽车部件有限公司的工业设计中心通过复核。

26日 江苏省工业和信息化厅对2023年度5G工厂项目名单进行公示，北汽重型汽车有限公司的“5G+智慧重卡工厂”入围，是全区首个被评为江苏省5G工厂项目的企业。

10月

7日 2023常州国家高新区重大项目集中签约开工竣工暨捷佳创钙钛矿设备产业化项目奠基仪式举行，115个重大项目集中签约、开工、竣工。

10日 长三角合成生物产业创新园在常州国家高新区开园。

11日 常州国家高新区与贸联集团签约。

12日 恩骅力工程材料（常州）有限公司工厂二期项目开业。

△ 江苏省工业和信息化厅公布江苏省优秀企业、企业家表彰对象名单，天合光能股份有限公司、新阳科技集团有限公司获江苏省优秀企业称号，中简科技股份有限公司董事长杨永岗、江苏宏微科技股份有限公司董事长赵善麒获江苏省优秀企业家称号。

17日 国家循环经济标准化试点示范项目进行公示，常州瑞赛环保科技有限公司的退役光伏组件循环利用国家循环经济标准化试点项目入选，成为光伏回收领域全国首家国家级循环经济标准化试点企业。

18日 常州优谷新能源科技股份有限公司在全国中小企业股份转让系统挂牌，成为2023年全区第4家新三板挂牌企业。

19日 美敦力常州医疗器械有限公司与北京积水潭医院就“胫骨平台技术成果转化”签署合作协议。

△ 常州国家高新区与上海瑞士商会共同举办“2023中瑞商业大奖路演·常州站暨第四届瑞士企业家走进常州国家高新区”活动，约50名瑞士企业家与会。

23日 江苏天元智能装备股份有限公司在上海证券交易所主板上市。

26日 碎得机械（常州）有限公司开业。

27日 工业和信息化部公示2023年度智能制造示范工厂揭榜单位和优秀场景名单，常州星宇LED车灯智能制造示范工厂入选。

11月

7日 由江苏省生态环境厅、常州市人民政府主办，常州市生态环境局、常州国家高新区管委会（新北区人民政府）承办的“环安·2023”暨江苏省化工园区突发水污染事件三级防控体系综合演练，在滨江经济开发区新东化工发展有限公司举行。

8日 工业和信息化部发布2023年度绿色制造公示名单，常州国家高新区新增9项国家级绿色制造标杆，其中，入选国家级绿色工业园区1家，入选国家级绿色工厂2家，入选国家级绿色供应链管理企业6家。

8—9日 福布斯中国发布2023福布斯中国创新力企业50强榜单，首次推出“新能源科创TOP10图谱”，天合光能股份有限公司入选。

14日 2023两岸企业家峰会年会智能装备组专题论坛——两岸新能源产业发展高层论坛在区举行，这是两岸企业家峰会首次在常州开展配套活动。

16日 中国能源经济研究院公布2023中国能源企业（集团）500强榜单，天合光能股份有限公司、常州聚和新材料股份有限公司2家企业上榜，其中天合光能股份有限公司位列第57名。

17日 江苏省教育厅发布《省教育厅关于确认南京市逸仙实验第二幼儿园等88所幼儿园为省优质幼儿园的通知》，常州市新北区3所幼儿园被评为江苏省优质幼儿园。

18日 2023“新动向北”第二届“潮起高新”文化艺术节在新北区文化馆开幕。

19日 2023中国刀协高性能工具装备创新创业大赛总决赛暨刀具产业高峰论坛举行。

20—21日 江苏省境外投资备案

业务培训会暨境外投资电子证照首证发布仪式举行，天合光能股份有限公司获颁江苏省首张境外投资电子证照。

22日 SMC自动化有限公司华东基地奠基仪式在常州国家高新区举行。

24日 全市规模最大的QFLP基金——杉盛基金签约落地常州国家高新区，规模为1.5亿美元。这是常州国家高新区首只规模超亿美元的QFLP基金。

27日 全国高新技术企业认定管理工作领导小组办公室发布《对江苏省认定机构2023年认定报备的第一批高新技术企业拟进行备案的公示》，常州比亚迪汽车有限公司、常州厚德再生资源科技有限公司等28家企业被认定为高新技术企业。

28日 江苏省工业和信息化厅公布第八批江苏省服务型制造示范企业（平台）拟认定名单，常州常工电子科技股份有限公司上榜。

12月

7日 江苏省商务厅公布第三批江苏省县域电商产业集聚区名单，孟河镇汽摩配集聚区入选。

△ 江苏省商务厅印发《关于公布第四批省级服务贸易基地及首批省级平台型数字贸易龙头企业等遴选结果的通知》，冲电气软件技术（江苏）有限公司入选省级平台型数字贸易龙头企业。

11日 江苏省卫生健康委员会印发《关于公布2023年农村区域性医疗卫生中心十大相关功能中心和社区医院单位名单的通知》，新北区奔牛人民医院康复疼痛诊疗中心、孟河中医医院消化内镜诊疗中心被评为2023年江苏省农村区域性医疗卫生中心十大相关功能中心，新北区春江人民医院被评为江苏省社区医院。

贺尔碧格压缩机技术(中国)有限公司生产车间　（区委宣传统战部　供图）

12日 “齐梁故里 孟河有志”《江苏名镇·孟河镇志》首发式暨江苏省情影像志《乡土江苏·孟河》上线仪式在孟河镇举行。

△ 常州国家高新区与常州星宇车灯有限公司签约星宇智能汽车电子及视觉系统中心项目。

△ 贺尔碧格压缩机技术（中国）有限公司开业仪式在常州国家高新区举行。高端压缩机核心零部件中国区基地项目总投资1亿美元，产品主要应用于石化、氢能、芯片及储能等领域，达产后年销售额将超5亿元。

13日 新北区首家企业公共安全体验馆在常州中车铁马科技实业有限公司揭牌。

14日 江苏省2023年专精特新中小企业和2020年度专精特新中小企业复核通过公示名单发布，常州国家高新区新增101家省级专精特新中小企业，全区本年度新认定市级以上专精特新企业总数252家，均位于全市第一。

△ 区教育局与局前街小学签订合作办学协议，新北区新龙实验小学挂牌局前街小学新龙湖分校。

18日 常州国家高新区与芬兰美卓集团签约美卓常州高端装备项目。

20日 锦程科创园Panda Park开工奠基。

△ 以“炫动常州 数链未来”为主题的第二十届中国（常州）国际动漫艺术周暨数字伙伴生态链接大会在区开幕。

23日“数智未来·聚放神采”2023医疗科技创新挑战赛总决赛暨美敦力康辉常州科技园创新孵化中心揭幕仪式举办。

27日 江苏省工业和信息化厅公示2023年度第二批星级上云企业拟认定名单，常州国家高新区62家企业入选。

28日 莱赛激光科技股份有限公司上市（股票简称：莱赛激光，股票代码：871263），成为2023年全区第三家、全市第六家北交所上市公司。

（区党政办　严锦娟　常新鉴）

区情概览

自然环境

【位置面积】 常州国家高新区（新北区）位于常州市北部，北纬 31° 48'～32° 03'，东经 119° 46'～120° 01'。北濒长江，与泰州市隔江相望；东与无锡市江阴市相邻；西与镇江市扬中市、丹阳市接壤；南与常州市天宁区、钟楼区相连。2023 年，全区土地总面积 508.91 平方千米。

【地质地貌】 常州国家高新区（新北区）境内地质构造属于江阴—溧阳复背斜、东台—溧阳地震带，基岩以上分布着 140～200 米的第四纪冲积土层，属相对稳定地区，是湖西和武澄锡虞北部的平原地区，属高沙平原。地质构造处于茅山褶皱带范围内，出露地层为第四纪冲击层，厚 190 米，由黏土、淤泥和砂砾组成。区内地形平坦，地势较高，区境兼有平原、圩区和极少量的丘陵。从全区各类地貌面积分布看，沿江区域有各类圩区 9 个，圩区占 14.6%，平原占 84.3%，丘陵占 1.1%。区境是典型的江南水乡，源于中生代印支期（距今 2.5 亿年）的华夏构造。到全新世中期（6000 年前），由于长江水携带大量泥沙在该地带沉积，孟河口等逐渐淤高，排水不畅，太湖面积逐渐扩大，其他一些洼地边积水成湖，出现湖荡广布的格局。此后，经过人类历史改造、自然变化、浚治，池水、河道、湖泊面积又逐渐缩小。地貌单元属长江三角洲冲积平原，地面坡度小于 0.5%，地面标高一般为 3.61～5.61 米（青岛标高，下同）。全区地势西北高东南低，西北黄山、乌鸦山等为宁镇山脉的尾部，中部和东部地势平坦，为广阔的平原圩区，平均标高 3.61～5.61 米，由长江泥沙冲积而成。沿江小河、魏村等部分平原为长江三角洲地和滩地。下滩面积 5333.33 公顷，标高 3～5 米，滩地向南为长江泛滥堆积的天然屏障，物质较粗，由细沙、粉沙组成，地势较高，属高沙平原，亦称孟河高亢平原，标高 5～9 米。最高小河东五垛、西五垛平原高程超 9 米。区内圩区平均地面高程一般为 4～5 米（吴淞高程），主要分布于省道 338 线以北、沿江下滩及录安洲；区内平原区平均地面高程 5.5～7.5 米（吴淞基面），地势较高，其中有局部 4.5 米左右的低地，主要分布于中心城区澡港河附近；极少量丘陵分布于区域西北部、浦河以南的小黄山区域，山地高程一般为 50～80 米。

小黄山风景区水母宕　　（孟河镇 供图）

【气候水文】 常州国家高新区（新北区）属北亚热带季风气候，夏热冬温，四季分明，季风发达。最热月平均气温一般高于22℃，最冷月气温在0℃～15℃。2023年，全区平均气温17.8℃，辖区面平均降水量1142.6毫米，年日照时间1863小时。春末夏初时多有梅雨发生，2023年入梅时间是6月17日，出梅时间是7月11日，梅长24天。区境拥有常州市全部的17.19千米长江岸线，区内水网遍布，河流纵横，最高洪水位标高3.63米，内河设防水位标高3.91米。

【自然资源】 2023年，常州国家高新区（新北区）有耕地面积9835.43公顷，主要种植小麦、水稻、大豆、油菜等农作物和蔬菜、水果等经济作物；沿江圩滩面积6.8平方千米，主要生长芦苇。全区水资源相对不足，但过境水量丰富，供水条件较好，主要依靠调引长江水来满足用水需求。境内的剩银河闸、孟城闸及澡港枢纽、魏村枢纽，年均引长江水量14.82亿立方米，年平均可利用水资源量4.45亿立方米。境 内动物、植物门类繁多，常见动物有环节、软体、节肢、脊椎动物13纲，植物有裸子、被子2门130余科500余种。野生动物除极少数留有踪迹生存下来，多数逐渐消亡。进入21世纪，随着生态环境改善，飞禽鸟类开始增多，一些濒临灭绝的野生动物如狗獾、狐狸、野兔、野鸡、野鸭等又开始出现。全区矿产资源相对较少，有泥炭、地热、石灰岩（含水泥用石灰岩、建筑石料用灰岩）、白云岩、砖瓦用黏土、地下水、矿泉水等8种，均为非金属矿。

（区党政办 刘青霞）

历史人文

【建置沿革】 公元前11世纪商代末年，新北区境域属句吴国。春秋后期（公元前476年）吴国置延陵邑，延陵为区境域有文字记载最早的地名。秦始皇二十五年（公元前222年）置延陵县，为区境域最早的县级建置。汉高祖五年（公元前202年）延陵县更名毗陵县，至西晋太康二年（公元281年），新北区境域属毗陵县，归属毗陵郡武进和毗陵两县。西晋永兴元年（公元304年），郡县名毗陵均改为晋陵。南宋永初元年（公元420年），区境域属晋陵、兰陵和武进县。梁天监元年（公元502年），区境域属晋陵、兰陵两县。隋开皇六年（公元586年），区境域属晋陵县。隋开皇九年（公元589年）置常州［隋大业三年（公元607年）改毗陵郡，唐武德三年（公元620年）复为常州］，区境域属晋陵、武进两县。元大定三年（公元1362年），常州府领武进、无锡、宜兴、江阴4县［明成化七年（公元1471年）领靖江县］，区境域属武进县。清雍正四年（公元1726年），常州府领武进、阳湖等8县，区境域属武进、阳湖两县。从民国初直至1986年10月，区境域属武进县，其间1959年9月至1964年10月个别地区属常州市郊区。1986年11月，三井乡由武进县划归常州市郊区。从此，新北区域属武进县、常州市郊区。1989年，市政府提出建设城北新区。1990年9月，市政府设置城北工业区，为区首次经省政府批准设立的建置名称。1992年7月4日，城北工业区更名为城北开发区。8月13日，常州市城北开发区更名为常州高新技术产业开发区、常州经济技术开发区，常州高新技术产业开发区为正式建制。11月9日，经国务院批准成为全国首批52个国家级高新区之一。1995年6月27日，市政府建立常州新区，与常州高新技术产业开发区合一。2002年4月3日，经国务院批准，常州市郊区更名为常州市新北区，此后仍称常州国家高新技术产业开发区，不再称常州新区。至此，新北区正式列入国家行政区建置，拥有行政管辖区域，具备国家县级政治体制全部职能。常州国家高新技术产业开发区为副厅级建制，常州市新北区建置存续至今。

【行政和经济区划】 2023年，常州国家高新区（新北区）辖孟河、薛家、罗溪、西夏墅、奔牛5个镇和新桥、三井、龙虎塘、春江、魏村5个街道，有行政村57个和社区85个；有省级经济开发区1个，综合保税区1个，省级现代农业产业园1个。

表1 2023年常州市新北区镇（街道）、行政村、社区一览表

镇（街道）	行政村	社区
孟河镇（13个村5个社区）	通江村、银河村、荫沙村、东陆村、润江村、九龙村、石桥村、滕村村、小黄山村、树新村、固村巷村、双亭村、南兰陵村	小河社区、孟城社区、万绥社区、齐梁社区、代英社区
薛家镇（3个村11个社区）	叶家村、丁家村、任葛村	中巷社区、新晨社区、后肖社区、漕河社区、橄榄城社区、童子河社区、奥园社区、丽园社区、玉龙社区、吕墅社区、东坡社区

续表 1

镇（街道）	行政村	社区
罗溪镇（6个村6个社区）	龙珠山村、邱庄村、王下村村、温寺村、鸦鹊村、窑井村	高巷社区、空港社区、罗墅湾社区、青莲社区、汤庄桥社区、溪南社区
西夏墅镇（5个村5个社区）	东南村、梅林村、水塔口村、观庄村、浦西村	池上社区、丽江社区、华墅社区、香山社区、浦河社区
奔牛镇（11个村5个社区）	东桥村、何家塘村、南观村、新市村、陈巷村、五兴村、金联村、贺家村、顾庄村、祁家村、九里村	奔牛社区、中街社区、奔南社区、五兴苑社区、金牛里社区
新桥街道（7个村6个社区）	仲家村、史墅村、朱家弄村、孙家巷村、马鞍桥村、茶庵村、郭塘桥村	江湾社区、道乡社区、望湖社区、新龙湖社区、锦海社区、乐山社区
三井街道（25个社区）		巢湖社区、富都社区、府田社区、燕兴社区、三井社区、阳光社区、龙锦社区、河海社区、飞龙社区、天安社区、秦岭社区、汇丰社区、府成社区、兰翔社区、府新社区、国宾社区、华山社区、衡山社区、洪福社区、世茂香槟湖社区、藻江社区、绿都万和城社区、汉江路社区、龙城社区、黄河路社区
龙虎塘街道（6个社区）		盘龙社区、腾龙社区、玲珑社区、祥龙社区、锦珑社区、吟龙社区
春江街道（11个社区）		徐墅社区、百丈社区、象墩社区、录安洲社区、春江社区、友谊河社区、滨江社区、东海社区、黄海社区、龙圩社区、圩塘社区
魏村街道（12个村5个社区）	济农村、东蒋村、黄城墩村、安家村、安宁村、绿城墩村、新华村、迎龙村、闸北村、小都村、灵桥村、青城村	魏村社区、长江社区、临江社区、新魏花园社区、安家苑社区

【人口】 至2023年年末，常州国家高新区（新北区）有常住人口90.29万人，户籍人口63.89万人，其中男性30.8万人、女性33.09万人。常住人口增长率0.29%，城镇人口50.1万人，城镇化率79.82%，比上年增长0.33%。出生婴儿0.53万人，户籍人口出生率5.96‰，死亡4955人，死亡率7.75‰，自然增长率–1.79‰。

【民族】 常州国家高新区（新北区）人口以汉族为主，少数民族主要有满族、回族、土家族、壮族、朝鲜族、蒙古族、苗族、侗族、彝族、布依族、瑶族、畲族、白族、水族、黎族、藏族、锡伯族、仡佬族、羌族、土族、哈尼族、仫佬族、维吾尔族、傣族、俄罗斯族、景颇族、拉祜族、达斡尔族、鄂伦春族、德昂族、哈萨克族、傈僳族、赫哲族等43个。2023年，全区有常住少数民族人口4102人，流动少数民族人口15805人。

【历史名人】 常州国家高新区（新北区）历史悠久、人文荟萃。象墩遗址证明，早在良渚中晚期，区内就有大量人类活动居住。春秋时期，俞伯牙、鍾子期在奔牛留下高山流水的佳话；春申君黄歇在孟河东山读书求学，后人即把东山改名为黄山（小黄山）。西晋末年衣冠南渡，区内成为兰陵萧氏家族聚居地，南朝齐梁两朝，境内出现萧衍等15名皇帝，催生出《昭明文选》《文心雕龙》等文化经典，对传承中华文脉产生重要影响。明末清初，渐有“吴中名医甲天下，孟河名医冠吴中”之美誉，以费伯雄、马培之、巢渭芳、丁甘仁四大医家为代表的孟河医派，对传承和发扬中华传统中医学做出杰出贡献。新北区名人辈出，是中共早期领导人恽代英的祖籍地，中国科学院院士恽子强的故乡；恽代英入选百位为新中国成立做出突出贡献的英雄模范人物，黑牡丹（集团）股份有限公司技术总监邓建军入选百位新中国成立以来感动中国人物；著名雕刻家汤友常创造17项大世界基尼斯纪录；“大国工匠”宋彪获世界技能大赛最高荣誉阿尔伯特·维达尔奖。

（区党政办 刘青霞）

【文化遗产】 常州国家高新区（新北区）民间工艺、技艺品类丰富，拥有多种文化遗产。据常州市第三次全国文物普查结果，全区有古遗址6处、古墓葬5处、古建筑91处、石窟寺及石刻12处、近现代重要史迹及代表性建筑物68处、其他7处，总计189处。至年末，全区有不可移动文物159处，其中各级文物保护单位35处，包括国家级1处(大运河新北段)、省级4处(万绥东岳庙戏楼、梅村真武庙戏楼、巢渭芳故居、万缘桥)、市级30处。有区级非遗项目61个，其中省级非遗项目7个（万绥猴灯、常州斧劈石盆景工艺、常州唱春、太平龙灯、常州酿造酒酿造技艺、常州豆炙饼制作技艺、江南八宝菜粥制作技艺），市级非遗项目15个；有区级代表性传承人93人，其中省级代表性传承人2人、市级代表性传承人34人。

（区教育局 韩卓璇 苏伟英）

表2 常州国家高新区（新北区）市级以上非物质文化遗产一览表

序号	类别	非遗项目名称	传承人
1	省级	常州唱春	宗仁祥、宗荣根、黄仁良、蒋耀大、丁金华
2	省级	常州斧劈石盆景工艺	魏达荣、徐云峰、魏玉宇
3	省级	万绥猴灯	巢松全、吕伯青、巢国友、巢国成
4	省级	太平龙灯	谢东海、谢仁兴、谢洪良
5	省级	常州豆炙饼制作技艺	周泽清
6	省级	江南八宝菜粥制作技艺	周平凡
7	省级	常州酿造酒酿造技艺（石龙嘴黄酒酿造技艺）	蔡文忠
8	市级	常州堆花糕团	吴槐定
9	市级	浦河风筝制作技艺	祁仁康、陈留荣
10	市级	常州高跷	郑志良、郑勇
11	市级	唱凤凰	冷纪国、缪志生
12	市级	常州春江江鲜烹制技艺	高文伟
13	市级	孟河古村太平青狮	巢正荣、巢银松
14	市级	铜刻	汤友常
15	市级	打莲响	奚必成
16	市级	孟河四爪太平神龙	郑木南、恽银川
17	市级	孟河医派故事	—
18	市级	齐梁故里故事	—
19	市级	高山流水的故事	—
20	市级	孟河中药香囊制作技艺	—
21	市级	孟河鳝丝面制作技艺	巢松青
22	市级	万绥东岳庙会	孔林芳

（区教育局）

【风景名胜】 常州国家高新区（新北区）北倚长江、南连运河，交通便捷，文化底蕴深厚，有环球恐龙城、江南环球港、新龙生态林、孟河小黄山4张旅游名片，串联孟河、奔牛两大古镇，打造以“古镇古桥古运河、名医名士名村落”为独特风貌的运河文化带。全区拥有全国闻名的文旅产业集团（龙城国控集团），全市唯一的国家级历史文化名镇（孟河镇），AAAAA级景区（环球恐龙城休闲旅游区），全省规模体量最大的“文体商旅”综合体（江南环球港），全市面积最大的都市森林公园、天然氧吧（新龙生态林），国家一级博物馆（常州博物馆）。至年末，全区有国家AAAAA级旅游景区1家（环球恐龙城休闲旅游区）；AAAA级景区1家（常州博物馆）；AAA级景区3家（新北中心公园、华夏艺博园、江南环球港）；国家级夜间文化和旅游消费集聚区1家（环球恐龙城）；国家级文明旅游示范单位1家（环球恐龙城）；国家级水利风景区1家（雁荡河水利风景区）；全国农业旅游示范点2家（常州市碧春缘生态园艺有限公司农业旅游区、魏村街道新华村）；省级文化和旅游消费便捷支付示范区1家（环球恐龙城）；省级夜间文化和旅游消费集聚区建设单位1家（江南环球港）；省级工业旅游区2家（光大常高新环保工业旅游区、新博龙泉工业旅游区）；省级特色景观旅游名镇示范1家（孟河镇）；省级旅游休闲街区培育单位1家（汉江路国际旅游休闲街区）；省级乡村旅游重点村培育单位1家（西夏墅镇东南村）；常州市乡村旅游重点村3个（薛家镇任葛村老西庄、西夏墅镇东南村、奔牛镇史陈家村）。

（区教育局 韩卓璇）

【地方特产】 至2023年年末，常州国家高新区（新北区）有认定绿色食品70个、有机农产品14个、国家农产品地理标志1个，地理标志证明商标1个。“名特优”农产品品牌有怡泰牌固体饮料、“好咾”黄酒、郑义兴牌大米、夏墅牌大米、“三新”萝卜干、菜根香牌酱菜、巢娘牌无花果茶、绿咪牌西甜瓜、张万成牌羊肉、“碧耕源”薄壳山核桃、吕墅萝卜、惜字洲江蟹等。

7月，润果农业园果农采摘砂梨　　（区委宣传统战部 供图）

夏墅牌有机软米。主产区：西夏墅镇。夏墅牌有机软米由省农业科学院指导，选用优质水稻品种，采用自然农耕法种植。其口感滑腻，柔润馨香，适口性极好，富含蛋白质、氨基酸及多种微量元素和维生素。

惜字洲江蟹。主产区：孟河镇银河村。孟河镇银河村螃蟹仿长江水环境养殖，喂养方式生态原始，养殖的螃蟹具有个大体重、肉质紧实、膏肥黄满、腴美鲜甜、腥香悠长的特点。2021年，银河村螃蟹获“惜字洲江蟹”地理标志证明商标。

“苏翠一号”砂梨。主产区：孟河镇润果农业园。润果农业园是常州地区唯一“苏翠一号”梨育苗及种植基地，种植的砂梨具有梨果心小、果肉细脆、汁多味甜特点。2019年，润果农业园成为江苏省农业科技成果转化基地。

吕墅萝卜。主产区：薛家镇吕墅社区。薛家吕丁萝卜文创工场生产的“吕墅萝卜”从洗到切到初腌，再到晒、调味、成品腌制，每一个步骤都是纯手工制作，具有“刮拉崩脆”特点。2022年获国家农产品地理标志称号。

（区农业农村局 岳灵芝）

区域发展定位

2023年，常州国家高新区（新北区）围绕“创智新高地、城市新中心、滨江宜居城”发展定位，推进重大项目攻坚突破、高铁新城建设和长江大保护“三大工程”，持续扮靓“现代高新、活力高新、开放高新、秀美高新、幸福高新、和谐高新”六张名片，争当常州“532”发展战略主力军，打造新能源之都核心区，推动“强富美高”高新区现代化建设走在前列。

创智新高地。常州国家高新区（新北区）坚持把发展经济着力点放在实体经济上，紧盯重点企业“1115”培育目标，优存量、扩增量、提质量，成功打造1个千亿元级、4个五百亿元级产业集群。高起点规划建设龙江路产业中轴，加快集聚精品外资、高新技术、专精特新等高端智能制造项目，推动先进制造业与现代服务业融合发展，打造“高新智造地标”。高质量建设苏南国家自主创新示范区，融入沪宁产业创新带、G60科创走廊，深度参与龙城实验室建设，推动产业链、创新链、人才链和资金链融合，奋力迈向全国高新区高质量发展前列。

城市新中心。常州国家高新区（新北区）抢抓长江经济带、长三角一体化和上海大都市圈建设等多重战略叠加机遇，推动区域中心和发展重心北移，拉开城市发展框架。加快重大基础设施和重要功能配套建设，加速科技、金融、人才等高端要素导入，实现城市发展能级跃升，全面释放辐射南北、链接东西、通江达海的中轴支点作用。以高铁新城建设为抓手，完善城市功能、拓展城市内涵、提升城市颜值，加快形成新的行政中心、创新中心、产业中心和生活中心。

滨江宜居城。常州国家高新区（新北区）推进长江大保护走深走实，破解“化工围江”案例入选2023减污降碳绿色发展典型案例。围绕常州“常有善育、常有优学、常有健康、常有颐养、常有安居、常有众扶”六张名片，构建优质均衡的公共服务和产品供给体系，有效推进共同富裕。坚持以智慧城市建设为抓手，全面统筹发展和安全，加快推进社会治理现代化，高品质建设典范性文明城市，打造百万人口区域中心城市。

（区党政办 刘青霞）

经济社会发展

【经济发展】1992年，常州国家高新区完成地区生产总值（GDP）1.11亿元，财政收入0.17亿元，工业总产值2.7亿元，新增合同利用外资及港澳台资5837.75万美元。1995年，完成地区生产总值12.6亿元，财政收入1.67亿元，工业总产值23.04亿元，商品销售收入55亿元，新增外资1.8亿美元。2000年，完成地区生产总值37.58亿元，工业产品销售收入83.19亿元，商品零售收入93.18亿元，粮食总产量4.43万吨，财政收入6.98亿元，新增外资及港澳台资2.5亿美元。2005年，常州国家高新区（新北区）完成地区生产总值162亿元，财政收入32.98亿元，工业总产值501.53亿元。年末金融机构各项存款余额143.28亿元，贷款余额116.02亿元。2011年，完成地区生产总值684.93亿元，财政收入204.11亿元。年末各金融机构存款余额549.57亿元，贷款余额348.02亿元。2015年完成地区生产总值1056.14亿元，公共财政预算收入98.16亿元，全社会固定资产投资783.34亿元，工业总产值3306.13亿元，工业产品销售总收入3240亿元，服务业增加值467.78亿元。2018年，完成地区生产总值1458.33亿元，比上年（下同）增长8.1%。财政收入296.8亿元。年末金融机构存款余额1079.5亿元，增长10.2%；贷款余额1000.3亿元，增长14.2%。固定资产投资额增长7.8%，外商及港澳台企业投资额107.8亿元，增长43.9%，高新技术产业投资额增长13.7%，化学原料及化学品制造业等高耗能行业投资额下降2.3%。农林牧渔业现价总产值37.57亿元，工业总产值3197.8亿元，区商业和服务业企业开票销售2035.4亿元。全社会消费品零售总额359.6亿元，增长10.5%。2022年，全年实现地区生产总值1900.6亿元，增长4%；完成一般公共预算收入132.5亿元。2023年，全区综合实力再上台阶。经初步核算，全年地区生产总值突破2000亿元，达2118.65亿元，按可比价计算，增长8.1%，分别高于全国、全省、全市平均2.9、2.3和1.3个百分点，占全市比重20.9%，提升0.1个百分点。其中，第一产业增加值20.78亿元，增长1.4%；第二产业增加值1075.02亿元，增长7.9%；第三产业增加值1022.85亿元，增长8.4%。三次产业增加值比例调整为1.0∶50.7∶48.3，第三产业增加值占GDP比重提升1.2个百分点。按常住人口计算，人均地区生产总值23.5万元，增长7.6%。

文化广场夜景 （赵新华 摄）

【社会进步】1998年，常州国家高新区56个行政村实现村村通有线电

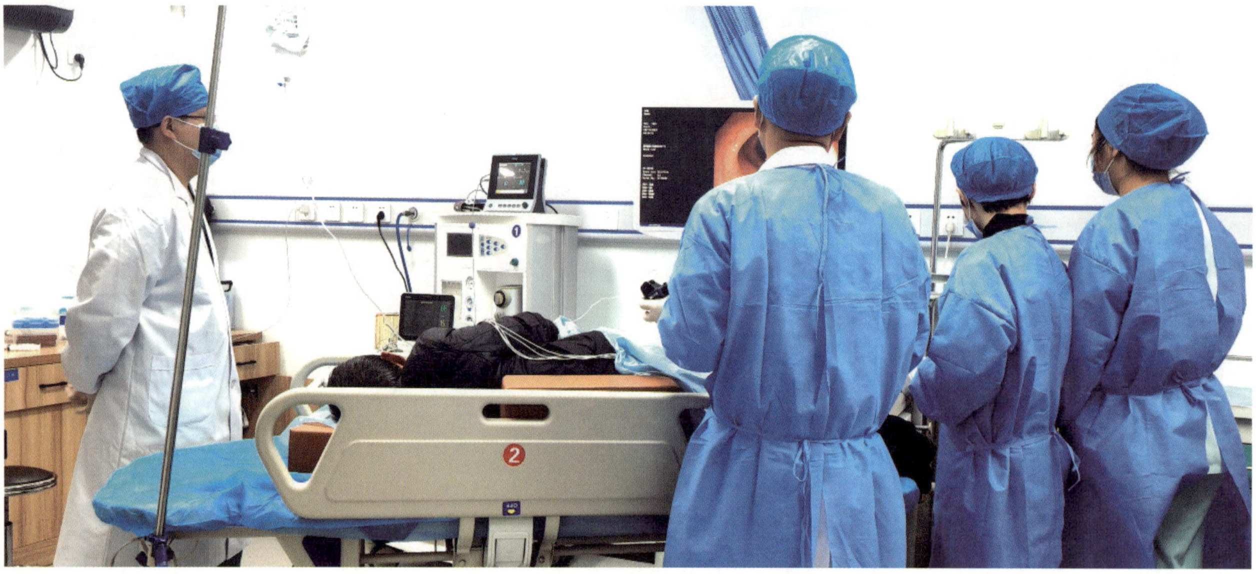

孟河中医医院消化内镜诊疗中心被确定为2023年江苏省农村区域性医疗卫生中心十大相关功能中心

（区卫健局 供图）

视，75%的行政村通自来水，农民人均收入4350元。2002年年末，常州国家高新区（新北区）参保职工1.84万人，农民人均纯收入4980元，在岗职工平均工资13776元。2005年，全区养老保险扩面新增3.3万人，累计32.1万人参加新型农村合作医疗保险。2008年年末，全区参保职工15.2万人，14.43万名被征地农民全部纳入基本保障体系。2011年，全区参保职工18.08万人，纳入新型农村社会养老保险10.12万人。城镇居民人均可支配收入29829元，农民人均纯收入14885元。2015年，城镇居民人均可支配收入44767元，农村居民人均可支配收入22738元。“十三五”规划时期，全区民生领域投入资金268.9亿元，城乡居民人均可支配收入分别达6.3万元、3.3万元。“阳光扶贫”工作提前完成，企业职工基本养老保险新增参保14.3万人。建设保障性安居房1.28万套，11家农贸市场完成改造，43个老旧小区修缮提升。新建、改扩建教育重点项目44个，新增学位超1.8万个。建成二级综合医院4家、二级中医医院1家，创建省、市级特色专科24个，国家卫生镇、省健康镇实现全覆盖，建成省居家和社区养老服务创新示范区。2023年，全区教育、文体和卫生事业健康发展。全年实施学校新建、改扩建项目23个，新增学位5970个。推进托幼一体，提供托位720个。开展2023“书香新北 · 幸福悦读”全民阅读系列行动暨第一届Book思议读书节活动，举行首届“春江花月夜”长江文化节，区级图书馆通过公共图书馆一级馆评估定级；秋白书苑常高新蔚蓝馆等2家空间入选江苏省最美公共文化空间。更新新建全民健身器材200套1955件。奔牛人民医院新住院大楼、孟河中医医院ICU病房建成投用；孟河中医医院消化内镜诊疗中心和奔牛人民医院康复疼痛诊疗中心被确定为江苏省农村区域性医疗卫生中心十大相关功能中心；春江人民医院被认定为江苏省社区医院；基层医疗机构增设市级医院专家工作室（联合病房）4个，2家基层医疗卫生机构被评为省老年友善医疗机构先进单位。居民收入稳步提升。全体居民人均可支配收入61929元，较上年增长5.3%。

（常新鉴）

中共常州国家高新区工委
中共常州市新北区委

综　述

2023年，区党工委（区委）全面贯彻新发展理念，发挥党委统揽全局、协调各方的领导作用，带领全区落实全市“532”发展战略，聚力推进“三大工程”，打造“六张高新名片”，经济社会发展呈现稳中有进、稳中提质的良好态势。

坚持以习近平新时代中国特色社会主义思想定向领航。落实“第一议程”学习制度，传达学习习近平总书记最新重要讲话、重要论述、重要批示精神，推动中央决策和省市部署落地落实。围绕中心工作，推进“学思践悟促发展、攀高逐新勇争先”专项行动，带动全区1700余个基层党组织、4万名党员接受主题教育锻造洗礼。把意识形态工作纳入区委常委会工作要点，依托“一报两号一节目”（《常州高新区》报，“常州国家高新区”微信公众号、视频号，《常州高新区新闻》电视节目），围绕经济发展、民生实事等领域，坚持正面发声，强化舆论引导。升级打造“红新北耀”党建地图，深化在职党员“双报到、双服务”（单位党组织、党员到社区报到，服务社区建设、服务居民群众）工作机制，推动机关党员干部常态化赴结对村（社区）开展法治宣讲、便民助民等活动。推进“一网格一支部一阵地”建设，网格党支部覆盖率87.7%，建成全市首家产业链党建示范基地，“创智滨江先锋领航”“双螺旋”园区党建品牌入围全国年度百佳园区党建品牌案例。

推进中国式现代化高新实践。以新能源之都建设为引领，强产业、抓创新，引进“三高一资”企业（项目）63家，新增国家级专精特新“小巨人”企业25家（年内搬入新北区1家）、上市企业3家，世界500强企业中国区总部圣戈班落户高新区。在全市率先抢占合成生物产业制高点，引进黄和院士领衔的南京师范大学常州合成生物学产业研究院，长三角合成生物产业创新园开园，碳纤维及复合材料技术创新中心总部大楼启用，天合光能股份有限公司与复旦大学共建光伏科学与技术国家重点实验室揭牌。推出重大项目服务“五即工作法”（准入即交底、注册即领照、拿地即开工、开工即接电、竣备即发证），开设“新创企业训练营”，深化重大项目“招推服”一体化改革，重大项目竣工投产数量位居全市第一。

满足人民群众期盼。龙江路高架北延、腾龙大道等城市主干道开工建

常州国家高新区（新北区）城区风貌　　（冯士南 摄）

设，常泰长江大桥主塔封顶、南接线全线贯通，德胜河魏村枢纽竣工验收。“四个一万亩”建设有序，“工业企业用地增效工程”案例入选全国“亩均论英雄”改革典型案例。高铁新城建设稳步推进，建成星耀城等地标性建筑，常州市第一人民医院高新院区、第二工人文化宫方案设计、土地报批加快实施，常州市足球训练基地正式开工，高铁新城核心区绿色宜居城区项目获住建部2023年中国人居环境奖。“城市大管家”成效初显，城市管理更精细，国企改革取得阶段性成果。环球恐龙城被评为国家级文明旅游示范单位，新龙音乐节等大型活动带动效应显著。树立以人民为中心的发展思想，民生支出占一般公共预算支出的80%以上。完成12个老旧住宅小区改造，惠及居民超2100户。开展“千企万岗”活动，开展就业援助专项服务，建成区级规范化零工市场，新增城镇就业人员3.3万人。全年发放各类社保补贴7700万元。公共卫生康复中心等重点项目有序推进，邀请国家级、省级名中医及其团队到新北区坐诊带教，扩大孟河医派文化影响力。基层应急管理和消防监督体系建设实现全域覆盖，巩固拓展长江大保护工作成果，启动建设常州长江国家文化公园，沿江国土空间生态整治试点加快实施，破解“化工围江”案例入选2023减污降碳绿色发展典型案例。生态环境质量持续改善，国、省考断面全面优III，$PM_{2.5}$浓度降至33.9微克/立方米，空气质量优良率位居全市第一。万人信访率降至全省最低。

维护风清气正的政治生态。建立健全落实全面从严治党主体责任考核制度，紧盯“关键少数”，加强对“一把手”和领导班子落实全面从严治党责任、履职用权等情况的监督，专题听取区人大常委会、区政府、区政协、区“两院”（法院、检察院）党组工作汇报，听取党委（党组、党工委）书记抓基层党建述职，确保“两个责任”层层压紧压实。成立省委巡视反馈意见整改落实工作领导小组，召开巡视整改专题民主生活会，主动认领问题，落实整改举措。落实中央八项规定及其实施细则精神，整治形式主义、官僚主义，优化考评奖惩机制，为基层减负松绑。出台《关于加强“高新监督”体系建设的实施意见》，厘清党委全面监督、纪委专责监督、党的工作部门职能监督、基层党组织日常监督和党员民主监督的具体目标任务，强化惩治腐败工作力度。

（区党政办 刘青霞）

决策部署

【区党工委（区委常委会）2023年工作要点出台】 3月28日，《中共常州国家高新区工委、常州市新北区委常委会2023年工作要点》出台，明确全区各级要以习近平新时代中国特色社会主义思想为指导，贯彻落实中共二十大精神和中央经济工作会议、省委全会、省委经济工作会议以及市委全委会精神，坚持稳中求进工作总基调，贯彻新发展理念，服务构建新发展格局；贯彻全市“532”发展战略，深入推进“三大工程”，持续扮靓“六张高新名片”，推动经济社会高质量发展。

【区党工委（扩大）会议暨区委五届六次全体会议】 8月1日，区党工委（扩大）会议暨区委五届六次全体会议召开，由区委常委会主持，区四套班子领导出席会议。全会学习贯彻中共二十大精神和习近平总书记对江苏工作重要讲话精神，落实省委全会、市委全会精神，回顾总结2023年以来工作，研究部署下阶段任务。区委书记、区党工委副书记周庆代表区委常委会作《乘势而上 跨越争先 在推进中国式现代化新实践中走在前做示范》报告，动员全区勇担使命谋发展、砥砺奋进再争先，全面落实全市“532”发展战略，以推进中国式现代化的生动实践，奋力推动高新区在高质量发展中走在前列、争做示范。全会审议通过《中国共产党常州市新北区第五届委员会第六次全体会议决议》。

【区党工委（扩大）会议暨区委五届七次全体会议】 12月27日，区党工委（扩大）会议暨区委五届七次全体会议召开，由区委常委会主持，25名区委委员（含候补委员4名）出席会议，区纪委委员和有关负责人及部分党代表列席会议。全会听取和讨论区委书记、区党工委副书记周庆代表区委常委会所作的《感恩奋进勇担当 攀高逐新走前列 为推进中国式现代化高新实践而不懈奋斗》报告，肯定2023年区委常委会工作。全会强调，全区要以开展学习贯彻习近平新时代中国特色社会主义思想主题教育为引领，深入贯彻落实中共中央决策部署和省委、市委工作要求，坚持一张蓝图绘到底，咬定目标、奋发有为，强产业抓创新，提能级塑品质，惠民生优治理，抓作风强队伍，确保经济社会发展稳中有进、进中提质。全会传达市委十三届七次全会精神，审议通过《中国共产党常州市新北区第五届委员会第七次全体会议决议》。

【区2024年经济和社会发展工作研讨会】 12月2日，2024年全区经济和社会发展工作研讨会召开。会议学习贯彻中共二十大精神，回顾2023年工作，分析经济和社会发展形势。会议强调，2024年是“十四五”规划实施的攻坚之年，全区必须找准发展定位，把握时势机遇，要聚焦新能源之都核心区建设、重大项目攻坚突破、“四个一万亩”建设、高铁新城建设等工作，谋划2024年工作。

【“四个一万亩”产业空间打造】 2023年，常州国家高新区（新北区）在上年提质增效工业用地超4000亩的基础上，举全区之力破解土地要素制约难题，科学谋划、加速建设“四个一万亩”产业空间。聚焦比亚迪二期等重大项目建设，在滨开区打造万亩产业园区，满足重大项目招引建设需求；聚焦高端智能制造，在龙江路西侧规划万亩产业空间，年内完成征迁总面积36.97万平方米，建成一批高品质、高标准定制厂房；坚持低效工业用地连片盘活，“一板块一片区”划定重点增效区域，工业用地提质增效一万亩实施用地增效项目97个277.85万平方米，全区工业用地亩均税收比上年增长20.6%，“工业企业用地增效工程”案例入选全国“亩均论英雄”改革典型案例；推进农村集体经营性建设用地入市改革，集体建设用地盘活利用一万亩取得新突破，完成全区存量集体建设用地数据摸排工作。

（区党政办　刘青霞）

【学习贯彻习近平新时代中国特色社会主义思想主题教育】 9月14日，常州国家高新区（新北区）启动学习贯彻习近平新时代中国特色社会主义思想主题教育。按照省委第四巡回督导组、市委主题教育办第二联络组的指导意见，全区48家参加单位及所属1700余个基层党组织、近4万名党员参加，把握“学思想、强党性、重实践、建新功”总要求，一体推进理论学习、调查研究、推动发展、检视整改等重点举措，完成主题教育各项任务。区主题教育工作获中央第六巡回指导组肯定。西夏墅镇东南村主题教育解决事关民生“关键小事”的相关做法获省委主要领导肯定。孟河镇化解商贸广场烂尾楼交付问题获省委副书记、组织部部长沈莹批示肯定。长江大保护、提升本质安全等经验做法被市委常委会推广，全市主题教育整改现场推进会在区召开。至年末，全区主题教育工作成效被《人民日报》、《新华日报》、“主题教育中央官网”、人民网等媒体推介60余次。

（区委组织部　李银花）

巡察工作

【概况】 2023年，区委巡察机构全面落实政治巡察要求，打造有特色、有力度、有实效的“高新慧巡”巡察品牌。全年组织开展巡察工作3轮，对1个街道、8个区级机关部门进行政治体检，常规巡察发现问题199个；开展村（社区）巡察，发现问题68个；协助区委落实省委巡视整改要求，组织开展巡视巡察整改集中督查2次。

【政治巡察】 2023年，区委常委会研究巡察工作3次，审议巡察制度文件，听取巡察情况，约谈巡视整改牵头部门。聚焦对村（社区）巡察反馈的“宜居”“惠民”“资金”等民生问题，依托“19点议事厅”平台，探索实践群众评议村（社区）巡察质效路径，汇聚基层人大监督、民主监督、群众监督合力，形成整改、监督、治理贯通体系，相关经验做法在《江苏巡察工作信息》刊登。贯彻落实“发现问题、形成震慑，推动改革、促进发展”工作方针，全年移交问题线索35条，推动纪委监委立案30人，其中留置1人。强化巡察成果运用，开展系统性、区域性、政策性、体制性、倾向性问题研究，形成高质量专题报告7份。针对“过度租车”“高价租车”，推动区政府出台派驻车辆管理实施细则，推进扎口审批、统一监管等措施；针对“过度政务外包”问题，推动区财政部门以点带面，全面摸清全区外包服务底数，出台加强财政支出管理15项措施，树牢“政府过紧日子”意识。推动解决个别社区停车难、个别中学如厕难、个别医院扫码难等问题。

【巡察问题整改】 2023年，区委巡察办建立健全巡察整改约谈、提醒、通报工作机制，起草《关于加强区委巡察整改和成果运用的工作措施》，从26个方面规范被巡察党组织整改主体责任、纪检监察机关和组织部门的监督责任，巡察机构的统筹督促责任，以及相关部门成果运用责任。协助区委落实省委巡视反馈意见整改工作，按照省委巡视反馈时间节点要求，对15家整改牵头单位认领的28个巡视反馈问题，对账查账、现场督查，制发整改提醒函，督促用好巡视成果。联合区纪委监委、区委组织部、区委宣传统战部，对奔牛镇、三井街道、区商务局、区应急管理局4家单位的巡察整改情况开展集中督查评估，督查结果运用于年度党建考核。

（区委巡察办　刘昊旻）

组织工作

【概况】 2023年，常州国家高新区（新北区）组织系统深入践行新时代党的建设总要求和新时代党的组织路线，紧扣推进“三大工程”和打造“六张高新名片”，以“高质量基础工作建设年”为主题，共开展6个方面20项具体工作，在推动主题教育中履行好组织面上教育和带头接受教育的“双重职责”，持续推动干部、组织、人才工作向中心大局聚焦，为现代化建设新征程提供坚强组织保证。9月15日，全区组织工作会议召开，区委书记、区党工委副书记周庆出席会议并讲话，为当前和今后一个时期全区各级党组织和组织系统提出“五聚焦五更加”（聚焦高站位，推动政治建设更加有力；聚焦高素质，推动干部队伍更加有为；聚焦高层次，推动创新活力更加迸发；聚焦高效能，推动基层基础更加牢固；聚焦高质量，推动党员队伍更加优化）的目标。至年末，全区有党组织1764个，其中基层党委（党工委）45个，党总支164个，党支部1555个；有党员3.99万人，其中女党员占33.65%，年内发展党员441人、35岁以下党员占66.21%。

（区委组织部 李银花）

【干部队伍建设】 2023年，常州国家高新区（新北区）实施干部队伍“分片制”联系制度，坚持人岗相适，科学配置干部资源，集中调整干部9批次430人次。制定《新北区四级调研员以下公务员职级晋升操作口径（试行）优化方案》，全年晋升四级调研员及以下职级131人次。分领域开展34个专题班次培训，完成全区833名科级干部中共二十大轮训。开展领导力培训，举办第六期“一把手”培训班、第九期中青年干部培训班，通过线上测评、一对一发展面谈、自主调研等形式提升干部素质能力。完善培养选拔优秀年轻干部常态化工作机制，选派2批次22名优秀年轻干部到基层一线跟班锻炼。综合运用书面调研、谈话考察、本人谈话等形式考准考实干部政治素质，对254名干部开展任前政治体检。强化日常监管，完善干部监督信息沟通办法和工作协调机制，完善干部信息采集工作，加强对领导干部社会组织兼职、“裸官”等情况摸底排查力度。配合区委巡察组，对7家单位开展选人用人专项检查，发现和纠正选人用人基础工作不扎实等问题。加强“三项机制”（鼓励激励、能上能下、容错纠错机制）运用指导，全年编写“三项机制”案例20篇。对7个批次88名试用期满干部实施考核。

（区委组织部 吴军超）

【基层党组织建设】 2023年，常州国家高新区（新北区）围绕“高质量基础工作建设年”主题，统筹推进区、镇（街道）、村（社区）三级联动，实现200个“书记项目”落地见效。深化全区党群服务中心建设“111工程”[10个镇（街道）级区域性、10个行业级领域性、100个基层党组织级点域性党建示范基地]，推进省“幸福船员”党建实践示范基地、市网络主播党建实训基地等载体落户高新区（新北区）。深化“一网格一支部一阵地”建设，综合网格党支部、网格党群直通站覆盖率分别为98%、94%，相关工作成效被《江苏组工信息》刊载，打造党建引领物业省级示范点3个、村（社区）党群服务中心“点亮工程”示范阵地6个。实施“五型”（品牌标杆型、示范引领型、稳健成长型、初创培育型、破冰孵化型）晋档升级管理，新增市“品牌标杆型”党组织2个。深化“红链聚能、高新共进”产业链党建项目，5条重点产业链被纳入全市党建引领产业示范链。发布《党建惠企服务手册》，建成全市首家产业链党建示范基地、全市先进碳材料产业链党群服务中心。“创智滨江，先锋领航”“双螺旋”案例入选全国年度百佳园区党建品牌案例。建强基层队伍，实施村（社区）干部队伍“雁阵培育”行动，构建“雏雁—领雁—鸿雁”递进式培养链条，实现村干部、村书记大专以上学历分别达到91.6%、93%。推进“两新”组织党务工作者专业化建设，完成397名党务工作者资格认证，新认定高级党务工作者4人。深化“在职党员进社区”工作机制，承办全市“龙城先锋进社区、党建赋能优治理”集中服务季活动。加快全域“美新村社”建设，深化“社区点单、部门响应”工作机制，升级打造新北E家美新村社数智研判平台，推动20个村（社区）试点使用，相关做法被《中国组织人事报》报道。年内，东南村入选全国乡村治理示范村，

11月28日，江苏省“幸福船员”党建实践示范基地、常州市船员党群服务中心揭牌仪式举行 （区委宣传统战部 供图）

江湾社区入选全国完整社区建设试点，南兰陵村等4个村入选全省乡村振兴示范村，河海新村、中海锦珑湾花园入选省级宜居示范居住区。

（区委组织部　黄建兵）

【党员队伍建设】 2023年，常州国家高新区（新北区）把政治标准放在首位，紧盯党员发展每个环节，严把每个步骤，全年发展党员441人。强化党员教育培训，举办“学思想·我来讲”系列专栏32期，发布党员教育学习资源包12期，党课视频获市级创作大赛5项荣誉，“学深悟透新思想”系列片获市级特等奖。举办科级干部、村（社区）干部、国企、“两新”组织等重点培训班，覆盖党员干部2800余人。强化教育培训队伍建设，打造全区首批“新式党课”名师团，聘用党课名师16人。强化党员队伍分类指导，按照市《各领域基层党组织分类指导办法》，针对流动党员，通过线上线下相结合的方式强化组织关系排查和双向共管；针对离退休干部职工、年老体弱党员，开展送学上门、结对帮学；针对“两新”组织党员，依托行业党委、服务阵地，简化学习流程、强化作用发挥，向外卖配送员党员开展定时定向送学等做法被《江苏学习贯彻习近平新时代中国特色社会主义思想教育简报》录用。

12月7日，“红新北耀 新锋先行”新北区在职党员“双报到、双服务”工作品牌发布

（区委组织部　供图）

【“红新北耀、新锋先行”在职党员“双报到、双服务”工作品牌发布】 12月7日，“红新北耀、新锋先行”新北区在职党员“双报到、双服务”工作品牌发布。2023年，常州国家高新区（新北区）贯彻落实全市“在职党员下沉社区、助力城市基层治理”要求，创新探索党建引领城市基层治理新模式，以“悦享高新”党建品牌为统领，结合“新锋先行”实践行动，推动全区机关单位党组织和在职党员向村（社区）报到、往基层赋能、在一线建功。完善“在职党员进社区”工作机制，开展机关、企事业单位党组织和村（社区）党组织结对共建活动，建立“街道吹哨、部门报到”快速响应机制。上线启用“在职党员进社区”平台，实现“报到接收—接单到岗—精准服务—评价反馈—结果应用”的“线上+线下”全过程闭环。年内，全区成立“日常服务队”“专业服务队”“党员突击队”三大类志愿服务队伍34支，下沉基层网格参与志愿服务2000余人，服务群众10万余人次。整合全区各类资源，优化“党员积分制”管理，启动“新锋积分超市”项目，调动党员的积极性、主动性和创造性。

【市产业链党建示范基地揭牌】 6月17日，常州市产业链党建示范基地揭牌暨常州国家高新区产业链党建工作现场推进会在罗溪镇比亚迪常州基地举行，全区首批30名产业链党建工作指导员、益企帮帮团成员参加活动。活动现场，全市首家产业链党建示范基地揭牌；高新区“红链聚能　高新共进”产业链党建品牌发布；碳纤维及复合材料、生命健康、新能源汽车、创意产业及新一代信息技术、智慧能源产业5个重点产业链“党建+科创”联合攻关体签订共进协议；首演反映链上服务共进的舞台剧，同步发布《全区党建惠企服务手册》。

【省“幸福船员”党建实践示范基地暨市船员党群服务中心揭牌】 11月28日，江苏省“幸福船员”党建实践示范基地暨常州市船员党群服务中心揭牌仪式在常州船舶溢油应急设备库举行。活动现场，常州海事局相关领导为理论宣讲队、搜寻救助队、生态守护队、航运发展队4支船员先锋行动队授旗。现场访谈环节，船员群体、航运企业、行业党委代表共同探讨推动船员行业党建高质量发展的实践与思考。是日，“关心关爱船员群体十条举措”发布，通过微动漫介绍服务项目内容。2023年，常州国家高新区（新北区）协同常州海事局探索建立健全船员行业党建工作体系，以高质量党建赋能长江航运高质量发展。“幸福船员”党建实践示范基地共3层，总面积500平方米，设有快返处置中心、党员活动室、续航补给仓、船员微食堂、船员加油站等功能室，是集党员教育管理、生活服务、休闲娱乐功能于一体的综合服务平台。

（区委组织部 徐菁）

【公务员管理】 2023年，常州国家高新区（新北区）聚焦公务员管理提质，开展公务员进退留转和日常管理工作，完成33名公务员（含参公人员15人）公开考录工作，对试用期满、军转安置、调任等41名公务员（含参公人员9人）及时登记。推行公务员荣誉退休制度，全年向48名退休人员发放“初心礼包”，通过拍摄个人写真、发放荣退奖牌、制作退休纪念册、赠送红色书籍等形式，增强退休公务员荣誉感与归属感。在2023年公务员年度考核中，记三等功58人、嘉奖343人。

【机关作风建设】 2023年，常州国家高新区（新北区）全面实施“增效攀‘高’、优风逐‘新’”机关作风建设专项行动，组织开展“人民满意的服务标兵单位”“人民满意的服务标兵窗口”“人民满意的服务标兵个人”培育打造活动，12家单位、20个窗口、40人获季度标兵称号，3家单位、2个窗口、2人被市作风办命名为常州市首批模范机关建设标兵，5家单位、8个窗口、10人被评为区级年度标兵；各类标兵先进事迹在《常州高新区》报宣传8期，在“新北党建”微信公众号展播15期。开展交叉互访行动，12组区机关作风建设观察员经过明察暗访处理问题21件。组织市作风建设特邀监督员开展“啄木鸟”专项行动，围绕项目攻坚、民生服务、营商环境开展暗访调研。开展园区、镇（街道）问政活动，区委组织部联合新桥街道开展“检视作风面对面，争当服务排头兵”——新北区问题协调面对面活动，参与人数200人次，协调解决群众问题7件。

（区委组织部 张超）

【老干部工作】 2023年，常州国家高新区（新北区）开展第二批主题教育，推动广大离退休党员干部以学促干、以干检学，擦亮“乐龄新北”全域品牌。巩固深化“六有一提升”（六有：有党的组织、有领导班子、有组织活动、有作用发挥、有工作制度、有工作保障，一提升：提升离退休干部党组织的组织力）工程建设，常州市新北区春江街道机关离退休干部党支部创成省级“六好”示范支部。聚焦离退休干部党的建设、作用发挥、服务管理、健康养老等方面问题，建立“清单式＋销号式＋督办制”工作机制，解决阵地建设等问题10余个。全年围绕“学习新思想 乐龄争先锋”等主题开展各类活动30余场次，展现离退休党员积极向上的精神风貌。落实“两项待遇”（政治待遇和生活待遇），开展全区老干部情况通报、重大节日走访慰问等活动。聚焦基层善治、乡村振兴等重点难点领域，打造江湾社区“五老”（老干部、老战士、老专家、老教师、老模范）调解志愿队等老党员工作室6个，组织老党员开展健康义诊、养老咨询、金融服务、法律帮助等公益服务活动62场次。提升老干部活动学习阵地建设水平，利用社区党群服务中心等活动阵地，构建总建筑面积3200余平方米的共享式乐龄驿站矩阵。年内，承办全市老干部活动学习阵地“开放共享基地”建设现场推进会，发挥活动学习阵地独特作用。

（区委组织部 莫阳）

人才工作

【概况】 2023年，常州国家高新区（新北区）聚焦全方位培养、引进、用好人才，着力做好产才融合、工程牵引、人才生态三篇文章，为持续扮靓“六张高新名片”、奋力打造“新能源之都”核心区提供坚强有力的人才支撑。年内，全区人才企业销售总额226亿元，比上年增长24%，常州聚和新材料股份有限公司销售额首次突破百亿元。全区新增人才总量2.8万人，入选国家重大人才工程A类（QM计划）18人、国家重大人才工程A类（HJ计划）4人、博士后专项6人、国家重大人才工程B类2人；入选省“双创团队”1个、省“双创计划”人才12人；入选市级人才攻关联合体4家，市“龙城英才计划”创业类领军人才84人、创新类领军人才22人。常州国家高新区（新北区）在全市人才工作考核中位居第一。

【人才公寓建设】 2023年，常州国家高新区（新北区）坚持“留人更要留心”的服务理念，高标准推进人才公寓建设。全面建成“青年驿站—产业集宿—人才公寓—人才社区”安居体系。推广“楼上居住 楼下创业”模式，为人才公寓配置政务服务自助机、健身房、阅览室、自习室等，系统布局商务办公、创新工场、创业金融服务等功能业态，累计投用人才公寓创业工位200余个，孵化面积3600余平方米。举办首届常州青年人才公寓邻里节、首届大学生创享文化节等活动，通过运动竞技、交友派对、美食烘焙等社团活动，使青年驿站成为青年人才到常求职就业第一站，全年接待青年人才入住1800余人次。至年末，全区累计建成人才公寓2.27万套；入选星级人才公寓12家，其中五星级1家、四星级2家、三星级9家。

【“名城名校合作行 创新创业赢未来”招才引智活动】 2023年，常州国家高新区（新北区）在太原、武汉开展“名

城名校合作行 创新创业赢未来”招才引智活动，为两地人才交流、项目合作创造新机遇，打开新空间。活动期间，高新区（新北区）与太原理工大学、中北大学、太原科技大学、武汉大学、华中科技大学、武汉理工大学等11所高校院所建立引才机制，滨开区、三井街道、新桥街道、江苏达实久信医疗科技有限公司等单位分别与当地院所和企业就生物医药类添加剂产品研发与产业化、智能控电切换设备系统等8个项目签约，32家新能源企业招聘员工700余人。设立“引才工作站”20家，在宣传推介、联络服务、招才引智等方面发挥桥梁纽带作用。至年末，全区累计集聚各类人才39.8万余人，引进培养国家级重大工程人才149人、省级创新创业人才165人，落户人才项目1300余个。

（区委组织部　王晶晶）

宣传工作

【概况】 2023年，常州国家高新区（新北区）围绕中共二十大精神，成立区委宣讲团，开展宣讲3000余场。掌握意识形态领域形势，督促意识形态工作责任制落实。创新开展基层党员冬训，入选省基层党员冬训工作示范区。开展新时代文明实践所站提升年行动，把社会心理服务、家庭教育指导、未成年人成长指导三位一体的未成年人心理健康服务阵地植入新时代文明实践所。至年末，区委宣传统战部在省级以上主流媒体推出各类报道620篇，其中被中央级媒体录用200余篇（《人民日报》头版报道3篇、中央电视台《新闻联播》播放7次）；取材于本区的新闻作品分别获江苏省好新闻一等奖3件、二等奖2件、三等奖3件。

【理论学习教育】 2023年，常州国家高新区（新北区）提升理论学习中心组学习质量，区委理论学习中心组开展专题学习16次，实现区属37个党组织理论学习中心组巡学旁听全覆盖。组织开展“学习日”活动6次，激励全体党员干部将学习成果转化为落实工作的举措。依托“常州国家高新区”微信公众号，开设“冬训e百”专栏，推出“每日一训”112期，制作授课视频50余部，其中《常州高ZHI量》获市优秀视频一等奖。提升11个党史学习教育、理论宣讲线下阵地，成立常州三杰研究中心红色研学基地、武北抗日青年训练班党性教育馆。线上创设“理响新北”直播间，建立手机“微课堂”，开展线上“微教育”，《常州市新北区:“理响新北”奏响理论最强音》被《省建设学习型党组织》简报录用。

【意识形态工作责任制落实】 2023年，常州国家高新区（新北区）制定《2023年全区意识形态工作任务清单》，明确落实党管意识形态原则。年内，召开区委常委会会议专题研究意识形态工作2次，区委意识形态领域情况分析研判联席会议2次。坚持意识形态领域情况分析研判月报告、特殊节点日报告，对龙虎塘街道等9家单位开展责任制落实情况专项检查。加强意识形态领域阵地管理，开展全区各类宣传阵地意识形态领域风险隐患集中排查。针对线上线下涉“黄”涉“非”突出问题，对辖区范围内书店、印刷场所、打字复印店和互联网上网服务场所开展“扫黄打非”专项督查20余次，确保文化市场清朗干净。落实《党委（党组）网络意识形态工作责任制实施细则》，督查51家单位落实网络安全工作责任制情况，维护网络意识形态安全。

【新闻宣传】 2023年，常州国家高新区（新北区）加大对外宣传力度，接待海内外媒体调研采访100余次，宣传全区成就80余次。参与组织海外媒体看江苏、驻外使节江苏行、主流媒体看常州等系列主题活动，承办省政府新闻办、新华社等开展的2023“SHOW JIANGSU”外媒摄影采风活动，接待《大公报》香港传媒学子范长江江苏行，与“新华网”联合摄制中宣部项目《理想之城》常州篇，推送外宣项目3个。依托“一报两号一节目”（《常州高新区》报，“常州国家高新区”微信公众号、视频号，《常

12月，常州国家高新区（新北区）在武汉开展“名城名校合作行 创新创业赢未来”招才引智活动　（区委组织部　供图）

州高新区新闻》电视节目）融媒体模式，成立“新能源之都建设”“生态发展强支撑”“乡村全面振兴发展”“专精特新企业培育”“引育高端人才”“幸福和谐民生名片”6个新闻报道专班，报道高新区（新北区）在党建引领、经济发展、科技创新、城乡建设、民生事业等方面的创新探索和发展实践，全年被中央级媒体录用报道110篇。

【理论宣讲】 2023年，常州国家高新区（新北区）坚持把学习贯彻中共二十大精神作为重大政治任务，成立区委宣讲团，开展集中宣讲65场。开展“贯彻二十大 奋进新征程”主题宣讲活动，举办“理论快闪”活动10场，集中备课主题宣讲100个，组织全区1000余名宣讲员走进新时代文明实践中心等场所，开展各类理论宣讲活动3000余场。举办区级“百姓名嘴”风采展示活动，常州市新北区龙虎塘第二实验小学学生发展处副主任黄汝群宣讲的《车轮上的幸福》获省“百姓名嘴”风采展示活动决赛三等奖。参加省、市级“学习新思想 奋进新征程”学习达人挑战赛，在市赛中获团体季军和个人冠军，在省赛中获三等奖。创编快板《二十大精神来指引》、情景剧《底色》、小品《唱支山歌给党听》，制作“学习二十大 理赞新时代”系列理论宣讲微视频，开设“学思想，我来讲”“党的二十大时光”专栏，开展“我与高新共青春”系列访谈、“马克思主义青春说”宣讲比赛，营造学习宣传贯彻中共二十大精神的氛围。

（区委宣传统战部 陈丽鹰）

精神文明创建

【文明城区创建】 2023年，常州国家高新区（新北区）按照“三标融合”要求，建立组织推进、责任落实、督查促进、舆论宣传、考核激励等工作制度，协同推进文明城市建设。年内，召开文明城市“三标融合”推进会，实施背街小巷治理提升、线缆治理提升、非机动车治理提升等13项年度重点攻坚行动，常态化开展“文明来敲门”主题宣传，打造精神文明建设“高新标识”。启动2022—2024年常州市文明单位、文明村镇预申报工作，恢复确认2021—2023新北区文明村镇评选名单，健全文明村镇常态化培育机制。推进城乡文明融合发展，提档升级城乡公益广告，整治农村人居环境，推进移风易俗行动，全面推广乡风文明积分制，深化美丽庭院建设。

10月31日，参加常州市“学习达人”挑战赛决赛，新北区获团体季军和个人冠军
（区委组织部 供图）

【未成年人思想道德建设】 2023年，常州国家高新区（新北区）加强未成年人思想道德建设，深化“扣好人生第一粒扣子”主题教育，开展“童”字系列美育活动。年内，获常州“新时代好少年”称号4人，评选出首批新北区“新时代好少年”20人。推进社会心理服务指导中心、家庭教育指导中心、未成年人成长指导中心“三中心”融合发展，护航青少年身心健康成长。开展家校联系本公益活动，推进“俭以养德”惜纸行动。开展文明礼仪教育实践活动，举办龙城文明“游”礼——常州市旅游行业职工学礼仪观摩活动、2023年常州市“四仪”示范教育观摩活动十四岁青春仪式。贯彻落实《市民文明行为促进条例》，开展文明交通、文明餐桌、文明旅游行动和爱国卫生运动，弘扬时代新风。开展“我们的节日”主题活动，承办全市“我们的节日·端午”主题活动，薛家镇任葛村老西庄被市委宣传部授予“我们的节日”文化活动基地称号。

【新时代文明实践】 2023年，常州国家高新区（新北区）开展新时代文明实践所站提升年行动，落实“三级书记责任清单”，拓展新时代文明实践中心建设。举办常州长江新时代文明实践集中行动，省内外沿江8个城市联合发出共建长江新时代文明实践带倡议。探索新时代文明实践“夜模式”，依托新时代文明实践中心（所、站），结合公园、广场、阅读空间等室内外活动阵地，策划开展贴近群众实际需求、服务群众生产生活的文明实践夜活动，全年开展“点亮星夜”“温暖秋冬”等文明实践系列活动万余场。推进和深化新时代志愿服务，举办新北区第三届新时代文明实践志愿服务项目大赛，扶持培育优质志愿服务队伍和项目。建立全市首家美丽乡村网络主播党建兴农工作站，推动“龙城红色直播间”落地新时代文明实践所站。组织网络文明志愿者走进网络文明阵地，推动文明创建向网上延伸。

【公民思想道德建设】 2023年，常州国家高新区（新北区）实施公民道德建设工程，弘扬新时代文明风尚，践行社会主义核心价值观。推进“诚信之城”建设，健全诚信建设长效机制，依托市民信用积分系统，开展诚信缺失突出问题专项治理，申报市诚信之星、诚信个人和诚信商圈。推进“尚德之城”建设，深化道德讲堂活动。开展党史学习教育、移风易俗、家风家训、百姓视角等道德讲堂总堂活动50场，1人入选中国好人，1人入选江苏好人，8人入选常州好人，4人入选2023年“最美常州人”。

（区委宣传统战部　陈丽鹰）

统战工作

【概况】 2023年，常州国家高新区（新北区）有民革基层委员会、民盟基层委员会、民建基层委员会、民进基层委员会、农工党基层委员会、致公党基层委员会、九三学社基层委员会7个民主党派基层委，有民主党派人士901人；有区工商联企业会员140余人；区党外知识分子联谊会会员81余人；新的社会阶层人士联谊会会员180余人；区归国华侨联合会成员45人；侨港澳资企业100余家，涉及纺织服装、电子、房地产、机械制造以及服务等行业。年内，区委宣传统战部学习贯彻《中国共产党统一战线工作条例》，深化新时代“两个健康”（非公有制经济健康发展和非公有制经济人士健康成长）先行区创建，加大对年轻一代民营企业家教育培养力度；打造“凝新聚力·新智汇”新阶层统战工作品牌，推动统战工作再上新台阶；制定实施《关于防范和化解非公有制经济统战工作领域风险隐患方案》，帮助民营企业和港澳台侨资企业纾困解难。加强统战信息宣传工作，报送统战信息179条，其中被“中央统战部”微信公众号录用1条、“江苏统一战线”微信公众号录用3条；上报宣传稿件和网评文章240余篇，其中被国家级媒体录用15篇、省级媒体录用40余篇。是年，区侨联被评为全国侨联系统先进组织，三井街道“侨胞之家”被评为全国侨联系统“侨胞之家”典型选树单位。

（区委宣传统战部　刘立群）

【党外知识分子统战工作】 2023年，区委宣传统战部推进党外知识分子统战工作。2月，新北区党外知识分子联谊会举行换届大会，选举马咏梅为会长，叶平、祁华平、张峰、范炳洪、殷霞、章文华、蔡雪良为副会长。至年末，新北区党外知识分子联谊会有会员81人。年内，新北区党外知识分子联谊会组织会员参政议政，全年撰写提案19件，章文华在区政协五届三次会议上做《探索设立全球“科创飞地”，激活高新区创新发展新动能》的大会建言。《探索提升普惠金融服务水平推进普惠金融高质量发展》获区政协调研（民主监督）报告三等奖。开展“会长看高新”调研活动，组织“智联高新共奋进 同心同向谱新篇”新北知联会新能源产业论坛暨“新能源之都”考察调研。12月，区党外知识分子联谊会联合江苏西夏墅工具一体化服务平台承办常州市第十七届职工职业技能竞赛刀工具行业（数控磨床）技能竞赛。同月，区党外知识分子联谊会承办常州市党外知识分子“校＋园知盟”2.0版启动仪式暨常州国家高新区（新北区）专场签约仪式。

（区委宣传统战部　魏洪兵）

【新的社会阶层人士统战工作】 2023年，常州市新北区新的社会阶层人士联谊会新增会员12人，共有188人。年内，打造“凝新聚力·新智汇”新阶层统战工作品牌，开展“创意奇妙夜”“秋天的第一杯咖啡”“烛光音乐会”“临平雅集”“新好遇见你”等活动30余场，1万余人参与。深化“凝新聚力·同心云”网络统战品牌建设，以云帆、暖蜂、丰羽、汇智、圆梦“五大行动”为主线，推动新的社会阶层人士组织圈、工作圈、朋友圈、生活圈、成长圈的“五圈”联动，为新的社会阶层人士提供凝聚共识、建言献策、互鉴互学、联谊交友、服务社会和展示自我的平台。1月，“‘云’心聚力开创网络人士统战工作E路径”实践创新成果获2022年度全国统战工作实践创新成果奖。

（区委宣传统战部　刘立群）

对台事务

【概况】 2023年，常州国家高新区（新北区）贯彻新时代中共中央对台决策部署，开展两岸交流、涉台宣传等活动，探索推动两岸融合发展新路径。年内，召开台商台属联谊会，走访重点台资企业，了解台企台商生产经营情况和台胞台属工作生活等方面需求，帮助台企缓解资金、物流、原材料等方面困难。年内，全区新增台资项目9个，实际利用台资3754.62万美元。贸联特种电缆（常州）有限公司、永祺（常州）车业股份有限公司、常州三菱士林电装品有限公司分别被评为市工业五星、四星、三星企业，3家企业负责人均被评为常州市工业明星企业家。贸联特种电缆（常州）有限公司获市五一劳动奖状，永祺（中国）车业股份有限公司入选省重点培育和发展的国际知名品牌，常州光阳摩托车有限公司入选2023年常州市创新发展专项资金支持名单。至年末，全区有注册台资企业202家，加入市台胞投资企业协会61家；有常住台湾同胞370余人。区台办在全市台办系统年度评估工作中获优秀单位等次。

【涉台服务】 2023年，常州国家高新区（新北区）坚持在服务台企、融合发展上用心融情聚力，提升对台服务效能。年内，举办“政企同心·聚力同行”重点台商座谈会，了解台企现状，倾听台商心声，帮助台企解决实际问题。组织13家台资企业26人参加苏台新能源汽车产业对接会，助力常州“新能源之都”建设。承办全市台企安全生产培训会，在国宏润滑油（中国）有限公司、明昌钢具机械有限公司、常州振扬电子有限公司等5家重点台企现场开展安全生产工作专题督导，引导台企落实安全生产各项防范措施。区台办联合区经发局、区商务局、区教育局等部门协调解决台企台商合法诉求22起，处理涉台信访件1件，协助台胞子女入学6人。

【涉台宣传】 2023年，常州国家高新区（新北区）台办发挥组织、指导、管理、协调全区对台工作的职能作用，增强涉台宣传的针对性和时效性，扩大涉台教育覆盖面。年内，为加强台企安全生产意识，开展宣传惠企政策活动，发放《安全生产宣传手册》《江苏省对台经济文化交流合作促进条例》等资料，了解台企劳动用工、人才招聘和台商发展等情况。11月，常州国家高新区（新北区）承办2023两岸企业家峰会年会智能装备组专题论坛——两岸新能源汽车产业发展高层论坛，为深化两岸产业合作提供坚实基础；台湾工业总会理事长苗丰强一行参观天合光能股份有限公司、江苏集萃安泰创明先进能源材料研究院有限公司，深入交流两岸新能源产业合作及经贸融合发展等话题。年内，常州市新北区台湾事务办公室被评为中央台办“两刊”对台宣传工作先进单位，两岸新能源汽车产业发展高层论坛相关活动被新华社、《人民日报》等10余家媒体报道，《王灿龙：扎根常州26年的台湾“老朋友”》被“常州统战”微信公众号采用。

（区委宣传统战部 廖光辉）

11月13日，常州光阳摩托车有限公司入选2023年常州市创新发展专项资金支持名单。图为公司生产线
（区委宣传统战部 供图）

机构编制管理

【概况】 2023年，常州国家高新区（新北区）优化调整职能机构，单独设置区城市管理局（挂区综合行政执法局牌子），区综合保税区管理局更名为综合保税区管理办公室。推进城市运行“一网统管”建设，在区域治理现代化指挥中心挂牌“城市运行管理中心”。推进经济发达镇改革，制定《经济发达镇改革与培育三年行动计划（2023—2025）》。统一编制全区镇（街道）人员岗位设置参考目录，出台《区级机关借用人员管理办法（试行）》，规范机关借用人员管理。强化民生力量保障，核定全区中小学教职工统筹周转编制使用指标和基层卫生人员总额。规范登记管理服务，常态化运行“双随机、一公开”抽查机制，完成事业单位法人信用等级评价、事业单位法人年度报告公示、机关事业单位中文域名注册和费用缴纳等工作。

【《经济发达镇改革与培育三年行动计划》】 2023年，常州国家高新区（新北区）推进经济发达镇改革与培育工作，精准赋权，助力孟河镇、罗溪镇2个培育镇创建省经济发达镇。按照“三年一周期、一年一考评”要求，成立由区委书记、区长担任双组长的经济发达镇改革工作领导小组，构建“两制度、两清单”（经济发达镇改革推进联席会议制度及改革工作季报制度、全年改革重点工作清单及区镇两级改革和培育责任清单）推进机制。出台

《经济发达镇改革与培育三年行动计划（2023—2025）》，从3个方面提出18项具体落实举措。召开新北区经济发达镇改革工作推进会议，组织相关部门到孟河镇、罗溪镇现场指导，印发《新北区经济发达镇（培育镇）权责清单》并向2个培育镇下发。其中，权力清单事项孟河镇435项、罗溪镇349项，职责清单事项2个镇均为98项。

【基层管理体制改革】 2023年，常州国家高新区（新北区）统筹编制资源，推动机构编制工作向盘活转型。编制基层岗位目录，根据“三定”（定部门职责、定内设机构、定人员编制）规定和权责清单、“属地管理”事项责任清单、政务服务事项清单及党委政府重要任务，结合各镇（街道）地域面积、人口规模、一般公共预算收入、企业总数、法定权力事项数量和办件量、审批执法类赋权事项数量和办件量等要素，全口径梳理职能事项，兼顾“共性＋个性”相结合，统一编制镇（街道）人员岗位设置参考目录。联合区委组织部、区纪委监委、区财政局、区人社局出台《区级机关借用人员管理办法（试行）》，规范机关借用人员管理。核定基层条线用工总量，针对公安派出所、交警中队、消防救援队伍、市场监管分局等条线由镇（街道）财政统一供养人员，根据相关条线工作标准和上级要求，按照辖区面积、常住人口、工作业务量和现有人数等变量因素，科学核定人员总量。开展机构编制评估，以区财政局及下属事业单位会计中心为试点，制定实施方案和评估指标，通过查阅资料、问卷调查、个别谈话、部门走访、履职跟踪，了解职责履行、机构运行、编制使用、内部管理、机构编制执行等情况，查找存在的突出问题，提出合理意见建议，推动评估单位最大限度发挥机构编制资源使用效益。

【事业单位管理】 2023年，常州国家高新区（新北区）推进教育事业发展，核定全区中小学教职工统筹周转编制使用指标263人，核准聘用制教师使用指标101人。全年招聘和安置事业编制教师255人，招聘聘用制教师99人。新设常州市新北区飞龙第二实验小学和常州市新北区西夏墅初级中学。综合考虑2022年在园幼儿人数和2023年即将入学的新幼儿人数，核定管理人员、教师、保育员、食堂人员等人员总额，保障幼儿园科学顺畅运行。强化卫生编制供给保障，按照每万名服务人口配备28名基层卫生人员的标准，核定全区基层卫生人员2473人，综合考虑各基层医疗卫生机构所处的区位特点、服务人口床位使用、年人均业务量等因素，把人员总额科学分配到各基层医疗卫生机构。出台《常州市新北区基层医疗卫生事业单位人员编制使用管理办法（试行）》，拓宽卫生人员补充路径，年内招聘编内卫生人员10人、编外卫生人员111人。优化登记管理服务，全年完成机关类统一社会信用代码证书初领1家、变更申领22家，事业单位法人设立登记5家、变更登记39家、证书补领1家。完成事业单位法人年度报告公示工作，164家事业单位年度报告完成率和公示率均为100%。完成72家事业单位2022年度事业单位信用等级评价工作，参评事业单位终评等级均为A级。加强政务和公益机构域名注册管理工作，完成104家机关事业单位的中文域名注册和费用缴纳，中文域名注册率60%。按照“双随机、一公开”监管要求，在事业单位法人名录库中随机抽取3家事业单位开展现场查看、书面审查和网络监测，检查结果在政府网站公示。

【事业单位改革】 2023年，常州国家高新区（新北区）推进城市运行“一网统管”建设，在区域治理现代化指挥中心挂牌“城市运行管理中心”，增设运行协调科、科技信息科、网格管理科3个内设科室，增加事业编制3名，委托管理关系由区委政法委调整至区党政办。新设副科级事业单位政法综合保障中心，滨开区综合保障中心机构规格升格至副科级。市场监督管理信息中心更名为药品医疗器械产业创新服务中心，增加事业编制3名，增核副主任职数1名，强化药品和医疗器械质量安全监管。

【机构职能优化调整】 2023年，常州国家高新区（新北区）理顺体制机制，优化调整职能机构设置，把城市管理职能从区住建局划出，单独设置区城市管理局（挂区综合行政执法局牌子），推动城市管理向精细化、现代化迈进。区综合保税区管理局更名为综合保税区管理办公室，由常州国家高新区管委会（新北区政府）职能机构调整为管委会派出机构。贯彻落实深化国防动员体制改革决策部署，区经发局加挂国防动员办公室牌子，把区住建局人民防空处划转至区经发局并更名为国动协调处（挂人防管理处牌子）；撤销建设工程管理服务中心挂牌，下设人防建管科的相关职能、领导职数和人员划转至企业投资服务中心。开展疾病预防控制机构改革，区卫生健康局加挂疾病预防控制局牌子，推进健康新北建设。

（区委编办 殷云凯）

关心下一代工作

【概况】 2023年，常州国家高新区（新北区）有各级关工委组织750个，“五老”（老干部、老战士、老专家、老教师、老模范）志愿者6000人。年内，区各级关工委和“五老”志愿者贯彻落实中共中央办公厅、国务院办公厅《关于加强新时代关心下一代工作委员会工作的意见》和省、市指导实施意见，以“文化塑造未来”铸魂工程为抓手，增强“四个意识”(政治意识、大局意识、核心意识、看齐意识),坚定“四个自信”（中国特色社会主义道路自信、理论自信、制度自信、文化自信），在主题教育、法治教育、品牌创优、阵地建设、网上宣传等方面取得新的成绩。

【青少年爱党爱国教育】 2023年，常州国家高新区（新北区）深化“千场党史报告进校园”和“‘五老’宣讲中共二十大精神活动”。以全党开展学习贯彻习近平新时代中国特色社会主义思想主题教育为契机，采用多种形式打造带头人队伍、骨干队伍、热心志愿者队伍。“五老”志愿者结合亲身经历，讲党史、话变迁、颂党恩，用珍贵、美好、闪光的“微故事”，进校园、进社区、进辅导站开展宣讲活动196场次，3.6万人次参与。年内，区关工委组织开展“老少心向党 奋斗新征程”老少同台演讲比赛，11组老少组合围绕演讲比赛主题，表达对党、对国家、对家乡的热爱之情；组织开展演讲、征文、寻访等主题教育活动112场，受益青少年3.8万人。在市关工委和教育关工委组织的“文化塑造未来，读书点亮人生”征文活动中，区关工委获优秀组织奖，有75名学生分获特等、一等、二等奖项。

【校外教育辅导站建设】 2023年，常州国家高新区（新北区）有各类校外教育辅导站（点）113个，电子阅览室110个，配置电脑681台；参加辅导站工作的“五老”志愿者450余人，在职教师290余人，大学生村官等其他志愿者520余人，全年辅导学生8万余人次。各辅导站健全完善“校站结合”新成果，完成打造“企站结合”新样板，探索走出“苑站结合”新路径。在全省校外教育辅导站高质量发展工作培训会议（南片）上，区关工委撰写的《常州市新北区校外教育辅导站课程建设的实践与思考》作为全市唯一书面交流材料供与会人员参考学习。年内，薛家镇新晨社区校外教育辅导站等13家校外教育辅导站被评为2023年新北区优秀校外教育辅导站，孟河镇孟城社区校外教育辅导站、新桥街道江湾社区校外教育辅导站和三井街道秦岭社区校外教育辅导站被评为2023年常州市优秀校外教育辅导站。

【青少年关爱帮扶】 2023年，常州国家高新区（新北区）各级关工委组织联合区法院“灯塔萌”志愿服务中心、区检察院“小橘灯”公益法律服务汇、公安新北分局派出所“关爱工作站”，发挥“五老”志愿者法治教育宣讲团作用，开展暑期社区法治教育夏令营、青少年模拟法庭、“交通安全伴我行”等教育活动，精准帮教失足青少年，全区122个村（社区）实现未成年人零犯罪。年内，区关工委联合区检察院关工委开展“小橘灯”品牌十周年暨新北区“未爱＋U”未成年人综合保护平台发布会，扩大关爱未成年人的社会效应。配合省关心下一代基金会向困境流动、留守儿童发放助学金，配合《关心下一代周报》发放“冰凌花”奖学金，解决困境儿童升学、生活等问题。加强与部门联动，对《新北区家庭教育工作专项规划（2024—2025）》和《常州“长江新时代文明实践带”建设实施方案》提供决策建议，助力青少年健康成长。区关工委实践探索并撰写的《关于常州市新北区关爱困境儿童情况的调研报告》获全市优秀调研报告特等奖。

（区关工委 奚琦）

常州市新北区人大

综　述

2023年，区第五届人大常委会下设办公室1个、研究室1个及工作委员会6个，常设机构常务委员会由32人组成，至年末为27人（辞职5人）。全年召开常委会会议7次、主任会议14次，审议工作报告25项，开展执法检查3项，开展专题调研、视察、督查112项，作出决议决定26项，任免国家机关工作人员57人次，完成区五届人大二次会议确定的各项任务。年内，作出重大决定决议9项，分别是《常州市新北区人民代表大会常务委员会关于加强经济工作监督的决定》《关于批准常州市新北区2022年区级决算的决议》《常州市新北区人民代表大会常务委员会关于加强区级预算审查监督的决定》《常州市新北区人民代表大会常务委员会关于加快推动新能源之都核心区建设的决定》《常州市新北区人民代表大会常务委员会关于区人民政府重大决策出台前向区人民代表大会常务委员会报告的决定》《常州市新北区人民代表大会常务委员会关于打造人大践行全过程人民民主区域样板的决定》《关于召开常州市新北区第五届人民代表大会第三次会议的决定》《常州市新北区人民代表大会常务委员会关于批准2023年区级政府投资计划等调整方案的决定》《常州市新北区人民代表大会常务委员会关于批准2023年区本级预算调整方案》。

（区人大办　陶家声）

重要会议

【区第五届人大第二次会议】 1月3—5日，区第五届人民代表大会第二次会议召开。会议应到代表287人，实到265人。会议听取和审议代理区长石旭涌作《新北区人民政府工作报告》、区人大常委会主任王宇伟作《新北区人大常委会工作报告》、区法院院长任志清作《新北区法院工作报告》、区检察院检察长朱文俊作《新北区检察院工作报告》。会议审查、审议《常州市新北区2022年国民经济和社会发展计划执行情况与2023年国民经济和社会发展计划草案的报告》《常州市新北区2022年财政预算执行情况与2023年财政预算草案的报告》《2023年度常州市新北区民生实事候选项目及说明》，表决通过《常州市新北区第五届人民代表大会第二次会议选举办法》《常州市新北区民生实事项目票决办法》，票决通过2023年民生实事项目。选举石旭涌为区人民政府区长，选举陈国英、顾菁为区第五届人民代表大会常委会委员。区委书记、区党工委副书记周庆在大会闭幕前发表讲话。

1月3—5日，常州市新北区第五届人民代表大会第二次会议召开

（区人大办　供图）

【区人大常委会会议】 2023年，区第五届人大常委会召开7次会议，听取和审议"一府一委两院"（一府：人民政府，一委：监察委员会，两院：人民法院、人民检察院）专项工作报告25项，作出决议决定26项，任免国家机关工作人员57人次，82名区人大代表受邀列席各次常委会会议。

第一次常委会会议，3月8日召开。会议听取和审议区政府关于新北区2021年度本级预算执行及其他财政收支审计查出问题整改情况报告、区政府2022年度环境状况和环境保护目标完成情况及第二轮中央生态环境保护督察反馈问题整改情况报告。讨论并通过区人大常委会2023年工作要点。审议并通过《常州市新北区人民代表大会常务委员会关于加强经济工作监督的决定》。审议并表决通过相关人事任免事项。

第二次常委会会议，5月26日召开。会议听取和审议区政府关于优化营商环境工作情况报告、区人民法院新时代人民法庭建设工作情况报告、区人民检察院检察听证工作情况报告。审议并通过《常州市新北区人民代表大会常务委员会任命的国家机关工作人员履职评议办法》。审议并表决通过相关人事任免事项。

第三次常委会会议，7月26日召开。会议传达学习习近平总书记考察江苏重要讲话精神。听取和审议区政府2023年上半年国民经济和社会发展计划执行情况的报告、区政府关于2022年本级财政决算草案及2023年上半年预算执行情况报告、区政府2022年本级预算执行和决算草案以及其他财政收支情况的审计工作报告。审查并批准新北区2022年区级决算。会议对区科技局、区财政局、区应急管理局、区审计局4个部门依法行政和履职提效工作进行评议。审议并表决通过相关人事任免事项。

第四次常委会会议，8月31日召开。会议审议并表决通过相关人事任免事项。

第五次常委会会议，9月20日召开。会议听取和审议区政府2023年民生实事项目推进情况报告，并开展专题询问及满意度测评，8名委员、人大代表和市民代表紧盯监督过程中发现的问题以及群众关注度较高的问题提出询问，相关部门负责人全部现场答复。听取和审议区政府关于行政事业性国有资产管理情况专项报告，书面审议区政府关于2022年国有资产管理情况综合报告。听取和审议区政府关于科创体系建设工作情况报告。审议并通过《常州市新北区人民代表大会常务委员会关于加强区级预算审查监督的决定》。审议并通过《常州市新北区人民代表大会常务委员会关于加快推动新能源之都核心区建设的决定》。讨论并通过《常州市新北区人民代表大会常务委员会关于法官、检察官报告履职情况办法》。审议并通过《常州市新北区人民代表大会常务委员会关于区人民政府重大决策出台前向区人民代表大会常务委员会报告的决定》。审议并表决通过相关人事任免事项。

第六次常委会会议，11月23日召开。会议听取和审议区政府关于代表建议、批评、意见办理工作情况报告。听取部分市人大代表履职情况的报告。听取部分员额法官、检察官履职情况报告并开展满意度测评。审议并表决通过《常州市新北区人民代表大会常务委员会关于打造人大践行全过程人民民主区域样板的决定》《关于召开常州市新北区第五届人民代表大会第三次会议的决定》。听取《常州市新北区人民代表大会议事规则（草案）》的说明，并对草案进行审议。听取和审议区政府关于"十四五"规划纲要中期评估报告。听取和审议区政府关于2023年区级政府投资计划等调整方案的报告，审查2023年区级政府投资计划等调整方案，作出关于批准2023年区级政府投资计划等调整方案的决定。听取和审议区政府关于2023年1—9月预算执行情况及区本级预算调整方案的报告，审查2023年区本级预算调整方案，作出关于批准2023年区本级预算调整方案的决定。审议并表决通过相关人事任免事项。

第七次常委会会议，12月17日召开。会议听取和审议区政府关于新北区2022年度本级预算执行及其他财政收支审计查出问题整改情况报告。会议对2023年区人大常委会部分审议意见落实情况开展满意度测评。听取关于筹备召开新北区第五届人民代表大会第三次会议有关事项的情况报告。审议并通过新北区第五届人民代表大会第三次会议各类建议名单。审议新北区人大常委会工作报告。听取和审议新北区人大常委会代表资格审查委员会关于补选新北区第五届人大代表的资格审查报告。审议并表决通过相关人事任免事项。

（区人大办　陶家声）

人大监督

【概况】 2023年，区人大常委会围绕区委中心工作，立足"新能源之都"核心区建设、国有资产管理、地方金融监管、优化营商环境等方面，开展"十四五"规划纲要中期实施情况评估监督，推动"十四五"规划落实。加强国民经济和社会发展计划执行情况审查监督，创新建立季度监督机制，跟踪经济运行情况，推动年度计划科学合理执行。支持"1115"大企业集团培育发展，深入重点企业座谈走访，作出加强经济工作监督的决定，助推经济运行率先整体好转。关注重大项目建设，视察高铁新城建设、全区“四个一万亩”推进落实、“智改数转”等工作，助力打造高质量发展先行区。听取优化营商环境工作报告，擦亮“高新事·高兴办”综合服务品牌。审议科创体系建设工作情况报告，推动各责任单位加快推进科创载体建设，以科技创新引领产业转型升级。聚焦全市“新能源之都”建设，区人大常委会作出加快推动新能源之都核心区建设的决定，凝聚起新能源之都核心区建设的强大合力。助力市人大开展新能源产业促进条例立法工作，服务保障新能源产业发展。视察全区新能源平台建设情况，调研新能源产业项目招引情况，形成《关于全区新能源产业高质量发展的对策建议》调研报告。督查全区农村集中居住点建设情况，开展全区农产品质量安全及“常高新农”品牌建设情况调研，形成《关于农村集体经营性建设用地入市的实践路径研究》调研报告。专题督查城镇燃气安全、基层安全生产和消防监管体系推进落实情况，守牢安全生产底线。

【国有资产监督】 2023年，区人大常委会依法履行对国有资产的监督职责，专题听取行政事业性国有资产管理情况专项报告，书面审议国有资产管理情况综合报告，推动国有资产家底更清、布局更优、利用更好。听取和审议财政同级审计、财政预算执行、审计查出问题整改等情况报告，作出加强区级预算审查监督的决定，强化事前评估、事中跟踪、事后评价的预算绩效闭环监督，促进财政经济运行平稳有序，更好服务经济社会发展大局。

【民生实事项目专项监督】 1月，区五届人大二次会议票决通过“教育品质提升工程”“基层医疗卫生机构服务能力提升工程”“未成年人关爱工程”“困难青少年帮扶工程”“住宅小区提升整治工程”“交通畅行工程”“城市环境优化提升工程”“农村人居环境整治提升工程”“就业创业富民工程”“燃气安全提升工程”十大类24项重点民生实事项目。年内，区人大常委会组建联系监督组，通过“专题督、日常督、定期报、会议审”，对项目推进情况进行全程监督、跟踪问效，并开展民生实事项目实施情况专题询问及满意度测评。出台区纪检监察机关与人大机关进一步协同民生实事项目监督的意见，督促各责任单位以更大力度办好民生实事，推动政府科学合理谋划2024年民生实事候选项目。9月，区人大常委会召开民生实事项目跟踪推进会，并开展专题询问及满意度测评。至年末，十大类24项民生实事项目全部完成。

【环境保护监督】 2023年，区人大常委会深化生态环境保护制度供给，筑牢生态环境保护法治屏障。年内，听取年度环境状况和环境保护目标完成情况及第二轮中央生态环境保护督察反馈问题整改情况报告，督促区政府及有关部门深入打好污染防治攻坚战。与省、市人大常委会联动开展湿地保护执法检查，助推生态环境持续改善。专题调研长三角交通中轴建设推进情况，支持放大跨江融合“桥头堡”中轴门户优势。

【社会事业工作监督】 2023年，区人大常委会聚焦群众需求，专题听取公共文化服务体系建设情况报告，助推资源配置优化，促进公共文化建设标准化和公共文化服务均等化。专题听取孟河医派保护传承发扬工作情况报告，助力打造新时代传统医学崭新名片。专题听取全区城市精细化管理工作情况报告，督促提升城市管理能力和社会治理水平。专题调研全区医疗保障工作情况，推动构建制度更加完善、服务更加高效的基本医疗保障体系。专题调研区域性养老服务中心建设情况，提升全区养老服务保障水平。开展《中华人民共和国家庭教育促进法》《江苏省家庭教育促进条例》执法检查，逐步完善家庭教育指导服务体系，提升家庭教育专业化指导服务水平。

【代表调研视察】 2月10日，区人大常委会副主任季晓东调研新北现代农业产业园区高标准农田项目。2月16日，区人大调研区生态环境保护工作。3月17日，区人大常委会副主任沈春英调研全区公共文化服务体系建设情况。4月27日，区人大常委会副主任、党组副书记杨金忠专题调研区检察院检察听证工作。5月8日，区人大常委会副主任、党组副书记杨金忠调研区法院新时代人民法庭建设工作。5月23日，区人大常委会主任、党组书记王宇伟专题调研区医疗保障工作。5月25日，市人大代表新北三组调研视察常州市南港港口机械有限公司。5月31日，区人大常委会副主任季晓东调研区城市精细化管理情况。6月20日，区人大常委会主任、党组书记王宇伟督查全区农村集中居住点建设情况。7月7日，区人大常委会主任、党组书记王宇伟调研区法治工作开展情况。7月27日，区人大常委会主任、党组书记王宇伟到公安新北分局调研全区网络电信诈骗打击治理工作。9月12日，区人大常委会主任、党组书记王宇伟视察常州高铁新城建设进展并调研高铁新城公司和常高新集团融合发展情况。9月15日，区人大常委会到龙虎塘街道调研农产品质量安全。10月25日，区人大常委会组织全区人大代表

9月15日，区人大常委会到龙虎塘街道调研农产品质量安全

（区人大办 供图）

开展集中视察活动，区四套班子有关领导以及220余名区人大代表参加活动。11月21日，新北区的全国、省、市三级人大代表到武进区就经济社会发展情况开展集中视察活动。

（区人大办　陶家声）

代表工作

【概况】 2023年，区人大常委会组织开展全区各级人大代表“牢记嘱托、感恩奋进”活动，推进“深学细悟”“提质增效”“发力奋进”“守正创新”“示范引领”五大行动，开展“聚焦六张高新名片，人大代表在行动”活动；组织开展区人大代表集中视察和全国、省、市三级人大代表新北团、武进团对口视察活动。提档升级代表履职平台，将13个人大代表之家、63个人大代表联络站、16个人大代表联系点，打造成密切联系群众的“直通车”“民意窗”“连心桥”。健全完善代表履职评价和激励机制，优化履职积分管理，选树先进典型。至年末，龙虎塘街道人大代表之家、春江街道人大代表之家创成常州市十佳示范型代表之家。

【代表建议意见督办】 2023年，区人大常委会健全代表议案建议的提出及办理机制，推动议案建议办理从“答复型”向“落实型”转变。强化源头引导，通过能力培训、经验交流和案例示范，发挥专工委、镇（街道）人大和代表团（组）的作用，提升代表议案提出建议的质量。探索创新人大代表监督举措，开展“三项监督”（重点建议专题督、共性问题分类督、形成氛围合力督），区五届人大二次会议期间代表所提的116件代表建议全部办结，满意率100%，办成率81.03%，比上年提升6个百分点。开展代表建议办理“回头看”，组织对往年代表建议办理情况再回访、再复查、再督办。出台《新北区人大代表优秀议案、建议、批评、意见以及优秀承办件评选办法》，评选出优秀人大代表建议12件、优秀承办件12件。

表3　2023年常州市新北区优秀人大代表建议一览表

案号	类别	建议事项	建议人
1	经济建设	关于集体土地入市工作的相关建议	乔辰云等17名代表
2	综合经济	关于提高农村集体物业增收项目区级补助标准的建议	周　涛
3	城建城管	关于增设电动汽车充电桩、增加电瓶车充电桩的建议	陈圆等2名代表
4	城建城管	关于老旧小区安装公共充电桩的建议	白正堂等5名代表
5	农业农村	关于助推高标准农田建设的建议	谈灵芝
6	楼宇经济	关于进一步助推高铁新城区域内楼宇经济集聚发展的建议	王雷平
7	经济建设	关于进一步促进小微企业发展的建议	张敏永等2名代表
8	科教体卫	关于开展托幼一体化的建议	周　舟
9	科技创新	设立“科创指数基金”，系统性孵育优质初创企业	刘海锋
10	城建城管	健全充电桩申请安装制度以及增加公共充电桩配置的建议	吴朝阳

续表 3

案号	类别	建议事项	建议人
11	城建城管	关于推进口袋公园建设，美化新北城市“微空间”的建议	刘　璐
12	社会保障	关于完善养老服务方面的建议	杨杰荣

表 4　2023 年常州市新北区人大代表建议优秀承办件一览表

序号	承办件题目	承办单位
1	关于进一步促进小微企业发展的建议	区经发局
2	关于加快地方政府对本区域义务教育教学扶持力度的建议	区教育局
3	设立“科创指数基金”，系统性孵育优质初创企业	区科技局
4	关于完善养老服务方面的建议	区人社局
5	关于老旧小区安装公共充电桩的建议	区住建局
6	关于推进口袋公园建设，美化新北城市“微空间”的建议	区住建局
7	关于助推高标准农田建设的建议	区农业农村局
8	关于加快招引，培育一批生物医药龙头企业的建议	区商务局
9	关于开展托幼一体化的建议	区卫健局
10	关于优化企业新建项目审批流程的意见建议	区行政审批局
11	关于加大新北区质量品牌培育力度的建议	区市场监督管理局
12	关于集体土地入市工作的相关建议	区资规分局

【人大代表履职】 2023 年，区人大常委会健全吸纳民意、汇集民智工作机制，邀请代表群众参加各类会议、执法检查 200 余人次，拓展代表群众参与人大常委会工作的广度和深度。组织 12 名市人大代表向区人大常委会报告履职情况，137 名区人大代表回原选区报告履职情况，密切人大常委会与人大代表、人大代表与群众的联系。开展人大常委会主任接待代表日、人大代表接待群众月活动，全区 700 余名五级人大代表“进家入站”定时定点接待群众 8576 人次，听取转交意见建议 493 条，推动相关部门解决群众“急难愁盼”问题 126 个。提升人大代表履职能力，举办人大培训大讲堂、专题讨论小学堂、代表说事微课堂，全年培训 83 批参训 2588 人次；制作“人大代表履职现身说”微视频 3 期，形成贯通区、镇两级人大的代表培训体系。

（区人大办　陶家声）

常州国家高新区管委会 常州市新北区政府

综 述

2023年，常州国家高新区（新北区）厚植产业优势，提亮经济成色，落实稳增长一揽子政策，推动经济体量、质量双跃升。

项目为王，优化产业体系。全年招引优质项目156个。“招推服一体化”2.0模式迭代升级。“两特三新一智能”主导产业产值超3000亿元。常州滨江经济开发区新材料产业园创成全国智慧化工园区和全国绿色化工园区，连续6年入选中国化工园区30强。167家规模以上数字经济工业企业完成产值841.9亿元。新增省级星级上云企业43家。新增国家级专精特新“小巨人”企业25家（年内搬入新北区1家），总数45家，占全市的27.1%。9家单位获国家级绿色荣誉称号。

创新驱动，加快前瞻布局。完成高新技术投资96亿元，实现高新技术产业产值2584.6亿元，比上年（下同）增长11.6%。获省科学技术进步奖15个，占全市的47%。新增国家级标准化试点项目2个、省级3个，万人发明专利拥有量100.42件，累计建成国家级博士后科研工作站13家。“科创积分贷”为企业融资超6.2亿元，增长30%。独角兽和潜在独角兽企业总数18家，占全市的29%。新增瞪羚企业42家，总数164家，占全市的51.3%。净增高新技术企业307家，总数1371家，分别占全市的29.5%、29%。引进“三高一资”企业（项目）63个。新增人才总量2.8万人，引育国家重大人才工程A类22人。新增国家级孵化器2家、省级工程技术研究中心22家，规模以上高新技术企业研发机构覆盖率提升至87.9%。达成产学研合作项目73个，完成技术合同登记成交额100.86亿元，增长38.8%。

产城融合，促进城乡均衡发展。

2月20日，秋白书苑常高新蔚蓝馆入选2023年度省级最美公共文化空间 （杨嘉文 摄）

比亚迪二期、中瑞产业园二期等重大项目在滨开区万亩产业园开工，龙江路以西产业园完成征迁总建筑面积36.97万平方米，全面完成全区存量集体建设用地数据摸排工作。常州国家高新区工业企业用地增效工程案例入选全国“亩均论英雄”改革典型案例。整合环卫绿化、停车管理、物业服务等业务，以“管理+服务+运营”模式实现多元主体协同治理。新建高标准农田328.3公顷，完成养殖池塘标准化改造221.1公顷，“常高新农”农产品公共品牌入选全国供销合作社品牌建设优秀案例。

厚植民生，绘就幸福底色。开展就业援助专项服务，建成区级规范化零工市场，新增城镇就业人员3.3万人，城乡居民人均可支配收入增长至6.19万元。完成困难老年人家庭适老化改造400户，创成全市首个全国智慧健康养老应用试点示范基地。创成省普惠托育机构4家。入选全省首批“15分钟医保服务圈”省级示范区。深化与常州市局前街小学合作办学，设立常州市局前街小学新龙湖分校。实施常州市新北区奔牛初级中学、常州市新北区飞龙第二实验小学等新建、改扩建项目22个，新增学位5930个。常州市新北区疾病预防控制中心新址启用，龙虎塘街道省级示范未成年人保护工作站正式投用。区图书馆服务超190万人次，春江楠木厅和常高新蔚蓝馆入选2023年度省级最美公共文化空间。环球恐龙城入选国家级文明旅游示范单位、江苏省现代服务业高质量发展集聚示范区。

精管善治，构建和谐环境。出台《常州国家高新区优化营商环境工作三年行动计划2023—2025年》和重点任务清单，推出18个大类60项改革举措，营商环境综合评价名次提升至全省城区第一名。“一企一策”落实“危污乱散低”综合治理，关停、提升企业超1100家。深化“除患治违”专项行动，新增拆除违章建筑面积30.5万平方米，全年火灾警情下降25.3%。基层应急管理和消防监督体系建设实现全域覆盖，生产安全事故起数和死亡人数分别压降17.7%、26.8%。常态化开展扫黑除恶行动，全力打击以电信网络诈骗为重点的新型违法犯罪，快侦快破涉企侵权案件和群众关注的“黄赌毒”“食药环”“盗抢骗”民生案件。

（区党政办 胡林伟）

资料链接

2023年常州国家高新区（新北区）十大民生实事项目

1月，经区五届人大二次会议票决，产生“教育品质提升工程”“基层医疗卫生机构服务能力提升工程”“未成年人关爱工程”等2023年新北区十大民生实事项目，经研究，未入选的“农贸市场提升工程”“‘一老一小’食品安全风险排查工程”2项工程纳入区政府年度民生实事项目实施计划。至年末，12项工程全部完成。

教育品质提升工程。竣工幼儿园2所、小学3所、初中2所，18所初中实验室内部硬件提升，推进常州市新北区孟河中学、常州市新北区孟河中心小学改扩建工程。新增学位5930个。

基层医疗卫生机构服务能力提升工程。推进奔牛人民医院综合门急诊楼改扩建项目、罗溪镇卫生院提档升级建设项目。智慧消防监管平台投入使用。4家中医馆通过省、市级评审，2家中医阁细化机构标准、科室设置、中医综合服务区、人员配备、设备配置。6家示范中医阁创建工作通过区级评审验收。

未成年人关爱工程。完成年度困难学生伙食专项补助工作，共调拨款项55.42万元。完成0～6岁儿童孤独症筛查52191人次，做好阳性人员复筛、追访工作。完成9个社区儿童友好社区建设任务。

困难青少年帮扶工程。完成60间“梦想小屋”改造升级。组建关爱对象“1+X”（“1”指1间梦想小屋，“X”指X个团队）帮扶团队，常态化开展走访慰问活动500余次，共发放关怀资金20余万元，开展课业辅导、陪伴长谈、心理疏导、集体合唱、校外实践等活动170余场，陪伴青少年德、智、体全方位成长。

住宅小区提升整治工程。完成孟河镇富民欣园、三井街道汇丰一村老住宅小区提升改造工作。持续推进既有住宅加装电梯工作，完成6台电梯加装任务。完善电梯安全远程监控平台，完成8个安置小区共400台电梯的物联网设备加装。

交通畅行工程。新增公共停车泊位2586个，接入智慧停车平台9850个。新建公交候车亭26个，维修公交候车亭70个。全年改造镇、村道路16.69千米，改造农村桥梁7座。先后开展县乡公路常规养护，完成140千米农路安防精细化提升工作。委托第三方专业机构检查桥梁99座。

城市环境优化提升工程。完成4个口袋公园建设，面积20350平方米。完成2个生活垃圾转运站提升改造项目。

农村人居环境整治提升工程。通过旧亭拆除、地面硬化、重建垃圾亭、更换不锈钢转运车等方法，改造完成539座垃圾房。新建农村公厕2座、改建1座。创成市级示范幸福河湖2条、市级幸福小微水体优秀片区3个、区级幸福小微水体优秀片区5个，整治问题小微水体320个。

就业创业富民工程。采集、开发就业岗位6万个，新增城镇就业人员

3.3 万人，支持大学生创业 604 人，开展补贴性职业技能培训 9853 人次。

燃气安全提升工程。完成西夏墅镇、三井街道 2 条餐饮街区“瓶改管”改造工程，确保商户的正常经营不受影响。

（区党政办 朱梦谷）

重要会议

【区管委会（区政府）全体（扩大）会议】 4 月 3 日，区管委会（区政府）召开全体（扩大）会议，安排部署“五一”前后及下半年重点工作。会上，区经发局围绕做强重点产业、区科技局围绕优化提升科创生态、区商务局围绕统筹推进“三招三引”、区审计局围绕板块高质量发展质效、龙虎塘街道围绕打造光伏智慧能源产业新圣地、常州滨江国有控股集团有限公司围绕产业载体建设运营进行现场交流发言。区教育局围绕加速补齐文教短板，薛家镇围绕打造生命健康产业集聚高地，高铁新城公司和常高新集团围绕当好产业服务员、新城建设者作书面交流。

11 月 4 日，区管委会（区政府）召开全体（扩大）会议暨廉政工作会议，部署年末重点工作。会上，区经发局围绕全力冲刺全年目标任务、推动高质量发展走在前，区生态环境局围绕各级环保督察整改、秋冬季大气污染防治，滨开区和罗溪镇围绕冲刺全年目标任务，龙城国控集团围绕明晰发展战略规划、做强做精主营业务进行交流发言；区商务局围绕稳外资、稳外贸、攻坚重大项目招引，区应急管理局围绕落实安全生产重点任务，孟河镇和新桥街道围绕冲刺全年目标任务作书面交流。

【区政府常务会议】 2023 年，区管委会（区政府）召开 10 次常务会议。

1 月 11 日，第一次常务会议召开。会议传达学习习近平总书记署名文章《谱写新时代中国宪法实践新篇章——纪念现行宪法公布施行 40 周年》；听取《常州市新北区农村人居环境整治提升五年行动实施方案》《常州市新北区“无废城市”建设实施方案（2022—2025）》《常州市新北区贯彻落实第二轮中央生态环境保护督察报告整改方案》《2023 年新北区房屋征收（搬迁）安置计划及安置房建设计划》《2023 年产业发展暨“新能源之都”建设推进大会方案》《关于下达 2023 年度重大项目招引推进任务计划的通知》《关于建设江苏省制造业高质量发展示范区 2025 行动计划》《常州市新北区全民科学素质行动规划纲要实施方案（2021—2025 年）》《常州国家高新区“龙城英才计划”第二十一批项目建议推荐名单》起草情况的汇报。

3 月 22 日，第二次常务会议召开。会议传达学习全国“两会”精神和习近平总书记在参加江苏代表团审议时的重要讲话精神；听取《2023 年全区督查检查工作计划》《常州市新北区 2022 年度法治政府建设工作报告》《常州国家高新区（新北区）2021 年度本级预算执行及其他财政收支审计查出问题整改情况的报告》《常州国家高新区（新北区）国资委审批事项清单（2023 年版）》《2023 年全区主要经济社会发展预期目标》《关于加快推进常州国家高新区重点产业高质量发展的实施意见》《常州国家高新区（新北区）关于加快打造新能源之都核心区的实施意见》《关于深化重大项目“招推服一体化”工作机制的实施意见（2023 修订版）》《常州国家高新区（新北区）建设江苏省制造业高质量发展示范区 2023 年度工作要点》《常州国家高新区（新北区）2022 年度银行业金融机构通报表扬名单》《常州国家高新区（新北区）金融高质量发展 2023 年度工作要点》《常州国家高新区（新北区）北交所上市培育三年行动计划（2023—2025 年）》《常州国家高新区（新北区）工业用地提质增效一万亩三年行动计划（2023—2025 年）》《常州国家高新区（新北区）城市市政公用基础设施配套费征收管理办法（2023 修订版）》《关于做好 2023 年全面推进乡村振兴重点工作的实施意见》《常州市新北区乡村建设行动实施方案》《常州市新北区农村乱占耕地建房非住宅类房屋专项整治试点实施方案》《常州国家高新区（新北区）安全生产委员会 2023 年工作要点》《“危污乱散低”综合治理 2023 年推进计划》《应急管理局 2023 年度安全生产执法计划》《关于调整新北区国有土地上非住宅房屋征收与补偿非营业用房区位划分等内容的函》《新北区餐饮企业工业级燃气报警装置安装实施方案》起草情况的汇报。

4 月 27 日，第三次常务会议召开。会议传达学习二十届中央全面深化改革委员会第一次会议精神；听取《新北区 2023 年度重大行政决策事项目录》《新北区人民政府 2023 年度行政规范性文件计划》《常州国家高新区（新北区）2023 年城乡建设资金收支平衡方案》《常州国家高新区（新北区）2023 年匠心打造“六张高新名片”年度目标任务清单》《常州市新北区政府投资项目三年滚动计划》《关于表彰 2022 年度建筑业先进集体的决定》《常州市新北区社会心理服务体系建设三年行动方案》起草情况的汇报，听取关于一季度安全生产形势及重点工作推进情况和《常州国家高新区（新北区）公共安全体系规划 2023 年实施方案》起草情况的汇报，听取《常州国家高新区（新北区）生态文明建设规划（修编）（2022—2030）》《常州市新北区“十四五”生态环境保护规划》《新北区土地整治项目管理实施办法(2023修订)》起草情况的汇报。

6月2日，第四次常务会议召开。会议传达学习二十届中央财经委员会第一次会议精神；听取《常州国家高新区（新北区）推进现代服务业高质量发展三年行动计划（2023—2025）》《常州国家高新区（新北区）关于推进现代服务业高质量发展若干政策》《2023年新北区深入打好污染防治攻坚战工作方案》起草情况的汇报，听取《重点行业领域安全生产监管责任分工》的起草情况以及重大事故隐患排查整治行动开展部署情况的汇报，听取《常州市新北区创建国家食品安全示范城市实施方案》《常州国家高新区(新北区)存量集体建设用地盘活利用“一万亩”工作方案（2023—2025年）》《常州市新北区集体经营性建设用地入市管理办法(试行)》《常州国家高新区(新北区)税费征管保障工作意见（试行)》起草情况的汇报。

7月24日，第五次常务会议召开。会议传达学习中央全面深化改革委员会第二次会议精神；听取《关于进一步推进常州高新区人力资源服务产业园建设的意见》起草情况的汇报，听取全区安全生产工作情况汇报和农村道路交通安全工作情况汇报，听取《关于公布区政府行政规范性文件清理结果的通知》《关于常州市新北区2022年财政决算草案及2023年上半年预算执行情况的报告》《关于常州国家高新区（新北区）2022年度本级预算执行和决算草案以及其他财政收支情况的审计结果报告》《常州国家高新区（新北区）首席数据官制度建设实施意见》《关于深化数字政府建设的实施意见》《全区2023年上半年国民经济和社会发展计划执行情况的报告》《2022年度银行业金融机构先进单位奖励资金的拨付方案》《常州国家高新区“龙城英才计划”第二十二批创业人才项目建议推荐名单》起草情况的汇报。

9月1日，第六次常务会议召开。会议传达学习8月17日中共中央政治局常务委员会会议精神；听取《常州市新北区人民政府关于2022年度国有资产管理情况综合报告》《常州市新北区人民政府关于2022年度行政事业性国有资产管理情况专项报告》《常州国家高新区（新北区）集体经营性建设用地入市土地增值收益调节金征收和使用管理办法（试行)》《关于进一步贯彻落实政府过紧日子要求加强财政支出管理的通知》《开展重大产业项目“桩基先行”服务的通知（试行)》《常州国家高新区（新北区）新能源汽车财政补贴资金管理办法》《2022年常州国家高新区(新北区)工业企业资源集约利用综合评价分析报告》《常州国家高新区（新北区）印染行业整治提升三年攻坚行动（2023—2025)》《常州国家高新区（新北区）碳纤维及复合材料产业发展规划（2023—2027)》《常州国家高新区（新北区）碳纤维及复合材料产业发展三年行动计划（2023—2025)》《常州国家高新区（新北区）加强园区（镇、街道）应急管理和消防安全体系建设的意见》起草情况的汇报。

9月28日，第七次常务会议召开。会议传达学习《关于建立领导干部应知应会党内法规和国家法律清单制度的意见》；听取《常州市新北区经济发达镇改革与培育三年行动计划（2023—2025)》《关于加快构建新能源汽车零部件产业生态工作方案》《关于建立重大产业项目建设审批全流程预审机制的实施意见（2023年修订版)》《新北区推进新一轮太湖综合治理“1+7”专项行动方案》《新北区推进新一轮太湖综合治理2023年工作计划》《常州国家高新区（新北区）关于进一步推进标准化、质量品牌及知识产权高质量发展的实施办法》起草情况的汇报。

11月3日，第八次常务会议召开。会议传达学习习近平总书记在进一步推动长江经济带高质量发展座谈会上的重要讲话精神；听取《关于常州市新北区2023年1—9月份预算执行情况及区本级支出预算调整方案的报告》起草情况的汇报，听取全区三季度安全生产工作汇报，听取《常州国家高新区（新北区）国民经济和社会发展第十四个五年规划和二〇三五年远景目标纲要实施中期评估报告》《2023年国民经济和社会发展计划调整方案》《加快推进数字经济高质量发展三年行动计划（2023—2025年)》《生命健康产业发展五年规划和三年行动计划》《智慧能源产业发展五年规划和三年行动计划》《常州国家高新区（新北区）深入推进“常有健康”三年行动方案（2023—2025)》《常州国家高新区（新北区）普惠托育服务三年行动方案（2023—2025年)》起草情况的汇报。

12月5日，第九次常务会议召开。会议传达学习习近平总书记在中央金融工作会议上的重要讲话精神；听取《关于调整常州市新北区人民政府第三届法律顾问名单的说明》《常州市新北区2024年财政预算编制情况的报告》《新北区2022年度本级预算执行及其他财政收支审计查出问题整改情况的报告》《常州国家高新区“龙城英才计划”第二十三批创业人才项目建议推荐名单》《关于新北区统筹优化乡村振兴专项资金支持农业农村发展的若干政策措施（2024—2026)》起草情况的汇报。

12月23日，第十次常务会议召开。会议传达学习习近平总书记关于“四好农村路”的重要指示精神；听取《2023年区长质量奖评审情况》《常州市新北区五届人大三次会议政府工作报告》《2024年区为民办实事建议项目清单》《常州市新北区2023年财政预算执行情况与2024年财政预算草案的报告》《关于全面加强国有企业监管的实施意见》《新北区创建“四好农村路”全国示范县实施方案》《2024年区政府投资项目计划》《关于常州市新北区2023年国民经济和社会发展计划执行情况与2024年国民经济和社会发展计划草案的报告》《常州国家高新区产业用地项目预评价实施细则（试行）》《常州市新北区贯彻落实省生态环境保护督察报告整改方案》起草情况的汇报。

（区党政办 胡林伟）

营商环境优化

【概况】 2023年，常州国家高新区（新北区）成立全区优化营商环境工作领导小组，围绕综合更优的政策环境、公平有序的市场环境、高效便利的政务环境、公正透明的法治环境、亲商安商的人文环境五大重点，出台《常州国家高新区优化营商环境工作三年行动计划（2023—2025年）》，推出18个大类60项具体改革任务。召开全区优化营商环境大会，制定《常州国家高新区（新北区）2023年深入推进“放管服”改革暨打造一流营商环境重点任务清单》，细化134项具体举措。3月，区委书记、区党工委副书记周庆在全省机关作风建设暨优化营商环境大会作交流发言，高新区（新北区）推动优化营商环境工作获省政府督查激励。年内，“高新事·高兴办”品牌入选常州市第五批优质服务品牌，“急郎中工作室”项目获常州市法治惠民实事优秀项目二等奖，“竣备即发证，助企增活力”项目入选省自然资源厅揭榜挂帅项目；“高新事·高兴办”培育一流政务服务品牌被《人民日报》《法治日报》头版、“司法部”微信公众号报道。

【企业开办优化】 2023年，常州国家高新区（新北区）新增各类市场主体23678户，比上年（下同）减少1.38%；至年末有各类市场主体17.02万户，增长8.37%。全年完成企业开办7616家，企业开办专区发放“企业开办大礼包”6900余份，免费刻制印章1.4万余枚，为企业减免开办成本200余万元。全面推进准入电子化，全年办理企业全程电子化登记22193户，其中公司全程电子化登记率96%，个体户手机App登记率92%；实施“证照分离”“告知承诺”“准入即准营”改革，“准入即准营”实现改革服务全覆盖。全年办理告知承诺制审批事项978件，发放行业综合许可证265张；推广“1+N注销”（以市场主体营业执照“1”为核心，以市场主体取得的准入类许可证件“N”为突破，构建系统集成的注销套餐模式）网上办件系统，实现流程材料、审批时效、审管联动“三优化”，办理453件。首推新创企业训练营，构建形成“1个区级总营+N个孵化器”（1个新创企业训练营基地+N个分营）的多元模式，开设法律风险防范、人事管理、财务制度等32门课程，全年开展专业培训6期。

【项目办理】 2023年，常州国家高新区（新北区）创新推出“五即工作法”（准入即交底、注册即领照、拿地即开工、开工即接电、竣备即发证），印发《常州国家高新区（新北区）关于推进工程建设项目“竣备即发不动产证”服务的实施意见（试行）》，全年完成“竣备即发证”项目82个、“拿地即开工”项目10个。全年“急郎中工作室”“星期六审批服务直通车”开展服务120余次，解决疑难杂症100余个。探索推进“桩基先行”服务，制定《关于开展重大产业项目“桩基先行”服务的实施意见（试行）》，发出首个“桩基先行”施工许可，缩短项目落地时间、打通“拿地即开工”“最后一公里”。合并办理工程质量安全监督备案与施工许可274件，合并审批项目建议书和可行性研究报告12件，节约财政资金36万元。区行政审批局与区经发局等部门联合审查“两高”（高耗能、高排放）项目22个。至年末，全区165个重大项目（实施项目154个，预备项目11个）立项153个，完成率92%；完成环评审批手续111个，完成率67%；办理施工许可证113个，完成率68%。办理工业类新建项目施工许可证176个，平均用时8.34个工作日（含中介机构用时），其中最优用时4.5个工作日。

（区行政审批局 王淑亚）

【重点项目建设服务】 2023年，常州国家高新区（新北区）优化营商环境。区住建局联合区行政审批局、区经发局、区商务局、区资规分局等部门协同完成乐萌压力电容、瑞联装备等5个重大产业项目“拿地即开工”预审流转，为企业开工压缩3～6个月的时间，提高重大项目的建设效率。推进招标模式改变，提升建筑业产值和纳税。根据省住房和城乡建设厅、省发展和改革委员会《关于推进房屋建筑和市政基础设施项目工程总承包发展实施意见的通知》，按照国有资产先行、稳步推进原则，在建设内容明确、技术方案成熟的前提下，推行工程总承包方式。协调推进光星地块开发、科创水镇二期、奔牛人民医院等11个项目采用工程总承包（EPC）模式招标，优先照顾辖区企业，提高区工程管理效率和水平。

（区住建局 杨凯）

【“获得电力”服务】 2023年，常州国家高新区（新北区）全面落实500米及以下短距离电力接入工程免审批政策，采用政企联动现场查勘、方案制定、验收接电，共同推进工程提速实施。年内，区重大项目“招推服一体化”工作领导小组办公室联合区住建局、区资规分局、国网常州供电公司，根据区域产业定位、用能特点等条件评估电力需求，编制与市政规划有效衔接的电网规划方案，完成滨开区、孟河镇、薛家镇等板块电网规划编制，布置电源电站、电力管线、箱变等电力设施，实现由“项目等电”到“电等项目”。项目签约落地后，主动对接企业用电需求，结合项目建设周期、规划产能等要素，同步给出“临时用电+正式用电”最优配电方案，做到外线接入一次解决，实现电力接入审批环节减少超70%，压缩办理时限超90日。依托“招推服一体化”机制，组建“1+N”（1：区重大项目办公室与国网常州供电公司联合统筹，N：项目报建员、项目负责人、供电公司专员、设备技术人员等）电力保障团队，提供全流程电力保障。至年末，区经发局为比亚迪常州基地二期、江苏睿恩新能源科技有限公司高倍率锂离子电芯研发制造（一期）、常州优谷新能源科技股份有限公司大型海上风电机组关键零部件、常州市乐萌压力容器有限公司泛半导体晶体生长装备核心部件、瑞联汽配跨境电商制造中心一期、宸光（常州）新材料科技有限公司绿色无机光学材料等10余个在库省、市重大项目提供个性化配电服务。召开区经营性用地领导小组会议，明确新建项目红线外电力接入工程政府投资建设责任单位和操作口径，新建居住区项目由区住建局牵头组织落实，新建产业项目由区经发局牵头组织落实，其他新建项目由各行业主管部门牵头组织落实，保障新建项目红线外电力接入工程实施。协调孟河镇中梁云宸府、奔牛镇澎湃雅园、高铁新城星耀雅苑、天汇花园等项目电力接入工程。至年末，为11个房地产项目办理政府接入证明，部分项目与电力公司签订施工合同，为房地产项目节约建设资金8000万元（测算金额）。

【不动产登记服务改革】 2023年，常州国家高新区（新北区）创新推出“零材料”办理“交地即发证”，通过不动产登记平台自动获取土地权源材料，土地勘测报告和地块交接书等，无法自动获取，则全流程提供“店小二”式“帮办代办”服务。根据《常州市进一步深化涉企不动产转移登记、二手房转移登记及水电气联动过户“一件事一次办”改革实施方案》，完成“一件事一次办”改革，通过设立专窗、并联审批、一窗税费的模式，实现涉企不动产转移登记和二手房转移登记便利化。通过常州市存量房一体化平台，实现线上、线下办理，提升办事效率。首创“竣备即发证”服务，经常州市自然资源和规划局申报并确定为常州市“揭榜挂帅”项目，入选全省年度市县级十件有影响事件之一，被列入全省2024年确权登记重点工作并在全省推广。全年办理“竣备即发证”项目82个，占竣备项目总数的80%，其中服务重大项目、专精特新企业占比15%。5月，常州市不动产登记交易中心新北分中心为新北区新桥街道郭塘桥村15户农户颁发全省首批新版土地承包经营权不动产权证书；7月，颁发全省首批土地经营权不动产权证书；9月，办理首例土地经营权抵押登记，常州云丰农机服务专业合作社以经营权抵押获贷款500万元。至年末，全区完成“交房即发证”小区16个，完成“交地即发证”项目29个。

【税收营商环境】 2023年，常州国家高新区（新北区）落实增值税留抵退税等税费优惠政策，全年办理增值税留抵退税303户，退税金额16.53亿元；为1921家次企业兑现研发费用加计（计算应纳税所得额时扣除数额的一种税收优惠措施）扣除优惠，加计扣除总额96亿元；为1.63万家次小型微利企业减免所得税额12亿元；高新技术企业所得税减免政策惠及全区237家企业，实际减免企业所得税税额16亿元。依托12366纳税缴费服务热线、“12345”市民服务热线、江苏省征纳互动平台为纳税人答疑解惑，全年处理“12345”市民服务热线工单646个、12366纳税缴费服务热线咨询意见类工单3857个、涉税举报类工单1103个。持续优化营商环境评价指标，纳税人从线上申请增值税留抵退税到获得退税款平均时长2.44日。优化纳税人办税体验，全年完成在线互动2044条。至年末，更正申报线下办理率从年初的29.51%下降至6.67%，简易处罚线下办理率从年初的60.08%下降至10.08%；全年窗口服务6.38万人次，参与评价6.16万人次，评价率96.5%，满意度100%。

【执行合同】 2023年，区法院立足审判职能，加强案件繁简分流工作，组建专业化速裁团队，发挥审执职能作用，营造稳定、公平、透明、优质的营商环境。年内，开辟涉企案件立审执“绿色通道”，妥善化解涉企纠纷8461件，解决争议标的额49.97亿元。深入推进执行攻坚，开展集中执行行动65次，执结案件9309件，执行到位金额12.09亿元。持续强化执行震慑和失信惩戒，以拒执罪追究刑事责任3人。召开综合治理执行难工作联席会，与各镇（街道）签署“执行+网格”协作备忘录。依法引导523家企业退出失信被执行人名单，企业信用分类分级修复项目获全市政法工作创新创优二等奖。至年末，区法院受理执行案件1.04万件，结案9999件，执行到位金额13.47亿元，首次执行案件结案平均用时94.21日，首次执行完毕结案平均用时57.28日。

【破产办理】 2023年，常州国家高新区（新北区）加快市场资源要素重整，落实破产、强制清算案件公益管理人制度，召开破产工作联席会议，完善“一府两院”（政府，法院、检察院）联动机制，全年审结破产案件65件、强制清算申请案件152件。通过破产办理、案件执行等程序，化解企业债务20.2亿元，盘活及腾退土地、房产面积18.2万平方米。由区政府牵头，联动孟河镇政府、区住建局、区税务局、区资规分局、区不动产登记交易分中心等单位，推动孟河镇中盛商贸广场“烂尾楼”复工、验收，实现破产清算程序内179套纯商业用房的交付、办证，为业主挽回经济损失金额1.36亿元，工作经验获省委领导批示。至年末，区法院的《江苏永迈循环科技有限公司破产重整案》入选中国破产与特殊资产行业50个经典案例，其破产重整助企行动被评为全区最受欢迎营商环境改革举措。

（区行政审批局 王淑亚）

【“益企来 赢未来”营商环境主题日活动】 12月15日，“益企来 赢未来”常州国家高新区（新北区）营商环境主题日活动在区举行，旨在强化政企互动，促进政企互信，营造亲商、爱商、护商的良好氛围。活动中，常州国家高新区（新北区）营商环境主题日发布，同步发布2023年十大最受欢迎营商环境改革措施和2024年十大最受期待营商环境改革方向，聘任首批常州国家高新区（新北区）营商环境体验官、观察员、文化宣传员，区行政审批局作优化营商环境工作宣介；“优化营商环境 高新区在行动”现场路演，中简科技股份有限公司董事长杨永岗、常州聚和新材料股份有限公司董事长刘海东围绕全区优化营商环境作交流发言。

（区行政审批局 吴文希）

12月15日，“益企来 赢未来”常州国家高新区（新北区）营商环境主题日活动举办（沈霞 摄）

政务服务

【概况】 2023年，常州国家高新区（新北区）以“高新事·高兴办”培育一流政务服务品牌为引领，紧扣营商环境难点攻坚年目标，深化“放管服”改革，激发市场主体活力，协调推动营商环境迈上新台阶。年内，按照“一次告知、一表申请、一套材料、一同踏勘、一窗发证”要求，依托线上平台和线下专区，分类推进“一件事一次办”改革，整合民生小店开心办、一证化、一件事套餐办等原有服务，上线16个省定标准“一件事”。“高新事·高兴办”品牌吸引江苏省政务办、连云港市政务办、山东潍坊高新区、上海临港、北海市营商办等单位到区政务服务大厅调研考察。至年末，区政务服务中心大厅办件44.6万余件，其中市场准入领域办结6万件、建设项目领域办结3368件；“高新事·高兴办”品牌被评为常州市第五批优质服务品牌，“急郎中工作室”项目获常州市法治惠民实事优秀项目二等奖。优化窗口建设。至年末，区政务服务大厅进驻部门25个（市级部门5个、区级部门20个），进驻单位12家，进驻政务服务事项751个（市级部门事项39个、区级部门事项712个），其中包括个性化服务事项13个、13个部门涉外事项125个，涉及企业事项96个、个人事项47个，既涉及企业又涉及个人的事项18个。

表 5　2023 年常州国家高新区（新北区）政务服务中心市场准入领域办件量统计表

事项	数量（件）	事项	数量（件）
企业设立、变更、注销登记	50180	申请从事互联网上网服务经营活动审批	8
其中：内资企业登记	49620	营业性演出审批	171
外商投资企业登记	560	娱乐场所从事娱乐场所经营活动审批	27
个体工商户登记注册	27033	放射源诊疗技术和医用辐射机构许可	33
农民专业合作社登记注册	40	医疗机构设置审批	0
劳务派遣经营、变更、延续、注销许可	222	医疗机构执业登记	87
职业培训学校办学许可（民办）	12	中等及以下学校和其他教育机构设置审批（民办）	28
人力资源服务许可审批	53	兽药经营许可证核发	3
其中：秒批	49	动物诊疗许可证核发	12
中介机构从事代理记账业务审批	31	水域滩涂养殖证的审核	1
烟花爆竹经营（零售）许可	65	设置大型户外广告及在城市建筑物、设施上悬挂、张贴宣传品审批	2058
危险化学品经营许可	582	其中：秒批	996
食品（含保健食品）经营许可	5582	临时性建筑物搭建、堆放物料、占道施工审批	3
食品生产加工小作坊登记	28	母婴保健技术服务机构执业许可	7
药品零售企业许可	219	饮用水供水单位卫生许可	2
股权出质登记	93	林草种子生产经营许可核发	1
公共场所卫生许可（除饭馆、咖啡馆、酒吧、茶座等）	1254	种畜禽生产经营许可	1
其中：秒批	1239		

表 6　2023 年常州国家高新区（新北区）政务服务中心建设项目领域办件量统计表

事项	数量（件）	事项	数量（件）
企业投资建设固定资产投资项目备案	710	商品房现售备案	8
企业、事业单位、社会团体等投资建设的固定资产投资项目核准	3	城市建筑垃圾处置核准	84
企业投资技术改造项目备案	117	临时占用城市绿化用地审批	132
政府投资项目审批	262	砍伐城市树木审批	156
固定资产投资项目节能审查	18	新建民用建筑防空地下室同步建设审批	166
建筑工程施工许可证核发	274	涉路施工许可	8
房屋建筑工程和市政基础设施工程竣工验收备案	226	建设项目环境影响评价审批（省、市、县）	766
市政设施建设类审批	310	生产建设项目水土保持方案审批	93
商品房预售许可	26	非防洪建设项目洪水影响评价报告审批	9

【政务公开】 2023年，常州国家高新区（新北区）在市“政企通”平台完成11个区级部门25个平台账号开通工作，发布政策原文46条、政策解读19条、政策干货10条、申报通知5条、奖补公示3条、申报事项26个、申报流程32个、申报材料25个，推进法人注册1.22万人次，网办率位居全市第一。

【行政许可事项清单（2023年版）公布】 2023年，常州国家高新区（新北区）配合市政务办，梳理全区行政许可与行政备案事项，印发《常州国家高新区（新北区）行政许可事项清单（2023年版）》。根据《中华人民共和国体育法》修订情况，新增行政许可事项“举办高危险性体育赛事活动许可”，由区教育局（区文体旅局）主管并实施；将区教育局（区文体旅局）主管的“临时占用公共体育设施审批”修改为“临时占用公共体育场地设施审批”。根据机构改革情况，将“应建防空地下室的民用建筑项目报建审批”“拆除人民防空工程审批”“改造、报废人民防空工程审批”的主管部门由区住建局（区人防办）调整为区经发局；将“关闭、闲置、拆除城市环境卫生设施许可”“拆除环境卫生设施许可”“城市建筑垃圾处置核准”“设置大型户外广告及在城市建筑物、设施上悬挂、张贴宣传品审批”“临时性建筑物搭建堆放物料、占道施工审批”“临时占用道路以及其他公共场地摆摊经营许可”“建筑垃圾消纳场地设置审批”的主管部门由区住建局调整为区城管局。根据新出台的《中华人民共和国噪声污染防治法》，取消区生态环境局主管的“防治噪声污染设施拆除或闲置审批”。根据《江苏省野生动物保护条例》，新增地方性法规设定的行政许可事项“外国人对省重点保护野生动物和国务院野生动物保护行政主管部门公布的有重要生态、科学、社会价值的陆生野生动物进行野外考察、标本采集或者在野外拍摄电影、录像审批”，由区资规分局、区农业农村局主管并按规定分别实施。

【重大产业项目建设审批全流程预审机制】 2023年，常州国家高新区（新北区）为提高建设项目审批效能，制定重大产业项目建设审批全流程预审机制，为全区实现“拿地即开工”常态化提供有力支撑。招引项目会商环节由区商务局牵头负责，项目正式签约前，提请区重大项目“招推服一体化”工作领导小组（简称区重大办）审核，进行集体会商，区级部门围绕项目基本情况展开论证，明确评审意见；对于环保、安全、消防、能耗等要求较高的特殊项目，由相关职能部门邀请第三方专业机构或行业专家进行专项咨询评估，根据咨询评估结果形成最终评审意见。签约项目交接环节，区重大办负责牵头，召集相关部门及园区、镇（街道）进行会商、交接；不定期召开项目交接会，召集区经发局、区商务局，项目所属园区、镇（街道）、企业以及相关部门参加，区商务局、区经发局以及园区、镇（街道）等三方交接人签字确认，推进项目快速落地。任务分办环节，根据项目单位需求，为项目制订切实可行的推进方案，形成项目推进横道图；项目召开启动会议时，根据项目建设计划，明确责任分工，形成任务清单，根据推进职责落实任务分办。针对重点项目推进过程中存在的问题，区重大办审核后进行问题交办，明确时限，限时办结。

（区行政审批局 吴文希）

【“招推服一体化”机制】 2023年，常州国家高新区（新北区）推进重大项目“招推服一体化”2.0工作机制，迭代打造贯穿“签约、建设、投运、评估”各阶段的重大项目“招推服一体化”2.0模式，通过“四全”“四即”“四高”的全生命周期服务（以项目评价的全范围覆盖实现“签约即准入”，确保高质量招引；以项目建设的全流程预审实现“拿地即开工”，确保高效率推进；以项目竣前全方位指导实现“竣备即投产”，确保高水平达产；以项目投产全要素评估实现“晋优即赋能”，确保高质效运营），实现项目推进和企业服务闭环，驱动全区经济高质量发展。年内，常州国家高新区被评为常州市重大项目招引推进突出贡献单位。至年末，全区7个省重大实施项目全部开工，完成投资额119亿元，完成年度目标的119%。在库市重点项目78个，完成投资额308亿元，完成年度目标的132%；新增入库项目30个，完成年度目标的120%；新开工项目26个，完成年度目标的118%；竣工项目24个，完成年度目标的133%。4项指标均提前超额完成全年目标任务，其中竣工项目数位居全市第一。12个市重点项目获市2023年工业高质量发展专项支持重大设备投入奖励。136个区重点产业项目完成投资额343亿元，完成年度目标的105%。71个产业项目竣工投产，完成年度目标的118%。

（区经发局 郑宇）

【集群注册登记办理】 2023年，常州国家高新区（新北区）以创新服务载体，实现服务精准化为目标，深化“企业开办一件事”服务。落实《常州市经营主体集群注册登记办法（试行）》政策，激发经营主体活力，降低经营主体创业成本。11月，常州市首例集群注册登记载体落户常高新·漫柏未来人才社区。实施集群注册登记后，适合行业的经营主体在设立注册登记时，简化经营主体所需提供材料，为创业者提供登记注册便利，形成登记部门、监管部门与集群注册托管机构的长效对接机制。至年末，全区完成集群注册场所17家，惠及市场主体200余户。

【“五即”服务】 2023年，常州国家高新区（新北区）首创重大项目服务“五即工作法”，赋能项目建设。准入即交底。依托重大项目“招推服一体化”工作机制，对照项目招引培育、落地承接、要素筹备等环节，按照区级主导、属地推进、部门担当等方式，形成“五单两表一图一报告”工作流程，提升要素供给和全程服务质量，实现项目落地无缝对接。注册即领照。优化“政银合作”省心模式，实现企业开办“0.5天＋零费用”，在提高效率的同时为企业节约开办费用累计超2800万元；在全市率先开展“一业一证”改革，实现“一业一流程、一证即准营”；推行告知承诺制审批，办理949件；推行“集群注册”提高注册便利性并实现全市首例。拿地即开工。构建“一库统筹、一图索引、一室指导、一单策划、一次发证”服务模式，帮助企业在签订土地出让合同当日，同步取得开工所需全部审批文书，企业开工可压缩时间超6个月。开工即接电。建立健全“一体化供电规划、一次办解决方案、一揽子服务保障”的工作机制，电力接入审批环节减少超70%，实现外线接入一次解决。竣备即发证。出台《工程建设项目“竣备即发证”服务的实施意见》，联合相关部门推行“容缺受理、联合测绘、联合验收、并联审批”的“一容三联”服务模式，对达到验收条件的项目，实现档案验收、竣工备案、不动产权证办理等事项的同步办结，达到“减材料、减环节、减时限、增效能”的“四减一增”效果，比亚迪常州项目在一日之内实现“拿地即开工”。至年末，全区完成“竣备即发证”项目82个，数量在全省县（市、区）级位居第一。相关经验做法被省自然资源厅列为“揭榜挂帅项目”，在全省推广。

【政府网站信息公开】 2023年，常州国家高新区（新北区）落实政府信息公开的保密检查及不予公开信息的审查工作，制定《常州国家高新技术产业开发区（新北区）行政审批局信息公开指南》，健全信息发布保密审查机制，实施“一事一审批”；依托新北区政府门户网站，公布和公开审批工作机构职责、审批相关法规、日常政务。全年新增及更新主动公开政府信息26条，其中信息公开指南1条、机构概况类2条、政策法规类3条、规划计划类2条、业务工作类11条、年度工作报告类2条、其他5条。开展依申请公开政府信息工作，区行政审批局收到依申请公开信息21件，《关于优化企业新建项目审批流程的意见建议》被评为2023年度新北区人大代表建议优秀承办件；对于应当主动公开的政府信息，均能按时按要求予以公开，无推诿、拖延、应公开而不予公开的现象发生。

【新创企业训练营】 6月，新北区新创企业训练营正式开营，通过导师授课、现场教学、政策解读、案例分析等形式，助力企业绕开创业陷阱，实现高质量创业。首期课程采用现场教学和专题授课相结合方法，40余家新创企业代表参观创新展示中心、漫柏人才公寓等现场教学点，听取上海市海华永泰（常州）律师事务所主任陈小刚的专业授课。年内，开设区委党校、人力资源产业园、“嘉壹度”青年创业平台、创意产业基地、漫柏人才公寓、滨开区园区6家分营，聘请35名行业导师，设置法律、金融、财务、文旅、医疗、安全等领域的32门课程。新创企业训练营每月举办1期，全年开办6期，为约200家新创企业提供业务培训。新创企业训练营相关经验做法被“学习强国”学习平台、《常州日报》等媒体刊载。

【外资企业代表“走进政务服务大厅体验日”活动】 12月18日，区行政审批局组织外资企业协会企业代表“走进政务服务大厅体验日”活动。区相关领导及外资企业代表30余人参加活动。参加人员在区政务服务大厅，通过零距离参观体验、面对面沟通交流，感受高新区（新北区）营商环境国际化生态。在活动中，区行政审批局相关负责人通过“一个目标、两项省级试点、三年行动计划、四向维度、五即工作法”，向参与人员介绍全区营商环境主要内容；在场的外资企业代表通过亲身经历分享对常州高新区营商环境建设的感受，并对推进营商环境国际化提出新的建议；举行“新创企业训练营”英文标识揭牌仪式和营商环境联盟单位签约、授牌仪式。

（区行政审批局 吴文希）

外事工作

【概况】 2023年，常州国家高新区（新北区）营造国际化优质营商环境，推进对外交流合作，全年因公出国（境）团组25批100人次，接待外宾120批320余人次。区外事部门按照“计划控制、总量管理”原则，从严审批因公出国（境）团组，确保出访团组精简高效。密切与各国驻沪总领馆联系，扩大高新区（新北区）影响力。

【涉外服务】 2023年，常州国家高新区（新北区）落实江苏省人民政府外事办公室《关于最大程度便利商务人员往来服务常态化走出去经贸招商的八项举措》，推荐天合光能股份有限公司、常州兴荣高新科技股份有限公司、黑牡丹集团有限公司、常州大亚进出口有限公司4家优质企业享受亚太经济合作组织（APEC）商务旅行卡“白名单”政策。高效办理APEC商务旅行卡，方便企业开展对外经贸活动，助力企业国际化发展。全年115家企业210人次递交APEC商务旅行卡申请材料，数量位居全市第一。4月，常州市签证服务中心落户高新区（新北区），支撑沪宁线签证服务网络，为全市及周边城市出国签证提供便利快捷的服务和保障，推动对外交流交往。年内，4名在区外籍人士被评为常州市荣誉市民，累计有57名在区外籍人士被评为常州市荣誉市民。

【外事交往】2023年，常州国家高新区（新北区）深化对外交往，坚持“走出去”“请进来”相结合原则，组织开展境外产业经贸对接、跨国公司首席执行官（CEO）“新北行”等活动，加速汇聚优质资源助推高质量发展。4月，省委书记信长星会见美敦力公司全球董事长兼首席执行官杰夫·马萨一行，对美敦力康辉常州科技园在区奠基表示祝贺，美敦力公司表示将加大投资布局，与产业链、生态圈企业携手并进。5月，安赛乐米塔尔集团董事局执行主席拉克什米·米塔尔一行参观考察区比亚迪常州基地、常州港等地，了解产业发展、基础设施配套、营商环境和投资环境等情况。9月，市、区领导会见威乐集团首席技术官乔治·韦伯一行，双方就未来在新能源产业、绿色低碳转型等领域深化合作。10月，2023中瑞商业大奖路演·常州站暨第四届瑞士企业家走进常州国家高新区活动举行，约50位瑞士企业家参加活动。各参赛企业通过主题演讲、企业展示、研讨交流等形式，分享商业创新的理念和可持续发展的实践经验。

【民间交流】2023年，常州国家高新区（新北区）挖掘对外交流历史文化内涵，深化民间友好交往。开展特色文化交流活动，为外籍友人营造良好生活环境。6月，举办“万水千山‘粽’是情，在新北外籍友人‘品’端午”活动，来自德国、法国、奥地利、加拿大、日本等约20个国家的50余名国际友人及家属参加，活动设置“中国端午节由来及习俗”文化讲座以及端午知识竞答、包粽子、编五彩手环、缝香囊等互动环节，让外籍友人了解端午节的由来和风俗习惯，领略中国文化魅力。11月，在薛家镇花开西庄举办常州国家高新区第三届“国际家庭日”活动，区外籍友人走进自然田园，欣赏皮影戏、川剧变脸和烟花秀等表演，感受中国传统文化之美。

（区商务局 章伟平）

6月，“万水千山‘粽’是情，在新北外籍友人‘品’端午”活动举办。图为外籍友人学习包粽子（区商务局 供图）

侨务工作

【概况】2023年，常州市新北区人民政府侨务办公室、归侨侨眷联合会（分别简称区侨办、区侨联）履行服务经济发展、依法维护侨益、拓展海外联谊、积极参政议政、弘扬中华文化、参与社会建设等职能，组织“金融惠侨，银企对接”“牵手侨企，走进商会”“侨聚龙城，智创未来”等活动，服务侨资企业和侨界人才。开展爱国主义题材电影《单声》观影活动，宣传爱国侨领典型事迹，全年放映82场次。组织镇（街道）开展侨法宣传月活动，发放宣传资料手册1000余份。年内，区侨联被评为全国侨联系统先进组织，江苏宏微科技股份有限公司董事长赵善麒被评为全国归侨侨眷先进个人，三井街道“侨胞之家”被评为2021—2022年全国侨联系统“侨胞之家”典型选树单位。至年末，全区有涉侨人员2000余人，其中归侨5人、侨眷500余人、新北籍海外华侨华人167人、海外留学生200余人、海外“四有人物”（政治上有地位、经济上有实力、学术上有造诣、社会上有影响的人士）50人（主要分布在美国、德国、新加坡、澳大利亚等国家），在区创新创业海归人员1000余人。

【侨联基层组织建设】 2023年，区侨办、区侨联推动基层组织建设，增强基层侨联组织的凝聚力与创新力。打造涉侨精品阵地，在侨界人才汇聚的滨江国际人才交流中心设立“侨海驿站”，在常州工学院、三晶科技园区、滨开区国际人才中心设立“侨心书苑”，为侨界人士工作学习、联谊交友等提供场所。依托“侨胞之家”、新时代文明实践中心等活动阵地，采取“线上+线下”方式，将涉侨政策通过微信群、微信公众号推送给海归新侨、侨界代表人士。组织海归新侨开展文化体验、亲子研学等互动式活动，了解民间传统风俗，感受中华文化魅力。发挥省、市海外文化交流基地作用，挖掘历史文化、非遗文化的内涵，持续讲好新北故事，传递新北声音，提升新北知名度和美誉度。年内，乌兹别克斯坦代表团、香港江苏社团总会等8个团组到访新北区，费伯雄故居、孟河斧劈石盆景园等省、市华侨文化交流基地接待来自海外参访人员500余人次。

【涉侨业务】 2023年，区侨办、区侨联保障涉侨人员的合法权益，推进涉侨业务“一网通办”，办理归侨身份认定、华侨身份认定、侨子女考生身份确认3项涉侨业务。开展“宣传贯彻侨法 维护侨界权益”侨法宣传月活动，发放宣传资料手册300余份，提升涉侨政策法规知晓度。组织开展“侨看家乡”系列活动，共同见证新北区发展变化、感受发展活力，提升侨胞归属感和自豪感。邀请侨联成员、侨界人才参加百姓名嘴、道德讲堂等文化活动和协商议事系列活动，满足侨胞精神文化需求，保障侨胞参政议政权利。开展“夏季三送、冬送温暖”活动，定期走访归侨侨眷、侨商侨企，倾听侨界诉求，帮助侨胞解决实际困难。年内，走访慰问江苏发展大会嘉宾亲属、困难侨眷、基层侨联委员以及涉侨园区和企业负责人50余人次，发放慰问金（品）5万余元。8月，新北区承办2023年“海外名校优生江苏行”世界TOP30院校专场·常州站——海外人才常州创新创业对接洽谈活动，向海外学子们释放新北区识才爱才敬才用才的强烈信号。

（区委宣传统战部 廖光辉）

信访工作

【概况】 2023年，常州国家高新区（新北区）坚持和发展新时代“枫桥经验”，把矛盾纠纷源头治理作为主动创稳首要工作，研究会办群体性信访事项，钝化各类风险，孟河商贸广场、龙虎塘街道美吉姆纠纷化解做法获省市领导批示肯定。全面推进信访工作法治化建设，依托人民网“领导留言板”平台，快速解决群众身边“急难愁盼”问题，被国家级重点媒体评为2023年度人民网网上群众工作民心汇聚单位。探索创新“心理+信访”多元化解模式，举办信访干部心理疏导培训4场次，心理疏导来访群众80余人次，上门走访开展心理调解15次。

【信访受理】 2023年，常州国家高新区（新北区）构建“指挥部+专班”模式，健全问题复盘倒查、定期通报讲评、“两函一单”（信访风险警示函、信访问责建议函，信访事项督办单）制度重点督办、后进地区下沉督查、工作推诿追责问责5项机制，确保各项工作有序推进。全区万人信访率低于全市平均值。全年受理各类信访2986件次4101人次。其中，群众来信229件次942人次，来访383件次636人次，网上信访987件次1108人次，处理各级领导批办件56件次。信访件及时受理率、按期办结率均100%。受理信访复查件44件，年内完成办理。

【信访突出矛盾攻坚化解】 2023年，常州市国家高新区（新北区）坚持用法治思维、法治方式衡量、判断、处理信访问题，建立专门队伍、专案经营、专项打击的“三专”模式，维护法律权威和尊严。组织区信访工作联席会议办公室成员单位逐案落实“工作专班+工作方案+工作措施”，联合心理咨询师、律师、矛盾调解员和信访人亲属等，开展定期走访慰问，推动信访事项案结、事了、人稳。全年实体化解信访事项36件，实体化解数量比上年上升28.57%。紧盯重点领域，建立健全风险“日清日结”、包案化解等机制，形成重大矛盾区级牵头协调处置、一般问题属地部门源头化解、突发事件公安应急查控处置模式，落实苗头发现在早、问题化解在小。全年区信联办牵头开展涉访风险排查29次和基层突出矛盾纠纷问题滚动排查3批次，63个突出矛盾纠纷问题全部超期化解。

（区委政法委 施小康 陆爱芹）

常州市新北区政协

综　述

2023年，区政协加强和改进新时代市县政协工作，强化政协委员责任担当，加强和促进凝聚共识工作，肩负起把各界智慧和力量凝聚起来的政治责任，在推动全区高质量发展中展现政协作为。全年召开常委会会议5次、党组会议8次、主席会议10次；组织重点协商活动13次，形成协商报告5篇；开展民主监督暨“有事好商量”协商议事活动4场；完成区委下达的重点调研课题任务3项，开展课题调研25次，形成调研报告25篇，提出意见建议100余条；172件立案提案全部办复，满意和基本满意率100%；向市政协报送社情民意信息298篇，其中4篇信息被全国政协采用，10篇信息得到省、市领导批示。创新变革委员活动组织架构，设立委员活动组，根据界别特点和履职需求，按1～2个核心界别、1个党派（团体）、1个镇（街道）政协工委的格局构成10个高度融合的委员活动组，并将中国共产党、特邀人士界别的党员委员全部均衡编入各活动组，形成“1+1+1+X”的联动模式，构建横向“全覆盖”、纵向“全贯通”的委员工作网络。设立委员活动组的功能性党组织，构建1个机关党总支、2个党支部、10个功能性党组织相互支撑的“1+2+10”党建工作体系。

至年末，区政协届中调整后有政协委员282人。其中，常务委员53人，占比18.79%；中共党员委员112人，占比39.72%；女性委员92人，占比32.62%。设有中国共产党、民革、民盟、民建、民进、农工党、致公党、九三学社、无党派人士、新的社会阶层人士、工商联、工会、共青团、妇联、侨联、经济界、农业和农村界、文化教育体育界、科技界（科协）、新闻出版界、医药卫生界、社会福利和社会保障界、少数民族和宗教界、特邀人士24个界别，划分为10个委员活动组。

（区政协办　郑月莲）

重要会议

【区政协五届二次会议】 1月1—3日召开。到会委员261人。区委书记、区党工委副书记周庆到会并讲话。会议听取并审议区政协主席安春燕所作政协常州市新北区第五届委员会常务委员会工作报告和区政协副主席李小平所作提案工作情况报告。委员围绕打造“现代高新、活力高新、开放高新、秀美高新、幸福高新、和谐高新”六张高新名片进行协商讨论。会议期间，全体政协委员列席区五届人大二次会议。会议选举增补杨凯、何宝华、陈万华、谈源、盛冠玉、揭新、薛醒为区政协第五届委员会常务委员，审议

1月1—3日，区政协五届二次会议召开　　（区政协办　供图）

并通过《中国人民政治协商会议常州市新北区第五届委员会第二次会议决议》。会议期间收到提案255件，经审查立案172件。

【区政协常委会会议】 2023年，政协常州市新北区第五届委员会召开常委会会议5次。

第一次常委会会议，1月2—3日召开。1月2日会议提出选举办法（草案），听取区委提出的有关候选人建议名单和说明，协商通过候选人建议名单并提交全体政协委员商议，提出大会选举监票人、总监票人建议名单。1月3日会议听取各组讨论情况汇报，通过选举办法（草案），协商确定正式候选人名单，通过大会选举监票人、总监票人建议名单，通报提案审查初步情况，审议大会决议（草案）；听取选举计票结果报告。

第二次常委会会议，2月23日召开。会议传达学习省政协十三届一次全会精神和市政协十五届二次全会精神，审议政协常州市新北区委员会委员活动组调整建议方案，审议政协常州市新北区委员会2023年民主协商计划、审议政协常州市新北区委员会2023年民主监督计划、审议政协常州市新北区委员会2023年调研课题计划。

第三次常委会（扩大）会议，8月21日召开。区党工委（区委）副书记、区长石旭涌出席会议并通报2023年全区经济社会发展情况，区党政办副主任杨建宏通报区政协五届二次会议以来提案办理落实情况。会议听取区政协2023年工作情况和下一步工作安排，审议有关人事任免事项，审议撤销有关常务委员、委员资格事项，审议政协常州市新北区委员会常委述职办法。会议就推进“城市大管家”，赋能城市精细管理进行专题协商。

第四次常委会会议，9月27日召开。会议就加快推动龙江路西侧万亩新型复合产业园区高质量发展的对策建议进行专题协商。

第五次常委会会议，12月28日召开。会议审议政协常州市新北区第五届委员会委员届中调整建议方案、政协常州市新北区第五届委员会人事任免建议方案、《关于召开政协常州市新北区第五届委员会第三次会议的决定》，审议政协常州市新北区第五届委员会第三次会议秘书长、副秘书长建议名单，审议政协常州市新北区第五届委员会常务委员会工作报告和政协常州市新北区第五届委员会常务委员会关于五届二次会议以来提案工作情况的报告、政协常州市新北区委员会协商工作规则（修订）、政协常州市新北区委员会关于完善委员联系界别群众制度机制的实施意见。

【区政协党组（扩大）会议】 政协常州市新北区第五届委员会召开党组（扩大）会议8次。

第一次党组（扩大）会议，3月20日召开。会议审议通过区政协领导联系委员活动组、镇（街道）政协工委建议方案，听取区政协2023年各专项经费使用建议安排。

第二次党组（扩大）会议，5月4日召开。会议审议通过政协常州市新北区第五届委员会人事任免建议方案、区政协机关员额制工作人员岗位等级变动建议方案。

第三次党组（扩大）会议，6月25日召开。会议审议通过2023年度区政协党组领导班子全面从严治党主体责任、党组书记全面从严治党“第一责任人”责任、党组领导班子成员全面从严治党“一岗双责”责任3张清单，审议通过区政协反映社情民意信息工作调整完善方案，听取区政协机关党总支2023年工作安排。

第四次党组（扩大）会议，7月24日召开。会议审议通过区政协机关移动办公延续服务方案，审议通过撤销有关区五届政协常务委员、委员资格事项的建议。

第五次党组（扩大）会议，9月18日召开。会议审议区政协学习贯彻习近平新时代中国特色社会主义思想主题教育工作方案，审议通过区政协有关人事任免建议方案、区政协2024年财政预算编制情况。

第六次党组（扩大）会议，10月23日召开。会议审议通过区政协常委履职建言点评实施办法（试行）、区政协2023年提案双向评议及表扬激励建议方案、区政协2023年调研成果评审表扬建议方案、区政协2023年反映社情民意信息工作表扬建议方案。

第七次党组（扩大）会议，11月27日召开。会议审议通过2023年度优秀提案建议名单及提案优秀办理件建议名单、2023年度调研报告表扬建议名单及理论研究论文表扬建议名单、2023年度反映社情民意信息工作先进单位及先进个人建议名单和优秀社情民意信息建议名单。

第八次党组（扩大）会议，12月27日召开。会议审议通过区政协委员届中调整建议方案、区政协第五届委员会人事任免建议方案，审议通过区政协第三次会议秘书长及副秘书长建议名单、区政协委员活动组组成人员届中调整和提案工作组组成人员届中调整建议方案，审议通过区政协2023年度先进集体建议名单、区政协2023年度优秀政协委员建议名单，听取区政协机关党组织书记抓基层党建述职报告。

【区政协主席会议】 2023年，政协常州市新北区第五届委员会召开主席会议10次。

第一次主席会议，2月22日召开。会议审议通过区政协2023年民主协商及监督计划、调研课题计划，审议通过有关工作安排及人事事宜。

第二次主席会议，3月20日召开。会议审议通过区政协“加强宗教活动场所依法管理”民主监督暨“有事好商量”协商议事活动方案，审议通过“绿色健步行 奋进新征程”新北区政协委员春季健步行活动方案。

第三次主席会议，5月4日召开。会议审议通过区领导领办督办重点提案办理协商工作实施细则（试行）、区政协2023年“委员讲坛”进基层工作方案、区政协履职能力提升专题培训班建议方案、区政协“全区创新平台作用发挥”民主监督暨“有事好商量”协商议事活动方案、区政协工作理论研究会第五届理事会第二次会议建议方案及理事调整建议方案。

第四次主席会议，6月25日召开。会议审议通过区政协“推进‘城市大管家’，赋能城市全域服务”常委会专题协商会方案及协商报告、“关于加强我区青少年心理健康教育的对策建议”、对口协商会方案及协商报告、区政协“学校双减政策落实情况”民主监督暨有事好商量协商议事活动方案，区政协五届八次常委会（扩大）会议方案。

第五次主席会议，7月24日召开。会议审议通过政协常州市新北区委员会常委述职办法（试行）、“关于头部企业供应链‘本地化’促进产业链融通的对策建议”主席会议专题协商会方案及协商报告。

第六次主席会议，8月28日召开。会议审议通过区政协“龙江路西侧万亩新型复合产业园区创新发展研究”常委会专题协商会方案及协商报告、区政协“加强我区农村生活污水治理”民主监督暨“有事好商量”协商议事活动方案、区政协2023年度“有事好商量·民生专题协商议事月”活动实施方案。

第七次主席会议，9月18日召开。会议审议通过区政协“加快推进龙江路西侧万亩新型园区高质量发展的对策建议”协商报告、区政协“关于加快推进我区孟河医派振兴发展的对策建议”主席会议专题协商会方案及协商报告。

第八次主席会议，10月23日召开。会议审议通过成立区政协五届三次会议筹备工作领导小组的通知及筹备工作计划表、区政协常州市新北区委员会协商工作规则（修订）。

第九次主席会议，11月27日召开。会议审议通过政协常州市新北区第五届委员会第三次会议议程（草案）、日程（草案），审议通过政协常州市新北区第五届委员会常务委员会工作报告、关于五届二次会议以来提案工作情况的报告及第三次会议大会建言安排。

第十次主席（扩大）会议，12月27日召开。会议审议通过区政协五届十次常委会会议工作方案、区政协关于完善委员联系界别群众制度机制的实施意见，听取2023年度区政协常委述职工作方案汇报。

【政协工作理论研究会五届二次会议】 5月5日召开，全体理事参加。区政协副主席、党组副书记、研究会会长孙泽阳出席会议并讲话，区政协党组成员、研究会副会长胥荣伟作工作报告。会议推选区政协常委、区委宣传统战部副部长何宝华为副会长，表彰2022年度区政协优秀理论研究论文9篇。

（区政协办 邹雅）

协商议政

【概况】 2023年，区政协组织常委会会议专题协商2次，主席会议专题协商2次，对口协商1次，重点提案办理协商2次，双月协商座谈6次，形成协商报告5篇。报告中提出的对策建议得到区委、区政府领导肯定，调研成果被市政协《常州政协》、区党政办《调查与研究》等刊物刊载，部分调研成果以文件等形式转化为决策措施，助推全区经济社会高质量发展。

【政协常委会会议专题协商】 8月21日，区政协就“推进‘城市大管家’，赋能城市精细管理”召开议政性常委会专题协商会议。区委书记、区党工委副书记周庆出席会议并讲话。会议围绕如何充分发挥“城市大管家”管理模式一体化、精细化、智慧化管理的优势，提出强化顶层设计、强化整合理念、强化城市大脑、促进人才共享、彰显城市温度5个方面的建议。

9月27日，区政协就“加快推动龙江路西侧万亩新型复合产业园区高质量发展的对策建议”召开议政性常委会专题协商会议。区党工委（区委）副书记、区长石旭涌出席会议并讲话。会议就打造龙江路西侧具有全球竞争优势的先进制造创新型产业集群，提出加快搭建强化顶层创新设计、打造高新示范园区、优化空间资源配置、探索运营发展路径等10个方面的建议。

（区政协办 秦蕾）

【政协主席会议专题协商】 7月28日，区政协组织召开主席会议专题协商会议，就“促进头部企业供应链本地化”进行专题协商。会议阐述“促进头部企业供应链本地化”对新北区发展的重要意义，分析问题和不足，提出优化融通生态、构筑主体支撑，深化环境营造、构筑要素支撑，强化园区建设、构筑载体支撑3个方面9项具体对策建议。

10月17日，区政协组织召开主席会议专题协商会议，就“关于加快推进我区孟河医派振兴发展的对策建议”进行专题协商。会议提出突出资源整合，打造共建共享的医派发展圣地；突出需求导向，构建传承有序的中医服务体系；突出成果转化，提升中医药科技创新能力；突出品牌开发，扮靓特色鲜明的人文圣地等具体对策建议。

【对口协商会议】 7月13日，区政协召开“关于加强我区青少年心理健康教育的对策建议”对口协商会议。会议重点分析区青少年心理健康教育工作现状及阻碍提升的原因，并在此基础上提出构建青少年心理健康社会化支持体系、建立青少年心理危机预警和干预机制、加强青少年心理健康专业化服务供给等对策建议，助力促进青少年心理健康的普及和改善，为青少年创造更健康、幸福的学习生活环境。

（区政协办 刘姝）

【双月协商座谈】 3月2日，区政协2023年首场双月协商座谈会在龙城国控集团召开，聚焦“城市大管家”推进落地深入协商。活动现场调研龙虎大街“城市大管家”环卫作业情况，实地了解区“城市大管家”工作发展成效并听取相关工作汇报。

4月6日，区政协到区行政审批局就“全区营商环境提升”开展双月协商座谈会。活动现场调研区行政审批中心，并就“全区营商环境提升”工作有关问题共同协商，提出理顺工作机制、加强宣传示范、优化队伍结构等方面的意见建议。

6月14日，区政协到区商务局就“推进重大项目招引”开展双月协商座谈会。活动现场调研常州捷佳创精密机械有限公司和美敦力（常州）医疗器械有限公司，实地了解区内外资项目的招引、推进、服务等方面所做的具体工作和实际成效。

9月6日，区政协到奔牛镇就“基层公共安全和社会稳定”开展双月协商座谈。活动现场调研奔牛镇非诉中心和史陈家村法治示范村，实地了解奔牛镇在基层治理、矛盾调解、品牌建设等方面所开展的工作和取得的成效。

10月24日，区政协到三井街道就“助力经济高质量发展”主题开展双月协商座谈会。活动现场调研常州华瑞福海电子科技有限公司和常州纺兴精密机械有限公司，实地了解街道在实施“工业上楼”、专精特新企业推进及服务等方面所开展的工作和取得的成效。

12月13日，区政协到区教育局就“推动新北教育文体旅高质量发展”主题开展双月协商座谈会。活动现场调研秋白书苑黑胶音像馆、龙虎塘实验小学，实地了解新北区在教育和文体旅等方面开展的工作和取得的成效。

（区政协办 王俊杰）

【“有事好商量”协商议事】 2023年，区政协持续推进“有事好商量”协商议事工作常态长效开展，把提案办理、民主监督与“有事好商量”协商议事相结合，推动全区“有事好商量”协商议事工作规范化、精细化、实效化提升。至年末，全区建成“有事好商量协商议事厅”62个。9月，根据省、市政协《关于开展民生专题协商议事月活动的方案》要求，开展“19:00议事厅”有事好商量民生专题协商议事月活动，围绕社区车位改造、流动摊贩管理、环境治理等人民群众关注的热点难点问题，开展活动43场，参与人数760余人，其中70名市政协委员下沉基层参加协商议事，解决和协调民生问题50个。9月27日，在孟河镇开展的“加快孟河医馆建设，推动中医为民服务”省、市、区政协三级联动协商议事活动获省政协领导肯定。

（区政协办 金毅）

民主监督

【概况】 2023年，区政协推进民主监督、提案办理和反映社情民意信息工作，推动解决一批区重点工作和民生实事问题。将政协监督与党内监督有效衔接，建立区政协机关与区纪检监

9月27日，省政协副主席、民盟省委会主委胡刚下沉孟河镇参加“加快孟河医馆建设，推动中医为民服务”协商议事活动　　（区政协办 供图）

察机关协同联动监督机制。发挥人民政协协商式监督和“有事好商量”协商议事有机结合的优势，全年聚焦创新平台作用发挥、宗教活动场所管理、“双减”政策落实以及农村生活污水治理等工作，开展民主监督暨“有事好商量”协商议事活动4场。

（区政协办 王俊杰）

【提案督办】 2023年，区政协五届二次会议收到提案255件，经审查，立案172件。其中，委员个人和联名提案138件，集体提案34件。3月15日，区政协召开政协委员提案交办会议，172件提案交由30家承办单位办理。至7月末，所有提案办复，征求委员意见400余人次，委员满意或基本满意率100%。委员提案所涉问题解决或基本解决的145件，占办理总数的84.3%；列入计划逐步解决的26件，占办理总数的15.1%；因条件限制短期难以落实的1件，占办理总数的0.6%。区政协按照《重点提案遴选办法》，把8件提案列为年度重点提案。其中，2件由区委、区政府主要领导领办，区政协主要领导协办，6件由区政协领导督办。6月，区委书记、区党工委副书记周庆出席领办重点提案《关于建设小微企业示范园区的建议》办理协商会，与提案人、委员代表、企业代表座谈交流。同月，区党工委（区委）副书记、区长石旭涌出席领办重点提案《关于打造首个新北区新能源汽车创新集聚地的建议》办理协商会，并与提案人座谈交流。11月，区政协召开2023年提案办理第三方绩效评议会议，邀请部分市、区政协委员，民主党派（人民团体）成员，镇（街道）政协工委以及村（社区）负责人等对全区承办单位提案办理情况开展绩效评议，深化承办单位对提案办理工作重要性的认识，促进委员提案质量提升。

（区政协办 全毅）

表7 2023年常州市新北区政协重点提案一览表

序号	案由	提案人
1	关于建设小微企业示范园区的建议	谢凌阳
2	关于打造首个新北区新能源汽车创新集聚地的建议	张作虎
3	关于抢抓北交所上市机遇，推动中小企业高质量发展的建议	民建新北区基层委
4	关于进一步完善“智慧城市管家”管理模式的建议	龙虎塘街道政协工委
5	关于后疫情时代全方位提升我区基层医疗卫生机构能力建设的建议	揭新 朱华明 葛美云
6	关于将高铁新城打造为全国领先的绿色建造示范区的建议	张浩亮
7	关于建立小微水体整治长效机制防止问题反弹的建议	中共特邀人士二组罗溪镇政协工委
8	关于大力推进长江国家文化公园建设的建议	杨波 陈振华

（区政协办 朱孟君）

【社情民意信息】 2023年，区政协落实规范运行、考核激励、信息约稿3项机制，围绕基层、区域、民生三大重点，组织引导全体政协委员、党派成员和界别群众参与反映社情民意，推动社情民意信息编报工作。全年上报社情民意信息298篇，其中被全国政协采用4篇、被省政协采用33篇、被市政协采用11篇。区政协参与编写的信息《“辅警”违规违纪现象高发折射警务辅助人员管理缺位亟待统一和法治化》被全国政协单篇采用，《我省部分幼儿园面临“一孩难求”困境需积极应对》获副省长徐缨批示，《应提前规划抢抓常泰大桥经济机遇》等9篇信息获市主要领导批示。区政协连续8年被市政协评为反映社情民意信息工作先进单位，区政协社情民意信息工作考核综合得分位居全市第一。

（区政协办 高阳）

中共常州国家高新区纪工委 中共常州市新北区纪委 常州市新北区监委

综 述

2023年，常州国家高新区（新北区）纪检监察机关发挥监督保障执行、促进完善发展作用，推进落实清风护航高质量发展"五大行动"（"监督提质"护发展、"进企联商"解难题、"廉通企业"推项目、"亲清共建"树新风、"担当作为"强信心），为全区建设新能源之都核心区、推进"三大工程"、打造"六张高新名片"提供坚强保障。2月，中国共产党常州市新北区第五届纪律检查委员会第三次全体会议召开，会议通过《深入贯彻党的二十大精神 纵深推进全面从严治党 为奋力谱写现代化建设的高新华章提供坚强保障》工作报告、《中国共产党常州市新北区第五届纪律检查委员会第三次全体会议决议》。年内，区纪（工）委监委健全区委反腐败协调小组、完善派驻联席、深化线索研判3项会议机制，提升改造"一室一中心"（电子数据调查室、大数据研判中心），精准有效支撑监督办案工作。落实"三个区分开来"（把因缺乏经验先行先试出现的失误与明知故犯行为区分开来，把国家尚无明确规定时的探索性试验与国家明令禁止后的有规不依行为区分开来，把为推动改革的无意过失与为谋取私利的故意行为区分开来），实施容错纠错12人。严格执行党员权利保障条例，回访教育受处分干部60人。规范信访举报秩序，为4名受到不实反映的党员干部澄清正名。至年末，区监察官等级首次确定工作全面完成，区纪（工）委监委派驻（出）机构实现集中办公。全区纪检监察组织立案201件，给予党纪政务处分160人，采取留置措施7人，移送检察机关9人。

［区纪（工）委监委 马凤娇 汤凤歧］

2月13日，中国共产党常州市新北区第五届纪律检查委员会第三次全体会议召开

［区纪（工）委监委 供图］

监督检查

【政治监督】 2023年，常州国家高新区（新北区）纪检监察机关深入推进政治监督具体化、精准化、常态化，通过精准有力监督，推动各级党组织保持政治忠诚、落实政治责任、站稳政治立场、强化政治担当。聚焦"国之大者"，紧盯地方要事，围绕落实全市"532"发展战略、持续扮靓"六张高新名片"等具体工作部署跟进监督，全区纪检监察机构确定重点工作项目44项，开展监督160余次。把准职责定位，做实监督专责，协助区委把谈心谈话、检查抽查、指导民主生活会、督查巡视巡察整改等监督举措贯穿全面从严治党全过程。全年问责党组织5个、领导干部33人。

【日常监督】 2023年，区纪（工）委监委建立全区纪检监察系统大监督格局，形成党风室抓统筹、监督室抓板块、派驻抓专项、巡察抓延伸的监督模式，聚合全系统监督力量，每月更新监督要点，提升日常监督质效。至年末，全区派驻机构立案19件，比上年增长15.4%；巡察机构移交问题线索查实率80%，立案率44%，案件贡献率15%。

【监督体系建设】 2023年，区纪（工）委监委坚持系统思维，探索推动完善党和国家监督体系的基层路径，协助区委制定《关于加强“高新监督”体系建设的实施意见》，形成专责监督与人大监督、民主监督、行政监督、司法监督、审计监督、财会监督、统计监督、群众监督、舆论监督9类监督的双向协作办法。围绕日常沟通协作、线索移送督办、工作成果运用、联合监督整改等方面，制定具体协作办法11项。

【亲清新型政商关系构建】 2023年，区纪(工)委监委制定定期会商、畅通渠道、分析研判、快查快办、容错免责、科学评价6项保障措施，推动全面构建亲清新型政商关系。年内，区纪（工）委监委在全区纪检监察系统部署提振“四敢”(让干部敢为、地方敢闯、企业敢干、群众敢首创）精神，护航新能源之都核心区建设主题活动，更新调整100个勤廉风向监测点，常态化收集监测点反映的困难诉求和意见建议31个，推动职能部门为企业解决实际困难14个。8月，高新区（新北区）召开“清风护航 高新华章”优化营商环境大会，为全区党政干部和企业正常交往提供行为指引和制度保障，持续优化全区政治生态和营商环境。

【专项监督】 清风护航国有资产保值增值专项监督。2023年，区纪（工）委监委会同区财政局、区国有资产监督管理办公室成立工作专班，聚焦国有资产监管中的制度执行、合同管理、决策程序、招租管理、租金收缴等重点环节，开展清风护航国有资产专项监督，深入查找整治国有资产领域的违规、违纪、违法问题。至年末，制发纪检监察建议书1份，发现问题45个，督促整改45个，推动国有企业建章立制30项；推动催缴欠收租金收回1665.86万元，挽回经济损失金额1835.76万元，盘活资产增加收益1885.92万元。

清风护航“常有优学”专项监督。2023年，区纪（工）委监委会同区教育局、区审计局、区财政局、公安新北分局等部门成立工作专班，开展清风护航“常有优学”专项监督。通过接收举报、实地走访、大数据比对等方式，深入查找教育领域主要矛盾和突出问题，督促推动区教育局从师德师风、校园安全、采购建设、招生入学、校务财务等10个方面完善制度机制，不断健全教育系统腐败治理长效机制，持续护航“常有优学”品牌建设。10月，通过“巡纪联动”方式对教育系统开展清风护航“常有优学”专项巡察。至年末，发现问题190余个，处分14人，推动区教育局出台规章制度5项。

高技能人才培养专项监督。2023年，区纪（工）委监委联合区人社局，聚焦高技能人才培养领域，围绕报名培训、考试发证、财政补贴资金审核发放、虚报冒领培训补贴、滥发技能证书5个方面开展专项监督，发现突出问题16个，向区人社局发放工作提示函5份，约谈人力资源培训机构3家，推动完善资金拨付流程等制度文件，立案12人，挽回经济损失金额73.49万元。

固体废物非法倾倒占用耕地污染环境问题专项监督。2023年，区纪(工)委监委联合区城管局、公安新北分局、资规新北分局、区生态环境局等部门，建立定期例会、会商会审、数据移送等机制，围绕生活垃圾、建筑垃圾、工业固体废物和危险废物4类重点问题，走访37个问题整改现场。推动区城管局开展全区建筑装修垃圾规范化处置暨打击非法运输、处置专项行动，对建筑装修垃圾的处置、堆放点设置、清运进行全程监管。至年末，发现监管不力、巡查不到位、执法宽松等突出问题21个，立案13人。

［区纪（工）委监委 马凤娇 汤凤歧］

党风廉政建设

【概况】 2023年，区纪（工）委监委坚持纠“四风”(形式主义、官僚主义、享乐主义、奢靡之风)、树新风，深化作风建设，严防享乐主义、奢靡之风反弹回潮，整治形式主义、官僚主义顽瘴痼疾，坚持“以风挖案、由案肃风”，全年查处违反中央八项规定精神问题50起，处分67人，通报曝光26起30人。

【中央八项规定精神落实】 2023年，区纪（工）委监委坚持日常监督和节点监督相结合，强化“常态查、节日督、专项治”，严格落实不正之风和腐败问题同查同治机制，全年查处享乐主义、奢靡之风问题33起，批评教育帮助和处理44人。持续纠治形式主义、官僚主义顽疾，会同区党工委（区委）主题教育领导小组办公室，推进党员干部不担当不作为问题专项整治，坚决纠治拈轻怕重、躺平甩锅、敷衍塞责、得过且过等消极现象。协助区委开展“新形象工程”整治工作，深入排查整治不顾规律、蛮干乱干、变相举债、违规建设等行为。全年查处形式主义、官僚主义问题17个，批评教育帮助和处理26人。

【纪检监察干部队伍建设】 2023年，区纪（工）委监委以主题教育和教育整顿为契机，推进纪检监察干部队伍建设。年内，区纪委常委会落实“第一议题”制度，开展专题学习研讨12次，全系统全覆盖开展集中学习和专题研讨交流。推进纪检监察机关文化建设，赴常州监狱、法庭庭审现场开展“筑防线 守底线”警示教育，开展“传承红色基因 感悟铁军精神”“追寻历史足迹 追溯红色记忆”等主题党日活动，提振干部精气神。彻底梳理中共十八大以来纪检监察干部问题线索，开展干部监督专题谈话8次，立案查处纪检监察干部3人。围绕权力运行、岗位职责风险点全面排查、深入整改，开展强化保密意识、提升案件质量等4项专项整治。统筹抓好“四支队伍”（委机关、派驻、巡察、基层纪委纪检监察干部）建设，持续实施“高新铁军”赋能计划，分层分类开展全员培训，全面提升队伍执纪执法素能。强化干部选育管用，加强干部关心关爱，开展“清风常伴 幸福同行”家庭助廉活动，组织开展全员家访、全员谈心谈话等系列活动，激发队伍整体凝聚力、向心力和战斗力。

［区纪（工）委监委 马凤娇 汤凤歧］

反腐败斗争

【概况】 2023年，区纪（工）委监委坚持系统施治、标本兼治，一体推进“三不腐”（不敢腐、不能腐、不想腐）。稳住高压态势，坚定稳妥、实事求是查办案件，聚焦“关键少数”、紧盯重点领域加大查处力度，查处乡科级干部案件16件，“一把手”违纪违法案件21件，金融、医药、国企等重点领域案件49件，行贿案件14件。坚持“惩前毖后、治病救人”方针，运用“四种形态”（经常开展批评和自我批评、约谈函询，让“红红脸、出出汗”成为常态；党纪轻处分、组织调整成为违纪处理的大多数；党纪重处分、重大职务调整的成为少数；严重违纪涉嫌违法立案审查的成为极少数），全年全区批评教育帮助和处理293人次，其中运用第一、二种形态占87.4%。

【惩治群众身边“蝇贪蚁腐”】 2023年，区纪（工）委监委开展不正之风和腐败问题专项治理，聚焦群众“急难愁盼”，重点查办群众反映强烈的涉及教育医疗、养老社保、公益事业等领域整而未治、禁而不绝的行业问题，坚决惩治群众身边的“蝇贪蚁腐”（发生在基层单位，如村庄、社区、机关部门等岗位上的工作人员利用手中的权力进行小规模贪污腐败行为），确保经济社会发展成果惠及民生，为全区治理效能提升精准护航。深入剖析典型案件、典型问题，推动全区基层卫生院开展违规统方自查自纠，督促国有企业加强完善新职工招录制度，推动区属国有企业出台资产管理制度及规范租赁有关办法，提升国有资产可视化监管效率。坚持完善制度与监督办案同步推进，全年制发纪检监察建议22份。

【廉政警示教育】 2023年，区纪（工）委监委坚持正向引导和反面警示相结合，拍摄播放廉政警示教育片《入局》，召开全区廉政警示教育大会，强化廉政风险防控意识，规范权力运行。开展“好家风 好人生”廉洁齐家课堂等，用优秀文化沁润党员干部“心田”。升级改造派出监察员办公室，打造“知、清、醒”系列全面从严治党主题教育阵地，为全区党员干部分层分类开展廉洁教育提供平台。7月15日，区纪委监委机关牵头区委组织部、区委宣传统战部、团区委共同举办“更高更新 四敢强音”脱口秀大赛，用新颖的方式强化年轻干部廉洁意识。

［区纪（工）委监委 马凤娇 汤凤歧］

12月16日，区纪（工）委监委举办“好家风 好人生”廉洁齐家活动

［区纪（工）委监委 供图］

民主党派·工商联

综 述

至2023年年末，常州国家高新区（新北区）有民革新北基层委、民盟新北基层委、民建新北基层委、民进新北基层委、农工党新北基层委、致公党新北基层委、九三学社新北基层委7个民主党派，有成员878人，其中省人大代表2人、省政协委员1人，市人大代表6人、市政协委员9人，区人大代表32人、区政协委员60人。民主党派、无党派人士担任领导干部24人，其中副处职5人、正科职（级）9人、副科职（级）10人。年内，民盟新北基层委被评为民盟省委2023年度县（市区）盟务工作模范集体，民建新北基层委被民建常州市委评为优秀基层委员会，民进新北基层委被评为民进江苏省先进基层组织、民进常州市先进基层组织，致公党新北基层委被评为致公党江苏省委合作共建先进集体、致公党常州市委先进集体一等奖。

深化“一党派一特色”品牌建设。配合民盟市委举办第一届民盟乡村振兴发展论坛，民盟中央领导调研区党派特色工作。完成农工党新北区第二届基层委员会届中调整。全年报送社情民意信息80余篇，其中《常州市创新开展网络主播行业统战工作》被中央统战部《每日汇报》录用。

开展新阶层人士统战工作。持续打造“芯云谷”“心云港”“心艺谷”“融心研习社”等统战工作实践创新基地。召开新的社会阶层人士联谊会（简称新联会）第二届会员大会，开展云帆、暖蜂、丰羽、汇智、圆梦“五大行动”，促进区新联会与相关行业协会加强联动。依托龙虎塘龙韵新享会、创意产业园、汉江路等统战阵地，开展“V眼看高新”等主题活动30余场，覆盖新阶层人士5000余人。组建16支新业态从业人员志愿服务队伍，持续推进辟谣联盟、恩悦社工、贺冬聊法、微心愿等新阶层品牌志愿服务项目，

5月9日，新北区在薛家镇花开西庄举办服务新就业群体 咏歌新时代华章——“乡村诗享音乐会”

（区委宣传统战部 供图）

服务各类新的社会阶层代表人士、新就业群体超1万人次。

（区委宣传统战部 戎家乐）

民革新北区基层委员会

【组织建设】 2023年，民革新北基层委下辖支部2个，有党员66人，新发展党员3人，转入党员2人。年内，开设“党史·微课堂”，开展“凝心铸魂强根基、团结奋进新征程”主题教育。民革新北基层委与民革无锡市锡山区总支部、钟楼区基层委员会、江苏银行新北支行党支部开展3场主题共建活动。擦亮中山博爱品牌，厚植家国情怀。

【参政议政】 2023年，在区“两会”期间，民革新北基层委的3名区人大代表和11名区政协委员提交《关于鼓励未来产业创新发展的建议》等人大建议4件，提交《关于推动我区企业在绿色低碳背景下高水平“走出去”的建议》《关于推动民营经济25条落地生效，助力中小企业活力提升的建议》等政协提案13件。其中，《关于推进长江国家文化公园常州段建设的几点建议》被列为区重点提案，《关于集体土地入市工作的相关建议》被评为区优秀代表建议，《建议精细、精准、精心构建企业合规体系 助力新能源行业行稳致远》被评为区优秀社情民意信息，包吴磊、王敏毓、郝小燕、胡斌被评为优秀区政协委员。开展“聚焦拟上市企业合规建设 助力常州高质量发展”重点考察课题，完成5个市级调研课题。启动参政议政轮值制度，每月1～2名年轻党员作为当月轮值组长，组织撰写社情民意信息。

【社会服务】 2023年，民革新北基层委依托平台优势，整合各类公益资源，开展博爱·铸魂、博爱·培根、博爱·润心、博爱·健体四大行动，为辖区青少年身心健康发展提供支撑。10月9日，“中山博爱 护苗行动”在花开西庄红领巾馆启动，为12所试点学校、8个护苗基地授牌，并聘任10名公益讲师，在7所学校开展公益授课。10月10日，民革新北基层委与三井街道共建“调解中心”项目，参加万达调解中心启动仪式，为商圈劳资纠纷高效化解提供党派支持。年内，配合民革市委主办中山博爱两岸知音音乐会、殷南柱中国画作品展2场活动。

（民革新北基层委 陈振华）

民盟新北区基层委员会

【组织建设】 2023年，民盟新北基层委下设支部9个，有盟员202人，发展新盟员16人。年内，屠丹超被评为民盟中央社会服务先进个人；姜雪峰、朱孔阳被民盟江苏省委评为社会服务工作先进个人，庄百丹等5人被民盟江苏省委评为反映信息工作先进个人；孙彬等6人被评为区优秀政协委员，李想被评为反映社情民意信息工作先进个人。32名盟员获区级以上政府部门（党派）奖励51人次。民盟新北区基层委、综合一支部、综合四支部和常州市北郊高级中学支部被民盟常州市委评为先进集体（综合奖），综合二支部被评为思想宣传工作先进集体；民盟新北基层委被区政协评为反映社情民意信息工作先进单位。

【参政议政】 2023年，民盟新北基层委提交建议提案和社情民意信息62件，涉及教育发展、城市建设、乡村振兴等领域。其中，社情民意信息被全国政协录用4篇，被省政协、省委办和省委统战部录用16篇，被市政协录用19篇，被市委办市政府办录用21篇；《网购平台售卖“茶烟”脱离监管亟需引起重视》被全国政协录用，并被市政协评为优秀社情民意信息。《加快乡村数字化建设，助推乡村振兴新动能》被评为民盟中央第一届民盟乡村振兴发展论坛优秀论文。《我市新能源企业合规风险问题亟待重视》获市主要领导批示。综合四支部围绕助力乡村振兴“大课题”策划第四届村长论坛，形成市政协提案。上报民盟常州市委调研课题9篇，其中3篇获三等奖、3篇获优秀奖。《关于加快推进数字化建设赋能乡村振兴的建议》在区政协五届三次会议上作交流发言。9条社情民意信息被区政协评为优秀社情民意信息。巢静宇、朱孔阳受邀参加市、区两级立法调研工作会议，为《常州市劳动教育促进条例》《常州市河道管理条例》等立法工作建言献策。

【社会服务】 2023年，民盟新北基层委捐款捐物价值24.23万元，开展各类社会服务活动26次，8个社会服务项目获民盟市委表彰，其中4个被评为标兵项目。综合一支部开展拥军优抚、关爱退役老兵活动，在建军节和重阳节慰问兰翔社区百余名援越退役老兵。4月，举行首届“星星宝贝的音乐会”启动仪式暨臧洪啸古筝专辑音乐会，受益家庭人数90余人，捐赠学习用品价值2600元。5月，开展青少年心理讲座和家长课堂亲子教育活动；综合四支部协助民盟市委举办“留住乡愁 文化赋能”——未来乡村村长论坛。6月，综合二支部打造的法治服务品牌“萌盟说法”上线。综合四支部帮扶陕西省安康市毛坝镇，推销采购土豆价值1万余元；在奔牛镇史陈家村与东桥村委建立乡村振兴助农基地。常州市北郊高级中学支部与天宁区红梅街道锦东社区共建的“烛光”公益助学服务中心暑期开展活动13次，受益学生52人次。7月，经济支部创建江南乡愁文化学堂，举办2期新农人、新农技研学教学培训班，培训学员120余人。文教支部开展“同心育人”社会服务，开展各类教育培训5次。盟员严梅华的常乐助学QQ群收到社会各界爱心人士捐款32.9万元，帮扶学生432人次。盟员刘士心连续10年捐款给青海格桑花教育基金会，累计捐款10.31万元，资助30余名女孩完成高中学业。

（民盟新北基层委　巢静宇）

民建新北区基层委员会

【组织建设】 2023年，民建新北基层委下设支部9个，有会员183人，新发展会员10人。11月，民建江苏常州新北艺术团举行“文化聚能量 唱响主旋律”会演活动，被《人民政协报》报道。省政协委员、民建新北基层委李健任市新联会会长；朱志忠、张作虎、张振铉、肖春、陈倩、贺冬6人被评为2023年度新北区优秀政协委员。

【参政议政】 2023年，民建新北基层委提交建议提案30余件。其中，《关于抢抓北交所上市机遇，推动中小企业高质量发展的建议》《关于建设常州国家高新区（新北区）便民电子地图的建议》《关于打造首个新北区新能源汽车创新集聚地的建议》《关于开展托幼一体化的建议》《关于助推高标准农田建设的建议》被评为新北区2023年度优秀提案和建议。《加快新能源产业数字经济发展，助力常州“新能源之都”核心区建设》被评为区人大、区政协2023年度优秀调研报告三等奖。

【社会服务】 2023年，民建新北区一支部副主委、江苏丰浩建设工程有限公司董事长黄浩如向三井街道慈善工作站捐赠1398万元，是年内市基层慈善工作站收到的单笔最大慈善捐款。发挥“民建心艺团”品牌作用，举办“文化聚能量·唱响主旋律”进基层首场巡演活动。强化“思源暖心”服务品牌，引导会员围绕主题教育、扶贫帮困、对接交流等方面开展系列主题活动。至年末，由民建新北基层委会员担任高管的常州通宝光电股份有限公司、江苏凯特汽车部件有限公司、北京国安广传网络科技有限公司3家企业被评为国家级专精特新“小巨人”企业。

（民建新北基层委　王建兴）

民进新北区基层委员会

【组织建设】 2023年，民进新北基层委有会员98人，分别来自机关、事业、教育、民营企业等行业。新发展会员4人，完成综合二支部换届选举。年内，民进新北基层委会强化自身建设，倡导会员立足岗位，铭记身份，用心会务，继续做好“三岗奉献”（本职岗位、民进会员职责、虚拟机构岗位）。

【参政议政】 2023年，民进新北基层委开展参政议政专题学习6次，政治理论学习5次。全年上报信息、社情民意、提案、建议37篇。其中，《关于将后疫情文明行为加入〈常州市文明行为促进条例〉的建议》等3篇提案被市政协录用，《关于加强对我市外卖骑手交通违法行为整治的建议》由副市长于贵平督办，《关于畅通集体土地企业完善环保手续的建议》《关于加强新北区农村生活污水治理的建议》被区政协录用，《关于加强新北区农村生活污水治理的建议》获民进全省2023年度关注课题三等奖。会员刘志强撰写的《科技赋能城市生命线安全工程建设的思考》获民进常州市委2023年度参政议政成果一等奖，刘志强被评为民进常州参政议政先进个人。《关于积极推进燃气隐患管道整治和老化管道改造的建议》获2023年度常州市民生实事项目建议公开征集活动金点子奖。社情民意信息《“伪政策”概念传播乱象亟待整治》被民进江苏省委录用。《建设文化常州 赋能人产城融合发展》获2023年度市委课题评选二等奖，《家校社协同创新升级劳动教育，促进青少年全面发展》获民进市委二等奖。

【社会服务】 2023年，民进新北基层委开展腾冲红色行走、慰问新北交警、捐资助学、重阳尊老等品牌系列活动10余次。常州市北郊高级中学支部连续6年在江南环球港免费开展高考志愿填报咨询；会员宋子平、丁建琪、高建忠、陈小东为儿童节关爱儿童、慰问交警、重阳节慰问活动捐赠2万元；会员范云辉以民进新北基层委名义向吉林延边地区贫困生捐款5000元。会员刘玉娥在“滴水汇未来，喜迎二十大”捐赠活动中，捐款3000元。在钟楼区邹区镇高新园社工站组织的“暖光行动”捐助活动中，民进常州外国语学校支部为13名小朋友实现“微心愿”。

（民进新北基层委　崔明辉）

农工党新北区基层委员会

【组织建设】 2023年，农工党新北基层委下设支部5个，有党员95人，发展新党员9人。3月，在区政府商务中心召开农工党新北基层委第二届全体党员大会暨届中调整会议，刘志青当选为农工党新北第二届基层委主任委员。7月，在常州长青科技股份有限公司新建“农工之家”。党员杜康被评为常州市基层名中医，党员刘贤被评为区委、区政府实施“532”战略、推动高质量发展（创新创业）先进个人。

【参政议政】2023年，农工党新北基层委提交人大建议3篇、区政协提案10篇，涵盖医疗卫生、教育普惠、食品安全、社会治理等方面，其中《关于改善我区中学生社会实践活动的建议》《关于加快发展我区普惠托育服务体系的建议》被立案并获区教育部门答复，《关于提升新北区中小学午餐标准和质量的提议》被区政协评为优秀提案。年内，刘志青、朱讯华、张嘉翔被评为区政协优秀委员；《铸强凝心根基，坚定奋进步伐》理论征文获农工党中央理论研究优秀论文二等奖、农工党江苏省委会优秀理论研究成果二等奖，《深耕新媒体传播平台，助力乡村振兴添动能》获农工党江苏省委会优秀调研项目成果奖。

【社会服务】2023年，农工党新北基层委以"健康农工"品牌建设为抓手，开展健康宝贝社会服务、健康同行义诊惠民、健康家园环保科普等系列活动，发挥农工党党员在医疗卫生、人口资源和生态环境界别的优势。各支部党员在"六一"儿童节等时间，为常州市藻江花园幼儿园、常州市新北区银河幼儿园师生开展健康体检等服务，常州市藻江花园幼儿园被评为农工党江苏省委会第二批社会服务基地。6月，开展儿童口腔保健宣教、老年人口腔维护宣教、中医药文化宣讲等健康义诊和讲座。8月，潘贵涛等党员赴吉林省延边朝鲜族自治州罗子沟小学开展精准帮扶捐资助学活动。

（农工党新北基层委 恽菊）

致公党新北区基层委员会

【组织建设】2023年，致公党新北区基层委员会下设支部5个，有在职党员103人、退休党员15人，新发展党员5人。新建区"致公之家"（位于苏南自创区服务中心暨常州新科创科研楼）1个。致公党新北区基层委主委钱亚娟被评为致公党江苏省委合作共建先进个人，4名党员被区政协评为优秀政协委员，任晓江被区政协评为反映社情民意信息工作先进个人，史剑锋被评为江苏省职业学校技能大赛优秀指导教师、获国家教学成果奖二等奖，张贝鸿获常州市新能源之都多语种推介大赛暨招商技能大赛日语组冠军，18名党员被致公党常州市委评为优秀党员。

【参政议政】2023年，致公党新北基层委提交庆祝致公党常州地方组织成立40周年征文8篇，报送提案、议案和调研等29篇。其中，《打造万亩新型产业复合园区 开辟高新区创新绿色发展新赛道》作为区政协联组发言，由致公党新北区基层委牵头形成的《加快推进龙江路西侧万亩新型园区高质量发展的对策建议》作为区政协常委会协商报告，报告获区委、区政府卓越奖；《关于建设小微企业示范园区的建议》被列为区主要领导领办的一号提案；《关于探索"工业上楼"破解土地资源制约的建议》《发展精密检测设备产业，促进我省制造业"智改数转"》《关于全面推进卒中防治的建议》3篇转化为省"两会"建言；《深化科技创新合作引领推动国际化名城建设》转化为市集体提案。完成致公党江苏省委会、常州市委会重点课题13个。其中，3个入选致公党省委会立项课题，"建设常州特色能源互联网"被确定为中共常州市委协商课题，"高新区（新北区）社区养老服务高质量发展研究与探索"作为基层委提交区政协的调研报告。全年报送建言信息45条、宣传信息18条，被《团结报》、省市区政协、致公党中央、致公党江苏省委等录用25篇，其中《关于打造常州市苏东坡文化旅游路线的建议》《发展产业资本，助力上市公司高质量发展》获市主要领导批示。

【社会服务】2023年，致公党新北基层委围绕"致情 扶老"主题，开展学雷锋公益行、体验非遗、采梨助农、反诈科普等活动；围绕"致情 侨海护苗"主题，开展"院士故事进校园"系列宣讲、暑期亲子防灾避险体验等活动；围绕"凝心铸魂强根基 团结奋进新征程"主题教育，开展新北致公调查研究走进天汇研究院、"创新赋能产业，建长三角中轴枢纽"体验交流、《觅渡》红色观影等系列活动。年内，协同招引重大创新平台长三角合成生物学产业研究院，招引入选"龙城英才计划"领军型人才创业项目的人才项目、科技企业整体搬迁项目10余个，引进项目47个，其中总投资额10亿元以上重大项目4个、总投资额1亿美元以上外资项目2个、其他重大项目9个。

（致公党新北基层委 洪红）

九三学社新北区基层委员会

【组织建设】2023年，九三学社新北基层委有社员137人，其中新发展社员4人，完成常州工学院支社届中调整。4月，新建"社员活动之家"1处。二支社、医卫支社分别被评为九三学社江苏省委2023年度组织工作先进集体、参政议政先进集体，3名社员被评为九三学社江苏省委先进个人。

【参政议政】2023年，九三学社新北基层委发挥专业技术人员众多、科技特色明显优势。在区政协会议上，九三学社新北基层委作题为《创新赋能，筹谋新能源汽车核心产业链建设"未来之机"》的大会建言。《积极应对新人口形势推进普惠托育体系建设》

调研报告获2023年度新北区政协优秀调研报告二等奖。《关于充分发挥企业主体作用加强新型产业人才招引支持的建议》《关于将高铁新城打造为全国领先的绿色建造示范区的建议》分别被评为2023年度优秀政协提案、提案办理绩效优秀件。主委邹莹被聘为市人社局特约民主监督员，社员张浩亮被聘为市资规局特约行风监督员、陆齐炜被区检察院聘为“益心为公”检察云平台公益诉讼志愿者。

【社会服务】 2023年，九三学社新北基层委组织社员参与“我与高新共青春、长江保护我先行”、“九三公益林”树木养护、新龙生态林树木认养等生态保护活动。新北区医卫支社与常州市新北区新华实验小学合作，组织社员利用学校“双减”课后服务开展医学科普讲座和急救技能培训8场。河海大学常州校区支社童晶教授暑假期间走进社区，开展“裸眼3D”等公益科普讲座。6月，九三学社新北基层委在常州市新北区新华实验小学举行“YI新一意”公益服务活动春季总结会，整合社内专家资源，全方位打造“YI新一意”社会服务品牌。

（九三学社新北基层委 孙思维）

常州市新北区工商业联合会

【组织建设】 至2023年年末，区工商联有主席、副主席30人，执委144人，商会会员3800余人；有镇（街道）基层商会11个、行业商会2个、异地商会5个、青年企业家商会7个、发展促进会1个，26家商会全部完成民政登记注册。年内，区工商联（总商会）被评为2022—2023年度全国“五好”县级工商联、2023年度江苏省构筑民营经济舆论阵地先进单位。15家执委以上企业参加区产业发展暨新能源之都建设推进大会，常州合全药业有限公司获特别重大贡献奖，天合光能股份有限公司获重大贡献奖，常州星宇车灯股份有限公司、常州聚和新材股份有限公司、新创碳谷集团有限公司、常州千红生化制药股份有限公司等13家企业获星级企业奖，天合光能股份有限公司、江苏宏微科技股份有限公司、永安行科技股份有限公司3家企业获“数字经济”示范企业奖；周晓萍、张文俊、郑建伟、潘燕萍等10余名会员被评为工业明星企业家。区工商联副主席杨永岗、赵善麒被评为江苏省优秀企业家。星宇车灯股份有限公司入围2023江苏民营企业200强，排名第187位。执委企业莱赛激光科技股份有限公司成为2023年全市首家北交所过会企业，江苏天元智能装备股份有限公司在上海证券交易所主板上市。

【理想信念教育实践活动】 2023年，区工商联开展习近平新时代中国特色社会主义思想、中共二十大精神宣讲“进商会、进企业、进课堂”、“学思想、建新功，高质量发展大讨论”等活动。7月，组织20名企业家赴湖南韶山毛泽东故居等爱国主义教育基地，开展红色教育和理想信念教育实践活动。11月，举办新北区民营经济代表人士理想信念培训班，30名执委以上企业家参加。

【参政议政】 2023年，区工商联在推优入党、“两代表一委员”（党代表、人大代表、政协委员）等政治安排中提高青年企业家比例，当选市十七届人大代表1人、当选市十五届政协委员3人。年内，区工商联搭建政企沟通平台，举办民营企业家座谈会、民营企业家讲堂、企业家沙龙等活动，促进青年企业家与区领导及职能部门面对面沟通，60名青年企业家参加。组织23名青年企业家代表参加区经发局、区科技局等职能部门走访调研及座谈。

【助力民企发展】 2023年，区工商联依托全区主导产业，助力培育“链主”企业，鼓励支持龙头企业担任“链主”。围绕主导产业引导企业产业链协作，联动中小企业建立产业联盟。天合光能股份有限公司、新阳科技集团有限公司入选2023中国民营企业500强。常州星宇车灯股份有限公司等7家企业规模超百亿元，纳税超亿元企业27家。新增常州长青科技股份有限公司、江苏天元智能装备股份有限公司、莱赛激光科技股份有限公司3家上市企业，民营企业上市总数18家。以产业链精准招商为核心推动补链，以提升“链主”企业产业配套为核心推动强链，

表8 2023年常州市新北区工商联合会会员企业入围各类榜单一览表

公司名称	入围榜单	排名
天合光能股份有限公司	中国民营企业500强	107
新阳科技集团有限公司	中国民营企业500强	479
天合光能股份有限公司	中国制造业民营企业500强	68
新阳科技集团有限公司	中国制造业民营企业500强	311
星宇车灯股份有限公司	江苏民营企业200强	187
常州聚和新材料股份有限公司	江苏民营企业创新100强	33

形成“大中企业带小微企业、核心企业带配套企业”的帮带格局。全年新增国家级专精特新“小巨人”企业25家，总数45家；净增高新技术企业307家，总数1371家。

【商会规范化建设】 2023年，区工商联强化自身建设，登记注册街道商会2家、青年商会1家、异地商会1家，实现镇（街道）基层商会全覆盖。5月，成立春江街道商会，江苏中江焊丝有限公司总经理张波担任商会会长，有会员单位100家。8月，成立魏村街道商会，常州凯翔医用不锈钢有限公司董事长黄玉翔担任商会会长，有会员单位120家；10月，成立春江街道青年企业家商会，常州新区百丈热能站总经理冷海峰担任商会会长，有会员单位39家；11月，成立常州市新北区亳州商会，江苏天地纵横物流有限公司董事长施建辉担任商会会长，有会员单位30家。年内，24家兄弟商会结对共建，开展“奔跑的商会”活动；引导商会开展培训讲座、外出交流等活动32场次。区工商联所属11家镇(街道）商会分别与区税务局、区消防救援大队、春江街道开展结队共建活动，成立“党建联盟”，共同开展“服务民企 常税先行”“走进消防大队牢记消防安全”等系列活动，193人参加。

【社会服务】 2023年，区工商联发挥民营企业和商会优势，动员民营企业和商会参与阳光扶贫和万企兴万村等活动，全年区各所属商会通过常州市新北区商会百万光彩基金捐款55万元，通过常州市新北区总商会乡村振兴500万元光彩基金捐款79万元，助力民生事业发展和乡村振兴工作。

8月27日，“遇见大咖·链上有约 邻里配套”2023国际卓越运营协会常州大会在创意产业园举行 （区委宣传统战部 供图）

【“链上有约·邻里配套”服务品牌】 2023年，区工商联围绕“两特三新一智能”优势产业，在强龙头、补链条、聚集群、保主体、促发展上下功夫出举措。与区经发局合力打造“链上有约·邻里配套”服务品牌，举办外资企业协同发展等主题沙龙活动，180家企业参加。联合江南农村商业银行、平安集团团体综合金融发展委员会与全区工商联所属23家商会签订战略合作框架协议，推出会员企业专属“长平保”福利产品，全年组织开展各类银企对接活动30余场。

【“同心聚能”护航联盟】 2023年，区工商联贯彻《常州国家高新区（新北区）加快打造新能源之都核心区实施意见》，发挥商会“三性”（统战性、经济性和民间性）合一优势，联合区11家职能部门及基层商会，组建助力新能源之都建设“同心聚能”护航联盟。制定《新北区助力新能源之都建设“同心聚能”护航联盟行动实施方案》。至年末，护航联盟走进12家区工商联所属商会，与258家重点企业负责人交流座谈，通过政策解读、案例分析、现场指导等形式为企业答疑解惑、警醒提示、精准服务。

（区委宣传统战部 廖光辉）

群众团体

常州市新北区总工会

【概况】 2023年，区总工会下辖镇（街道）总工会10个、省级经济开发区总工会1个、国有企业工会3个、行业工会联合会（建设、教育、卫计）3个、直属单位工会6个。至年末，全区有独立基层工会2800余个、村（社区）联合基层工会140个，有职工46.6万人、工会会员44.4万人，入会率95%。年内，区总工会举办常州市第十七届职工职业技能竞赛机器人焊接、数控磨工、安全生产管理等市二级竞赛5场，各级工会举办各类职业技能竞赛80场。区总工会被评为江苏省模范职工之家、2023年度辖市区总工会高质量发展综合评价“第一”等次。

（区总工会　陈燕）

【区总工会四届六次全委（扩大）会议暨工会代表会议】 8月17日，区总工会四届六次全委（扩大）会议暨工会代表会议召开，66名代表参加。会议传达省总工会和市总工会全委会精神，总结半年度工作，部署下阶段任务，动员全区工会组织将学习成果转化为攻坚克难、干事创业的强大动力，以更高站位、更高标准谋划推进工会工作高质量发展。会议增补选举新北区总工会第四届委员会委员、常委、副主席，选举新北区出席常州市工会第十六次代表大会代表。

（区总工会　宣梦晨）

8月17日，新北区总工会四届六次全委（扩大）会议召开（区总工会　供图）

【产业工人队伍建设改革联席会议制度建立】 2023年，常州国家高新区（新北区）建立产业工人队伍建设改革（简称产改）联席会议制度，明确产改联席会议组成人员，由区党工委委员、区委常委、区委组织部部长吴寅担任区产改联席会议召集人，14个部门的分管领导为成员。3月24日，新北区召开产改第三次联席会议。滨开区、镇（街道）以及试点园区全部建立产改联席会议制度，明确产改联席会议组成人员，成立产改办公室，制定产改实施方案和年度工作要点。年内，将产改作为推动全区发展的重要工作，产改工作纳入全区党建工作要点、深改工作要点、高质量发展考核内容，构建党委政府统一领导、工会牵头抓总、部门协同推进、企业主体积极探索、产业工人主动参与的工作格局。主动、定期向区党工委请示汇报工会重点工作，向区委常委会和深改会议专题汇报1次，在《常州日报》刊登区委书记关于工会工作的专栏访谈，召开“书记谈工会工作”专题学习会，区委书记、区党工委副书记周庆对全区工会工作作出专项批示。《总工会紧扣“扩面、提质、增效”推动产改落地有声》被纳入区委深改一季度部分改革典型经验做法。全年，新增产改试点单位30家，累计170家，覆盖产业工人10.5万人，承担全市特色产业园产改全覆盖试点工作。

（区总工会　张凤娇）

1月15日，区总工会组织300名产业人才夜游恐龙园　（区总工会　供图）

【基层工会建设】 2023年，区总工会提升工会组织覆盖面，新建百人以上企业工会198个、外资及港澳台资企业工会97个、新就业形态劳动群体工会39个，商圈市场、专题园区、行业性工会17个，其他类型企业工会6个。推进8家产改特色产业园区工会组建到位。完成实名制数据质量专项提升行动，组织入库2806个，会员入库26.44万人。编印《外资企业建会优秀案例》，宣传外资企业建会故事。建优基层服务阵地，全区7个工会被评为省模范职工之家、3个工会被评为省模范职工小家，14个工会被评为市优秀工会组织；13人被评为市优秀工会工作者。协调推进市第二工人文化宫建设，成立领导小组并组建项目专班。打造区级职工服务中心、镇（街道）级服务中心、基层服务站点多层次链条式服务阵地，52个服务阵地被评为市星级职工综合服务阵地，其中五星级7个、四星级14个、三星级31个。

（区总工会　陈燕）

【职工“双创”】 2023年，常州国家高新区（新北区）“创保贷”完成贷款发放58笔993万元，为138名创业职工贴息63.16万元。推动常州捷佳创精密机械有限公司、常州市乐萌压力容器有限公司、江苏欣站江纤维科技股份有限公司、中节能城市节能研究院有限公司、常州达伦供应链管理有限公司签订技术创新专项集体合同，协助常州天山重工机械有限公司、特瑞斯能源装备股份有限公司等8家企业完成合同续签工作。创建劳模（工匠）创新工作室4家、职工学堂4家。建立科技镇长团和劳模（工匠）创新工作室“团室联姻”机制，建设“联姻点”6家。承办常州市首届职工科技创新周新北专场活动。开展职工创新成果评选，评定区级职工“三个十大”（十大科技创新成果、十大先进操作法、十大发明专利）优秀项目9个、“五小”（小发明、小创造、小革新、小设计、小建议）优秀项目25个，推选市级“三个十大”优秀项目2个、“五小”优秀项目6个，《使用拆卸线路板装置的建议》被评为省级“五小”优秀项目。

（区总工会　葛秋晨　张凤娇）

【职工民生实事办理】 2023年，区总工会开展“工会常伴·贴心送暖”活动，为新就业形态劳动者、抗疫一线人员、在建项目优秀职工、留常职工赠送暖心礼包6478份。发布“春风行动”网上招聘会10期，吸引180家企业提供就业岗位900余个，常态化举办各类招聘会24场，组织10家企业直播带岗；夏季安康“三送”（送清凉、送安全、送法律）慰问一线职工5225人次；金秋助学向困难职工家庭学生发放助学金7200元；“冬送温暖”慰问一线职工6478人次，组织300名产业人才夜游恐龙园；组织7652名一线职工免费体检，559名职工赴太湖湾、天目湖等地疗（休）养。为4285名职工提供工会大病互助保障，为6248名职工赠送意外伤害保险，全年开展工会普惠服务6场，普惠职工7000人次。举办“六一”主题“爱在龙城”大型现场活动，为500名新业态劳动者留守子女赠送常州文创儿童节礼物。为400名新业态劳动者搭建“8+X”（健康体检、专项保险、入会服务、暖“新”礼包、困难帮扶、能力提升、法律服务、心理咨询8项基础服务，职工微心愿、诉求收集办理、求职服务等“X”项特色服务）综合服务集市2场。开展职工人文关怀和心理疏导，举办职工幸福课堂17场、心理健康公益讲座7场，为1371名职工提供心理健康服务。开展女职工风采征集展示活动，参与组织职工相亲活动14场。年内，新建康乃馨服务站6家，累计11家。筹办职工子女暑期托管班6家，衡山社区工联会爱心托管班被评为市四星级爱心托管班。

（区总工会 葛秋晨 刘江）

【公益法律服务】 2023年，区总工会联合区人社局、区司法局出台《关于在全区开展2023年“尊法守法·携手筑梦”服务农民工公益法律服务行动的通知》，深入新就业形态劳动者集中的企业、园区、社区、户外劳动者驿站等开展法治宣传教育，发放《中华人民共和国工会法》《中华人民共和国国家安全法》《反诈防范手册》等宣传资料。利用200个公交站台打造流动普法宣传站，开展法治宣传教育8场，2万人次参与女职工权益保护知识线上竞答。联合7家单位成立区维护劳动领域政治安全小组，制定工会维护劳动领域政治安全评价工作细则并组织实施。组织10名律师开展以企业劳动用工监督评估专项服务行动为主题的上门服务，免费为100家企业进行“法治体检”，防范劳动用工风险。常州创意产业园区职工法律援助站被评为常州市“三化”（实体化、规范化、网络化）建设成效显著阵地。

（区总工会 刘江）

【工会普惠帮扶】 2023年，区总工会深化“互联网+”普惠服务，开展模式创新、内容升级、面向新北区职工的线上普惠活动3场，线下普惠活动3场，普惠职工7000余人次，满足职工的多样化需求。依托常州市“智慧工会”困难职工信息管理系统，完善困难职工认证机制，开展季度摸排走访，全年摸排困难职工26人，申报市建档困难职工13人。区总建档困难职工9人，脱困8人，发放困难职工帮扶资金6.69万元，其中生活救助2.2万元、医疗救助2.91万元、助学救助7200元。

（区总工会 葛秋晨）

【职工安全生产教育】 2023年，常州国家高新区（新北区）成立工会安全生产工作领导小组，召开专题研究部署会议4次，开展主题宣讲2次、线下巡回教育13场。全年组织4767名职工参与安全生产和劳动保护知识竞赛、4275名职工参加安全生产知识培训、80名职工参加劳动保护监督检查员培训。推动219家企业1058名职工参与“安全隐患随手拍”活动，督促企业整改事故隐患235个。利用夏季安康“三送”活动，走访慰问高温车间、建筑工地、环卫、新就业形态劳动者等一线岗位职工5225人。在奔牛镇、常高新集团、恐龙园集团开展安全保障技能竞赛3场，提升应急救援实战能力。

（区总工会 张凤娇）

【户外劳动者驿站】 2023年，区总工会深化户外劳动者驿站建设，制定《关于建立常州市户外劳动者驿站管理督查办法》，对建成的28家户外劳动者驿站进行“大体检”，整改问题20条，撤销发挥作用不理想的户外劳动者驿站2家，新建10家，其中安心港户外劳动者驿站、中华恐龙园旅游度假区户外劳动者驿站被评为2023年全国最美工会户外劳动者服务站点，环球港户外劳动者驿站、中通快递常州分公司户外劳动者驿站、万达广场“井小驿”户外劳动者驿站被评为全省最美工会户外劳动者服务站点，新区公园户外劳动者驿站、世茂香槟湖户外劳动者驿站被评为市级户外劳动者驿站服务示范点。

（区总工会 葛秋晨）

【新就业形态劳动者“8+X”综合集市】 6月13—14日，区总工会在ASK创业园、江南环球港举办面向新就业形态劳动者“8+X”综合服务集市活动。活动现场，新就业形态劳动者排队依次进入流动体检车，进行免费CT检查。现场提供骨密度、血压等方面的检查和问诊服务，约有400名新就业形态劳动者享受体检服务。此项活动涵盖健康体检、专项保险、入会服务、暖“新”礼包、困难帮扶、能力提升、法律服务、心理咨询8项基础服务，市、区两级总工会在现场提供包括职工微心愿、诉求收集办理、求职服务等“X”项特色服务，保障新就业形态劳动者权益。

（区总工会 陈燕）

共青团常州市新北区委员会

【概况】 2023年，全区有各级团组织2610个，其中团（工）委54个、团总支143个、基层团支部2413个，覆盖团员2.45万人。团区委坚持党建带团建，一体推进党的第二批主题教育及面向团员和青年的主题教育，通过团区委带头学、团干部带领学、团组织带动学，实现团组织全参与、团员全触及。全年创建市级青年文明号12家，组建市重大项目青年突击队9支，54个集体和个人被评为市级以上“两红两优”（五四红旗团委、五四红旗团支部，优秀共青团员、优秀共青团干部），10个少先队集体和个人分获红领巾奖章五星章、全国红领巾中队等国家级荣誉，999个少先队集体和个人分获省、市级荣誉。年内，团区委被评为全市共青团工作先进单位。

【县域共青团基层组织改革】 2023年，团区委以“四聚焦四提升”工程为抓手，推进县域共青团基层组织改革。聚焦改革团的工作力量选用机制，从高校教师、少先队辅导员、社会工作者、大学生等各类群体中遴选青年骨干，充实团编制外的工作力量。聚焦改革组织设置和动员机制，新建“两新领域”（新业态、新就业群体）团组织55个，覆盖比亚迪汽车有限公司、新创碳谷集团有限公司、常州优谷新能源科技股份有限公司等18家重点企业，实现全区重点产业链企业团组织能建尽建；推进“实体阵地＋社团组织”协同建设，新增团办青年社团64个，新建青年之家7家（累计25家），实现全区镇（街道）全覆盖。聚焦改革团员发展和教育管理机制，提升成长源动力，分领域科学制定团员发展计划，全年发展团员1902人；“校内＋校外”广龄段实践育人，校内优化完善入团8课时内容，校外举办各类专题座谈、主题宣讲、志愿服务等活动160余场，覆盖团（队）员超4.1万人次。聚焦推动完善党建带团建机制，提升党建牵引力，定期向党委汇报改革工作成效，联动开展改革推进会，凝聚改革工作合力，推动出台改革相关文件5份，在《新华日报》《中国青年报》等媒体发布改革相关宣传报道23篇。

5月4日，“我和高新共青春”主题团日活动在常州工学院举行（团区委 供图）

【青年思想引领】 2023年，团区委结合学习中共二十大精神等主题，打造青年讲师团、红领巾巡讲团等宣讲队伍45支。1人在省级演讲技能竞赛中获特等奖、1人获市级“百优宣讲员”。开展宣讲活动120余场，将党的创新理论送到团员、队员和广大青年身边。线下加强阵地建设，“花YU少年”省级青少年学习社线路被团中央《中国共青团》报道，楠木厅青年学习社入选新一批省级示范。线上发挥新媒体平台作用，“新北有i”发布推文240余条，推出《我和高新共青春》第三季、《你的答案》等优质视频，以身边青春故事带动广大青年扛起使命，与高新区一起“三十而立再出发”。青年创新创业联合团支部书记陈欣欣入选全国第十九次团代会代表。

【青年就业创业服务】 2023年，团区委聚焦“青年友好”，多措并举开展引才留才实践探索。与本地及周边城市院校联动开展“我和高新共青春 逐梦新能源之都”系列座谈、企业参访等活动10余场，青年师生500余人参加。推动“青年驿站”体系拓面提质，“新巢”青年驿站12家，其中新巢·井创青年驿站被评为全省首批“三星级”青年驿站。发挥“龙城打卡礼遇”吸引力，配套政策宣讲、就业帮扶等服务，全年吸引超1.15万名市外青年申请，实地来区打卡7400余人，在抖音、小红书等平台的相关推文和视频，吸引超1000万人次的观看量和100万点赞量。持续耕耘“嘉壹度”，全年招引入驻项目52个，出孵项目27个，“青年创业计划”政策新增扶持项目25个，其中3个项目入选“龙城英才计划”。围绕科技创新积极转型，引育科技型中小企业7家、高新技术企业2家，新增销售超1000万元在孵企业4家。

【青少年关爱服务】 2023年，团区委推进民生实事项目——“梦想改造＋”关爱计划。全年改造梦想小屋60户，为159名关爱对象续写“后半篇”关爱文章。出台《关于开展2023年“梦想小屋”建设的通知》等专门文件，加强工作指导，规范资金使用。开展爱心捐赠、走访慰问500余人次，发放关爱资金20余万元，为关爱对象举办集体生日会、校外研学等特色活动20余场，课业辅导、心理疏导150余人次。联合5个部门举办“爱心暑托班”，招募优秀爱心教师46人、志愿者160余人以及具备服务资质的社会组织和爱心机构10余家共同参与运行，为1000余名青少年提供暑期服务。

【青年志愿服务】 2023年，团区委实施“百团青春走基层”计划，鼓励各领域青年组团向基层社会治理一线报到。开展“七彩志愿社区行”行动、“传承雷锋精神 助力社区治理”青年志愿服务主题月活动，反诈宣传、爱心义卖等各类志愿服务活动30余场，参与青年1000余人次。引导网络主播、外卖小哥等新业态新就业青年群体参与社会治理等工作，帮助搜集问题线索和意见建议30余条。落实2023年江苏大学生志愿服务乡村振兴计划，招录24名大学生志愿者到基层一线和机关单位实践锻炼。

【少先队工作】 2023年，区少工委组织少先队员开展“学习二十大，争做好队员”、我为高质量发展献一计、红领巾寻访伟大成就等主题实践活动。组织“寻访高新成就 增强四个自信”区少先队微队课辅导技能展示活动，成立红领巾寻访小队315支，开展寻访活动230次，参与队员4600余人次，“江苏少先队”微信公众号录用区寻访案例26篇。11个江苏省少先队课题结题，推进少先队重难点工作取得突破。开展区级少先队主题队会研讨活动11场，位于薛家镇任葛村的常州红领巾主题馆被评为2023年江苏省优秀少先队校外实践教育实践营地。

【“我和高新共青春”主题团日活动】 5月4日，“我和高新共青春”主题团日活动举行。省、市发改、农业农村、商务、统计、文旅等部门的团组织负责人，与区相关部门青年代表开展共建结对。团区委与江苏大学、南京邮电大学等6所高校团委共同发布“走基层 共青春”校、地团委合作共建项目，围绕资源共享、人才对接、大学生社会实践、服务大学生创新创业、乡村振兴品牌项目打造、高校志愿服务等开展合作。来自生命健康、碳纤维及复合材料、新能源汽车、智慧能源、创意等领域的18个新成立团组织揭牌，7个新能源领域青创项目签约落户“嘉壹度”。原创音乐舞蹈剧《我和高新共青春》第一部正式发布，“梦想改造+”关爱计划青少年代表共同合唱《你的答案》。现场向“2022年度常州市青年文明号”集体、省“两红两优”集体与个人授牌颁证。

（团区委 龚青轩）

常州市新北区妇女联合会

【概况】 2023年，常州国家高新区（新北区）有镇（街道）妇联组织10个，妇联主席10人、兼职副主席37人、执委334人；有村（社区）妇联组织138个，妇联主席138人，执委2039人；有区女领导干部联谊会1个、区女企业家协会1个、区科技致富女能手联谊会1个。年内，承接全国妇联妇女发展干部能力提升培训班现场会，全国妇联书记处原书记杜芮、31个省（区、市）和新疆生产建设兵团妇联调研参观常高新漫柏未来女性人才公寓、西夏墅镇东南村等地，区妇联赋能女性人才创新发展、引领农村妇女助力乡村振兴等工作获杜芮一行肯定。联合区检察院召开妇儿权益保护联席会议。“孕期女职工被调岗”案例被中央电视台、《中国妇女报》、《检察日报》等媒体宣传报道，全年区妇联各类特色亮点工作被省级以上媒体宣传报道25次。

【妇联基层组织建设】 2023年，常州国家高新区（新北区）配齐建强妇联干部队伍，完善区妇联“一挂两兼”（一名挂职副主席、两名兼职副主席）配备，薛家镇、奔牛镇、三井街道妇联完成换届工作。扩大新领域妇联组织覆盖面，成立汉江路国际街区妇联、江南五金机电城妇联等18个妇联组织，成立“爱立方”“漫悦美”等妇女微家35个。年内，举办执委培训18场，覆盖妇女干部300余人。开展女性社会组织专题培训，指导社会组织参加公益项目创投，新联心妇女微家联盟等8个项目获市、区资金扶持。开展新领域女性关爱活动，为女骑手提供免费体检和赠送妇女“两癌”（乳腺癌、宫颈癌）保险服务。围绕红色教育、女性素养提升等方面，开展“跟着秋白去读书”“‘木兰花开’走军营”等主题活动，推进妇联“在你身边”工作理念落到实处。

【妇女创业就业】 2023年，区妇联启动区第五届“她·慧创”育婴员培训班，单期报名1000余人。深化“巾帼创业

10月10日，区妇联开展新北区新领域女性关爱活动，为女骑手赠送免费体检 （区妇联 供图）

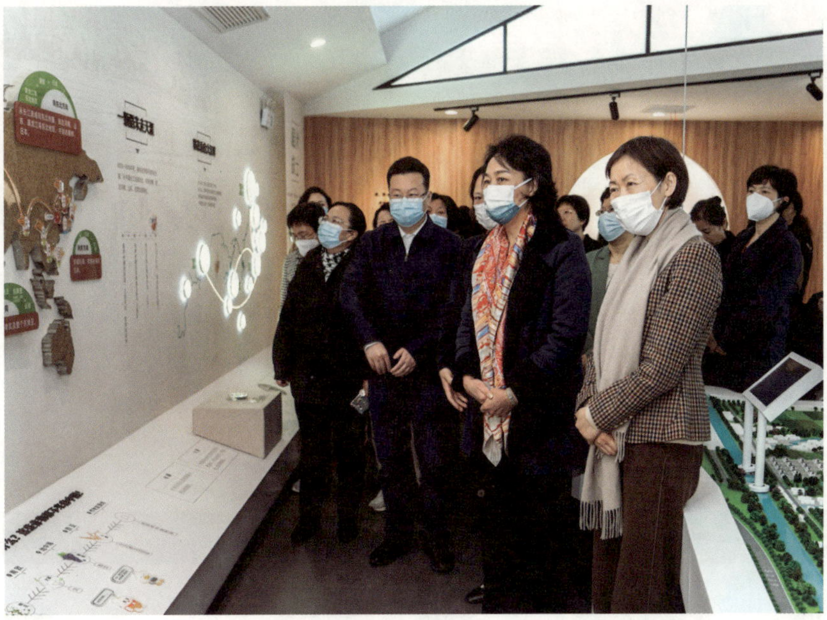

3 月 22 日，全国妇联原书记杜芮（右二）一行实地调研东南有稻仓稻米文化馆
（区妇联 供图）

贷”，全年发放贴息贷款 5440.7 万元，扶持创业妇女 163 人。联合相关部门，发布支持“科技创新巾帼行动”十大举措。成立女科技工作者联盟，实施“赋能女性‘心’能量 激发科创新活力”项目，为女科技工作者提供精准服务 10 余场，服务 300 余人。新建市级女性人才公寓服务站 2 个，为女性人才提供“在你身边”的优质服务。丁静、邹春英被评为常州市最美女科技工作者；常州市新北区魏农供销中心、新北区东南有稻仓稻米文化馆被评为市级丁香女性创新创业服务基地；恐龙园文化旅游集团股份有限公司被命名为江苏省女大学生创业就业实践基地。新能源之都的储能 PCS 科技系统等 3 个项目被评为市级巾帼创新业项目。江苏常荣电器股份有限公司的制冷压缩机高精度过载保护技术研究及应用项目被评为江苏巾帼科技创新大赛最具商业价值奖项目。开展“下基层、访妇情”女能手现状调研，联合区农业农村局、区女能手协会开展农产品展销会进机关活动。深化“四季暖心”巾帼新农人赋能计划，开展巾帼新农人新媒体直播带货培训班，邀请专家为女能手提供专业农技指导，提高农产品质量。

【妇女儿童合法权益维护】 2023 年，区妇联走进社区、学校、企业开展妇女权益保障、反家庭暴力等普法讲座 126 场，投放公益普法广告 3000 余处。针对女职工权益受侵害的个案，联动区检察院举办全市首例女职工劳动和社会保障权益保护公益诉讼听证会，该案例被最高检和全国妇联评为检察机关与妇联组织加强司法救助协作典型案例（第二批）。发布《关于全面加强新北区女职工劳动与社会保障权益保护的通知》，为全区妇女职工保驾护航。在区法院设立“蓓”爱幸福家庭心理干预室，邀请专家为家事案件当事人提供心理辅导、家庭教育和婚姻家庭指导。擦亮“常阿姐”妇女议事品牌，三井街道汉江路社区妇女议事案例入选省十大妇女议事优秀案例。全年受理来电来访件 31 件，办理“幸福 E 家”平台案件 160 件。推进精准微关爱试点工作，联动专业社会组织为全区 22 户微关爱家庭开展心理咨询团体辅导 16 次，个案服务 91 次。联合区律师行业妇联启动受家暴妇儿公益律师项目，为受家暴的妇女儿童提供法律和经济援助。开展“微笑计划”助困行动，以送家教、送温暖等形式关爱困境妇女儿童 86 人。完成“十四五”妇儿发展规划中期评估迎检工作。联合社会组织参与“99 公益日”活动，募得公益资金 57.2 万元，区妇联被省妇儿基金会授予优秀组织奖。举办“共筑友好 益童成长”儿童友好主题活动，完成 4 个市级儿童友好社区建设任务。新桥第二实验小学等 4 所学校被评为常州市首批儿童友好学校。

（区妇联 黄瑀汝）

常州市新北区科学技术协会

【概况】 2023 年，区科协落实《常州市新北区全民科学素质行动规划纲要实施方案（2021—2025 年）》，组织开展全国科普周、科普日等活动。联合江苏省科普作家协会、中华恐龙园等单位举办 2023 江苏省科普科幻产业高峰论坛，与区教育局联合举办全区青少年儿童机器人、航空模型、建筑模型、车辆模型、益智科技、电子技师等科技竞赛，参赛学生 1600 余人次。恐龙园文化旅游集团股份有限公司、江苏容大减震科技股份有限公司、光大新苏再生资源（常州）有限公司 3 家企业科协经区科协批准成立。年内，潘燕萍、顾永久、屈阳 3 名科技工作者被评为 2022 年度市科技人物，杜玉吉获 2022 年度市科技人物提名奖。至年末，全区有企业科协组织 31 家。常州优谷新能源科技股份有限公司的基于 TRIZ 理论的风电 BM 机壳制造项目获 2023 年中国创新方法大赛江苏赛区决赛三等奖。

【产学研服务】 5月14日，2023长三角碳纤维及复合材料高层论坛暨江苏省复合材料学会第七次会员代表大会举行，就复合材料领域现存问题、新技术、新产品、典型案例等开展经验交流和分享；推动江苏新材料产业院士协同创新中心（常州）在新北区落户，办公地点设在江苏集萃碳纤维及复合材料应用技术研究院。8月23—24日，第15届海峡两岸复合材料论坛暨2023年常州市“科创中国”海智面对面活动在新北区举行，长三角碳纤维及复合材料技术创新中心、江苏集萃碳纤维及复合材料应用技术研究院、台湾德宏工业股份有限公司、台湾长兴材料工业股份有限公司等企业参加，海峡两岸500余名复合材料领域科技工作者到会。该活动包括第三届两岸青年复合材料创新创业大赛、两岸复合材料产业新产品及新技术发布会、两岸复合材料创新展示会、两岸企业家座谈及“一对一”对接等活动。

【科普教育基地创建】 2023年，区科协实施科普创建示范工程，夯实科普阵地。年内，常州恐龙人防灾避险科普教育基地被认定为省级科普教育基地，新增市级科普教育基地6家。常州市新北区飞龙实验小学、常州市新北区香槟湖小学被评为市级科学教育特色学校。

表9　2023年常州国家高新区（新北区）新增市级科普教育基地一览表

序号	基地名称	所属单位
1	花开西庄科普教育基地	江苏临平文旅产业发展有限公司
2	长江大保护展示馆科普教育基地	江苏常州滨江经济开发区管理委员会
3	光大常州再生资源科普教育基地	光大新苏再生资源（常州）有限公司
4	常工院智能微电机创新科普教育基地	常州工学院
5	先进复合材料科普教育基地	长三角碳纤维及复合材料技术创新中心
6	常州市新北测绘科普教育基地	常州市新北自然资源和规划技术保障中心

【科学技术普及】 2023年，区科协组织开展科普宣传活动约100场。3月28日，在常州市新北区新桥第二实验小学和常州市新北区春江中心小学开展2023年常州市新北区“院士故事进校园”宣讲活动，500余人参与，科普讲座视频在常州市人民政府网上播放。年内，区科协联合中国检验检测学会等单位开展“科普中国万里行”活动，推广营养健康、食品安全、“双减”、乡村振兴等科普知识，在暑期爱心小屋、三井小学、龙虎塘街道锦珑社区等地开展10场科普活动，活动视频在暑期爱心小屋播放，1000余人参与。在农村、社区、学校等地举行科普宣传讲座20余场，1000余人参与。4月20日，举办“新·创智 育·未来——新北区校园科创嘉年华暨中小学生科学素质提升行动推进会”，该活动被评为2023年全国科技活动周暨江苏省第35届科普宣传周优秀活动。陈雨薇等3人增补为市科技教育专家团成员，阎有花等6名科技工作者被评为区“科学梦想家”讲师，长江大保护常州展示馆等10家科普教育基地被评为区科普游学实践基地。中华恐龙园科普讲师李众被评为2023年常州市科普大使。

【区第三届青少年（幼儿）机器人竞赛】 4月20日和5月13日，常州市新北区第三届青少年（幼儿）机器人竞赛分别在常州市河海实验小学和常州市新北区实验中学2个分赛场举行。大赛由区科学技术协会、区教育局主办，全区各中小学245支队伍、86名教练员、360余名选手参赛。大赛分幼儿、小学、初中、高中4个组别，设置环保接力、智慧农场、能源变革、回收物资、飞天揽月、星际联盟、夏季运动会7个项目。青少年（幼儿）机器人竞赛为全区青少年机器人爱好者搭建相互学习、交流经验的平台，培养青少年的科学思维能力、实践操作能力、团队协作能力、应变能力。最终50支队伍获一等奖，73支队伍获二等奖，80支队伍获三等奖；11家单位获团体一等奖，15家单位获团体二等奖，15家单位获团体三等奖。

【2023江苏省科普科幻产业高峰论坛】 9月14—15日，2023江苏省科普科幻产业高峰论坛在中华恐龙园举行。该活动由江苏省科普作家协会、江苏省科教电影电视协会、江苏省科学传播中心、新创碳谷集团有限公司主办，区科协、中华恐龙园承办，邀请全国科普科幻创作领域知名专家和作家、科普科幻产业及高新技术企业的90余名运营管理者参会，围绕科普科幻创作、科普科幻文旅融合、全媒体科学传播实践、新材料新能源产业等方面进行分享交流，在线观看论坛直播观众8万名。通过与会专家分享、代表

4月20日，常州市新北区第三届青少年(幼儿)机器人竞赛的幼儿"环保接力"项目在常州市河海实验小学分赛场举行。图为搭建调试现场　（区科技局 供图）

交流、科普考察等方式，聚焦科普科幻发展、文旅科普融合，为提升江苏科普科幻产业影响力献策献力，为产业发展提供决策依据。

（区科技局 王森）

常州市新北区文学艺术界联合会

【概况】 2023年，区文联有文学、摄影、音乐舞蹈、戏剧曲艺、书法家、美术家6个专业协会；有会员1131人，其中国家级会员13人、省级会员105人、市级会员410人。区书法家协会被评为2023年常州市先进团体会员单位和常州市送文化下乡先进单位。常州华声合唱团、常州市新北区癌症康复协会2支基层团队被评为江苏省2023年度优秀群众文化团队，其中华声合唱团在第六届省紫荆合唱节比赛中获成人B组决赛第一名。

【文艺活动】 2023年，区文联组织各协会开展文艺演出展览等活动。戏剧曲艺协会"助力文旅融合"进乡村演出30场，惠及群众2万人次。7月21日，在魏村街道成立戏曲协会宣传演出基地。10月，美术家协会开展2023年"新时代·新风尚·新年画"暨新北美协年鉴美术作品展、"大家薛小，与你'童'行"儿童画展、"律回春渐 新元肇启"双年展和"龙年华彩"甲辰贺岁线上主题画展。9—11月，摄影协会举办"以素为绚"耿建国摄影个展，该摄影展还参加北京市五棵松国际摄影文化苑开幕式。区音乐舞蹈协会全年开展精品文艺演出活动20余场。

【文艺创作】 4月，区文学协会作家任小霞撰写的长篇儿童小说《开往春天的火车头》由江苏凤凰文艺社出版。2023年，任小霞发表各类小说、散文、童话、童诗等作品200篇，其中专栏60篇。郭重威出版发行《孟河医派》《古镇故事多》《物产风情》3部作品，程协润出版《孟河古镇乡情录》。2月，卞优文长篇小说《行吟图》获常州市第十届精神文明建设"五个一工程"奖。

（区委宣传统战部 吴洁）

常州市新北区残疾人联合会

【概况】 2023年，常州国家高新区（新北区）有镇(街道)残联10个，村(社区)残协142个。至年末，全区有持证残疾人11873人，其中视力残疾1257人、听力残疾880人、言语残疾52人、肢体残疾6405人、智力残疾1573人、精神残疾1556人、多重残疾150人，残疾人数比上年减少273人。年内，区残联聚焦"推动残疾人事业高质量发展走在前、做示范"主线，深化残联改革，完善残疾人社会保障制度和关爱服务体系，提升残疾人的获得感、幸福感、安全感，被评为全市残疾人工作综合业绩评价优胜单位。全省残联系统到区参观基层残疾人之家，省残联理事长、市主要领导对区残疾人工作给予肯定。全年为343名残疾人换发10年到期残疾人工作证，其中升级23人、降级18人、不达标取消残疾证9人。至年末，全区注销残疾证508本，新发残疾证442本，迁出残疾证14本。残疾人托养工作被列为省民生实事重点项目，分类分层完成新增托养73人，其中日间照料9人、居家托养60人、寄宿制托养4人。春江街道残疾人之家挂牌成立首家党建助残示范社区，被评为全省残联系统创新创优示范项目；新桥街道江湾社区残疾人之家入选全省书香残疾人之家，新桥街道"爱立方"工作室入选全省文艺残疾人之家。

（区人社局 吴喜燕）

【残疾人关爱服务】 2023年，区残联坚持"普惠+特惠"原则，在全覆盖、保基本、多层次、可持续的大社保体系建设中，织密筑牢残疾人民生保障安全网。开展残疾学生及低保残疾人家庭学生教育助学情况调查，为57名残疾学生及低保残疾人家庭学生发放助学资金13.48万元；开展残疾人“两项补贴”审核，符合条件的残疾人得到救助率100%；拨付各镇（街道）10万元用于200户贫困残疾人家庭春节走访慰问；投入73万元为全区持证残疾人投保意外伤害险，目标人群覆盖率100%，为138名残疾人车主发放2023年度机动轮椅车燃油补贴3.59万元；为30户家庭实施卫生间改造、厨房改造、增加坡道扶梯等无障碍改造项目。发挥爱心助残基金会作用，开展“幸福暖冬行”关爱活动，投入6万余元向全区各工作室参与辅助性就业员工捐赠防寒服300余件。成立常州市首家罕见病儿童关爱服务中心，开展“为爱呐‘罕’”系列关爱活动。开展法律援助和“急难愁盼”问题处置解决，收到3面锦旗和3封感谢信。

（区人社局　王静）

【残疾人康复服务】 4月20日，常州国家高新区（新北区）出台《全区残疾人康复服务机构运行规范化建设实施方案》《新北区儿童康复服务机构负面清单》。制定0～17周岁儿童康复服务经费结算办法，启动残疾儿童基本康复服务项目政府采购工作，全年投入664万元为444名0～17周岁残疾儿童提供抢救性康复训练服务。完善精神残疾人基本用药管理，投入185万元为1581名精神障碍患者提供免费服药救助。投入20.1万元为178名残疾人提供住院救助，符合条件残疾人救助率100%。开展残疾人辅助器具适配服务，安装假肢4件、助听器3件、助视器5件、助行器42件。推进白内障脱盲复明工程，覆盖全区138个村（社区），完成60岁以上老年人白内障普查3109人次，检出疑似白内障患者2018人，符合手术患者887人，实施复明手术245人（296例），向47名八类特殊对象（“五保”对象、最低生活保障对象、低保边缘困难对象、重点优抚对象、60年代精减职工、持证残疾人、特困职工、见义勇为者）提供免费手术59例。

（区人社局　王婷霞）

【残疾人文体宣传活动】 2023年，常州国家高新区（新北区）依托基层残疾人之家平台，开展读书会、运动会、心理沙龙分享会、健康科普等文体活动400余场。结合爱耳日、助残日等节日，开展爱在新北·点亮“守护星”残疾预防行动、残健共融在新北·“常有众扶”幸福梦等主题活动，举办“筑梦新北 共享芬芳”新北区残疾人文艺汇演。“五大”专门协会（盲人协会、聋人协会、肢残人协会、智力残疾人及亲友协会、精神残疾人及亲友协会）先后开展盲人定向行走、智力竞赛、踏青等文体活动，依托微信公众号、政务网站、纸媒等手段，让助残声音活跃在各级媒体平台。全年报送各类信息100余篇，被省级及以上媒体录用9篇、被市级媒体录用15篇。选送歌曲《筑梦中国》、小品《有梦》、歌舞《早安 阳光》3个节目参加“唱响主旋律 奋进新征程”常州市残疾人文艺会演，其中《筑梦中国》获表演一等奖，小品《有梦》、歌舞《早安 阳光》获节目奖、编导奖等5个奖项。

7月12日，“筑梦新北 共享芬芳”新北区残疾人文艺节目汇演在区文化馆举办　（区人社局　供图）

【残疾预防行动暨党建助残示范社区揭牌】 4月2日，在第16个世界孤独症关注日，爱在新北·点亮“守护星”残疾预防行动暨常州新北区党建助残示范社区揭牌仪式在春江街道春江社区举行。活动中发出残疾预防倡议，共同点亮“守护星”，启动残疾预防宣传系列活动。现场设置助残政策咨询、“美丽工坊”手工艺品展示义卖、爱心义剪、趣味涂鸦、孤独症儿童画展等区域，400余人次参与。该活动促进全社会对孤独症儿童的关注，普及残疾预防知识，增强残疾预防能力。

（区人社局　钟沉鱼）

常州市新北区红十字会

【概况】 2023年，区红十字会有镇（街道）红十字会基层组织10个、团体会员单位14个、中小学红十字会52个，志愿服务组织16个、注册志愿者394人。

年内，新建三井街道龙城社区、阳光社区2个社区博爱家园，累计建成博爱家园12个，魏村街道临江社区博爱家园被省红十字会评为2023年度优秀博爱家园，三井街道阳光社区“一公益益老益小”网络筹资项目得到省、市红十字会肯定。区红十字会持续开展“三救三献”（应急救援、应急救护、人道救助，造血干细胞捐献、遗体与人体器官捐献、无偿献血）和志愿服务等工作。结合“5·12”国家防灾减灾日，开展防灾减灾救灾主题宣传活动28场。区红十字会志愿者蒋波被中国红十字会总会评为全国红十字志愿服务先进典型，区红十字会连续第13年被评为市综合考核第一等次（优秀）单位。

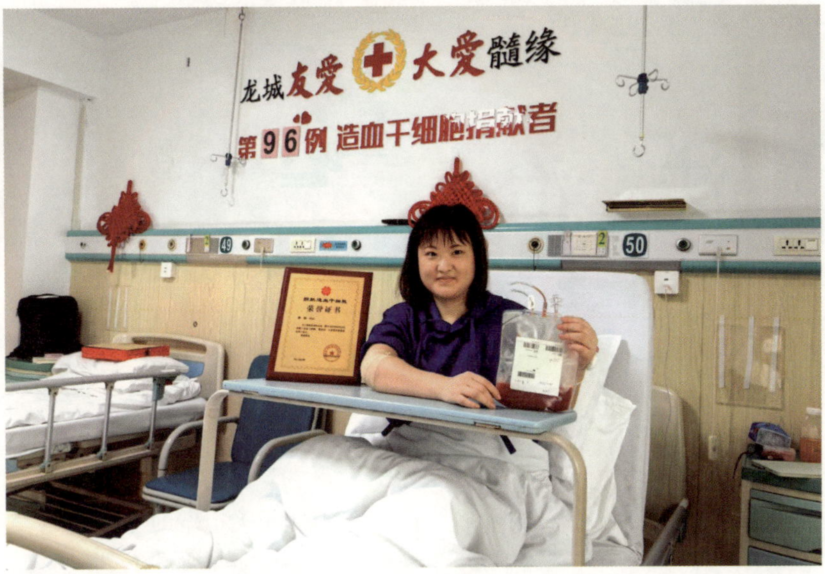

9月27日，黎静在常州市第一人民医院成功捐献造血干细胞

（区人社局 供图）

【红十字人道救助】 2023年，区红十字会组织开展“博爱送万家”活动，筹集10.4万元资金慰问辖区困难家庭103户，筹集米、油、棉被等物资180份慰问社区博爱家园困难群众。为5名白血病儿童、8名先心病儿童申请中国红十字基金会中央专项彩票公益金大病儿童救助项目。实施“关爱紫阳三留守”网络筹资项目，筹集资金5.72万元慰问紫阳县178名“三留守”（留守老人、留守妇女、留守儿童）人员。

【红十字“三献”工作】 2023年，区红十字会组织开展“三献”知识宣传10余场，钱青、黎静2人成功捐献造血干细胞。区、镇（街道）组织献血2360人次，献血量3331.05U（U：血液单位，200毫升全血为1个单位）。在2002—2023年22年间（造血干细胞捐献自2002年开始，遗体捐献自2007年开始，器官捐献工作自2011年开始），区遗体捐献登记158人，成功捐献28例；人体器官捐献登记4490人，成功捐献13例；造血干细胞成功捐献23人。

【红十字救护培训】 2023年，区红十字会推出“红惠百企、救暖高新”服务，在辖区高中开展学生持证培训3场。全年完成普及性培训1.55万人次，红十字救护员培训1138人次，心肺复苏（CPR+AED）培训660人次。强化师资队伍建设，选派3名志愿者参加师资初训班，6名志愿者参加师资复训班或提高班。

（区人社局 李豪）

法 治

政法委及综治

【概况】 2023年，常州国家高新区（新北区）政法委创新社会治理，强化矛盾纠纷化解，提升政法工作现代化水平。落实《中国共产党政法工作条例》，落实请示报告、政法委员述职等系列制度。实施《常州国家高新区（新北区）“十四五”政法人才发展规划》，帮助广大政法干警解决工作、学习、生活上遇到的困难和问题，激发政法队伍的凝聚力和战斗力。开展每月之星、季度先锋、年度标兵、管理能手等系列评选，建立典型民警库并实施动态管理，打造可复制、可学习、可推广的典型样板。年内，完成全国“两会”、杭州亚运会暨中秋、国庆等重要节点安保任务，全区未发生重大影响事件，群众安全感99.42%。

【平安新北建设】 2023年，常州国家高新区（新北区）政法委推进平安新北建设，提升社会治理效能。聚焦群众安全感满意度提升攻坚行动，紧盯重点人员服务管理、风险隐患排查等任务，加强社会资源整合、力量融合、功能聚合。推进电信网络诈骗犯罪打击治理，研判抓获嫌疑人380人，冻结金额2.09亿元。加强群租房排查整治，全区出租房火灾警情和治安、刑事警情比上年（下同）下降1.87%。开展交通堵点“微治理”和“乱停车”整治行动，严厉打击“三超一疲劳”（超速、超员、超载，疲劳）、酒驾醉驾等严重交通违法行为，交通事故死亡人数下降超5%。强化景区、商圈、文旅活动等“大人流”“大车流”监测预警，指导远端封控、外围疏导、通道分流等防范措施，完成森林音乐节、中国羽毛球比赛、奥体中心演唱会等大型活动安保任务118场次。

【区域社会治理现代化建设】 2023年，常州国家高新区（新北区）提升区域社会治理现代化建设能力，以“抓重点、防风险、补短板、强弱项”为目标，根据省、市、区有关社会治安重点地区整治要求，推进三井现代城及周边、魏村电信网络诈骗、长江路段（红河路—国道346线）3项重点地区挂牌整治工作，均于12月通过市挂牌整治验收。开展防范电信网络诈骗宣传工作，全年电信网络诈骗宣传知晓率位居全市第一。落实省委政法委、省教育厅、省公安厅等7个部门联合印发的“四无”（无诈、无毒、无访、无黑）建设活动方案，全区被评为无诈社区（村）6个、无诈机关（单位）5家、无诈企业8家、无诈校园5个。组织全区镇（街道）、村（社区）网格员参与区安全生产委员会开展的安全隐患排查整治、市场监督部门开展的食品药品隐患排查登记上报、教育部门开展的校园周边地区治安整治，全年巡查出租屋、群租房7.7万次，摸排各类矛盾纠纷2500余起，形成隐患发现在网格、矛盾化解在网格的工作格局。

【民主法治建设】 2023年，常州国家高新区（新北区）紧扣“让高水平法治成为新北推进社会主义现代化建设的核心竞争力”目标，推动依法治区制度更完善、法治化营商环境更优化、执法司法行为更规范。全年开展矛盾纠纷排查1.03万次，调处各类矛盾纠纷8201起，未发生因调解不当造成民转刑案件；受理法律援助案件1072件，接待群众咨询6320余人，接听“12348”法律服务热线电话6513件。漫柏未来人才社区建成全市首家人才社区公共法律服务室。实施村（社区）公共法律服务站点覆盖提升工程，推进村（社区）法律援助联络点和公共法律服务室建设，全年建成村（社区）法律援助联络点10个、村（社区）公共法律服务室70个。从“法治护农”“法治惠民”“法治惠企”“法治强基”等方面全面推进村（社区）法律顾问“万场讲法”活动，全年开展“万场讲法”活动400余场（次）。全区镇（街道）、

11月15日，"增亮法治底色 绘就美丽乡村"法治宣传走基层系列活动在西夏墅镇生态绿地广场举行 （区委政法委 供图）

普法责任单位在农民工学法活动周、"三八"妇女节、"3·15"消费者权益保护日等节点开展民法典、反诈骗等主题法治宣传活动140余场，通过法治课堂、法治直播间、旁听庭审、互动学法等形式增强群众法治意识。

（区委政法委 谢海飞）

【扫黑除恶斗争】 2023年，常州国家高新区（新北区）以贯彻《中华人民共和国反有组织犯罪法》为主线，提升扫黑除恶斗争法治化、规范化、专业化水平，推进常态化扫黑除恶斗争。深化重点领域整治，落实学校及周边特殊人群摸排统计工作，推进校园周边风险隐患整改；对辖区地方金融组织开展分类监管、月度跟踪，促进企业合规经营，保障金融消费者合法权益；开展民生领域案件查办"铁拳"行动、涉疫和医疗用品稳价保质案件查办、反不正当竞争专项执法等行动，全年办结行政执法案件499件，罚没款1307万余元；加强行刑衔接，向公安机关移送案值金额较大的药械案2件、商标侵权案1件。坚持问题导向，出台《常州市新北区关于全国扫黑办2022年特派督导江苏省问题清单整改落实工作方案》，完成全国扫黑除恶斗争领导小组办公室2022年特派督导江苏省问题清单整改落实工作。开展扫黑除恶斗争工作情况调研，完成《持续完善长效机制体系，不断推进扫黑除恶斗争常态化》调研论文；组织开展《中华人民共和国反有组织犯罪法》实施一周年集中宣传活动，发放宣传单35万份、宣传品3万份。

（区委政法委 江松）

法治政府建设

【概况】 2023年，常州国家高新区（新北区）按照《法治政府建设实施纲要（2021—2025年）》和省委、省政府、省司法厅、市委、市政府、市司法局决策部署，全面推进法治政府建设工作。围绕争创全省法治政府建设示范地区目标，深化政府职能转变，加强体制机制建设，提升行政执法效能，有效化解各类矛盾纠纷，为全区推进"三大工程"、扮靓"六张高新名片"提供坚实法治保障。

【规范性文件备案审查】 2023年，常州国家高新区（新北区）落实行政规范性文件合法性审核机制及备案审查制度，已有规范性文件报备率、及时率、规范率均为100%。年内，征集公布区政府2023年度行政规范性文件计划2个，对《区政府关于划定陆生野生动物禁猎区、规定禁猎期的通知》《区政府关于清理区政府行政规范性文件的通知》开展合法性审核，并依法报市政府、区人大备案审查。4月，开展区政府规范性文件清理行动，废止4件，保留6件，并在区政府门户网站向社会公开。开展涉及行政复议的行政规范性文件和政策措施类文件清理工作，经摸排全区未制发相关文件。

【行政执法监督】 2023年，常州国家高新区（新北区）聚焦解决人民群众"急难愁盼"和行政执法规范化建设主线，完善执法程序，改进执法行为，提升执法效能。制定《探索包容审慎监管推进重点领域涉企常用轻罚免罚工作专项行动方案》，完善涉企行政执法制度，助力优化地区法治化营商环境。印发《2023年全区行政执法协调监督工作要点》《新北区行政执法突出问题专项整治工作实施方案》，定期组织执法案卷评查，对全区执法部门56份案卷开展集中评查，评出优秀案卷10件；定期开展全区行政执法证件核发工作，保证执法人员"持证上岗、亮证执法"。至年末，全区有行政执法机关30个、行政执法人员762人。

【行政复议与应诉】 2023年，常州国家高新区（新北区）开展行政复议质量提升年专项行动，落实复议容缺受理、复议决定公开、复议抄告制度。年内，区政府收到行政复议申请143件，受理105件，不予受理、告知、放弃申请38件；审结110件（含上年留存16件），其中维持原具体行政行为35件、驳回申请人复议申请决定31件、对申请人自愿撤回的复议申请依法作出终止决定37件、确认违法2件、撤销原具体行政行为4件、责令重新作出政府信息公开答复1件。行政复议实质性化解37件，实质性化解率33.64%；直接纠错案件7件，直接纠错率6.36%；制发行政复议意见书9份。区政府为被申请人行政复议的案件8件，均依法审结未被纠错；区政府为行政诉讼被告的一审案件34件，审结40件(含上年结转13件)。至年末，区政府应诉案被评为2023年度全市行政应诉优秀案卷，区市场监督管理局举报处理案被评为2023年度全市行政应诉典型案例。

（区委政法委 李小涵）

公 安

【概况】 2023年，常州国家高新区（新北区）公安机关以争创全市警务高质量发展先行区示范区为目标，围绕省公安厅“八个现代化”（警务理念、职能体系、风险防控、基层治理、法治建设、政务服务、公安科技、能力素质现代化）、市公安局“211”行动计划，防风险、护稳定、抓改革、强战力，为全区高质量发展贡献公安力量。年内，全区违法犯罪警情数、刑事案件发案数比上年（下同）分别下降3.6%、5.5%，刑事案件破案率数、刑事作案成员移诉数分别上升4.5%、74.1%，现行命案连续13年、“两抢”（抢夺、抢劫）案件连续7年保持全破，先后侦破“‘三个帮’介绍卖淫案”“全省首起特大隔空猥亵案”等案件，获公安部、省公安厅、市公安局领导批示表扬。完成全国“两会”、杭州亚运会等安保维稳任务。开展学习型、研究型、实战型“三型所队”创建，打造讲政治、守纪律、敢担当、有作为的公安队伍。至年末，公安新北分局被评为常州市实施“532”发展战略推动高质量发展先进集体，龙虎塘派出所党支部被评为全市“四强”党支部；42个集体、380人次获得市级以上表彰。

【公共安全监管】 2023年，公安新北分局深化“巡处”一体勤务机制，新建、改建警务工作站3个，万达警务站接警量占巡区街面警情的49.1%。调整508个巡更点、专属巡区、盘查点位，每天120名警力屯警街面、动态巡逻，打架斗殴等街面警情下降6.48%。开展租赁住房隐患整治，联合区住建局、区应急管理局等部门，排查整改安全隐患1.7万处，全区租赁住房无重大安全事故发生，涉租赁房屋违法犯罪警情下降4.8%，租赁住房管理做法被市公安局在全市推广。以“九小”(小学校或幼儿园、小医院、小商店、小餐饮场所、小旅馆、小歌舞娱乐场所、小网吧、小美容洗浴场所、小生产加工企业）场所、“厂中厂”（同一厂区内存在两家及以上的生产经营单位）等火灾隐患突出部位为重点，形成“查、罚、改、核”处置闭环，受理并查处案件18件，下发整改通知书1402份。全面推广智能危爆溯源系统，加强生产、运输、储存等各环节隐患排查整治，整改各类隐患400余处，督导从业单位安全处置剧毒危险化学品60千克。

【打击刑事犯罪】 2023年，公安新北分局始终保持严打快破的高压态势，常态化开展扫黑除恶斗争，破获跨省系列“仙人跳”敲诈勒索案，打掉全市首个涉网黑恶团伙。持续深化“3313”(3个实战侦查中心、3支责任区刑警中队和13个派出所专业打处队）专业打击机制，完善“中心发起、统筹指挥、警种合成”专案专办体系，年内办成首案、新型案件数量位居全市前列。加强新型涉网案件研究分析、专案打击，组建新型案件攻坚战队，捣毁网络水军团伙1个；将辖区盗窃、诈骗等民生案件作为派出所办案第一优先级，实现小案必盯必破，传统侵财破案率上升2.1%；12小时侦破市公安局督办的“龙湖原山别墅盗窃案”。围绕清源2023、夏季行动等专项行动，出动公安干警1.2万人次，开展集中清查40次，查处违规行业场所121家，涉娼涉赌警情分别下降26%、13%。

8月，公安新北分局在常州文化广场开展夏夜治安巡查宣防行动

（公安新北分局 供图）

【电信网络诈骗打击治理】 2023年，公安新北分局围绕打击电信网络诈骗案件，开展“断卡”“断流”“拔钉”“百万案件攻坚”行动，破获案件598件，抓获嫌疑人511人、境外回流人员89人、“两卡”人员（公安机关认定出租、出售、出借、购买银行账户或支付账户的单位和个人）150余人，缴获涉案手机卡、银行卡523张，打掉洗钱、假药诈骗、办证诈骗等各类团伙30余个。开展全民反诈集中宣传月活动，组织播放《全民反诈，平安同行》专题宣传片9932场次，开展集中宣讲1.6万场次，发放宣传册20余万份，覆盖40余万人。建成全市首个“公安+”专职反诈宣传劝阻队，反诈知晓率位列全市第一。打掉1个开发手机App组织、介绍卖淫犯罪团伙，查明付费注册账户40万余个，串并全国案件500余件，涉案金额1500余万元。

【公安服务管理】 2023年，常州国家高新区（新北区）深化公安“放管服”改革，推动9个派出所综合窗口进驻镇（街道）为民服务中心，覆盖率全市第一。聚焦涉及身份证、户口办理、车驾管等高频办理事项，主动延伸便民惠民服务，开设“公安政务直通车”，打通政务服务的“最后一公里”。年内，试点居住证快速核发服务，拿证时间缩短65%，全省首张新版外国人永久居住“五星卡”落地新北区。持续优化法治营商环境，严厉打击侵犯企业知识产权、商业秘密和侵害企业家人身财产安全等违法犯罪活动，快侦快破侵企案件47件，追赃挽损金额1.3亿元。聘任138名民警担任法治副校（园）长，实现中小学、幼儿园全覆盖，全区涉校敏感舆情、学生溺亡事故零发生。

（公安新北分局 谈蓓）

【道路交通隐患治理】 2023年，常州国家高新区（新北区）公安交警部门制定“一个网格、一张清单、一项制度、一个考核”的“四个一”工作机制，开展道路交通隐患治理，推动道路交通隐患动态清零。根据市道路交通安全委员会（简称道交委）统一部署，对辖区平交路口进行拉网式排查，全年排查平交路口1717个、排查整改道路交通安全隐患418处。“一点一策”（邀请第三方进行专业评估并制定整改方案）推进整治市级挂牌整治的交通安全重点镇（街道）、交通事故多发路段，其中省道239线西夏墅段、长江路春江段2条重点路和西夏墅镇、奔牛镇2个重点镇按时通过市道交委验收并摘牌销号。针对老年人交通伤亡事故发送“一案一警示一督办”提示函，针对农村地区“打谷晒场”“346国道危化品车违停”“学生假期道路交通安全管理”等季节性、规律性风险隐患，向属地政府、职能部门发送交通安全管理风险提示函21份。

【道路交通安全管控】 2023年，常州国家高新区（新北区）公安交警部门开展公路交通安全“春季守护行动”、全国“两会”安保、电动车百日整治、畅安酒驾醉驾系列专项整治等行动，以交通重点违法为重点，由各中队采取夜间、白天联动检查，织严织密管控网络，全年现场处罚交通违法43.7万起，其中电动车违法行为9万起、酒驾醉驾1051起、超载1604起、超员172起、疲劳驾驶80起、非法改装车辆370起；行政拘留22人，查获网上逃犯10人。定期开展流动加油车、拖拉机、超限超载、非法营运等联合整治行动，开展各类联合执法17次，查获非法流动加油车12辆、超限超载897起、非法营运2起。全面推广“龙e处”轻微事故快处快赔机制，全年处理车损事故1.5万起，使用率81.4%；处理轻微人伤事故126起，日均降低民警出警20余次。

【农村交通管理】 2023年，常州国家高新区（新北区）公安交警部门按照“动态亮灯巡逻+定点值守整治”原则，把警力投向违法多发、事故易发的重点时段、重点路段，在农村中队配备专职事故处理民警，采取全员接处警移交专职事故民警处理模式，年内辖区国、省道亡人事故下降8%。以西夏墅镇创建道路交通安全示范镇为契机，在全市率先挂牌运行农村道路交通安全综治中心，构建多方联动巡逻防控勤务机制。推进农村地区各交警中队建立铁骑队，提升农村地区道路交通安全管理应急处突能力，年内建成罗溪交警铁骑队。在全区138个行政村（社区）配备驻村交通辅警，并协调区委组织部实行驻村交通辅警兼任村（居）委支部委员。会同区农业农村局利用区农村人居环境整治行动，将农村道路交通文明出行纳入考核，引导村民自治组织积极参与，带动农村群众提升交通意识。与区农业农村局共享全区446辆拖拉机、91辆收割机及驾驶人信息，定期推送农机现场交通违法处罚未缴纳罚款信息，由区农业农村局督促当事人缴纳罚款。

【交通安全宣传教育】 2023年，常州国家高新区（新北区）明确镇（街道）宣传统战委员为本级道交委副主任，强化道路交通安全宣教属地政府责任。落实市道交委《关于扎实推进农村地区老年人道路交通安全警示教育活动的通知》，设计、制作交通安全知识宣传册以及《道路安全责任承诺书》17万份。至年末，全区组织农村老年人观看道路安全教育视频1830场，入户2.9万余户，发放宣传手册15.5万余份，签订承诺书10.98万份。在各镇、涉农街道悬挂横幅896条，设置农村道路隐患突出点警示提醒标牌18处，设置学校交通安全宣传栏119处。联合区教育局印发《关于提升学校周边道路交通安全的通知》，明确1名校领导负责交通安全工作，每年组织全区所有学校开展2次以上道路交通安全宣教。组织全区253家企业开展职工电动自行车上下班戴头盔交通安全协同工伤预防行动，提高企业职工文明出行意识。组织105家重点酒店落实主动杜绝酒驾宣传，张贴拒绝酒驾海报133张、标贴1670张。联合区住建局、区城管局落实工地进出口重点车辆安全引导责任，加强施工人员道路交通安全宣传。

（区交警大队 张茹）

检　察

【概况】 2023年，区检察院履行刑事、民事、行政、公益诉讼检察职能，全年依法办结各类案件1913件，比上年（下同）上升26.9%。其中，刑事案件1476件、民事案件55件、行政案件23件、公益诉讼案件123件、其他案件236件。根据市检察院《关于服务保障新能源之都建设的意见》，加入新北区“同心聚能”护航联盟，组建检察青年服务新能源企业工作站，依法办理涉新能源企业盗窃、危险驾驶等案件38件。与云南省安宁市人民检察院签订《服务保障新能源产业运输安全合作协议》，为全区30余家新能源企业代表专题讲授涉企法律知识，助力新能源产业运输链安全畅通。严惩侵害企业权益犯罪，提起公诉企业内部职务侵占、挪用资金等犯罪案件35件65人，维护公平有序市场环境。年内，区检察院被市委、市政府表彰为常州市优化营商环境工作先进集体。

【刑事检察】 2023年，区检察院依法批准逮捕各类犯罪嫌疑人340人，提起公诉1130人；对主观恶性不大及轻微犯罪不批准逮捕76人，不起诉276人。深化检警协作，侦查监督与协作配合办公室全面运行，规范协作配合、监督制约、信息共享等机制，提前介入疑难复杂案件103件，促进刑事案件繁简分流、简案快办，简易、速裁程序适用率超90%。监督立案14件，监督撤案22件，追捕追诉24人，纠正违法行为58件。强化审判活动监督，提出或提请市检察院抗诉5件。加强刑事执行监督，以财产刑执行、社区矫正、指定居所监视居住为重点，提出书面监督意见20件。依法严格落实认罪认罚从宽制度，量刑建议采纳率91.1%，一审服判率98.5%。常态化开展扫黑除恶斗争，对省扫黑除恶办公室挂牌督办的濮某某等6人恶势力集团案提起公诉，督促恶势力集团退出违法所得金额250万元，并向发案地乡镇制发检察建议，推动源头治理。从严惩治严重暴力犯罪、毒品犯罪，提起公诉29人。强化寄递领域禁毒工作，与市检察院共建的禁毒公益宣传驿站入选最高人民检察院“依法严惩毒品犯罪，强化禁毒综合治理”十大典型案例。

【民事和行政检察】 2023年，区检察院加强对民事和行政生效裁判、审判活动和执行活动监督，办理各类案件78件。依托数字检察，发现职业放贷人线索13条，监督虚假诉讼案件6件，发出再审检察建议5件，提请市检察院抗诉1件。加强行政执法与刑事司法反向衔接，对决定不起诉的刑事案件向行政机关提出行政处罚检察意见51件，行政机关均作出处罚。与区法院、区司法局等部门加强协作联动，通过实地走访、公开听证，实质性化解行政争议21件，行政争议实质性化解工作护航民生民利项目被评为常州市法治惠民实事优秀项目。加强个人信息保护，对公安部挂牌督办的侵犯新生儿个人信息案涉案的3名被告人提起刑事附带民事公益诉讼。依法办理的钱某非法经营行政非诉执行检察监督案，入选全市政法机关“服务532发展战略、优化法治营商环境”优秀案例。

【公益诉讼检察】 2023年，区检察院履行公益保护职责，提起民事公益诉讼2件，制发行政公益诉讼诉前检察建议76件，整改率100%。依托“益心为公”线上云平台和全市首个公益诉讼线下体验馆，招募律师、网格员、快递员等161名社会各界人士加入“益心为公”志愿者队伍，提供公益诉讼线索223条。聚焦民间借贷利息税费征收“执法盲区”，联合区法院、区税务局出台《关于民间借贷纠纷案件利息所得税费征管协作机制》，推动税务部门挽回税收损失金额500余万元。开展群租房安全专项公益调查，通过与市群租房管理部门信息共享、执法联动，排查违规使用瓶装燃气、电动车违规充电、逃生通道不畅、私拉乱接电线等安全隐患70余处，发出检察建议11件，相关做法被《江苏法治报》刊载。落实长江船舶污染治理，制发公益诉讼诉前检察建议2件，相关举措在长江船舶污染专案江苏分组推进会上作经验交流。开展“两治一提升”（治理噪声、治理异味污染，提升人民群众获得感）噪声异味防治专项活动，制发检察建议推动相关职能部门依法落实夜间施工公告制度。针对辖区道路两侧、绿化带、人行道等长期停放的“僵尸车”，督促行政主管部门开展专项清理，优化辖区道路交通环境。

【未成年人检察】 2023年，区检察院坚持对侵害未成年人犯罪“零容忍”，从严追诉性侵、暴力伤害未成年人犯罪32人，落实侵害未成年人强制报告、密切接触未成年人单位入职查询制度，推动落实强制报告制度纳入网格化管理，打通强制报告线索跨区域监督通道。最大限度挽救涉罪未成年人，对涉嫌轻微犯罪、有悔罪表现的，附条件不起诉15人；对犯罪情节较重的提起公诉12人。推动未成年人成长环境治理，建立新北区“未爱+U”未成年人综合保护数字平台，汇集公安新北分局、区民政局、区教育局等12个部门数据信息，以数字赋能提升未成年人综合司法保护质效。首创法治进校园“多师课堂”，以“检察官+律师+心理咨询师+志愿者”组合形式，重点向中等职业学校、留守儿童及外来务工人员子女较多的学校延伸，全年开展活动35场，参与人数1.7万余人。“小橘灯”未成年人综合保护团队获第18届江苏青年五四奖章。

【知识产权检察】 2023年，区检察院提起公诉侵犯知识产权犯罪23人，依法办理的全市首例侵犯经营信息商业秘密案入选长三角法治案例集。对赵某等人假冒注册商标案提起刑事附带民事公益诉讼，监督4名被告人公告召回所售产品1900余件、连带承担销毁被扣押及召回产品所需费用，退出违法所得金额67.5万元，为权利人挽回损失金额180万元，该案例被评为江苏省检察机关营造法治化营商环境服务企业发展典型案例。加强知识产权综合保护，制定《综合履职思维导图》，在全省检察机关知识产权会议作交流发言，年内区检察院知识产权综合保护工作被评为常州高新区（新北区）2023年十大最受欢迎营商环境改革举措。联合区法院、区市场监督管理局设立知识产权联动保护工作站，引导企业加强商标保护。推出知识产权法治宣传IP（Intellectual Property，知识产权）“新知”，拍摄知识产权专题宣传片及宣传动漫，普法漫画《“青龙偃月刀”618大促，只在张飞直播间》《如此“带货”要不得》被“最高人民检察院”微信公众号录用。

【控告申诉检察】 2023年，区检察院立足服务基层群众，办理控告申诉检察案件。全年受理信访件183件，均在7日内回复“已收到、谁在办”，3个月内办理过程或结果答复率100%。院领导包案办理首次信访21件，依法办理的赵某信访案入选全国检察机关院领导包案办理疑难复杂信访案典型案例。办理司法救助案件94件，发放救助金55万余元。探索“公益诉讼+支持仲裁+司法救助”综合履职，促成企业与女职工达成仲裁调解协议，并一次性支付补偿金9万余元。与辖区11家单位建立加强女职工劳动与社会保障权益保护协作机制，督促指导全区镇（街道）加强用人单位女职工权益保护，依法妥善办理的孕期女职工权益保护案入选最高检与全国妇联联合发布的加强司法救助协作典型案例。依法保护劳动者合法权益，办理涉农民工薪资支持起诉、支持仲裁案件16件。区检察院12309检察服务中心获常州市学雷锋活动示范点称号。

3月28日，区检察院开展检察开放日暨“未爱+U”活动。图为检察官与同学们现场制作以“獬豸”为原型的麦秆画 （区检察院 供图）

【第45次检察开放日检律座谈会暨“海河”工作室揭牌】 12月6日，区检察院举行第45次检察开放日检律座谈会暨“海河”工作室揭牌仪式，旨在构建良性互动的新型检律关系，推动法律职业共同体建设。市、区相关领导及13名涉法涉诉特邀律师代表参加活动。座谈会上，与会人员围绕律师如何与检察机关共同化解涉法涉诉信访矛盾、律师阅卷方式、律师知情权保障、实质化开展控辩协商等工作进行沟通交流，提出具有可操作性、针对性的建议。区检察院领导为“海河”工作室揭牌并介绍工作室的功能定位、工作理念和未来展望，表示要把“海河”工作室打造成为汇聚各方力量化解矛盾的“前沿阵地”和“一线平台”，把矛盾纠纷化解在基层、化解在萌芽状态。

（区检察院 周铭翊）

法 院

【概况】 2023年，区法院受理案件2.26万件，审结案件1.52万件、执结案件5621件，审、执结率比上年（下同）分别增长27.37%、27.19%。法官人均受理案件492件，人均结案453件，均居全市法院第一。法官个人结案数最高的有审判案件922件、执行案件2091件。出台《关于推进高质量司法服务护航新能源之都建设的实施意见》，邀请辖区10余家新能源企业到法院座谈，为天合光能股份有限公司、常州聚和新材料股份有限公司等22家新能源企业定制司法服务，提供“法治体检”。开展破产重整助企行动，助力江苏永迈循环科技有限公司在4个月内实现重整的案例，入选中国破产与特殊资产行业50个经典案例。建立院庭长分片联系机制，全面走访辖区各板块，调研重点企业，提前介入协调化解矛盾纠纷126起。落实破产、强制清算案件公益管理人制度，召开破产工作联席会议，完善府院联动机制，审结破产案件65件，强制清算申请案件152件。通过破产、执行等程序，化解债务20.2亿元，盘活及腾退土地、房产18.2万平方米。建立经营异常企业公益清算强制退出机制，114家“僵尸企业”顺利“出清”。依法引导523家企业退出失信被执行人名单，企业信用分类分级修复项目获全市政法工作创新创优二等奖。联合孟河镇、区住建局、区税务局、区资规分局、常州市不动产登记交易中心新北分中心等部门，推动中盛商贸广场烂尾楼复工、验收，实现破产清算程序内179套纯商业用房交付、办证，为业主挽回经济损失金额1.36亿元，工作经验获省委副书记沈莹批示。成功调解各类案件2345件，诉前分流率85.13%，《以能动司法绘就多元解纷新“枫”景》获全市政法工作重点调研课题二等奖。打造“高新星”新媒体品牌，制作普法动漫视频4部，获平安江苏“三微”大赛优秀奖、常州市“三微”大赛二等奖。80项经验做法被《人民法院报》、“学习强国”学习平台等媒体报道。

2月1日，新能源之都建设企业司法需求座谈会在区法院召开

（区法院 供图）

【刑事审判】 2023年，区法院受理刑事案件804件，审结724件，其中审结盗窃、故意伤害、寻衅滋事、开设赌场等破坏社会秩序犯罪案件291件。常态化开展扫黑除恶斗争，审结省扫黑办挂牌督办的濮某某等6人恶势力犯罪集团案件。坚持“受贿行贿一起打”，依法审理涉国有平台、卫生医疗机构贪污、受贿等职务犯罪案件6件8人，审结某能源公司行贿案，追缴赃款赃物价值607.9万元。从严惩治危害道路交通安全犯罪，审结危险驾驶、交通肇事等犯罪案件333件。严厉打击利用网络手段开展的经济犯罪，审理电信网络诈骗、非法利用信息网络等犯罪案件154人，“0元包邮直播带货”诈骗案被市中级人民法院收录于《常州地区电信网络诈骗审判白皮书》。

【民商事审判】 2023年，区法院受理民商事案件1.46万件，审结1.32万件。年内，紧盯金融投资领域风险，审结借款、票据、保险等金融案件684件。引导民间融资服务实体经济，审结民间借贷纠纷案件1516件，依法否定职业放贷、变相高息等行为的效力。秉持“小案件大民生”理念，妥善化解住房、医疗、劳动、养老、教育、道路交通等涉民生案件1840件。依法维护社会伦理秩序，审结婚姻家事纠纷723件。应对“预付卡”纠纷，审理涉健身、美容行业案件128件、教育培训行业案件189件。

【行政审判】 2023年，区法院审结行政诉讼案件180件，下降0.53%。其中，判决支持行政行为案件106件，判决撤销、确认行政行为违法案件9件，裁定驳回起诉30件，裁定移送其他法院管辖1件。加强司法与行政良性互动，鼓励行政机关负责人“出庭出声”，一起因阳光房违建引发的投诉举报案当庭化解。树立“监督就是支持、支持就是监督”的导向，支持行政行为自我纠正，以和解、撤诉方式结案34件，依法指导民政机关对冒用他人身份进行婚姻登记的情况形成自纠经验。

【案件执行】 2023年，区法院推进执行攻坚，开展集中执行行动65次，执结案件9309件，执行到位资金12.09亿元。持续强化执行震慑和失信惩戒力度，依法开展网络查控9765件，公布失信被执行人45人，限制高消费4465人，罚款12人，拘留101人，以拒执罪追究刑事责任3人。组建专业司法拍卖团队，拍卖标的164件，成交金额2.02亿元。开展加快执行资产处置现场直播，在7名人大代表全程监督和13.8万人次网友在线关注下，依法将1间涉案房屋腾空封存。11月，在区委政法委牵头的综合治理执行难工作联席会上，区法院与各镇（街道）签署“执行+网格”协作备忘录，探索基层网格员与法院优势互补、资源共享的执行联动模式。

（区法院 史璞頔 杨丹华）

2023年，高新区（新北区）“一站式”矛盾纠纷调解中心服务大厅

（区委政法委 供图）

司法行政

【概况】 2023年，常州国家高新区（新北区）以政务体系、集成办理和数字赋能等专业化改革，破解基层政务服务存在的政务服务标准不统一、部门联动不畅通、线上线下服务不协同等问题，创新培育一流政务服务品牌“高新事·高兴办”，实现政务服务规范化、便利化和智能化。年内，“高新事·高兴办”培育一流政务服务品牌先后被《人民日报》《法治日报》头版、“司法部”微信公众号报道。5月，成立常州公证处龙虎塘服务站。至年末，全区有基层司法所10家，律师事务所44家，基层法律服务所5家，人民调解委员会153个，执业律师788人，专职和兼职人民调解员761人，基层法律服务工作者23人。区司法局被评为常州市优化营商环境工作先进集体。

【依法治区】 2023年，常州国家高新区（新北区）围绕“谁执法谁普法”普法责任制要求，健全工作制度，创新普法形式，加强监督检查，构建党委领导、政府主导、人大监督、政协支持、部门负责、社会参与的“大普法”工作格局。年内，召开区委全面依法治区委员会会议，下发《关于进一步落实普法责任制的实施方案》。区委理论学习中心组专题学习习近平法治思想以及领导干部应知应会党内法规和国家法律清单制度，对全区科级以上干部及村（社区）“两委”班子成员开展习近平法治思想专题培训。落实《关于进一步加强市县法治建设的意见》，全区10个镇（街道）均建立全面依法治镇（街道）委员会，制定议事规则，推动司法所所长列席镇（街道）党政办公会议。落实党政主要负责人履行法治建设第一责任人职责，完成区级所有部门及10个镇（街道）党政主要负责人履行第一责任人职责情况的民主测评。

【人民调解】 2023年，区司法局创新发展新时代“枫桥经验”，深化“前店+后厂”（前店指矛盾纠纷多元化解“一站式”平台中的前台窗口，后厂指矛盾纠纷化解配套的一系列功能室）便民服务模式，创建“新心向融”矛盾纠纷调处化解中心品牌，以“一网格一支部一阵地”建设为抓手，发挥人民调解职能作用，推进区、镇（街道）、村（社区）三级“一站式”矛盾纠纷调处化解中心实体化运作，形成共建共治共享的社会治理格局。年内，开展矛盾纠纷排查专项行动，组织人民调解员主动融入网格化基层社会治理体系，及时处置分流排查出的矛盾纠纷隐患，全年开展矛盾纠纷排查1.03万次，发现矛盾纠纷260起、预防纠纷520起。新增四川商会人民调解委员会、万达商圈矛盾纠纷调处化解工作站等专业性、行业性调解组织13家，调整人民调解员队伍760人，宣传服务覆盖群众8000余人。打造“老周道”“龙和调解”“薛壹家”“牛盾解”等人民调解品牌，筑牢基层和谐稳定防线。至年末，全区各级调解组织受理并调解案件 8201 件，调解率 100%；调解成功 8168 件，调解成功率 99.6%；全区无“民转刑”案件发生。

【普法宣传】 2023 年，常州国家高新区（新北区）落实普法责任制，打造互动型、服务型、创新型普法工作机制，全区普法责任制单位 50 个联动普法项目完成现场评议。深化法治文化阵地建设，提档升级河海社区法治文化街区、龙珠山廉政法治公园 2 个省级法治文化建设示范点。年内，全区镇（街道）、普法责任单位在农民工学法活动周、“三八”妇女节、“3 · 15”消费者权益保护日、第十个宪法宣传周等节点通过多种形式开展《中华人民共和国宪法》、《中华人民共和国民法典》、反诈骗等主题法治宣传进机关单位、进企业、进校园、进村社等活动 210 余场。至年末，区司法局完成司法部普法与依法治理局对西夏墅镇东南村民主法治示范村建设调研和对春江街道徐墅社区等 64 个省级民主法治示范村（社区）复核任务，通过市级对区级的“八五”普法中期考核。

（区委政法委 范红佳）

【律师管理】 2023 年，常州国家高新区（新北区）完成 2022 年度律师事务所年度检查考核、律师执业年度考核工作。依法依规处理投诉案件，全年立案 6 件并办结，其中查证属实并移送市司法局、市律师协会处理 3 件 3 人，未发生投诉案件办理违反程序规定及调查认定事实、结论错误，行政复议、行政诉讼被撤销等情况。完成市属律师事务所下放的承接工作，接收市属律师事务所 16 家、律师 450 人。开展全区司法行政系统重大事故隐患专项排查整治，对全区 44 家律师事务所及 5 家基层法律服务所开展安全生产与消防安全专项检查，对检查结果不合格的相关单位督促限期整改到位。先后组织全区律师事务所参加学习贯彻党的二十大精神微党课评选、“学贯二十大 · 建功新时代”知识竞赛选拔赛、常州市第四届青年律师演讲比赛等活动；举办区律师事务所主任及党支部书记能力素质培训班，助推全区律师行业高质量发展。区律师行业“新律先锋”党建经验做法获省司法厅及市司法局推广。

（区委政法委 陈建丽 张莎莎）

12 月 6 日，新北区开展第十个国家宪法日主题活动 （区委政法委 供图）

【社区矫正对象监管】 2023 年，区司法局围绕“一区一品牌、一镇一特色”项目培育目标，引入社会力量形成以“心航家园”“牧心家园”“鸦鹊小菜园”为特色的新北帮扶模式。开展社矫安帮工作争先提优年活动，全面推进智慧矫正中心创建，推动社区矫正、安置帮教和后续照管工作与基层社会治理深度融合，在册社区矫正对象无脱管、漏管，无重新犯罪、负面舆情和群体性事件发生。规范档案管理，加强暂予监外执行罪犯的监督管理，推进矫务公开。依托省级安置帮教阳光帮扶基地（西夏墅镇斯乃刻职业技能培训学校），为特殊人群提供技能培训，拓宽就业渠道。发挥新北区社区矫正损害修复基地（龙江驿站）作用，引导社区矫正对象修复受损生态环境，参与环保公益活动。年内，全区有 27 篇特殊人群相关报道被“学习强国”学习平台、省司法厅电子政务平台、《江苏法治报》、《小新说法》等媒体录用。区司法局社区矫正处被评为新北区 2021—2022 年度未成年人保护优秀集体。孟河镇、魏村街道后续照管工作站通过市级贯标示范点验收。

（区委政法委 陈亦凯）

军　事

人民武装

【概况】 2023年，区人武部深入贯彻习近平强军思想，聚力聚焦国动援战具体要求，加强基层武装部阵地和民兵队伍建设。着眼全区专职人民武装干部队伍建设，会同区委组织部研究制定专武部长人才储备库计划，拟订《常州市新北区镇、街道专职人民武装干部选拔任用工作实施办法》，完成所有基层武装部专武干部配备工作。紧扣“创智新高地、城市新中心、滨江宜居城”区域定位，持续推进民兵深度融入网格化基层治理体系，丰富民兵队伍“三队一员”（服务百姓的先锋队、国防教育的宣传队、应急应战的突击队，知情报情的信息员）内涵。

【区委常委会议军会议】 11月25日，区委常委会议军会议召开，区委书记、区人武部党委第一书记主持会议。会议专题学习习近平强军思想，传达学习市委常委会议军会议精神，听取全区人武部关于全区武装工作情况和有关工作建议的汇报。会议指出，武装工作是党的工作的重要组成部分，是中共中央赋予地方党委、政府的重要职责。全区要牢固树立抓经济不忘固国防、搞建设不忘兴武装、闯市场不忘强战场的理念，把党管武装摆在重要位置，切实履行好管武装、建武装的政治责任。要在产业布局调整、科技体系创新、重大项目安排上统筹考虑国防需求，推进深度发展。要在解决军人的“急难愁盼”问题上出实招办实事，开创双拥工作新局面。区人武部要围绕中心、服务大局，抓好应急维稳、抢险救灾、专业救援等训练，确保民兵关键时刻拉得出、用得上、起作用。会议同意区人武部有关工作建议。

【思想政治建设】 2023年，区人武部聚焦学习宣传贯彻中共二十大精神主线，深入开展党内主题教育和军队主题教育实践活动，建立并严格落实每周四下午集中理论学习制度，采取个人领读、集中串讲、体会交流等方式，读原著、学原文、悟原理。每季度组织党员过集体政治生日，开展重读入党志愿书、重温入党誓词、“初心寄语”专题卡片展等活动，引导党员时刻牢记自己的政治身份，在回顾初心中坚强党性原则。利用民兵集训、役前教育等时机，邀请渡江战役功臣秦长贵后人为民兵骨干、应征青年授课。开展预定新兵“向革命英烈报告”学习教育活动，教育引导广大民兵和应征青年赓续红色基因、凝聚战斗意志。

【国防动员】 2023年，区人武部按照中央军委民兵建设“十四五”规划要求，以新能源之都核心区建设为契机，发挥辖区科创产业集聚、“智改数转”赋能等资源优势，依托产教城融合发展平台机制，体系化推进国防动员新域新质作战能力生成，优化援战支前力量体系布局，提升国防动员和后备力量建设水平。全面落实人员装备配套，完成基干民兵整组任务，编实建强应急队伍、支援队伍，持续推进民兵政考、体检和专业技能考核工作，签订预征预储协议1000余项，配齐基层武装部应急装备库，补充采购应急连装备器材。至年末，完成基础潜力采补和重点潜力核查，挖掘区备战急需、应战急用潜力资源1200余项，编制重点潜力图表10余份。

【兵役征集】 2023年，区人武部紧扣征兵宣传、上站体检、政治考核、役前教育等环节，严格把握征兵标准条件。突出高校征集主阵地、大学生征集主群体、体检政考主环节，深入推进企业带编入伍试点。对接常州大学开展“支部联建”活动，推进“优质兵员储备基地”建设，在大学生兵役征集、国防教育、民兵建设等方面构建军民一盘棋的党建共同体，挖掘本科大学毕业生兵员潜力。选拔培训49名社会各界人士组建廉洁征兵监督员队伍，对征兵全流程、全领域实施全覆盖监督，确保征兵工作公开公正，公平透明。

【战备训练和援战支前】 2023年，区人武部组织民兵分队基地化轮训备勤6期300余人，突出重点任务分队专攻精练，完成学生军训任务6批7198人。8月，组织全区应急分队民兵、驻区部队官兵、机场安保人员300余人，开展军地联合国防动员演练，完成辖区重要目标防卫演练任务。聚焦备战打仗，强化战备状态保持，紧盯任务需求修订完善各级各类方案20余套，建立入案任务分队10余支，按照要求调整区国防动员委员会组织架构，完成涉军事机关国防动员体制改革。

【基层规范化建设】 2023年，常州国家高新区（新北区）上下联动落实军委国防动员部基层治理规范化建设“江西会议”精神，按照省军区基层武装部建设全面达标挂牌活动要求，结合军分区提档升级、强势推进、务必打赢“翻身仗”的部署安排，加大各镇（街道）基层武装部和村(社区)民兵连规范化建设资金和场地资源投入，破解场地不足、功能区域分散等实际问题，提升基层规范化建设水平。年内，薛家镇、新桥街道创成“五星级”基层规范化建设单位，孟河镇、西夏墅镇、三井街道、龙虎塘街道、春江街道创成“四星级”基层规范化建设单位。

（区人武部 徐凯 田鑫）

8月，区人武部组织开展军地联合国防动员演练　　（区人武部 供图）

10月27日，“苏锡常－2023B”防护区机动指挥通信系统联演联训举行

（区经发局 供图）

人民防空

【概况】 2023年，常州国家高新区（新北区）着眼军事斗争准备，履行战时防空、平时服务、应急支援职责使命，参与城市建设，探索人防工作与地方经济建设相融合、与社会民生相融合的发展道路，加强人防实战化训练，提升应急备战能力。围绕国防动员体制改革，推进人防指挥与信息化建设、人防工程建设和维护管理、人防宣传教育等工作高质量发展。

【人防指挥与信息化建设】 2023年，常州国家高新区（新北区）加快构建区、镇（街道）联动的人防指挥体系，实施人防指挥所建设，全区镇（街道）10家人防指挥中心全部竣工并通过验收，实现市、区、镇（街道）三级视频会议联调。依托龙城国控集团下属国有市政、环卫公司，组织50人成立抢险抢修专业队伍，提高遂行防空袭斗争和抢险救灾任务的能力。组织全区14个社区、3所学校开展疏散隐蔽（人口疏散、医疗救护、抢险抢修）演练活动。全年开展人民防空演练活动17场次，参加人数2500人；完成全省“9·18”警报试鸣任务，鸣响率100%。

（区经发局 吴智超）

【人防工程建设和管理】 2023年，常州国家高新区（新北区）执行人防工程“应建必建”方针，提高全区人防工程人均面积。加大安全生产巡查、防汛巡查和消防隐患排查力度，全面掌握人防工程安全隐患，全年实施人防工程全面巡查4次，发现问题80余个，年内均整改到位。分类管理，指导平时使用单位依法依规使用人防工程，完成通江路过街通道、新龙国际商务区地下人防工程自建工程的消防检测。

（区经发局 蔡文锦）

【人防宣传教育】 2023年，常州国家高新区（新北区）多元化推进人防知识宣传教育工作，提高群众防空防灾意识和人防法律法规知识。开展国防动员（人民防空）主题讲坛活动并在“高新经济发展”微信公众号、高新区（新北区）门户网站进行主题宣传。开展“五进”（进机关、进社区、进学校、进企业、进网络）活动，结合国际民防日、防灾减灾日、防空警报试鸣日、国家宪法日、国家公祭日开展人民防空主题宣传教育；区人防办联合区应急管理局、区卫健局开展人防知识进机关活动；组织全区14个社区、21所中学进行人防知识宣传教育，参加人数2万人，发放宣传资料读本2万册。依托辖区中小学建设人民防空知识教育场所，按照人防自建工程筹备区级人民防空宣传教育场馆建设方案，组织全区人防工程建设单位、施工单位、监理单位参加《关于进一步明确人防工程平战转换设备设施验收标准的通知》《关于人防工程门式封堵两侧不得规划设置停车位的通知》等政策性文件培训会，规范人防工程管理。

（区经发局 吴智超）

双拥共建

【拥军优属】 2023年，常州国家高新区（新北区）支持和配合部队现代化建设，帮助部队解决战备、训练、工作、生活中的难题，为部队“能打仗、打胜仗”提供坚强保障。年内，召开区党政军领导新春座谈会、区双拥工作领导小组会，研究解决部队发展难题；区四套班子领导开展“八一”走访活动，慰问驻区部队官兵；区有关领导到西藏看望常州籍官兵、到舟山海岛慰问海军常州舰官兵。关注军人“三后”（退役军人“后路”、随军家属“后院”、军人子女入托“后代”）难题。为现役军人家属购买商业保险，让现役军人无后顾之忧。推进社会化拥军工作，区“两新”组织拥军优属协会投入60万元，开展走边防看亲人、慰问驻区部队、帮扶困难军人等活动；在江南环球港成立商业拥军联盟，130余家联盟商家为现（退）役军人和其他优抚对象提供优先优惠服务2000余人次；在常州第四人民医院打造全市首家拥军服务驿站，为现役军人及优抚对象提供优质高效便捷医疗服务；成立“木兰情·拥军”妇女微家，组织开展“春风暖军心 花开别样红”“情暖母亲节 感恩兵妈妈”等活动，为女性军人军属提供特殊关爱。至年末，全区投入资金为部队解决训练场所建设、营房修缮改造、训练器材配置等难题16个，支持部队全力投入练兵备战；投入慰问经费200余万元，切实增强全区退役军人、现役军人获得感、荣誉感、幸福感。

【拥政爱民】 2023年，常州国家高新区（新北区）驻区部队投身全区经济社会发展，参与抢险救灾、乡村振兴、应急救援、军警民联防联治等活动，助力地方经济社会发展。部队开展扶贫帮困活动，春节和“八一”建军节期间走访慰问驻地困难群众20户。91079部队开展国防教育、军营一日和军训活动，组织官兵赴驻地学校开展爱国主义教育4场次，派出88名优秀士官、业务骨干军训学生约6500人次。区人武部走访看望辖区参战退役人员、困难党员5人，拨款10万元，协助定点帮扶对象提升新型果蔬大棚种植技术水平，助力乡村振兴发展。

（区退役军人事务局 张璇）

经济管理

宏观经济运行调控

【概况】 2023年，常州国家高新区（新北区）聚力推进重大项目攻坚突破、高铁新城建设和长江大保护“三大工程”，持续扮靓现代高新、活力高新、开放高新、秀美高新、幸福高新、和谐高新“六张高新名片”，在经济社会发展规划编制、政府投资项目管理、政策资源争取等方面取得成效。全年向上争取国家和省级专项资金6.5亿元，争取地方政府专项债券支持项目16个，入库资金76亿元，当年发行债券35.26亿元。推动“两特三新一智能”产业链再造和价值链提升，擦亮“链上有约 邻里配套”产业协同发展活动品牌，举办内、外资企业协同发展、国际卓越运营协会常州大会等活动4场，350余家企业参加“链上有约 邻里配套”活动。

【经济社会发展规划】 2023年，常州国家高新区（新北区）聚焦“十四五”经济社会发展、生态产品价值实现、重点产业高质量发展等工作，开展全面调研，梳理发展现状，分析发展趋势，提出发展路径和重点任务，形成系列评估报告、试点方案、实施意见和调研报告。完成《常州国家高新区常州市新北区国民经济和社会发展第十四个五年规划和二〇三五年远景目标纲要》实施中期评估报告。全面梳理“十四五”经济社会发展50项主要指标完成情况和40项重点工作145项主要任务推进情况，对规划实施成效进行总体评价，分析“十四五”规划任务实施存在的主要困难和关键问题及成因，综合研判当前面临的机遇与挑战，提出“十四五”后半程工作计划举措。编制印发《建立健全生态产品价值实现机制试点工作方案》。围绕沿江保护修复和绿色发展方向，明确构建“生态积分”平衡机制、推行企业生态环境分类评价、释放长江文化旅游价值3项重点任务，推进建立健全生态产品价值实现机制省级试点工作。编制印发《加快推进重点产业高质量发展的实施意见》，明确以生命健康产业、碳纤维及复合材料产业、新能源汽车产业、智慧能源产业、创意产业五大重点产业为突破口，结合“八个一”（一个领导协调小组、一个产业规划、一批优质项目、一批科创平台、一批产业载体、一批品牌活动、一个发展基金、一套扶持政策）重点工作，做强做优做大五大重点产业。完成新北区《光伏产业调研报告》《集成电路产业情况报告》《合成生物产业发展情

2023年，高铁新城航拍 （薛飞 摄）

况报告》《氢能产业发展情况报告》《航空产业链情况报告》5个产业发展调研报告。围绕新型城镇化和双创工作，形成《新型城镇化建设情况报告》《2023年省级双创示范基地自评估报告》。

【2023年政府投资计划】 2023年，常州国家高新区（新北区）进一步规范政府投资行为，加强政府投资项目管理，合理安排财政支出，根据《常州市新北区政府投资项目管理办法》，区经发局牵头制定《2023年常州市新北区政府投资计划》，推进实施区本级项目68个，项目总投资额232.33亿元。其中，城乡基础设施项目48个，总投资额140.7亿元；交通基础设施项目6个，总投资额82.7亿元；民生社会事业建设项目14个，总投资额8.93亿元。

【政府投资项目管理】 2023年，常州国家高新区（新北区）利用储备清单，建立健全政府投资项目储备工作机制，开展项目谋划储备，形成谋划储备一批、审核批准一批、开工落地一批、投产见效一批的梯队推进格局。区本级政府投资项目全年完成投资51.11亿元，年度投资完成率118.7%，超目标完成18.7个百分点。4月，区经发局、区财政局联合印发《常州市新北区政府投资项目三年滚动计划》，谋划储备政府投资项目114个，总投资额225.67亿元。区相关部门强化项目研判和难题会办，全年召开专题协调对接会23次，对接保障政府投资项目需求。对土地手续办理缓慢的项目，协调相关责任主体克难攻坚，保障项目建设用地需要。建立健全政府投资项目跟踪调度机制，按照月调度、月通报要求，全年对政府投资项目推进不达时序进度的单位发送提醒79次，强化政府投资项目推进力度。

（区经发局 王麒麟 吕明超）

现代服务业

【概况】 2023年，常州国家高新区（新北区）推进服务业大创新、服务大优化、安全大提升3项工作，加快现代服务业提档升级。实现现代服务业平稳增长，全年完成服务业增加值1022.85亿元，按可比价计算，比上年（下同）增长8.4%，占GDP比重48.3%。392家规模以上服务业企业实现营业收入256.2亿元，增长9.2%，其中规模以上生产性服务业实现营业收入196.4亿元，增长5%。文化、体育和娱乐业，租赁和商务服务业，信息传输、软件和信息技术服务业分别增长47.5%、18.3%、16%，共同拉动规模以上服务业增长7.5个百分点。实现社会消费品零售总额450.6亿元，增长12.4%。实现限额以上批零住餐销售（营业）额2240.58亿元，增长9.1%。

【现代服务业高质量发展推进】 2023年，常州国家高新区（新北区）加快现代服务业提档升级，印发《常州国家高新区（新北区）推进现代服务业高质量发展三年行动计划（2023—2025年）》《关于推进全区现代服务业高质量发展的若干政策意见》《2023年新北区现代服务业高质量发展工作要点》等文件，结合省、市相关政策和高新区发展实际，明确3个重点领域9项重点工作，构建“一核、两极、多片区”（一核：强化能级提升，两极：强化战略引领，多片区：强化特色发展）服务业空间格局。谋划盘活利用工业存量建筑支持现代服务业高质量发展的实施方案，推动创意产业园区研究编制产业高质量发展相关规划及政策意见。初步形成点线串联、功能辐射的现代服务业发展网络。加强服务业运行分析研判，每月对重点监测的9类行业485家服务业企业和百强企业运行情况进行分析，把握服务业企业主要经济数据变化和对全区GDP支撑情况，对企业开展调研摸底与指导服务。针对服务业发展工作中热点、难点、焦点问题加强调查研究，编制《全区楼宇经济专题调研报告》《全区物流产业发展情况报告》等调研报告。推进2022年度区级服务业政策主体认定及申报审核工作，提高政策兑现效率，全年完成2021年度和2022年度全区现代服务业创新发展政策兑现，为40家单位兑现区级服务业扶持资金845万元。

【现代产业培育】 2023年，常州国家高新区（新北区）星耀城、联东U谷常州国际智慧谷项目、中瑞国际产业创新园二期项目、科创水镇二期项目等列入2023年度省服务业重点项目投资计划，完成年度投资额17.2亿元。龙环环境科技研发及总部项目等40个项目列入2023年度市级服务业重点项目培育库，完成年度投资额73.2亿元。天地自动化煤矿新型物联网传感器、位置服务与5G设备生产技改扩建项目·基于5G和物联网的智慧矿山全生命周期服务、西夏墅现代高效刀具研究院、永安行智能交通装备研发智造园、全围术期智能手术室成套系统整体解决方案研发及产业化项目4个省重点项目完成验收并投运。年内，常州创意产业园、环球恐龙城、奔牛港物流中心入选省现代服务业高质量发展集聚示范区，常州市乐萌压力容器有限公司、扬子江药业集团江苏紫龙药业有限公司、汉得利（常州）电子股份有限公司、常州晟威机电股份有限公司被评为省两业深度融合试点企业，江苏奔牛港务集团有限公司、江苏大车载国际物流有限公司被评为省重点物流企业，江苏环亚医用科技集团股份有限公司、江苏富深协通科技股份有限公司被评为市现代服务业领军企业，常州吉瑞物流信息咨询有限公司被评为市物流示范企业，江苏奔牛港务集团有限公司、江苏政成物流股份有限公司、江苏安邦物流股份有限公司被评为市供应链创新应用示范企业。累计争取省、市级服务业专项资金505万元。

（区经发局 卞仁强）

资料链接

2023年度常州国家高新区（新北区）现代服务业企业获奖情况

2023年度常州国家高新区（新北区）市级现代服务业星级企业名单

1. 五星企业（10家）

天合富家能源股份有限公司

华夏银行股份有限公司常州分行

常州良图创业投资合伙企业（有限合伙）

兴业银行股份有限公司常州分行

中国邮政储蓄银行股份有限公司常州市分行

江苏兰玉春股权投资有限公司

常州月星国际家居广场有限公司

顺泰融资租赁股份有限公司

江苏环亚医用科技集团股份有限公司

恐龙园文化旅游集团股份有限公司

2. 四星企业（6家）

常州宏川石化仓储有限公司

中国太平洋人寿保险股份有限公司常州分公司

中国平安财产保险股份有限公司常州中心支公司

永安行科技股份有限公司

常州新北万达广场投资有限公司

常州伟泰科技股份有限公司

3. 三星企业（4家）

江苏浩森建筑设计有限公司

常州栖凤山国际人文陵园有限公司

维尔利环保科技集团股份有限公司

常州厚德再生资源科技有限公司

2023年度常州市新北区现代服务业十佳企业名单

天合富家能源股份有限公司

常州月星国际家居广场有限公司

常州宏川石化仓储有限公司

江苏环亚医用科技集团股份有限公司

永安行科技股份有限公司

江苏龙环环境科技有限公司

江苏浩森建筑设计有限公司

常州凯恩迪斯汽车零件分选服务有限公司

常州棉之初服饰有限公司

恐龙园文化旅游集团股份有限公司

（区经发局 卞仁强）

国有资产管理

【概况】 2023年，常州国家高新区（新北区）有一级国有企业11家，注册资本115.7亿元，企业资产总额2498.17亿元，所有者权益709.8亿元；全年实现营业收入179.19亿元、利润6.54亿元。区财政局（国资办）围绕优化国企布局结构、健全国资监管体制、强化各类风险管控、提升调研考察实效、全面推进数字化转型等方面开展改革。落实国有资产管理情况报告制度，接受区人大监督检查，完成《全区国有资产管理情况综合报告》《国有自然资源资产管理情况专项报告》。强化国有资产产权管理，完成2024年国有资本经营预算编制。加强国有企业负责人薪酬管理，完善国有企业负责人经营业绩考核。

【国资、国企发展改革】 2023年，区财政局（国资办）紧扣省、市、区重大战略决策部署与上级国资部门要求，以2023年度国资重点工作为脉络，指导6家区属一级企业根据职能定位完成章程修订工作。印发新版国资委审批事项清单，明确13项审批事项及2项初审事项，厘清职责边界。出台《全面加强国有企业监管的实施意见》，构建内外衔接、上下贯通的国资监管大格局。起草工资总额管理实施办法并开展试点调研，为建立健全企业经济效益和劳动生产率挂钩的工资决定机制和正常增长机制夯实制度基础。强化各类风险管理，组织开展区属企业重大投资项目检查，全面实施虚假贸易自查自纠，督促5家企业修订完善贸易业务财务监管、合规管理、追责问责等制度。配合区纪委开展清风护航国有资产保值增值专项督查，上报自查问题69个，整改完成率约80%。配合省审计厅开展区国有企业稳增长及防风险专项审计调查，报送整改进展情况及成果。召开国有企业高质量发展调研座谈，就国资监管体制、重点子企业管理等方面赴苏州高新区进行学习交流，形成调研成果2篇，为提升国企经营质效提供可行思路。督促指导国有企业推进数字化平台建设，至年末，龙城国控股集团完成数智化底座和财务系统升级，常高新集团财务共享系统平稳运行超14个月，采购招标一体化、资产管理及工程管理平台均上线并按预定进度实施推进。

【国有资产产权管理】 至2023年年末，常州国家高新区（新北区）国有资产监管机构监管的各类企业有358家（含控股企业309家）。其中，一级企业11家，占企业总数的3.07%；二级企业97家，占企业总数的27.1%；三级企业122家，占企业总数的34.08%；四级企业及以下企业128家，占企业总数的35.75%。全年发生产权进场交易1宗；产权协议转让8宗，成交价格15.42亿元；无偿划转国有企业股权50宗。

【国有企业负责人经营业绩考核】 2023年，常州国家高新区（新北区）国资监管机构根据《常州高新区（新北区）

区属企业负责人年度经营业绩考核暂行办法》，完成对常高新集团、龙城国控集团、恐龙园集团3家企业2023年度经营业绩考核指标的测算，根据企业负责人经营业绩完成情况、企业规模及功能分类，在全面考核和综合评价的基础上，确定各企业负责人2022年度薪酬水平，强化国有企业负责人薪酬管理。

【新增AA+信用评级国有企业3家】 2023年，区财政局（国资办）以助力企业提升信用评级等级作为融资成本管控的重要抓手，推动国企改革和产业转型，快速完成国有资产整合，做优做大企业资产。年内，龙城国控集团、常州滨江国有控股集团有限公司、常高新金隆控股（集团）有限公司3家公司加强财务管理，提高资金使用效能，持续压降融资成本，获AA+信用评级，全年节省利息支出1.5亿元，为企业可持续健康发展打下基础。

（区财政局 陆泯峰）

【常州高铁新城投资建设发展有限公司和常高新集团有限公司】 2022年9月，经区委、区政府批准，常州高铁新城投资建设发展有限公司和常高新集团有限公司实行“两块牌子，一套班子”的合署办公模式。融合后，两公司实施多元化战略布局，聚焦以城市建设、城市服务、产业园区为核心的产城融合开发板块，深耕纺织服装和环保装备制造两大特色产业板块，拓展新能源业务，发挥类金融板块反哺区域发展和实体经济的作用，为城乡建设发展、人民安居乐业、高端产业集聚提供综合解决方案。至2023年年末，2家公司资产规模1277.16亿元，实现营业收入106.98亿元，利润总额6.21亿元，上缴税收12.95亿元。

经营管理。2023年，公司下属黑牡丹（集团）股份有限公司（简称黑牡丹集团）获建筑工程施工总承包壹级资质、市政公用工程施工总承包壹级资质、房地产开发企业壹级资质3个壹级资质。三江公馆二期、公园学府二期等商品房实现交付，南城脚·牡丹里文化创意产业园全面开园。越南纺织生产基地启动建设。中水回用系统入选常州市节水项目；申报成江苏省研究生工作站。控股的无锡雪浪环境科技股份有限公司获江苏省专精特新“小巨人”企业和省级绿色工厂称号。下属全资子公司常高新金隆控股（集团）有限公司（简称常金控）获AA+主体信用评级。年内，公司新设常高新（江苏）科技产业园公司、常高新新能源产业投资有限公司，持续推动区域新能源、智能制造、新材料、半导体等产业链集群发展。

招商引资。2023年，公司全年完成外资招引10002万美元；聚焦区内五大重点特色产业，与薛家镇、三井街道、罗溪镇、滨江开发区、龙虎塘街道合作设立园区基金，基金规模合计7亿元；协助龙城金谷（北区）招引各类机构58家，发展规模取得突破，新增入驻机构数量超越金谷（南区）。

重点项目推进。2023年，高铁新城公司和常高新集团全年在建及拟建项目25个，总建筑面积超200万平方米，投资总额超200亿元。公司围绕区域重点项目，推进星耀城、国际人才广场、领航大厦、创智大厦等产业载体建设，打造城市中央活力区；紧扣中轴新支点，推进龙江路高架北延等交通基础设施建设。年内，公司承接第二工人文化宫、常州市第一人民医院高新院区等重点项目的代建工作；推进科创水镇、数字经济产业园等一批新型创新园区载体建设，全年产业类、科创类载体开工面积超84万平方米，竣工面积超37万平方米。

企业管理。2023年，公司选聘毕马威国际有限公司作为战略咨询机构，结合国企改革深化提升行动，优化企业发展战略；以合规体系建设为抓手，结合各级专项审计中反馈问题清单，完善各项制度，强化检查监督力度，排查业务推进堵点；强化数字赋能，公司上线资产管理系统、明源ERP系统，动态优化财务共享平台（一期）项目，实现决策管理集约化、成本控制数字化、过程控制智能化。

（高铁新城公司和常高新集团 陈升）

8月31日，领航大厦通过竣工验收　　（高铁新城公司 供图）

【江苏龙城国有控股集团有限公司】 龙城国控集团始建于1994年，是常州市属区管的大型国有企业集团，投资控股下属企业48家。经过30年发展，先后获省百亿元级文化企业集团重点培育目标，全国文明单位、现代服务业五星级企业等称号。2023年，龙城国控集团实现营业收入25.53亿元、利润总额1.59亿元。龙城国控集团聚焦城市公共服务、城市功能建设运营、产业园区投资运营三大板块，业务涵盖城市管家、城市水务、综合开发、社会事业、工业地产、新型能源基建等领域。

城市功能建设运营。公司在深化龙虎塘街道城市大管家试点服务基础上，拓展薛家镇、罗溪镇、新桥街道、三井街道等区域智慧城市管家模式，物业管理、停车管理等新兴业务持续推进，全年承接道路、绿化带保洁面积2530万平方米、绿化养护面积2343.37万平方米，承接物业项目35个，服务总户数超4.4万户，停车项目落地收费33个，车位数3526个。通过智慧管家平台，搭建与街道网格协同的“1个项目经理+N个网格主管”的一体化管理架构，实现区级平台一体化管理功能。

水利建设和水务管理。新孟河延伸拓浚工程主线河道、桥梁完成完工验收并移交运维，沪宁高速公路桥投入使用，京沪铁路、京沪高铁跨新孟河桥梁工程完成总量的58%，主线景观绿化工程完工；16条影响水系全面施工，年内完成8条。污水收集治理项目实现“规、建、运、养、管”全生命周期管理，运维全区污水管线880.58千米，提升泵站171座、农村污水处理设施343座，实现新孟河河道运维全覆盖。全年收集提升污水2038.67万吨，处置农村污水146万吨，消减有机污染物125吨，设备设施运转率100%。

地产及代建项目推进。公司在建房产项目稳营销、保交付，打造板块内产品力标杆，有效防范合作方风险。在加快去化现有在建及存量项目的同时，拓展地产代建代销领域，实现轻资产运营突破，促进轻资产代建规模扩大。2023年全年推进代建项目12个，完成常州市新北区河海实验学校改造、常州市新北区新北实验中学教学楼加固改造、常州市新北区三井第二实验小学新建3个项目验收交付，按计划推进常州市新北区泰山实验学校、常州市新北区飞龙第二实验小学、常州市新北区前桥小区西幼儿园、常州市新北区龙城幼儿园等项目建设。

工业地产、新能源项目建设。年内，新孟园、未来科技港项目启动；常州龙城新能源有限公司依托集团整体产业链优势、市场开拓优势、经营管理优势，明晰勾勒出“工商业储能”为业务发展重点。通过与企业合作开展光伏电站、储能电站业务（见板率），同时利用集团在停车、小区物业等板块的资源优势，开展充电桩业务（见桩率），旨在高效统筹高新区区域内新能源基础设施投资建设运营。

社会事业发展。新龙生态林围绕资源盘活、经营创效，年内举办大型活动12场，其中3场音乐节品牌活动吸引乐迷超14万人次，拉动区域交通、住宿、餐饮、旅游等产业发展；小黄山提升园区基本配套功能，费赵农路、西山防火设施、森林抚育等民生项目实施完成，围绕“健康养老”持续深化健康小镇设计方案；发展民生托育项目，银河云峯幼儿园托班项目成功申报国家“十四五”规划102项重大工程项目，薛家镇东坡社区嘉禾尚郡托育点建成；养老服务扩容增效，常州贝慈世茂养老管理服务有限公司获常州市三星级养老机构评定，全力推进新北福利中心项目落地。

（龙城国控集团 沈文达）

【恐龙园文化旅游集团股份有限公司】 恐龙园集团是专业从事文化旅游产业投资运营服务的综合性企业集团，兼具国有控股和高度市场化两大属性。2023年，恐龙园集团被评为国家文明旅游示范单位、江苏省现代服务业高质量发展领军企业、常州市“实施‘532’发展战略，推动高质量发展”先进集体、常州市市长质量奖提名企业等。

传统景区创新发展。恐龙园集团深耕恐龙创意文化，推动文化创意与科技融合，从中华恐龙馆到中华恐龙园，再到国家AAAAA级旅游度假区——环球恐龙城，逐步形成恐龙娱乐商业体系。2023年，环球恐龙城接待游客超1100万人次，实现营业收入超12亿元。以中华恐龙园为核心，通过春季戏剧光影节、暑期D漫盛典、秋季装造大赛、冬季潮冬音乐节、龙城迎新烟花大会等，孵化四季节庆品牌，全年上榜全国热搜7次、话题流量破5亿。恐龙文化持续渗透，完成恐龙主题新能源助力车投运，“骑着恐龙游常州”成为抖音TOP1、微博平台热榜前三，并推出恐龙主题地铁和巴士；推出中国主题旅游景区首个虚拟人“龙傲天”，创新裸眼3D全新营销方式，以创意科技赋能市场推广。

创新投拓布局全国。自2014年起，恐龙园集团在全国范围实施基于品牌、投资和专业赋能的创新业务战略。通过整合集团旗下旅游管理、规划设计、文化科技、文化演艺、酒店发展、研学素培等专业性公司和平台，提供文旅IP落地全过程项目管理咨询，加快恐龙品牌系列产品的连锁复制和对全国范围内优质文旅资源的赋能拓展。年内，恐龙园集团推进河南省南阳市、海南省陵水县等地大模块中华恐龙园项目的战略布局，聚力河南省周口市、泰州市姜堰区、镇江市丹阳市等地中模块项目落地；研发完善模块化产品模板，完成“河南南阳·中华恐龙园旅游度假区”“海南陵水·中华恐龙园滨海雨林度假区”大模块产品、“恐龙人探索营”中模块产品、“恐龙宝贝”室内亲子乐园微模块产品、“恐龙魔盒”全新文商旅融合型产品和“东坡苏宴”特色餐秀产品的研发升级。深挖盐城草房子、绍兴黄酒小镇当地优质资源，扩大业务合作范围；拓展盐城荷兰花海酒店设计运营全案，响水夜市、三胡故里，绍兴久安洋龙局、浙东淡水鱼馆等业务范围，签约涑渎小镇河海西坊等项目。此外，在总部支撑的运营管理体系筹下，开展连云港渔湾、连云港军事主题馆、常州三杰纪念馆、金坛柚山村、钟楼大庙弄等项目的管理输出。

新型业务谋定而动。恐龙园集团确立安全与应急教培和认证产业“三大轴心”，围绕场景和体验、课程和宣教、服务和标准3个方面，开展安全教育“五进”服务、青少年国防军训服务、劳动教育和综合实践服务等，推进产品开发和市场化销售，开展“两员”（单位主要负责人和安全生产管理员）培训、初级救护员培训、心肺复苏CPR+AED（心肺复苏术+除颤仪）培训等资质培训类业务，启动拓展安全咨询业务，完成安全与应急体验实训基地二期生产安全馆建设。举办首届新北区大学生创享文化节、三井街道惠民活动等，恐龙园赞奇影业完成纪录片《冯仲云》和主旋律电影《觅渡》的拍摄并公映。年内，恐龙园集团完成“恐龙星球”一标段配套用房建设，完成主体项目总图公示及十大体验项目方案设计，推进建设工程规划许可证办理和建筑施工审图工作，“城堡酒店”开工建设。完成中华恐龙园“嗨耶街区”和“梦幻庄园”区改造提升工程，启动“穿越侏罗纪”主题分区改扩建，以项目的迭代出新确保核心景区持久的市场吸引力。开展中华恐龙园、迪诺水镇等片区“危污乱破低”整治。举办2024常州灯会。

（恐龙园集团 蒋培超）

【常州文化科技创意发展有限公司】 常州文化科技创意发展有限公司（简称文科创公司）作为常州国家高新区（新北区）属一级国有公司，是常州创意产业园区运营管理平台。2023年，公司下设综合管理部、招商发展一部、招商发展二部、园区管理部、计划财务部、合规部6个部门，主要承担园区运营和管理、招商引资、企业服务及安全生产等职能。全年实现营业收入3917.22万元。

助企惠企。2023年，文科创公司发挥“橙芯”服务品牌效应，通过统筹规划、靶向辅导，帮助园区企业向上争取各类资金补贴2000余万元。围绕产业高度、服务深度和营商温度3个维度，推出“一月一主题”产业链服务活动，举办沪常制造业与新一代信息技术企业对接会、国际卓越运营协会（新加坡）总经理私享会常州站、“遇见大咖·链上有约 邻里配套”2023国际卓越运营协会常州大会、“提升数据安全技术，护航数字经济发展”高峰论坛等产业活动12场；对产业链企业开展“政策上门”服务，走访调研企业300余家，对企业发展情况及困难问题梳理摸排，形成问题清单并推进解决；结合企业及员工需求举办高企培训会、项目申报专题辅导会、专场招聘会、银企对接会等10余场；组织11家代表企业参展2023中国（南京）文化和科技融合成果展览交易会，展示常州文化和科技融合成果。

优化园区营商环境。文科创公司锚定未来产业发展重点，编制《关于推动创意产业高质量发展的若干政策意见》《创意产业高质量发展五年规划》，制定园区3年行动计划及当年目标任务，打造科创孵化器、共享办公等多品类产业载体。对接高铁新城公司，探索科创水镇三期合作运营模式。对园区各产业领域企业开展专题调研，组织召开企业座谈会4场，协调解决企业具体问题。一体化推进文化金融服务平台“汇云”、云渲染公共技术服务平台“渲云”、智慧园区服务平台“智云”等公共服务平台建设，推出政策解读、场景开放、供需对接等10项生态服务；举办首届常州咖啡文化节、春日市集、端午游园会等创意文化市集活动，展示推广园区企业品牌及产品，丰富园区企业员工精神文化生活；招引常州首家邮局咖啡，库迪咖啡、MANNER咖啡等品牌商户，优化园区商业业态。开展安全生产月和“119”消防主题月活动，配合区消防大队“双随机、一公开”抽查并通过检查，针对园区50余家新入驻企业开展上门安全培训；年内，开展园区安全隐患专项检查与整改行动4次，消除安全隐患80处，制作发放园区安全生产手册400余本，组织200余名企业员工参加消防灭火及逃生演练。

（创意产业园区办 刘钊）

民营经济管理

【概况】 2023年，常州国家高新区（新北区）深化“放管服”改革，优化营商环境，为民营经济健康发展注入生机。创新政务服务工作模式，从企业实际需求出发，优化、落实各项扶持民营企业发展的政策举措，听取和回应民营企业反映的困难和问题，为民营企业纾困解难。召开全区“清风护航 高新华章”优化营商环境大会，发布《常州国家高新区（新北区）优化营商环境三年行动计划（2023—2025年）》。建立产业链企业监测机制，结合全区发展方向，调整建立“两特三新一智能”重点企业监测库，形成指标异动预警和诉求即时反馈的“双向互动”机制，全区1000余家规模以上民营企业实现全面监测。全年走访企业1000余次，组织开展各类专题申报辅导，排摸解决问题200余项，内容涉及政策咨询、项目申报、资源协调等方面，问题解决率超95%。

（区经发局 朱瑄磊）

【民营经济发展】 2023年，常州国家高新区（新北区）1189家规模以上民营工业企业实现产值2418.6亿元，比上年（下同）增长13.2%，占规模以上工业比重64.4%，占比提升3.6个百分点；利润总额242.7亿元，增长27.6%，增速高于规模以上工业12个百分点。316家规模以上民营服务业企业实现营业收入179.8亿元，增长4%。十大服务业行业[交通运输、仓储和邮政业，信息传输、软件和信息技术服务业，房地产业（除房地产开发经营），租赁和商务服务业，科学研究和技术服务业，水利、环境和公共设施管理业，居民服务、修理和其他服务业，教育，卫生和社会工作，文化、体育和娱乐业]门类中，信息传输、软件和信息技术服务业，租赁和商务服务业，科学研究和技术服务业，居民服务、修理和其他服务业，卫生和社会工作，文化、体育和娱乐业6个行业实现正增长，其中信息传输、软件和信息技术服务业，以及租赁和商务服务业规模较大，分别增长19.3%和13.3%。

（区统计局 丁一洋）

【民营经济提质升级】 2023年，常州国家高新区（新北区）聚焦全区重点发展的“两特三新一智能”制造业集群，引导民营企业走专精特新发展道路，成为“小巨人”企业，实现政策扶持全覆盖，为全区制造业高质量发展提供支撑。年内，常州市乐萌压力容器有限公司、天地（常州）自动化股份有限公司被评为工信部制造业单项冠军，新增国家级专精特新“小巨人”企业25家（年内搬入新北区1家），省级、市级专精特新中小企业分别新增101家、127家；新增省级以上企业技术中心9家。围绕5G、大数据、工业互联网等领域重点布局，以“智转数改”推动传统产业转型升级。全区新增星级上云企业105家，总数533家，其中新增五星级企业3家，总数15家。建立产业链企业监测机制，全区1000余家规模以上民营企业实现全面监测。

【优化营商环境三年行动计划发布】 8月10日，常州国家高新区（新北区）召开“清风护航 高新华章”优化营商环境大会，发布《常州国家高新区（新北区）优化营商环境三年行动计划（2023—2025年）》（简称《三年行动计划》），聚焦五大环境推出18个大类60项改革任务，打造有影响力的营商环境新高地。《三年行动计划》以“高新事·高兴办”营商环境综合服务品牌为统领，围绕运营成本最低、办事效率最高、贸易投资最便利、发展预期最稳定目标，对优化营商环境作出系统谋划和整体部署。加大政策供给，畅通企业参与涉企政策制定，建立常态化政企沟通渠道，开展企业大走访等活动，了解市场主体政策需求；完善支持政策直达快享机制，强化“苏企通”“政企通”服务平台应用。构建集约高效的要素配置机制，打造“四个一万亩”产业空间。强化政务服务，推进省内通办和跨省通办，深化苏南自主创新示范区政务服务一体化建设，开展苏南自主创新示范区联盟成员单位间合作共建；开展“新创企业训练营”草根初创企业服务；推进数字政府建设，探索大数据、云计算、人脸识别、VR、区块链、数字孪生、人工智能等技术的科学应用，提升营商服务质效。将2023年定为优化营商环境难点攻坚年，统筹推进政策、市场、政务、法治、人文“五大环境”建设，解决一批堵点、难点问题；将2024年定为优化营商环境感受提升年，打造一批营商环境综合改革示范点；将2025年定为优化营商环境改革深化年，清除隐性壁垒、优化再造审批流程、加强事中事后监管等重点领域取得标志性成果，形成展现营商环境比较优势的标杆产业、标志项目。

【2家企业被评为省优秀企业】 10月，天合光能股份有限公司、新阳科技集

8月10日，“清风护航 高新华章”优化营商环境大会召开

（区委宣传统战部 供图）

团有限公司被评为江苏省优秀企业。

天合光能股份有限公司成立于1997年12月，主要生产多晶铸锭、硅片、太阳能电池片、光伏组件、太阳能光伏电站设备等，设立有中国首批获得科技部认定的光伏科学与技术国家重点实验室，是全球太阳能行业的创新领导者和标准制定者，发明专利数居中国光伏行业之首。2020年，公司成为首家在科创板上市的涵盖光伏产品、光伏系统以及智慧能源的光伏企业。

新阳科技集团成立于2007年2月，是以制造业为主，集金融、贸易等于一体的多元化集团。2023年，集团旗下有企业19家，不饱和聚酯树脂装置产能位居世界前列，苯酐装置和粗苯加氢装置规模处于国内领先，苯乙烯产量国内前三甲。

（区经发局 朱瑄磊）

自然资源管理

【概况】 2023年，常州国家高新区（新北区）完成2轮共425.6公顷预支空间规模指标落地上图方案审批，保障2个万亩产业园新增空间。完成3个片区81.4公顷土地征收成片开发方案审批、14个批次180.6公顷用地、25个项目68.6公顷林地报批，保障重大项目和重大基础设施落地。新北区测绘保障部门把握新时代测绘地理信息“两支撑、一提升”（支撑经济社会发展、支撑自然资源管理，不断提升测绘地理信息工作能力和水平）工作定位，开展基础测绘。新北区连续6次被评为省自然资源节约集约利用模范区，获省政府激励表彰；连续11年被评为省土地执法模范区。

【土地节约集约利用】 2023年，常州国家高新区（新北区）建立健全存量建设用地盘活更新机制，完成年度存量数据库更新，将批而未供土地处置和低效用地再开发任务科学分解到各镇（街道、园区），实施“强基固本”工程，整理2009年1月1日至2023年12月31日期间的供地和征地数据，建立土地批供数据库。全年处置2009—2019年批而未供土地216.73公顷，处置2020—2022年批而未供土地154公顷，低效用地再开发完成303.4公顷。出台《新北区存量集体建设用地盘活利用“一万亩”工作方案（2023—2025年）》，落实自然资源部“232”政策提出的新要求和新标准，依据第三次全国国土调查、2021年度国土变更调查成果、不动产登记发证信息和全区工业企业调查成果，摸排全区存量集体建设用地情况，将调查成果下发属地，核实调查地块实际情况、属地政府计划安排以及企业意愿诉求，并形成处置清单。梳理可入市存量集体建设用地1035宗，选取固村巷、浦河工业园等8个入市试点地块，面积15公顷。

【土地储备与供应】 2023年，常州国家高新区（新北区）完成编制2023年度土地储备计划获省厅批准，收储土地4宗17.87公顷，动态更新全区土地储备库173.53公顷。全年供应各类用地89宗692.47公顷，合同总额156.58亿元。其中，经营性用地出让18宗84.47公顷，合同出让金115.64亿元；工业用地出让45宗406.8公顷，合同出让金22.39亿元；仓储用地出让2宗16.33公顷，合同出让金1.13亿元；交通场站用地出让1宗6.33公顷，合同出让金0.38亿元；完成划拨项目19宗148.07公顷，划拨金4.05亿元；协议出让4宗30.47公顷，合同出让金12.99亿元。

（区资规分局 吴玺）

【基础测绘】 常州国家高新区（新北区）完成基础测绘一级卫星定位控制点61个，测定四等水准点15个。完成覆盖全区正射影像相控布设和一级卫星定位控制点、高程控制网维护。完成核心区1:500地形图生产51平方千米，1:1000地形图更新187.57平方千米，探测地下管线66千米，动态更新80个地块461项地下空间120.5万平方米。建成核心区2.58平方千米精细化模型，推进城市实景三维建设。常态化推进和保障区“多测合一”实施。建立与市级联动的征地报批机制，保障区供地勘测，协同开展国土变更调查、专项整治和违法用地等自然资源调查监测工作。公开出版涵盖“六张高新名片”的2023常州国家高新区（新北区）地图集，专题展示常州国家高新区成立30周年取得的成就。编制“红新北耀”党建地图等专题地图服务社会和民生需求。完成“天地图·江苏”的数据更新。

（区资规分局 辛海明）

【自然资源调查监测】 2023年，常州国家高新区（新北区）提交并通过2022年国土变更调查国家级核查；根据2022年国土变更调查数据，全区土地利用情况为湿地281.75公顷、耕地9835.43公顷、园地3376.75公顷、林地4946.04公顷、草地2781.94公顷、城镇村及工矿用地1.89万公顷、交通运输用地2222.35公顷、水工建筑用地385.28公顷、水域7072.9公顷、其他用地1101.72公顷。年内，持续推进自然资源统一确认登记工作，完成区级河道十里横河的统一确权登记。根据城市国土空间监测工作要求，更新全域自然资源和人文地理要素，推进建筑单体化建设，至年末，完成全域三分之二区域的建筑单体化采集，为城市规划和资源管理提供更为精准的数据支持。

（区资规分局 陈奇）

【地理信息服务】 2023年，常州国家高新区（新北区）发布全区自然资源和规划“一张图”2.0，更新涉林分析、实景三维展示功能，拓展丰富“三区三线”（根据城镇空间、农业空间、生态空间三种类型的空间，分别对应划定城镇开发边界、永久基本农田保护红线、生态保护红线三条控制线）、农经权数据、林地保护利用规划等9类数据，完善“一张图”功能。“工业用地369”高质量发展平台更新上线地块全景视图。建立定期更新机制，保证征地报批、落地上图方案、成片开发方案获批后地块信息及时更新。联动调查更新全区4012宗工业用地和1万余家工业企业年度信息，完成全区新一轮工业用地和工业企业的独立评价，精准指导用地提质增效。收集优秀建筑案例和前沿建筑技术，形成2个大类9个中类18个小类的“建筑优品汇”，为全区精品城市建设提供决策参考。改造人居环境长效管理平台优化升级为和美乡村治理平台，增设积分制管理，助力乡村振兴。依托地理信息和人工智能技术开展便民电子地图建设，融合各项政务服务的信息数据，探索建设智慧地图。年内，常州市新北区自然资源和规划技术保障中心的常州市基础地理信息生产建库一体化项目获中国地理信息优秀工程金奖、省优秀测绘地理信息优秀工程三等奖。常州国家高新区（新北区）房屋建筑与市政路桥自然灾害承灾体普查、常州国家高新区自然资源管理信息化服务体系建设项目获中国地理信息优秀工程银奖。河海大学长荡湖大学科技园(一期)“多测合一”项目获省优秀测绘地理信息优秀工程一等奖，新北区基础地理信息测绘1:500地形图测绘项目获省优秀测绘地理信息优秀工程二等奖。

（区资规分局 辛海明）

财 政

【概况】 2023年,常州国家高新区（新北区）完成一般公共预算收入144.4亿元，比上年（下同）增长9%，税收占比91.61%。完成一般公共预算支出102.52亿元,下降11.12%。区、镇(街道)两级财政均实现预算收支平衡。年内，区财政系统以国家级试点建设为切入点，实现基层财政管理业务标准运行全覆盖，通过中期评估。加强财政监督管理，开展作风建设、预决算公开情况、直达资金使用情况等专项检查。对全区13家基层医疗卫生机构2022年度财务报表进行委托审计,对常州市新北区三井人民医院火眼实验室截至2023年6月30日的收入支出情况进行专项审计，提出防止国有资产流失、促进国有资产保值增值的要求。加强政府投资项目资金监督，全过程跟踪审查新孟河延伸拓浚（新北区）及综合配套整治工程、龙江路快速化改造、腾龙大道征收等项目，项目总投资额181.63亿元。对部分行政事业单位、国有企业开展作风建设、“三公经费”[政府部门人员因公出国（境）费用、公务接待费、公务用车购置和运行维护费]使用、财经纪律执行情况等检查。推进存量隐性债务化解，优化化债方案，多渠道筹措资金，确保完成年度化债任务。抓深、抓实平台公司经营性债务管控,严控平台债务增量,督促企业完善投融资决策机制，遵循审慎原则，不得脱离投资项目实际盲目举债，杜绝新发生违法违规融资行为。履行融资备案、审批制度，按季度调整融资成本上限。优化融资结构，抢抓金融政策窗口，指导企业用足、用好债务展期置换政策，合理储备融资产品资源，实现债务结构合理、长短期有序配置。加强债务动态监测，运用财政部债务监测平台及省债务综合监管系统，实施对全口径债务运行情况的跟踪监测，及时发现隐患并预警提示。

【增收节支】 2023年，常州国家高新区（新北区）围绕年度收入目标，开展财政收入的预测、征收、缴库和分析工作，确保应收尽收。全年一般公共预算收入增幅、税收增幅均位列全市第三，税比位列全市第一，完成年度一般公共预算收入预算的102.34%。全年向上争取资金22亿元，主要涉及减税降费、节能环保、农业农村、社会保障、卫生健康、住房保障、教育支出等方面；争取政府债券资金35.56亿元，其中一般债券0.3亿元、专项债券35.26亿元。健全政府过“紧日子”长效机制，制定《关于进一步贯彻落实政府过紧日子要求加强财政支出管理的通知》，明确15条工作措施，加强培训费、会议费、出国经费、电子政务项目管理，规范公务员津贴补贴发放，通过压减一般性支出、盘活存量资金等措施收回资金，加大财政资金统筹力度。

【财政收入】 2023年，常州国家高新区（新北区）完成一般公共预算收入144.44亿元，增长9%。其中，税收收入完成132.29亿元，增长18.77%，税收占比91.61%；非税收入完成12.11亿元，下降42.57%。增值税、企业所得税、个人所得税等主体税种完成99.03亿元，增长28.75%，占税收收入的74.86%，高于上年同期5.81个百分点，主体税种支撑作用稳定。

表 10　2023 年常州国家高新区（新北区）财政收入完成情况统计表

财政总收入（万元）			与上年同口径相比	其中：一般公共预算收入（万元）	与上年同口径相比
合计	中央收入	地方收入	增长率（%）		增长率（%）
4249847	1214454	3035393	5.17	1443980	9

表 11　2023 年常州国家高新区（新北区）财政收入统计表

项　目	年度收入（万元）	与上年同口径相比	
		增加额（万元）	增长率（%）
一、一般公共预算收入	1443980	119270	9
（一）税收收入	1322888	209045	18.77
1.增值税（50%）	592473	174623	41.79
其中：免抵调增值税（50%）	38500	-110600	-74.18
2.企业所得税（40%）	312467	41400	15.27
3.个人所得税（40%）	85382	5130	6.39
4.资源税	63	-6	-9.28
5.城市维护建设税	104202	34085	48.61
6.房产税	72045	4893	7.29
7.印花税	40166	18340	84.03
8.城镇土地使用税	27516	409	1.51
9.土地增值税	-2918	-35406	-108.98
10.车船税	1278	162	14.53
11.耕地占用税	6403	1874	41.36
12.契税	78206	-35526	-31.24
13.环境保护税	4627	-1508	-24.59
14.其他税收收入	978	576	143.44
（二）非税收入	121092	-89775	-42.57
1.专项收入	82297	25493	44.88
其中：教育费附加收入	44217	14523	48.91
地方教育附加收入	27975	9186	48.89
残疾人就业保障金收入	9581	1605	20.12
2.行政事业性收费收入	7838	-20607	-72.44
3.罚没收入	10012	-5090	-33.7
4.国有资源（资产）有偿使用收入	20944	-89381	-81.02
5.其他收入	0	-190	-100
二、政府性基金预算收入	1497750	-185328	-11.01
其中：土地类基金收入	1472750	-185015	-11.16

续表 11

项　目	年度收入（万元）	与上年同口径相比	
		增加额（万元）	增长率（%）
三、国有资本经营预算收入	93663	33500	55.68
四、上划中央收入	1214454	241641	24.84
1.增值税（50%）	592473	174623	41.79
2.消费税	24315	-3394	-12.25
3.企业所得税（60%）	468614	62140	15.29
4.个人所得税（60%）	128074	7695	6.39
5.其他税收收入	978	576	143.44
五、财政总收入	4249847	209082	5.17
1.税务部门	2537342	450686	21.60
2.财政部门	1712505	-241603	-12.36

【财政支出】 2023年，常州国家高新区（新北区）完成一般公共预算支出102.52亿元，下降11.12%，减支12.83亿元，其中民生类支出完成83.97亿元，全区用于民生保障方面的支出占一般公共预算支出的比重持续保持在80%以上，达81.91%。

表12　2023年常州国家高新区（新北区）财政支出完成情况统计表

财政总支出（万元）	与上年相比		其中：一般公共预算支出（万元）	与上年相比	
合计	增加额（万元）	增长率（%）		增加额（万元）	增长率（%）
2637353	-117084	-4.25	1025163	-128255	-11.12

【财政管理体制改革】 2023年，常州国家高新区（新北区）财政部门启用新的总预算会计制度进行核算，建立“双功能”（预算会计功能和财务会计功能），采用“双基础”（收付实现制基础和权责发生制基础），支撑“双报告”（决算报告和财务报告），开展总会计核算。根据省财政厅对预算管理一体化系统统一部署，上线财政供养人员、工资管理、预算指标核算等业务内容。开展非税收入收缴电子化和财政电子票据改革，推进社会团体电子发票上线试点。加强预算绩效管理，对孟河镇、三井街道和龙虎塘街道开展政府财政运行综合绩效评价，选取现代服务业发展专项资金、新北区污水收集与治理全覆盖（PPP项目）等8个项目开展财政重点绩效评价，推进预算和绩效管理深度融合。

【财政扶持产业发展】 2023年，常州国家高新区（新北区）加大支持科技创新及经济转型升级力度，争取上级各类涉企资金，拨付科技、人才、工业、现代服务业等各级各类专项扶持资金37亿元，持续激发企业发展新动能。

【民生社会事业保障】 2023年，常州国家高新区（新北区）安排卫生健康支出5.59亿元，促进医疗卫生提质提优。安排社会保障和就业支出11.83亿元，逐步提高困难群众生活救济和城乡社会保障标准。其中，城乡居民基础养老金由每人每月405元提高到每人每月450元，被征地农民老龄段保养金由每人每月1025元提高到每人每月1100元。

【乡村振兴财政投入】 2023年，常州国家高新区（新北区）统筹安排涉农资金1.9亿元，保障粮食安全，推动农业产业融合发展。全年下达区级及以上各类奖补资金1348万元，支持美丽乡村建设。区本级设立农村一、二、三产业融合专项资金，安排286万元扶持新型经营主体。全年投入4651万元用于水稻田生态补偿、高标准农田建设、耕地轮作休耕，发放实际种粮农民一次性补贴100.56万元，耕地地力保护补贴资金825.97万元，切实保障粮食安全。推进农业保险“提标、增品、扩面”，促进三大主粮政策性保险全覆盖。2023年，区级以上财政保费补贴1678.22万元，为6679户农户提供4亿元的风险保障。

【生态环境建设财政投入】 2023年，常州国家高新区（新北区）财政支持生态环境整治、长江大保护等项目支出18.6亿元。其中，大气、水、土壤环境整治支出9.15亿元，管网建设支出6亿元，长江经济带生态优先绿色发展支出2.4亿元，争取上级生态环境类资金1.05亿元。

【政府采购】 2023年，常州国家高新区（新北区）深化政府采购制度改革，优化政府采购领域营商环境，强化采购人主体责任，提高政府采购效率。全面推进政府采购全流程电子化，实现不见面交易和全流程闭环管理。政府采购政策支持消费帮促，超额完成脱贫地区和省内重点帮促地区农副产品采购任务，计77.8万元。全年采购项目规模7.52亿元，其中货物类3亿元、服务类4.52亿元。

（区财政局 黄舒琳）

税　务

【概况】 2023年，常州国家高新区（新北区）税务部门组织完成税收收入253.73亿元、非税收入155.01亿元，完成税收组成的一般公共预算收入132.29亿元。税收收入比上年（下同）增长21.6%，税收组成的一般预算收入增长18.8%，2项增幅均位于全市第三。全区税务部门阶段性落实税费优惠政策47.25亿元，规模居全市第一，其中办理留抵退税16.54亿元，退税额全市第一。是年，区税务局获全国税务系统先进集体等集体荣誉10项，“中国好人”等个人荣誉28项。

【税收征管】 2023年，常州国家高新区（新北区）税务部门深化税收征管改革，完成《关于进一步深化税收征管改革的意见》（简称《意见》）落实情况中期评估工作。区税务局报送的《青税管家服务图册——直通新能源企业服务》被省税务局列入《意见》落实地市优秀案例。开展风险应对，全年完成税务风险任务9000户次，风险应对综合成效7.59亿元，其中纳税评估直接入库税款6.74亿元，报送的《见微知著锁疑点 隐匿交易现原形》《两税差异迷人眼 抽丝剥茧现真相》分别入选全市风险应对十佳、十优案例。克服“数电发票”（全面数字化的电子发票）前期数据清理工作量大的困难，全年完成数电发票推广8万余户。优化调整社保费申缴工作流程，实施出口退税工作新机制，完成土地增值税清算项目，税费治理效能得到提升。发挥税收大数据优势，立足区域和行业特点，定期开展区域经济税收分析，服务地方经济发展大局，全年向地方党委政府报送税收分析文章20篇。

【纳税服务】 2023年，常州国家高新区（新北区）税务部门提高精细服务水平，扩大下沉式税费服务圈，在原有1个办税服务厅、1个办税服务延伸点基础上，在各镇（街道）便民服务中心、社区共建新税共治驿站，打造“1+1+8”智慧税费服务新体系，实现纳税人缴费人满意度和税收营商环境双提升，区税务局被评为全市优化营商环境工作先进集体。通过征纳互动、远程帮办，推动“面对面”的传统式窗口办理向“肩并肩”的个性化精细辅导、“屏对屏”的智能化即时服务转变，全年征纳在线互动2044条。结合“枫桥式”办税服务厅建设，设置“办不成事”反映通道、复杂疑难事项帮办服务区、税费争议调解室，线下、线上全方位回应纳税人诉求，区税务局滨江税务所入选为全省首批新时代“枫桥式”税务所。

【税法宣传】 2023年，常州国家高新区（新北）税务部门围绕税惠千万家共建现代化主题，开展系列税收宣传活动。立足辖区内新能源产业特色，“靶向式”开展走访调研，主动对接涉税问题，为企业送去税收红利账单，解读税收服务新能源产业发展10条举措，精准“滴灌”税费优惠政策。发布助

10月25日，区税务局组织开展税法校外课堂。图为薛家中心小学学生参观常州税收普法教育基地　　（区税务局 供图）

力新能源之都建设专项行动计划，与天合光能（常州）科技有限公司等5家新能源龙头企业代表结对，提供“一对一”政策宣传服务；围绕土地增值税清算、个人所得税汇算、新能源企业优惠政策等纳税人、缴费人关心关注的热点问题，组织开展专题政策辅导宣讲活动4次，助力企业成长。发布《发票票种核定操作指引》《发票票种（票量）调整操作指引》辅导微视频，规范发票管理。组织常州市新北区薛家实验小学学生走进常州税收普法教育基地，引导青少年学税法、知税情、明税义。举办“2023·金恐龙杯”税收公益广告创意设计大赛，收到各类作品430件。经评选，《总有一道光》等11件作品获奖，相关做法被光明网、《新华财经》等中央主流媒体宣传推介。

（区税务局 万明玉）

金融监管

【金融生态环境优化】 2023年，常州国家高新区（新北区）开展“打击非法集资齐参与·同享社会和谐共受益”等防范和处置非法集资宣传活动40余次，覆盖人数2万人，提升广大群众金融安全意识和金融法治理念。贯彻落实全市《2023年防范和处置非法集资工作要点的通知》，强化滚动排查，打击非法金融。开展民间投融资居间业务机构排查，按照“谁批设，谁负责”的原则，分级分类处置化解风险；区经发局联动公安、市场监管等部门对风险机构现场联合整治，摸排风险机构上下游合作方及其运作模式，宣教从事违规金融活动惩处措施以及对社会的危害，责令立即整改并签订远离非法集资承诺书，挤压风险机构生存空间；密切关注非法集资存量刑事案件，对重点案件成立工作专班定期跟进案件进度，全年完成重点非法集资存量刑事案件清零工作。

【地方金融行业监管】 2023年，常州国家高新区（新北区）地方金融监管部门对辖区19家地方金融组织全面落实分类监管、月度跟踪制度，聚焦关键节点和环节，在现场检查的基础上，反馈企业存在问题和经营弱项，并督促企业及时进行问题整改。通过备案核查、年度审计、监管评级、“双随机”抽检等方式实现日常经营的全覆盖穿透式监管。全年走访检查疑似“伪金交所”17家，开展“双随机”企业检查22家，开展年度监管审计7家。引导不从事相关业务的机构退出。组织召开地方金融监管专项会议，引导区内地方金融组织坚持拾遗补阙的市场定位，专注主业、回归本源，服务中小微企业，在合规经营的前提下，严守风险底线，有效提升服务实体功能。

（区经发局 全留藏）

【金融高质量发展大会】 5月13日，常州国家高新区（新北区）召开全区金融高质量发展大会，总结2022年全区金融上市工作，部署下阶段重点工作，动员全区不断释放金融发展活力，更好促进资本、科技、人才、产业高水平循环。会上，常州国家高新区管委会与上海银行常州分行、江苏常州高新信用融资担保有限公司、工商银行常州分行等7家金融机构签订“园区保”增量扩面合作协议，助力区内初创型、小微型企业得到普惠金融服务；工商银行新北支行与常高新集团、农业银行新北支行与常州伟泰科技股份有限公司、中国银行新北支行与常州比亚迪汽车有限公司等16家企业进行银行授信签约，授信总金额136亿元；常州百瑞吉生物医药有限公司与区科创基金、常州晟威机电股份有限公司与滨创一号基金、江苏天合储能有限公司与和诺资本签订总额为3614.5万元的基金项目投资协议；常州国家高新区管委会与申万宏源证券、星鑫赛诺基金签订入驻协议。

（区经发局 奚晗悦）

【高新·奔牛智造港】 10月18日，由常州高铁新城公司和常高新集团打造的高新·奔牛智造港项目举行开工仪式，高新·奔牛智造港项目位于奔牛镇工业集中区，规划用地13.34公顷，总建筑面积27万平方米，产品类型为

10月18日，高新·奔牛智造港项目开工

（高铁新城公司和常高新集团 供图）

2层和3层工业标准厂房，采用“工业上楼”的模式提升土地利用效率。项目分两期建设，其中项目一期计划2024年年底完成竣工交付。该项目锚定新能源、高端智能装备制造等领域，助力常州高新区“两特三新一智能”六大主导产业发展。作为区域内的重要产业载体，高新·奔牛智造港周边聚集包括比亚迪常州有限公司、九号科技有限公司、星宇智能产业园、常州空港产业园等一大批优质企业园区，产业氛围浓厚。

（高铁新城公司和常高新集团　陈升）

审　计

【概况】 2023年，常州国家高新区（新北区）审计部门实施各类审计项目30个，审计对象覆盖全区党政机关、镇（街道）、国有企业等单位24家，审计发现问题及关注事项70余项，推动被审计单位采取整改措施30余项；通过追缴资金、解除协议、盘活资产等方式整改金额6011.14万元，促进增收节支8408万元，核减工程投资金额2200万元。年内，调研课题“基于创新驱动发展战略导向的科技专项资金绩效审计研究”被区《调查与研究》刊载，撰写《绩效审计“画像”助力质效提升》《关于加强创意产业园区运营管理的审计建议》等审情直报6篇，报送中央及省、市条线信息40篇次。

【财政审计】 2023年，常州国家高新区（新北区）审计部门围绕本级决算草案编制及预算执行、政策执行、部门预算执行和财政专项资金绩效等情况，对区科技局、薛家镇和西夏墅镇开展审计，并在区本级财政预算执行、决算草案及其他财政收支审计的基础上，融合开展区级行政事业单位国有资产管理使用情况、政府债券管理使用情况审计调查。重点关注财政预算执行的规范性和效率性、效果性，财政转移支付、公用经费、政府采购制度的执行情况和过“紧日子”各项要求的落实。

表13　2023年常州国家高新区（新北区）审计项目实施情况统计表

分类		实绩
审计项目（项）	重大政策措施贯彻落实情况跟踪审计	9
	财政审计	6
	企业审计	2
	投资审计	6
	领导干部自然资源资产离任审计	1
	领导干部经济责任审计	6
整改金额（万元）		6011.14
核减工程投资金额（万元）		2200
领导批示（次）		8

【企业审计和投资审计】 2023年，常州国家高新区（新北区）审计部门聚焦国企改革及重大政策落实，参与实施新苏环保产业集团有限公司、创意产业园运营管理情况专项审计。结合政府投资审计工作重点和难点，探索模块化管理（即项目管理、工程造价、财务决算、项目绩效、审计成果五大审计模块）在政府投资审计监督领域的运用，出台《常州国家高新区（新北区）政府投资项目审计监督操作规程（试行）》，赴高铁新城公司、龙城产业投资控股集团有限公司、各镇（街道）实地调研投资审计项目开展情况，完成对常州市高新区（新北区）“两馆两中心”、区污水收集与治理全覆盖项目等5个工程结算审计监督复核工作，送审金额11亿元，核减工程投资2000余万元，促进政府投资提质增效。

【经济责任审计和自然资源资产离任审计】 2023年，常州国家高新区（新北区）审计部门对区法院、区科技局、区财政局、区统计局、薛家镇、西夏墅镇6家单位的10名领导干部开展经济责任审计，其中离任审计4人、任中审计6人。对西夏墅镇主要领导开展自然资源资产离任（任中）审计。重点关注政策执行、经济决策、经济管理和资金使用等情况，聚焦领导干部权力运行和责任落实。

【绩效审计】 2023年，常州国家高新区（新北区）审计部门探索“快审”模式，围绕各镇（街道）2022年度高质量考核目标任务的完成、财政收支、资产管理、债务管控、国企运行等情况，开展经济运行管理绩效审计调查，对设计管理质态、资源变量、提质增效、资产管理、债务管控、财税收入六大方面34项指标进行比较分析。将经济运行绩效纳入全区高质量考核“扣分项”，强化绩效导向，针对板块补短、做强、提优目标，设置个性化、差异化考核项目，促进镇（街道）抓住关键指标、重点工作，推动经济社会高质量发展。

【审计整改】 2023年，常州国家高新区（新北区）审计部门开发并应用“智慧审计”平台中的审计整改模块，推行问题清单、责任清单和整改完成清单“3项清单”机制。对内实施边审边改、限时整改到整改督查全链条跟踪，对外开展外部联合督改全体系联动，通过审巡联动、移送等方式，促进《2023年财政预算绩效管理和政府投资项目管理考核细则》《关于促进创意产业园区重点企业发展的意见》等15项制度出台，并将审计整改工作纳入全区高质量考核“扣分项”，推动审计发现问题整改到位。

【审计信息化建设】 2023年，常州国家高新区（新北区）审计部门顺应数字政府建设新要求，全面推广“数据分析+现场核查”的数字审计模式，建成智慧审计平台，实现审计项目全流程、审计人员全方位和审计对象全覆盖管理。利用大数据综合分析研判，增强发现问题、服务决策、深化整改能力。“数字赋能激发审计活力，强化政务诚信建设”创新案例入选省政务诚信建设创新举措。“SQL等多种技术在政府购买服务审计中的应用”案例入选省审计厅优秀大数据审计案例。

【审计联动监督】 2023年，常州国家高新区（新北区）审计部门完善审计与纪检监察、巡视巡察、派驻监督及财政等部门协作配合机制，参与各类专项检查、问题线索同查，定期跟踪相关事项办理，提高审计移送问题线索工作效率和查办质量。审计结果纳入党风廉政建设、巡视巡察等监督考核，推动形成监督合力。构建基层内部审计全面覆盖、联动协作的工作格局，赋予基层审计委员会“支点”作用，各镇（街道）党委审计委员会覆盖率100%。加强各镇(街道)审计力量配备，出台《关于进一步加强和改进开发园区和镇（街道）内部审计工作的意见》，明确职责权限，强化内部审计成果运用和工作质量综合评价。

（区审计局 贡素英）

统计管理

【概况】 2023年，常州国家高新区（新北区）统计部门发挥统计职能，开展普查调查，完成第五次全国经济普查清查阶段工作；推进全区住户调查15个样本点、150户记账户跟踪监测；针对民生问题，开展促进民营经济发展壮大意见反馈调研、制造业企业利用外企技术情况专题调研、城乡居民“三育”（生育、养育、教育）成本调研等临时性抽样调查38次，收集企业经营发展、居民生活消费、基层意见建议等资讯，涉及企业82家次、群众855人次。抓牢、抓实数据质量，跟踪监测并现场调研即将达规企业及重大项目开工建设情况，全年“四上”单位新增623家；加强报表数据审核，开展自查自纠，走访核实企业200余家；了解摸排全区140个村（社区）新建、拆分、优化村（居）情况，对薛家镇等3个镇（街道）9个村（社区）进行实地核查，对望湖社区、吕墅社区城乡码进行修正。强化优秀做法经验宣传，通过统计条线报送工作交流、统计研究、统计文化30篇，其中19篇被省级平台录用、7篇被《中国信息报》和“学习强国”学习平台等国家级平台网录用。年内，新北区被评为常州市统计工作综合考核先进地区。

【服务发展大局】 2023年，常州国家高新区（新北区）统计部门开展新兴产业统计，组织数字经济、文化产业、生产性服务业等专题调研，完成涉及战略性新兴产业、健康产业、养老产业等301家单位的产业核实认定，参与数字经济补充调查、科技服务业发展情况调研等临时性调查。发布月(季)度主要经济指标完成情况、重点产业发展情况，撰写经济类信息88篇、党政信息约稿79篇；健全由区统计局牵头，区经发局、区财政局等部门共同参与的“一月双报”工作机制，为区领导掌握经济运行情况提供“一张表”数据服务。强化预警监测能力，联合部委办局开展调研、督查及统计业务指导，全年印发统计月报11册，撰写统计监测16期、统计分析35篇；阶段性梳理普查进度，编印《经普专报》5期，向区主要领导、经济普查领导小

4月27日，区审计部门对星耀城建设工程项目一标段进行现场审计

（区审计局 供图）

组成员单位发放；开展高质量发展指标监测、开发区报表监测、火炬中心报表监测，为行业主管部门提供参考意见。深化、细化分析研究，形成《文旅消费人气旺 复工复产起航快》《当好万亿GDP之城主力军的几点思考》《常州高新区居民消费特征及潜力研究》《常州高新区镇级板块经济竞争力分析》等课题报告，用统计数据反映经济社会发展成效及存在问题。

【依法统计】 2023年，常州国家高新区（新北区）统计部门围绕法治机关建设，推动统计法律法规在区委常委会上学习；将统计法律法规纳入“中青年干部培训班—中层干部能力特训营”主体课程，提高政府部门人员依法统计的认识；定期组织全区统计系统人员学习统计法律法规，适时开展案例警示性教育，签订《防范和惩治统计造假、弄虚作假责任书》，打牢基层统计法治根基。制定《统计造假屡禁难绝专项治理行动实施方案》，强化统计信用建设，全年通过“双随机”执法检查、专项检查、数据质量核查等方式，检查各类企（事）业单位近350家，提升源头数据质量。组织人员系统梳理区统计局成立至2023年的200余份执法检查案卷，对数据存在差异的企业案卷再次核查，重点对检查收取的材料、计算依据、计算方法等情况进行核对，跟踪督促，确保企业数据差异纠正到位。营造依法统计氛围，结合中国统计开放日、统计法颁布纪念日等重要时间节点和第五次全国经济普查等重大普查开展统计法律法规现场宣传活动；通过专题授课、观看视频、案例警示、发放折页等方式开展统计法治宣传，打牢统计人员依法统计、依法治统的法治基础。

【第五次全国经济普查】 2023年，常州国家高新区（新北区）统计部门建立健全工作机制，组织推动全区各级成立经济普查领导小组、经济普查办公室挂牌办公，选调普查“两员”（普查指导员和普查员）1298人，建立经济普查办公室会议制度、工作联系人制度、调度和通报制度、数据安全保密制度，从人、财、物、机制等方面全方位保障普查推进；通过印发宣传折页等方式营造普查氛围，将普法宣传贯穿到经济普查全过程。抓牢抓实业务环节，采用多方参与、现场确认的方式做精普查区域划分及建筑物标绘，划分普查小区710个、标绘建筑物1.27万余个；尽职尽责清查审核，开展“地毯式”拉网清查摸底，查找无证个体、大个体和新注册市场主体，清查单位6.16万余家、个体户7.39万余家；集结专业力量开展清查单位行业编码和审核工作，准确界定单位属性，为统全及统准文化产业、“三新经济”、数字经济、战略性新兴产业等筑牢基础。

（区统计局 丁一洋）

市场监督管理

·市场主体许可·

【市场主体登记】 2023年，常州国家高新区（新北区）新设登记各类市场主体(含分支机构)23678户，比上年(下同)减少1.38%。其中，新设登记各类企业7616户，增加4.43%；新设个体工商户16056户，减少3.91%；新设农民专业合作社6户，减少14.29%。至年末，全区实有各类市场主体（含分支机构）170200户，增长8.37%。其中，实有各类企业66617户，增长6.84%；实有个体工商户103189户，增长9.42%；实有农民专业合作社394户，减少2.48%。

表14 2023年常州国家高新区（新北区）新设登记市场主体登记统计表

市场主体类型		2023年数量（户）	2022年数量（户）	户数增长率（%）
企业	内资（非私）企业	295	495	-40.40
	私营企业	7261	6728	7.92
	外资及港澳台资企业	60	70	-14.29
	小计	7616	7293	4.43
个体工商户		16056	16709	-3.91
农民专业合作社		6	7	-14.29
合　计		23678	24009	-1.38

表 15　2023 年常州国家高新区（新北区）实有各类市场主体登记统计表

市场主体类型		2023 年数量（户）	2022 年数量（户）	户数同比增长率（%）
企业	内资（非私）企业	3041	4265	-28.70
	私营企业	62386	56893	9.65
	外资及港澳台资企业	1190	1196	-0.50
	小计	66617	62354	6.84
个体工商户		103189	94302	9.42
农民专业合作社		394	404	-2.48
合　计		170200	157060	8.37

【镇（街道）新设企业法人和个体工商户】 2023 年，三井街道新设企业法人数位列全区第一，孟河镇、龙虎塘街道新设企业法人分别位列全区第二、第三。孟河镇、三井街道、龙虎塘街道、新桥街道新设企业法人数正增长，其中孟河镇增幅 32.33%，位列全区第一。三井街道新设个体工商户位列全区第一，新桥街道、奔牛镇新设个体工商户分别位列全区第二和第三。除罗溪镇、西夏墅镇、新桥街道、春江街道外，其他镇（街道）新设个体工商户均实现正增长，其中龙虎塘街道增幅 79.38%，位列全区第一。

【市场主体产业结构】 2023 年，常州国家高新区（新北区）实有各类市场主体中，从事第一产业市场主体 1787 户，从事第二产业市场主体 30838 户，从事第三产业市场主体 137575 户，分别占总数的 1.05%、18.12% 和 80.83%。全区新设登记市场主体中，从事第一产业市场主体 103 户，从事第二产业市场主体 2335 户，从事第三产业市场主体 21240 户，分别占总数的 0.44%、9.86% 和 89.7%，第三产业主导作用明显。

（区行政审批局　沈霞）

【外资及港澳台资市场登记】 2023 年，常州国家高新区（新北区）深化“一件事一次办”改革，打造全周期、全方位服务体系，通过主动对接、提前介入、指导填报、跟踪服务等方式，帮助外资及港澳台资企业一次性厘清登记流程和所需材料，助力外资及港澳台资企业快速落户高新区（新北区）。至年末，全区实有外资及港澳台资企业（含分支机构户）1190 家，全年新增外资及港澳台资企业 60 家（法人企业 38 家、分支机构 22 家），减少 14.29%，外资企业变更（备案）484 家，注销 47 家。新设立的外资及港澳台资企业主要来自中国香港、中国台湾等地区。

（区市场监督管理局　俞雪莲）

【网店市场登记】 至 2023 年年末，常州国家高新区（新北区）在各主流电商平台开设网店总数 519 家，增长 16.89%。其中，淘宝网 180 家，微店 99 家，安利云 50 家，拼多多 56 家，其他平台 134 家。

【股权出质登记】 2023 年，常州国家高新区（新北区）办理股权出质登记 100 件，增长 36.99%；出质股权总额 39.45 亿元，增长 170.39%；担保标的总额 133.2 亿元，增长 47.59%。

（区行政审批局　沈霞）

【药品及医疗器械经营许可】 2023 年，常州国家高新区（新北区）有药品经营企业 400 家、药品连锁企业 2 家、单体药店 171 家、连锁门店 227 家。全区药品经营企业数量增长 13.6%，其中单体药店增加 18 家、连锁门店增加 31 家。辖区内有医疗器械经营企业 586 家，其中医疗器械批发企业 190 家、医疗器械零售企业 396 家。至年末，全区医疗器械经营企业数量增长 9.7%，其中批发企业增加 5 家、零售企业增加 48 家。

（区市场监督管理局　王昊）

【计量标准器具审核】 2023 年，常州国家高新区（新北区）办理计量标准考核（含复查）发证 18 项，其中新建 3 项、复查 15 项。开展行政许可卷宗的整理，全年整理卷宗 5 册。

表 16　2023 年常州国家高新区（新北区）计量标准发证一览表

序号	单位名称	计量标准装置名称	证书编号	发证日期	证书有效期
1	常州光洋轴承股份有限公司	测微量具检定装置	〔2006〕县量标新北企证字第382号	2023.1.31	2028.1.30
2	常州光洋轴承股份有限公司	卡尺量具检定装置	〔2006〕县量标新北企证字第383号	2023.1.31	2028.1.30
3	常州光洋轴承股份有限公司	指示量具检定装置	〔2006〕县量标新北企证字第384号	2023.1.31	2028.1.30
4	常州光洋轴承股份有限公司	三等量块标准装置	〔2006〕县量标新北企证字第385号	2023.1.31	2028.1.30
5	常州光洋轴承股份有限公司	温度二次仪表检定装置	〔2006〕县量标新北企证字第386号	2023.2.6	2028.2.5
6	常州光洋轴承股份有限公司	光滑极限量规检定装置	〔2019〕县量标新北企证字第001号	2023.1.31	2028.1.30
7	常州八益电缆股份有限公司	测微量具检定装置	〔2019〕县量标新北企证字第002号	2023.6.21	2028.6.21
8	常州八益电缆股份有限公司	卡尺量具检定装置	〔2019〕县量标新北企证字第003号	2023.6.21	2028.6.21
9	常州八益电缆股份有限公司	配热电偶用温度仪表检定装置	〔2019〕县量标新北企证字第004号	2023.6.21	2028.6.21
10	常州世界伟业链轮有限公司	测微量具检定装置	〔2023〕县量标新北企证字第001号	2023.9.8	2028.9.8
11	常州世界伟业链轮有限公司	卡尺量具检定装置	〔2023〕县量标新北企证字第002号	2023.9.8	2028.9.8
12	常州世界伟业链轮有限公司	指示量具检定装置	〔2023〕县量标新北企证字第003号	2023.9.8	2028.9.8
13	常州宝菱重工机械有限公司	三等量块标准装置	〔2006〕县量标新北企证字第337号	2023.9.12	2028.9.12
14	常州宝菱重工机械有限公司	指示量具检定装置	〔2019〕市量标常企证字第584号	2023.9.12	2028.9.12
15	常州宝菱重工机械有限公司	配热电阻用温度仪表检定装置	〔2006〕市量标常企证字第339号	2023.9.12	2028.9.12
16	常州宝菱重工机械有限公司	测微量具检定装置	〔2019〕市量标常企证字第583号	2023.9.12	2028.9.12
17	常州宝菱重工机械有限公司	精密压力表标准装置	〔2006〕市量标常企证字第332号	2023.10.16	2028.10.16
18	常茂生物化学工程股份有限公司	衡器检定装置	〔2006〕市量标常企证字第332号	2023.11.27	2028.11.27

（区市场监督管理局　吴祖庄）

·市场主体监管·

【概况】 2023 年，常州国家高新区（新北区）加强市场监管领域“双随机、一公开”监管，提升监管效能。参与“双随机”任务 140 项（本级单一部门任务 37 个，上级下发单一部门任务 21 个；本级跨部门联合抽查任务 68 个，上级下发跨部门联合抽查任务 14 个），抽取市场主体 2513 户（包括个体工商户、私营企业、内资企业、外资企业、农民专业合作社等）。全年，区市场监督管理局“双随机”抽取比例总体不低于在业市场主体总数的3%。年内，区市场监督管理局质量工作真抓实干成效明显，获省级督查奖励，获评全省药品安全专项整治行动暨“雳剑2022”专项行动先进集体、2022年度全省铁拳行动先进集体，获评常州市优化营商环境工作先进集体、2022年度常州市“青年文明号”等称号。

【个私经济管理】 2023年，常州国家高新区（新北区）贯彻落实国家市场监管总局《关于新形势下发挥个体劳动者私营企业协会作用 助推个体私营经济高质量发展的意见》，促进个体私营经济健康发展。推进个私经济年报工作，通过宣传折页、交通广播、智能电话语音提示等，扩大年报宣传广度和深度。全年新增个体工商户16056户，比上年（下同）减少3.91%；新增私营企业7261户，增长7.92%。至年末，全区实有个体工商户103189户，实有私营企业62386户，合计占市场主体总数的97.22%。至6月30日（每年度统计截止日期），全区企业年报率97.9%，个体户年报率65.3%。

（区市场监督管理局 陈必宇 俞雪莲）

【合同监督管理】 2023年，常州国家高新区（新北区）发挥公益律师团作用，组织专家对家居定制、婚宴服务、网络平台、教育机构等民生领域开展合同评审，确定典型不公平合同格式条款52条，对使用不公平格式条款经营户下达责令整改要求，维护消费者合法权益。针对二手车、装饰装修、医疗美容等重点民生领域的合同格式条款开展专项整治，出动检查人员148人次，检查相关主体74家，约谈企业12家次，发现大部分经营者合同主要条款完备，约定事项明确，买卖双方权利义务对等，个别企业在产品总金额、支付方式等方面存在以格式条款形式减轻或免除自身责任、加重消费者责任的情况，使用不公平格式条款的相关单位全部整改。

【网络交易监管】 2023年，常州国家高新区（新北区）开展2023年网络市场促发展保安全专项行动，督促网络交易平台删除违法商品信息53条，责令整改网站41个次，责令停止平台服务网店1个，查处网络餐饮服务案件2件、网售儿童和学生用品质量案件2件、网络不正当价格行为案件1件、网络不正当竞争案件1件、网络虚假违法广告案件42件、网售化妆品违法案件2件，查处其他违法违规案件6件。开展网络专项抽检工作，全年抽检嵌入式家用燃气灶、瓶装液化石油气调压器、家用煤气软管5批次，其中合格4批次、不合格1批次，督促问题产品及时下架，并立案调查。抽检少年儿童、老年人用品共27批次，除老花镜有10批次不合格外，其余均合格，问题产品的相关单位全部整改，并对其中4家开展立案调查，罚没金额6064元。

（区市场监督管理局 张维明）

·市场与消费环境监管·

【概况】 2023年，常州国家高新区（新北区）规范公平交易秩序，健全消费维权体系，保障消费者权益。把消费环境建设和消费者满意度提升工作融入经济社会发展大局，紧扣“提振消费信心”消费维权年主题，补短板、强弱项，持续营造安全放心的消费环境。全年受理投诉举报2.34万余件（投诉1.76万件、举报5811件），比上年（下同）增长43.29%，按时办结率100%，调解成功率77.07%，全年为消费者挽回直接经济损失408.5万元。

（区市场监督管理局 陈必宇 张维明）

【消费维权社会共治】 2023年，常州国家高新区（新北区）查处侵害消费者合法权益的违法违规行为，营造安全、放心、健康有序的消费环境。全年查处采用格式合同条款侵害消费者合法权利的违法行为案件11件，其中某影院利用店堂告示作出对消费者不公平、不合理的规定案被列为全市典型案例；查处利用虚假广告欺诈消费者的违法行为案件85件，其中某商业公司发布违法化妆品广告案件被列为全市典型案例；查处不正当价格、价格欺诈等违法案件17件，其中查处某药店哄抬物价、某服饰店加价出售商品等典型案件；打击生产、销售假冒伪劣商品等违法行为，查办生产、销售质量不合格产品案件36件，查办侵犯注册商标专用权案件98件。其中，某车辆有限公司生产侵犯注册商标专用权汽配案被市场监管总局录用为民生领域案件查办“铁拳”行动典型案例、某商业管理公司销售侵权商品案被列为江苏省“铁拳”行动典型案例。

（区市场监督管理局 陆春燕）

【价格监督检查】 2023年，常州国家高新区（新北区）聚力维护市场价格稳定，强化价格监督检查，防止价格欺诈等违法行为。全年检查经营单位1057家，出动执法人员1299人次，未发现相关重大价格舆情。聚焦民生领域热点难点，开展校外教育培训机构专项检查，实地检查机构7家，责令整改价格公示不规范问题。联合检查组对7所学校（幼儿园）进行检查，实施教育收费第三方审计；开展殡葬业价格秩序、安葬设施建设经营专项整治行动，调研公墓价格，检查殡葬服务单位10家；对全区6家粮食购销存储经营单位开展2轮联合检查，常态化监管粮食购销领域价格秩序；开展全区停车收费专项整治，检查96家

3月9日，“3·15”消费者权益日主题活动在魏村街道举办
（区市场监督管理局 供图）

政府定价停车场，并对实施市场调节价的停车设施经营单位开展多轮巡查，确保群众出行便利；检查10家新建住宅小区收费行为，规范物业服务收费。规范政府部门及下属单位服务收费，严肃查处乱收费；严查水、电、气、暖等公用事业乱收费，重点检查87家物业单位的转供电收费行为，对未公开公示收费明细的单位督促整改。对常州市宝焱物业服务有限公司未执行政府定价收取电费的行为进行立案查处，罚款200万元；入户宣讲惠企政策，向全区规模以上企业发放《涉企收费调查问卷》500余份，向相关市场主体宣传国家的营商惠企政策，听取意见和建议。

（区市场监督管理局 祁逸轩）

【反不正当竞争】 2023年，常州国家高新区（新北区）公平竞争审查工作接受市联席会议办公室聘请的第三方评估，工作组对全区2018—2022年落实公平竞争审查制度的情况开展专项评估检查，区联席会议办公室提交26大类相关材料。年内，新北区在全市率先建立第三方评估机制和公平竞争审查专家库，与江苏博爱星律师事务所签订《专项法律服务协议》，确保全面落实公平竞争审查制度要求。开展反不正当竞争“守护”专项执法行动，聚焦人民群众反映强烈的突出问题和影响市场公平竞争的难点、堵点问题，组织开展集中整治行动，以宣传《中华人民共和国反不正当竞争法》和《中华人民共和国反垄断法》等法律法规知识为核心，鼓励社会各界举报投诉，为开展专项行动提供线索。开展新能源汽车及汽车零部件知识产权联动保护宣传，召集知名企业60余家，由区法院、区检察院、区市场监督管理局相关人员分别围绕高新区知识产权司法、行政保护开展专题法治讲座，提升市场经济主体知识产权保护意识；走进园区开展“强化商业秘密保护 护航企业高质量发展”商业秘密保护专题宣传培训活动，邀请常州市公安局、常州市市场监管局业务骨干为企业作企业商业秘密保护实务培训，健全完善政府引导、企业参与、多方联动、行刑衔接的商业秘密保护体系。全年查处相关案件12件。其中，查办擅自使用他人有一定影响的企业字号、利用虚假成交订单进行产品展示和曝光、对商品用户评价做虚假商业宣传等新型案件3件；查处某公司商业贿赂案件被列为全省2023年度反不正当竞争“守护”行动十大典型案例、某科技有限公司不正当竞争案被常州市市场监管局列为典型案件。

（区市场监督管理局 陆春燕）

【打击传销与规范直销】 2023年，常州国家高新区（新北区）根据《2023年江苏省打击传销工作要点》部署，开展防范打击传销专项行动。加强传销风险研判排查，重点关注涉及传销行动的组织，加大打击传销力度，对涉及传销活动的举报投诉、新闻舆情、日常检查数据进行分析。保持对网络传销活动的高压态势，遏制网络传销发展蔓延。及时排查相关线索，严格惩处传销行为。增强直销企业依法经营观念，强化直销企业自律意识和社会责任，通过多种宣传方式增进公众对直销的认识，防止误入传销。年内，全区查处传销案件2件。

（区市场监督管理局 高文莉）

【市场稽查执法】 2023年，常州国家高新区（新北区）加强稽查执法体系和能力建设，强化责任担当。全年办结案件727件，罚没1251万元，向公安机关移送案件8件。开展民生领域案件查办“铁拳”、涉疫和医疗用品稳价保质案件查办、反不正当竞争专项执法等专项行动。办结知识产权案件88件、食品案件410件、“两品一械”（药品、化妆品，医疗器械）案件47件、特种设备案件23件，编写上报知识产权、铁拳行动、食品安全等典型案例60个。开展专项行动系列宣传活动，在“新市管”微信公众号发布2023年“铁拳”行动重点任务和专项行动典型案例10批，围绕身边的先进典型组织开展“铁拳”行动系列宣传活动，被省市场监督管理局“铁拳”行动简报录用。推进涉案物资管理，通过安装货架、配置涉案物资标牌等，规范涉案物资保管。规范案件审理程序，明确每月定期审理规范操作要求；限制案件的办理期限，明确“二延案件”（案件二次延期）审批要求；规范行政处罚案卷归档。提升稽查执法能力，组织开展典型案例交流系列活动，通过执法人员自办案例分享和执法经验教训交流，提升执法质量。承办全市市场监管系统第三期“案战”沙龙活动。组织执法骨干参加省、市执法交流活动，区市场监督管理局执法骨干代表常州市分别在全省民生领域“铁拳”行动部署会、互联网领域消费者权益保护案件查办业务会上进行案例交流，并代表常州市参加全省药品安全专项整治行动优秀案例评审会。

（区市场监督管理局 陆春燕）

【放心消费创建】 2023年，常州国家高新区（新北区）市场监督管理局围绕打牢放心消费基本面、扩大行业参与度、拓展区域覆盖面等方面，指导各分局向金融、商贸、药业、酒店等民生消费领域延伸，并辐射乡村区域。全年新增省级放心消费示范单位1家、市级放心消费先进示范单位16家；全区创成省级放心消费先进、示范单位39家，市级放心消费先进、示范单位281家。

（区市场监督管理局 张维明）

【广告、商标管理】 2023年，常州国家高新区（新北区）加大虚假违法广告整治力度，提升广告监管效能和广告业发展质量。开展医疗美容突出问题专项治理，由区市监局牵头成立专项治理工作专班，督查、检查美容场所14户次，出动执法人员36人次，联合检查7次。全面开展互联网广告领域治理，以学习贯彻新版《互联网广告管理办法》为契机，通过加大对“软文”广告、直播营销中的广告行为、弹出广告等广告活动监管执法力度，清理整治互联网广告乱象。对主要互联网企业开展“一对一”行政指导和政策服务，助力建立健全内部广告审查管理制度，规范开展互联网广告活动。推进区2023年度广告业统计工作，以30余家主营广告业的规模以上企业为重点，全面摸排广告业经营从业人员数量、广告业经营额等关键基础经营信息数据。年内，全区商标申请7061件，商标注册4129件。至年末，累计有效注册商标44595件，新增马德里商标国际注册8件，有效马德里商标累计133件，驰名商标累计27件。助力奔牛镇九里村注册1件集体商标“九奔大米”，西夏墅东南村注册3件集体商标。

（区市场监督管理局 俞雪莲 王婧）

【薛家分局被评为全国首批五星市场监督管理所】 11月，区市场监督管理局薛家分局被评为全国首批五星市场监督管理所。薛家分局前身为薛家工商所，始建于1974年10月，2015年“三合一”改革后，在原工商所基础上设立市场监督管理分局，管辖面积37.56平方千米，市场主体集中于工程机械及汽车核心零部件、生命健康两大主导产业。2023年，薛家分局推进基层分局标准化规范化建设，强化程序规范和制度规范，制定分局职责、事权划分、岗位职责、工作流程“四个清单”，编制并动态调整工作规范和内部管理标准，建立局所联动、高效衔接的工作模式；以“专业化”执法优化市场环境，聚焦规范提升，突出队伍建设，优化执法方式，全面提升市场监管法治化水平；以“智慧化”监管提升履职效能，依托智慧监管平台，推进“互联网+监管”体系，实施企业信用风险分类管理，充分发挥社区网格作用，实现“智慧监管+信用监管+网格化监管”相互融合的监管模式；以阵地化建设培育文化底蕴，深化基层分局特色文化建设；以品牌化引领助推产业发展，党建品牌建设融入市场监管中心工作，推出薛家分局“市管讲习所”，开设消费维权服务站，加强外卖送餐行业党建工作，组织“问情服务”送法进企，实现党建品牌和市管工作双提升。

（区市场监督管理分局 董涵）

·质量安全监督·

【概况】 2023年，常州国家高新区（新北区）坚持质量强区，建立和完善促进区域高质量发展、培育孵化优质品牌的政策举措。区委、区政府把质量强区战略融入全区打造“六张高新名片”、建设新能源之都核心区的重大决策部署，获省政府质量工作督查激励。年内，常州市乐萌压力容器有限公司、常州聚和新材料股份有限公司获常州市市长质量奖；恐龙园集团、常州中车铁马科技实业有限公司、常州澳弘电子股份有限公司获常州市市长质量奖提名奖；常州汉森机械股份有限公司等5家企业获区长质量奖，江苏欣战江纤维科技股份有限公司等5家企业被评为区质量管理先进单位；常州众杰复合材料有限公司的玻璃纤维复合织物、永安行科技股份有限公司的租赁自行车运营服务等11个产品（服务）通过“江苏精品”认证；常州汉森机械股份有限公司等3家企业通过省质量信用AAA级认定；江苏新金牛线缆有限公司等8家企业通过省质量信用AA级认定。修订《关于进一步推进标准化、质量品牌和知识产权高质量发展的实施办法》，在原有政策基础上扩大奖励范围和激励力度，将江苏省标准化技术委员会及江苏省技术标准创新基地项目纳入奖励范围。全年发放质量品牌区级奖励315万元、标准化项目区级奖励592.25万元。

表 17　2023 年常州国家高新区（新北区）获质量品牌荣誉一览表

序号	单位名称	荣誉类别
1	常州众杰复合材料有限公司	江苏精品（玻璃纤维复合织物）
2	常州汉森机械股份有限公司	江苏精品（水田埋茬耕整机）
3	江苏常胜电器股份有限公司	江苏精品（双金属片式热保护器）
4	常州能源设备股份有限公司	江苏精品（有机热载体燃气炉）
5	常州市凌越装备科技有限公司	江苏精品（乘用车加装前后防护杠）
6	常州通宝光电股份有限公司	江苏精品［汽车用发光二极管（LED）及模组］
7	江苏欣战江纤维科技股份有限公司	江苏精品（有色涤纶低弹丝板）
8	永安行科技股份有限公司	江苏精品（租赁自行车运营服务）
9	常州市范群干燥设备有限公司	江苏精品（高效带式干燥机）
10	常州聚和新材料股份有限公司	江苏精品（晶硅太阳电池正面电极用银浆）
11	汉得利（常州）电子股份有限公司	江苏精品（电动汽车低速提示音系统）
12	常州汉森机械股份有限公司	江苏省质量信用AAA级企业
13	常州西玛特电器有限公司	江苏省质量信用AAA级企业
14	常州市常蒸蒸发器有限公司	江苏省质量信用AAA级企业
15	江苏新金牛线缆有限公司	江苏省质量信用AA级企业
16	江苏欣战江纤维科技股份有限公司	江苏省质量信用AA级企业
17	江苏常荣电器股份有限公司	江苏省质量信用AA级企业
18	江苏博之旺自动化设备有限公司	江苏省质量信用AA级企业
19	常州齐晖药业有限公司	江苏省质量信用AA级企业
20	雷勃电气（常州）有限公司	江苏省质量信用AA级企业
21	良正阀门有限公司	江苏省质量信用AA级企业
22	江苏宏微科技股份有限公司	江苏省质量信用AA级企业
23	常州市乐萌压力容器有限公司	常州市市长质量奖
24	常州聚和新材料股份有限公司	常州市市长质量奖
25	恐龙园文化旅游集团股份有限公司	常州市市长质量奖提名奖
26	常州中车铁马科技实业有限公司	常州市市长质量奖提名奖
27	常州澳弘电子股份有限公司	常州市市长质量奖提名奖
28	常州汉森机械股份有限公司	新北区区长质量奖
29	江苏常胜电器股份有限公司	新北区区长质量奖
30	常州捷佳创精密机械有限公司	新北区区长质量奖
31	江苏常荣电器股份有限公司	新北区区长质量奖

续表 17

序号	单位名称	荣誉类别
32	常州海弘电子有限公司	新北区区长质量奖
33	江苏欣战江纤维科技股份有限公司	新北区质量管理先进单位
34	北汽重型汽车有限公司	新北区质量管理先进单位
35	蒂森克虏伯动力部件（常州）有限公司	新北区质量管理先进单位
36	江苏瑞升华能源科技有限公司	新北区质量管理先进单位
37	常州天山重工机械有限公司	新北区质量管理先进单位

（区市场监督管理局 吴祖庄）

【产品质量监督】 至2023年年末，常州国家高新区（新北区）有工业产品生产许可证获证企业38家，许可证41张，其中年内新发许可证7张。全年完成42家获证企业“双随机、一公开”监督检查（含当年度注销许可证的企业），发现问题43个，均完成整改；完成7家企业新领证现场核验，未发现问题。开展木质家具产品质量安全专项整治行动，现场检查木质家具生产企业14家，发现问题1个，立案查处1起；开展防爆电气产品质量安全专项整治行动，现场检查防爆电气产品生产企业20家，发现问题20个，均完成整改；开展塑料污染治理专项行动，现场检查各类经营单位6家，未发现问题；开展儿童和学生用品安全守护行动，现场检查生产企业2家、销售企业1家，未发现问题；开展燃气器具及配件产品质量安全专项整治，现场检查生产企业4家，销售主体173家，立案查处4起。全年开展69批次区级产品质量抽检，完成62批次上级移交产品质量抽检不合格后处理整改工作。根据市场监管总局《工业产品生产单位落实质量安全主体责任监督管理规定》《工业产品销售单位落实质量安全主体责任监督管理规定》要求，发动308家工业产品生产和销售单位注册江苏省工业产品质量安全主体责任信息系统，落实质量安全主体责任。

（区市场监督管理局 李娟）

【计量管理】 2023年，常州国家高新区（新北区）利用“双随机”系统抽查眼镜制配场所、加油站、农贸市场、商场超市、餐饮店48家316台件计量器具，1家超市因电子秤未按规定检定被责令整改。在流通领域和生产领域共抽查115批次定量包装商品，净含量标注合格93批次，净含量检验合格93批次，不合格项目由区市监局依法处理。抽查20批次商品包装，合格20批次。完成5家企业能源计量审查，2家企业能效标识监督检查，1家企业水效标识监督检查。开展电子计价秤专项监督检查，检查经营商户1717家次、电子秤销售单位6家、电子秤网络销售单位6家、在用电子秤4234台次。年内，全区办理计量标准考核（含复查）发证18项，其中新建3项、复查15项。

（区市场监督管理局 盛杜斌）

【标准化工作】 2023年，常州国家高新区（新北区）新增国家标准57项、行业标准发布35项。组织单位申报2023年省、市、区三级标准项目奖励，5个项目获质量强省奖补资金103万元，21

10月，区市场监管部门工作人员用车载燃油计量装置对加油站的加油机进行计量准确度检测 （区市场监督管理局 供图）

个项目获质量强市奖补资金220.6万元，124个项目获区标准化奖励592.25万元。常州瑞赛环保科技有限公司的退役光伏组件循环利用国家级循环经济标准化试点项目获立项；中国安能集团第二工程局有限公司常州分公司的工程应急救援队伍建设标准化试点项目获国家级社会管理和公共服务综合标准试点立项；江苏宏微科技股份有限公司、江苏集萃安泰创明先进能源材料研究院有限公司、常州市范群干燥设备有限公司的3个项目获省标准化试点立项，占全市工业类（战略性新兴新产业）试点立项数的50%；常州和平环卫服务有限公司、常州天马集团有限公司、常州市福利彩票发行中心、常州恐龙人酒店发展有限公司4个标准化试点通过验收。常州和平环卫服务有限公司、区生态环境局、滨开区、常州市保利大剧院管理有限公司4个项目获常州市地方标准立项；永安行科技股份有限公司、常州千红生化制药股份有限公司主导起草的2个江苏省地方标准发布并实施。年内，173家企业在《企业标准信息公共服务平台》“公开声明”执行550项标准，其中国家标准17个、行业标准5个、企业标准528个。完成12个企业标准监督抽查不合格项目后处理，监督企业按要求完成整改。

（区市场监督管理局　吴祖庄）

·物价管理·

【收费管理】 2023年，常州国家高新区（新北区）完成2022年度收费年报工作，全区2022年度涉及申报收费单位121家，其中区本级单位111家、乡镇（街道）10家；审验收费金额6.82亿元，其中行政事业性收费3.05亿元、经营服务性收费3.25亿元、其他性质收费0.52亿元，年报率100%。全区2022年度行政事业性收费以及经营服务性收费总额比上年（下同）增加1.24亿元，增幅22.22%，收费总额占地方一般公共预算收入132.5亿元的5.15%。全年承办“12345”平台价格类咨询、投诉、举报等事项190余件，办结率、满意率均100%。

【教育收费监管】 2023年，常州国家高新区（新北区）按照《常州市新北区非营利性民办学校教育收费核定暂行细则》相关规定，梳理、开展当年度3家新开办幼儿园（常州市新北区印山风华幼儿园、常州市新北区碧玥和鸣幼儿园和常州市新北区帕丁顿幼儿园）成本调查工作，以及常州市新北区大名城幼儿园定价工作，完成常州市新北区美林湖乐馨儿幼儿园以及常州市新北区河海实验学校（小学部）学费调价工作。核定常州市新北区美林湖乐馨儿幼儿园保育教育费收费标准每人每月1700元；常州市新北区印山风华幼儿园保育教育费收费标准1500元；常州市新北区帕丁顿幼儿园保育教育费收费标准每人每月1700元；常州市新北区碧玥和鸣幼儿园保育教育费收费标准每人每月1250元；常州市河海实验学校（小学部）学费标准每人每学期11000元。

【商品房价格管理】 2023年，常州国家高新区（新北区）贯彻落实常州市商品房价格备案新政要求，调整新北区房价联审会机制，放宽商品房价格备案限制，精简备案流程，指导开发企业合理制定房价，全年完成商品住房价格备案24批次，总面积84万余平方米。

【煤热价格管理】 2023年，常州国家高新区（新北区）按照《常州市新北区煤热价格联动办法》，完成常州市新港热电有限公司、常州新区广达热电有限公司及常州市长江热能有限公司3家热电联产企业2023年季度性蒸汽价格调整工作，蒸汽到户中准价格分别为一季度290元/吨、二季度263元/吨、三季度234元/吨、四季度219元/吨。

【价格惠民和降费减负】 2023年，常州国家高新区（新北区）关注节假日市场价格秩序，每月安排专人对全区4家农副产品平价商店开展优惠价格执行情况现场巡查，全年4家平价商店惠民金额31.41万元。落实农业生产用电价格政策，降低农产品初加工企业用电成本，完成中央储备粮常州直属库有限公司以及常州市麦利达面粉有限公司农产品初加工企业用电比例认定。协调对接区各有关部门和供电公司，明确用户将不再承担建筑区划红线外发生的任何费用，确保政策及时有效落地。推动降费减负政策落到实处，助推企业完成接电工程，降低企业电力接入工程建设成本，优化营商环境。

（区经发局　宗旭）

知识产权管理

【概况】 2023年，常州国家高新区（新北区）落实知识产权政策，修订《关于进一步推进标准化、质量品牌及知识产权高质量发展的实施办法》。年内，全区授权专利11125件，其中发明专利授权1882件；万人发明专利拥有量103.15件，高维持发明专利（大于或等于10年）2185件。江苏集萃安泰创明先进能源材料研究院有限公司立项常州市知识产权战略推进项目，常州市新创智能科技有限公司、常州市新创智能科技有限公司承担专利强链项目。天地（常州）自动化股份有限公司被评为国家知识产权示范企业，维尔利环保科技集团股份有限公司、常州瑞华化工工程技术股份有限公司、汉得利（常州）电子股份有限公司、江苏博之旺自动化设备有限公司被评为国家知识产权优势企业；江苏欣战江纤维科技股份有限公司、常州市新创智能科技有限公司获第二十四届中国专利奖优秀奖；常州市范群干燥设备有限公司、永安行科技股份有限公司、江苏考普乐新材料股份有限公司、常州西夏墅工具协会、区市场监督管理局薛家分局入选国家知识产权局首批“千企百城”商标品牌价值提升行动名单。天地（常州）自动化股份有限公司、常州中车铁马科技实业有限公司获首届江苏专利优秀奖，江苏江南环球港商业中心有限公司获批江苏省“正版正货”示范街区，常州星宇车灯股份有限公司等10家企业被评为创新管理知识产权国际标准实施试点企业。江苏宏微科技股份有限公司、天地（常州）自动化股份有限公司获第六届常州市专利优秀奖，常州雷利电机科技有限公司王胜获第六届常州市专利优秀发明人奖。

【知识产权高质量发展】 2023年，常州国家高新区（新北区）围绕打造国内领先的知识产权要素集聚高地，全面部署知识产权“两试点、三示范”（国家知识产权强县建设试点县、国家级知识产权强国建设试点园区，省知识产权保护示范园区、江苏省知识产权建设示范县、江苏省知识产权建设示范园区）重点任务。修订《进一步推进标准化、质量品牌及知识产权高质量发展的实施办法》，加大质押融资支持力度，促进专利转化运用，强化知识产权专项资金对企业创新发展的引领和支撑，全年投入经费2000余万元。将专利高质量发展纳入全区高质量发展绩效评价考核目标任务，落实知识产权保护属地责任，促进保护能力和水平整体提升。探索“新型智库＋知识产权”发展新模式，组建知识产权金融专家、知识产权专家型企业家导师、知识产权事务特聘法律专家等服务团队，为区域知识产权发展战略指引、政策制定等重大决策提供智力和法律支持。

【知识产权强区建设大会】 1月5日，常州国家高新区（新北区）召开知识产权强区建设大会，180余人参加。会上，为国家知识产权强县建设试点县、国家级知识产权强国建设试点园区、江苏省知识产权保护示范园区授牌；常州国家高新区与省知识产权保护中心签约特别合作伙伴关系，与常州市知识产权保护中心签约合作共建关系，与第三方法律事务所签约特聘伙伴关系，与国家知识产权信息公共服务网点、江苏省知识产权教育培训基地（常州大学等）合作签约；江苏省知识产权保护中心发布《江苏省石墨烯及碳纳米管在锂离子电池应用技术专利导航》，知识产权专家进行“企业知识产权导航、布局及风险管理”授课。

【知识产权保护】 2023年，常州国家高新区（新北区）市场监督管理局与区法院、区检察院联合成立知识产权联动保护工作站，强化司法行政协同的知识产权保护新力量。联合开展新能源汽车及汽车零部件产业签订参展商展会知识产权不侵权承诺书。构建“严、大、快、同”知识产权保护架构，引导商家向消费者作出“四项承诺”[不生产、销售假冒专利或侵犯他人专利权的产（商）品，不生产、销售假冒注册商标或其他侵犯注册商标专利权的产（商）品，不生产、销售盗版光碟、软件、书籍等侵犯著作权的产（商）品，不采取不正当竞争手段参与市场竞争]，在流通领域打造消费者权益保护的生态环境。组织开展知识产权代理行业“蓝天”整治、杭州亚运会和亚残运会特殊标志检查、“正版正货”示范街区知识产权联合宣传巡查等专项行动，加大对代理恶意专利商标、侵权盗版、制售假冒伪劣商品等违法违规行为的打击力度，规范市场主体使用商标专利标识行为。年内，查处假冒专利案件57件、商标侵权案件96件，罚没资金超340万元。其中，某车辆配件有限公司生产侵犯注册商标专用权汽配案被认定为全国2023年民生领域案件查办“铁拳”行动典型案例，某车业有限公司侵犯注册商标专用权案被省知识产权局认定为涉外知识产权保护典型案例。举办“4·26”国家知识产权日主题活动，在门户网站、微信公众号等新媒体平台上科普知识产权保护知识，印发《中小学知识产权科普小手册》，编制《企业知识产权法律法规知识》读本，组织开展“知识产权企业服务月”走访活动，营造知识产权保护舆论氛围。

【知识产权改革创新】 2023年，常州国家高新区（新北区）加强知识产权优势示范企业培育，全年新增知识产权示范企业1家、优势企业4家，江苏江南环球港商业中心有限公司获批江苏省“正版正货”示范街区。至年末，全区有国家知识产权示范企业7家、优势企业10家。探索实践知识产权托管服务，提升中小微企业知识产权管理水平和创新能力，由市场监管部门统筹、工业园区主导、托管服务机构负责运营，重点面向园区内知识产权培育试点企业、国家高新技术企业、专精特新中小企业等具有一定知识产权基础和托管意愿的中小微企业提供全方位知识产权托管服务。推进知识产权运营服务，了解区创新型中小企业融资需求，缓解中小企业融资难、融资贵问题，推进专利、商标等知识产权质押融资，多措并举助力中小企业畅通融资渠道，建立知识产权金融联络员队伍，开展“一对一”上门服务，全年完成知识产权质押融资金额16.54亿元。

【专利培育】 2023年，常州国家高新区（新北区）以推进“两试点三示范”为抓手，围绕重点产业发展需求，在中瑞产业园设立江苏省知识产权保护中心综合服务站和常州知识产权保护中心新北分中心，由市知识产权保护中心、区知识产权局、滨开区选派业务骨干驻点办公，提供政策解读、快速审查、信息检索、快速维权等“一站式”公共服务。年内，助力238家企业439件发明专利进入快审通道，提升授权时效。围绕新能源、新材料两大产业发展定位，开展“1+5”（1个产业+5家企业）专利导航服务，依托专利信息资源优势，编制产业专利导航报告，系统分析产业链知识产权整体情况，为产业发展提供建议。

【2家企业获中国专利优秀奖】 7月，常州国家高新区（新北区）2家企业获中国专利优秀奖。

江苏欣战江纤维科技股份有限公司，专利号：ZL201410291174.8，专利名称：一种用于生产车用顶棚的纺前着色FDY的生产方法。该专利主要应用于乘用车顶棚，采用经编平纹织造的面料，立体感突出，面料美观，生产过程无污染，属于生态环保化纤加工技术，提升有色纤维在车饰领域的广泛应用。从2015年6月起，专利技术应用于环保型车用绿色涤纶丝、高日晒纺前着色再生涤纶丝等公司主营产品，相关产品和方案成功应用于武汉森织、青岛福基、宏达高科、李尔等主流汽车内饰面料专业制造商，终端产品基本覆盖国内主流品牌汽车。至年末，该专利相关产品和方案累计销售额超9.37亿元，实现利润2.34亿元。

常州市新创智能科技有限公司，专利号：ZL202010300921.5，专利名称：一种拉挤板体结构及其预成型工艺。该发明专利首次提出改变原有通过纤维束或纤维条作为拉挤材料的方式，采用完整纤维织物作为拉挤材料，具备性能设计灵活、力学性能好、截面形式多样等优点，能够满足不同应用行业复杂工况下对复材零部件的多向承力要求，提高拉挤板体结构的整体性和结构强度，降低部件重量和材料用量，实现连续化稳定生产，助力国内高速动车组、风电叶片等战略工程的轻量化进程。至年末，参评专利相关拉挤产品累计新增销售额18亿元，新增利税5亿元。

【5家企业获2023年度国家知识产权优势企业和示范企业】 11月，天地（常州）自动化股份有限公司被评为国家知识产权示范企业，维尔利环保科技集团股份有限公司、常州瑞华化工工程技术股份有限公司、汉得利（常州）电子股份有限公司、江苏博之旺自动化设备有限公司4家企业被评为国家知识产权优势企业。

天地（常州）自动化股份有限公司成立于2007年，是国家高新技术企业、国家级专精特新“小巨人”企业、省级现代服务业高质量发展领军企业、省级服务型制造示范企业。公司建有国家级博士后工作站、工信部特色专业型工业互联网平台、江苏省（天地）矿用物联网工程技术研究中心、江苏省企业技术中心等科研平台。先后承担国家和省部级科技计划项目10项，拥有有效专利302件，其中PCT专利5件、发明专利95件，拥有软件著作权568项，先后获国家科技进步二等奖3项、国家技术发明二等奖1项，获省部级科技奖项70项。

维尔利环保科技集团股份有限公司成立于2003年，是国家高新技术企业、国家级专精特新“小巨人”企业。集团与高校、科研院所合作，先后承担国家科技重大专项、国家重点研发计划、住建部科技计划项目、省科技成果转化、省碳达峰碳中和、省战推等省部级以上科研项目30余个。创新成果取得授权专利400余件，其中发明专利100余件。

常州瑞华化工工程技术股份有限公司是国家级专精特新“小巨人”企业、江苏省专精特新中小企业、江苏省研发型企业、江苏省民营科技企业、苏南瞪羚企业。 公司自主研发的专利技术41件，其中发明专利34件、实用新型专利6件，申请PCT（专利合作条约）发明专利6件，授权海外专利1件，国内注册商标12件。公司致力于给化工企业许可专利技术提供成套化工工艺包及综合解决方案，2023年公司实现营业收入24195.98亿元，其中知识产权运营收益15471.34万元，研发投入1647.74万元，研发占比6.81%。

汉得利（常州）电子股份有限公司根据《企业知识产权管理规范》建设标准化知识产权管理体系，并制定知识产权管理制度和控制流程，在2015年通过知识产权管理体系第三方认证，2018年和2021年完成换证审核，并通过2023年监督审核。先后获授权专利161件，其中专利发明专利88件。公司先后被评为常州市知识产权创新企业、江苏省知识产权标准化示范创建先进单位，于2013年承担的常州市知识产权战略推进计划和2016年承担的江苏省企业知识产权战略推进计划项目均通过验收。2018年申报首届常州市专利优秀奖并获奖，2019申报常州市标准奖并获得奖励。

江苏博之旺自动化设备有限公司拥有20余年“单机模块”制造经验，主要提供各种线束智能制造解决方案，产品主要技术指标和综合实力居全国同行之首。获2022年度国家专精特新“小巨人”企业、国家高新技术企业、江苏省优秀民营企业、2021年度江苏省专精特新中小企业、常州市企业技术中心等称号，获江苏省首（台）套重大装备认定及常州市首（台）套重大装备认定。公司建有江苏省通信线束生产智能化成套装备工程技术研究中心、江苏省工业设计中心、常州市智能化线束端子压着成套设备工程技术研究中心。至2023年年末拥有授权专利175件，其中发明专利32件、实用新型专利100件、外观设计专利43件。

（区市场监督管理局 王婧）

信用体系建设

【信用与风险监管】 2023年，常州国家高新区（新北区）优化营商环境，减轻企业负担，完善信用约束惩戒机制，对违法失信市场主体实施信用限制，加大对失信主体的信息归集公示和联合惩戒，营造诚实守信的信用环境。强化“双随机”监管，完善工作体系，调整更新区“双随机”联席会议成员职能，制定2023年度全区市场监管部门“双随机”工作任务150个，其中单部门“双随机”任务87个、跨部门联合任务63个，抽取市场主体3061家；落实联席会议制度，加强全区涉企信息归集指导调度，建立常态化归集工作机制。强化省市场监管信息平台在“双随机”监管中的基础地位和重要作用，明确政府部门通过省市场监管信息平台开展“双随机”全流程监管，实现“一单两库”（随机抽查事项清单，检查对象名录库、执法检查人员名录库）数据标准趋同、抽取匹配业务流程一致、随机检查结果公示统一、监管数据全面留痕。全年，江苏省市场监管信息平台22个部门归集涉企信息8021条，其中行政许可2307条、行政处罚1062条、抽查检查4643条、失信联合惩戒9条。强化失信惩戒力度，严格管理经营异常名录和严重违法失信名单，年内，全区实施经营异常名录管理2573户次，其中列入2053户次、移出520户次。实施登管衔接，完成虚假登记调查4件，查处未按时年报案件4件。

【企业信用修复】 2023年，常州国家高新区（新北区）加快构建以信用为基础的新型监管机制，开展信用提升行动，助力经营主体纾困解难。强化市场主体信用培育。结合全区信用体系建设，宣传诚信理念，对经营异常名录、严重违法失信名单、行政处罚等不同类型失信信息，分类指导市场主体开展信用修复。信用惩戒与信用修复告知并行，倡导市场主体争做守信主体，积累信用资本。年内，区市场监督管理局实现信用修复告知制度全覆盖，帮助431家企业移出经营异常名录、13家个体工商户恢复正常记载状态、46家企业完成行政处罚信用修复。推进政府部门间市场主体行政处罚信用修复结果协同机制，优化市场主体信用修复流程，降低市场主体信用修复成本，提高企业信用修复便利度。实现全区市场主体在“信用中国”网站行政处罚信息修复结果与“国家企业信用信息公示系统”互通共享。全年帮助166家企业完成信用修复结果共享。

（区市场监督管理局 俞雪莲）

【ODR企业机制建设】 2023年，常州国家高新区（新北区）开通全省首家12315移动平台“云端调解”，推进在线消费纠纷解决（ODR）机制建设，新发展ODR企业20家，至年末全区有ODR企业134家，直接解决消费纠纷2834件。以江南环球港、迪诺水镇为试点，打造核心景区、商圈无理由退货样板，并在不同行业、领域、业态推广，全年新增线下无理由退货承诺企业3280家。

（区市场监督管理局 张维明）

【企业信用证明办理】 2023年，常州国家高新区（新北区）强化信用核查和信用信息的应用，通过行政处罚、监管执法、监管信息等方面信息查询，运用国家企业信用信息公示系统，对经营主体开展信用核查。区市场监督管理局依托常州市市场监管业务云平台，全年出具信用核查证明277份，促进经营主体诚信经营、合规发展，提升市场主体信用水平。

【经营异常名录企业清理】 2023年，常州国家高新区（新北区）强化企业信用监管，督促企业诚信守法经营，开展经营异常名录企业清理工作，对被列入经营异常名录而仍有经营意愿的企业，引导其办理年报补报和经营住所变更登记，再申请移出异常名录，恢复企业正常经营状态。全年帮助431家企业移出经营异常名录、13家个体工商户恢复正常记载状态；对连续2年未年报、连续2年未报税、长期未开展经营活动、经现场检查在其登记住所或经营场所无法取得联系企业，摸清底数，联合税务部门开展“双随机”抽查检查，全年共清理吊销“僵尸”企业798家。

（区市场监督管理局 俞雪莲）

区域融合发展

长三角一体化发展融入

【概况】 2023年，常州国家高新区（新北区）深化长三角一体化合作，更新调度长三角一体化项目，至年末，梳理报送的9个产业协作项目、1个平台载体项目、1个基础设施项目、1个现代服务项目纳入市级重大平台。聚焦接轨大上海，主动承接上海产业、医疗资源，参与苏锡常都市圈一体化发展。组团参加2023年常州—上海经贸交流和创新合作活动周。常州国家高新区在上海市举行新春座谈交流会，开办“沪常联动，数字赋能”制造业数字化技术、政策、市场交流会，长三角合成生物产业创新园开园，助力常州国家高新区打造长三角合成生物学产业新高地。举办2023长三角碳纤维及复合材料高层论坛暨江苏省复合材料学会第七次会员代表大会，江苏新材料产业院士协同创新中心（常州）揭牌，召开长三角碳纤维及复合材料技术创新中心第一届理事会第二次会议，搭建长三角区域碳纤维及复合材料产业高水平的交流平台。常州市新北区德康医院与华东师范大学附属精神卫生中心开展医疗合作，中心定期派医疗专家到德康医院开展门诊、查房、业务培训。常州综合保税区参加以“品质长三角·跨境新征程”为主题的第二届长三角跨境电商交易会，加快促进长三角区域跨境电商产业链、生态圈协作共建。

【高新区在沪举行新春座谈交流会】 2月21日，2023年常州—上海经贸交流和创新合作活动周举行。当晚，常州国家高新区在沪举行新春座谈交流会，邀请在区投资企业的亚太区、中国区负责人交流共话，宣传推介高新区优质投资环境，寻求更多合作空间，为全区经济高质量发展蓄势聚能。区委书记、区党工委副书记周庆出席会议并讲话，区党工委（区委）副书记、区长石旭涌主持会议。周庆表示，2023年，常州市全力打造“新能源之都”，高新区面临全新的发展机遇。年内，高新区着力打造新能源汽车及核心零部件产业1个千亿元级和智慧能源、智能装备制造2个500亿元级产业集群，推进“四个一万亩”产业空间建设，健全教育、医疗、文化等城市配套，打造国际化、法治化、市场化的营商环境。希望各企业代表一如既往地关心支持高新区，在交流合作方面加强联系，在项目洽谈方面不断突破，高新区全力以赴为各位企业家、创业者、投资者提供优质、便捷、高效的服务，实现共同发展与繁荣。会上，小松（中国）投资有限公司、上海联影医疗科技股份有限公司、圣戈班集团等13家企业代表先后发言，畅谈投资高新区的心得体会、推动高新区发展的意见建议。客商表示，将强化战略对接，扩大合作领域、提升合作层次，实现互利共赢。

【“沪常联动，数字赋能”制造业数字化技术、政策、市场交流会】 5月12日，区经发局、区科技局和创意产业园区管理办公室协同中国商业联合会产业互联处，与常州市新北区科技镇长团共同开办“沪常联动，数字赋能”制造业数字化技术、政策、市场交流会。有15名当地企业家代表和20名来自上海、苏州等地的外地企业家受邀参会，共同围绕制造业数字赋能展开交流和讨论。副区长张袁元在交流会的开幕环节致欢迎词，向企业代表阐述常州国家高新区在数字制造业领域的发展目标和前景展望。区经发局、区科技局、创意产业园区办等单位相关人员就常州国家高新区以及创意产业园区的产业发展优势、相关扶持政策以及投资营商环境等作推介发言。在交流会期间，各领域企业领袖、行业资深工程师、技术人士、相关领域企业家聚焦行业热点话题，开展产业生态协作，探讨产业可持续发展，分享最新前沿技术、创新应用和商业模式，并探讨中国相关产业下一个十年发展之路，以此解决地方产业的科技攻关难题，启发产业多元化发展思路，推动产业智能化、数字化改革，加强顶端智库与产业实践交流融合，促进产业孵化和落地。

【2023长三角碳纤维及复合材料高层论坛暨江苏省复合材料学会第七次会员代表大会】 5月14日，2023长三角碳纤维及复合材料高层论坛暨江苏省复合材料学会第七次会员代表大会在常州国家高新区（新北区）举办，与会代表共同探讨碳纤维及复合材料行业的发展趋势和方向。大会专题推介常州国家高新区碳纤维及复合材料产业。会上，江苏新材料产业院士协同创新中心（常州）揭牌。中国工程院院士、南京航空航天大学校长单忠德通过视频连线的方式，作题为《纤维复合材料构件增材制造技术与装备发展》的报告。长三角碳纤维及复合材料技术创新中心执行主任益小苏，南京玻璃纤维研究设计院有限公司国家重点实验室主任赵谦，南京航空航天大学教授、国家重点实验室副主任裘进浩，江苏集萃碳纤维及复合材料应用技术研究院副院长严兵，分别围绕碳纤维航空复合材料技术的挑战与创新发展、高性能纤维预制体设计制备技术及其应用、碳纤维复合材料结构疲劳数字变生模型及寿命预测研究、碳纤维产业爆发性发展前夜的冷思考等课题作学术演讲。

5月14日，2023长三角碳纤维及复合材料高层论坛暨江苏省复合材料学会第七次会员代表大会在区举办　（区科技局 供图）

【苏锡常都市圈交流合作】 2023年，常州国家高新区（新北区）参与苏锡常一体化发展，相关部门、单位赴其他地区开展学习考察，深化合作交流关系。继苏锡常三地高新区启动政务服务一体化后，无锡市江阴市璜土镇与新北区龙虎塘街道、春江街道共同建立“龙澄领航”锡常区域一体化党建联盟集群，探索建立毗邻地区集群共建、事务共商、工作共推、项目共谋、干部共育、责任共担6个推进机制。年内，区经发局赴苏州工业园区开展楼宇经济调研，区科技局赴苏州工业园区、昆山调研企业梯度和科创载体建设，新桥街道赴无锡市长三角新就业产业园走访调研，区资规分局赴苏州市相城区学习考察全域土地综合整治试点区域经验做法。9月，副区长章俊带领区行政审批局、区税务局、区社会保障管理服务中心等部门人员，赴江阴高新区学习考察综合窗口改革经验；12月，区委书记、区党工委副书记周庆，区长石旭涌率党政代表团赴无锡高新区（新吴区）考察。苏锡常都市圈内其他城市相继到常州国家高新区开展交流合作活动，分别有无锡市宜兴市到区调研三井街道三晶科技产业园建设，无锡市锡山区统计局到区调研第五次全国经济普查试点工作经验，无锡市新吴区自然资源和规划分局到区开展执法工作交流调研等。

（区经发局 王麒麟）

【长三角碳纤维及复合材料技术创新中心总部大楼启用】 参见“科技创新”类目。

【德康医院与华东师范大学附属精神卫生中心专科型医联体续约】 9月，常州市新北区德康医院（简称德康医院）与华东师范大学附属精神卫生中心续签专科型医联体合约。2020年9月，德康医院与华东师范大学附属精神卫生中心首次签订专科型医联体合约。华东师范大学附属精神卫生中心每周安排专家到德康医院坐诊，开展技术指导和业务培训。德康医院依托上海专家技术力量，开设特色科室儿童青少年心理科，守护儿童青少年心理健康。2023年，德康医院门诊人次1.06万人次，比上年增加19%；出院人次444人次，增加17%。

（区卫健局 翁杨剑）

常泰跨江融合发展

【概况】 2023年，常州国家高新区（新北区）推动常泰跨江融合发展先导区建设，强化与泰兴市在应急联动、政务服务和信用体系等方面合作，助力常泰大桥建设。年内实现常泰长江大桥南接线工程全线贯通。常泰两地聚焦区域联动发展，在常州国家高新区召开常泰跨江融合发展联席会议，双方围绕应急跨江联动、政务服务一体化和信用共建三方面签订战略合作协议，开启新一轮战略合作。持续共享常泰两地园区管理、应急能力提升经验。滨开区赴泰兴经济开发区考察学习科创体系建设及园区管理等工作；区应急管理局联合常州滨江经济开发区新材料产业园赴泰兴市实地考察实训基地建设和运用情况，并与泰兴经济开发区安全技能实训基地联合开展实训活动。

【高新区（新北区）、泰兴市签署 3 项战略合作协议】 4 月 4 日，常州国家高新区（新北区）与泰州市泰兴市举行常泰跨江融合发展联席会。其间，泰兴市一行实地参观考察常州合全药业有限公司、盛瑞（常州）特种材料有限公司、新北区政务服务中心，并听取相关负责人情况介绍。联席会上，常州国家高新区（新北区）与泰兴市分别签订跨江融合信用合作协议、危险化学品安全生产跨江联动战略合作协议、政务服务“跨江通办”战略合作协议。两地在信用合作方面，将加强信用信息共享，注重信用管理创新，拓宽信用应用场景，强化信用惠民便企等。在危险化学品安全生产方面，将加强安全监管重点工作及创新举措交流互通，组织开展两地企业安全生产交叉互查，合作共享化工园区实训基地。在政务服务方面，推进标准统一、相互授权、异地办理、远程办理、协同联动的“跨江通办”新模式。随着 3 项合作协议的签订，两地将在产业发展、项目推进、人才招引、干部交流等方面开展更多合作，推动跨江融合发展取得新成果。

【常泰长江大桥南接线全线贯通】 11 月 7 日，常泰长江大桥南接线项目南引桥跨德胜河 125 米悬浇箱梁顺利合龙，标志南接线项目全线贯通，为后续项目如期建成通车奠定基础。常泰长江大桥及南北公路接线工程是常州市加快东融西进、南接北联，打造长三角交通中轴枢纽城市的重大项目之一。封顶的大桥南主塔在常州一侧，2021 年 8 月开始塔座施工，历时 25 个月封顶。该次吊装的为上塔柱 10 个节段中最后一个。常泰长江大桥于 2019 年 10 月全面开工建设，计划 2025 年上半年建成。大桥跨江连接常州与泰州两市，全长 10.03 千米，公铁合建段长 5.3 千米，是世界首座集高速公路、城际铁路和普通公路于一体的过江通道，主跨 1208 米的主航道桥为世界最大跨度钢桁梁斜拉桥。2023 年完成主跨 388 米公铁两用钢桁拱桥跨中合龙，合建段引桥和普通公路接线引桥全线贯通。

（区经发局 王麒麟）

11 月 7 日，常泰长江大桥南接线项目南引桥跨德胜河 125 米悬浇箱梁合龙（王锐 摄）

对口支援协作合作

【概况】 2023 年，常州国家高新区（新北区）在加强工作统筹、突出智力支援、强化产业协作、深化就业协作、加强消费协作、推进乡村振兴示范建设和引导社会帮扶 7 个方面持续发力，与陕西省安康市紫阳县和岚皋县、新疆乌恰县、江苏省盐城市射阳县等地区开展更全领域、更深层次支援协作合作。印发《常州市新北区 2023 年度对口支援协作合作工作要点》，赴新疆乌恰县和陕西紫阳县、岚皋县开展考察交流，接待乌恰县、紫阳县、岚皋县党政代表团 5 批次到访对接，召开新北—乌恰协作合作工作座谈会及苏陕协作工作联席会 5 次，向乌恰县、紫阳县、岚皋县、射阳县拨付区级帮扶（促）资金 750 万元，组织举办新疆乌恰县、陕西紫阳县及岚皋县农产品推介会，助力乡村振兴。

【对口帮扶】 2023 年，常州国家高新区（新北区）按照优势互补、互惠互利、长期合作、共同发展的原则，开展对口协作。年内，新北区与陕西省安康市紫阳、岚皋两县党政主要领导分别带队互访，召开联席会议 4 次，10 个镇（街道）分别与对口协作镇签订年度合作协议。优先足额安排援助资金，区级财政捐赠紫阳县、岚皋县帮扶资金各100万元，10个镇（街道）捐赠对口协作镇各10万元。选派4名优秀干部赴紫阳、岚皋两县轮换到期挂职干部，43名“三支”人员（含市“组团式”帮扶人员）赴陕西支教、支医、指导农业园区建设。举办乡村振兴干部、专业技术人才培训班4期，为驻地提供人才智力支持。成功引导落地企业10家，完成投资额9000万元，吸纳农村劳动力就业462人，其中脱贫劳动力141人。援建、改造提升20个帮扶车间，吸纳农村劳动力977人就业，其中脱贫劳动力493人。引导社会各界广泛参与消费帮扶行动，直接采购或帮助销售农副产品和特色手工艺产品4700万元。

【对口支援】 2023年，常州国家高新区（新北区）与新疆乌恰县建立对口支援关系，两地党政主要领导带队互访交流，区级财政捐赠援助资金50万元，选派优秀干部5人赴乌恰支援建设，并组织举办新疆乌恰农产品推介会。对口支援工作组开创性成立乌恰县首个驻常州招商办事处，助推乌恰产业提档升级；开展电商人才培训，推动乡村振兴；组织乌恰县36名人大代表、15名农牧民代表团到常州交流学习，充当常乌两地互通互融的友谊使者。

（区经发局 叶玮超）

【教育援疆援陕】 2023年，常州国家高新区（新北区）深化东西部教育帮扶协作，巩固脱贫攻坚成果。年内，对陕西省安康市及新疆维吾尔自治区尼勒克县、乌恰县实施“组团式”帮扶，选派江苏省奔牛高级中学陈维杰、蒋菲，常州市西夏墅高级中学秦惠封、刘瑞怡、邓兵，常州市新桥高级中学孙建荣6名优秀教师为第二批2022年国家乡村振兴重点帮扶县“组团式”帮扶教育人才，赴陕西省安康市紫阳中学、岚皋中学开展教育人才“组团式”帮扶。选派常州市新北区实验中学黄慧萍，常州市新北区吕墅中学苏丽，常州市新北区飞龙中学徐锋，常州市新北区薛家中学刘乐丽，常州市西夏墅高级中学常静峰、谢红伟6名教师为常州市教育系统第二批“组团式”援疆教育人才，赴尼勒克县第一中学、乌恰县黑孜苇乡中学和乌恰县实验中学帮扶支教。

（区教育局 潘晨光 胡跃）

【南北挂钩合作】 2023年，常州国家高新区（新北区）向盐城市射阳县拨付500万元乡村振兴帮促资金，并派驻教育系统年轻干部1人赴当地挂职，协助巩固拓展脱贫致富奔小康成果，推进乡村全面振兴。常态化开展与辽宁省沈抚示范区结对交流合作，配合市完成青海省共和县、甘肃省酒泉市、重庆市云阳县等地到访对接交流工作。

（区经发局 叶玮超）

开放型经济

“一带一路”经贸合作

天合光能股份有限公司西班牙项目——跟踪支架工厂 （区商务局 供图）

【概况】 2023年，常州国家高新区（新北区）有“一带一路”项目10个，占全年境外投资项目的31.3%。对共建“一带一路”国家进出口总额583.1亿元，比上年（下同）增长8.2%；对外直接投资额1.5亿美元，总量位居全市第一。主要项目有天合光能（常州）科技有限公司新加坡项目、常州启赋安泰复合材料科技有限公司德国项目、常州星宇车灯股份有限公司塞尔维亚项目、天合光能股份有限公司西班牙项目、辰瑞光学（常州）股份有限公司新加坡项目、常州聚和新材料股份有限公司日本项目、常州聚和新材料股份有限公司泰国项目、常州伟泰科技股份有限公司马来西亚项目。年内，区商务局等相关部门强化服务指导，开展海外投资企业研讨会、境外企业保险保障宣讲会等活动。加快企业高水平“走出去”步伐，全省首张境外投资电子证照在区内诞生。天合光能印尼项目、阿联酋项目在第三届“一带一路”国际合作高峰论坛签约。天合光能股份有限公司为印尼当地建设首个光伏电池和组件生产基地，在阿联酋建设光伏全产业链项目。

表18 2023年常州国家高新区（新北区）“一带一路”投资企业一览表

序号	境外企业（机构）名称	东道国	行业	中方投资主体名称	中方协议投资额（万美元）
1	苏星迈克斯制衣（柬埔寨）有限公司	柬埔寨	纺织服装、鞋、帽制造业	常州市苏星世纪服饰有限公司	150
2	澳弘电子（泰国）有限公司	泰国	通信设备、计算机及其他电子设备制造业	常州海弘电子有限公司	8437
3	聚和新材料（泰国）有限公司	泰国	通信设备、计算机及其他电子设备制造业	常州聚和新材料股份有限公司	3000
4	俄罗斯北常有限责任公司	俄罗斯联邦	商务服务业	北汽重型汽车有限公司	13.9

续表 18

序号	境外企业（机构）名称	东道国	行业	中方投资主体名称	中方协议投资额（万美元）
5	英雄永安行私营有限公司	印度	专用设备制造业	常州永安公共自行车系统股份有限公司	-4.8
6	新加坡大车载物流有限公司	新加坡	装卸搬运和其他运输服务业	江苏大车载国际物流有限公司	87.7
7	星宇车灯塞尔维亚公司	塞尔维亚	交通运输设备制造业	常州星宇车灯股份有限公司	11180.4
8	衣天下（越南）纺织科技有限公司	越南	纺织业	江苏衣天下纺织科技有限公司	557.2
9	泰国赛诺恩有限公司	泰国	专用设备制造业	常州市凌越装备科技有限公司	500
10	天合金光高阳印尼制造公司	印度尼西亚	电气机械及器材制造业	天合光能（常州）科技有限公司	6204.2
合计					30125.6

（区商务局 邹晓琳）

【“高新智造”走出国门】 2023年，常州国家高新区（新北区）深度融入共建“一带一路”，一批企业抢抓机遇，加快技术、项目、人才“走出去”。至年末，全区有131家企业在43个国家和地区设立198个项目，其中“一带一路”沿线53个，占项目总数的26.7%。

10月，在第三届“一带一路”国际合作高峰论坛上，天合光能股份有限公司与印尼电力公司、印尼金光集团签约，为印度尼西亚建设第一个光伏电池和组件生产基地；和江苏省海外合作投资有限公司、阿联酋阿布扎比港口公司共同签署共建光伏产业链的备忘录，促进天合光能海外新能源产业园建设。10月，东南亚首条高铁——雅万高铁正式运营，高铁牵引供电系统由太平洋电力（设备）集团提供。除雅万高铁，企业参与埃及斋月十日城铁路项目、自营出口承接墨西哥玛雅铁路项目，以及马来西亚、乌兹别克斯坦安集延海螺水泥项目等，更多高端产品和服务走出国门。年内，伟泰科技（马来西亚）有限公司进入试生产阶段。伟泰科技在马来西亚槟城设立高端精密组件制造项目，建设新的生产基地，主要从事半导体设备零部件生产制造。

（区商务局 王敏）

【常高新集团投资越南纺织生产基地项目】 2023年，常高新集团为顺应纺织行业国际供应链调整及国际贸易格局变化的趋势，完善公司业务及产能布局并践行战略发展规划。公司旗下的黑牡丹集团启动越南纺织生产基地项目，项目总投资额7140万美元，分3期建设完成。项目建成后，计划促进境内外生产基地灵活互补、分工明确、协同共振，继续发挥“黑牡丹”的行业品牌优势，吸引和培养国际化人才，构建国内外双循环共振格局。

（常高新集团和高铁新城公司 陈升）

招商引资

【概况】 2023年，常州国家高新区（新北区）招引优质项目156个，投资总额866.3亿元，比上年（下同）增长10%。实际利用外资及港澳台资8.46亿美元。聚焦招大引强，引进总投资额超10亿元或1亿美元项目29个，增长107%，其中100亿元项目1个、50亿～100亿元重大产业项目3个。围绕“两特三新一智能”主导产业，招引制造业项目106个，投资总额710亿元；新能源及相关产业项目56个，投资总额516.9亿元，占制造业项目总投资额的73%。紧扣智造赋能、功能驱动、消费提升，招引服务业项目50个，投资总额156.3亿元。招引优质外资及港澳台资项目20个，瑞士、德国、芬兰等地的非港澳台地区投资的外资项目占比超75%。

（区商务局 周敏）

【外资及港澳台资利用】 2023年，常州国家高新区（新北区）新设和增资外资及港澳台资项目84个，投资总额13.32亿美元，协议注册外资及港澳台资7.24亿美元，实际利用外资及港澳台资8.46亿美元。其中，新增协议注册外资及港澳台资超3000万美元项目10个，新增投资总额超1亿美元项目5个，新批外资及港澳台资项目协议注册外资及港澳台资平均规模659万美元。至年末，累计有36家世界500强企业在区内投资设立企业52家，投资总额超48亿美元。

【外资及港澳台资结构和来源】 2023年，20个国家（地区）的投资方在常州国家高新区（新北区）投资外资及港澳台资新项目56个，投资总额8.76亿美元。全年新增协议注册外资及港澳台资3000万美元以上项目10个，完成协议注册外资及港澳台资6亿美元，占全区协议注册外资及港澳台资的83%。实际利用外资及港澳台资主要集中于新能源、新材料、新医药、汽车及核心零部件、智能制造装备等重点产业。主要项目有瑞声科技信息咨询（常州）有限公司2.1亿美元项目，江苏楠设科技有限公司6964万美元项目，江苏唐旅新能源汽车有限公司6000万美元项目，瑞声精密电子（常州）有限公司5000万美元项目，常州齐石供应链有限公司4900万美元项目，常州英力士复合材料有限公司、常州冠晟企业管理有限公司各3500万美元项目，常州熙迈机械制造有限公司3096万美元项目，常州虫洞家居智能科技有限公司3035万美元项目，莱尼电气线缆（中国）有限公司3000万美元项目。在56个项目中，中国香港投资18个，韩国、中国台湾各投资6个，新加坡、美国各投资4个，日本、加拿大、巴基斯坦各投资2个，英国、意大利、土耳其、比利时、俄罗斯、印度、哥伦比亚、阿尔巴尼亚、哈萨克斯坦、加纳、立陶宛、孟加拉国各投资1个项目。

【外资总部和研发中心】 9月，经常州市商务局第四批认定，常州国家高新区（新北区）新增1家全市首个世界500强外资综合型总部——圣戈班（中国）管理有限公司。2023年，高新区推动外资企业转型发展、提档升级，向“总部+基地”“研发+生产”等领域深耕细作，陆续创造多项外资“第一”。至年末，全区认定省级外资地区总部和功能性机构14家，认定数全市第一；核定省级外资研发中心3家、市级外资研发中心7家，核定数全市第一。

（区商务局 李静）

【招商方式创新】 2023年，常州国家高新区（新北区）创新招商机制，开展产业链招商，发挥常州捷佳创智能装备有限公司等区内企业“链主”效应，以链式思维集聚项目，引进拓能泛半导体石英精密制造项目等产业链上下游配套企业。加快“以商引商”，通过常州聚和新材料股份有限公司等企业推介高新区产业基础和营商环境，引进拜特电池测试系统等优质项目。突出重大活动招商，举办2023瑞士—常州智造创新日、瑞士企业家走进常高新等境内外招商活动70余场次，与瑞士中心集团共建瑞士（常州）中心，拓展招商渠道。组织上海、深圳经贸活动周，对接目标企业，促进在谈项目签约落地。开展境外招商活动，全年组织25个团组100人次赴欧美和日韩洽谈项目、招引外资；蒂森克虏伯集团、美国美敦力公司等超50家跨国公司高管到高新区（新北区）访问交流，深化合作关系。

【高新区经贸代表团赴欧洲三国访问】 4月16—25日，常州国家高新区（新北区）党工委（区委）副书记、区长石旭涌率领高新区经贸代表团赴比利时、德国、荷兰3国开展经贸洽谈和访问。推介营商环境，代表团重点考察德国威乐集团、鲁尔泵集团等区内重点外资项目，了解行业前沿动态，并就项目在高新区深耕发展，打造全球标杆工厂等事项进行深入洽谈。突出宣传常州新能源之都建设，代表团拜访全球新能源软磁材料行业领导者安赛乐米塔尔集团、全球最大的油漆和涂料及专业化学品生产商阿克苏诺贝尔集团和全球最大的合成橡胶供应商之一阿朗新科集团。代表团围绕碳纤维及复合材料等重点领域，拜访亚琛工业大学纺织技术研究所、德国德累斯顿工业大学轻量化工程和聚合物技术研究所等平台和机构，交流行业动态。通过展示高新区区位优势、综合交通体系以及工业智造特别是碳纤维及复合材料领域的坚实产业基础，

5月24日，区委书记、区党工委副书记周庆拜访罗森伯格集团总部，与企业相关负责人交流 （区商务局 供图）

促进搭建具有行业影响力的复合材料轻量化创新服务平台。

【高新区经贸团拜访德国罗森伯格集团总部】 5月24日，常州国家高新区（新北区）区委书记、区党工委副书记周庆率高新区经贸团拜访德国罗森伯格集团总部，双方就深化合作层次、拓宽合作领域展开交流。罗森伯格是高端电子连接系统细分领域行业的隐形冠军和标准制定者，全球领先汽车品牌关键供应商。罗森伯格常州基地聚焦研发和生产高端汽车连接器及线缆组件，项目过渡期厂房于2022年8月投用，全年汽车业销售额20亿元。经贸团一行访问位于德国工业中心巴伐利亚州弗里多尔芬的集团总部，并与企业高层就中国汽车事业部基地未来规划展开深入会谈。

（区商务局 周敏）

对外及港澳台贸易

【概况】 2023年，常州国家高新区（新北区）完成外贸进出口总额1298亿元，比上年（下同）增长6.4%，增幅高于全市7.7个百分点，超额完成年度目标。持续推进对外开放，进出口总量保持全市第一。其中，出口额997.9亿元，增长11.6%，占全市出口额的39.9%；进口额300.2亿元，下降7.8%，占全市进口额的43.8%。年内，全区外贸进出口主体规模扩大，有进出口实绩的企业2868家，新增150家。其中，外商投资企业进出口额770.1亿元，增长0.5%，占全区进出口额的59.3%；民营企业进出口额524.4亿元，增长19.9%，占进出口额的40.4%，提升4.6个百分点。全年高新技术产品出口额228.1亿元，增长13.7%，占全区出口额的22.9%，拉动全区出口增长2.2个百分点；机电产品出口额671.9亿元，增长16.3%，占全区出口额的67.3%；电动汽车、锂电池、光伏产品“新三样”出口额196.7亿元，增长75.8%，拉动全区出口增长9.5个百分点。全区对欧盟进出口额305.3亿元，增长13.9%；对东盟进出口额205.8亿元，增长13%；对共建“一带一路”国家进出口额583.1亿元，增长8.2%，拉动全区进出口额增长3.6个百分点。

表19　2023年常州国家高新区（新北区）对外贸易情况统计表

序号	项目	进出口（万元）	出口（万元）	进口（万元）	比上年同期增加（%）		
					进出口	出口	进口
1	进出口贸易总值	12980185	9978548	3001637	6.4	11.6	-7.8
2	国有企业	35135	29839	5296	-77.7	-79.7	-51.5
3	外商投资企业	7701462	5389418	2312045	0.5	4.5	-7.8
4	其中：中外合作企业	1694	1690	5	30.6	31.4	-59.4
5	中外合资企业	1092353	876206	216147	-0.8	4.7	-18
6	外商独资企业	6607416	4511522	2095894	0.7	4.4	-6.6
7	民营企业	5243588	4559291	684296	19.9	25.4	-7.5
8	其中：集体企业	33426	31702	1724	13.6	14.7	-3.2
9	私营企业	5209088	4526516	682572	19.9	25.5	-7.5
10	个体工商户	1075	1074	1	-0.3	-0.3	—

注：截至12月月末，全区有进出口实绩的企业2868家。

表20　2023年常州国家高新区（新北区）按主要国家或地区分进出口情况统计表

序号	国别或地区	进出口（万元）	出口（万元）	进口（万元）	比上年同期增加（%）		
					进出口	出口	进口
中国地区							
1	中国香港	70937	70746	191	59.6	59.6	54
2	中国台湾	203952	123943	80008	-18.3	-8.5	-29.9

续表 20

序号	国别或地区	进出口（万元）	出口（万元）	进口（万元）	比上年增长（%）		
					进出口	出口	进口
境外							
3	日本	1240868	507006	733862	2.2	-1.3	4.8
4	韩国	896534	443641	452893	-6.4	7.5	-16.9
5	东盟组织	2058076	1634286	423790	13	19.8	-7.5
6	欧盟组织（除英国）	3052845	2302022	750823	13.9	22.1	-5.5
7	美国	1252569	1081854	170715	-7.3	-7.8	-4.1
8	拉丁美洲	1014905	946690	68214	-11	-10.7	-16
9	大洋洲	352647	346502	6145	70.1	74.4	-28.8
10	共建“一带一路”沿线国家（152个）	5831064	4701293	1129771	8.2	15.0	-13.2
11	金砖国家	1075413	995487	79926	-9.7	-10.3	-1.1
12	RCEP成员国	4540874	2925324	1615550	8.4	17.9	-5.5

表 21　2023 年常州国家高新区（新北区）主要进出口商品统计表

商品大类	进出口			出口			进口		
	合计（万元）	比上年同期增加（%）	占比（%）	合计（万元）	比上年同期增加（%）	占比（%）	合计（万元）	比上年同期增加（%）	占比（%）
一、高新技术	2617652	7	20.2	2281251	13.7	22.9	336401	-23.8	11.2
二、商品类别									
机电	8247450	11	63.5	6718736	16.3	67.3	1528714	-7.5	50.9
化工	2133483	0.4	16.4	1613057	4.3	16.2	520426	-9.8	17.3
纺织原料及纺织制品	451737	-6.4	3.5	400240	-8.1	4	51497	9.8	1.7
塑料橡胶制品	793971	-1.4	6.1	628827	3	6.3	165143	-15.2	5.5
车辆及其配件	1458332	55.5	11.2	1387599	61.9	13.9	70733	-12.5	2.4

【外贸扶持】 2023 年，常州国家高新区（新北区）获国家、省市扶持资金 3500 万元，惠及企业、园区 551 家，支持外贸企业稳订单、稳市场。实施“品牌企业”优惠政策，对当年度内被评为重点培育和发展的国际知名品牌企业，给予资金补助并且免企业申报。利用各项外贸发展专项资金，鼓励企业参加线上线下展会，给予展位费补贴；对企业认证、境外专利、境外商标等给予资金补助；对企业进口设备给予进口贴息补贴；对当年结案的应对贸易摩擦案件企业给予一定贸易摩擦补贴。出台海外资信调查专项扶持政策，为年出口额 5000 万美元以下的中小企业免费提供海外企业资信报告提取服务，全年调取资信报告 286 份，惠及企业 80 余家，减免企业资信服务费 28.7 万元。

【外贸新业态发展】 2023 年，常州国家高新区（新北区）加快推进外贸新业态新模式发展，强化国际营销体系建设，鼓励支持辖区企业出海设仓布点。年内，全区建成省级公共海外仓 2 家、市级公共海外仓 4 家，涉及北美、欧洲、南美等 12 个国家和地区。推进跨境电商业务，搭建跨境商品线上交易服务平台，举办跨境商品直播购物节，建设“家门口的进博会”进口商品展示交易中心，推进环球港“前店后仓”跨境商品现购直提试点。举办2023年常州国家高新区（深圳）跨境电商产业发展推介会，签约落户优质跨境电商项目6个。开展产业带赋能活动，促进新能源汽车电气设备、汽摩配等产业集群和跨境电商融合发展，推动常州市凌越装备科技股份有限公司等头部企业跨境出海做大规模。区商务局联合常州综合保税区等部门出台《综保区保税维修监管方案》，实现罗勒科技旧轧辊保税维修新业态业务零的突破。叠加菜鸟保税中心仓正式开仓，1210业务保税进口业务量单日8000单，2023年跨境电商进出口额1774.11万元，增长34.7%。

（区商务局 王敏）

【进口交易中心认定和考核】 2023年，常州国家高新区（新北区）推进进口交易中心试点工作，强化跟踪服务。4月，新阳科技集团常州市化工产品进口交易中心、常州市进口橡胶交易中心、常州市数控机床进口交易中心和常州综合保税区跨境商品进口交易中心通过市级考核，其中常州综合保税区跨境商品进口交易中心、常州市数控机床进口交易中心考核为优秀等次。至年末，全区有认定的进口交易中心4家。

【4家外贸转型升级基地通过市级评估】 2023年，常州国家高新区（新北区）推进外贸转型升级，发挥产业集聚区在推动外贸保稳提质工作中的引领带动作用。4月，全区组织开展常州市外贸转型升级基地评估申报工作，常州市外贸转型升级基地（智慧能源）、常州市外贸转型升级基地（新材料）、常州市外贸转型升级基地（汽摩配）、常州市外贸转型升级基地（刀工具）4家基地通过市级评估，其中常州市外贸转型升级基地（智慧能源）、常州市外贸转型升级基地（新材料）评估结果为优秀。外贸基地是外贸转型升级的重要载体，常州国家高新区（新北区）参与外贸基地申报、培育工作，持续提升基地集聚水平。至年末，全区有国家级基地1家、市级基地5家。

（区商务局 王盈）

【“高新团”亮相进博会】 11月5—10日，常州国家高新区（新北区）交易团外资企业科德宝高性能材料（常州）有限公司、威乐（常州）水泵有限公司、查特深冷工程系统（常州）有限公司、住友电工运泰克机电线（常州）有限公司、常州科勒动力设备有限公司、常州三菱电机士林电装品有限公司、常州市康辉医疗器械有限公司、美敦力（常州）医疗器械科技有限公司等企业参加第六届中国国际进口博览会（简称进博会）。自2018年首届进博会举办起，高新区企业利用进博会平台，开展贸易对接、洽谈采购等业务活动。区商务局持续服务进口市场，开展采购需求信息调研摸底和交流对接等专项活动。在2022年第五届进博会期间，进博会展示交易平台——虹桥品汇在高新区设立分中心和3家门店，分别设在江南环球港、万慧科创园区、龙虎塘盘龙社区党群服务中心旁，总营业面积1000平方米，经营商品来自全球30余个国家和地区，多为进博会参展同款产品。在第六届进博会上，首次参会的查特深冷工程系统（常州）有限公司主要生产全套的液化天然气（LNG）设备及工业气体设备。在技术装备展区能源低碳及环保技术专区，查特深冷工程系统（常州）有限公司通过沙盘模型展示引进集团技术生产的液氢储运系列产品。科德宝高性能材料（常州）有限公司产品涉及室内装饰行业、过滤行业以及建筑工程、体育和休闲、土工建设等领域，在进博会汽车展馆展示40余款新能源汽车及清洁能源领域的相关产品和应用。常州科勒动力设备有限公司从技术创新、能源转型等维度，展示企业在推动产品研发和环保责任实现方面的成果。

【百余家企业参展第134届广交会】 11月15日，第134届中国进出口商品交易会（简称广交会）开幕，常州国家

威乐（常州）水泵有限公司生产车间　　（区委宣传统战部 供图）

高新区（新北区）超100家外贸企业参展，企业数和展位数均创新高。在第134届广交会一期展会期间，来自工程机械、电子消费品、汽车配件、新能源、自行车、动力、电力设备等15个行业领域的77家企业参展，有雅柯斯电力科技（中国）有限公司、常州市墅乐厨具有限公司等多次参展的“老面孔”，也有永安行科技股份有限公司等首次亮相的“新面孔”。在汽车配件展区，高新智造占半壁江山，吸引众多海内外参展商、采购商到场沟通、洽谈，达成多项经贸协议。

【常州造“海豹”欧洲上市】 9月4日，比亚迪新能源乘用车“海豹”亮相德国慕尼黑车展，比亚迪股份有限公司官宣“海豹”正式在欧洲上市，并提供两个版本，售价分别为50990欧元（约合人民币40万元）和44900欧元（约合人民币35万元）。位于常州国家高新区（新北区）的比亚迪常州基地（一期），是纯电“海豹”全国唯一生产基地。全年常州基地下线新能源整车突破30万辆，年产值超500亿元，其中“海豹”占比约30%。至年末，比亚迪新能源乘用车进入15个欧洲国家，在英国、德国、法国、意大利、西班牙等国家开设140余家门店。

（区商务局 王敏）

对外及港澳台经济技术合作

【概况】 2023年，常州国家高新区（新北区）新增境外投资项目32个，比上年（下同）增长167%；中方协议出资额67306.25万美元，增长21.7%，占全市协议出资额的44.9%。制造业境外投资项目仍占主导，全年制造业项目13个，占全年项目总数的40.6%；批发业项目12个，占全年项目总数的37.5%。新能源企业境外投资成为亮点，天合光能（常州）科技有限公司赴美国投资设立天合光能美国制造（组件）有限公司，中方协议出资额2.5亿美元，为全区年内规模最大的境外投资项目。

【境外投资】 2023年，常州国家高新区（新北区）赴境外投资企业有27家，涉及批发、建筑安装、化学原料及化学制品制造、通信设备、计算机及其他电子设备制造、电气机械及器材制造、专用设备制造纺织服装、鞋、帽制造、交通运输设备制造、商务服务、装卸搬运和其他运输服务等行业，协议投资总额6.73亿美元。赴境外投资的有天合光能（常州）科技有限公司、常州永安公共自行车系统股份有限公司、常州麦穗网络科技有限公司等27家企业。

表22 2023年常州国家高新区（新北区）对外及港澳台投资项目一览表

序号	企业（机构）名称	东道国或地区	行业	企业投资主体名称	企业协议投资额（万美元）
东道国					
1	天合光能（西班牙）系统有限公司	西班牙	建筑安装业	江苏天合太阳能电力开发有限公司	1549.68
2	Nclave Renewable S.L.	西班牙	专用设备制造业	常州天合光能股份有限公司	5084
3	聚和科技株式会社	日本	通信设备、计算机及其他电子设备制造业	常州聚和新材料股份有限公司	2000
4	苏星迈克斯制衣（柬埔寨）有限公司	柬埔寨	纺织服装、鞋、帽制造业	常州市苏星世纪服饰有限公司	150
5	澳弘电子（泰国）有限公司	泰国	通信设备、计算机及其他电子设备制造业	常州海弘电子有限公司	8437
6	聚和新材料（泰国）有限公司	泰国	通信设备、计算机及其他电子设备制造业	常州聚和新材料股份有限公司	3000
7	荷兰天合蓝途新能源有限公司	荷兰	批发业	江苏天合蓝途新能源科技有限公司	5.35
8	三泰科学公司	加拿大	批发业	常州三泰科技有限公司	50
9	天合光能美国制造控股有限公司	美国	批发业	天合光能（常州）科技有限公司	100

续表 22

序号	企业（机构）名称	东道国或地区	行业	企业投资主体名称	企业协议投资额（万美元）
10	俄罗斯北常有限责任公司	俄罗斯联邦	商务服务业	北汽重型汽车有限公司	13.9
11	英雄永安行私营有限公司	印度	专用设备制造业	常州永安公共自行车系统股份有限公司	-4.81
12	汉得利技术有限公司	日本	通信设备、计算机及其他电子设备制造业	汉得利（常州）电子股份有限公司	300
13	新加坡大车载物流有限公司	新加坡	装卸搬运和其他运输服务业	江苏大车载国际物流有限公司	87.75
14	星宇车灯塞尔维亚公司	塞尔维亚	交通运输设备制造业	常州星宇车灯股份有限公司	11180.39
15	衣天下（越南）纺织科技有限公司	越南	纺织业	江苏衣天下纺织科技有限公司	557.2
16	天合光能美国制造（组件）有限公司	美国	通信设备、计算机及其他电子设备制造业	天合光能（常州）科技有限公司	25000
17	泰国赛诺恩有限公司	泰国	专用设备制造业	常州市凌越装备科技有限公司	500
18	凯恩迪斯检测服务（德国）有限公司	德国	商务服务业	常州凯恩迪斯汽车零件分选服务有限公司	20.86
19	启赋安泰一号控股有限公司	德国	商务服务业	常州启赋安泰复合材料科技有限公司	2200
20	天合跟踪支架巴西有限公司	巴西	通信设备、计算机及其他电子设备制造业	天合光能（常州）科技有限公司	100
21	天合金光高阳印尼制造公司	印度尼西亚	电气机械及器材制造业	天合光能（常州）科技有限公司	6204.15
22	氢骑欧洲股份有限公司	瑞士	批发业	常州永安公共自行车系统股份有限公司	26.12
地区					
23	聚麦国际贸易有限公司	中国香港	批发业	常州麦穗网络科技有限公司	1.28
24	香港多米星贸易有限公司	中国香港	批发业	常州海獭电子商务有限公司	1.27
25	香港千家国际贸易有限公司	中国香港	批发业	常州市千家万铺商贸有限公司	50.02
26	香港泰山家居有限公司	中国香港	批发业	常州欧罗克家居有限公司	1
27	彤韵国际有限公司	中国香港	批发业	常州市云迪车辆部件有限公司	200
28	永祺车业股份有限公司	中国台湾	交通运输设备制造业	永祺（常州）车业有限公司	395
29	摩达国际贸易（香港）有限公司	中国香港	批发业	常州摩达国际贸易有限公司	51
30	香港星耀供应链管理有限公司	中国香港	批发业	江苏时氪装备科技有限公司	6.37
31	华凌贸易有限公司	中国香港	批发业	江苏倍耐新材料有限公司	13.1
32	量子物流（香港）有限公司	中国香港	装卸搬运和其他运输服务业	常州虫洞供应链管理有限公司	25.62
合计					67306.25

（区商务局 邹晓琳）

功能区建设

常州高铁新城

【总部集聚区打造】 2023年，常州高铁新城围绕楼宇经济、总部经济，培育星耀城、领航大厦、创智大厦、新科创中心等载体新动能。年内，常州高铁新城推进领航大厦项目建设，完成年度投资额11168万元，总投资额3.8亿元。该项目位于高铁新城总部经济区核心区域，规划定位突破传统办公空间属性，占地面积约1万平方米，总建筑面积4.6万平方米，由1栋18层甲级写字楼与4栋4层高端商业别墅组成，8月完成竣工验收。科创水镇二期项目于8月开工，该项目紧邻常州高铁新城核心区，总投资额15亿元，是集高端企业总部、零碳创新中心、产业发展中心、交流体验中心、公共管理和服务等多功能于一体的花园式创新产业园区。国际人才广场项目毗邻星耀城，位于常州高铁新城总部经济核心区，总投资额8亿元，占地面积1.9万平方米，该项目集公寓、办公和特色商业于一体，全方位满足高端人才的办公、娱乐和生活需求。高铁新城协同推进“股权投资+载体建运+类金融支撑”发展模式，以投促引、以投促产，全年引进江苏睿恩新能源科技有限公司、宁波拜特测控技术有限公司等重点企业落地。

【城市功能完善】 2023年，常州高铁新城加快完善城市功能配套，助力整体城市品质提升。全市“532”战略重点项目龙江路高架北延项目一、二期分别于6月、12月开工；常州高铁新城投入超18亿元，保障龙江路西侧“万亩产业园”建设；有序推进市总工会第二工人文化宫重点项目和常州市第一人民医院高新院区项目代建工作；成功立项新龙湖水上运动项目，制定河湖城一体化项目建设清单；常州市局前街小学新龙湖分校签约；常州高铁新城与常州市体育专业运动队管理中心、江苏省常州体育运动学校签订常州市棒垒球训练基地项目、常州市足球训练基地项目战略合作协议；与工商银行新北支行、邮储银行新北支行、江南银行新北支行签订意向入驻协议；10月，瑞幸咖啡入驻常州高铁新城绿创大厦、高新广场。以高新区“高新事·高兴办”政务服务品牌、签证服务中心等平台为依托，建立一站式服务中心，为入驻客户提供标准化、

2023年，常州高铁新城核心区全貌　　（杨嘉文　摄）

多元化、精细化服务。

【高铁新城核心区绿色宜居城区获2023年中国人居环境奖】 12月，常州高铁新城核心区绿色宜居城区被住房和城乡建设部授予2023年中国人居环境奖。高铁新城核心区绿色宜居城区项目位于高铁新城城市中轴和生态绿轴的交会处，主要功能定位为金融商务中心、区域总部中心，用地面积1.46平方千米，绿色建筑年节能量700.3万千瓦时，折算标准煤2086.89吨；碳排放总量8.15万tCO_2/a（吨二氧化碳当量），单位建设用地面积碳排放量55.83$tCO_2/hm^2.a$（每年每万平方米排放55.83吨二氧化碳），为常州地区乃至全省绿色低碳发展树立标杆。2021年，高铁新城环新龙湖2.63平方千米被列为全省唯一绿色城区。项目实施绿色建筑示范项目11个，面积93.2万平方米，全部获二星级及以上标识，其中三星级项目5个，绿建面积比例35.7%；实施合同能源管理示范项目6个，面积59.85万平方米，每年节能效益584.52万元。

【星耀城绿色观摩活动】 9月26—27日，为期2天的江苏省绿色建造试点观摩暨建筑品质提升研讨会在常州召开。活动首场观摩会在位于高铁新城的全市绿色建造示范项目——星耀城项目现场举行，来自住建部、省住建厅及各设区市住建局、市政园林局、城市管理局、质安处、质监站等单位70余人参加现场观摩。星耀城项目于2022年2月开工，项目总建筑面积55万平方米，总投资额55亿元，是集5A（OA：办公自动化系统，CA：通信自动化系统，FA：消防自动化系统，SA：安保自动化系统，BA：楼宇自动控制系统）甲级办公、国际特色主题购物中心、五星级商务酒店于一体的超大型城市综合体项目，项目预计2025年9月竣工。

（高铁新城公司和常高新集团 陈升）

常州综合保税区

【概况】 常州综合保税区(简称综保区)位于常州国家高新区（新北区）内，前身为常州出口加工区，2015年1月经国务院批准整合优化而成。综保区规划面积166公顷，东至江阴区界，西至通江大道，南至新竹路，北至沿江公路（122省道）。首期围网面积133公顷，有标准厂房16.3万平方米，区内外仓储3万平方米，货物堆场2.1万平方米，综合服务大楼1万平方米。拥有省级重点物流基地、省级跨境电商产业园，建有公共保税仓库、进口预包装食品（化妆品）监管区、常州市跨境电商综合服务中心、监管通关中心、常州市跨境电商公共服务平台等功能区域。依托综保区特殊功能政策，引进常州巴奥米特医疗器械有限公司、常州高博能源材料有限公司等多家知名企业或行业龙头企业入驻。2023年，综保区实现规模以上工业产值17.18亿元，比上年（下同）增长28.69%；规模以上工业销售17.47亿元，增长27.6%；规模以上工业投资3.69亿元，增长68.37%；完成到账外资28294万美元，超过年度目标的573.7%；跨境电商1210（适用于境内个人或电子商务企业在经海关认可的电子商务平台实现跨境交易）模式进出口额1774.11万元，增长34.72%；新增注册企业20家，其中跨境电商企业8家；外贸进出口额86.1亿元，增长11.8%。验放进出口清单4万票。

【项目招引】 2023年，常州国家高新区（新北区）融合区商务局招商优势和综保区政策功能特点，于3月10日举办常州跨境电商峰会，与深圳跨境电商协会、常州大学等签署合作协议。8月1日，在深圳举行常州国家高新区（深圳）跨境电商产业发展推介会，外资云仓跨境运营总部、工贸一体及跨贸总部、海外仓、跨境出海平台、产业基金、保税维修服务中心等优质项目签约落户，总投资额10亿元。全年签约落地项目9个（超1亿元项目5个、跨境电商项目4个）、行业战略合作协议5个，项目总投资额11亿元。罗勒科技保税维修项目落地，实现综保区保税维修业态零的突破。注册资本1亿元的汇鸿国际供应链项目落地，达成意向进口业务量1.3亿美元；乐明城特色农产品干制加工出口项目落地，带动全区蔬果种植业发展；引进注册资本1200万美元的上海汽后科技有限公司外资云仓跨境运营总部项目，促进当地汽摩配产业强链补链。促进“五大中心”（加工制造中心、物流分拨中心、销售服务中心、检测维修中心、研发设计中心）建设，通过罗勒科技（常州）有限公司保税维修业务，实现维修检测中心新赋能；依托宝钢轧辊科技有限责任公司轧辊出口、韩国乐天化学中国公司PIA（间苯二甲酸）进口，实现物流分拨中心新叠加，新增进口额约900万美元；助力江苏海升供应链管理有限公司解决“分批入区、整批出区”痛点，实现进出口额1.5亿美元，增长50%；签约落地的菜鸟保税中心仓项目11月开仓，当月实现进出口清单8219票。

【重大项目建设】 2023年，一批重大建设项目在综保区开工建设。投资额3亿元的常州优谷新能源科技股份有限公司于年内完成办公楼质量安全监督现场验收；投资额8000万元的常州市大成真空技术有限公司竣工验收并投产；总投资额3.1亿元的保税物流中心项目于11月开工；投资额1亿元的中园慧创跨境电商产业园完成土地保证金缴纳；投资额7000万元的巴奥米特植入材料和人工器官扩建项目设备到位并调试投产，实现年新增出口量4000万美元。

【保税维修新业态】 2023年，综保区助力保税维修新业态发展，走访调研罗勒科技（常州）有限公司，了解企业需求和困难。组织相关企业和人员赴无锡高新区综保区、苏州工业园区综保区考察学习。针对罗勒科技（常州）有限公司保税维修业务发展，4月，综保区、常州海关、区商务局、区生态环境局按照“一企一方案”，联合制定《关于罗勒科技（常州）有限公司在常州综合保税区内开展维修业务的监管方案》。联系区行政审批局、区生态环境局等部门加快立项办证速度，协同企业实施消防安全改造、海关账册设立等，督促企业遵循相关规定并落实各项安全措施。指导罗勒科技（常州）有限公司填写保税维修业务备案表，根据该备案表，常州海关、综保区、区商务局和区生态环境局联合填写审核意见。7月，综保区首批维修产品申报入区开展检测维修，通过外发加工，完成维修后于11月再申报出境，实现全市外贸新业态保税维修业务零的突破。罗勒科技（常州）有限公司全年业务实现进出口额2000万元，通过焕新产品价值实现企业综合增效约600万元。

（综保区管理局 张佳杰）

开发园区

·常州创意产业园区·

【概况】 2023年，常州创意产业园区（简称园区）以高新区重点产业高质量发展目标任务为抓手，完善顶层设计，加力招引培育，精耕企业服务，优化发展生态，全年园区完成营业收入319.34亿元、比上年（下同）增长13.93%，入库税收2.74亿元、增长28.04%。年内，园区被评为江苏省工业设计示范园区、江苏省现代服务业高质量发展集聚示范区、江苏省省级科技企业孵化器、江苏省小型微型企业创业创新示范基地。

【项目招引】 2023年，园区围绕常州国家高新区特色产业高质量发展要求，赴成都、长沙、深圳、杭州、西安、上海、苏州等地开展产业链“双招双引”（招商引资、招才引智）对接会、招商推介会、数字文化产业推介会等，实施项目引商、以商引商、以资引商，招引质效得到提升。全年招引优质服务业项目22个，“三高一资”项目7个，科技型中小企业招引(区标准)12家(其中高新技术企业7家)，引进落户“龙城英才”项目6个，全年新增营业收入2000万元企业4家、营业收入5000万元企业2家；高新技术企业申报56家，净增15家。组建规模1亿元产业基金（常州嘉创创业投资基金），助推基金与项目精准合作。

【企业品牌建设】 2023年，园区制定国家文化和科技融合示范基地提升优化行动方案，市级层面成立领导小组，落实体制机制保障，出台支持基地建设提升发展专项政策等。年内，园区高质量通过国家文化和科技融合示范基地复审。培育一批企业品牌，江苏富深协通科技股份有限公司入选江苏省规划布局内重点软件企业；江苏印象乾图文化科技有限公司被评为江苏省高新技术产业开发区瞪羚企业；江苏鑫亿软件股份有限公司、江苏启航开创软件有限公司入选江苏省专精特新软件企业；江苏富深协通科技股份有限公司、江苏鑫亿软件股份有限公司、江苏赞奇科技股份有限公司被评为省级专精特新中小企业；冲电气软件技术（江苏）有限公司被评为省级服务贸易重点企业、江苏省2023年度技术先进型服务企业；江苏富深协通科技股份有限公司被评为2023年省级软件企业技术中心；江苏智蝶数字科技有限公司被评为省级中小企业公共服务示范平台；江苏智恒达型云网络科技有限公司、常州化龙网络科技股份有限公司、常州贝特思达电子商务有限公司、常州丹斯化妆品有限公司

罗勒科技（常州）有限公司的轧辊在综保区内进行保税维修

（综保区管理局 供图）

被评为2024—2025年度江苏省电子商务示范企业；江苏瑞新信息技术股份有限公司、江苏富深协通科技股份有限公司入选江苏省信息技术应用创新优秀解决方案；江苏赞奇科技股份有限公司罗浩、常州无微信息技术有限公司韩少勇、江苏富深协通科技股份有限公司王千里入选2023年江苏省科技副总项目；江苏金马扬名信息技术股份有限公司、江苏酱鑫文化科技有限公司被评为江苏省三星级上云企业；江苏大道云隐科技有限公司获江苏省健康医疗大数据创新应用大赛三等奖；江苏鑫亿软件股份有限公司入围艾力彼2022届HIT（医疗信息化）智慧技术·医院满意度排行榜单，被评为“全院信息化（HIS）20强”“电子病历（EMR）20强”；江苏智蝶数字科技有限公司上榜长三角企业数字化创新优秀案例TOP10；江苏鑫亿软件股份有限公司、江苏富深协通科技股份有限公司、江苏印象乾图文化科技有限公司、卓谨信息科技（常州）有限公司被评为市级专精特新中小企业；江苏富深协通科技股份有限公司被评为市级现代服务业高质量发展领军企业；人上融融（江苏）科技有限公司、江苏和光舒卷数字科技有限公司、常州贝壳网络科技有限公司被评为常州种子独角兽企业；江苏全栈智能科技有限公司、江苏启航开创软件有限公司、江苏鑫亿软件股份有限公司、江苏智蝶数字科技有限公司被评为市级工程技术研究中心；江苏富深协通科技股份有限公司、江苏大道云隐科技有限公司入选常州市“智改数转”服务商认定名单；常州化龙网络科技股份有限公司、常州爱尔威智能科技有限公司、江苏智恒达型云网络科技有限公司、江苏欣蓓电商网络科技有限公司、常州丹斯化妆品有限公司被评为2023年度常州市电子商务示范企业。

【园区获评江苏省工业设计示范园区】 10月，常州创意产业园区被江苏省工信厅认定为2023年度江苏省工业设计示范园区，是全市首家获认定的园区。年内，园区整合上下游资源，形成创意设计、工业设计及相关产业融合发展生态圈。至年末，园区拥有“国字号”品牌8项，高新技术企业70家，省级以上众创空间3家，省级工业设计中心2家，工业设计及相关企业81家，万人发明专利拥有量超100件，企业累计版权数超8000件。园区培育一批深耕细分领域的代表企业。其中，江苏赞奇科技股份有限公司拥有省GPU（Graphics Processing Unit，图形处理器）云集群3D渲染工程技术研究中心，通过联合创新打造“模具云”，推出汽车模具行业标准化服务；国家级人工智能孵化器常州高新区爱尔威人工智能孵化器获世界三大工业设计奖之一的iF设计奖2项，全国便携智能出行领域市场占有率60%以上；常州龙奇汽车技术有限公司致力于汽车整车及零部件、模具的研发和设计，依托母公司为超50款上市车型提供工业设计服务；江苏智蝶数字科技有限公司产品获常州制造创新产品认定；江苏印象乾图文化科技有限公司发挥数字化集成服务优势，与宝马汽车合作完成国内首个汽车VR展示。推进园企共建联合创新平台建设，园区数字视觉云服务平台累计服务企业超3000家，智能制造装备工业设计中心服务平台为90余家企业提供工业设计咨询服务。

【“遇见大咖·链上有约 邻里配套”2023国际卓越运营协会常州大会】 8月27日，“遇见大咖·链上有约 邻里配套”2023国际卓越运营协会常州大会在常州创意产业园举行。大会聚焦“精益筑基 数字赋能 助推高质量发展”主题，邀请相关行业知名企业家代表参加，区党工委（区委）副书记、区长石旭涌出席活动。会上，常州国家高新区楼宇经济联盟揭牌，江苏首创高科信息工程技术有限公司、常州太平洋电力设备（集团）有限公司企业代表分别围绕助力中小民营制造企业拥抱数字化、“启智慧电力 创美好未来”主题作交流发言。麦肯锡全球董事合伙人谭永超分享对精益数字运营实践的理解，SMC（中国）有限公司总经理马清海分享低增长时代企业经营对策，南京艾诺德总经理、专心智制首席架构师、原亨通集团首席精益运营官蔡显勇作精益数字化实践分享，森萨塔科技亚太区研发总监、芜湖中汇森萨塔总经理、常州传感器产业促进会会长孙建军分享高效研发流程实践经验，江苏骠马智能工业设计研究有限公司总经理季松林分享自动化和数智化助力常州智造的成功案例，大象慧云信息科技（江苏）有限公司副总经理郑显斌作金税四期政策分享及企业应对分析，美伊电钢全球执行委员会成员、中国区总经理许肃分享对新能源制造业可持续发展的理解。在圆桌对话环节，现场嘉宾围绕不确定时代下制造业企业如何高质量发展主题开展交流分享。

（创意产业园区办 刘钊）

·滨江经济开发区·

【概况】 江苏常州滨江经济开发区位于常州市北端，拥有国家一类开放口岸常州港，岸线总长25.8千米，是长三角综合运输体系的重要物流节点。辖区总面积152.1平方千米，有常住人口14.9万人。2023年，实现一般公共预算收入30.55亿元，比上年（下同）增长20%；全社会固定资产投资130亿元，其中工业投入96.3亿元，增长

滨江经济开发区新材料产业园航拍　　（滨开区 供图）

39.7%；实际到账外资 2.7 亿美元。滨开区综合实力升至全省省级经济开发区第 15 位，较上年度上升 9 位，连续 6 年入选高质量发展化工园区（30 强），同步建成国家级、省级绿色工业园区，“常州市破解‘化工围江’难题 切实筑牢长江生态绿色根基”入选“2023 减污降碳绿色发展峰会”绿色生态宜居城市案例。长三角碳纤维及复合材料技术创新中心被评为市碳纤维及复合材料创新联合体。

【绿色产业发展】 2023 年，滨开区聚焦“新能源之都”建设，紧抓比亚迪新能源汽车核心零部件项目、睿恩新能源项目等重大项目落户机遇，高标准建设滨开区万亩产业园，重点关注新型电池材料、氢能相关装备及关键零部件、储能材料及系统、新能源汽车结构件等新能源产业，集中招引产业链优质项目 30 个以上。运用专员专班、并联审批、容缺受理等举措，推进德力聚电子级银粉项目、睿恩新能源项目等一批新能源骨干项目建设，带动存量企业实现关键技术研发创新。至年末，滨开区有氢能领域相关企业 19 家，其中高新技术企业 8 家、市级以上专精特新企业 5 家、市级以上智能车间（工厂）4 个，全年实现销售收入 129 亿元，基本形成涵盖“制氢—储氢材料—储氢装置—加氢—用氢—设备”的产业链生态。聚焦补链延链强链，引进和培育一批氢能领军企业和研发机构，推进氢能制储运用全链条发展。推进碳纤维及复合材料产业与氢能产业融合协同发展，形成碳纤维与氢能高度耦合的产业体系。

【项目招引】 2023 年，滨开区招引高质量项目 35 个，总投资额约 150 亿元，其中服务业项目 8 个。在引进的 27 个制造业项目中，“两特三新一智能”产业项目 20 个，其他先进制造业 7 个；招引总投资额超 10 亿元或 1 亿美元重大产业项目 6 个，优质外资项目 8 个，落户“三高一资”项目 10 个。全年招引优质科技型中小企业 5 家，备案常州市科技型中小微企业 33 家。

表 23　2023 年江苏常州滨江经济开发区高质量项目招引情况一览表

序号	类别		名称	金额
1	制造业项目	『两特三新一智能』项目	睿恩高倍率锂离子电芯研发制造项目	总投资额60亿元
2			德力聚电子级银粉项目	总投资额12亿元
3			富林精工新能源汽车减速器齿轴项目	总投资额10亿元
4			环峰电工新能源材料项目	总投资额10亿元
5			英力士高性能复合材料项目	总投资额1亿美元
6			莱尼电气电缆项目	总投资额1亿美元
7			拜特锂电池和氢燃料电池检测设备项目	总投资额5亿元
8			威格科技半导体前驱体材料项目	总投资额4亿元
9			斯利贵金属粉项目	总投资额3.5亿元
10			锂霸绿色环保微型锂电项目	总投资额3000万美元
11			安瑞森高纯电子气体项目	总投资额2亿元
12			有序介孔高分子和碳材料产业化项目	总投资额1.5亿元

续表 23

序号	类别		名称	金额
13	制造业项目	『两特三新一智能』项目	秀朗半导体及光刻胶核心材料项目	总投资额1.5亿元
14			柯鲁威复合材料项目	总投资额1亿元
15			碳能科技项目	总投资额1亿元
16			安泰创明骨架炭材料项目	总投资额1亿元
17			纬恩新能源汽车复合材料零部件项目	总投资额1亿元
18			中科飞航碳纤维复合材料项目	总投资额1亿元
19			墨圭碳碳复合材料项目	总投资额1亿元
20			伍尔特车用清洁剂及粘合剂项目	总投资额2500万美元
21		其他先进制造业项目	美伊电钢增资项目	总投资额5000万美元
22			东嘉麻棉高端面料研发及生产项目	总投资额4000万美元
23			通宝光电新能源汽车智能LED模组和充配电系统及控制模块项目	总投资额2亿元
24			峰林电气智能化电气项目	总投资额1.5亿元
25			海楠家居项目	总投资额1亿元
26			台湾研磨机项目	总投资额1000万美元
27			芬兰矿山机械项目	总投资额1000万美元
28	服务业项目		江苏光明顶新能源科技有限公司	注册资本1亿元
29			常州宇宣工程建设有限公司	注册资本1亿元
30			冠晟科技园项目	注册资本3500万美元
31			常州宇尚工程建设公司	注册资本5000万元
32			中简碳纤维及复合材料研究院	注册资本1000万元
33			常州滨江启航投资管理有限公司	注册资本900万元
34			常州臻善经纬投资发展有限公司	注册资本900万元
35			常州泓韵酒店管理有限公司	注册资本500万元

【"NEXT"产业布局】 2023年，滨开区以"NEXT"（N：新材料、新医药、新能源产业，E：装备制造产业，X：未来产业，T：港口物流产业）产业布局为导向，围绕以碳纤维为主的高性能纤维及复合材料、新医药、先进高分子材料、高性能涂料等，打造"东方碳谷"和"创新药谷"产业地标，争创国家碳纤维及复合材料技术创新中心；围绕精益化、模块化、数字化、自动化、服务化、生态化、个性化和全球标准化，打造长三角区域智能装备产业聚集标杆；围绕码头接卸、运输、仓储、配送、加工、包装、电子商务等现代物流产业，打造智能化、电子化的综合性物流中心；围绕大数据与物联网、半导体及5G电子信息制造、人工智能与智能装备、风力发电装备、氢能利用及氢燃料电池等主导产业，超前布局一批有基础、有资源、有配套、有前景的战略性新兴产业。至年末，滨开区有工业企业2600余家，其中规模以上工业企业367家、销售额超1亿元企业150家。年内，42家企业列入市"龙腾行动"计划上市后备企业名单，其中重点上市后备企业18家、一般上市后备企业24家。有入库科技型中小企业174家、有效期内高新技术企业数232家，入选市种子独角兽企业16家、省瞪羚企业6家。有专精特新培育库企业260家，新增国家专精特新"小巨人"企业6家、省级22家、市级30家，新增省智能车间2家、市智能车间5家，获2023年江苏省星级上云企业19家。年内，滨开区入选市级智能制造示范区。

【重大项目建设】 2023年，滨开区列入常州国家高新区重大项目投资计划的产业类项目42个，总投资额150亿元。其中，省重点项目3个（比亚迪新能源汽车核心零部件项目二期、国能集团常州绿色能源基地项目、新创碳谷大丝束碳纤维复合材料结构件项目二期），市重点项目17个，区重点项目22个；工业项目40个，服务业项目2个。28个重大项目开工建设，16个项目全面竣工，全年完成固定资产投资额152亿元，项目开工率及竣工率分别为100%和134%，投资率102%。省重点项目比亚迪二期、国能二期项目加速建设，新创二期项目竣工。新增入库市重点项目9个，完成年度目标任务的130%。推进土地一体化征供“清单化管理”，13个绿地类项目完成供地或进入挂牌公告阶段，总面积287.81公顷。

【绿色工厂创建】 2023年，滨开区实现国家级、省级绿色工业园区双跨越，国家绿色工厂、绿色供应链管理企业实现“零”的突破。滨开区9家企业上榜市工信局2023年（第五批）绿色工厂公示名单，入选数比上年增长200%。绿色工厂是指实现用地集约化、原料无害化、生产洁净化、废物资源化、能源低碳化的工厂。年内，滨开区探索工业绿色转型升级之路，以创建国家级绿色工业园区为契机，以培育绿色工厂为突破口，构建绿色制造体系。对入选市级的企业，区财政最高奖励5万元；入选省级的企业，市、区财政奖励合计最高50万元。至年末，滨开区创成国家级绿色工业园区1个、国家级绿色工厂1家、国家级绿色设计产品1个、国家级绿色供应链管理企业1家、省级绿色园区1个、省级绿色工厂4家、市级绿色工厂12家。

【滨江创智企业港】 滨江创智企业港位于环保四路55号。根据建设计划，分为2期建设。一期于2022年11月启动并完成建设，项目占地面积4.4公顷，总建筑面积约4万平方米，由2栋单层厂房、2栋双层厂房、1栋可提供研发办公的综合配套楼等设施组成。滨江创智企业港利用常州国家高新区在智能装备、新能源汽车及零部件等产业的基础优势，计划引进智能装备制造领域的龙头型、高技术型、创新型企业，满足未来高新区智能制造产业发展载体空间的需求。滨江创智企业港全面建成后，占地面积7.8公顷，规划引入优质企业10家以上，预计新增年产值超10亿元。

【英力士高性能复合材料生产研发中心】 1月，英力士高性能复合材料生产研发中心项目签约。项目占地面积3.14公顷，二季度开工，达产后预计销售额超6亿元，主要产品包括1.8万吨乙烯基高性能不饱和树脂等。英力士是一家全球性的化学品公司，在全球31个国家拥有39个业务板块和183个生产基地，年销售额650亿美元。英力士的业务包括化学品、聚合物、石油和天然气等业务板块及市场应用，涵盖消费者品牌和体育事业。常州英力士复合材料有限公司（原常州亚什兰现代化学有限公司）成立于2000年，注册资本10250万美元，下设子公司常州英力士特种材料有限公司、上海英力士复合材料有限公司。

【绿色无机光学材料基地】 2月，宸光绿色无机光学材料项目开工，项目总投资额3.6亿元，占地面积1.67公顷。达产后，将形成年产19.5万吨绿色无机光学材料和2.5万平方米高亮镀膜电子玻璃的生产能力，助力宸光（常州）新材料科技有限公司建设全国首座光学镀膜材料专业化生产工厂。宸光（常州）新材料科技有限公司创立于2018年，是集绿色化、规模化、智能化、研产销于一体的生产企业，作为无机光学镀膜领域的新锐力量和2019年常州市龙城英才项目企业，成长为业界极少数有核心平板光学镀膜研发实力的科技型公司，是光学镀膜材料行业唯一的全体系镀膜材料供应商。

【海因兹玻璃（常州）有限公司开业】 3月，海因兹玻璃（常州）有限公司开业，该公司成立于2018年10月，项目投资总额4700万美元，一期工厂于2020年开工建设，2022年8月投产，2023年实现销售收入21.8亿元，并启动二期项目规划。海因兹玻璃集团成立于1622年，总部位于德国的克莱特陶，是一家有着400年历史的家族企业，专注于高品质香水玻璃瓶及其他化妆品用玻璃瓶的生产、研发、后加工，为客户提供一系列完整玻璃包装解决方案及塑料包装解决方案。

【江苏柯鲁威新材料科技有限公司新厂区开业】 4月11日，江苏柯鲁威新材料科技有限公司新厂区开业仪式在碳纤维科创港二期12号厂房举行。江苏柯鲁威新材料科技有限公司成立于2016年6月，注册资本1000万元，是一家民营高科技企业和常州国家高新区碳纤维产业集群重点企业。公司有两处生产基地，位于港区中路90号（滨江智能装备企业港内）11号楼的金属件生产基地，厂房面积3290平方米，2021年4月投产；位于碳纤维科创港二期12号厂房的碳纤维复合材料制品生产基地，厂房面积5656平方米，2023年4月投产。公司主要从事航空、航天、航海等领域高温级碳纤维复合材料制品以及金属基复合材料制品的研发、生产、销售，通过新时代GJB 9001C—2017质量管理体系认证，获发明专利1项，实用新型专利11项。

公司获2021年首届江苏省保密技能竞赛突出贡献奖、2022年度滨开区最具潜力企业奖。

【碳纤维复合材料创伤骨板项目启动】 5月，派瑞格集团与威格斯集团合作碳纤维复合材料创伤骨板项目举行启动仪式。派瑞格医疗器械（常州）有限公司是美国派瑞格医疗国际公司在亚洲投资的全资美资公司，是其亚太地区重要的出口生产基地。派瑞格医疗国际公司的产品线涵盖髋、膝盖、脊柱、运动医学、创伤等，产品出售Zimmer和DePuy等骨科器械巨头。2023年10月，派瑞格集团被阿美特克有限公司收购。

【江苏睿恩新能源项目一期工厂开工建设】 7月，江苏睿恩新能源一期睿恩高倍率锂离子电芯研发制造基地项目开工建设。项目一期总投资额60亿元，用地面积21.61公顷，新增建筑面积约20万平方米，预计2024年年末正式投产。达产后将形成年产6亿支（14亿瓦时/年）高容量、高倍率锂电池的生产能力，预计实现年销售额超100亿元，新增就业人员1500人。江苏睿恩新能源科技有限公司成立于2021年11月，是一家集锂电池研发、生产、销售、服务于一体的科技型企业，主要从事高倍率、高能量密度大圆柱锂离子电池的研发与生产。

【燃料电池和锂电池测试系统项目落户滨开区】 8月，常州拜特测控技术有限公司总投资额5亿元的燃料电池和锂电池测试系统项目落户滨开区。新建项目致力于燃料电池和锂电池测试设备的研发、生产和销售，全面达产后预计年销售额达5亿元。公司主要业务涵盖氢电和锂离子电池测试设备两大板块，凭借优质的产品品质和持续创新能力，为新能源行业客户提供从新品研发、生产制造和销售服务等一站式产品和技术解决方案。

【常州锂霸电池数字化工厂二期项目启动】 9月，常州锂霸电池数字化工厂二期项目启动，项目新增注册资本2000万美元。该项目用地通过闲置厂房盘活而来，面积1.8万平方米。项目新增固定资产投入1.17亿元，新增数字化设备投入超3000万元，致力于产线的高端化、环保化、智能化改造和提升，达产后预计年开票销售收入3亿元。常州锂霸电池有限公司成立于2004年，由金山集团旗下投资公司与常州福霸电池有限公司合资成立，注册资金2500万美元，占地面积2公顷。公司生产的绿色环保微型锂电池具有工作平台高、容量大、体积轻薄、安装方便等特点，被广泛应用于物联网智能家居、冷链运输控制仪、医疗美容仪等产品。

【美伊电钢集团增资协议签订】 9月，美伊电钢集团增资协议签订，新增铸造产能项目总投资额约5000万美元，新增注册资本1500万美元。新项目将新增年产1.5万吨铬钼钢和高铬白口铁的生产能力，达产后预计新增年产值3.2亿元。美伊电钢（常州）机械有限公司是常州市第一个智利投资项目，主要产品为各类磨机衬板，年产3万吨矿山机械耐磨件，铸件采用先进的工艺技术和设备，70%的铸型在自动造型线上完成。

【恩骅力工程材料（常州）有限公司二期项目开业】 10月，恩骅力工程材料（常州）有限公司工厂二期项目开业。二期项目投资额3000万美元，达产后形成年产3万吨高性能工程塑料的生产能力。公司一期年产2.5万吨高性能工程塑料项目已投产，两期项目预计销售收入超10亿元。恩骅力工程材料（常州）有限公司于2010年12月成立，是由高度互补的帝斯曼工程材料和朗盛高性能材料2家公司合并而成。公司主营产品包括高性能材料、特种材料和中间体，广泛运用于电池、电气、充电系统、电子控制系统、电力等领域。

【6家企业产品获“江苏精品”认证】 2023年，滨开区有6家企业产品通过“江苏精品”认证，分别是常州能源设备股份有限公司的有机热载体燃气炉、江苏常胜电器股份有限公司

恩骅力工程材料（常州）有限公司生产车间　（区委宣传统战部 供图）

的双金属片式温控器、常州汉森机械股份有限公司的水田埋茬耕整机、常州市范群干燥设备有限公司的高效带式干燥机、常州通宝光电股份有限公司的汽车用发光二极管（LED）及模组、江苏欣战江纤维科技股份有限公司的有色涤纶低弹丝。年内，滨开区建立企业品牌建设梯队培育库，组织专家开展专题培训，指导企业争创省级精品。至年末，共有10家企业的12个产品（服务）获“江苏精品”认证。

（滨开区 黄婷）

威乐(常州)有限公司工业水泵系统制造项目车间(区委宣传统战部 供图)

·生命健康产业园·

【概况】 生命健康产业园区（前身为生物医药产业园，简称园区）是常州建设国家创新型科技园区“一核八园”的重要组成部分。一期规划面积6.3平方千米，基本建成环通整个园区的“四纵四横”路网，通过深化绿化景观和河道设计，与新龙国际商务城实现无缝对接，打造花园式生态园区。2023年，园区重点支持大分子生物药、小分子药物、医疗器械及设备、生物技术新药和试剂、现代中药、生物技术食品等生命健康产业细分领域发展。至年末，累计签约落户的有常州合全生命科学有限公司、扬子江药业集团江苏紫龙药业有限公司、扬子江药业集团江苏海浪药业有限公司、联影（常州）医疗科技有限公司、常州恒邦药业有限公司、常州千红生化制药股份有限公司、兴和制药（中国）有限公司、常州赛乐医疗技术有限公司、鹰利视医疗科技有限公司、常州吾合生物医药有限责任公司等30个产业化项目，精匠诊断技术(江苏)有限公司、未米生物科技（江苏）有限公司、常州文松生物技术有限公司、江苏百奥信康医药科技有限公司、常州市康蒂娜医疗科技有限公司等50个中、小型加速企业。园区国家级生物医药孵化器、生命健康产业园加速器等产学研共享平台，为入园企业提供科技和公共服务支撑。2023年，园区全年销售额超100亿元，上缴税收超5亿元。

【项目招引】 2023年，园区组建招商团队，强化区、镇联动，全年招引总投资1亿元或1000万美元以上优质项目28个，其中投资超10亿元或1亿美元重大产业项目5个、“两特三新一智能”产业项目19个、优质服务业项目6个。招引“三高一资”企业11家、科技型中小企业11家，优质科技及人才项目20余个。园区签约常州百瑞吉生物医药有限公司、常州信德泰克电器有限公司、江苏乐植医疗科技有限公司、大瓷生物医疗科技（江苏）有限公司、常州苏川医疗科技有限公司、顶点医疗器械（江苏）有限公司、常州谦龙医药科技有限公司等产业化、科技型项目。恒泰第一工园竣工投用，联影（常州）医疗科技有限公司高端影像设备核心部件项目、常州赛乐医疗技术有限公司医疗口腔设备及耗材产业园项目基本建成。

【重大项目建设】 2023年，园区搭建项目服务专班，落实“招推服一体化2.0模式”，推进省重大项目药明康德高端创新药研发中心等24个项目建设，威乐工业水泵系统制造项目等10个项目竣工。至年末，药明康德高端创新药研发中心项目单体封顶，进入机电安装；联影高端医学影像设备及核心部件项目主体工程基本建成；威乐工业水泵系统制造项目、英特赛克呼吸类医疗耗材项目、吾合脂质微粒载体药物研发及产业化项目（一期）竣工，医沛生医疗注射笔项目、伟泰高端精密组件产业化基地项目、赛乐医疗高端牙科设备项目推进顺利。新增入库赛乐医疗高端牙科设备研发生产、医沛生医疗注射笔项目等5个市级重点项目。市区重点项目入库率、新开工率、竣工率、投资完成率均为100%。

【威乐工业水泵系统制造项目投产】 2023年，威乐工业水泵系统制造项目建成投产。威乐工业水泵系统制造项目总投资额30000万元，新增用地面积5.6公顷。项目投资方为威乐（常州）水泵系统有限公司，是德国母公司威乐集团（Wilo SE）的全资子公司，注册资本3500万美元，主要从事水泵及电机制造，并引进屏蔽泵及IE5永磁电机等先进设备。项目于2021年开工建设。

【英特赛克呼吸类医疗耗材项目投产】 2023年，英特赛克呼吸类医疗耗材项目建成投产。英特赛克呼吸类医疗耗材项目总投资额27722万元，新增用地面积2.63公顷。项目投资方为英特赛克医疗器械（常州）有限公司，主要从事二类医疗器械的生产，产品有鼻氧管、氧气面罩等氧气治疗类产品，主要出口英国、立陶宛等国家，向中国市场分销欧洲进口呼吸麻醉耗材。项目于2021年开工建设。

【医沛生新型医疗注射器械项目开工】 4月，医沛生新型医疗注射器械项目开工，总投资额4000万欧元（折合人民币3亿元），新增用地面积1.07公顷。项目实施主体为医沛生医疗器械制造（常州）有限公司，项目主要生产新型便携式自我给药注射装置。项目预计2025年竣工投产，预计实现年销售收入2亿元、纳税2000万元，带动就业50余人。

（薛家镇 顾诚）

·空港产业园·

【概况】 空港产业园位于常州国家高新区（新北区）西部，由常州航空产业园、常州高新区动力装备产业园整合组成，是常州市发展多式联运的重要基地之一。2023年，空港产业园完成规模以上工业总产值778.8亿元，比上年（下同）增长41.1%；新能源车辆及核心零部件产值突破511亿元，增幅51.5%，整车产量突破30万辆。空港产业园先后被评为江苏省高端装备制造业特色基地、江苏省新型工业化产业示范基地和常州市外贸转型升级基地。

2023年，新泉轻量化汽车饰件智能工厂车间 （罗溪镇 供图）

【项目招引】 2023年，空港产业园围绕新能源汽车及核心零部件、智能装备制造两大主导产业，强链补链延链，引进意大利迈威、捷佳创超高效光伏装备、新泉智能座舱、贸联特种电缆等重大产业项目15个，总投资额99.4亿元。总投资额超10亿元重大产业项目5个；汽车零部件项目7个，总投资额32.3亿元。引进嘉宏空港国际星光城美爵酒店等优质服务业项目5个，引进“三高一资”企业、高新技术企业、优质科技型中小企业等“小而精”“小而美”企业14家。

（罗溪镇 贾玺文）

【重大项目建设】 2023年，空港产业园实施重点项目18个，其中省重大项目1个、市重点项目9个、区重点项目8个。4月，聚信光伏封装胶膜项目、华奕康汽车尾气净化装置零部件生产项目、新泉轻量化汽车饰件智能工厂项目竣工。6月，捷佳创光伏智慧能源设备项目、星宇生技中心项目竣工。年内，13个重点项目完成竣工，完成投资额52.4亿元。市重点项目竣工目标任务完成率、投资完成数位居全区前列。

（罗溪镇 袁鲁豫）

【企业创牌争优】 2023年，空港产业园创新智造活力强劲，常州星宇车灯股份有限公司创成国家级智能制造示范工厂，北汽（常州）汽车有限公司被评为江苏省5G工厂；常州厚德再生资源科技有限公司获中央预算内资金补助；新增国家级专精特新“小巨人”企业1家、省级专精特新企业8家，省级以上智能工厂（车间）4家、市级绿色工厂3家；累计完成195家企业“智改数转”现场诊断服务，推动智能化技改投入金额9.6亿元，海普瑞（常州）洁净系统科技有限公司入选江苏省潜在独角兽企业，江苏新泉模具有限公司等10家企业入选苏南自创区瞪羚企业；净增高新技术企业32家，总数140家；新认定苏锡常首台（套）重大装备2套；建成常州市新能源电池循环利用产业技术创新联合体，特瑞斯能源装备股份有限公司等8家企业认定为省级以上“三站三中心”，总数37家；入选省“双创计划”团队1个、市“龙城英才计划”双创优选项目5个；认定为省“双创计划”创业类项目1个，市“龙城英才计划”创业类项目12个、创新类项目3个、外国人才专项项目1个。

（罗溪镇　贾玺文）

【聚信光伏组件封装胶膜项目竣工】 4月，聚信光伏组件封装胶膜项目竣工，项目建成后形成年产2800万平方米光伏组件封装胶膜的生产能力。该项目于2022年开工，总投资额33500万元。项目租用江苏科能电力机械有限公司厂房，面积7800平方米，购置膜生产线、混料罐、储料罐、搅拌平台、助剂罐、密度测试仪、环保设备等主辅设备99台（套），建成6条膜生产线。

【星宇生产技术中心项目竣工】 6月，星宇生产技术中心项目竣工，项目建成后为车灯生产提供工艺分析、工艺改善优化及相关作业技术支持。该项目于2021开工，总投资额35000万元。项目用地面积1.01公顷，新建生产技术中心一座，建筑面积4.4万平方米，购置便携式三坐标、红外去应力设备、光学镀膜机、研发工作台等设备120台（套）。

【捷佳创光伏智慧能源设备项目竣工】 6月，捷佳创光伏智慧能源设备项目竣工，项目建成后形成年产20GWPerc+高效新型电池湿法设备和新增20GWHJT超高效新型电池的湿法设备的生产能力。该项目于2021年开工，总投资额50亿元，项目用地面积10.01公顷。新建现代化工厂及配套设施，新增建筑面积12.2万平方米，购置CNC创花机、大型龙门加工中心、对焊机等主辅设备335台（套），其中进口设备4台（套）。

【捷佳创钙钛矿设备产业化项目奠基】 10月7日，2023常州国家高新区重大项目集中签约开工竣工暨捷佳创钙钛矿设备产业化项目奠基仪式在空港产业园举行。捷佳创四期钙钛矿设备产业化项目，新增用地面积10.01公顷，建成计划生产钙钛矿电池及钙钛矿叠层电池核心设备。常州捷佳创智能装备有限公司于2022年投入研发钙钛矿玻璃清洗设备、钙钛矿涂布设备、钙钛矿激光设备，在部分技术领域取得突破性进展，并向10余家光伏头部企业和行业新兴企业及研究机构提供钙钛矿装备及服务。捷佳创建设的钙钛矿设备产业化项目建成后，将生产钙钛矿电池及钙钛矿叠层电池核心装备，推动光伏产业高质量发展。

（罗溪镇　袁鲁豫）

常州捷佳创精密机械有限公司车间内工人装配制绒清洗设备

（区委宣传统战部　供图）

【白鲸航线获“华罗庚杯”常州市创新创业大赛团队组一等奖】 7月，白鲸航线（常州）科技有限公司获2023“华罗庚杯”常州市创新创业大赛决赛团队组一等奖。该公司是空港产业园签约落户的一家大型无人货运飞机的研发与制造公司，公司研制的W5000是全球最大、最高效的无人货运飞机。核心团队全部毕业于北京航空航天大学，由国内最先进的民用航空公司中有20余年实际经验的技术专家组成。年内，公司完成Pre-A轮融资，飞机预计2024年10月总装下线，于2025年实施首飞。

（罗溪镇　贾玺文）

·新北现代农业产业园区·

【概况】 2023年，新北现代农业产业园区（简称园区）以优质稻米生产、绿色果蔬种植为主导，推动畜禽养殖及农产品加工共同发展，以常州市兴华牧业有限公司、常州菜根香生态农业有限公司、常州市耘北农机专业合作社等为代表的产业主体，促进农业产业化、规模化发展。打造基于绿色果蔬产业的采摘节及基于杜鹃花节的观光农业品牌。依托园区葡萄、梨、桃等采摘基地建设，创建乡村休闲旅游标杆区。全年接待游客超6万人次，实现产值6.23亿元，其中主导产业优质稻米实现产值0.82亿元、绿色果蔬2.54亿元，主导产业产值占园区总产值的53.9%。

【现代农业建设】 2023年，园区通过省级现代农业产业示范园实地考核，常州润果农业科技有限公司创成市级果园生产全程机械化示范基地，常州维尔利农业科技发展有限公司、常州市万果农业生态科技有限公司等成功申报区级农业龙头企业，江苏顶润绿色农业发展有限公司入驻园区，优质稻米和绿色果蔬两大主导产业全面提档升级。推动无人农机耕种技术运用到复垦插秧环节，加速实现农业科技现代化。发展生态循环农业，打造以常州维尔利农业科技发展有限公司、常州市兴华牧业有限公司为主导的示范园区农业发展新模式。加强农田水利基础设施建设，完成73.37公顷高标准农田建设。

2023年，位于新北现代农业产业园区的葡萄园　（区委宣传统战部 供图）

【土地利用管理】 2023年，园区对连年拖欠租金的常州川野园林绿化工程有限公司、江苏秀丽江南生态农业发展有限公司提起诉讼，经法院调解，园区拟回收常州川野园林绿化工程有限公司大部分土地，另两家企业缴纳租金66万余元。对园区内储备土地及企业退地实行精细管理，针对灌排条件及土地平整度不同，因地制宜与种植户签订复耕协议，形成种植户有盈利、园区土地有效盘活的双赢局面。年内，园区水稻面积达394.55公顷，其中新增水稻面积73.37公顷，有效避免抛荒，保证土地资源的高效利用。推进重大项目建设，完成对常州菜根香生态农业有限公司、常州金淼花木专业合作社、峰丽园草坪、蒋云峰草坪、徐建洪草坪5个主体草坪腾退，腾退面积81.37公顷，政府投入资金1200余万元。园区与江苏顶润绿色农业发展有限公司签约，公司占地面积26.82公顷，总投资额3000万元，年内完成投资额700余万元。项目规划面积20.01公顷用于蔬菜种植，另规划部分土地用于水果生产、水产养殖。项目完成后公司将形成超400吨的食材存储量，日最大周转量超200吨。

【农旅融合发展】 2023年，园区依托良好的生态环境和独特的农业资源，加强农村一、二、三产业融合发展。基于江苏裕华杜鹃种植有限公司百亩杜鹃花园打造2023年“裕华”杜鹃花节，发挥其江苏省农科院的产学研合作单位与科普教育基地的示范引领作用，形成乡村旅游以点带面的发展路子。年内，园区培育一批市区级示范采摘园、区级示范家庭农场、区级示范农民专业合作社，推动红美人柑橘、阳光玫瑰等优秀采摘品种规模扩大，四季观光采摘新业态继续发展壮大。结合本土文化资源，以编制村庄规划为契机，推进居民集聚点建设，改善农村人居环境；打造匠心铺、梅林居、古银杏园等主题景观，引入常州高新纺织工业园发展有限公司、常州融商智投文化科技股份有限公司等社会资本，建设东南小院、稻田理想等精品民宿，串联规划精品路线，打造“体验式”田园综合体，培育“民宿+”“文创+”等乡村旅游新业态；举办丰收节、插秧节、农场集市等各类活动，提升农旅资源人气和知名度。

【新北现代农业产业园区被认定为省级现代农业产业示范园】 2023年，园区被认定为省级现代农业产业示范园。自2020年来，园区引进常州市兴华牧业有限公司、常州维尔利农业科技发展有限公司两家农业集团公司，协同省农科院推广绿色生态种植、良种繁育等技术128项；运用“高标准农田+科技推广”的运作模式，推进园区数字化、智能化建设。2021年，园区入选全省数字农业农村基地；2022年入选省农业生产全程机械化智能化典型基地名单。省级现代农业产业示范园建设包括育秧中心、稻米烘干中心、保鲜存储、废弃物综合再利用等项目，累计投入资金4.55亿元。其中，省级财政资金投入5000万元，市、区财政资金投入1.7亿元，撬动社会资本投资2.35亿元。基础设施得到改善，公共服务能力有效提升，1534.1公顷核心区建设完成，江苏现代农业稻油产业技术体系建设项目成功落地。园区以示范园南部为核心，构建生态稻米种植区、绿色蔬菜栽培区、精品花果种植区3个示范区，分别打造现代智慧水稻园、农牧生态循环园、优质蔬菜生产园、精品水果种植园、三产融合休闲园、冷链仓储物流园6个特色园，“一核三区六园”空间格局基本形成。

（西夏墅镇 张瀚渊）

·光伏产业园·

【概况】 常州国家高新区光伏产业园区（简称园区）地处常州高铁新城东部，辖区面积17.12平方千米。2023年，园区锚定高质量发展目标，全年完成地区生产总值247.5亿元，完成规模以上工业总产值612亿元，全年智慧能源产业完成产值393.68亿元，占规模以上工业产值总量的64.28%。实现限额以上贸易额749亿元，完成固定资产投资34.22亿元，实现一般公共预算收入20.5亿元，完成到账外资25097万美元、进出口总额374.9亿元。园区有智慧能源产业规模以上工业企业18家，其中销售额突破100亿元企业2家，新增1家，基本形成光伏智慧能源成熟产业链。有智慧能源领域上市企业3家、上市后备企业4家；园区光伏企业有制造业单项冠军1家，国家级专精特新“小巨人”企业4家；新增省级独角兽企业1家、省级潜在独角兽企业1家。

【项目招引】 2023年，园区围绕“一特一新一现代”（智慧能源产业、新一代信息技术产业、现代服务业）三大产业为主攻发展方向，招引中能创低碳新能源科技（常州）有限责任公司异质结光伏组件和配件项目、深圳市众诚达应用材料科技有限公司新材料华东制造基地项目等产业项目15个，其中投资额超10亿元项目2个、精品外资项目2个；服务业项目8个，项目招引取得突破。

表24 2023年常州国家高新区（新北区）光伏产业园招引产业项目一览表

序号	项目名称	投资额（亿元）
1	宏微科技新能源塑封功率半导体器件项目	10
2	库博能源项目	5
3	江苏拓邦华创科技有限公司高端分离膜研发中心与总部项目	5
4	常州华胜锂电科技固态锂电池研发生产及总部项目	3.1
5	深圳市众诚达应用材料科技有限公司新材料华东制造基地项目	3
6	中能创低碳新能源科技（常州）有限责任公司异质结光伏组件和配件项目	1
7	常州德朗聚电子封装材料工厂建设项目	1
8	海逸单壁碳纳米管浆料项目	1
9	天合富家分布式光伏数字化信息系统及研发中心升级建设项目和天合富家营销及渠道网络建设项目	12.57
10	江苏涵恒医疗科技有限公司高精密注塑模具、医疗器械注塑配件及高分子芯材生产项目	3.5
11	江苏凯斯盾科技有限公司高端车载及AGV电机项目	3
12	常州华美光电新材料有限公司二期项目	0.6
13	德国德恩科电机项目	增资200万美元
14	赛科为涡旋压缩机项目	0.3
15	瑞声科技光波导项目	0.5

【重大项目建设】 2023年，园区（含综保区）有市、区重点项目18个。其中，省重点项目1个，为优谷大型海上风电机组关键零部件项目；市重点项目10个，分别为佳士工业数字化智能焊机及零部件项目、先行新能源装备项目、众诚达镀膜材料项目、芯动能新能源塑封功率半导体器件、涵恒医用高精密注塑模具及快检系列医疗器械项目、巨泰节能智能物联网电源项目、宏微新型功率半导体器件项目、赛达电气迁建项目、大成锂电智能装备制造项目、综合保税区保税物流中心项目；区重点项目7个，分别为黑牡丹常州智能智造产业园、中园跨境电商产业园项目、万祥实业载体建设项目、联东U谷常州国际智慧谷项目、天纳克常州工厂电控减振器项目、海卓高端车灯注塑及精密零件注塑件研发项目、巴奥米特植入材料和人工器官扩建项目。全年完成投资额29.7亿元，完成率100%。市重点项目新入库5个（先行新能源装备项目、赛达电气迁建项目、宏微新型功率半导体器件项目、众诚达镀膜材料项目、综合保税区保税物流中心项目）、竣工3个（宏微新型功率半导体器件项目、赛达电气迁建项目、大成锂电智能装备制造项目）、新开工4个（先行新能源装备项目、赛达电气迁建项目、芯动能新能源塑封功率半导体器件、综合保税区保税物流中心项目）。

表 25 2023 年常州国家高新区（新北区）光伏产业园重大项目一览表

项目类别	项目名称	投资额（万元）
省重点项目	优谷大型海上风电机组关键零部件项目	100000
市重点项目	佳士工业数字化智能焊机及零部件项目	20000
	先行新能源装备项目	101500
	众诚达镀膜材料项目	30000
	芯动能新能源塑封功率半导体器件	100000
	涵恒医用高精密注塑模具及快检系列医疗器械项目	35000
	巨泰节能智能物联网电源项目	40000
	宏微新型功率半导体器件项目	60000
	赛达电气迁建项目	25000
	大成锂电智能装备制造项目	47612
市重点项目	综合保税区保税物流中心项目	31000
区重点项目	黑牡丹常州智能智造产业园	45000
	中园跨境电商产业园项目	110000
	万祥实业载体建设项目	25500
	联东U谷常州国际智慧谷项目	100000
	天纳克常州工厂电控减振器项目	13500
	海卓高端车灯注塑及精密零件注塑件研发项目	15000
	巴奥米特植入材料和人工器官扩建项目	13000

【光伏产业生态创新大会】 5 月 10 日，光伏产业生态创新大会在常州国家高新区（新北区）举行。全国政协副主席、全国工商联主席高云龙出席大会并致辞。江苏省副省长胡广杰，青海省委常委、西宁市委书记王卫东等出席会议。院士专家、领军企业、金融机构、创新平台等代表参会。常州市、淮安市、盐城市、宿迁市、西宁市主要领导共同发布《创新光伏产业生态常州倡议》。会上，18 家产业链上下游企业签订光伏制造业创新中心合作协议，17 家金融机构签订金融生态协议，并举行院士论坛、供应链生态、金融生态、源网荷储生态构建、分布式光伏等平行论坛、推介对接、专题考察活动。

（龙虎塘街道 许艳）

· 中瑞（常州）国际产业创新园 ·

【概况】 中瑞（常州）国际产业创新园（简称园区）位于滨开区，规划占地面积约 123 公顷，分两期开发。园区一期依托平谦常州智能制造产业园建成 30 万平方米标准厂房，其中 16 栋单层厂房满租，现代化共享服务中心部分运营，为入驻企业提供餐饮、休闲、共享办公、研讨、路演等多元化服务。约 40 万平方米绿地完成基础设施配套，80% 的绿地面积完成招引。园区二期规划面积 56 公顷，其中载体建设面积 27 公顷，由常州滨江国有控股集团有限公司投资 11.5 亿元建设，规划建筑面积 53.38 万平方米，项目分两期开发，一期 15 公顷开工建设。按照产城融合、智慧园区、生态园区的规划理念，园区以创新、智能、绿色等产业为发展重点，产业布局锁定中瑞两国战略优先支持领域，以常州国家高新区确定的“两特三新一智能”产业链为核心，主动对接瑞士及德语国家优势产业，重点发展高端装备制造、碳纤维及复合材料、生物医药及医疗器械、新能源汽车核心零部件等产业，形成中瑞特色鲜明、具有国际竞争力的现代产业体系。园区成立后，先后获批江苏省国际合作园区、中国（江苏）自由贸易试验区联动创新发展区、第二批江苏省海外人才离岸创新创业基地试点建设单位、市级科技企业加速器，纳入国家国际科技合作平台管理体系。

【项目招引】 2023 年，总投资额 1 亿美元的瑞士英力士复合材料及研发中心项目、总投资额 3000 万美元的瑞士埃莱普精密汽车零部件研发制造项目签约，总投资额 5000 万美元的美伊电钢增资项目签约入户。常州国家高新区与瑞士莱斯豪尔集团签署战略合作框架协议，规划在区建设技术领先的智能化工厂。常态化开展经贸交流活动，年内举办约 300 人规模的外企联谊会、外企座谈会、行业大咖局等活动，“中瑞创新日”“瑞士企业家圆桌会议”“瑞士企业家走进高新区”等系列活动成为长三角地区对瑞经贸交流的独特品牌。至年末，园区累计入驻瑞士美德乐母婴用品项目、瑞士碎得破碎机械项目、加拿大麦格纳工程中心项目、德国罗森博格高端汽车电子项目、德国科泰思碳纤维材料项目、德国亮智LED整体解决方案项目、德国弗兰德高端减速机项目、德国莱尼新能源汽车线束项目、西班牙拉米装饰用纸项目、芬兰劳特机械设备项目和美国李尔汽车座椅项目等25个国际领先的产业项目，累计投资额超7亿美元，总销售额超70亿元，成为长三角吸引跨国企业集聚的优质国际合作园区。

碎得机械（常州）有限公司生产车间　　（区委宣传统战部 供图）

【瑞士埃莱普精密汽车零部件研发制造项目签约】 2月，瑞士埃莱普精密汽车零部件研发制造项目签约，项目总投资额3000万美元。埃莱普（ARAP）是瑞士百年企业昂思菲特和意大利Argomm集团强强联合成立的合资公司。昂思菲特集团于1920年成立，是一家全球领先的高性能密封件开发、制造商，为全球各行各业的2万余家知名企业提供高质量的产品和工程技术解决方案。Argomm集团于1981年成立，总部位于意大利，是专业车用级弹性密封材料制造的行业龙头企业。瑞士埃莱普精密汽车零部件研发制造项目是埃莱普在中国的第一家研发制造基地，将为中国汽车和工业客户提供高性能密封产品，包括橡胶、塑料、磁性塑料组件的研发、生产、销售以及售后服务，并提供工程解决方案。

【威乐常州工厂开业】 9月13日，位于常州国家高新区的威乐常州工厂开业，全球第3000万台Wilo-Para家族高效泵同步下线。威乐集团成立于1872年，是全球领先的水泵和水泵系统制造商之一，2022年全球销售额达18.85亿欧元，入选全球50家可持续发展和气候领袖企业。威乐（常州）水泵有限公司总投资额1亿美元，注册资本3500万美元，项目用地面积5.6公顷，购置精密数控机床、绕线机、自动化产线、测试设备等100台套，形成年产高效水泵300万台、电机350万台的生产能力。威乐常州工厂是威乐集团继德国总部新工厂后的第二个工业4.0标准工厂，达产后预计年销售额8亿元。

【碎得机械常州基地开业】 10月，碎得机械常州基地开业。总部位于瑞士的碎得集团（SID）是一家专注于环保技术和装备制造的全球化公司，是世界知名的废弃物破碎设备制造商。碎得机械（常州）有限公司于2021年9月15日注册成立，是中瑞（常州）国际产业创新园成立后落户的首个来自瑞士的绿地项目和园区第一个开工建设项目，项目用地面积3.34公顷，可形成年产200套环保专用设备的生产能力，预计年销售额5亿元。

【佩里科尼常州工厂开业】 10月，佩里科尼（常州）金属包装材料有限公司开业。佩里科尼（常州）金属包装材料有限公司成立于2021年，总投资额1300万美元，注册资本720万美元，采用全进口自动化生产线，生产低碳环保的包装材料制品。佩里科尼集团是一家拥有80年历史的意大利家族企业，成立于1939年，总部位于意大利博洛尼亚省，是皇冠盖生产的全球领导者和顶级瓶盖制造商之一，主要研发和制造金属、铝制和塑料瓶盖，是拥有专利技术maxip拉环盖的全球两大制造商之一。至年末，佩里科尼集团在全球设5家工厂，每年向世界各地提供300亿个瓶盖，是全球知名酒水饮料集团嘉士伯、百威的主要供应商。

【劳特（常州）机械有限公司开业】 10月，劳特（常州）机械有限公司开业仪式在滨开区举行。劳特集团有百余年历史，是全球唯一能为客户提供胶合板和层压单板全过程技术解决方案的企业。全球超过一半的大型胶合板和LVL（单板层积材）制作工厂在使用劳特集团所生产的机器设备。劳特（常州）机械有限公司是常州国家高新区唯一芬兰企业，新投产的常州工厂主要生产胶合板机械设备，项目总投资额1250万美元，坐落于中瑞国际产业园。

【美卓常州高端装备项目签约】 12月，常州国家高新区与芬兰美卓集团举行签约仪式，聚集国际制造优质资源，打造高端装备制造企业。美卓常州高端装备项目主要生产履带式移动破碎筛分整机设备，应用于骨料、矿山和冶炼行业，计划年产各类整机设备500余台（套），预计2024年投产。

【贺尔碧格常州新工厂开业】 12月，贺尔碧格压缩机技术（中国）有限公司举行开业仪式。贺尔碧格常州新工厂于2022年11月开工，2023年11月验收，占地面积2.87公顷，位于中瑞产业园，一期建筑面积1.6万平方米。高端压缩机核心零部件中国区基地项目总投资额1亿美元，常州新工厂除整合上海、常州两个基地的压缩机技术和安全产品产能外，引进流体控制、激光切割、安全防爆等贺尔碧格核心产品，是贺尔碧格全球所有工厂中生产产品种类最多、尺寸型号最全、生产工艺最复杂的工厂。产品主要应用于石化、氢能、芯片及储能等领域，达产后年销售额超5亿元。

【《很高兴认识你》宣传片发布】 5月，常州市主要领导率常州经贸代表团在瑞士举办“2023瑞士—常州智造创新日”活动。活动中由新华日报社常州分社摄制的中瑞产业宣传片《很高兴认识你》发布。该片集中反映瑞士企业在常州投资兴业的成果，推介常州国家高新区的区位优势和营造市场化、法治化、国际化的一流营商环境，展示中瑞（常州）国际产业创新园的发展潜力和愿景，打响“中瑞合作看常州”的金字招牌。

（滨开区 黄婷）

·中日（常州）智能制造产业园·

【概况】 中日（常州）智能制造产业园（简称园区）筹建于2018年。2020年9月，常州国家高新区与工信部国际经济技术合作中心签订中日产业园共建协议，明确把中日产业园打造成集智能制造、创新研发、生产服务于一体的中日产业合作园基地。2022年1月，中日（常州）智能制造产业园获批省级国际合作园区。园区规划面积147平方千米，主体涵盖罗溪镇、奔牛镇、薛家镇以及滨开区部分地块。按照“产业＋载体＋配套”的规划布局，重点突出创新驱动，实现产业区域联动，布局智能汽车与车联网、5G与新一代信息技术两大战略先导产业，提升新能源汽车及核心零部件、机器人及智能装备制造、高端医疗器械及生命健康三大核心支柱产业，拓展数字娱乐、科技服务、智慧物流和人工智能四大创新赋能产业。至2023年年末，园区累计注册成立日本企业超过260家，投资总额约30亿美元。以株式会社小松制作所、株式会社电装、住友电气工业株式会社、株式会社SMC、三菱电机株式会社、富士通株式会社、THK株式会社、NTN株式会社、株式会社普利司通、住友化学株式会社、兴和株式会社、大日本油墨化学工业株式会社、KYB株式会社等世界500强和龙头企业为代表，聚焦智能智造、汽车核心零部件、新材料、生命健康产业等重点产业发展。

【重大项目建设】 2023年，园区按照专业规划设计，计划建设一批标准厂房，用于招引优质项目。滨开区1.1期地块总投资额1.7亿元，年末投入使用。2024年将启动1.2期建设。奔牛板块一期总投资额6.6亿元，预计2024年年底竣工。5月，总投资额2000万美元的沙特卡ADI（等温淬火球墨铸铁）高端新材料项目投产，公司生产的ADI高端新材料产品，用以代替钢件，填补全市高端铸件材料的空白。

【SMC自动化有限公司华东基地奠基】 11月22日，SMC自动化有限公司华东基地奠基仪式在常州国家高新区（新北区）举行。株式会社SMC成立于1959年，是世界级气动元件研发、制造、销售商，其气动控制技术广泛应用于新能源汽车、半导体设备、高端机床、工业机器人、航空航天等工业领域。SMC（中国）有限公司于1994年在北京成立，总投资额480亿日元，曾连续3年被评为福布斯全球最具创新力企业TOP100。开工建设的SMC自动化有限公司华东基地项目用地面积9.14公顷，其中一期投资规模1亿美元，用地面积4.67公顷，主要为满足中国地区日益增长的自动化市场需求，计划将建成集高端气动元件生产、研发及销售于一体的华东基地。

【交流推介活动】 5月，常州经贸代表团出访日本并组织召开中日（常州）智能制造产业园推介会。邀请中国贸促会驻日本总代表、商务厅驻日本代表以及日本三大银行等机构参加常州东京中心揭牌仪式。园区通过轮换派遣中长期日本出差人员，推介中日（常州）智能制造产业园，扩大园区的影响力辐射圈。派遣期间走访企业以及相关机构170余家，参加专业展会20场，获取10余条有效项目信息。6月28日，园区组织重点企业参加东亚企业家太湖论坛，宣传常州，携手日本、韩国企业合作共赢。7月22日，园区以小分队形式走访日本10家企业以及机构，推动在谈项目进展，发掘招商新渠道和新信息。8月18日，园区组织日企沙龙活动，与日企交流互动。12月，园区邀请驻沪副总领事参加常州日商俱乐部活动，接待江苏省商务厅和日本考察团，推介宣传常州新能源之都和园区的招商引资政策及发展前景。

（区商务局 黄婷）

科技创新

综　述

【一区一战略产业推进】 2023年，常州国家高新区（新北区）持续发展碳纤维及复合材料产业，基本形成龙头企业引领、创新平台支撑、专业基金扶持、上下游高科技企业协同发展的全产业链发展格局。建设长三角碳纤维及复合材料技术创新中心、江苏省集萃碳纤维及复合材料应用技术研究院、江苏省碳纤维及复合材料产业创新中心、JITRI—碳纤维复合材料联合创新中心、碳纤维复合材料质量检测中心等创新平台，集聚国家级人才计划9人、省级人才计划13人等高端人才及团队。至年末，全区有碳纤维及复合材料产业链关联企业超60家，其中上市企业2家、潜在独角兽企业2家、高新技术企业20家。有效授权专利2500余件，其中有效授权发明专利670余件，主持或参与制定标准90个，企业获省级以上科技进步奖5项、省级以上科技项目22项。全年实现销售收入150亿元。

【科技创新政策体系完善】 2023年，常州国家高新区（新北区）以市区政策互补、突出区域特色，引进培育并重、助推创新发展的原则，修订全区创新政策，围绕突出企业主体创新、布局创新平台载体、资金扶持等方面，激发企业创新创业热情，优化创新创业生态。加大高新区创新政策2.0落实力度和宣传力度，加强苏南一站式服务平台运行管理，提高企业获得创新政策精准度和便捷性，让科技创新惠企政策“直达快享”。

【企业科技创新积分制推进】 2023年，常州国家高新区（新北区）获2022年度科创积分的企业有2万余家，较上年增加188家，其中初创期企业1.58万家、成长期企业2937家、发展期企业1566家、成熟期企业313家。按照企业创新积分排名，确定2022年度科技创新标兵企业10家、先进企业20家、新锐企业10家。通过企业科技创新积分管理系统，11家合作银行调用企业创新积分数据2000余次，线下召开面对面银企对接活动，服务全区200余家科技企业，提供“科创积分贷”信用贷款、担保贷款等融资金额7.4亿元。4月，科技部火炬中心企业创新积分制（南方片区）工作推进会召开，常州国家高新区被评为2022年度企业创新积分制优秀工作单位。9月，常州国

9月20日，常州国家高新区2022年度企业“科技创新积分”发布暨科创积分贷专项金融产品发布会召开　　（区科技局 供图）

家高新区企业“科技创新积分”发布暨科创积分贷专项金融产品发布会召开，常州高新区企业创新积分应用小程序发布，表彰标兵企业、先进企业、新锐企业，邮储银行、江苏银行、建设银行等金融机构发布“科创积分贷”专项产品，14个“科创积分贷”系列产品授信签约。

【科技镇长团】 2023年，新北区第十五批科技镇长团围绕新材料、新一代信息技术两大产业链开展调查研究，梳理产业链国内外情况，挖掘背后资源，协同举办2023长三角碳纤维复合材料高层论坛等系列主题活动，形成《常州市碳材料产业链发展研究报告》《常州市新一代信息技术调研报告》等文献报告。年内，全团走访企业1000家次，收集并发布涵盖人才、技术、市场、金融等方面企业需求101项，技术诊断洽谈100余次；邀请中国科学院、重庆大学等“双一流”高校高端人才来访超150人次。强化地方和企业沟通，全团签订有效产学研合同24份，合同金额5538.4万元；协调湖南大学、南京工程学院等高校，达成立项50万元以上重点项目9个；协调省汽车工程等行业协会，与企业合作申报江苏省科创江苏专项“会企合作”项目4项并立项；介绍中国知名投资机构参与企业Pre-IPO增资计划，累计协助企业完成3亿元股权融资。挖掘镇长团科研项目优势，引荐项目和搬迁企业20余个（家），推动厦门大学单壁碳纳米管项目、新型锂电池负极材料项目、南京腾伟翔信息科技有限公司、江苏蔚蓝志远环保科技有限公司落户新北区；推荐重点人才12人，其中“HW”人才（海外人才）有效推荐5人，龙城英才有效推荐6人；促成企业高校新北专场招聘、企业组团招聘30余次，大学毕业生到常州就业500人。年内，新北区第十五批科技镇长团在全省98个镇长团综合排名中位居第八。

（区科技局 孙整瑛）

苏南国家自主创新示范区

【概况】 2023年，常州国家高新区（新北区）依托苏南国家自主创新示范区一站式服务平台，擦亮“菁常汇”科技服务品牌，为企业提供高新技术企业辅导、技术合同交易、研发机构建设等活动300余场。利用苏南自主示范区的创新资源和合作开放优势，集聚创新资源，激发创新活力，持续提升全区科技创新的知名度和影响力。围绕企业成长全生命周期，探索“小升高”（科技型中小企业成长为高新技术企业）的企业培育之路。健全以独角兽企业、上市企业等创新型领军企业为龙头、高新技术企业为主干、科技型中小企业为基础的创新型企业集群梯次培育发展体系，至年末，全区高新技术企业达1370余家。

（区科技局 魏洪兵）

【创新创业服务平台升级】 2023年，常州国家高新区（新北区）升级区创新创业服务平台，优化调整政策超市、创业孵化、科技金融等板块内容。及时更新政策文件，增加“载体可用面积”报备端口，完善“科创积分贷”担保贷款内容。上线“科创积分贷”小程序，为企业匹配相适应的金融产品，提高科技金融政策服务的精准性、针对性，提升科技金融服务实体经济质效。

（区科技局 陈喆）

科技项目

【科技项目申报和成果转化】 2023年，常州国家高新区（新北区）组织申报各级各类工业科技计划项目85个。组织申报国家重点研发计划立项9个，其中天合光能、长三角碳纤维中心、宏发纵横等项目获立项资金2265万元。组织申报省级科技计划项目20个，其中省科技成果转化专项资金项目7个，江苏常荣电器股份有限公司申报的动力电池用高精度智能电流传感器研发及产业化项目获立项；省重点研发计划——产业前瞻与共性关键技术项目13个，其中江苏精瓷智能传感技术研究院有限公司申报的重点项目，中科爱毕赛思（常州）光电科技有限公司、常州富兴机电有限公司申报的3个竞争项目获立项。组织申报市级科技计划项目56个，其中市产业前瞻与关键核心技术项目38个，正式立项14个；市成果转化项目申报18个，指导性立项11个；参加市成果转化项目中期检查7个，正式立项6个。组织申报江苏省国际合作项目7个，申报市国际合作项目11个，其中7个项目获立项。天汇空间承担的国家高分遥感卫星数据与产品共享交换服务平台项目获国家国防科工局3492万元立项资金支持。

【15个项目入选省科学技术奖】 6月，《2022年度江苏省科学技术奖获奖名单》公布，新北区有15个项目入选，其中一等奖2个、二等奖5个、三等奖8个，牵头完成5个、参与完成10个。总入选数占全市数量的46.9%。

表 26　常州国家高新区（新北区）获 2022 年江苏省科学技术奖项目一览表

序号	项目名称	完成单位	备注
一等奖			
1	城市级电气热耦合系统安全高效运行关键技术及应用	东南大学、国网江苏省电力有限公司、国电南瑞科技股份有限公司、国网吉林省电力有限公司、中国建筑科学研究院有限公司、中国能源建设集团江苏省电力设计院有限公司、上海全应科技有限公司、常州英集动力科技有限公司	参与
2	复杂荷载-环境耦合作用下桥梁多灾害推演及防控关键技术与应用	东南大学、华设设计集团股份有限公司、中铁桥隧技术有限公司、江苏科技大学、天津大学、江苏容大减震科技股份有限公司	参与
二等奖			
3	药物共晶新技术及其产业化应用	中国药科大学、常州寅盛药业有限公司、江苏威凯尔医药科技有限公司	参与
4	反应精馏过程多目标智能优化控制技术及应用	南京工业大学、中建安装集团有限公司、南京资环工程技术研究院有限公司、常州新东化工发展有限公司	参与
5	碳纤维多轴向织造及复合材料高效精确成型关键技术及应用	常州市宏发纵横新材料科技股份有限公司、中国机械总院集团江苏分院有限公司、南京大学、常州市新创智能科技有限公司、江苏华复轨道交通科技有限公司、中材科技（阜宁）风电叶片有限公司	牵头
6	高精度智能控制真空镀膜成套系统关键技术及应用	常州市乐萌压力容器有限公司、常州工学院、中国机械总院集团江苏分院有限公司、浙江大学常州工业技术研究院、常州湖南大学机械装备研究院	牵头
7	高效定制化动力锂电池高精卷绕装备关键技术及产业化	无锡先导智能装备股份有限公司、浙江大学、江苏时代新能源科技有限公司、蜂巢能源科技（无锡）有限公司、浙江大学常州工业技术研究院	参与
三等奖			
8	复杂场景智能综合管控工业互联网平台研发及应用	中国矿业大学、朗坤智慧科技股份有限公司、中国科学技术大学苏州高等研究院、天地（常州）自动化股份有限公司	参与
9	制冷压缩机高精度过载保护技术研究及应用	江苏常荣电器股份有限公司、河海大学	牵头
10	高效智能自驱动永磁滚筒关键技术研发及应用	江苏嘉轩智能工业科技股份有限公司、常州工学院	参与
11	大尺寸高强韧铝轮毂半固态流变成型关键技术研发及产业化	江苏凯特汽车部件有限公司、有研金属复材技术有限公司、大亚车轮制造有限公司、河海大学、常州机电职业技术学院、南京林业大学、中国机械总院集团江苏分院有限公司、江苏今创控股集团有限公司	牵头
12	高速动车组车轮踏面在线修形关键技术与工程应用	常州中车铁马科技实业有限公司、中车戚墅堰机车车辆工艺研究所有限公司、同济大学、中车青岛四方机车车辆股份有限公司、中车长春轨道客车股份有限公司	牵头
13	面向精密模具的高性能热流道系统关键技术研发及产业化	苏州好特斯模具有限公司、山东大学、常州星宇车灯股份有限公司、常州机电职业技术学院、航天海鹰（镇江）特种材料有限公司	参与
14	轨道交通车辆用制动闸片	中车戚墅堰机车车辆工艺研究所有限公司、常州中车铁马科技实业有限公司	参与

续表 26

序号	项目名称	完成单位	备注
15	有机热载体加热炉节能低碳环保安全成套装备关键技术及产业化	常州大学、常州能源设备总厂有限公司、江苏常诺能源环保科技有限公司	参与

说明：表格中标注下划线的为区内企业、单位。

（区科技局 刘秀山）

创新主体培育

【概况】 2023 年，常州国家高新区（新北区）以“科技型中小企业—高新技术企业—瞪羚企业—独角兽企业—上市企业”科技型企业梯次培育为主线，多措并举加速推进科技企业发展壮大，为实现科技自立自强夯基蓄能。全区有高新技术企业 1371 家，科技型中小企业评价入库 1267 家；全年新增独角兽企业 1 家，实现高新区独角兽企业零的突破，新增潜在独角兽企业 5 家、种子独角兽企业 79 家和瞪羚企业 42 家。

【高新技术企业申报】 2023 年，常州国家高新区（新北区）召开高新技术企业申报动员会、工作推进会及材料辅导会等会议，组织 5 批次高新技术企业申报计 913 家，通过评审认定 621 家（包含 2 家复审）。其中，重新申报企业 357 家，通过认定 311 家；新申报企业 556 家，通过认定 310 家。至年末，全区有高新技术企业 1371 家，其中电子信息企业 221 家、高技术服务企业 86 家、航空航天企业 9 家、生物与新医药企业 56 家、先进制造与自动化企业 703 家、新材料企业 192 家、新能源与节能企业 47 家、资源与环境企业 57 家。

【独角兽企业认定】 11 月，2023 年江苏省高新技术产业开发区独角兽企业评估结果发布，常州国家高新区（新北区）企业天合富家能源股份有限公司入选独角兽企业，常州都铂高分子有限公司等 5 家企业入选潜在独角兽企业，中科爱毕赛思（常州）光电科技有限公司等 79 家企业入选种子独角兽企业。至年末，全区累计认定独角兽企业 1 家、潜在独角兽企业 17 家、种子独角兽企业 79 家。

表 27 2023 年常州国家高新区（新北区）新增独角兽企业一览表

类型	企业名称
独角兽企业（1家）	天合富家能源股份有限公司
潜在独角兽企业（5家）	江苏天合储能有限公司
	常州瑞神安医疗器械有限公司
	江苏固家智能科技有限公司
	海普瑞（常州）洁净系统科技有限公司
	常州都铂高分子有限公司
种子独角兽企业（79家）	常州赛科为能源科技有限公司
	常州永安行氢能科技有限公司
	人上融融（江苏）科技有限公司
	精匠诊断技术（江苏）有限公司
	常州伊贝基位移科技有限公司
	弗斯迈智能科技（江苏）有限公司
	江苏和光舒卷数字科技有限公司
	江苏沃莱新材料有限公司
	常州邦铭新材料科技有限公司
种子独角兽企业（79家）	常州华束科技有限公司
	中科爱毕赛思（常州）光电科技有限公司
	频率探索智能科技江苏有限公司
	洛玛瑞芯片技术常州有限公司
	江苏叶迪电子有限公司
	悟空智能科技常州有限公司
	常州常耀半导体科技有限公司
	安费诺定制连接器（常州）有限公司
	常州市欣宸恺环保科技有限公司
	常州药明合联生物技术有限公司
	创微微电子（常州）有限公司
	常州今汇芯信息科技有限公司
	常州诚嘉光电科技有限公司
	江苏乐萌精密科技有限公司
	大族激光智能装备科技（常州）有限公司

续表 27

类型	企业名称	类型	企业名称
种子独角兽企业（79家）	富林泰克（江苏）测控系统有限公司	种子独角兽企业（79家）	江苏呈森嘉泽能源科技有限公司
	沃世机械（江苏）有限公司		力一制药装备科技（常州）有限公司
	九号智能（常州）科技有限公司		常州德迅医疗科技有限公司
	常州恒邦药业有限公司		常州创明磁性材料科技有限公司
	常州市泰阁空气处理设备有限公司		江苏后肖天美铝业有限公司
	江苏普拉迪数控科技有限公司		常州金源绿色新材料有限公司
	常州棱度智能科技有限公司		维泰汽车科技（常州）有限公司
	江苏绿明华宇建筑科技有限公司		常州威马电子科技有限公司
	江苏德杰机械设备有限公司		江苏峰鑫网络科技有限公司
	常州市润渊精密机械科技有限公司		方冠（常州）数控科技有限公司
	常州捷佳创智能装备有限公司		常州鼎森传动科技有限公司
	江苏长江交通科技有限公司		闳深精密模具（常州）有限公司
	常州越新传动系统有限公司		常州路达曼智能科技有限公司
	艾瑞生命科学技术（常州）有限公司		江苏优尚环境工程有限公司
	江苏沐唯特环保科技有限公司		江苏双鑫新材料有限公司
	江苏铭创新材料系统科技有限公司		常州润丰源纺机制造有限公司
	常州瑞赛环保科技有限公司		江苏蓝联环境科技有限公司
	江苏乐抹新材料科技股份有限公司		恒动（常州）新能源科技有限公司
	贸联特种电缆（常州）有限公司		江苏天合清特电气有限公司
	丰疆智能科技研究院（常州）有限公司		常州联德陶业有限公司
	常州贝壳网络科技有限公司		江苏博昊智能科技有限公司
	菲索玛特（常州）智能制造系统有限公司		常州宸宇电机科技有限公司
	江苏威恩特新材料科技有限公司		常州市永普车灯有限公司
	常州博蕴车业有限公司		常州市兆华塑料制品有限公司
	法兰泰克（常州）工程机械有限公司		常州市宏联港口机械有限公司
	华瓷（江苏）新材料科技有限公司		瑞泰环保装备有限公司
	常州市腾纳机械有限公司		常州有钊金属制品有限公司
			常州利纳迪智能科技有限公司

【天合富家入选省独角兽企业】 11月，天合富家能源股份有限公司被认定为江苏省独角兽企业，为全区首家。天合富家能源股份有限公司成立于2016年10月，2017年提出“原装光伏”理念与标准，是天合光能股份有限公司旗下专注于分布式光伏业务的子公司，主要围绕品牌、产品、服务三大核心战略，建立以产品研发、市场销售、安装售后、智能运维为一体的完整体系，通过数字化平台和完善的代理服务商网络，构建数字化、全渠道的智慧能源服务体系，为用户提供原装户用分布式光伏系统解决方案及原装定制化工商业光伏系统解决方案，在全

球范围内服务用户超 90 万户。至年末，公司拥有专利 31 件、已授权发明专利 2 件，软件著作权 3 件，体系认证证书 3 项，注册商标 86 件。

【瞪羚企业认定】 11 月，2023 年江苏省高新技术产业开发区瞪羚企业评估结果发布，区内常州赛乐医疗技术有限公司、江苏博之旺自动化设备有限公司、常州厚德再生资源科技有限公司等 42 家企业入选瞪羚企业。至年末，全区累计认定瞪羚企业 164 家。

表 28　2023 年常州国家高新区（新北区）新增瞪羚企业一览表

序号	企业名称	序号	企业名称
1	常州药物研究所有限公司	22	常州中源工程技术有限公司
2	江苏新泉模具有限公司	23	江苏冠愉电机科技有限公司
3	江苏长青艾德利装饰材料有限公司	24	常州英集动力科技有限公司
4	江苏正辉太阳能电力有限公司	25	常州沃克电器有限公司
5	常州聚和新材料股份有限公司	26	江苏筑一智能装备科技有限公司
6	江苏瑞升华能源科技有限公司	27	常州市北辰机械有限公司
7	安费诺汽车连接系统（常州）有限公司	28	江苏祝尔慷电机节能技术有限公司
8	万全重工（常州）机械有限公司	29	常州天晟紫金自动化设备有限公司
9	常州厚德再生资源科技有限公司	30	江苏省艾维德紧固件有限公司
10	常州乐奥医疗科技股份有限公司	31	常州市铭鹭硬质合金工具有限公司
11	常州新联铸业有限公司	32	常州市骠马工业机器人系统工程有限公司
12	江苏印象乾图文化科技有限公司	33	常州市和普电子科技有限公司
13	常州柯特瓦电子股份有限公司	34	常州瑞信电子科技有限公司
14	常州诚铭电子科技有限公司	35	江苏博之旺自动化设备有限公司
15	常州赛达电气有限公司	36	江苏天合储能有限公司
16	常州优谷新能源科技股份有限公司	37	国机重工集团常林有限公司
17	常州市远宏塑胶制品有限公司	38	常州赛乐医疗技术有限公司
18	桑尼尼（常州）汽车零部件有限公司	39	常州三恒自动化科技有限公司
19	常州逸盛机电技术有限公司	40	丰疆智能科技研究院（常州）有限公司
20	高登新能源车辆科技（常州）有限公司	41	江苏西夏墅工具集团有限公司
21	常州科菲自动化科技有限公司	42	安费诺定制连接器（常州）有限公司

【1276 家科技型中小企业入库】 2023 年，常州国家高新区（新北区）营造科技型中小企业快速发展环境，强化政策宣传，促进技术、资金、人才等创新要素向科技型中小企业集聚。推进科技型中小企业评价和备案入库工作，提升中小企业的科技含量。科技型中小企业是指在企业里有一定数量的科技人员从事科学技术研究开发活动，并且取得自主知识产权将其转化为高新技术产品或服务，从而实现可持续发展的中小企业。年内，科技型中小企业通过评价，备案入库 1276 家，增加 242 家。

【企业研发机构建设】 2023 年，常州国家高新区（新北区）推进科技企业研发机构建设，全年新增博士后工作站国家级 3 家、省级 6 家、市级 1 家，省级研究生工作站 7 家；新增工程研究中心省级 1 家、市级 7 家，企业技术中心省级 8 家、市级 33 家，工程技术研究中心省级 22 家、市级 65 家、区级 74 家。规模以上高新技术企业研发机构覆盖率提升至 87.7%。开展省工程技术研究中心绩效评估、验收，获省级工程技术研究中心评估优秀的企业7家，通过省级工程技术研究中心验收企业17家。4家企业与省产研院完成签约，新增联合创新中心1个。规范研发机构管理，提高企业建设工程技术研究中心专业化水平，定期举办企业研发机构管理培训，指导企业开展台账记录及实务工作；整合镇（街道）力量，规范各级工程技术研究中心申报、验收及绩效管理工作；联动高校院所及产学研创新资源，赋能企业研发机构提质升级。

表29 2023年常州国家高新区（新北区）新增省级以上企业研发机构一览表

序号	企业研发机构类别	企业研发机构名称	建设单位
1	国家级博士后工作站	国家级博士后工作站	天地（常州）自动化股份有限公司
2		国家级博士后工作站	常州市宏发纵横新材料科技股份有限公司
3		国家级博士后工作站	常州捷佳创精密机械有限公司
4	省级博士后工作站	省级博士后工作站	常州中车铁马科技实业有限公司
5		省级博士后工作站	常州厚德再生资源科技有限公司
6		省级博士后工作站	江苏天合储能有限公司
7		省级博士后工作站	常州吉恩药业有限公司
8		省级博士后工作站	常州聚和新材料股份有限公司
9		省级博士后工作站	梅特勒-托利多（常州）精密仪器有限公司
10	省级研究生工作站	南京航空航天大学研究生工作站	常州优谷新能源科技股份有限公司
11		河海大学研究生工作站	江苏韬博智能科技有限公司
12		河海大学研究生工作站	常州市乐萌压力容器有限公司
13		南京师范大学研究生工作站	常州药物研究所有限公司
14		常州大学研究生工作站	江苏三佑管道科技有限公司
15		江苏理工学院研究生工作站	江苏精瓷智能传感技术研究院有限公司
16		江苏大学研究生工作站	常州百瑞吉生物医药股份有限公司
17	省级工程研究中心	江苏省特种输配阀门工程研究中心	特瑞斯能源装备股份有限公司
18	省级企业技术中心	省级企业技术中心	江苏博之旺自动化设备有限公司
19		省级企业技术中心	常州瑞明药业有限公司
20		省级企业技术中心	常州优谷新能源科技股份有限公司
21		省级企业技术中心	常州捷佳创精密机械有限公司
22		省级企业技术中心	常州聚和新材料股份有限公司
23		省级企业技术中心	常州依丝特纺织服饰有限公司
24		省级企业技术中心	常州贺斯特科技股份有限公司
25		省级企业技术中心	常州厚德再生资源科技有限公司
26	省级工程技术研究中心	江苏省汽车管路工程技术研究中心	江苏欧朗汽车科技股份有限公司
27		江苏省安防电控门锁工程技术研究中心	常州市大华锁厂有限公司
28		江苏省固废资源化利用干法制砂智能成套装备工程技术研究中心	江苏沃尔夫智能科技有限公司

续表 29

序号	企业研发机构类别	企业研发机构名称	建设单位
29	省级工程技术研究中心	江苏省汽车内外饰件工程技术研究中心	常州市凯德汽车部件有限公司
30		江苏省高性能挖掘机关键零部件工程技术研究中心	常州市宏光机械有限公司
31		江苏省高性能码垛机器人系统工程技术研究中心	常州创盛智能装备股份有限公司
32		江苏省高密封性包装容器工程技术研究中心	常州博瑞特金属容器有限公司
33		江苏省汽车动力与传动系统工程技术研究中心	麦格纳汽车系统（常州）有限公司
34		江苏省CNG高性能免维护阀门工程技术研究中心	良正阀门有限公司
35		江苏省危化品运输车辆专用配件工程技术研究中心	常州凯鹏液流器材有限公司
36		江苏省全自动金属化薄膜电容器卷绕机工程技术研究中心	常州晟威机电股份有限公司
37		江苏省锂锰电池工程技术研究中心	常州宇峰电池有限公司
38		江苏省红外卤素加热设备工程技术研究中心	江苏亮迪科技有限公司
39		江苏省汽机车电子仪表工程技术研究中心	常州中端电器有限公司
40		江苏省高效能源装备工程技术研究中心	迪森（常州）能源装备有限公司
41		江苏省基于新能源电池平台的电动工具工程技术研究中心	常州彤扬电气制造有限公司
42		江苏省热电联产工程技术研究中心	常州市新港热电有限公司
43		江苏省除尘及烟气治理智能装备工程技术研究中心	常州三思环保科技有限公司
44		江苏省喹诺酮类专用化学品及活性化合物工程技术研究中心	江苏飞宇医药科技股份有限公司
45		江苏省医用不锈钢工程技术研究中心	常州凯翔医用不锈钢有限公司
46		江苏省微创高端介入医疗器械工程技术研究中心	常州乐奥医疗科技股份有限公司
47		江苏省大功率风机用耐低温冲击球墨铸件工程技术研究中心	常州市大华环宇机械制造有限公司

（区科技局 陈翔）

科技创新载体

【概况】 2023年，常州国家高新区（新北区）打造高能级创新平台、高层次创业载体和高水平研发机构，提升全区产业技术研究水平。推行“提质增效＋产业孵化＋专业运营”机制，增强全区创业载体孵化能力和服务水平。全年新增国家级孵化器2家、市级载体9家，新增科创载体面积27.54万平方米。常州三晶信息技术孵化器、江苏西夏墅工具研究院孵化器2家省级科技企业孵化器被评为优秀。常州拨云科技有限公司被评为2023年度常州市最具活力的科技服务业机构前十强。常州市康辉医疗器械有限公司核定成为省级符合进口税收政策的外资研发中心。“科技企业孵化器运行成效明显”被评为省政府督查激励事项。

【新增153家“三站三中心”企业研发机构】 2023年，常州国家高新区（新北区）新增市级以上“三站三中心”企业研发机构153家，其中国家级3家、省级44家、市级106家。“三站三中心”主要包括院士工作站、博士后工作站、研究生工作站、工程研究中心、企业技术中心、工程技术研究中心，这6类都属于企业研发机构，是企业增强市场竞争力的重要研发平台。年内，对80家省、市级工程研究中心、企业技术中心、工程技术研究中心建设企业奖励资金847.5万元。至年末，全区累计有市级以上“三站三中心”企业研发机构830家。

表 30　2023 年常州国家高新区（新北区）“三站三中心”企业研发机构统计表

单位：个

类别	国家级新增	国家级累计	省级新增	省级累计	市级新增	市级累计	总计新增	累计
院士工作站	0	0	0	5	0	0	0	5
博士后工作站	3	14	6	19	1	3	10	36
研究生工作站	0	0	7	57	0	0	7	57
工程研究中心	0	0	1	34	7	35	8	69
企业技术中心	0	3	8	82	33	131	41	216
工程技术研究中心	0	0	22	188	65	259	87	447
合计	3	17	44	385	106	428	153	830

【科创水镇二期项目开工】 8 月 28 日，科创水镇二期项目开工，项目总投资额 15 亿元，总占地面积 8 万平方米，总建筑面积 28 万平方米。项目计划建成集高端企业总部、零碳创新中心、产业发展中心、交流体验中心、公共管理和服务等多功能于一体的花园式创新产业园区。至年末，位于二期项目南侧的科创水镇三期（新科创中心）进入竣工验收，三期是由 5 栋 5 层商墅办公和 1 栋 12 层小高层办公楼围合而成的环形办公园区，着眼于打造集科创工作坊、科创学院、科创集市于一体的“社区”，计划 2024 年年末交付使用。

（区科技局 孙整瑛）

【长三角碳纤维及复合材料技术创新中心总部大楼启用】 6 月 5 日，长三角碳纤维及复合材料技术创新中心总部大楼启用，总部大楼位于长三角碳纤维及复合材料科创港二期产业园。长三角碳纤维及复合材料技术创新中心成立于 2022 年 3 月，由江苏省产业技术研究院、常州市人民政府、常州国家高新区管理委员会共同出资建设，聚焦以碳纤维为增强材料的复合材料及其在航空航天、清洁能源、双碳与可持续发展等五大战略领域的应用，重点攻克先进碳纤维、高性能与多功能复合材料、全生命周期评价与循环应用等 5 类关键技术，解决国内在碳纤维及复合材料技术领域的“卡脖子”困境。总部大楼的启用将面向国家战略与行业重大需求，承担国家和行业重大科技项目，孵化高水平的碳纤维及复合材料创新企业。2023 年，长三角产业科技创新中心被评为常州市碳纤维及复合材料创新联合体。

（区科技局 孙整瑛 区经发局 王麒麟）

【助力长三角产业科技创新中心建设】 2023 年，常州国家高新区（新北区）加快建设高能级创新平台，助力常州市打造长三角产业科技创新中心，位于三井街道的浙江大学工业技术研究院，是长三角产业科技创新中心重要成员，由浙江大学和常州国家高新区合作共建。研究院依托浙江大学技术及人才优势，累计建成研究中心 10 个，与企业联合共建产学研合作基地 14 个、联合实验室 9 个，孵化企业 78 家。作为孵化企业的代表，常州英集动力科技有限公司运用人工智能等新一代信息技术研制“能源系统大脑”，实现低碳能源系统供需动态平衡的自主优化运行，相关核心技术达到国际领先水平；常州厚德再生资源科技有限公司专注于动力电池与线路板行业废料的无害

6 月 5 日，长三角碳纤维及复合材料技术创新中心总部大楼启用

（区委宣传统战部 供图）

化处理与资源化利用，企业通过自主开发核心技术，实现废料高效再生。

（区经发局 王麒麟）

【光伏科学与技术全国重点实验室共建】 2023年，天合光能股份有限公司与复旦大学合作重组光伏科学与技术全国重点实验室获科技部批复，6月，在复旦大学召开光伏科学与技术发展研讨会暨全国重点实验室揭牌会议。该实验室坚持国家战略导向，聚焦晶硅电池高效光电转换新机制及产业化、低成本高效率钙钛矿电池实用化前沿技术、超高效率砷化镓多结电池产业化关键技术三大研究方向，开展面向光伏产业重大需求的太阳电池前沿技术研究，旨在成为国内能源产业发展的重要引擎，支撑国内能源变革和双碳目标达成。年内，该实验室开展高效异质结电池研发，经ISFH（德国哈梅林太阳能研究所）第三方权威测试，HJT（异质结）太阳电池效率为26.21%，该结果是210毫米半片同尺寸异质结电池当年的最高效率纪录；基于先进的隧穿钝化技术、低损伤激光技术、高效表面减反射膜技术以及精细化金属接触等技术，TBC（隧穿氧化层钝化背接触）电池效率超26%；通过钙钛矿组分调控，工艺路线优化，硅底电池结构设计，前表面绒面和隧穿结优化，电荷传输层材料筛选以及功能层细致调节，经上海微系统所第三方测试，钙钛矿/晶体硅叠层太阳电池效率超30.67%。该实验室拥有以国家级中青年专家为中坚、青年技术骨干为主力的青年人才科研队伍，新增入选国家人才计划6人，其中入选国家高层次人才特殊支持计划2人、国家重大人才工程1人、国家自然科学基金海外优青项目2人、国家优青1人。

（区科技局 孙整瑛）

【龙环环境科技研发及总部项目开工】 10月15日，龙环环境科技研发及总部项目开工，项目位于新桥街道，新增用地面积6666.67平方米，计划建设环境咨询中心、研发中心、检测中心3个中心，建成环保技术人才培育孵化新基地；打造建设项目全周期“一站式”环境咨询服务体系；进行产业关键技术研究与攻关，建成高效生态环境修复治理技术研发、转化和服务基地；提升检验检测服务能力和废水、废气处理装置等业务领域的研发实力。作为该项目的实施主体与投资主体，江苏龙环环境科技有限公司成立于2015年9月，是常州市生态环境局下属常州市环科院环评改制单位，是高新技术企业、省高新区瞪羚企业、市专精特新企业，致力于为各级政府部门、企事业单位提供全方位、专业化、系统性、持续性的环保管家一站式服务。

【锦程科创园开工】 12月20日，锦程科创园Panda Park举行开工奠基仪式。锦程科创园位于河海西路北侧、天目湖路西侧，新增用地面积3.67万平方米，总投资额10亿元，新建厂房及配套设施面积10万平方米。锦程科创园是融合产、学、研、金、文、贸、社七大要素，重点围绕新能源汽车配套、医疗器械、新一代信息技术等三大主导产业集群，集聚高端研发、核心生产、定制服务等为一体的智慧科创产业园区，以轻型智造为核心，形成可供研发到销售服务全产业链功能的使用空间，打造全区科技创新策源主阵地、高端新兴产业聚集地、创新创业人才首选地。

（常新鉴）

科技活动

【概况】 2023年，常州国家高新区（新北区）坚持以赛促创、以赛促引，举办高新区创新创业专项赛——美敦力专场、“名城名校合作行”太原站、武汉站等科技交流活动。承办国家级、省级创新创业大赛，协办颠覆性技术创新活动赛事等，鼓励动员社会力量举办专业性科创赛事，促进优秀创新创业项目落地。

【第二十二届中国遥感大会举办】 8月20日，第二十二届中国遥感大会在常州白金汉爵酒店开幕，大会由中国遥感委员会组织，常州高新区管委会、江苏天汇空间信息研究院有限公司等共同承办。大会以全球变化与区域响应为主题，中国遥感领域专家学者、遥感行业及空天信息产业企业代表齐聚常州，交流遥感应用技术发展方向、商业应用前景，共话空天信息产业发展新机遇。第十二届全国政协副主席、国家电子政务专家委员会主任王钦敏，国家航天局总工程师、国际宇航科学院院士李国平，江苏省人民政府副省长胡广杰参加会议。会上，为2022年度中国遥感优秀成果、首届高分应用对地观测技术创新大赛获奖团队、高分专项卫星应用优秀成果获奖单位进行颁奖。大会发布国家遥感数据与应用服务平台生态系统首批产品。中国遥感大会每两年举办一次。此届会议期间举行空天信息产业发展等论坛18场，开展高分专项应用交流、学术论文交流、展览展示等活动。

【第15届海峡两岸复合材料论坛暨2023年常州市“科创中国”海智面对面活动】 8月23日，第15届海峡两岸复合材料论坛暨2023年常州市“科创中国”海智面对面活动在常州国家高新区（新北区）开幕。该次活动是2023年常州市“科创中国”海智面对面系列活动的首场活动，参会人数500人，其中中国台湾地区参会企业及科研院所37家、代表80余人。会议组织大会特邀报告9个，设置树脂基复合材料、功能及绿色复合材料、纤维及结构复合材料、复合材料力学及测试分析技术、金属基复合材料、陶瓷基复合材料、功能膜复合材料7个分会场，以及纤维金属层板设计制造技术研讨会1场和复合材料青年科学家论坛1场。会议期间，举行两岸复合材料产业与技术对接、两岸青年复合材料创新创业大赛、两岸复合材料创新展示会等活动；专题推介常州国家高新区复合材料产业发展情况。会上，碳纤维及复合材料科技服务站揭牌。

8月10—11日，第十一届“创业江苏”科技创业大赛暨第十二届中国创新创业大赛江苏赛区首场行业赛、新材料行业赛开赛　　（区科技局 供图）

【创新创业项目获奖】 2023年，常州国家高新区（新北区）组织推荐15个项目参加第十一届“创业江苏”科技创业大赛，3家企业获奖。其中，江苏三强复合材料有限公司获二等奖，安盈半导体技术（常州）有限公司、常州瑞赛环保科技有限公司获三等奖。组织推荐1个项目参加中国创新方法大赛，常州优谷新能源科技股份有限公司的基于TRIZ理论的风电BM机壳制造参赛项目获决赛三等奖。组织推荐5个项目参加第12届中国创新创业大赛，安盈半导体技术（常州）有限公司的新一代信息技术项目获二等奖。组织87个项目参加2023“华罗庚杯”常州市创新创业大赛，13个项目获奖，其中一等奖3项、二等奖3项、三等奖7项。

【第十一届“创业江苏”科技创业大赛新材料行业赛】 8月10—11日，第十一届“创业江苏”科技创业大赛暨第十二届中国创新创业大赛江苏赛区首场行业赛、新材料行业赛在常州国家高新区（新北区）开赛。该赛事连续4次在高新区（新北区）举办。该次新材料行业赛有参赛项目105个，是该届大赛6场行业赛中晋级项目最多的一场。参赛项目团队核心成员平均年龄39岁，最小年龄22岁，具有博士学历155人、硕士学历97人、海外留学经历85人；拥有专利869件，其中发明专利384件。高新区（新北区）有5家企业参赛，其中江苏三强复合材料有限公司获行业赛二等奖。江苏科技创业大赛组委会办公室授予常州“创业江苏”科技创业大赛科技项目和人才引育示范基地称号。

【高性能工具装备创新创业大赛总决赛暨刀具产业高峰论坛】 11月19日，2023中国刀协高性能工具装备创新创业大赛总决赛暨刀具产业高峰论坛在常州国家高新区（新北区）举办。常州市副市长蒋鹏举，中国机械工业联合会党委常委杨学桐，常州工学院院长张兵，中国刀协常务副理事长商宏谟及专家、学者和业内人士300余人参加。该次大赛以“聚贤创新·赋能创业”为主题，吸引来自25所高校和65家企业共112个项目参赛，其中60个项目进入决赛。高新区（新北区）12个项目获奖，其中一等奖1项、二等奖1项、三等奖10项。决赛项目涵盖航空航天、军工、高端装备、特种加工等行业领域。活动现场，6个项目集中签约，智能制造国家现代产业学院刀工具学院、常州检验检测标准认证研究院江苏省机械零部件及刀具产品质量监督检验中心新北区（西夏墅）一站式服务平台、刀工具产业知识产权保护工作站等平台揭牌。论坛现场，来自上海交通大学、浙江工业大学、成都工具研究所等科研院所的专家学者以及浙江维克机械科技有限公司、杭州新吉凯氏测量技术有限公司、卓勒(上海)精密检测仪器有限公司等企业代表；就各自最新研究成果与发展方向作主题交流。

（区科技局 潘登 西夏墅镇 张溯渊）

【“数智未来·聚放神采”2023医疗科技创新挑战赛总决赛暨美敦力康辉常州科技园创新孵化中心揭幕】 12月23日，“数智未来·聚放神采”2023医疗科技创新挑战赛总决赛暨美敦力康辉常州科技园创新孵化中心揭幕仪式在常州国家高新区（新北区）举办，来自全国各地的神经科学领域创客精英、科研专家参加活动。2023医疗科技创新挑战赛聚焦神经科学、脑科学领域的创新医疗器械、智能设备、数字医疗、医疗服务等创新项目，攻克神经科学、脑科学领域的临床痛点、难点问题。挑战赛从7月开赛，吸引神经科学、脑科学赛道近百个医疗器械、智能设备、手术机器人、人工智能及大数据项目参赛。经历5个月的角逐，15个项目进入总决赛。在决赛现场，15个项目经现场路演，评出一、二、三等奖及优胜奖。美敦力康辉常州科技园定位于美敦力全球生产基地和康辉全球总部，计划建设临床客户中心、智能制造中心、卓越研发中心和创新孵化中心四大载体。活动现场揭幕的创新孵化中心，重点关注创新材料植入物、智能化设备、人工智能应用、专科数据库、数字疗法等领域，计划打造创新医疗公司和创新项目的一站式孵化服务平台，建设本土创新生态圈。

（常新鉴）

科技创新服务

【概况】 2023年，常州国家高新区（新北区）优化调整区创新创业服务平台板块内容，加大“科创积分贷”推广力度，提升信用贷款和保证保险使用效能，对接天使投资引导资金、孵化器种子基金等专项投资基金，探索形成“股权＋债权＋股债联动”系列科技金融创新产品。整合金融、服务、环境等资源，营造鼓励宽容氛围，实现创新要素跨部门、跨领域、跨地域的整合集聚和优化配置，打造创新创业发展环境。

【技术转移服务】 2023年，常州国家高新区（新北区）完成技术合同登记金额63.7亿元。年内与四川大学合作成立科技转化工作站，就产学研、人才和项目招引达成“一揽子”合作协议。全区8家企业获省、市大型科学仪器设备共享服务平台用户补贴39.38万元，45家吸纳方企业和2家技术转移机构获市技术转移奖补资金202.33万元。

【科技金融服务】 2023年，常州国家高新区（新北区）探索多元化的科技金融服务，强化科技创新积分应用，联合金融机构开发常创积分贷、邮储E贷等专项金融产品。推进科创积分贷信用贷款、担保贷款融资服务，通过科创积分贷信用贷款，为企业提供信用贷款5.4亿元，通过科创积分贷担保贷款，为企业担保授信4亿元，实际放贷2亿元。开展各类金融服务政策宣传活动，全年组织召开科技金融专题对接会8场，面对面服务科技企业150余家。推广科技金融服务线上小程序，为150余家科技企业提供投融资咨询，累计融资金额30亿元。

（区科技局 陈喆）

科技创新合作

【概况】 2023年，常州国家高新区（新北区）组织16家企业申报市“揭榜挂帅”项目，立项4项，获首轮市补贴175万元；2022年立项的涉外“揭榜挂帅”项目获中期补贴90万元。兑现区产学研合作项目资助，17个项目获资助金额410.2万元。组织开展并参与第二届中国—中东欧国家技术合作交流大会、中瑞创新创业合作对接推介会等活动，构建对外开放合作新格局。高新区（新北区）对建有省级及以上企业研发机构的龙头企业与国内“双一流”高校、中科院系列院所、泰晤士排名前500的海外院校合作共建联合实验室，给予不超过100万元的资金支持。

表31 2023年常州国家高新区（新北区）获常州市“揭榜挂帅”项目立项情况一览表

项目名称	企业	合作院校	项目金额（万元）
应用于核能领域的中厚板6061-T6铝合金搅拌摩擦焊接技术开发	江苏乐萌精密科技有限公司	哈尔滨工业大学	350
新能源汽车用轻质高强石墨烯汽车铝轮毂的研发	江苏凯特汽车部件有限公司	常州工学院	380
锂离子电池回收材料精准筛分与高值再生关键技术	常州厚德再生资源科技有限公司	江苏理工大学	500
新能源汽车用SiC MOSFET功率器件和模块关键技术研发	常州银河世纪微电子股份有限公司	复旦大学	300
合计			1530

表 32　2023 年常州国家高新区（新北区）联合实验室认定奖励名单一览表

项目名称	申报单位	合同金额（万元）
上海交通大学—常州市常蒸蒸发器有限公司高效散热技术及新能源应用联合实验室	常州市常蒸蒸发器有限公司	600
湖南大学—常州优谷新能源科技股份有限公司大功率风力发电核心技术及装备联合实验室	常州优谷新能源科技股份有限公司	500

【产学研合作项目】 2023 年，常州国家高新区（新北区）兑现区产学研合作项目资助，17 个项目获资助金额 410.2 万元。备案产学研项目 69 个，入选科技副总项目 16 个，完成省产学研项目结题 33 个，省产学研项目立项 29 个。组织 60 余家企业参加第二届江苏产学研合作对接大会，促成 23 项产学研合作。组织开展“名城名校合作行”太原站和武汉站产学研活动，高新区（新北区）企业与中北大学、中科院山西煤炭化学研究所等高校院所达成产学研合作项目 3 个，项目金额 600 万元。与华中科技大学、中科院武汉分院等高校院所达成产学研合作项目 4 个，项目金额 322 万元。组织开展四川大学—常州国家高新区产学研合作对接活动，四川大学—常州国家高新区科技转化工作站揭牌。组织开展浙江大学—常州国家高新区新能源、新材料领域产学研合作对接会，开展点对点产学研对接活动 70 余场次。

表 33　常州国家高新区（新北区）科技奖励资金（区产学研合作项目资助）项目名单（第七批）一览表

序号	项目名称	承担单位	资助金额（万元）
1	过程机器多能域数据处理与故障量化诊断关键技术研发	赛腾机电科技（常州）有限公司	10
2	双有源桥式功率变换器的研究与开发	常州天曼智能科技有限公司	22.2
3	高性能热塑性复合材料的开发及产业化	华润化学材料科技股份有限公司	100
4	新能源汽车冷却管折弯工艺及全自动装备系统研发	江苏欧朗汽车科技股份有限公司	14
5	重型卡车零部件轻量化设计研发及优化	北汽重型汽车有限公司	10.6
6	基于CAN总线技术的热保护器温度性能高精度测试系统研发	常州市艾诺电子科技有限公司	20
7	千帆云移动开放平台信息智能算法研究	常州千帆网络科技有限公司	10
8	新能源车辆综合能源高效协同智慧管理系统研发	江苏中田物联技术有限公司	43.6
9	数码乐器智能编配系统技术研发	吟飞科技（江苏）有限公司	31
10	高精密晶圆切割装备的优化设计及工艺研发	常州心匠智能装备有限公司	14
11	基于全自动核酸提取工作站直线运动抓手优化设计和控制系统的技术开发	常州惠勒电机有限公司	17
12	50升胺固化环氧树脂碳纤维复合材料催化降解技术中试开发	江苏集萃碳纤维及复合材料应用技术研究院有限公司	40
13	基于模糊自适应PID的高精度流量测试系统开发	博莱阀门（常州）有限公司	16
14	电动车架自动化焊接成套设备及控制系统	常州市铭鼎车业有限公司	13.2
15	无菌型医用超声耦合剂的研发	常州力福格医疗用品有限公司	10

续表 33

序号		项目名称	承担单位
16	新型高强度压裂泵壳体的研发	常州市第一橡塑设备有限公司	20
17	基于机器视觉的半导体晶圆片倒角技术开发	常州顺铟精密科技有限公司	18.6
合计			410.2

【国际合作项目】 2023 年，常州国家高新区（新北区）组织申报省级国际合作项目 7 个，其中重点国别类 3 个、“一带一路”类 1 个、海外研发机构 2 个、港澳台合作类 1 个，未获立项。组织申报市级国际合作项目 11 个，其中 7 个项目获立项，获拨款 200 万元。

表 34　2023 年常州国家高新区（新北区）获市及港澳台立项一览表

序号	项目类型	项目名称	承担单位	国家 / 地区
1	重点国别产业技术研发合作项目	基于新能源电池平台的无刷系列电动工具技术的联合研制	常州彤扬电气制造有限公司	德国
2	港澳台科技合作	高温共电解 H_2O+CO_2 直接制合成气技术的合作研发	江苏精瓷智能传感技术研究院有限公司	中国香港
3	重点国别产业技术研发合作项目	用于微型扬声器球顶的高性能纤维/聚酰亚胺复合材料的研发与产业化	江苏中科聚合新材料产业技术研究院有限公司	中国香港
4	“一带一路”	通信线束智能化生产装备的合作研发及海外应用示范	江苏博之旺自动化设备有限公司	印尼
5	重点国别产业技术研发合作项目	印迹辨识多孔微球深度分离农用抗生素的关键技术研发	江苏省农用激素工程技术研究中心有限公司	芬兰
6	重点国别产业技术研发合作项目	大尺寸高强抗疲劳铝车轮机器深度学习技术联合研发	江苏凯特汽车部件有限公司	中国澳门
7	重点国别产业技术研发合作项目	团簇基碳化物材料的宏量制备及应用于燃料电池双极板的合作研究	江苏集萃安泰创明先进能源材料研究院有限公司	加拿大

（区科技局　刘秀山）

【7 家企业入选省产教融合型试点企业】 2023 年，常州国家高新区（新北区）推进产教融合型试点企业建设培育工作，指导试点企业细化完善产教融合、校企合作发展规划，拓宽企业参与人才培养的渠道和途径。年内，全区有 7 家企业入选省级第五批产教融合型试点企业名单，分别是常州环能涡轮动力股份有限公司、维尔利环保科技集团股份有限公司、江苏瑞升华能源科技有限公司、江苏首创高科信息工程技术有限公司、特瑞斯能源装备股份有限公司、常茂生物化学工程股份有限公司、常州市乐萌压力容器有限公司。

（区科技局）

科技人才引育

【概况】 2023 年，常州国家高新区（新北区）深化“三招三引”工作体系建设，瞄准“两特三新一智能”主导产业，深入企业开展人才和技术需求调查摸底，依托重大创新平台、社会市场资源等人才集聚优势推动人才精准招引。全年通过组织三批“龙城英才计划”大赛评审活动，引进创业类项目 84 个、创新类项目 22 个，初步形成“以平台引项目，以项目聚人才”的良性循环。突出实效培育人才。持续对重点企业、重大平台、重要载体的高端人才开展全流程培育服务工作，全年推荐、组织海外高层次人才申报“HJ”计划、国家重大人才工作 B 类（“WR”计划）、“DF”计划等；入选省双创计划项目 13 个，入选双创博士 7 人；组织申报国家外专项目9个，入选4个，推荐申报省外专百人计划4人。至年末，全区有外籍高端人才190人，目标完成率98.45%。

【“双创”人才培育】 2023年，常州国家高新区（新北区）入选省“双创”计划项目13个，其中企业创新类人才7人、创业类人才5人、“双创”团队1个；入选“双创”博士7人。至年末，全区有“双创”人才163人，“双创”团队14个。年内，高新区（新北区）聚焦“双创”人才引育，走访重点项目超40家次，指导创业类项目调整股权结构，引导创新类项目提高人才薪资水平，并兑现政府配套资助。全年组织专家集中辅导30余次，提升“双创”人才培育水平。

【“HW”（海外）人才引进】 2023年，常州国家高新区（新北区）依托重点实验室，推荐海外高层次人才申报“HJ”计划11人，入选4人，占全市100%；组织申报国家重大人才工作B类（“WR”计划）9人，2人入选，占全市的33.3%；推荐并组织2人申报“DF”计划，并入选1人，全市唯一。至年末，全区引进外籍高端人才和紧缺人才580人，其中高端人才198人。

（区科技局 徐进）

【益小苏入选全球2%顶尖科学家榜单】 10月，斯坦福大学与Elsevier（爱思唯尔）联合发布第六版全球前2%顶尖科学家榜单，榜单分“终身科学影响力排行榜”——关注整个学术生涯迄今的影响力，及“2023年度科学影响力排行榜”——聚焦本年度的学术成就。常州国家高新区（新北区）长三角碳纤维及复合材料技术创新中心教授益小苏入选上述2个榜单。榜单从960余万名科学家（22个领域174个细分领域）中遴选出世界排名前2%的科学家，为他们的长期科研表现提供衡量指标。益小苏是新中国第一批公派出国的留学生，1980年在德国开始硕士学习，1986年在德国帕德博恩大学取得博士学位后回国就职于浙江大学，在浙江大学创建高分子复合材料专业，并分别一次性获批本科、硕士、博士点。培养出硕士、博士研究生超100人，国内外发表学术论文400余篇、出版学术著作8本，授权和申请发明专利超60件，主持国际、国家及省部级、科技部多项重大科研计划项目和重大专项项目。

【大洋智能科技产业公司入选国家留创计划】 11月，2023年中国留学人员回国创业启动支持计划入选名单公布，大洋智能（江苏）科技产业有限公司的全海深推进器及执行装备的研发与产业化项目获批优秀类创业项目。中国留学人员回国创业启动支持计划由人社部组织实施，每年在全国范围内遴选创新能力强、发展潜力大、市场前景好的留学回国人员初创企业，在其初始启动阶段予以重点支持，以加快项目科技成果转化，实现企业快速发展。大洋智能（江苏）科技产业有限公司成立于2021年，有员工50余人，其中研发人员33人。研发团队主要由国内外高校的硕博人才组成，是专业从事国产化水下智能装备研发和生产的高新技术企业。主要布局工业级水下执行机构、消费级水中动力设备以及教育级水下机器人3条产品线，拥有授权专利30余件，其中发明专利3件，多项产品打破欧美国家技术封锁，填补国内在工业级大海深执行机构和动态密封领域的技术空白。产品远销国内外，年产值约4000万元。

（常新鉴）

行业科技

【农业科技】 2023年，常州国家高新区（新北区）在奔牛稻麦原种场水稻新品种示范基地、西夏墅镇东南村的优质稻米示范基地开展优质水稻新品种示范推广，并举办品尝评比活动，筛选适合当地种植的优质食味水稻品种。推进常州市东南有机稻米种植专业合作社承担的江苏现代农业稻油产

2023年，常州笙绿农业科技有限公司桃园进行采摘工作

（区委宣传统战部 供图）

业技术体系建设项目，建立核心基地1个、示范基地5个。确定新北区奔牛镇笨笨家庭农场、常州市东南有机稻米种植专业合作社和常州笙绿农业科技有限公司3家单位为2022—2024年基层农技推广体系改革建设项目——农业科技示范基地；国机重工集团常林有限公司成功申报2023年度常州市现代农业科技创新中心建设项目。

（区农业农村局 郝小燕）

【工业科技】 2023年，常州国家高新区（新北区）持续助推企业技术创新体系和研发能力提升，引导企业加大技术创新投入，提高自主创新能力。年内，常州星宇车灯股份有限公司被评为国家级智能制造示范工厂；天地（常州）自动化股份有限公司被评为国家智能制造优秀场景。国家级优秀场景新增数和累计数连续3年位居全市第一；新增省级以上企业技术中心9家，全区共有84家。

（区经发局 朱瑄磊）

【建筑科技】 2023年，常州国家高新区（新北区）推进绿色建造工作，落实绿色建造方案报审、预评审、备案“三步走”机制，提高建筑绿建星级标准，确保星级建筑面积和比例满足建筑要求。年内，全区竣工绿色建筑总面积215.76万平方米，其中居住建筑面积146.01万平方米、公共建筑面积69.75万平方米，绿色建筑占新建建筑比重100%。其中，高铁新城核心区绿色宜居城区项目获2023年度住建部中国人居环境范例奖；科创水镇三期新建项目建成2023年度省级绿色建筑品质提升示范项目，获省级补助资金200万元；常州市文化广场、常州国展资产高新智汇中心分别获江苏省绿色建筑创新项目二等奖和三等奖。推动智能建造，加快行业转型升级。组织区建筑业协会分批前往河北省雄安新区调研学习政府监管与审批方法、数字化智慧城市管理方法、CIM（City Information Modeling, 城市信息模型）平台建设等技术，助推新北区智能建造水平提升。推动龙江路高架项目在安全预警系统、自动连续监测、BIM（Building Information Modeling，建筑信息模型）建模方面的应用，鼓励民营企业数字化转型，支持新开工项目采用BIM设计等新技术，常工院二期市政工程、龙江路高架等项目使用BIM设计实现降本增效。

（区住建局 杨凯）

【园林科技】 2023年，常州国家高新区（新北区）在新龙生态林和高铁生态公园投入使用有害生物智能监测系统，节省人力、物力成本，提高有害生物监测的效率和精度。在新龙生态林搭建智能中心控制系统，包括智能虫情测报灯、靶标害虫自动监测系统；高铁生态公园引入智能虫情测报灯系统。实现有害生物的自动定位、分割、监测和识别，为园林管护提供科学准确的有害生物预警信息。

（区住建局 徐刘平）

工 业

工业经济运行

【概况】 2023年，常州国家高新区（新北区）工业经济稳步增长，实现工业总产值4368.53亿元，比上年（下同）增长7.3%；工业销售4530.26亿元，增长3.7%；工业利润460.15亿元，增长14.5%。全区销售额超100亿元企业新增2家，50亿～100亿元企业新增1家，30亿～50亿元企业新增3家，10亿～30亿元企业新增11家。新能源汽车电气设备产业集群入选2023年度国家级中小企业特色产业集群。常州市乐萌压力容器有限公司、天地（常州）自动化股份有限公司获工信部制造业单项冠军称号；莱赛激光科技股份有限公司等24家企业被评为国家级专精特新“小巨人”企业；常州力安液压设备有限公司等101家企业被评为省级专精特新中小企业，新增数位列全市第一；梅特勒－托利多（常州）精密仪器有限公司等127家企业被评为市级专精特新中小企业，新增数位列全市第一。全区累计拥有工信部制造业单项冠军8家，国家级专精特新“小巨人”企业45家，省级专精特新中小企业214家，市级专精特新中小企业235家，近1000家企业进入创新型中小企业库。全区“智改数转”数字化转型加快，全年新增市级以上智能车间（工厂）40家，累计194家；新增星级上云企业105家，总数533家，其中新增五星级企业3家，总数15家，全区累计星级上云企业总数和新入选数均位居全市第一。一批企业家和企业被区委、区政府评为明星企业家和工业销售上台阶企业等。

（区经发局 朱瑄磊）

莱赛激光科技股份有限公司产品展示厅局部　　（龙虎塘街道 供图）

资料链接

2023年为常州国家高新区（新北区）经济社会高质量发展作出突出贡献的企业家和企业

2023年度常州国家高新区（新北区）“明星企业家”

一、卓越企业家

陈民章　高纪凡　何志奇　高海纯
LIANG TANG（唐良）　周晓萍
许　航　左国军　韩贤云　左克祥
孙　泓　王军祥　于　婧　陈新星
周　立　潘燕萍　刘　清
Dr. Michael Hubensteiner　张珍源
王　轲　刘海东　谭　强　郑发鲁
唐志华　严全良　陈迪中　费春江

二、杰出企业家

陈卫星　张　健　佘　川　石井康彦
崔羽 (CHOI WOO)　贺　斌
Frank Su Xu　Marcus Malzahn　仲建忠

欧阳一 黄 霞 陈 瞰 洪昆煌
Sebastien Baran 张文俊 王宇飞
宋功成 高旻东 陈定红 张宏道
刘家喜 Ming Chih Chuu 胡成义
丁佐宏 章景初 许世钟
Heinrich Wemhoener 蒋玉华 刘 伟
朱国敏 徐 晨 余晟武 王静媛
蒋世超 张智奇

三、优秀企业家

葛建军 陈小龙 王海波 马 凯
李更祥 李陆雯 宋明震 恽华琪
芮新生 徐国强 曹兴华 张燊易
吴逸中 王玉琴 Gurhan Atakan
齐志良 刘 兵 范炳洪 周银妹
谭晓东 杨森茂 史 慧 坂部敬三
舒晓正 孙继胜 谈昆伦 陶 欢
周 敏 合田昌央 吴朝阳
卢继平 张汉荣 金海鸥 蒋莉丽
WilliamMatthew Crozier 臧美华
周 敏 姚小明 许 颉 王 文
甘文星 刘国学 龙维炜 辛志伟
魏宝华 慕 琤（CHENG MU）
应晓东 孙海林 中尾乾次
匡成效 张新联

2023年度常州国家高新区（新北区）工业销售“上台阶”企业

常州星宇车灯股份有限公司
常州聚和新材料股份有限公司
常州捷佳创精密机械有限公司
九号科技有限公司
安费诺汽车连接系统（常州）有限公司
常州市乐萌压力容器有限公司
天纳克（常州）减振系统有限公司
江苏宏微科技股份有限公司
奇华顿香精香料（常州）有限公司
常州华美光电新材料有限公司
江苏永成汽车零部件股份有限公司
雅柯斯电力科技（中国）有限公司
常州市瑞悦车业有限公司
常州光洋轴承股份有限公司
华生管道科技有限公司
扬子江药业集团江苏紫龙药业有限公司
常州巴奥米特医疗器械有限公司

2023年度常州国家高新区（新北区）“亩均税收贡献十强”企业

安费诺汽车连接系统（常州）有限公司
美敦力（常州）医疗器械科技有限公司
常州聚和新材料股份有限公司
安费诺（常州）电子有限公司
常州捷佳创精密机械有限公司
森萨塔科技（常州）有限公司
常州富兴机电有限公司
梅特勒-托利多（常州）测量技术有限公司
常州合全药业有限公司
常州市乐萌压力容器有限公司

2023年度常州国家高新区（新北区）“创新投入十强”企业

常州合全药业有限公司
常州比亚迪汽车有限公司
常州星宇车灯股份有限公司
中简科技股份有限公司
天合光能股份有限公司
常州恒邦药业有限公司
常州捷佳创精密机械有限公司
新阳科技集团有限公司
江苏宏微科技股份有限公司
常州聚和新材料股份有限公司

2023年度常州国家高新区（新北区）“十佳重点项目”

新创碳谷高性能碳纤维复合材料结构件项目
捷佳伟创泛半导体装备及材料产业园项目
中简高性能碳纤维及制品项目
宏微新型功率半导体器件项目
贺尔碧格高精密压缩机配件项目
乐萌精细金属掩膜板项目
英特赛克呼吸类医疗耗材项目
威乐智能水泵及水泵系统项目
奔牛港智慧物流港项目
常州美敦力康辉医疗智能制造中心项目

2023年度常州国家高新区（新北区）“开放经济贡献十佳”企业

圣戈班（中国）管理有限公司
瑞声科技信息咨询（常州）有限公司
常州市康辉医疗器械有限公司
常州合全生命科学有限公司
瑞联（常州）装备科技有限公司
常州虫洞家居智能科技有限公司
贸联特种电缆（常州）有限公司
天合光能股份有限公司
常州比亚迪汽车有限公司
森萨塔科技（常州）有限公司

（区经发局 朱瑄磊）

【工业项目招引】 2023年，常州国家高新区（新北区）坚持项目为王，稳固经济增长的底盘。全年蒂森克虏伯集团、美国美敦力公司等超50家跨国公司CEO及高管到访交流，投资热度持续攀升。全年招引优质项目156个，其中星宇智能汽车电子及视觉系统中心百亿元项目1个，欧科空调、晶讯聚震滤波器等超10亿元或1亿美元重大项目28个，瑞士埃莱普、意大利迈威等精品外资项目20个，瑞士中心华东区域城市中心、汇鸿贸易供应链服务平台等服务业项目50个。“招推服一体化2.0模式”迭代升级，15个项目实现“拿地即开工”；7个省重大项目完成投资额119亿元，78个在库市重点项目完成投资额308亿元，实现新增入库项目30个、新开工项目26个、竣工项目24个，4项指标均提前超额完成年度目标任务。136个区重点产业项目完成投资额343亿元，71个项目竣工投产。

（区经发局 郑宇）

【企业发展质效提升】 2023年，常州国家高新区（新北区）围绕“巩固（行业地位）、增强（创新能力）、提升（规模能级）、畅通（产业协同）”八字方针，实施“1115”大企业集团和专精特新中小企业培育发展攻坚行动，对“1115”培育企业名单实施动态调整，全区“1115”大企业培育对象由139家增加至144家。年内，常州捷佳创精密机械有限公司实现产值首超30亿元、首超50亿元“两级跳”，常州市乐萌压力容器有限公司、九号科技有限公司实现产值首超30亿元，美敦力（常州）医疗器械科技有限公司、江苏宏微科技股份有限公司、江苏德春电力科技股份有限公司、奇华顿香精香料（常州）有限公司、天纳克（常州）减振系统有限公司等6家企业实现产值首超10亿元；24家企业被评为国家级专精特新“小巨人”企业；101家企业被评为省专精特新中小企业；298家企业被评为2023年度创新型中小企业。推进数智赋能。继续对全区735家制造业企业实施免费诊断，全区星级上云企业总数突破500家。常州星宇车灯股份有限公司被评为国家级智能工厂，天地（常州）自动化股份有限公司被评为国家级优秀场景。天合光能股份有限公司等5家企业被评为省级智能工厂，江苏博之旺自动化设备有限公司等3家企业被评为省工业设计中心，江苏天合储能有限公司等3家企业获省首台（套）重大装备。深化产业协同，搭建资源共享的产业体系和创新协同的产业生态。率先编制完成《常州国家高新区（新北区）关于加快构建新能源汽车零部件产业生态工作方案》，举办“链上有约 邻里配套”等活动，350家企业参与对接，达成产业链上下游合作意向32个。

【工业用地增效】 2023年，常州国家高新区（新北区）紧扣三年工业用地提质增效一万亩的目标，在重点增效地块、重点增效区域、园区更新及载体建设方面取得阶段性成效。制定并实施《工业用地提质增效一万亩三年行动计划》，构建“4+13”评价指标体系（4：亩均税收、亩均应税销售收入、研发经费占销售的比重、单位能耗销售收入，13：是否为高新技术企业，拥有的研发机构、产品品牌、标准制定、发明专利及守合同重信用和诚信纳税等13项指标），并在全市范围内率先启用“地企双评”模式，全区4012块工业地块及1万余家企业实现全覆盖。持续优化评价体系，参评企业范围由工业用地企业扩大至所有工业企业和工业地块，根据企业运行质效对企业评价进行动态调整，项目化推进工业用地增效。全年实施工业用地提质增效地块97宗，面积276.6公顷，完成目标任务的104%，其中重点增效地块21宗，面积120.59公顷，完成目标任务的106%。通过存量土地盘活的重点增效地块，为4个总投资额超22亿元的新入库市重点工业项目提供空间保障。探索“工业上楼”模式，加速推进载体建设，全区新开工载体130万平方米，竣工载体面积140万平方米。推动园区更新提升。聚焦“3+11+20”用地增效任务，以百丈工业园区、西夏墅印染园、龙虎塘南部印染园3个园区为重点提升试点，实施有准入条件的原地改造、原地拆旧建新或整体收回，推动园区更新任务落实；对11个重点增效区域、20宗重点增效地块全面清查和摸排，对重点增效区域和地块制定“一区一策”“一企一策”，至年末，11个重点增效区域累计实施增效项目71个，完成增效面积73.44公顷，完成年度目标任务的117%。

【工业企业运行监测】 2023年，常州国家高新区（新北区）强化工业企业运行监测，完成对原有重点企业监测机制的优化完善，由原有的单纯以统计部门过录表为参考依据，扩大至现有的对规模以上工业企业、工业经济500强企业、重点税源企业的监测全覆盖，以产值、销售、税收为关键监测指标，实行指标异动预警和诉求即时反馈的“双向互动”，每月撰写经济运行分析报告供区委、区政府领导决策参考。落实《高新区领导干部挂钩联系“1115”大企业集团暨建立部门专员服务企业长效机制》，全年走访企业超1000次，组织开展各类专题申报辅导超10场，摸排解决各类问题200余项，内容涉及政策咨询、项目申报、资源协调等方面，问题解决率超95%。高新区全年完成规模以上工业总产值3756.03亿元，增长7.5%；规模以上工业增加值增长9%；规模以上工业销售4064.22亿元，增长4.1%；规模以上工业利润360.16亿元，增长15.6%。

表35 2023年常州国家高新区（新北区）规模以上工业及主要产业产值统计表

	企业（家）	总产值（亿元）	增幅（%）	占比（%）	拉动百分点
规模以上工业	1495	3756.0	7.5	—	—
其中：“两特三新一智能”合计	917	3020.4	9.3	80.4	7.4
智慧能源	82	577.3	28.2	15.4	3.6
新材料	52	156.7	-8.5	4.2	-0.4

续表 35

	企业（家）	总产值（亿元）	增幅（%）	占比（%）	拉动百分点
新能源汽车及汽车核心零部件	317	1101.5	23.9	29.3	6.1
新一代信息技术	172	403.6	2.7	10.7	0.3
新医药及医疗器械	56	278.2	-15.9	7.4	-1.5
高端智能装备制造	238	503.1	-4.6	13.4	-0.7

（区经发局 朱瑄磊）

【2023年重大项目集中开工集中签约暨比亚迪新能源汽车核心零部件产业园项目奠基】 2月18日，2023年重大项目集中开工集中签约暨比亚迪新能源汽车核心零部件产业园项目奠基仪式在滨开区比亚迪新能源汽车核心零部件产业园项目现场举行。此次集中开工重点项目35个，总投资额281亿元，计划投资额107亿元。35个项目中，省重大项目2个，市重点项目5个，区重点项目28个；工业项目32个，现代服务业项目3个。32个工业项目均为“两特三新一智能”项目，其中新能源汽车及汽车核心零部件项目13个、智慧能源项目4个、新材料项目4个、新一代信息技术项目1个、新医药及医疗器械项目3个、高端智能装备制造7个，总投资额227亿元。在开工项目中有制造业项目16个，总投资额184亿元；现代服务业项目8个，总投资额38亿元；科技人才项目8个，总投资额5亿元。其中，比亚迪新能源汽车核心零部件产业园项目项目总投资额100亿元，新增用地225.45公顷，新增建筑面积约206万平方米，建成后年产高端智能核心零部件30万套。

【115个重大项目集中签约开工竣工】 10月7日，2023常州国家高新区重大项目集中签约开工竣工暨捷佳创钙钛矿设备产业化项目奠基仪式举行，115个重大项目集中签约、开工、竣工，总投资额约740亿元。市主要领导见证签约、启动开工，并为捷佳创钙钛矿设备产业化项目培土奠基。此次集中开工的重点项目有16个，总投资额168亿元，其中，市、区重点项目各8个。从产业类型来看，工业项目10个，总投资额117亿元，其中新能源及相关产业项目7个，总投资额100.5亿元，占比分别为70%和86%。年内，全区6个省重大项目全部开工建设，完成投资额103亿元。全年新开工重点项目83个。此次集中竣工重点项目22个，总投资额133亿元，其中省重大项目1个、市重点项目11个、区重点项目10个。在竣工项目中有新能源及相关产业项目12个，总投资额105亿元，占比分别达55%和79%。全年竣工项目70个。集中签约项目77个，总投资额约439亿元。其中产业类项目48个，总投资额344亿元，新能源及相关产业类项目占比63%；服务业项目17个，总投资额87亿元；“三高一资”项目12个，总投资额8亿元。

（区经发局 郑宇）

2023年，常州市乐萌压力容器有限公司入选工信部制造业单项冠军企业
（胡平 摄）

工业转型升级

【概况】 2023年，常州国家高新区（新北区）推进中小企业转型升级，提升发展质效。年内，常州市乐萌压力容器有限公司等被评为工信部制造业单项冠军，新增国家级专精特新“小巨人”企业25家，省、市级专精特新中小企业分别新增101家和127家，增量居全市首位。全区19个项目获市级重大项目

设备投入资金4299万元；25个项目获市级智能化技术改造设备投入资金811万元，总金额5110万元，奖励项目数量和投入资金额均位列全市第一。

【产业结构优化】 2023年，常州国家高新区（新北区）聚焦“两特三新一智能”主导产业，以太阳能光伏及储能、新能源整车及核心零部件、风能氢能关键装备等产业链的创新升级为突破口，实施产业集群培育、创新能力提升、重点项目攻坚、产业赛道拓展、要素资源保障五大工程，打造新能源之都核心区。三次产业结构比重从“十二五”期末的1.7∶53.8∶44.5调整为1.0∶50.7∶48.3。产业集聚度明显提升，“两特三新一智能”产业链合计完成产值3020.44亿元，比上年（下同）增长9.3%，占全区规模以上工业经济比重的80.4%。

【2家企业入选工信部制造业单项冠军企业】 2023年，常州市乐萌压力容器有限公司和天地（常州）自动化股份有限公司入选工信部制造业单项冠军企业，天合光能股份有限公司通过复核。申报制造业单项冠军企业必须长期专注并深耕于制造业某些特定细分产品市场，生产技术或工艺国际领先，单项产品市场占有率位居全球前列，重视研发投入，拥有核心自主知识产权，主导或参与制定相关领域技术标准等。至年末，全区累计有制造业单项冠军企业8家。

【一批企业被评为专精特新企业】 7月，工业和信息化部发布第五批专精特新“小巨人”企业培育和第二批专精特新“小巨人”企业复核公示名单，区内新增国家级专精特新“小巨人”企业25家（2023年有1家其他区的专精特新企业搬入新北区），复核通过

2023年，联影（常州）医疗科技有限公司厂区外景

（区委宣传统战部 供图）

2家企业。9月，常州市2023年度专精特新中小企业拟认定名单公示，区内新增市级专精特新中小企业127家。12月，江苏省2023年专精特新中小企业和2020年度专精特新中小企业复核通过公示名单发布，区内新增省级专精特新中小企业101家。至年末，常州国家高新区（新北区）创建市级以上专精特新企业494家，其中国家级专精特新“小巨人”企业45家、省级专精特新中小企业214家、市级专精特新中小企业235家，近1000家企业进入创新型中小企业库。

表36 2023年常州国家高新区（新北区）
新增国家级专精特新“小巨人”企业一览表

序号	企业名称	所在区域
1	常州纺兴精密机械有限公司	三井街道 （年内搬入新北区）
2	莱赛激光科技股份有限公司	龙虎塘街道
3	常州瑞华化工工程技术股份有限公司	三井街道
4	常州特尔玛科技股份有限公司	滨开区
5	常州金康精工机械股份有限公司	滨开区
6	常州百瑞吉生物医药股份有限公司	薛家镇
7	联影（常州）医疗科技有限公司	薛家镇
8	常州优谷新能源科技股份有限公司	龙虎塘街道
9	常州晟威机电股份有限公司	滨开区
10	常州赛乐医疗技术有限公司	薛家镇
11	常州厚德再生资源科技有限公司	罗溪镇
12	常州银河世纪微电子股份有限公司	三井街道
13	常州富兴机电有限公司	新桥街道

续表 36

序号	企业名称	所在区域
14	江苏容大减震科技股份有限公司	奔牛镇
15	常州伟泰科技股份有限公司	薛家镇
16	良正阀门有限公司	滨开区
17	江苏三恒科技股份有限公司	龙虎塘街道
18	常州都铂高分子有限公司	三井街道
19	常州中源技术股份有限公司	滨开区
20	江苏利多多利新材料科技股份有限公司	新桥街道
21	常州众杰复合材料有限公司	奔牛镇
22	江苏武进液压启闭机有限公司	奔牛镇
23	常州理工科技股份有限公司	滨开区
24	常州市康迪医用吻合器有限公司	三井街道
25	常州宇峰电池有限公司	龙虎塘街道

【“链上有约 邻里配套”常州国家高新区（新北区）内外资企业协同发展活动】 7月14日，“链上有约 邻里配套”常州国家高新区（新北区）内外资企业协同发展活动在常州星宇车灯股份有限公司举行。活动邀请辖区70余家内外资企业负责人参加，围绕产业链上下游和行业细分领域寻求更富成效的交流合作，加快形成协同发展的良好生态。活动现场，区长石旭涌致辞，常州星宇车灯股份有限公司党委书记俞志明分享区内民营企业发展情况，区外商投资协会会长、海因兹玻璃中国区总经理吕健分享区内外资企业发展情况，梅特勒－托利多集团中国区PO总裁、国际卓越运营协会联席会议主席唐良分享国际卓越运营协会在服务企业智能制造方面的相关经验。借助“链上有约 邻里配套”平台，区内各内外资企业通过需求发布、产品路演、洽谈对接等形式，传达寻求配套合作意向。

【2家企业被评为服务型制造示范企业】 11月，江苏达实久信医疗科技有限公司入选第五批国家级服务型制造示范企业名单，常州常工电子科技股份有限公司入选第八批江苏省服务型制造示范企业（平台）名单。服务型制造是制造与服务融合发展的新型制造模式和产业形态，是先进制造业和现代服务业深度融合的重要方向。制造业企业通过创新优化生产组织形式、运营管理方式和商业发展模式，增加服务要素在投入和产出中的比重，从而实现由以加工组装为主向“制造＋服务”转型，从单纯出售产品向出售“产品＋服务”转变，提高全要素生产率、产品附加值和市场占有率。至年末，全区累计培育国家级服务型制造示范企业1家、省级服务型制造示范企业27家、市级服务型制造企业（平台）32家。

（区经发局 朱瑄磊）

【工业企业用地增效工程案例入选全国“亩均论英雄”改革典型案例】 12月，常州国家高新区（新北区）工业企业用地增效工程案例入选全国“亩均论英雄”改革典型案例。“亩均论英雄”主要是指在一定的土地面积内，通过提高土地利用效率、优化资源配置和提升产出效益，实现经济产出的最大化。在“亩均论英雄”改革中，高新区（新北区）在全市率先开展工业企业评价，建立全区工业企业大数据，探索多元化土地利用路径，通过低效用地腾笼换鸟等方式，深挖低效用地再开发潜力，盘活存量闲置用地，构筑科技创新载体，推进产业转型升级。2019年至2023年，全区累计完成提质增效工业企业用地超万亩，工业用地企业亩均税收年均增长10%以上。在2023年年初全市表彰大会上，森萨塔科技（常州）有限公司、安费诺－泰姆斯（常州）通讯设备有限公司、常州聚和新材料股份有限公司等11家企业入选常州市工业企业亩均税收20强，数量连续4年位居全市第一。

【4家企业入选省级“两业”融合试点单位】 12月，省发展改革委发布江苏省现代服务业高质量发展第三批“两业”深度融合试点名单，扬子江药业集团江苏紫龙药业有限公司、常州晟威机电股份有限公司、汉得利（常州）电子股份有限公司、常州市乐萌压力容器有限公司4家企业入选。“两业”融合即先进制造业和现代服务业深度融合，涵盖深化新一代信息技术和制造业服务业融合、推动医药制造与健康服务有机融合、打造智能网联汽车制造和服务全链条体系等8个重点领域，是增强制造业核心竞争力、培育现代产业体系、实现高质量发展的重要途径。

2023年，常州国家高新区立足服务“两特三新一智能”主导产业提档升级，加快“两业”融合试点企业培育、示范载体建设和特色项目集聚，出台《关于推进现代服务业高质量发展若干政策》，为省级“两业”融合试点单位提供50万元配套奖。推动制造业企业由传统制造向服务型制造转变，促进制造业服务化转型升级，发挥省级“两业”深度融合龙头企业试点的引领作用。至年末，全区累计有“两业”融合试点单位省级9家、市级8家。

（区经发局 卞仁强 常新鉴）

智慧能源产业

【概况】 2023年，常州国家高新区（新北区）智慧能源产业链相关企业完成产值577.3亿元，比上年（下同）增长28.2%，拉动规模以上工业产值增速3.4个百分点。年内，全区紧跟能源产业低碳化、智能化、互联化发展趋势，由原有的以太阳能光伏为主向太阳能、风能和氢能全领域转变，支撑全市“新能源之都”建设。至年末，全国首个超大规模“光伏+气膜”电站（录安洲码头“光伏+气膜”电站）、全市最大光储充检超充港（正辉光储充检超充港）、全市首个充电公园（新桥星星充电公园）建成投用，累计建成公共充（换）电场站156个、充电桩1158个，新增分布式光伏并网装机容量146.5兆瓦，增长121%，占全市新增分布式光伏并网容量的24%，累计并网容量位列全市第一，新能源之都核心区“见车率、见桩率、见板率”持续提升。

【氢能产业发展】 2023年，常州国家高新区（新北区）助力全市打造氢能生态闭环，产业覆盖氢气制备、储运电池系统、整车制造以及加氢站建设与运营等关键环节。年内，查特深冷工程系统（常州）有限公司生产的国内首批商用液氢储罐投用，实现企业在商用液氢储运领域关键装备技术的重大突破。查特深冷工程系统（常州）有限公司是一家深冷工程设备独立制造商，主要专注于能源和工业气体市场的多种应用。其全资子公司查特深冷工程系统（常州）有限公司主要生产全套液化天然气（LNG）设备及工业气体设备。江苏集萃安泰创明先进能源材料研究院有限公司拥有国内领先的气固相储氢合金制备技术，实现储氢合金产业化制备、储供氢系统、以固态储氢为氢源的发电系统全产业链布局。永安行科技股份有限公司创新研发车载氢燃料电池、固态储氢装置、氢动车和共享交通数字能源平台，建成永安行燃料电池及储氢器生产线，年产5万套小功率燃料电池的自动化生产线投运。至年末，全区拥有永安行科技股份有限公司、江苏集萃安泰创明先进能源材料研究院有限公司、常州宝氢天辰气体有限公司等氢能行业企业，天合光能股份有限公司、新阳科技集团等企业也具备氢能产业布局和转化能力，助力打造氢能源产业生态。

【风能产业发展】 2023年，常州国家高新区（新北区）聚焦风能产业发展，加速风电产业链布局。高新区（新北区）风能产业主要由上游材料生产、中游设备生产和下游风电机组建设运维体系构成，集聚相关企业11家，主要集中于产业链上游风电叶片相关材料和中游风电齿轮等风机核心零部件两大环节。年内，在全区重点项目中，风电产业链建设项目12个，总投资额132.6亿元。全年风能产业链合计完成产值50.2亿元，下降16.2%。

【新能源应用推广】 2023年，常州国家高新区（新北区）聚焦低碳，继续推进试点，放宽屋顶类分布式光伏发电项目备案条件，组织开展全区工业厂房光伏可建屋顶资源摸底调研，鼓励推进“光伏+”多元化利用新模式。全年新增光伏备案项目177个，新增装机容量195兆瓦，增长56%。全区累计光伏并网户数超1100户，装机总容量超370兆瓦，其中公共机构屋顶光伏建成装机容量3.15兆瓦，公共机构屋顶见板率78.6%。公共场景充电完善，加快交通枢纽、旅游景区、星级旅游饭店、公共机构、开放式公园、文体场馆、大型商超及商品批发市场、高速服务区和美丽乡村九大重点公共场所充换电设施建设，全年在运公共领域充电桩1158个。推进多元融合、场景丰富的一体化新能源应用项目。年内，北汽重型汽车有限公司屋顶及地面分布式光伏发电项目建成并网发电，总装机容量超23兆瓦，节约标煤8280吨，减少二氧化碳排放2.29万吨；正辉光储充检超充港（顺园路站）建成投运，是全市配置充电车位最多的超充港，其中最大功率600千瓦的华为全液冷超充车位可为新能源车主带来“一秒一公里”的超快充体验；常州港录安洲码头建成国内首个超大规模“光伏+气膜”光伏电站项目，4座超大规模气膜大棚全面完成调试并于年内接电。

【国内首个超大规模“光伏+气膜”光伏电站项目投用】 12月3日，位于常州港录安洲码头的4座超大规模气膜大棚完成调试，标志着国内首个超大规模“光伏+气膜”光伏电站项目正式投运。该项目于10月建成，拥有4座气膜光伏大棚，总投影面积超27万平方米。一次可堆存矿石等散货150万吨，整体装取流程从船到库、从库到船均实现全封闭。棚内建设雨污水收集处理设施，将混杂着矿石粉、煤粉等污染物的污水进行净化处理，每年可减少污水排放28万吨。作为散货码头全封闭料仓，气膜光伏大棚有效避免扬尘外溢及水污染问题，棚顶安装分布式光伏，装机功率7.66兆瓦，年发电量1100万千瓦时，占码头全年用电量的52%。该项目预计每年可减少二氧化碳排放超9500吨，有效赋能绿色港口建设。

【正辉光储充检超充港投用】 12月6日，正辉&华为全液冷超充港投入使用。该港是一座光伏、充电、储能、电车检测、餐饮、便利店“六位一体”的光储充检超充港。项目位于薛家镇，总面积3000平方米，设置华为全液冷超充设备，配置充电车位56个。其中，液冷超充车位2个，单枪最大功率600千瓦；快充车位54个，单枪最大功率250千瓦。超充港同步在充电车位上安装光伏车棚变身光伏发电站，总装机功率230千瓦，年发电量24万千瓦时；配置正辉自主研发储能系统100千瓦/232千瓦时4套，年放电量61万千瓦时，实现年减排二氧化碳816吨。正辉光储充检超充港最大限度使用清洁能源供电。在保证光伏产生的绿电稳定输出的情况下，可储存低谷电、平电，供汽车充电使用。光伏、储能和充电设施通过电气连接形成一个微电网，通过新能源（光伏）发电进行储能存储，或利用谷（平）电储能蓄电，待新能源车辆充电时有序释放绿色电能，最低时段充电费用为0.58元/千瓦时。江苏正辉太阳能电力有限公司成立于2012年，十年累计开发建设光伏电站超1吉瓦，公司自持分布式光伏电站300兆瓦，年发电量3.5亿千瓦时。2023年，江苏正辉太阳能电力有限公司与华为数字能源技术有限公司共同打造超充港，提供“光储充检”一揽子服务，为市民带来充电车位多、充电不用等、“一秒一公里”、“一杯咖啡，满电出发”的超快充体验。

【天合光能入选2023福布斯中国创新力企业50强】 11月9日，天合光能股份有限公司（简称天合光能）凭借在光储领域的科技创新与引领入选2023福布斯中国创新力企业50强榜单及新能源科创TOP10。福布斯高度认可天合光能在创新引领上所做的努力，并对以天合光能为代表的中国光伏跨国企业给予高度评价，授权专利量、自主申请的授权专利量以及专利申请增速等快速且高质量的创新是中国光伏产业引领全球发展的关键。2023年，在双碳目标下，天合光能作为光伏行业的龙头企业，承担落地双碳目标的先锋者责任，天合光能把可持续发展融入企业文化，长期专注于零碳实践，通过零碳运营、零碳价值链、零碳产品三个主要方向，打造零碳样本。

【2家企业入选2023中国能源企业（集团）500强榜单】 11月16日，中国能源经济研究院公布2023中国能源企业（集团）500强榜单，天合光能股份有限公司、常州聚和新材料股份有限公司2家企业上榜，其中天合光能股份有限公司位列第57名。天合光能股份有限公司位于龙虎塘街道天合光伏产业园天合路2号，成立于1997年，是全球领先的光伏智慧能源整体解决方案提供商，业务覆盖光伏电池、组件、光伏发电、储能、氢能、智能微网及能源物联网等。天合光能股份有限公司是常州市首家科创板上市企业（代码688599），设立在该公司的光伏科学与技术国家重点实验室，是中国首批获得科技部认定的光伏企业国家重点实验室之一。2023年，公司实现销售收入507亿元，完成税收9.5亿元。

常州聚和新材料股份有限公司成立于2015年8月，是一家专注于光伏导电银浆、5G滤波器银浆、元器件浆料及半导体浆料的研发、生产和销售的高新技术企业。依靠长期自主研发，公司掌握多项与正面银浆配方及工艺相关的核心技术，拥有专利315项，建有江苏省电子材料（银浆）工程技术研究中心，与中国科学院共建导电纳米材料联合实验室，并参与制定SEMI发布的“晶体硅太阳电池N型层接触用银浆技术规范”，是苏南国家自主创新示范区潜在独角兽企业、瞪羚企业、国家级专精特新“小巨人”企业。2023年，公司实现销售收入100.8亿元，税收1.4亿元。

12月6日，正辉&华为全液冷超充港投入使用 （区委宣传统战部 供图）

【天合光能获全省首张境外投资电子证照】 11月，江苏省境外投资备案业务培训会暨境外投资电子证照首证发布仪式举行，天合光能股份有限公司（简称天合光能）获颁江苏省首张境外投资电子证照。电子证照实现政企综合服务平台功能的新突破，让企业在办理相关业务中，互通互认不再需要原件。企业可通过平台在线申请、在线支付和协同工作，简化办事流程，提高境外投资的便利性。境外投资电子证照颁发，加快天合光能高水平“走出去”步伐，推动行业高质量发展和国内国际双循环。

【聚和新材料打造世界级导电材料企业】 2023年，常州聚和新材料股份有限公司（简称聚和新材料）在连续2年实现全球出货量第一的基础上，全年实现年产光伏银浆3000吨，完成销售收入100.8亿元，税收1.4亿元。随着产能快速增长，聚和新材料积极布局原材料产业链，以1.2亿元收购江苏连银新材料有限公司，打破银粉长期依赖进口的状况，实现自主生产。年内，聚和新材料在滨开区启动高端光伏电子材料基地项目建设，项目占地面积4公顷，新增投资额12亿元，建成后将实现年产3000吨电子级银粉。聚和新材料同步向元器件浆料、胶水（导电胶、结构胶）等产业领域进军，通过加大研发投入，加固技术创新“护城河”。聚和新材料掌握多项核心技术，与通威集团有限公司、东方日升新能源股份有限公司、横店集团东磁股份有限公司、晶澳太阳能科技股份有限公司、泰州中来光电科技有限公司等太阳能电池片生产商建立合作关系。至年末，聚和新材料有外籍专家、博士、硕士100余人，占员工总人数的40%。聚和新材料以成为世界级的导电材料研发科技公司为愿景，布局上下游产业链，电子浆料产业材料集团的雏形基本形成。

（区经发局 朱瑄磊）

新材料产业

【概况】 2023年，常州国家高新区（新北区）新材料产业链相关企业完成产值156.7亿元，比上年(下同)下降8.5%。年内，全区围绕碳纤维及复合材料、电子化学材料、新型功能材料等细分领域，加快打造新材料研发、生产及应用全流程。滨开区作为国内最早布局碳纤维及复合材料的产业园区之一，通过定向招引、聚力发展，培育高端碳纤维材料供应商中简科技股份有限公司、民用碳纤维生产商新创碳谷集团有限公司、航空航天碳材料供应商科泰思（中国）复合材料有限责任公司等龙头企业，建成常州达姆斯检测技术有限公司等生产服务机构，构建结构合理、技术先进、产业链创新链融合发展的碳纤维及复合材料产业体系。加快化工专题园区转型升级，突出新材料上下游强链补链产业资源整合能力，以大丝束碳纤维、光刻胶等重大项目为支撑，把新材料打造成为体现全区产业新高度的地标产业。

【“东方碳谷”产业地标打造】 2023年，常州国家高新区（新北区）推进碳纤维及复合材料优势产业发展，作为产业发展主阵地的滨开区，全力打造“东方碳谷”特色产业地标。至年末，集聚中简科技股份有限公司、常州天马集团有限公司（原建材二五三厂）、新创碳谷集团有限公司等具备核心竞争力的龙头企业，长三角碳纤维及复合材料技术创新中心和江苏集萃碳纤维研究院等载体平台。全年实现行业销售总额超200亿元，在全省产业占比超30%。获批碳纤维及复合材料国家火炬特色产业基地，新型碳材料产业集群被列入国家先进制造业集群。

【宏发纵横亮相2023中国国际复材展】 9月12日，2023中国国际复材展在上海国家会展中心开幕，在展会现场，常州市宏发纵横新材料科技股份有限公司（简称宏发纵横）重点推出多品类碳纤维、织物、拉挤复材制件及智能装备等核心产品，多方位展示企业领先的技术优势和研发实力，吸引大批行业客户和参展企业驻足咨询、洽谈。宏发纵横是一家致力于高性能纤维及复合材料研发与生产的高新技术企业，形成以高性能纤维复合材料为基础，涵盖复材设计、复材生产、智能装备、检测测试为一体的全产业链业务体系。2021年9月，宏发纵横的大丝束碳纤维生产基地正式投产，经过2年的技术创新和稳定生产，产品基本覆盖国际同类高性能碳纤维产品系列。此次展会重点展示12k、24k、50k等规格碳纤维，以及可应用在多领域场景的各类织物拳头产品。宏发纵横拥有成熟的拉挤成型工艺，可为客户提供一站式拉挤技术解决方案。现场展出新品碳板、玻板、碳玻混拉挤板、拉挤楔形件、曲面拉挤等代表性拉挤复材制件产品。在智能装备领域，宏发纵横重点展出最新设计的智能设备——64通道自动化UT无损检测设备。UT64是一种高效、精确和可靠的碳纤维无损检测工具，专为扫描和评估树脂基复合材料拉挤板在线、离线检测而设计。通过此次展会，宏发纵横展现企业的核心竞争力，提升品牌认知度和客户满意度。

【介孔材料应用转化】 12月，在上海举办的科技创新成果展上，介孔材料的应用转化得到习近平总书记的关注，他肯定基础研究成果的产业化应

常州一元介孔新材料有限公司研发中心　　（区委宣传统战部 供图）

用，勉励研发团队继续将介孔材料研究铺开，做好科研创新成果转化落地。介孔材料是指孔径在 2～50 纳米的一类多孔材料，在电极材料、光电器件、微电子技术、化学传感器、非线性光学材料等领域广泛应用。成果展中展示的保温绝热介孔新材料来自高新区企业常州一元介孔新材料有限公司，该公司研发团队由中国科学院院士、复旦大学教授赵东元领衔。在赵东元院士指导下，团队发明 20 余种介孔材料，实现该领域里程碑式的进展。在肉眼看不到的纳米世界，团队对介孔材料的原创突破，让新材料从实验室走到生产线。年初，常州一元介孔新材料有限公司成立，入驻滨开区碳纤维及复合材料科创港，年内，实验室投用，生产车间 2 条生产线加紧建设，预计 2024 年投产。

【新材料产业园】 常州滨江经济开发区新材料产业园（简称园区）位于常州市国家高新区（新北区）北部，东至桃花港河、西至省庄河、南至兴塘路、北至长江，占地面积 11.25 平方千米，是全省首批认定的 14 家化工园区之一。园区以新材料和新医药为主导产业链，重点发展高性能纤维及复合材料、先进高分子材料、电子化学品、创新药、化学药等产业。园区建有工业供水体系、集中供热系统、成双回路供电系统、工业废水收集处理系统、雨水管控系统、危险废物处理处置系统、园区公共管廊、园区特勤消防站等相关配套。12 月，园区举行新北区政企安全港开港仪式。通过政企安全港暨新北区危险化学品企业安全生产党建实践基地，聚焦危险化学品领域、化工园区和安全生产。至年末，园区有企业 65 家，其中化工医药企业 48 家［含港口企业 3 家，以及常州宏川石化仓储有限公司、建滔（常州）石化码头有限公司、江苏汇允石化仓储有限公司］。园区安全风险等级始终保持 D 级水平（较低风险）。推广“盛瑞工作法”安全经验，成功打造“清 · 新 365”环保品牌。年内，新增培育第二批 10 家“盛瑞工作法”标杆示范企业。全年园区实现产值 440 亿元，销售收入 454.4 亿元，利润总额 90.8 亿元。

（区经发局 朱瑄磊）

新能源汽车及汽车核心零部件产业

【概况】 2023 年，常州国家高新区（新北区）新能源汽车及汽车核心零部件产业链相关企业完成产值 1101.5 亿元，比上年（下同）增长 23.9%，拉动规模以上工业增速 5.7 个百分点。年内，全区抢抓国家大力支持新能源汽车发展和各大主机厂完善布局的契机，立足自身原有汽摩配产业优势，以“整车带动、有零有整”的思路，推进整车项目建设，全面提升零部件生产企业的配套能力。常州比亚迪汽车有限公司全年下线整车 30 万辆，完成销售收入 485 亿元，实现出口超 6 万辆，全区新能源产业出海形成汽车和光伏双支撑。东风汽车有限公司常州分公司下线整车 2.1 万辆，北汽重型汽车有限公司下线整车 0.43 万辆。在整车引领下，全区 30 余家汽车零部件企业加入了比亚迪（汽车）、理想（汽车）产业链配套体系，常州市乐萌压力容器有限公司、大族锂电（常州）智能装备有限公司、常州市大成真空技术有限公司、常州华威模具有限公司发力成套装备，江苏宏微科技股份有限公司、森萨塔科技（常州）有限公司、住友电工运泰克机电线（常州）有限公司深耕汽车电子，产业协同共生效果显现。

【首个千亿元级产业集群诞生】 2023 年，常州国家高新区（新北区）新能源汽车及汽车核心零部件产业规模突破 1100 亿元，增长 23.9%，全区首个千亿元级产业集群诞生。以“新能源整车 + 核心零部件”为引领，精准绘制产业图谱，有相关链上企业约 3000 家，集聚比亚迪汽车有限公司、北汽重型汽车有限公司等整车企业，常州星宇车灯股份有限公司、常州华威模具有限公司等工信部制造业单项冠军，蒂森克虏伯转向系统（常州）有限公司、安费诺汽车连接系统（常州）有限公司等国外龙头企业，以及江苏宏微科技股份有限公司、常州晟威机电股份有限公司等国家级专精特新“小巨人”企业。其中，整车产业规模超500亿元，新能源汽车核心零部件产业占比超60%。围绕新能源之都核心区建设，高新区出台《加快推进重点产业高质量发展的实施意见》《加快打造新能源之都核心区实施意见》等产业发展“路线图”，新能源汽车电气设备产业集群入选国家级中小企业特色产业集群，以薛家镇、罗溪镇中小企业为代表的电气设备产业集群275家企业，实现规模以上产值428.2亿元，增长15.1%；星宇车灯成为全区首家国家级智能工厂，打响“高新智造”品牌。作为比亚迪（BYD）集团布局华东关键落子的比亚迪常州基地，全年下线整车30万台、实现销售额485亿元，其中11.7万辆常州产新能源车远销海外。常州基地是比亚迪全国第四座乘用车工厂，是全区最快跨入百亿元级规模俱乐部的工业企业。2月，比亚迪新能源汽车核心零部件产业园项目（比亚迪常州基地二期）奠基，在一期基础上追加投资额100亿元，建成后年产30万套智慧动力总成、传动系统等核心零部件，为新能源产业的持续壮大注入新动能。全球第二大连接器生产厂家安费诺集团属下的安费诺汽车连接系统（常州）有限公司形成六大事业单元及十大产品群，产品基本覆盖国内所有整车厂，全年销售额超33亿元。江苏欧朗汽车科技股份有限公司通过产线升级加快推动数智融合，2022年9月成功挂牌新三板。

【新能源汽车电气设备产业集群入选2023年度国家中小企业特色产业集群】 9月，常州国家高新区（新北区）新能源汽车电气设备产业集群入选2023年度国家中小企业特色产业集群。2023年，高新区（新北区）新能源汽车电气设备产业集群聚焦电气设备产业发力，中小企业集群表现突出，形成龙头企业引领、内外资企业合力、大中小融通发展的局面，成为全区工业经济的支撑。该产业集群以面向汽车智能化转型的下一代转向系统、减振系统、电机电控系统、智能照明系统等关键部件系统，以及车规级传感器、功率半导体、轻量级线束等关键元器件为主要产品，集聚常州星宇车灯股份有限公司、常州华威模具有限公司等工信部制造业单项冠军，蒂森克虏伯转向系统（常州）有限公司、安费诺汽车连接系统（常州）有限公司等国外龙头企业，以及江苏凯特汽车部件有限公司、江苏宏微科技股份有限公司等专精特新“小巨人”企业，在国产造车市场占有率中属于第一梯队，对合资品牌的渗透率迅速提升。7月，该集群入选2023年度省级中小企业特色产业集群。

【蒂森克虏伯转向系统BMW生产线首台转向机下线】 2月9日，蒂森克虏伯转向系统（常州）有限公司BMW生产线——首台转向机下线仪式举行。此次下线的蒂森克虏伯首条BMW平行轴式电动助力转向机总装生产线于2022年9月落地，两大类产品分别于9月和2024年1月实现量产，用于中国区宝马5系及X5全系列车型。生产线设计节拍30秒，设计年产能47万台，是公司最高级别的自动化和最可靠的装配线，使用包括过程及转运共计25台机器人，保证生产线的自动化并具备多产品生产兼容性。

【科德宝集团汽车底护板产品全球首发】 11月5日，在第六届中国国际进口博览会上，科德宝高性能材料（常州）有限公司推出100%长丝且可回收的汽车底护板产品，并在全球范围内首次亮相。科德宝高性能材料（常州）有限公司是一家致力于研发和生产高品质环保高性能纤维及复合材料的高科技企业，是国内唯一一家拥有自主知识产权的全流程碳纤维生产线供应商。科德宝是拥有170多年历史的全球化技术集团，涉足交通运输、工业生产、能源资源、医疗食品加工等领域。科德宝集团在常州工厂总投资超过5000万美元，建立3条产线。在此次进博会上展出40余款产品，包括新能源汽车、锂电池、氢能、风能等领域产品，其中新能源汽车系列产品30余款。公司利用“进博效应”扩展其在中国的市场份额。

【星宇车灯获第八届铃轩奖“量产·电子电器类·金奖”】 11月，常州星宇车灯股份有限公司（简称星宇车灯）获第八届铃轩奖“量产·电子电器类·金奖”。作为中国最具权威的汽车零部件产业奖项，被誉为汽车行业的“奥斯卡”奖，此次评奖活动有超200家企业、195个案例申报参评。经过两轮评审，常州星宇车灯股份有限公司设计制造的前照灯以实现高性能、小尺寸及个性化的绝对优势再度斩获量产类奖项。

【星宇智能汽车电子及视觉系统中心项目签约】 12月12日，星宇智能汽车电子及视觉系统中心项目签约仪式举行。星宇智能汽车电子及视觉系统产业中心项目主要研发及生产包括车灯域控制器、高像素车灯控制器、智能驾驶域控制器、传感器、电子后视镜、AR—HUD等在内的汽车智能化电子零部件及整车视觉系统，项目总投资额100亿元，占地面积31.35公顷，总建筑面积47万平方米。此次签约的星宇智能汽车电子及视觉系统中心项目计划以LEED标准进行设计与建设，面向汽车智能化电子零部件和整车视觉系统，形成产业链上下游业务整合，集智能研发、智能制造、智能仓储、数字化运营于一体，打造贯穿全生命周期的标杆型数字化基地，促进汽车产业高端化、智能化、绿色化发展。

（区经发局 朱瑄磊）

新一代信息技术产业

【概况】 2023年，常州国家高新区（新北区）新一代信息技术产业链相关企业完成产值403.6亿元，比上年（下同）增长2.7%。年内，全区抢抓全市发展集成电路产业的时代窗口，在原有功率芯片、智能传感基础上，通过头部企业引领带动形成三代半导体产业链上下游穿透式布局，突破以三代半导体为代表的集成电路产业。高新区（新北区）重点打造省级特色小镇——龙虎塘“智能传感小镇”，通过持续强化项目建设，强化链式发展，形成梅特勒－托利多（常州）测量技术有限公司、森萨塔科技（常州）有限公司、辰瑞光学（常州）股份有限公司等智能传感产业集群，常州银河世纪微电子股份有限公司、江苏宏微科技股份有限公司等集成电路产业链，常州星宇车灯股份有限公司、安费诺汽车连接系统（常州）有限公司、常州通宝光电股份有限公司等汽车电子产业链，重构区域生产力布局。至年末，全区新一代信息技术产业产值迈上400亿元台阶。12月，莱赛激光科技股份有限公司在北交所上市，成为全市第96家上市企业。

【全国硅基和宽禁带半导体材料与器件应用论坛】 5月27日，全国硅基和宽禁带半导体材料与器件应用论坛在常州国家高新区（新北区）举办，各专家和企业家齐聚探讨新一代信息技术产业的发展趋势。第三代半导体行业加速发展，为高新区（新北区）新一代信息技术产业提供更广阔的发展空间。借此契机，常州国家高新区与国家专用集成电路系统工程技术研究中心成功进行合作共建。龙虎塘街道办事处与东南大学集成电路学院签约，将坚持以创新引领发展，依托东南大学的优势学科资源开展技术设计及研发工作，深化在集成电路领域的发展。

【森萨塔科技引领传感新未来】 2023年，森萨塔科技（常州）有限公司（简称森萨塔科技）生产的多款传感器产品被应用于小米SU7车型，包括空气悬架压力传感器、热管理温度压力传感器等。实现公司在国产汽车品牌领域的一大突破。成立于1916年的森萨塔科技集团总部位于美国，是世界领先的传感器产品和控制器产品供应商。2004年，森萨塔科技落户常州高铁新城，常州工厂拥有员工3800人，2023年，公司实现销售收入71.4亿元，税收3.2亿元，成为森萨塔科技集团全球最大的研发制造中心。年内，公司坚持创新驱动发展战略，通过加大研发投入、建设科技创新平台等举措，推动科技成果转化应用。紧跟市场发展大趋势，在电动化、数据赋能和安全高效领域开展前瞻性布局，全年形成车规级成像雷达及芯片、MEMS技术压力传感器及芯片等近30个细分种类的产品。在2023博世氢能暨CV电驱动供应商大会，森萨塔科技展出电动化系列产品和氢燃料电池传感器系列产品，展示公司在商用车领域的技术优势和市场前景。在《汽车与配件》2023国商用车绿色低碳发展论坛上，公司的HVDU高压分配系统获绿色创新卓越奖；在第三届汽车制动创新技术年度评选（2023）中，公司旗下的制动踏板力传感器获2023年度“制尚奖”，展示其在制动技术领域的创新能力和优异表现。

（区经发局 朱瑄磊）

新医药及医疗器械产业

【概况】 2023年，常州国家高新区（新北区）新医药及医疗器械产业链相关企业完成产值278.2亿元，比上年下降15.9%。全区坚持医药、医疗、医学“三医融合”发展，重点支持扬子江药业集团江苏紫龙药业有限公司、常州恒邦药业有限公司、常州合全药业有限公司等龙头企业做大做强，引进知名研发外包单位CRO（医药研发合同外包服务机构）、OEM（原始设备制造商）等入区发展，构建以“生命信息＋”为先导的智能生命健康产业集群。全区生物技术及新型医疗器械领域汇聚美敦力（常州）医疗器械科技有限公司、常州合全药业有限公司、联影（常州）医疗科技有限公司、扬子江药业集团、扬子江药业集团江苏紫龙药业有限公司等龙头企业，吸引南京师范大学常州合成生物学产业研究院等重大创新平台落户。年内，美敦力康辉常州科技园孵化中心揭幕，定位美敦力全球生产基地和康辉全球总部，建设临床客户、智能制造、卓越研发和创新孵化四大中心。

【合全药业获全市特别重大贡献奖】 2023年，常州合全药业有限公司在全市“提质增效、创新争星”活动中获2023年度全市特别重大贡献奖。常州合全药业有限公司（简称合全药业）设立CDMO化学小分子药基地，建设新药生产和研发中心项目，致力于新药研发和生产平台建设，开展创新药研发和生产，提供创新药API的CDMO一体化服务。公司拥有专利55件，授权24件，其中发明专利13件、

2023 年，常州合全药业有限公司获全市特别重大贡献奖　　（朱臻　摄）

实用新型专利 11 件。公司手性合成技术、杂环化学技术、金属催化反应技术、高温高压反应技术、低温反应技术、连续性反应技术等具有国际先进水平，致力于孵化针对癌症、糖尿病、高血压等重大疾病的若干个全球创新型药物品种，主要从事抗癌症、抗艾滋病、抗糖尿病、抗抑郁症、抗类风湿关节炎等重大疾病药物生产及研发。有超 100 家遍布全球的创新型药物研发合作伙伴，包括全球 15 大跨国制药公司中的 13 家，90% 的合作伙伴来自欧美。2023 年，公司实现销售收入 112.3 亿元，实现税收 12.5 亿元。

【千红制药入围全市五星级工业企业】 2023 年，常州千红生化制药股份有限公司（简称千红制药）入围全市五星级工业企业。千红制药是国内生化制药行业多糖类和蛋白酶类药品的龙头生产经营企业、国家级高新技术企业、国家三药基地重点骨干企业和上市企业。千红制药坚持自主研发与产学研合作，拥有 100 余人的研发团队。公司完善产品研发和成果转化创新体系，获中国医药研发产品线最佳工业企业前 20 强，拥有省级企业技术中心，筹建的国家级生物医药创新药物孵化基地投入运营。公司生产的所有产品均通过国家药品 GMP 质量认证，其中出口的肝素钠原料和原料药、小分子肝素钠、门冬酰胺酶原料药分别通过美国 FDA 等相关质量认证。2023 年，公司实现销售收入 18 亿元，实现税收 1.4 亿元。

（区经发局　朱瑄磊）

合成生物产业

【概况】 2023 年，常州国家高新区（新北区）在全市率先抢占合成生物产业制高点，引进黄和院士领衔的南京师范大学常州合成生物学产业研究院，长三角合成生物产业创新园开园，打造长三角“合成生物港”产业名片。建设“龙城牙谷”，深度链接华西口腔医院、四川大学生物治疗国家重点实验室等创新资源，完善“设备—材料—诊疗—服务”发展体系，建设在沪宁线上具有影响力的牙科产业基地。深化与省市药监部门合作互动，设立全市首家医疗器械服务站，牵头成立生命健康、合成生物产业基金，推动“有效市场”和“有为政府”更好结合。

（区经发局　朱瑄磊）

【恒泰第一工园生命科技港】 恒泰第一工园生命科技港项目由常州恒泰常星生命科技产业发展有限公司投资建设，公司成立于 2021 年 5 月，注册资金 1 亿元，由苏州恒泰控股集团有限公司与江苏吴中高科创业投资有限公司共同出资，恒泰集团以 60% 的出资比例控股。恒泰第一工园生命科技港项目位于健康生命产业园，占地面积 8.74 公顷，建设“一中心、二平台、二基地”，即产业服务中心、研发孵化平台（长三角合成生物产业创新园）、检测实验平台、医疗医美产业基地、生物医药研发基地。项目计划总投资 10 亿元，将引入 50 余家大健康产业高新科技企业和优质科技人才项目。项目总体建成投产后，将新增税收 5240 万元，引入高新科技人才 1200 ～ 1500 人。

【长三角合成生物产业创新园开园】 10 月 10 日，长三角合成生物产业创新园在常州国家高新区（新北区）开园，打造合成生物产业创新策源地，建设长三角“合成生物港”。活动现场设立 20 亿元合成生物产业专项基金和 2 亿元园区发展基金，总投资额 9.5 亿元的 20 个重点项目集中签约，为全市合成生物产业发展贡献力量。长三角合成生物产业创新园位于常州生命健康产业园恒泰第一工园生命科技港，由常州市人民政府、常州国家高新区管委会及南京师范大学合作共建，以南京师范大学常州合成生物学产业研究院为产业研发孵化平台，建成综合性、集成性、开放、共享的科技创新平台，构筑从产业前沿关键技术创新、成果孵化转化、绿色产业示范的创新链条，实现高层次创新创业人才的集聚，推动合成生物学产业发展，打造千亿产业。仪式上，20 个重点项目集中签约，包括南师大研究院引进的工艺完善、附加值高、可替代原有制造路线（化学合成或者天然提取）、实现可持续的“循环”生产模式的DHA、EPA功能性油脂等科技人才项目，有入选工信部第一批生物医用材料，以及运动医学编织植入材料和可吸收植入物等一批高技术、高成长、高回报、资本看好的产业化项目。长三角合成生物产业创新园与常州市医疗器械协会、南京大学生物医药行业校友会、苏州生物医药产业联盟等单位建立联系，搭建合作桥梁。2023年，园区合成生物产业产值28亿元。

（薛家镇 顾诚）

【南师大与高新区共建合成生物学产业研究院】 3月21日，南京师范大学—常州国家高新区(新北区)共建南京师范大学常州合成生物学产业研究院签约仪式在南京师范大学举行。南京师范大学党委书记王成斌、校长华桂宏、副校长黄和，新北区区长石旭涌、副区长杭宏伟等出席签约仪式。杭宏伟与黄和共同签署《南京师范大学常州合成生物学产业研究院合作协议》。王成斌指出，常州具有丰富的产业研究院孵化经验，优异的区位优势和产业发展理念将为合成生物学产业研究院的发展提供良好生态环境。南师大拥有合成生物学前沿研究与技术创新的骨干力量，在合成生物技术成果孵化转化方面取得优异成绩，将为合成生物学产业研究院的发展提供扎实的技术支撑。石旭涌强调，布局有特色的合成生物学研究平台是高新区抢占战略性新兴产业和未来产业发展高地的重要路径。高新区（新北区）与南师大共建合成生物学产业研究院，将促进高校优质资源与地方经济建设有机结合与优势互补，助力常州生命健康产业高质量发展。黄和介绍双方合作情况，表示研究院的成立是双方集中力量、整合资源，抢占合成生物学产业发展制高点的重要举措。研究院将抓住机遇，提升科技创新创业能力，推动合成生物学新型产业集群在高新区的形成和壮大。

（区经发局 朱瑄磊）

高端智能装备制造产业

【概况】 2023年，常州国家高新区(新北区)高端智能装备制造产业链相关企业完成产值503.1亿元，比上年（下同）下降4.6%。高端智能装备制造产业规模继新能源汽车、智慧能源之后，成为全区第三个登上500亿元台阶的产业链。全区坚持协同创新、工业互联，加快开发智能装备制造创新场景应用，为工业企业抢占市场高地提供装备保障，形成以工程机械、数控设备、环保装备等为重点发展方向的高端智能装备集群。年内，总投资额1亿元的贺尔碧格压缩机技术常州新工厂开业，助力打造高端智能装备产业集群。

【2个智能制造示范区入选市智能制造示范区】 1月，常州国家高新区（新北区）罗溪镇智能制造示范区和龙虎塘智能制造示范区入选2022年常州市智能制造示范区。2023年，常州国家高新区（新北区）聚焦“两特三新一智能”产业集群，打造智能制造高端要素汇聚、智能制造技术广泛应用、智能制造服务支撑体系完善，具备智能制造、工业互联、协同创新、数字赋能特征的园区。罗溪镇智能制造示范区通过全方位“链式”布局，引进常州比亚迪汽车有限公司、北汽重型汽车有限公司、常州星宇车灯股份有限公司、住友电工运泰克机电线（常州）有限公司等新能源汽车及核心零部件龙头骨干项目，形成涵盖新能源汽车整车、工程机械、商用车、三电核心系统、高端内外饰件、发动机关键部件、汽车灯具等上下游配套相对齐全的产业链条，并被评为省新型工业化产业示范基地。龙虎塘智能制造示范区锚定新能源互联网、光伏智慧能源、智能传感等优势产业，锻造具有全球影响力和竞争力的特色产业集群。光伏产业形成以天合光能股份有限公司为龙头、上下游光伏生产企业为配套的“垂直一体化”发展链条，拥有常州聚和新材料股份有限公司、常州华美光电新材料有限公司等20多家光伏制造骨干企业，是全国最大的光伏产品生产和研发基地。智能传感产业汇聚森萨塔科技（常州）有限公司、江苏常荣电器股份有限公司、莱赛激光科技股份有限公司等160余家优质企业，形成集传感器研发、生产、销售于一体的完备产业链。

【小松（常州）工程机械有限公司第三工厂投产】 12月，小松（常州）工程机械有限公司第三工厂（铸造车间）投入试生产。第三工厂（铸造车间）于2021年10月开工建设。新厂房建筑面积约3万平方米，通过使用节能型设备及提高自动化率，实现提高生产效率，降低二氧化碳排放量，提升铸造产品竞争力。新厂房及设备总投资额2.3亿元，主要生产工程机械用铸铁产品，设计年产能2.2万吨，年产值3亿元。小松（常州）工程机械有限公司由小松集团于1995年5月在常州高新区投资成立，主要生产包括工程机械、压力机等产业机械在内的26种机型产品。2023年实现销售收入16.6亿元，税收1亿元。

（区经发局 朱瑄磊）

传统优势产业

【电力建设】 2023年，常州国家高新区（新北区）加速服务能源基建，重点推动政企共担电力接入工程、新型电力系统建设等工作。支持国能常发二期项目建设，协调推进电网接入等方案，强化对接力保主体厂房工程在省定投运要求倒排时限内顺利开工。发挥国能常州发电有限公司大机组优势，耦合城市供热，优化提升区域供热能力。完成长距离供热替代路径方案比选确认，明确由常州滨江供热管网有限公司投资建设替代管线、由常州新区广达热电有限公司负责过渡期用热保供。年内完成项目投资成本测算，相关评估评审、外部立项前期手续、南部企业用热替代协调等工作。"一企一策"保障电力稳供。科学编制2023年迎峰度夏电力负荷管理预案，全区2241户用电企业最大可限腰荷58万千瓦，并结合用地增效评价将企业分组轮流参加有序用电，优先保供重要用户、重大项目、重点企业，压降高耗能、高排放和产能过剩企业负荷，实现精准调控。12月，国网常州供电公司新北区供电服务中心揭牌，全方位支持新能源之都核心区建设。

【国能常州二期两台100万千瓦机组扩建项目开工】 2月，2023年江苏省重大项目清单发布，能源基础设施项目国能常州2×100万千瓦机组扩建项目列入实施项目清单。国能常州二期两台100万千瓦机组扩建项目于2022年11月开工建设。该项目由国家能源江苏公司、江阴苏龙热电公司、常州投资集团公司、省国信公司共同出资建设，项目法人为国能常州第二发电有限公司。二期项目以安全可靠、清洁低碳、高效灵活、智能智慧、联产联供、耦合发展为目标，打造赋能城市发展的高效清洁智慧能源动力循环中心。年内，该项目获省发改委核准，纳入省"先立后改"建设清洁高效支撑性电源项目规划建设实施方案，计划在2025年迎峰度夏前实现双投。国能二期项目建成后，将为区域电力热力供应提供可靠保障，推动全区乃至全市经济社会更高质量发展。

（区经发局 朱瑄磊）

农 业

综 述

【国家农业绿色发展先行区建设】 2023年，常州国家高新区（新北区）国家农业绿色发展先行区建设通过农业农村部等八部委中期评估。年内，围绕农业绿色发展，开展耕地轮作休耕，完成休耕面积195公顷。推进第三次全国土壤普查，完成全区190个表层样点的校核、调查采样、样品制备等工作，配合省级完成24个剖面样点和5个生物学样点的调查采样工作。开展化肥农药减量增效行动，建成省级耕地质量提升及化肥减量示范区2个和省级农作物绿色防控示范基地1个。推进生态循环农业建设，常州市东南有机稻米种植专业合作社被评为国家生态农场创新创业典型案例，笙绿农业科技有限公司被评为国家级生态农场。

（区农业农村局 郝小燕 宋俊贤 吴悠）

【高标准农田建设】 2023年，常州国家高新区（新北区）建成高标准农田项目3个，面积273.33公顷，总投资额2184万元。其中，省级新建项目1个，面积200公顷；区级项目2个，面积73.33公顷。完成灌排系统生态化改造1处，新建生态渠、生态沟、生态调蓄塘等设施，提升农田尾水净化处理效果。推进高标准农田建设工程质量专项整治“双百日”行动，对2019—2023年建成、在建高标准农田项目开展拉网式质量排查并完成整改。组织镇高标准农田分管负责人、具体业务人员、项目设计人员、施工负责人、技术员、监理人员、第三方验收机构人员、行政村业务负责人及农田管护人员等80余人开展业务培训，提升高标准农田管理水平。

（区农业农村局 杭杰）

常州市东南有机稻米种植专业合作社种植的稻田（区农业农村局 供图）

【生物安全】 2023年，常州国家高新区（新北区）开展植物、病虫害、水生动物外来入侵物种普查工作，查明外来入侵植物75种、病虫害8种、水生动物3种。强化加拿大一枝黄花、福寿螺等外来入侵物种防控工作，完成2021—2023年新增耕地污染状况调查。加强农业转基因生物安全监管，对未米生物科技（常州）有限公司、百格基因科技（江苏）有限公司等企业开展农业转基因生物安全检查，督促企业落实《农业转基因生物安全管理条例》规定，确保源头和流向可追溯。

（区农业农村局 郝小燕 宋俊贤）

【生态循环农业】 2023年，常州市国家高新区（新北区）围绕秸秆离田率15%的目标，持续开展秸秆综合利用。以秸秆机械化还田为主，推进秸秆离田，推广秸秆作为原料生产固体颗粒燃料、食用菌基质等多种利用途径，综合利用率96.22%。至年末，全区有3家秸秆收储中心（镇级），规模沼气场6家（华发养殖场、赛越养猪场、文朝养殖场、润源农场、双龙三元生猪养殖场、兴华牧业养殖场）。

（区农业农村局 丁德广 郝小燕）

【秸秆还田】 2023年，常州国家高新区（新北区）制定《新北区2023年秸秆机械化还田实施方案》，印发《新北区农作物秸秆机械化还田工作相关配套制度》，建立政策落实的长效机制。按照省第三方核查要求和标准，编制新北区秸秆机械化还田作业标准和技术路线。省下达2023年新北区秸秆机械化还田补助资金90万元，全年完成夏季秸秆机械化还田面积3173.33公顷，秋季秸秆机械化还田面积2766.67公顷，犁耕深翻面积686.67公顷，补贴资金全部发放到位。优化作业机械配置，逐步更新大马力拖拉机，对水稻秸秆留茬部分采用犁耕深翻方式灭茬，提高秸秆直接还田技术水平。

（区农业农村局 丁德广）

【养殖业绿色循环发展】 2023年，常州国家高新区（新北区）推进养殖业绿色循环发展。调整生猪养殖结构，依托兴华牧业楼房猪场，发展信息化管理、自繁自养封闭式养殖模式，其余中小规模猪场开展内部整治，实施改造升级；加快渔业结构调整，提升科技服务手段。委托中国水产科学研究院淡水渔业研究中心对长江常州段开展渔业资源监测，推进以长江为重点的水生生物保护，促进渔业资源可持续利用。根据新北区水产养殖空间布局现状和产业可持续发展需要，结合全区水产养殖、饮用水源地保护、新孟河拓浚工程等时机，重新修编《新北区水产养殖水域滩涂规划（2017—2030年）》，指导全区现代生态渔业可持续发展。

（区农业农村局 张倩 莫雯婧 曾疆雪）

【农业综合行政执法】 2023年，常州市国家高新区（新北区）推进"农资打假"等16项专项执法行动和长江禁渔专项行动，全年办理各类投诉举报200余件，查处各类案件53件，罚款37.72万元。新增3家长江禁捕党建联盟成员单位；区农业农村局牵头开展长江禁捕联合巡查10余次；组织开展重点水域与跨市水域联合巡航执法检查等，对全区8家水生野生动物繁育持证单位开展全覆盖执法检查。围绕春耕、三夏、秋冬种等重点农时，加大对农资经营门店检查和对农业投入品抽样的力度；完成全区农药经营许可证延续换证工作；在春节等节假日开展"零点行动"，加强市场销售生猪产品质量安全监管，开展"瘦肉精"专项整治行动，对生猪、肉羊养殖场按比例抽取尿样进行快速筛查，保障畜产品质量安全。开展农机领域专项检查，检查农机专业合作社25家次，发现并整改安全问题8个；组织水政执法专项巡查，巡河1125千米，查处各类河湖违法行为为36起；对11个在建水利工程开展安全生产专项执法检查，发现未设置安全警示标志等问题8个，均督促整改到位；首次完成未对建筑材料进行检验、未经水行政主管部门同意在河道管理范围内从事工程设施建设2类涉水案件处罚，罚款12.1万元。

（区农业农村局 赵志敏）

种植业

【概况】 2023年，常州国家高新区（新北区）实现农业产值17.7亿元，全年粮食播种面积7689.66公顷，比上年（下同）增长3%；粮食总产量5.2万吨，增长3.6%；粮食亩产451千克，增长0.5%。全年蔬菜及食用菌播种面积3566.7公顷，下降1.2%；产量13万吨，增长0.3%；亩产2434.7千克，增长1.5%。继续推进"两废"（农药包装废弃物、废旧农膜）回收、化肥农药减量增效等工作。严防耕地"非粮化"，组织开展"大棚房"问题回潮反弹排查整治和撂荒耕地调查摸底，实施设施农业管理台账数字化，保障农业发展根基。

（区农业农村局 吴悠 岳灵芝）

【粮油生产】 2023年，常州国家高新区（新北区）继续落实《常州市新北区农田生态补偿管理办法（试行）》，通过苗木改稻、草坪改稻、闲置农田改稻等途径，新增水稻播种面积127.51公顷，新增小麦播种面积250公顷。夏粮播种面积2530.13公顷（含小麦2340公顷），秋粮播种面积5159.53公顷（含水稻3566.67公顷、大豆634.33公顷）。夏粮总产1.16万吨（含小麦1.11万吨），秋粮总产4.04万吨（含水稻3.37万吨）。小麦亩产314.9千克，水稻亩产630.7千克。油料作物播种面积762.67公顷，增长14.68%，其中油菜播种面积682.67公顷。油料作物总产0.15万吨，增长25.43%；亩产134.53千克，增长9.37%。

（区农业农村局 吴悠）

【蔬菜生产】 2023年，常州国家高新区（新北区）蔬菜播种面积3566.67公顷，总产量12.95万吨。新增春江街道圩塘社区和魏村街道东蒋村、青城村、黄城墩村4个精美小菜园。新北区奔牛刘伟家庭农场通过省级园艺作物标准园验收。推进"菜篮子"工程绿色蔬菜保供基地建设，完成460.98公顷建设任务。

（区农业农村局 岳灵芝）

魏村街道黄城墩村小菜园　　（区农业农村局 供图）

【“两废”回收处置】 2023年，常州国家高新区（新北区）继续推进农药包装废弃物、废旧农膜回收处置工作。全区设置农药包装回收点80家、废旧农膜回收点22家，覆盖8个镇（街道）。全年农药包装废弃物回收处置45吨，废旧农膜回收处置115吨。深入农户开展“两废”回收宣传，提高农户参与积极性。

（区农业农村局 赵志敏）

【农药管理】 2023年，常州国家高新区（新北区）有农药生产企业3家、农药经营门店71家、农药贸易公司61家；新增农药经营许可证申请19件，农药经营许可证续期58件。年内，新北区通过组织企业自查、专家专项检查、“回头看”等途径，开展农药行业安全生产大检查，全年排查农药生产经营单位171家次，发现一般隐患23处，督促企业全部整改到位。

（区农业农村局 徐恺）

【化肥农药减量增效】 2023年，常州国家高新区（新北区）实施化肥农药统供统配，促进减量增效。全年采购水稻专用配方肥1463.95吨，小麦专用配方肥1089.22吨，商品有机肥6000吨，小麦、水稻穗期病虫害防控农药11.37吨，补贴后发放给农户使用，减少化肥农药施用量。全区建成省级蔬菜绿色防控示范基地1个，提高蔬菜绿色防控技术覆盖率。

（区农业农村局 郝小燕 宋俊贤）

【惠农补贴】 2023年，常州国家高新区（新北区）规范开展惠农补贴发放工作。全年按标准发放耕地地力保护补贴、种粮农民一次性补贴、稻谷生产环节补贴、绿色蔬菜规模种植补贴等1573.16万元。其中，发放耕地地力保护补贴825.98万元、实际种粮农民一次性补贴100.56万元、稻谷补贴484.94万元、市级水稻田生态补偿资金105.28万元、绿色蔬菜规模种植补贴56.4万元，补贴资金惠及78个村超3.1万户农户。区对各镇（街道）补贴资金的发放流程进行监管，不定时开展“回头看”，确保资金补贴到户。

（区农业农村局 蒋天昊 岳灵芝）

【“方建荣大米”获江苏好大米特等奖】 12月，在第八届“华西村杯”“江苏好大米”品鉴推介暨2023年江苏省种植业产业技术总结交流会上，常州市猛将农机服务专业合作社出品的“方建荣大米”获江苏好大米特等奖。常州市猛将农机服务专业合作社位于新北区孟河镇小黄山村，是从事优质稻生产、加工全产业链开发的新型农业经营合作社。合作社成立后，引进试种适合当地种植的优质品种，此次获奖的沪香粳是合作社2023年引进的优质水稻新品种，具有口感好、米粒饱满、色泽洁白、香味浓郁、营养成分丰富等特点。

（区农业农村局 吴悠）

林果园艺业

【概况】 2023年，常州国家高新区（新北区）实现林业产值0.7亿元，林业增加值0.4亿元。全区有园地面积3376.75公顷、林地面积4946.04公顷、草地面积2781.94公顷。实施省级绿美村庄建设工程，开展村庄造林绿化，累计建设省级绿美村庄10个。

【林果业】 2023年，常州国家高新区（新北区）园林水果果园面积327.53公顷，年产量0.62万吨。年内，常州市润土瓜蔬专业合作社选送的绿咪牌厚皮甜瓜在第五届江苏“好西（甜）瓜”品鉴推介活动暨西（甜）瓜产业技术交流会中获甜瓜组“好产品”金奖。常州市润果农业科技有限公司选送的“苏翠一号梨”在江苏省第五届优质早熟梨品鉴推介活动中获金奖。新北区孟河勤劳家庭农场选送的“夕阳红”葡萄在江苏省葡萄协会举办的第十五届江阴璜土葡萄文化节中获银奖。新北区选送的水果样品在2023年“人保杯”首届常州大众水果品鉴活动中，获4枚金牌、6枚银牌。

表 37 2023 年常州国家高新区（新北区）园林水果生产情况统计表

种 类	种植面积（公顷）	总产量（吨）
梨	90	1753
桃	91.4	1165
葡萄	105.4	2413
猕猴桃	1.67	37
柑橘	9.33	375
其他	29.73	407
合计	327.53	6150

【园艺业】 2023 年，常州国家高新区（新北区）花卉种植面积 24.1 公顷，其中鲜切花面积 2.1 公顷、盆栽植物面积 22 公顷；销售量 297 万盆（支），其中鲜切花销售量 115 万支、盆栽植物 182 万盆，实现产值 2691 万元。

（区农业农村局 岳灵芝）

【2023 新北“裕华”杜鹃花节】 4 月 14 日，2023 新北“裕华”杜鹃花节在新北现代农业产业园开幕。该届杜鹃花节活动为期 15 天，活动期间园内 200 万余株盆花和 20 万株地栽花全部向游客免费开放，展示品种有 300 余种，百万株杜鹃花次第开放。杜鹃花应用广泛，可用于花境、花坛、道路等园林绿化工程领域，及进入千家万户成为家庭观赏型盆景。新北区农业坚持走绿色生态、三产融合的高质量发展道路，裕华杜鹃基地成为江苏现代农业产业花卉技术体系新北推广示范基地、江苏省农业标准化试点示范基地。江苏裕华杜鹃种植园用工业思维做农业，实现杜鹃花规模化生产、标准化管理，助力杜鹃花产业转型升级和区域创新发展。

（区农业农村局 汪建龙）

渔 业

【概况】 2023 年，常州国家高新区（新北区）走产地优美、产品优质、产出高效、产业优化的渔业绿色可持续发展道路。全年实现水产品总产量 1.05 万吨，比上年（下同）增加 0.14 万吨，增幅 15.63%；实现渔业总产值 7.86 亿元，增加 1.37 亿元，增幅 21.25%。结合新孟河拓浚工程实施后位置变化及区水产养殖业空间布局现状，重新修编《常州市新北区养殖水域滩涂规划》，保障全区水产品长期有效供给，促进水产养殖业可持续发展。

【水产养殖】 2023 年，常州国家高新区（新北区）池塘养殖面积 1524 公顷。其中，常规鱼类养殖面积 672 公顷，淡水特种水产品养殖面积 852 公顷。特种水产品主要为河蟹，养殖面积 778 公顷，其余为甲鱼、鲈鱼等名优特品种。全年水产养殖总产量 1.05 万吨，其中河蟹产量 1823 吨、鱼类产量 8546 吨，产量较 2022 年均有较大幅度增加。常州市育凡水产养殖有限公司为省级水产良种场，基地占地面积 10.01 公顷，以繁育胭脂鱼、翘嘴红鲌为主，年产淡水鱼苗 1000 万尾。

【池塘标准化改造】 2023 年，常州国家高新区（新北区）围绕 2023 年底前完成省下达的 200 公顷改造任务，实现养殖池塘尾水循环利用或达标排放的整改目标，推进池塘标准化改造。全年完成养殖池塘标准化改造点 14 个，改造面积 206.77 公顷，完成中央环保督察涉渔问题整改销号任务。

【孟河硕丰水产养殖场入围市级水产绿色健康养殖示范点】 12 月，常州市新北区孟河硕丰水产养殖场入围市级水产绿色健康养殖示范点。孟河硕丰水产养殖场位于孟河镇银河村，水产养殖总面积 9.34 公顷，年产河蟹 1.75 万千克，产值 300 余万元。该养殖场

常州市新北区孟河硕丰水产养殖场 （孟河镇 供图）

实施标准化管理，饲料、药品等分开存放，分类设置垃圾转运箱，并建有尾水净化区面积 1.6 公顷，净化区占比 17%，实现养殖尾水循环利用和达标排放，打造绿色环保、安全稳定的生态养殖模式。

（区农业农村局 曾疆雪）

畜牧业

【概况】 2023 年，常州国家高新区（新北区）出栏生猪 5.39 万头、家禽 7 万羽，年产猪肉 4827.27 吨、禽蛋 2367.34 吨。规模畜禽粪便年产量 17.46 万吨，利用量 17.2 万吨，规模畜禽粪便综合利用率 98.53%。实施生猪保供稳供，依托常州兴华牧业有限公司等龙头企业建立国家级生猪产能调控基地 1 个，确保能繁母猪存栏总体稳定。至年末，全区生猪存栏 2.75 万头，比上年（下同）减少 31.7%，其中能繁母猪存栏 4118 头，增长 8.8%。家禽存栏 18.07 万羽。

【畜禽规模化养殖】 2023 年，常州国家高新区（新北区）持续优化畜禽规模养殖结构，加速生猪散养户退出，畜牧业规模养殖水平得到提升。至年末，生猪规模养殖占比 98%，规模畜禽粪污综合利用率 98.53%，粪污处理设施装备配套率 100%，全区建有 14 家规模畜禽养殖场，其中省级畜牧生态健康养殖示范场 6 家。

【重大动物疫病防控】 2023 年，常州国家高新区（新北区）组织开展春、秋季重大动物疫病集中防疫行动及夏季重大动物疫病集中补免和消毒灭原行动，强制免疫动物疫病的群体免疫密度保持在 90% 以上，其中应免畜禽免疫密度达到 100%。累计防疫生猪口蹄疫 6.69 万头次、羊口蹄疫 0.35 万头次、小反刍兽疫 0.38 万头次，高致病性禽流感 63.75 万羽次。强化畜间人兽共患病防控，实施免疫效果监测评估和动物疫情应急管理，区兽医实验室检测畜禽血清样品 3865 份，各病种抗体检测效价合格率均达标。加强兽医实验室能力建设，区兽医实验室于 11 月通过省农业农村厅验收。

【省级畜牧生态健康养殖示范场】 2023 年，常州国家高新区（新北区）优化畜牧业生产结构，开展畜禽标准化生态健康养殖普及行动，提升标准化生态健康养殖水平，建成省级畜牧生态健康养殖示范场 6 家。

江苏立华牧业股份有限公司。位于罗溪镇鸦鹊村委林场，于 2005 年投资建设，全场占地面积 5.1 公顷。建设高标准鸡舍 23 栋，年种鸡存栏 12.5 万套。建有自动喂料、自动饮水、自动清粪、通风、降温、加热等系统。

常州恒鑫农业生态园有限公司。位于新北现代农业产业园区，占地面积 3.34 公顷，养殖区域面积 4500 平方米，其中鸡舍面积 3000 平方米，养殖直接投资额 3500 余万元。蛋鸡养殖运用互联网 E+ 模式和全封闭零污染的环保生产模式。

常州市兴华牧业有限公司。位于西夏墅农业园区，成立于 2020 年 3 月，占地面积 102.72 公顷，其中 13.74 公顷为楼房养殖区，其余 86.71 公顷为种植区。项目总投资额 2.2 亿元，总建筑面积 10 万平方米，年出栏商品猪 5 万头。

常州市孟河双龙三元生猪养殖场。位于孟河镇固村巷村西山林场，创建于 1992 年，占地面积 2.73 公顷，养殖建筑面积 5500 平方米，配套干粪堆积大棚 400 平方米，粪水储存池 950 立方米，雨污分离管道 3200 米，年存栏生猪 140 余头。

常州新北区西夏墅文朝养殖场。位于西夏墅镇浦河社区，创建于 2005 年 4 月，养殖场占地面积 4.67 公顷，拥有圈舍 1.05 万平方米，辅助房 3736 平方米。场区总体布局合理，保温隔热设施完善，具有母猪定位栏、产床，仔猪保育栏等设备。

常州新北区华发畜牧养殖场。位于西夏墅镇观庄村，创建于 2008 年，占地面积 12.34 公顷，建筑面积 1.2 万平方米，其中圈舍面积 1 万平方米，年养 500 头经产母猪及 1 万头商品猪。至年末，存栏母猪 95 头。

（区农业农村局 张倩 莫雯婧）

种 业

【良种示范推广】 2023 年，常州国家高新区（新北区）推进稻麦优质品种的示范推广，督促农资经营店落实不再经营种子再分装业务，加强种子市场监管，开展春季水稻、秋季麦油用种抽样，保障农业经营主体用种安全。全年引进 10 余种优质水稻新品种，在奔牛稻麦原种场水稻新品种示范基地、西夏墅镇东南村优质稻米示范基地开展示范运用，并举办品尝评比活动。推动常州市东南有机稻米种植专业合作社承担的江苏现代农业稻油产业技术体系项目建设，建成核心基地 1 个、示范基地 5 个。

（区农业农村局 郝小燕）

【笙绿农业新品种引育】 2023 年，常州笙绿农业科技有限公司（简称笙绿农业）加快新品种引育、新技术栽培，提升果蔬质量。全年新引育番茄品种 15 个，栽培番茄品种 40 余个，实现番茄亩产超 5000 千克。除番茄新品种外，笙绿农业从省农科院引进 5 个国外品种和 10 个国产品种，改善果蔬产业结构。围绕番茄、芋头、青菜三大类新品种引育，笙绿农业通过校企合作和自主培育，形成一批优质蔬菜品种，并被推广运用，笙绿农业被评为江苏省农作物品种展示评价基地（蔬菜类）。

（区农业农村局）

农业产业化经营

【概况】 2023年，常州国家高新区（新北区）推进农业产业化经营，完成省级农业龙头企业监测，新增区级农业龙头企业13家，培育市级示范家庭农场12家、示范农民专业合作社3家。新农家庭农场联盟再次被评为江苏省十佳家庭农场服务联盟。推进三产融合，认定常州市润土瓜蔬观光采摘园和常州笙绿农业观光采摘园2家单位为常州市新北区四星级精品观光采摘园，认定贝特蓝莓观光采摘园、万果农业观光采摘园、贤春农场观光采摘园、都市易农观光采摘园、慢禾农业观光采摘园5家单位为区三星级精品观光采摘园。举办常州市2023年中国农民丰收节活动，完成乡村产业发展图谱编制，助推乡村振兴。

（区农业农村局 汪建龙 是玉婷）

常州笙绿农业科技有限公司的小番茄　　（区委宣传统战部 供图）

【农业龙头企业】 2023年，常州国家高新区（新北区）新增区级农业龙头企业13家。至年末，全区有区级以上龙头企业38家，其中省级5家、市级6家、区级27家，全年实现销售额18.7亿元。配合省级部门开展农业产业化省级龙头企业监测评价工作，4家企业监测合格。常州菜根香生态农业有限公司被评为省级农业全产业链骨干企业。

（区农业农村局 汪建龙 蒋天昊）

表38　2023年常州国家高新区（新北区）省级农业龙头企业一览表

序号	单位名称	所在镇（街道）	地址
1	常州万绥粮油有限公司	孟河镇	齐梁路146号
2	常州菜根香生态农业有限公司	西夏墅镇	新北区现代农业产业园区
3	常州大江饲料有限公司	奔牛镇	机场南路2号
4	常州新区怡泰食品有限公司	三井街道	天山路8号
5	常州新博龙泉酒业有限公司	魏村街道	安园路8号

表39　2023年常州国家高新区（新北区）市级农业龙头企业一览表

序号	单位名称	所在镇（街道）	地址
1	常州市仁厚米业有限公司	孟河镇	万绥社区仁厚村
2	阿果安娜水果（江苏）有限公司	薛家镇	辽河路1013号
3	常州市东南有机稻米种植专业合作社	西夏墅镇	东南村
4	常州三泉食品有限公司	三井街道	子牙河路1号
5	常州天目湖南山竹海食品有限公司		三井工业园清江路18号
6	常州春海园艺有限公司	魏村街道	灵桥村邓家村168号

表 40　2023 年常州国家高新区（新北区）区级农业龙头企业一览表

序号	单位名称	所在镇（街道）	地址
1	常州市孟河事丰地鳖虫养殖场	孟河镇	南兰陵村
2	常州市元合水产养殖有限公司		石桥村
3	常州市孟河双峰中草药科技有限公司		固村巷村
4	常州市纪刚农机专业合作社		双亭村委路巷里
5	常州市猛将农机服务专业合作社		小黄山村委猛将村
6	常州云国农机专业合作社		固村巷村委殷桥村
7	新北区孟河硕丰水产养殖场		银河村委北片
8	新北区孟河渔悦农庄		通江村委四图村
9	常州市育凡水产养殖有限公司		银河村委北片9组
10	新北区孟河丁氏家庭农场		银河村委永昌圩
11	新北区孟河母子圩水产养殖场		银河村委东片
12	未米生物科技（江苏）有限公司	薛家镇	梅山路
13	常州东方航空食品有限公司	罗溪镇	天峰路1号
14	常州市金土地农牧科技服务有限公司	西夏墅镇	浦西村
15	常州市三新园艺有限公司		浦河村
16	常州市圣王果蔬有限公司		浦西村
17	常州恒鑫农业生态园有限公司		新北现代农业产业园
18	常州市兴华牧业有限公司		新北现代农业产业园
19	常州市万果农业生态科技有限公司		新北现代农业产业园
20	常州维尔利农业科技发展有限公司		新北现代农业产业园
21	常州市麦利达面粉有限公司	奔牛镇	何家村南家桥26号
22	常州市伊斯特食品工程有限公司	三井街道	金沙江路3号
23	常州田妈妈农业生态园有限公司	春江街道	长江路1001号
24	常州新峰农业发展有限公司	魏村街道	灵桥村
25	常州笙绿农业科技有限公司		安宁村
26	常州王者青城生态观光有限公司		青城组五组63号
27	常州鼎真味食品有限公司		春桥路6号

（区农业农村局　蒋天昊）

【新型农业经营主体建设】 2023 年，常州国家高新区（新北区）发挥优秀新型农业经营主体示范引领作用，培育市级示范家庭农场 12 家、示范农民专业合作社 3 家。全区有农民专业合作社 412 家，规模经营面积 9280 公顷。开展家庭农场实地走访调查，推广使用“随手记”App 490 家，辅助记账超 2000 次，指导注册使用“一码通”27 家。新农家庭农场联盟连续 2 年被评为江苏省十佳家庭农场服务联盟。贯彻落实农民合作社“一法一条例”（《中华人民共和国农民专业合作社法》和《江苏省农民专业合作社条例》)，对全区农民专业合作社开展动态监测，引导农民合作社内强素质、外强能力。

（区农业农村局 陈艳辉 是玉婷 蒋叶）

农业机械化

【概况】 2023 年，常州国家高新区（新北区）有农业机械总动力 9.29 万千瓦，其中柴油发动机 6.33 万千瓦、汽油发动机 0.27 万千瓦、电动机动力 2.69 万千瓦。全区受理农机补贴申请 80 份，受益 37 户，农机购置补贴使用资金 81.29 万元。新增各类补贴机具 85 台。其中，乘坐式插秧机 2 台，联合收割机 6 台，轮式拖拉机 14 台，播种机 10 台，烘干机 3 台，植保无人驾驶航空器 4 台，自动导航系统 11 套，喷杆式喷雾机 6 台，驱动圆盘耙 4 台，旋耕机、秸秆粉碎还田机等 25 台。重点支持农业生产经营组织的设施蔬菜、园艺林果、设施渔业（水产养殖）、畜禽产品养殖、农副产品初加工及秸秆粉碎类机械化发展，引导农机专业合作社做优做强。

【省农业生产全程全面机械化示范县创建】 2023 年，常州国家高新区（新北区）重点围绕特色农业机械化水平提升、清洁能源烘干机改造、智能农机示范基地、水稻侧深施肥插秧机改造等薄弱环节，推进农业生产全程全面机械化示范县建设。完成粮食全程机械化生产标准化示范基地建设项目，加快粮食生产六大环节（稻麦耕整地、种植、植保、收获、烘干、秸秆处理）机械化进程，全区建成粮食生产全程机械化示范基地 19 个，基地面积 1894.28 公顷，区级财政补贴资金 266.7 万元，全区稻麦生产全程机械化水平 96%，建成省级果桑茶类示范园区 2 个、市级特色农业示范基地 1 个，全区特色农业机械化率 72.09%。

【新机具新技术试验示范和推广】 2023 年，常州国家高新区（新北区）围绕农机“两大工程”（农业生产全程全面机械化推进行动和农机装备智能化绿色化提升行动），开展新机具新技术试验示范和推广，新增 100 余台套特色农业机械，投入资金约 150 万元。推广秸秆生态型犁耕深翻技术，全年秸秆还田面积 5333.33 公顷，犁耕深翻面积 666.67 公顷。常州润果农业科技有限公司、新北奔牛刘伟家庭农场被省农业农村厅授予省级果桑茶生产全程机械化示范园区。全区组织特色农业机械演示推广会 3 场，吸引 300 余人次观摩学习，并借助媒体进行宣传报道。

【农机服务和监管】 2023 年，常州国家高新区（新北区）以省级全程全面机械化示范县创建为抓手，组织开展粮食生产全程机械化示范基地建设、农机购置补贴、农机报废更新、秸秆机械化还田、智能农机推广等农机化重点工作。推广应用节能环保、安全高效农业机械。报废农机 2 台，补贴 3.5 万元。开展农机安全生产大排查大整治，对全区 28 家粮食烘干作业场所及合作社进行安全检查，完成隐患整改 156 处。全年注册登记轮式拖拉机 14 台、联合收割机 6 台，新领驾驶证 51 件、增领驾驶证 2 件，注销拖拉机 46 台、收割机 4 台、驾驶证 19 件，办理其他牌证业务 104 件；组织拖拉机和联合收割机集中送检下乡，核检小型拖拉机 211 台、大中型拖拉机 154 台、收割机 83 台，组织拖拉机和联合收割机驾驶证考试 53 人次。发放农机安全宣传图册，签订安全生产承诺书，所有参检拖拉机和收割机以及 120 台粮食烘干机投保农机保险，降低农机事故对农业生产的影响。组织开展区级“平安农机”示范社申报，全年创成区级“平安农机”示范社 6 家，投入区级资金 12 万元。建立安全网格监管平台，完成新北区网格 + 农机安全生产监管平台全要素网格通拓展、农机管理部门 App 及网格 + 农机安全生产监管后台建设，促进农机安全生产治理体系和治理能力提升。

（区农业农村局 丁德广）

2023 年，常州润果农业科技有限公司梨园上新的自动化分拣线

（区委宣传统战部 供图）

商贸服务业

流通市场运行

【概况】 2023年，常州国家高新区（新北区）实现社会消费品零售总额450.6亿元，比上年（下同）增长12.4%，其中限额以上社会消费品零售总额188.1亿元，增长24.3%。新能源汽车消费热情较高，全年限额以上新能源汽车实现社会消费品零售总额56.8亿元，增长286.8%；住宿餐饮业加快恢复，全年限额以上住宿餐饮业实现社会消费品零售总额11.6亿元，增长33.1%。万达商业广场、江南环球港2家城市综合体商户实现销售额61.2亿元，增长3.7%。举办国际美食文化旅游节、国际啤酒文化节等大型活动，提升消费活力。开展家电下乡进社区、绿色节能家电消费补贴，提振家电家居等大众消费。推动全市首家进口汽车上牌服务点落户高新区（新北区），打造新能源车展示街区，吸引腾势、理想、极氪等9家新能源品牌进驻，促进新能源汽车消费。年内组织常州老字号怡泰食品、万绥粮油申报江苏老字号。

【批发零售和住宿餐饮业】 2023年，常州国家高新区（新北区）批发、零售、住宿、餐饮业实现销售额（营业额）3851.1亿元，增长13.1%，其中限额以上批发、零售、住宿、餐饮业实现销售额（营业额）2240.6亿元，增长9.1%。分行业看，批发业持续扩大，全年实现销售额3387亿元，增长12.3%。其中，限额以上批发业实现销售额2048亿元，增长7.8%；太阳能光伏材料类批发拉动作用明显，32家限额以上太阳能光伏类批发企业实现商品销售额470.4亿元，增长54.5%，拉动全区限额以上批发业增长8.7个百分点。零售业增长较快，全年实现销售额392.6亿元，增长20.1%，其中限额以上零售业实现销售额178.2亿元，增长24.8%。住宿餐饮业持续回升，全年实现营业额71.5亿元，增长17.8%，其中限额以上住宿餐饮业实现营业额14.5亿元，增长29.1%。互联网零售发展迅猛，全年批发零售业通过公共网络实现限额以上社会消费品零售总额53.5亿元，增长148.8%。

（区统计局 丁一洋）

【消费促进】 2023年，常州国家高新区（新北区）多措并举促进消费。年内，相继举办汉江路国际美食节等各类餐饮行业促销活动。区商务局联合各镇、街道开展苏宁易购家电下乡进社区、绿色家电节能补贴等促销活动，满足老社区及乡镇居民“家电迭代”选购需求。8月，常州苏宁易购在全区

5月11日，魏村街道2023美食文化旅游节暨“原汁原魏”和“魏村一桌菜”发布
（区委宣传统战部 供图）

各社区开展专场补贴及社区服务活动，报名266人，实际转化119人，转化金额125万元，补贴金额15万元。9月，开展绿色节能家电消费补贴活动，覆盖镇（街道）158个网格群，开展3场社区行落地活动，报名217人，最终转化96人，转化金额105万元，享受政府补贴9万元，苏宁补贴12万元。组织新能源车销售企业参加全市新能源汽车购置补贴活动，至年末，按购买人户籍地统计新北区有3938人次，按汽车销售企业所在地统计新北区有1.99万人次参与活动。

【5个社区获评市级品质型“一刻钟便民生活圈”示范社区】 11月，龙虎塘街道玲珑社区、腾龙社区，三井街道汉江路社区、河海社区，新桥街道道乡社区5个社区被常州市商务局评为首批常州市品质型“一刻钟便民生活圈”示范社区。2023年，全区围绕“一刻钟便民生活圈”示范社区创建，因地制宜，合理规划，以“一店一早”（便利店、早餐点）、“一菜一修”（菜场、修补店）、“一老一小”（老年康护、幼儿托管）等社区居民日常生活密切相关的“六个一”为重点，做多做优全区“一刻钟便民生活圈”，让更多的社区居民在步行15分钟范围内体验“一刻”即达的幸福。

（区商务局 施建伟）

【老字号企业】 2023年，常州国家高新区（新北区）有老字号企业4家。其中，中华老字号1家（江苏仙鹤食品酿造公司），主要产品是仙鹤酱油；江苏老字号2家（常州新博龙泉酒业有限公司、常州新区怡泰食品有限公司），主要产品分别是好咾清爽型黄酒和桂花酸梅汤；常州老字号1家（常州万绥粮油有限公司），主要产品有孟河软米等。

（常新鉴）

流通市场建设

【概况】 2023年，常州国家高新区（新北区）健全三级联创机制，汉江路社区等5个社区被评为全市首批品质型“一刻钟便民生活圈”示范社区。推进农贸市场规范管理和改造升级，评定三星级市场3家、二星级市场1家，薛家、圩塘农贸市场完成改造并投入运营。新北区入选首批全国县域商业“领跑县”。指导迪诺水镇申报省级示范商业街、万达广场申报国家级绿色商城。

【县（区）域商业体系建设】 2023年，常州国家高新区（新北区）持续推动县域商业体系建设。全年开展县域商业体系建设项目9个，涉及孟河镇、薛家镇、西夏墅镇、罗溪镇、春江街道5个涉农镇（街道）。其中，镇商贸中心项目4个，分别是新建薛家镇全民健身中心发到家超市项目、新建孟河镇明都超市项目、罗溪镇汤庄家乐荣顺鑫暖百货升级改造项目、薛家镇新怡华薛家商贸中心升级改造项目，全部完成项目建设；乡镇集贸市场项目3个，分别是薛家镇薛家农贸市场升级改造项目、春江街道圩塘农贸市场升级改造项目、孟河镇孟城农贸市场升级改造项目，年内全部完工；农产品产地集配中心2个，分别是罗溪镇东航农产品产地集配中心项目、西夏墅菜根香农产品产地集配中心项目，年内完成项目建设。成功申报上级资金奖补项目4个，分别是薛家镇全民健身中心发到家超市项目、罗溪镇汤庄家乐荣顺鑫暖百货升级改造项目、薛家镇新怡华薛家商贸中心改造项目、西夏墅菜根香农产品产地集配中心项目，获中央服务业专项资金517.28万元。至年末，主城区建有超5万平方米的综合体6座，建设改造超1500平方米的乡镇商贸中心20个，113个行政村（社区）便民商店覆盖率100%。有区级物流配送中心1个，镇级寄递公共配送中心8个，邮政、顺丰、圆通、申通、德邦等品牌物流快递进村覆盖率100%。建有农贸市场32个，改造提升27个，累计投入资金7000余万元，全部达到标准化要求。11月，新北区被商务部评为第一批全国县域商业“领跑县”。

【农贸市场建设和管理】 2023年，常州国家高新区（新北区）完善农贸市场基础设施，孟河镇小河农贸市场、新桥街道翡丽都会农贸市场、三井街道山外有山农贸市场，完成新建市场的建筑物本体建设。开展农贸市场规范经营管理评比，全区有玲珑市场、东海市场、新龙花苑市场、盘龙市场、奔牛星光城市场、汇丰市场、滨江市场、银河湾市场、富都市场、河海市场、钜宏市场、太湖市场12家农贸市场报名参加评比并提供台账资料。区商务局、区城管局、区市场监管局、属地镇（街道）和第三方安全服务公司，依据《常州国家高新区党政办公室印发关于进一步鼓励全区农贸市场开展升级改造及规范经营管理办法的通知》，综合考虑农贸市场的日常运营管理、台账资料完整度和现场运行状态等要素，对上述12家农贸市场经营管理水平开展测评，玲珑市场获一等奖，东海市场、新龙花苑市场获二等奖，盘龙市场、星光城市场、汇丰市场获三等奖。

【农副产品平价商店和“平价菜摊”】 2023年，常州国家高新区（新北区）推进农副产品平价商店和“平价菜摊”建设。辖区新怡华、明都、乐瑞家等品牌连锁超市在门店内开设“菜篮子”惠民平价店。组织开展农产品平价直销，让利于民；企业配合政府调控农产品市场价格，按照协议履行“稳价惠民”义务。薛家市场等7家农贸市场开展“平价菜摊”试点，落实农副产品保价稳供和低收入群体基本生活保障。“平价菜摊”每天销售时间不少于3小时，供应的品种需经检验合格后方可上架销售。试点菜市场入口处设“平价菜摊”公示牌，公示当日市场“平价菜摊”摊位号、平价品种、价格、销售时段和供应量。全区农贸市场全部与属地镇（街道）签订保价稳供协议，保证特定时期生鲜商品供应。普遍设置低租金或免租金自产自销摊位，为农民销售自产农产品提供帮助，助力农民增收。

【农贸市场改造升级和星级市场评定】 2023年，常州国家高新区（新北区）推进农贸市场升级改造，薛家市场、圩塘市场、银河湾市场、河海市场4家市场完成升级改造。万和城市场、盘龙市场、滨江市场、奔牛星光城市场在2022年度完成升级改造基础上，完善基础设施建设，规范经营管理，经区商务局、区住建局、区市场监督管理局、属地农贸市场管理部门等单位评定，万和城市场被评为二星级市场，盘龙市场、滨江市场、奔牛星光城市场被评为三星级市场。

（区商务局 施建伟）

【汉江路国际街区多元化运营】 2023年，汉江路国际街区作为全市新晋的文旅消费集聚区，进出客流量突破330万人次，比上年增长34.1%，街区商户营业额超1.8亿元。汉江路国际街区地处三井街道汉江东路，位于恐龙园西侧，西起晋陵北路，东至澡港河桥，全长780米。汉江路形成于20世纪90年代末，沿街商业兴起于2000年。2021年，高新区（新北区）抓住消费模式转变趋势，聚焦“微度假”，以“微更新”为脉络，结合街区高度开放性和“一站式”黏合度为特性，启动汉江路改造提升工程，总投资额8500万元。通过对街区整体外立面改造、功能提升、场景营造等系列创新举措，优化街区功能定位、融合文商旅体验，打造一个集“国际化、年轻化、多元化”于一体的城市文旅新地标。年内，举办国际美食节、国际啤酒节等活动，街区通过定期策划创意夜间市集，开发3D灯光秀、非遗互动、艺术表演等多业态项目，将夜游、夜食、夜购、夜娱等要素充分结合，打造城市网红打卡地标。一些商户通过特色装修、别致菜品、直播带货等方式吸引顾客，汉江路形成以中式私房菜、日式料理、韩国料理、印度料理等为核心，西点、轻食、咖啡、茶饮等多品类汇聚的国际美食集聚区，并带动周边餐饮业复苏。

【江南环球港入选省体育消费场景精品案例】 11月，江南环球港入选2023年江苏省体育消费场景典型案例，是常州市唯一入选的综合体项目。江南环球港秉承“文旅娱体展教购”运营理念，打造体育消费新空间，挖掘“体育+”新元素，成为时代实体商业客流持续增长的流量密码。全年实现整体客流量4300万人次，营业额85.5亿元。在体育创新实践中，江南环球港打造国内首家综合性运动娱乐中心，在室内主题乐园中加入体育竞技类体验项目，将场馆变成巨大的游戏竞技场，打造沉浸式的娱乐体验氛围。江南环球港引入索福德天空足球场、唯玩星球少儿篮球、Caster舞蹈教室、风行网球等青少年培训机构，扩大少儿体育培训市场规模。江南环球港全年主办、协办各类赛事活动50余场，连续7年举办自有IP的“环球运动嘉年华”活动，并联合省、市体育局及各运动协会组织举办全国娱乐卡丁车争霸赛、中国陆上赛艇巡回赛、全国少儿街舞挑战赛、江苏省健美健身联赛等赛事活动，激发体育消费活力。在江南环球港燃擎体育公园开设野奢营地，将户外赛车与露营深度融合，从一种单一的运动项目转变为可以整合资源、制造内容、刺激消费、推动户外产业发展的平台。

2023年，薛家镇改造后的农贸市集蔬菜区 （韩中德 摄）

【山姆超市会员制模式】 2023年，常州山姆超市继续推进会员计划，年付费260元购买会员卡，凭会员卡进入卖场购物获得专属折扣、积分奖励和生日礼品，参加山姆超市举办的独家活动和促销活动。为方便顾客，山姆超市提供在线购物平台，顾客可以通过官方网站或手机应用程序浏览和购买商品，超市提供送货上门和自提两种配送方式，顾客可以根据自己的需求选择合适的配送方式。山姆超市常年提供丰富的食品、生鲜、家居用品、电子产品等商品，让顾客享受一站式购物体验。

1月11—13日，供销年货大集暨2023常州名优农产品展销会在常州奥体国际会展中心举行　　（区农业农村局 供图）

【新北万达广场】 常州新北万达广场位于通江中路与太湖路交会处，占地面积7.33公顷，规划总建设面积38万平方米，拥有停车位1300余个，是集大型购物中心、国际电影院、大型电玩超乐场、大型体验、室内步行街、餐饮娱乐风情街等业态于一体的大型城市综合体，辐射市区及周边100余万人口，成为新北区商业地标。新北万达广场自2011年开业以来，销售额和客流量逐年上升，销售额从2012年的6.9亿元上升至2023年的21亿元，2023年日均客流量5万人次。年内，广场调整100余个品牌，引进新品牌50个，其中常州首进品牌20个、定位性品牌10个。全年举办万味奇遇美食节、超级WAN宠粉嘉年华、漫有引力12周年庆等大型促销活动，在2023年12月31日创造单日12万人次的客流纪录。新北万达广场每年创造超过1600个就业岗位，解决就业3000余人次。

（区商务局 周红卫）

供销合作经济

【概况】 2023年，常州市新北区供销合作总社推进供销合作“十百千万”工程，完成3家供销综合为农服务中心建设，孟河农村合作经济组织联合会完成基层合作社改造提升，规范开展“农合联”建设管理，扩大“常高新农”品牌影响力，组织常州菜根香生态农业有限公司参加2023年长三角供销合作社名优农产品展销会，常州万绥粮油有限公司、常州市东南有机稻米种植专业合作社等参加“供销年货大集”2023常州名优农产品展销会，全年举办供销周末夜(集)市活动13场。“常高新农”入选全国供销合作社品牌建设优秀案例，郑义兴牌大米入选江苏农业品牌精品培育名单。

【供销合作社“十百千万”工程】 2023年，常州国家高新区（新北区）继续推进供销合作“十百千万”工程（全市在“十四五”期间，组建十大农业特色产业“农合联”，建设百家供销综合为农服务中心，培育千名金牌农产品经纪人，带动万户低收入农民增收致富），促进农业增效农民增收。常州市新北区优质稻米产业供销联盟成立后，探索农业社会化服务新路径，发展订单农业，集中育供秧，统一发放农资农药，提供收割、烘干、仓储、加工一条龙服务，在各个环节实现利润最大化，提高农户收入。年内，西夏墅镇东南村、奔牛镇祁家村建成农村综合服务社2个，常州武农连锁配送有限公司完成县域农资集采集配中心建设。全年新培育金牌农产品经纪人25人，帮助250户低收入农民增收致富。

【“农合联”建设和管理】 2023年，常州市新北区供销合作总社按照规范管理要求，对全区5个农村合作经济组织联合会(简称农合联)开展财务检查，落实财政资金管理要求。推进基层合作社改造提升工作，指导孟河“农合联”完成基层合作社改造提升任务。奔牛镇、罗溪镇、西夏墅镇“农合联”先后组织会员到杭州市余杭区、泰州市兴化市等地实地参观学习，开拓思路。魏村街道“农合联”整合当地特色农产品资源，成立魏农供销有限公司，运营农产品展销中心，推出“原汁原魏”农产品区域公用品牌，组建“农合联”党支部，打造“合禾美美”党建品牌，助力农业增产农民增收。

【新北区供销合作总社第一届理事会、监事会第三次全体会议】 4月13日，常州市新北区供销合作总社召开第一届理事会、监事会第三次全体会议。会前，与会人员到武进区礼嘉镇毛家村农村综合服务社参观学习，观摩毛家村电商直播、田头市场建设等做法。在会议交流环节，全区5个“农合联”和优质稻米产业供销联盟汇报2023年工作打算，区供销合作总社下发《关于下达2023年新北区供销合作总社重点工作任务的通知》，集体学习《江苏省供销合作社管理规定》，规范“农合联”管理。

【“常高新农”入选全国供销合作社品牌建设优秀案例】 5月，常州国家高新区（新北区）农业和农产品区域公用品牌“常高新农”入选全国供销合作社品牌建设优秀案例。“品牌强农”是提升农业竞争力和促进农民增收的重要举措。2023年，区农业农村局在提升全区农产品质量基础上，加大农业品牌培育和宣传推广力度，通过“线上＋线下”“电商＋展销”“视频＋图文”“展架＋大屏”等形式，宣传“常高新农”区域公用品牌。开设“常高新农”小程序商城，在端午、中秋等节假日前组织“常高新农”名优农产品进机关展销活动；以名村、名品、名人为主线，全年拍摄“乡遇、乡食、乡知”系列视频49条、推送图文75篇，并在微信公众号、视频号、抖音、小红书、大众点评等平台发布；在全区美丽乡村、知名农业企业等地布设10个“常高新农”专题展架，在市政府、汉江路等人流量大的交通路口投放大屏广告。至年末，全区拥有绿色食品70个，有机农产品14个，国家地理标志农产品1个（吕墅萝卜）；万绥粮油的“郑义兴”大米、润土瓜蔬的绿咪牌西（甜）瓜入选江苏省农业品牌目录（产品品牌）；新博龙泉的好咾牌黄酒被评为常州市十大农产品知名品牌；另有23个品牌被评为常州市名优农产品。

（区农业农村局 奚力中）

餐饮业

【概况】 2023年，常州国家高新区（新北区）有餐饮店8000余家，从业人员8.8万人，其中限额以上餐饮业法人企业35家，从业人员2741人；全区餐饮行业完成零售额63.81亿元，比上年（下同）增长18.6%，其中限额以上餐饮业实现零售额11.33亿元，增长25.5%。组织开展餐饮行业促销活动，年内举办汉江路国际美食节、魏村一桌菜美食文化节、汉江路国际啤酒节、“和美西乡·羊名万家”常州市新北区第九届羊肉美食文化旅游节等活动，助推餐饮行业回升向好。

【钻级酒家创建】 2023年，常州市新北区烹饪餐饮行业协会以品牌建设为抓手，通过以评促建、以评促改，提升餐饮企业的管理水平。4月，全国酒家酒店等级评定委员会第四次工作会议暨全国钻级酒家评审员培训班在常州市召开，新北区有10名企业高管参加，新北区烹饪餐饮行业协会会长潘国庆应邀为培训班学员作《常州叫我如何不想她——寻味江南美食之都》主题讲座。8月，第八届国家钻级酒家年会在石家庄召开，新北区有4家企业上榜国家钻级酒家。至年末，全区有五钻级酒家5家、四钻级酒家5家，10家餐饮企业进入评审阶段。

表41 2023年常州国家高新区（新北区）钻级酒店一览表

序号	钻级	单位	地址
1	五钻	新北区罗溪新金宝大酒店	罗溪镇通航广场4号楼
2		常州富都voco酒店	新北区通江大道398号
3		常州湖滨壹号大酒店	新北区崇义南路5号新龙湖水街D栋
4		常州文璞酒店	新北区锦绣路2号常州文化广场2期5号楼
5		凯豪尚景大酒店	孟河镇建设路35号
6	四钻	新北区西夏墅食锦居大酒店	西夏墅镇灵山中路18号
7		常恒大酒店	魏村街道新华村东南角
8		京御张晓东大酒店	三井街道吟风苑20-1号（惠山苑东区对面）
9		金鑫苑大酒店	罗溪镇汤庄同仁苑商贸中心1-2号
10		米朵餐厅	三井街道世茂香槟湖苑203栋

【首届国际美食文化旅游节】 5月19—21日，“世界珍馐 味你而来”常州市新北区首届国际美食文化旅游节在三井街道汉江路国际街区举行。全球特色美食、快闪展演、派送巡游纷呈，每天吸引超万人逛吃打卡。活动现场，20家汇聚世界美食的摊位、3处美食快闪展演、1场元气满满的趣味赶集、不定时的快闪表演和花车巡游。由常州市旅游商贸高等职业技术学校烹饪专业学生利用食物制作的盘龙、醒狮、鲜花等作品栩栩如生，令外国人称奇。该次活动由新北区政府主办，区商务局、三井街道承办，以汉江路国际街区为载体，将饮食文化融合时代潮流，唱响“江南美食之都”新北品牌。

【新北区第九届羊肉美食文化旅游节】 11月25日，“和美西乡·羊名万家”常州市新北区第九届羊肉美食文化旅游节在西夏墅镇东南村举行。在新北区，冬天有吃羊肉的习俗。自2020年起，西夏墅镇打响“吃羊肉到西夏墅”的“食尚”品牌，多次举办羊肉特色美食盛会，吸引各地食客前来品鉴，并被江苏省餐饮行业协会评为全省首个羊肉美食文化之乡。至年末，西夏墅镇有大小羊肉馆超40家，有六代祖传的老字号，有融合创新的新派标杆，菜肴品种有羊肉汤、涮羊肉、烤全羊、全羊宴等。该届羊肉美食文化旅游节中的全羊宴大赛，来自新北区各镇（街道）的11家企业推出全羊宴11桌，煎炸烹炒焖熘熬炖，一羊多吃。大赛评选出一等奖2名、二等奖3名、三等奖6名，11家餐饮单位被授予羊肉美食品鉴推荐店称号，并为羊肉个人技能创新大赛选手颁奖。国家级评委、中国烹饪大师、省餐饮行业协会特邀副会长胡畏对全羊宴大赛做点评。活动现场，张万成羊庄负责人张建龙表演蒙眼解羊，5家羊肉餐饮企业代表，通过观外形、掂重量，开展传统有趣的估羊比赛。羊肉美食文化节设置非遗集市，新鲜羊肉、农副产品等吸引众多市民游客观赏和购买。

（区商务局 周红卫）

资料链接

新北特色美食

鳝丝面。选用孟河镇笔杆青黄鳝，经油炸后熬制成汤，汤色洁白，味鲜极致，面条劲道，制作历史悠久，区域知名度高。2021年入选常州市非物质文化遗产名录。

青城仔鹅。挑选魏村街道青城村60天左右的肥嫩仔鹅，采用当地传统烹调技法精心制作，鹅肉白嫩，汤汁醇厚，香鲜味浓，自20世纪90年代风靡常州。

月亮饼。春江、孟河地区特色美食，旧时当地百姓因经济条件所限，中秋节看望长辈常以自制的月亮饼代替月饼，以面团包裹青菜肉馅或荠菜肉馅，擀成薄饼，撒上芝麻，烘制成型，酥脆味美，形如月亮，寓意团圆美满。

莫家塘羊汤。罗溪镇特色美食，老灶起火，辅以陈皮、草果、白芷、白蔻等中药作为配料熬煮羊肉，羊汤鲜美，价格实惠，是远近驰名的美食。2016年，莫家塘羊肉被评为新北区非物质文化遗产。

（常新鉴）

11月25日，“和美西乡·羊名万家”常州市新北区第九届羊肉美食文化旅游节在西夏墅镇东南村举行 （西夏墅镇 供图）

邮 政

【概况】 2023年，中国邮政集团有限公司常州市城北分公司（简称城北邮政分公司）下辖邮政支局（营业所）23个、揽投部8个、服务中心2个。年内，城北邮政分公司联合公安新北分局成立反诈警邮志愿者邮路，获常州市公安局见义勇为表彰7次。联合西夏墅镇政法和社会综合治理局开设西夏墅镇普法志愿者邮路，设置“一路‘邮’你”特色摊位，宣传普法知识和金融业务知识，开展法治宣传进社区、进企业活动。助力乡村振兴，在奔牛镇、西夏墅镇支局设立乡村振兴工作室，打造绿色助农场景。

【快递包裹和增值业务】 2023年，城北邮政分公司快递包裹业务收入772.23万元；快递包裹收寄出口业务量超386万件，比上年增长7.1%。为方便客户退换货，开办退换货业务，全年揽收退换货邮件49.96万件。在“双十一”“双十二”（每年11月11日、12月12日，各平台举办的网络促销）活动高峰期，优化组织作业流程，增加揽收投递力量，确保快递包裹投递到位。为方便广大私家车主换证，所辖奔牛镇、新桥街道、魏村街道安家片区、春江街道百丈片区等14个支局开设机动车驾驶证换证等相关警邮业务服务，办理换证业务1.34万笔，提供EMS寄递服务5389笔。

【集邮文化和报刊发行】 2023年，城北邮政分公司开展集邮文化宣讲进校园活动，全年组织23场次活动，有1万余名中小学生参与，拓宽学生知识视野。优化党报党刊收订与投递，以日常收订、零售业务及重点项目为抓手，拓展报刊发行业务，全年完成报刊收订有效流转额2789.43万元。

（城北邮政分公司 周毓）

电子商务

【概况】 2023年，常州国家高新区（新北区）聚焦载体平台创建，推动电子商务提质发展。年内，创意产业基地通过国家级电商示范基地综合评价，华夏艺博园通过省级电商示范基地综合评价，拨云科技园被评为省级电商示范基地；三井街道洪福社区、薛家镇橄榄城社区强化社区数字商务应用，发挥省级数字商务社区试点示范带动作用；区商务局调研全区电商直播基地建设情况，为电商直播基地示范创建打基础；推荐孟河镇电商产业集聚区创建省级县域电商产业集聚区。开展创建市级电商示范企业活动。根据《关于开展常州市电子商务示范企业创建工作的通知》，组织辖区电子商务企业申报，永安行科技股份有限公司、常州丹斯化妆品有限公司等7家企业被评为2023年度常州市电子商务示范企业。永安行科技股份有限公司等5家电商企业获2023年常州市商务发展专项资金（电子商务项目）69.13万元支持。

（区商务局 邹晓琳）

【跨境电商综试区建设】 2023年，常州国家高新区（新北区）推动跨境电商综合试验建设，促进O2O（Online To Offline，线上对线下）业态互动融合，完成初廿万慧科创园店、初廿江南环球港常州援疆馆2家跨境商品展示销售店开业。2020年5月，常州获批跨境电商综合试验区，依托常州综合保税区搭建跨境电商公共服务平台，形成以海关查验监管中心、跨境电商综合服务中心和线上线下融合发展创新中心为支撑的综合平台，并创成江苏省首批跨境电商产业园。2023年，常州综合保税区推进澳洲大药房O2O（保税+新零售）、禹乐（深圳）品牌管理咨询集团有限公司保税展示交易2个项目签约落地。

（综保区管理局 张佳杰）

【跨境电商创新发展】 2023年，常州国家高新区（新北区）推进跨境电商新零售、新模式应用，实现线上线下跨境业务新融合。3月28日，举办全市首创的以“家门口的进博会”为主题的跨境商品直播购物节，启动跨境商品线上交易服务平台，通过“前店后仓+同城速达”首单“跑通”，创新“跨境商品体验中心”新场景、新模式。鼓励支持外贸企业出海设仓布点，摸排常州融商智投文化科技股份有限公司、常州市宏发纵横新材料科技股份有限公司等海外仓主体，指导电商企业开展申报海外仓试点工作，加快跨境电商企业和海外仓高质量发展。

（区商务局 王敏）

【2023常州跨境电商峰会高新区9个项目签约】 3月10日，常州跨境电商峰会在常州国家高新区举行，一批优质龙头型、功能性项目签约落户。常州市于2020年5月获批跨境电商综试区，并创成江苏省首批跨境电商产业园，园区集聚36家跨境电商企业，实现跨境电商4个代码6种模式全覆盖，为企业提供更灵活、更便捷的“出海”渠道，带来“前店后仓+快速配送”的服务体验。活动中9个项目签约，

3月28日，全市首创的以“家门口的进博会”为主题的跨境商品直播购物节举办
（区委宣传统战部 供图）

包括江苏汇鸿国际集团股份有限公司投资的供应链服务中心项目，深圳市怡亚通供应链股份有限公司、常州市晋陵投资集团有限公司和环亚集团共同投资的常州市产业供应链公共服务平台项目，深圳市通拓科技有限公司投资的华东运营总部、跨境电商培训基地项目，菜鸟网络科技有限公司投资的华东保税进口中心仓项目等。深圳市跨境电子商务协会、常州市跨境电商产业促进会与常州国家高新区签署战略合作协议，常州大学吴敬琏经济学院、江苏理工学院跨境电商行业学院、常州机电职业技术学院经济管理学院与常州国家高新区签署人才培养和创业孵化战略合作协议。省内外100余家跨境电商重点企业、有关行业协会、咨询机构、金融机构、学术机构代表参加峰会。

（综保区管理局 张佳杰）

3月10日，常州跨境电商峰会在常州国家高新区举行 （综保区管理局 供图）

【常州市跨境商品体验中心揭牌】 3月28日，“聚进博 汇常州 享机遇 促发展”2023常州跨境商品直播购物节在江南环球港开幕，常州市跨境商品体验中心同日揭牌。该体验中心位于江南环球港，经营商品来自全球30余个国家和地区，多为进博会参展同款产品，包括母婴产品、日化美妆、香水、保健品、休闲食品、粮油、酒水等3000余种商品，实现让“家门口的进博会”常相伴。常州市跨境商品直播购物节连续举办3届。2023年，全区创成省级跨境电商产业园1家、市级跨境电商产业园1家，实现“9610”“9710”“9810”“1210”四种跨境电商业务模式全覆盖，为企业提供灵活便捷的“跨海”通道。是日，格鲁吉亚葡萄酒交易中心与常州跨境商品体验中心合作签约。“前店后仓＋同城速达”首单业务实现现场交付，为消费者提供“线上下单、即买快提”的全新购物体验。

（区商务局 王敏）

【常州拨云科技园被评为江苏省电子商务示范基地】 9月，常州拨云科技园被评为江苏省电子商务示范基地。常州拨云科技园坐落于新北区汉江西路91号，是由常州拨云科技有限公司投资建设并运营管理的一家民营孵化器。2021—2023年，园区依托国家级孵化器、江苏省众创空间、江苏省创业孵化示范基地、江苏省小型微型企业创业创新示范基地等品牌优势，以常州智能制造产业为基础，重点发展直播电商、社交电商、跨境电商等电子商务新业态新模式，打造数字经济竞争新优势，推动数字经济高质量发展。

（区商务局 邹晓琳）

【服务外包产业】 2023年，常州创意产业园区作为常州市服务外包产业的重要集聚区，重点发展数字工业、数字医疗、数字金融、数字政务、数字创意、数字消费等数字服务外包相关特色产业，以市场化运营理念，构建人才培养生态链，聚集培育冲电气软件技术（江苏）有限公司、常州常工富藤科技有限公司、江苏世轩科技股份有限公司、江苏赞奇科技股份有限公司、江苏银科金典信息技术股份有限公司、江苏新友畅信息技术有限公司、常州新途软件有限公司等软件和信息服务业企业235家，全年实现产值82.36亿元，税收1.89亿元，服务外包企业吸纳就业人员9225人。至年末，常州创意产业园区上市、挂牌企业9家，40余家企业在区域市场挂牌，吸引社会资本50余亿元；经认定的高新技术企业70家，市级以上研发机构24家。园区建成智慧园区平台、跨境电商服务平台、云渲染平台等公共服务平台，在支持服务外包企业技术开发和应用中发挥作用。常州创意产业园区依托跨境电商服务平台，帮助生产制造企业海外销售、海外创牌，加快国内企业外贸出口转型升级。依托云渲染平台，为传统影视动漫以及建筑室内设计用户提供自助渲染服务以及项目管理服务，并提供定制化的三维渲染整体解决方案。

（创意产业园区办 刘钊）

商务服务业

【人力资源服务】 至2023年年末，常州国家高新区（新北区）有经许可、备案的经营性人力资源服务机构136家，从业人员853人。年内，常州高新区人力资源服务产业园入驻并保留48家企业，实现产值14.03亿元，税收4121.97万元。常州高新区人力资源服务产业园举办“一企一站”精准对接活动11次，走进罗森伯格（常州）电子科技有限公司、贸联电子(常州)有限公司等重点企业提供人力资源咨询等服务，涉及员工约1000人，为全区超过2000家次单位提供人力资源配置服务，输送员工数量2.8万人，服务人员9.26万人次。产业园获实施“532”战略推动高质量发展（创新创业）先进集体、人力资源服务先锋产业园等称号。

（区人社局 陈胜 钟娟）

【会计服务】 至2023年年末，常州国家高新区（新北区）有备案代理记账机构204家、从业人员822人，为企业提供会计核算、记账、报税等财务服务，全年代理记账业务收入8317.95万元，代理客户1.79万家。规范全区代理记账行业秩序，组织开展代理记账机构年度备案，204家代理记账机构于4月30日前完成年度备案。开展代理记账行业违法违规行为专项整治，对16家无证经营机构和10家虚假承诺机构实施整改；按照“双随机、一公开”要求，抽取区内30家代理记账机构进行跨部门联合监督检查，所涉问题企业全部整改到位；对以告知承诺方式申请并取得代理记账许可证书的代理记账机构加强事中事后监管，全年检查29家。

（区财政局 李飞霏）

【法律服务】 2023年，常州市新北区法律援助中心受理法律援助案件1072件，现场解答法律咨询6320人次，“12348”法律服务热线接听来电咨询6513人次。年内，新北区全面整合区级公共法律服务中心实体平台，建成集法律援助中心、非诉服务中心、社区矫正中心、远程公证服务中心、原公共法律服务中心于一体的公共法律服务中心。推进实施村（社区）公共法律服务站点覆盖提升工程，全年建成村（社区）公共法律服务室71个、村（社区）法律援助联络点10个。开展公共法律服务进人才社区活动，建成常高新·漫柏人才社区、常州比亚迪汽车有限公司、溪星人才公寓公共法律服务室。组建“法政先锋”志愿服务队及保障企业健康发展服务团，联动开展服务新业态群体公益法律服务行动。组织开展法律援助惠民服务进村（社区）活动，打通法律援助服务基层群众“最后一米”。某医疗损害责任纠纷法律援助案被评为常州市法律援助“十大优秀案件”。常州市新北区公共法律服务中心获2022—2023年度常州市五一巾帼标兵岗称号；区总工会与常州创意产业园区共建的法律援助工作站被市总工会、市司法局联合命名为工会“三化”建设成效明显职工法律援助站。

【公证服务网点】 2023年，常州国家高新区（新北区）制定区公共法律服务中心增设远程公证服务中心及镇（街道）远程公证建设方案，推进远程公证法律服务中心、服务站建设，在常州市新北区公共法律服务中心增设常州市新北区远程公证服务中心。自5月起，常州国家高新区（新北区）司法局指导龙虎塘街道、薛家镇、西夏墅镇、奔牛镇、魏村街道建成远程公证服务站，消除该区没有公证服务机构的空白，满足群众申办公证服务“就近办”需求。

（区委政法委 陈建丽 张莎莎）

【认证与检验检测服务】 至2023年年末，常州国家高新区（新北区）有检验检测机构42家，其中机动车安检机构15家、环境与环保检验检测机构7

7月28日，新北区奔牛镇东桥村公共法律服务室（法律援助联络点）值班律师为群众提供法律咨询

（区委政法委 供图）

家、建筑工程检验检测机构7家，管理体系认证证书5931张，其中质量管理体系认证证书3390张、环境管理体系认证证书1192张、职业健康安全管理体系认证证书955张、知识产权管理体系认证证书86张、信息安全管理体系认证证书51张、能源管理体系认证证书66张，机动车辆及安全附件、防爆电气和小功率电动机类等强制性产品认证证书7510张(含自我公开声明6216张)，自愿性工业产品认证证书7700张。完成所有检验检测机构年度统计直报工作；激发企业动能，组织辖区9家首次获得能源管理体系认证和节能产品认证的企业参加省市场监督管理局开展的考核评估工作。加强监管力度，完成5家防爆电气类、1家防爆电机类、3家消防产品类、2家溶剂型木器涂料类、10家电动自行车类、1家童车类、1家家用燃气器具类、2家安全玻璃类、1家电线电缆类、2家家用和类似用途设备类获证组织专项监督检查，3家自愿性认证领域获证组织检查、1家有机认证获证组织检查，5家机动车检验检测机构监督检查。采取“线上＋线下”模式，组织百余家企业参加省市场监督管理局举办的惠企公益系列线上培训，提升质量监管水平。

（区市场监督管理局 姚依倩）

【工业设计】 2023年，常州国家高新区（新北区）推动工业设计与制造业深度融合，加快传统产业转型升级。至年末，全区拥有国家级工业设计中心1家（常州星宇车灯股份有限公司）、省级以上工业设计中心（示范园区）18家、市级以上工业设计中心50家。9月，江苏博之旺自动化设备有限公司、常州汉森机械股份有限公司、莱赛激光科技股份有限公司3家企业的工业设计中心入选2023年度江苏省工业设计中心（示范园区）拟认定名单和复核通过名单，常州创意产业园区入选为工业设计示范园区，江苏凯特汽车部件有限公司的工业设计中心通过复核。

（区经发局 朱瑄磊）

【常州国家广告产业园】 2023年，常州国家广告产业园区（简称园区）建成面积59.9万平方米，集聚广告及关联产业企业774家，包括江苏印象乾图文化科技有限公司、江苏赞奇科技股份有限公司、常州化龙网络科技股份有限公司、江苏有维文化科技有限公司、江苏蓝创文化科技有限公司等业内重点企业。园区坚持开放发展、特色发展、融合发展、创新发展战略，重点发展数字内容设计、制作、发布，广告会展器材研发、生产、交易，广告新技术、新媒体研发与应用三大特色门类，依托“渲云”云渲染公共服务平台、ASK众创部落国家级众创空间孵化平台、区域互联网交流平台、广告人才培训平台和广告器材研发、生产、销售平台，推动园区广告企业由产业链中低端向中高端攀升，引导广告企业从传统型向新媒体转型。全年园区广告经营额110.7亿元，纳税2.59亿元。

（创意产业园区办 刘钊）

金融业

金融业发展

【金融支持实体经济】 至2023年年末，常州国家高新区（新北区）辖内银行业金融机构普惠型小微企业贷款余额404.76亿元，较年初新增83.38亿元，增长25.95%；普惠型农户生产经营性贷款余额23.43亿元，较年初新增7.8亿元，增长49.89%；新发放普惠型小微企业贷款平均利率3.89%，较年初降低7.82%；小微企业信用贷款余额131.03亿元，较年初新增51.46亿元，增长64.68%；政府性融资担保业务余额204.14亿元，较年初增长71%。年内，"园区保"累计贷款规模47.62亿元，累计支持中小微企业441户，在保余额9.53亿元，在保户数248户，户均贷款384.19万元，全年未发生代偿事项。"园区保"产品的推出，在当年全市"小微贷""创新贷"暂停授信的情况下发挥补充作用。全年银行业金融机构累计办理无还本续贷和延期还本付息3000余笔168亿元。区内担保行业通过降低担保、再担保费率，推动减费让利1045万元。强化省综合金融服务平台建设，引导企业进行线上融资，全年平台实现注册用户数量2.75万家，比上年新增1.35万家。

【龙城金谷（北区）建设】 2023年，龙城金谷（北区）新增入驻机构220家，累计招引机构472家；新增认缴注册资本100亿元，累计注册资本528亿元；意向入驻企业28家；83家备案基金中发生投资的有76家，投资项目392个。至年末，龙城金谷（北区）累计实现投资项目551个，累计投资金额156.37亿元，项目数和投资规模比上年度新增91.32%和43.35%。龙城金谷（北区）被认定为2023年度江苏省创业投资集聚发展示范区。

（区经发局 奚晗悦）

【QFLP基金落地高新区】 11月24日，QFLP（合格境外有限合伙人）基金——杉盛基金签约落地常州国家高新区，规模为1.5亿美元，是当年度全市规模最大的QFLP基金。该基金由杉杉创投在常州国家高新区龙城金谷设立，主要投向智能网联、信息科技、汽车零部件、新能源、新材料等领域，助力全市国际化智造名城和新能源之都建设。杉杉创投是杉杉集团旗下的专业私募基金管理机构，设有创业投资基金20余只，累计规模130亿元。杉杉集团是从单一的服装业务发展为集新能源科技、偏光片等产业的高科技集团，旗下拥有锂电材料、光电材料、医疗、金融投资、贸易物流和商业广场六大产业集群。

（区商务局 章伟平）

企业上市

【概况】 2023年，常州国家高新区（新北区）按照"政策推动、企业主动、部门联动、整合互动"的思路，加快推进资本市场"常高新板块"建设。全年新增上市企业3家（常州长青科技股份有限公司、江苏天元智能装备股份有限公司、莱赛激光科技股份有限公司），累计培育境内外上市企业21家；新增IPO申报企业7家（常州瑞华化工工程技术股份有限公司、江苏永成汽车零部件股份有限公司、常州晟威机电股份有限公司、江苏常荣电器股份有限公司、莱赛激光科技股份有限公司、常州金康精工机械股份有限公司、常茂生物化学工程股份有限公司），其中北交所申报企业4家，占全市67%；新增省证监局辅导企业8家［江苏太平洋美诺克生物药业股份有限公司、天合富家能源股份有限公司、常州百瑞吉生物医药股份有限公司、天永诚高分子材料（江苏）股份有限公司、常州环能涡轮动力股份有限公司、江苏欣战江纤维科技股份有

江苏欧朗汽车科技股份有限公司生产车间　　（区委宣传统战部 供图）

限公司、江苏容大减震科技股份有限公司、江苏欧朗汽车科技股份有限公司]，占全市的35%。新增新三板挂牌企业4家（江苏健瑞宝医疗科技股份有限公司、江苏容大减震科技股份有限公司、江苏欧朗汽车科技股份有限公司、常州优谷新能源科技股份有限公司）、创新层企业1家（常州市顺祥新材料科技股份有限公司）、股改企业6家［天永诚高分子材料（江苏）股份有限公司、江苏太平洋美诺克生物药业股份有限公司、天合富家能源股份有限公司、常州百瑞吉生物医药股份有限公司、江苏京盈新材料股份有限公司、江苏利多多利新材料科技股份有限公司］；152家企业入选全市龙腾行动计划上市后备企业名单，其中重点后备企业60家。

【北交所上市培育三年行动计划】 2023年，《常州国家高新区（新北区）北交所上市培育三年行动计划（2023—2025年）》发布，旨在健全北交所上市工作机制，优化政策服务体系，推动一批主业鲜明、竞争力强、发展前景广的优质企业登陆北交所。通过实施后备梯队扩容、股份改制加速、新三板挂牌升层、发行上市攻坚、金融助力提振和示范试点创建六大专项行动，计划至2025年新增北交所上市公司15家，上市公司空白园区、镇（街道）“清零”。

【上市企业直接融资】 2023年，常州国家高新区（新北区）首发融资走势稳健，常州长青科技股份有限公司、江苏天元智能装备股份有限公司、莱赛激光科技股份有限公司首发融资分别为6.51亿元、5.09亿元、1.39亿元。再融资再创新高，天合光能股份有限公司88.65亿元、宏微科技股份有限公司4.3亿元可转债完成上市发行，其中天合光能股份有限公司单笔再融资金额刷新全市纪录，常州光洋轴承股份有限公司完成5.7亿元定增，再融资总额占全市的68%。

【4家企业挂牌新三板】 2023年，常州国家高新区（新北区）4家企业挂牌新三板。3月16日，江苏健瑞宝医疗科技股份有限公司（简称健瑞宝公司）在全国中小企业股份转让系统成功挂牌，证券简称健瑞宝，证券代码872804，是当年全区首家新三板挂牌企业。健瑞宝公司是专注于微创吻合技术创新、高品质生产和专业推广的高新医疗科技企业，主营业务为腔镜吻合器为代表的腔镜手术器械、开放手术器械的研发、生产与销售。

5月9日，江苏容大减震股份有限公司（简称容大股份公司）在全国中小企业股份转让系统成功挂牌，证券简称容大股份，证券代码873883，是年内全区第2家新三板挂牌企业。容大股份公司是专业从事结构减振设计、设备生产、检测、安装的高新技术企业、专精特新“小巨人”企业。公司主要产品为粘滞阻尼器、液压阻尼器、连梁阻尼器、调谐质量阻尼器、屈曲约束支撑及抗震支吊架等各类减震产品，产品广泛用于建筑桥梁、工业等领域。

9月1日，江苏欧朗汽车科技股份有限公司（简称欧朗科技公司）在全国中小企业股份转让系统成功挂牌，证券简称欧朗科技，证券代码874238，是年内全区第3家新三板挂牌企业。欧朗科技公司是专业生产汽车流体管件的零部件供应商企业，产品涉及新能源汽车冷却系统用管、发动机系统用管、变速箱系统用管、油冷器管、水空中冷器管等，并与奔驰、大众、上海汽车、吉利、比亚迪、博世、大陆、马勒等国内外整车和系统厂商建立业务合作关系。

10月18日，常州优谷新能源科技股份有限公司（简称优谷科技公司）在全国中小企业股份转让系统成功挂牌，证券简称优谷科技，证券代码874278，是年内全区第4家新三板挂牌企业。优谷科技公司是专门为风力发电装备、轨道交通装备、医疗器械以及航空航天等高端装备制造业提供高质量精密机械零部件整体解决方案的专业性公司，主要从事风力发电机精密焊接机壳、高精度转轴、冷却系统及配件的研发与制造，是国家级专精特新“小巨人”企业、省高新技术企业、市“龙城英才计划”领军人才企业。

【长青科技登陆深交所】 5月22日，常州长青科技股份有限公司（简称长青科技公司）在深圳证券交易所上市，股票简称长青科技，股票代码001324，是年内全市首家主板上市企业。公开发行A股3450万股，发行价格18.88元/股，募集资金总额6.51亿元，计划用于复合材料产能扩建、技术研发中心建设、营销网络升级等项目。长青科技公司成立于2005年，是主要为轨道交通车辆内部装饰及建筑内外装修提供配套产品及集成化解决方案的高新技术企业。在轨道交通领域，长青科技的客户主要包括中国中车、阿尔斯通、庞巴迪等全球主要轨道交通车辆制造商，其产品用于和谐号、复兴号、TGV（法国的高速铁路系统）列车等；在建筑装饰领域，其主要客户包括中国建筑、江河集团、迅达电梯、通力电梯等。

【天元智能登陆上交所】 10月23日，江苏天元智能装备股份有限公司（简称天元智能公司）在上海证券交易所主板上市，股票简称天元智能，股票代码603273，成为年内全市第2家主板上市企业。公开发行A股5357.84万股，发行价格9.5元/股，募集资金总额5.09亿元，计划用于蒸压加气混凝土成套装备建设、高端加气混凝土生产线成套智能化技术改造等项目。天元智能公司成立于1989年，专业从事自动化成套装备及机械装备配套产品的研发、设计、生产与销售，主要为生产蒸压加气混凝土制品的绿色环保建材企业提供生产装备及自动化整线解决方案，为多领域装备制造厂商提供机械装备配套件，产品广泛应用于绿色建筑及建材、装配式建筑、工程机械、港口机械、安检装备及机场地勤装备等行业和相关领域。

【莱赛激光登陆北交所】 12月28日，莱赛激光科技股份有限公司（简称莱赛激光公司）在北京证券交易所上市，股票简称莱赛激光，股票代码871263，是全区第3家、全市第6家北交所上市公司。公开发行A股1917.67万股，发行价格7.28元/股，募集资金1.4亿元，计划用于激光应用智能工厂数字化升级和研发中心建设等项目。莱赛激光公司主要从事生产激光测量和智能传感系列化产品，产品用于建筑工程激光测量和智能定位领域，主要客户有中建三局、欧洲喜利得、美国Hultafors Group、日本牧田，产品远销70余个国家和地区，国内经销商基本实现地级市全覆盖，其中建筑激光测量仪器在国内中高端产品市场占有率超20%。截至6月末，莱赛激光拥有专利80项，其中发明专利10项、实用新型专利45项、外观设计专利25项。

（区经发局 张亦弛）

【常州市首单科技创新公司债券发行】 8月28日，常高新金隆控股（集团）有限公司（简称常金控公司）科创债券簿记成功发行，是常州市首单科技创新公司债券和江苏省首单国家级高新技术产业开发区AA+科创投资类主体科技创新公司债券。常金控公司是常高新集团有限公司全资子公司，成立于2012年，注册资本22.52亿元；公司下设全资子公司常州和泰股权投资有限公司、常州市恒泰融资担保有限公司，控股顺泰融资租赁股份有限公司、常州市鸿泰科技小额贷款有限公司，主营股权投资、融资租赁、融资（及非融）担保、科技贷款等业务，整体形成以股权投资和债权融资为主要业务模式的地方金融机构集团公司。2023年8月，常金控公司获AA+主体信用评级。

（高铁新城公司和常高新集团 陈升）

银行业

【概况】 至2023年年末，常州国家高新区（新北区）辖内银行业金融机构有23家，其中分行4家（中国邮政储蓄银行、华夏银行、兴业银行、广发银行）、支行19家，营业网点110个。首都银行新北支行于5月24日撤销机构。辖内银行业金融机构本外币各项存款余额2157.07亿元，较年初新增321.67亿元，增长17.53%；各项贷款余额2228.12亿元，较年初新增386.86亿元，增长21.01%；制造业贷款余额448.91亿元，较年初增加35.07亿元，增长8.47%。全年新增首贷户1229户，发放贷款笔数1821笔，新增首贷融金额139.99亿元，户均1139.06万元。

（区经发局 奚晗悦）

【华夏银行股份有限公司常州分行】 2023年，华夏银行股份有限公司常州分行（简称华夏银行常州分行）下辖分支机构14家，有在职员工397人。至年末，实现一般性存款余额372.47亿元，较年初增长40.85亿元，贷款余额323.91亿元。年内，华夏银行常州分行拓稳客户基础，做实结构调整，重塑业务模式，筑牢风险底线，在服务当地主流经济社会中得到发展。其中，五大产业集群融资余额47.86亿元，较年初增长71.4%；战略性新兴产业贷款占比7.4%，较年初提升1.16个百分点；绿色金融余额76.08亿元，较年初增长19.3%。华夏银行常州分行被市政府评为常州市现代服务业五星企业；被中国人民银行常州市中心支行评为2023年度银行业金融机构支付结算工作A级单位、反洗钱先进单位。

（华夏银行常州分行）

【兴业银行股份有限公司常州分行】 2023年，兴业银行股份有限公司常州分行（简称兴业银行常州分行）有支行8家、社区支行9家，有从业人员302人。本外币各项存款（不含非存款类金融机构存款）余额445.9亿元，较年初增加49.31亿元，增长12.43%，市场份额2.57%。本外币各项贷款余额411.03亿元，较年初增加53.09亿元，增长14.83%，市场份额2.67%。年内，兴业银行常州分行深化“区域+行业”经营，聚焦“五大金融”（科技金融、绿色金融、普惠金融、养老金融、数字金融）新赛道，加大实体经济投放力度。至年末，兴业银行常州分行企金普惠小微企业贷款（中国人民银行口径）余额14.77亿元，较年初新增4.32亿元；绿色贷款余额122.79亿元，较年初新增30.59亿元。零售业务围绕“安愉人生”“寰宇人生”零售信贷以及多元化的个人产品，为客户提供全方位的资产配置和服务。

（兴业银行常州分行）

【广发银行股份有限公司常州分行】 2023年，广发银行股份有限公司常州分行(简称广发银行常州分行)下辖支行3家，有从业人员101人，各项存款余额88.21亿元，各项贷款余额97.05亿元。年内，广发银行常州分行围绕“六稳”（稳定就业、金融、外贸、外资、投资、预期）、“六保”（保障居民就业、基本民生、市场主体、粮食能源安全、产业链供应链稳定和基层运转）战略任务，以信贷投放为抓手，加大绿色、战略新兴产业以及中长期制造业的信贷投放。至年末，绿色金融贷款余额11.49亿元，较年初增加2.42亿元；战略新兴产业贷款余额15.35亿元，较年初增加3.73亿元；制造业贷款余额13.92亿元，较年初增加0.9亿元；制造业中长期贷款余额3.37亿元，较年初增加0.94亿元。根据常州市金融服务制造业工作要求，广发银行常州分行提升重点行业金融服务能力，对重点客户授信审批给予快速审批通道。至年末，广发银行常州分行对11户重点客户提供绿色贴标服务，累计投放金额10.77亿元。

（广发银行常州分行办公室）

【中国工商银行常州新区支行】 2023年，中国工商银行常州新区支行（简称工行常州新区支行）下属网点13个，有在职员工168人，实现利润9.26亿元，投入基础建设类贷款42亿元。年内，工行常州新区支行根据新北区经济发展特点，突出发展中小企业金融业务，大力发展小微金融和个人客户。个人住房贷款发放7.42亿元；普惠客户净增388户，普惠口径小微企业贷款净增10.62亿元；各项存款较年初新增71.4亿元，各项贷款较年初新增77.63亿元。工行常州新区支行助力小微企业发展，支持民生消费，推动普惠信贷业务发展。加大个人房产抵押消费与经营组合贷款的推广力度，该产品当年发放4.67亿元，较年初新增4.34亿元；新增普惠客户286户，较年初新增271户。

（工行常州新区支行综合办公室）

【中国农业银行股份有限公司常州新北支行】 2023年，中国农业银行股份有限公司常州新北支行（简称农行常州新北支行）下辖网点16个，有在职员工260人；本外币各项存款余额314.44亿元，较年初增加57.57亿元；本外币各项贷款余额218.53亿元，较年初增加26.77亿元；人民币对公贷款余额120.88亿元，较年初增加19.51亿元，其中制造业贷款余额62.32亿元，较年初增加6.75亿元。新拓省级专精特新中小企业13户，授信金额4.46亿元，非低风险用信3.09亿元；新拓规模以上企业126户，授信金额14.63亿元，非低风险用信6.01亿元。年内，农行常州新北支行聚焦普惠金融发展提质增效，扩大融资金额，重点推出常信贷、小微贷、商户建档、苏服贷、苏贸贷、增额保、科技e贷等普惠特色产品。对接光伏龙头企业自建供应链融资平台，精准为小微企业提供便捷化和优质化的普惠金融服务。至年末，普惠贷款余额42.58亿元，较年初增加10.41亿元；供应链融资余额15.91亿元，较年初增加12.89亿元。

（农行常州新北支行）

【中国银行股份有限公司常州新北支行】 2023年，中国银行股份有限公司常州新北支行（简称中国银行常州新北支行）下设经营性支行12家，有员工176人；各项存款余额202.62亿元，本外币各项贷款余额225.47亿元，国际贸易结算量35.74亿美元，市场份额11.85%。中国银行常州新北支行践行金融支持实体经济发展战略，全年新增大公司制造业批复22户，新增批复金额39.95亿元；制造业贷款余额44.52亿元，较年初新增15.27亿元，其中制造业中长期贷款余额15.38亿元，新增3.5亿元。中国银行常州新北支行构建特色化的普惠金融产品体系，开发常担贷、苏知贷、小微贷、苏质贷等系列产品；针对数字金融推出线上中银企E贷——信用贷、银税贷、抵押贷、E抵贷等产品；围绕外贸企业推出苏贸贷、跨境电商贷等产品满足出口企业需求。继续推进“接力通宝”业务，缓解不良经济形势对企业的影响，解决企业转贷难的问题；为服务天合光能股份有限公司等核心企业上游供应商中的小微企业，中国银行常州新北支行推出“融易信”业务。至年末，中国银行常州新北支行普惠金融较年初新增13.72亿元，授信余额35.23亿元；服务小微企业客户及个体工商户1773户，较年初新增623户。

（中国银行常州新北支行）

【中国建设银行股份有限公司常州新北支行】 2023年，中国建设银行股份有限公司常州新北支行（简称建行常州新北支行）下设营业网点18个，有在职员工219人。至年末，各项贷款余额297.98亿元，较年初增加69.35亿元。其中，公司类贷款余额202.42亿元，增加66.66亿元；个人类贷款95.56亿元，增加2.69亿元。一般性存款余额280.67亿元，增加53.27亿元。企业存款余额131.97亿元，较年初增加36.30亿元。个人存款余额148.7亿元，较年初增加16.97亿元。增强服务实体经济质效，全年新增国有企业和平台类企业融资额度65.94亿元，作为牵头行组建银团金额108亿元，新投放贷款金额38.15亿元。向区内大中型制造业项目或企业新增授信额度21.29亿元。至年末，制造业贷款余额69.38亿元，比上年增长17.38亿元。储备省、市、区重大项目20余个，涉及金额95.2亿元。创新普惠金融产品，丰富“善系列”“云系列”产品线，推出“善新贷”“善营贷”“商户云贷”等创新产品。全年，建行常州新北支行普惠非贴贷款净新增7.49亿元，较年初新增2399户。

（建设银行常州新北支行）

【交通银行股份有限公司常州新区支行】 2023年，交通银行股份有限公司常州新区支行（简称交通银行常州新区支行）下属营业网点4个，有在职员工60人。至年末，交通银行常州新区支行实现本外币总存款余额86.36亿元，较年初增加4.72亿元；表内外各项贷款余额96.03亿元，较年初增加25.41亿元，其中制造业贷款投向增加10.96亿元。为提升制造业企业贷款可得性，新增“首贷户”企业数19户，首贷融资1.52亿元。实现国际结算量10.79亿美元，较年初增加2.1亿美元。年内，交通银行常州新区支行加强小微经营主体支持力度，服务“补链强链”，加快普惠产业链数字化、线上化转型，建立包含订单融资、票据贴现、应收账款质押融资、保付代理、存货质押、国内证福费廷在内的产业链全链条融资产品，至年末普金融贷款余额9.18亿元。引入交银投资为区内上市企业提供融资服务，其中债转股20亿元、IPO第二轮融资2.5亿元，降低企业债务负担，支持绿色制造业发展。继续加强场景金融建设，提升“云上交行”实际使用功能，上线便民服务场景23个，试点在线网点服务新模式构建云网点、云柜员、云管家服务新内涵，围绕金融服务人民要求，通过新技术应用，为客户提供线上化便捷服务。

（交通银行常州新区支行 欧阳春）

【中信银行股份有限公司常州新北支行】 2023年，中信银行股份有限公司常州新北支行（简称中信银行常州新北支行）下设营业网点1个，有在职员工21人。至年末，各项存款余额74.49亿元，其中个人储蓄存款余额19.6亿元；各项贷款余额159.07亿元（含票据融资），较年初增加59.26亿元，其中普惠金融贷款11.09亿元、增加1.95亿元。年内，中信银行常州新北支行参与搭建天合光能、中天钢铁的供应链平台，实现系统直连以及放款。针对核心企业推出经销E贷、专精特新企业推出科创E贷，为投保出口信用保险的出口小微企业量身打造“出口E贷”，产品实现全线上化审批和放款，随借随还，降低企业成本。全年发放普惠贷款4.96亿元，惠及中小微企业100余家；为重点光伏企业申报可转债大股东配资业务并实现放款19.5亿元，满足企业及股东全方位的投融资需求。

（中信银行常州新北支行）

【招商银行股份有限公司常州新北支行】 2023年，招商银行股份有限公司常州新北支行（简称招商银行常州新北支行）有网点2家，有在职员工55人。至年末，自营存款时点65.08亿元，年日均余额61.04亿元，比上年分别增长14.37%、16.31%；自营贷款时点32.83亿元，年日均余额32.13亿元，比年初分别增长12.25%、11.7%。年内，招商银行常州新北支行围绕地区产业特色，为新能源四大板块（新能源车、光伏和风电、储能产业、电力设备）、区域制造业龙头企业及其上下游提供金融支持服务，利用“投商私科研”一体化综合服务方案服务新北区各类企业客户。运用金融科技，与区科技局联合打通“常创积分贷”，依托普惠线上纯信用贷款产品招企贷底层模型，叠加科技局积分打分系统，服务新北区科技型企业，并为开创初期的企业提供“薪福通”智能服务平台，协助企业人力、财务管理等数字化转型。推广普惠金融“双主体贷款”产品，快速审批及放款，节约企业成本，至年末，小微有贷户57户，小微贷余额7.91亿元。支持制造业发展，全年制造业贷款余额11.59亿元，制造业贷款占比35.31%，公司贷款中制造业贷款占比31.85%。利用招商银行金融科技力量，以供应链融资方式降低企业财务成本，全年服务企业67户，实现供应链投放类融资2.76亿元，余额比上年增加0.87亿元。配合企业“智改数转”升级，为20余家企业开通薪福通

4.0服务，为2家企业上线跨银行现金管理系统CBS8，免费提供人、财、事等方面的数字化服务平台，为企业节省数字化转型开支1000余万元。

（招商银行常州新北支行 黄胜春）

【华夏银行股份有限公司常州新北支行】 2023年，华夏银行股份有限公司常州新北支行（简称华夏银行常州新北支行）下设营业部1个，有在职员工18人。至年末，各项存款余额33.13亿元，日均存款27.87亿元。其中，对公存款余额22.36亿元，对公存款日均18.95亿元；储蓄存款余额10.77亿元，储蓄存款日均8.92亿元。年内，华夏银行常州新北支行融入当地主流制造业客户，维护高层级政府平台，授信业务稳定增长。公司授信客户较年初增加7户，授信净额较年初增长8.02亿元；普惠客户较年初增长15户，授信净额较年初增长超6000万元。

（华夏银行常州新北支行）

【上海浦东发展银行股份有限公司常州新北支行】 2023年，上海浦东发展银行股份有限公司常州新北支行（简称浦发银行常州新北支行）下设营业部1个，有员工17人。至年末，本外币各项存款余额22.95亿元，较年初增加2.09亿元。其中，对公存款20.25亿元，较年初日均增加2.89亿元；储蓄存款2.70亿元，较年初日均减少0.8亿元。本外币各项贷款余额45.26亿元，较年初增加7.07亿元，其中对公贷款33.94亿元、零售贷款（含按揭）11.33亿元。年内，浦发银行推出“光伏贷”、小微企业在线融资产品、标准化科技金融贷款产品、“成长贷”等普惠金融产品，助力小微企业快速发展。

（浦发银行新北支行）

【兴业银行股份有限公司常州新北支行】 2023年，兴业银行股份有限公司常州新北支行（简称兴业银行常州新北支行）通过金融产品创新、组合、运用，利用债务融资工具、投行非标、债券承销等为国有企业提供优质融资渠道及低成本融资；以“兴速贷”“快押贷”“政采贷”“优质科创线上融资专属贷”“兴优贷”等线上融资产品为中小企业提供融资流程，为中小企业提供金融服务方案，帮助企业实现增益。至年末，兴业银行常州新北支行本外币各项贷款余额41.29亿元，比上年新增0.23亿元；其中，对公贷款余额25.17亿元，新增1.21亿元，零售信贷余额16.12亿元，下降0.96亿元。本外币各项存款余额44.65亿元，比上年新增6.93亿元，增长18.37%；其中，对公存款28.37亿元，新增3.6亿元，个人存款余额16.28亿元，新增3.33亿元。

（兴业银行常州新北支行）

【中国民生银行股份有限公司常州新北支行】 2023年，中国民生银行股份有限公司常州新北支行（简称民生银行常州新北支行）下辖社区支行3家，有员工27人。至年末，民生银行常州新北支行各项存款余额45.65亿元，其中储蓄存款10.88亿元、公司存款34.77亿元，个人金融资产25.96亿元，私人银行客户74户，贷款余额34.05亿元，其中个人贷款9.63亿元。年内，民生银行加快转型，支持实体企业发展，为11家上市公司和27家专精特新企业提供各类金融服务。信融E、票融E等供应链产品为实体企业提供便捷支付途径，“费控＋财资云”“票易贴＋自助贴现”“流动利＋自助贴现”等线上产品组合为实体客户提供全面结算方案。聚力普惠金融战略，打造有温度的普惠金融融资产品，推出出口E融资、易创E贷等线上化融资产品，助力实体企业成长。

（民生银行新北支行）

【中国光大银行股份有限公司常州新北支行】 2023年，中国光大银行股份有限公司常州新北支行（简称光大银行常州新北支行）下设经营网点2个，有员工21人。至年末，本外币各项存款余额29.45亿元，较年初增加3.85亿元；表内外贷款余额68.98亿元，较年初增加5.52亿元；个人九项资产余额14.36亿元，较年初增加0.81亿元。年内，光大银行常州新北支行增强金融支持实体力度，为北汽重型汽车有限公司、黑牡丹（集团）股份有限公司、常州市太平洋变压器有限公司等制造型企业新增授信，制造业贷款余额10.56亿元，较年初增加0.4亿元，增长3.94%；普惠金融重点领域贷款余额1.21亿元，助推全区经济发展。

（光大银行常州新北支行）

【南京银行股份有限公司常州新北支行】 2023年，南京银行股份有限公司常州新北支行（简称南京银行常州新北支行）有在职正式员工25人。至年末，各项存款余额28.12亿元，各项贷款余额31.7亿元。年内，南京银行常州新北支行以发展优质民营企业为根本，围绕科技型、高新技术、专精特新企业，服务“鑫动能”“鑫伙伴”“鑫火计划”客户，推动实体转型。坚持普惠金融政策，持续推出创新产品，为小微客户量身定做成本更低、效率更高的金融服务，全年为小微企业新增投放金额1.8亿元，服务小微企业超140户。为地方国有企业提供全方位直融融资工具服务。发行全市首单绿色中票，全年为国有企业发行直融产品20亿元。南京银行常州新北支行被评为新北区2023年度诚信联盟示范单位。

（南京银行新北支行）

【江苏银行股份有限公司常州新北支行】 2023年，江苏银行股份有限公司常州新北支行（简称江苏银行常州新北支行）形成“1+3”（新北支行本部，通江路、薛家镇、春江街道支行）的网点布局，有在职员工83人。年内，江苏银行常州新北支行立足新北区域地方发展，支持地方经济建设，为产业强区注入金融动能。至年末，各项存款103.36亿元，较年初增加14.63亿元；贷款余额147.21亿元，较年初增加37.1亿元。较年初新增表内外贷款超60亿元，其中政府类背景公司投放45亿元，民营企业投放较年初新增超15亿元。服务小微客户1266户，普惠实贷余额17.3亿元，较年初净新增3.8亿元。

（江苏银行常州新北支行　蒋炜）

【苏州银行股份有限公司常州新北支行】 2023年，苏州银行股份有限公司常州新北支行（简称苏州银行常州新北支行）深化政府合作，针对辖区企业特征投放成长贷、快抵贷、增额保等普惠金融产品，助力中小实体企业发展。至年末，苏州银行常州新北支行各项存款总额21.17亿元，普惠小微企业法人贷款余额3.42亿元。对公贷款增量2.52亿元，较年初增长23.92%；其中制造业贷款增量1.07亿元，增长16.93%，制造业贷款余额7.35亿元。年内，新增“首贷户”企业数量3户。

（苏州银行新北支行）

【江苏江南农村商业银行股份有限公司常州市新北支行】 2023年，江苏江南农村商业银行股份有限公司常州市新北支行（简称江南银行常州新北支行）下设各级营业网点24个。至年末，各项存款余额454.95亿元，较年初增加57.31亿元，增长14.41%；各项贷款余额285.45亿元，较年初增加53.67亿元，增长23.16%。江南银行常州新北支行与市总工会联合发行工会卡、面向全市新市民发行常新卡。全面承接原新型农村合作医疗人群社保卡50万张，开展第三代社保卡换发及每年居民的社保缴费，当年新增三代社保卡26.57万张，激活率92.26%。成为全行首家政银合作旗舰网点，年内打造政银合作服务专窗3个，实现社保卡、养老保险、灵活就业人员登记、企业开办、证照遗失补领等65个事项的业务通办及综合服务；配置自助服务机5台，集成240余个政务服务事项，并对接完成公积金、不动产、水电气等自助事项69个。累计建设普惠金融服务点236家，实现全区57个行政村全覆盖。至年末，江南银行常州新北支行“阳光贷”余额17.31亿元，普惠面6万人；结合具体供应链、产业链金融场景，推出“融E链”产品，为核心企业生态圈内的上下游企业提供金融支持，全年走访生态圈链属企业466家，链属企业用信15.72亿元；打造线上化本地生活场景服务平台，释放消费新动能，比上年新增平台商户3700户；为政府、企业安装智慧食堂管理系统296家。

（江南银行常州新北支行 褚雯诚）

【中国邮政储蓄银行常州市新北区支行】 2023年，中国邮政储蓄银行常州市新北区支行（简称邮政储蓄银行常州新北区支行）下辖二级支行4个，并有新北区辖属邮政代理网点19家。至年末，各项贷款余额104.3亿元，较年初净增18.8亿元；各项自营存款余额23亿元，较年初净增3.2亿元，践行立足地方、回馈地方的金融服务理念。深耕普惠金融，普惠型小微企业贷款余额17亿元，较年初增加3.78亿元，增长28.62%；个人经营性贷款余额13.83亿元，较年初增加3.25亿元，增长30.68%。加大乡村振兴重点领域信贷投入，打造乡村振兴服务专班2个，完成普遍授信信用村建设7个，全年给予农户纯信用小额贷款投放295笔7886.5万元。涉农贷款余额7.8亿元，较年初增加2.16亿元，增长38.31%。其中，普惠型涉农贷款余额4.93亿元，较年初增加0.96亿元，增长24.3%；支持农业基础设施改造投放贷款1.5亿元。年内，邮政储蓄银行常州新北区支行新增公司授信客户12户，公贷客户30户；公司信贷投放17笔，金额24.72亿元，为园区新增项目投放贷款18.77亿元，为区属国企投放流动资金贷款5.9亿元。利用在线供应链产品为核心企业提供专项额度支持，全年新增供应链投放14.37亿元。

（邮储银行新北区支行）

【无锡农村商业银行股份有限公司常州新北支行】 2023年，无锡农村商业银行股份有限公司常州新北支行（简称无锡农村商业银行常州新北支行）下设营业部1个，有员工14人。至年末，存款总额6亿元，贷款总额33亿元。年内，无锡农村商业银行常州新北支行通过走访推动小微企业金融服务，针对现有存量及增量客户组织开展“推进五访五增 助力市场主体”专项竞赛活动，对两年间未续贷的客户实现100%回访，对2020—2022年期间专项竞赛走访认定为正常经营的个体工商户实现100%回访，对省联社获取的科技型企业、“苏农贷”、“苏质贷”客户名单实现100%走访。发挥农业信贷担保体系作用，创新服务新型农业经营主体和农户，持续开展“省农担”业务，促进涉农贷款稳步投放。创新业务，助力科技型企业。结合总行推出“科易贷”产品，全面梳理并对接营销目标客户为科技型企业提供金融服务，推动科技型企业健康发展。

（无锡农村商业银行常州新北支行 何腊民）

【常州新北中成村镇银行】 2023年，常州新北中成村镇银行有员工29人。秉承服务“三农”和中小微企业的宗旨，发挥“贷款手续简便，方式灵活，审批流程短、效率高”的优势，为城乡居民和区域经济发展提供优质高效的金融服务。至年末，各项存款余额2.55亿元，各项贷款余额5.47亿元，涉农及小微贷款比率81.87%。年内，常州新北中成村镇银行被市政府评选为2022年度金融机构支持重点领域贷款先进单位。

（新北中成村镇银行）

保险业

【紫金财产保险股份有限公司常州中心支公司】 2023年，紫金财产保险股份有限公司常州中心支公司（简称紫金保险常州中支公司）下设支公司5家、营销服务部4个，有保险从业人员170余人；完成保费收入2.1亿元，比上年增加0.28亿元，其中车险9131万元、财产险6368万元、人身意外伤害险和健康险3135万元、农险2500万元，分别比上年增加586万元、1062万元、1035万元、194万元。紫金保险常州中支公司关注经济社会发展需求，开办农业保险、贷款保证保险、家庭财产综合保险、企业财产保险、燃气责任保险、诉讼财产保全责任保险、安全生产责任保险等建设工程保险。参与社会治理，服务民生，首创受托管理江苏省道路交通事故社会救助基金，全年为988件（2022年为997件）案件垫付金额4355.61万元。自常州市道路救助基金实施后，累计受理案件7072件，垫付金额2.57亿元。公司主动承担省属国企社会责任，参与“慈善一日捐”活动，捐献善款5000余元；向对口帮扶金坛区直溪镇巨村村捐赠现金10万余元，助力构建茅山老区村镇发展长效机制。

（紫金财险办公室）

【中国人民财产保险股份有限公司常州市新北支公司】 2023年，中国人民财产保险股份有限公司常州市新北支公司（简称人保常州新北支公司）下设农险业务部、社保业务部、商团业务部、续保业务部、修理厂、车商业务部等部门，在孟河镇、罗溪镇、春江街道设立3个营业部，有职工110人；全年完成保费收入3.42亿元，比上年增长15.54%；处理赔案15万件，支付赔款超2亿元。人保常州新北支公司主要经营机动车辆保险、财产险、工程险、船舶货运险、责任信用险、意外健康险、高效特色农业保险、政府救助保险等业务。3个营业部均融合金融、警保、民生、医保等复合服务功能，通过“1网点+N服务”的便民服务模式，打造“15分钟便民服务圈”，让网点成为“家门口”的一站式综合金融服务平台。人保常州新北支公司深度研究当地区域经济发展特色，对接政府标靶部门，承保全区农业保险、家庭财产综合保险、政府救助保险、低保扶贫保险等民生实事工程，为常高新集团、龙城国控集团等区域龙头企业提供全方位的保险服务；牵头落实辖区政府、医院、学校、大型国有企业集体资产等保险保障工作。

（人民财险新北支公司）

【中国太平洋财产保险股份有限公司常州市新北支公司】 2023年，中国太平洋财产保险股份有限公司常州市新北支公司（简称太保常州新北支公司）实现保费收入2.53亿元，其中车险保费收入1.99亿元、非车险保费收入5436万元。车险、非车险、全险种综合成本率分别为75.9%、70.4%、74.9%，实现利润5641万元。年内，太保常州新北支公司参与乡村振兴、健康养老、科技融资、交通一体化建设等服务项目，推出江苏省商业性新型农业经营主体种植业收入保险新险种，因地制宜开展特色农产品保险，推进乡镇业务发展策略。携手国际SOS救援中心，为公司的优质目标个人客户提供24小时电话医生、国际医疗援助、国际旅行救援、国内医疗救援等“越洋关怀”系列咨询服务。

（太保常州新北支公司）

【中国人寿财产保险股份有限公司常州市新北支公司】 2023年，中国人寿财产保险股份有限公司常州市新北支公司实现保费收入2580万元，为广大市民和企业提供风险保障2538357万元，赔款2418万元。主要开办财产损失保险、责任保险，信用保险和保证保险，短期健康保险和意外伤害保险等业务，办公地点位于新北区崇义北路2号绿创大厦1002室。

（中国人寿常州新北支公司 唐静茹）

证券业

【华泰证券股份有限公司常州太湖东路证券营业部】 2023年，华泰证券股份有限公司常州太湖东路证券营业部（简称华泰证券太湖东路营业部）有员工16人，新增客户2000余人，客户总数4.3万人，客户总资产超42亿元，年累计交易量超460亿元。华泰证券太湖东路营业部是华泰证券在证监会创新大会后率先设立的创新营业部之一，定位是打造常州地区创新型精品营业部，为证券投资者提供综合性金融理财服务，为企业提供资本运作和投融资服务。年内，华泰证券太湖东路营业部依托金融科技和全业务链优势，围绕数字化赋能和资产配置服务能力提升，满足客户多元化的理财需求。组建财富顾问与私行顾问队伍，通过金融科技，赋能投资顾问服务，提高高净值客户的认可度与信任度；新增获客团队和理财顾问团队，专注新增客户及存量客户的盘活。年内，营业部参加政企对接会，现场拜访企业130家，联合华泰总部投行部门走访企业40余次，为企业提供更全面更适配的全业务链资源，激发企业资本活力。

（华泰证券太湖东路营业部 严耀）

【中信证券股份有限公司常州高新科技园证券营业部】 2023年，中信证券股份有限公司常州高新科技园证券营业部（简称中信证券常州高新科技园证券营业部）拥有客户1.2万余户，客户资产超36亿元，交易总量92.57亿元；纳税1394万元，其中企业所得税145万元、增值税及其他15万元、个人所得税1234万元(限售股个人所得税1230万元)。中信证券常州高新科技园证券营业部主要业务是为常州地区的投资者提供综合性财富增值服务和企业股份制改造、为上市资本运作等提供整体投融资服务。推进发债融资，中信证券常州高新科技园证券营业部牵头投行团队签约宏微科技股份有限公司，发行可转换债券帮助企业实现融资4.3亿元；营业部组团参与常高新集团发行私募公司债，协助常高新集团完成私募债发行4.5亿元。加速股权融资，中信证券常州高新科技园证券营业部辅导长青科技完成深交所上市，协助中信投行团队推进恐龙园北交所上市辅导工作。

（中信证券常州高新科技园证券营业部 耿剑）

其他地方金融组织

【概况】 至2023年年末，常州国家高新区（新北区）列入监管的地方金融组织19家，其中小额贷款公司5家、融资担保机构5家、融资租赁公司3家、典当行5家、交易场所1家。

（区经发局 金留藏）

【融资担保公司】 2023年，常州国家高新区（新北区）有列入监管的融资担保机构5家，均为国有企业，其中法人机构3家（江苏常州高新信用融资担保有限公司、常州市恒泰融资担保有限公司、常州市住房置业融资担保有限公司）、分支机构2家（江苏省信用再担保集团有限公司常州分公司、江苏省农业融资担保有限责任公司常州分公司）。4家担保公司(除住房置业)在保余额310.73亿元，比上年（下同）增长29.37%；在保户数8423家，增长41.42%。住房置业融资担保在保余额557.62亿元，增长46.7%；在保户数7.97万户，增长44.25%（均为与住房公积金贷款相关的政策性业务）。

（区经发局 奚晗悦）

【典当行】 2023年，常州国家高新区（新北区）有典当法人机构4家（江苏恒联典当有限公司、常州天禄典当行有限公司、常州诚明典当有限公司、常州汇丰典当有限公司），注册资本总和9920万元，典当总额3.73亿元，减少15.73%；典当余额0.8亿元，增加2.93%；营业收入303万元，减少32.15%；业务笔数432笔，减少18.49%；利润总额142万元，减少31.69%。

【融资租赁公司】 2023年，常州国家高新区（新北区）有正常经营的法人融资租赁机构3家（顺泰融资租赁股份有限公司、常州信辉融资租赁有限公司、江苏遍球融资租赁有限公司）注册资本总和18.94亿元，融资租赁资产总额75.15亿元，增加36.62%；融入资金总额49.41亿元，增加70.16%；营业收入5.69亿元，增加28.77%；利润总额2.03亿元，增加24.45%。

（区经发局 金留藏）

【小额贷款公司】 2023年，常州国家高新区(新北区)有小额贷款公司5家，其中农贷公司3家（常州市新北区高晟农村小额贷款有限公司、常州市新北区宏源农村小额贷款股份有限公司、常州市新北区融通农村小额贷款有限公司，均为民营性质)、科贷公司2家(常州市高创科技小额贷款有限公司、常州市鸿泰科技小额贷款有限公司，均为国有性质)。除常州市新北区融通农村小额贷款有限公司处于停业整顿中外，其余小贷公司整体经营平稳。至年末，5家小贷公司合计注册资本5.89亿元，实缴资本5.89亿元，贷款余额7.1亿元，下降19.53%；发放贷款61.12亿元，增长21.48%；客户数604户，增长23.52%；不良贷款率45.38%；营收4728.56万元，下降13.51%；利润总额2212.9万元，下降32.11%。

（区经发局 奚晗悦）

旅游业

综　述

【全域旅游发展】 2023年，常州国家高新区(新北区)14个项目被纳入“532”重点文旅项目。全区重点旅游景区接待人数5018.27万人次，其中江南环球港3500万人次、环球恐龙城1081.4万人次、新龙生态林186.62万人次、常州博物馆250.25万人次。拥有国家AAAAA级景区1家、AAAA级景区1家、AAA级景区3家；国家级水利风景区1个、国家级夜间文化和旅游消费集聚区1家，省级工业旅游区2家，省级乡村旅游重点村培育单位1个，市级乡村旅游重点村2个。至年末，全区拥有星级饭店4家，其中五星级2家、四星级2家。

【文旅重点项目建设】 2023年，常州国家高新区（新北区）助推“532”重点文旅项目快落地、快实施、快见效。全年纳入“532”重点文旅项目的有星耀城、星耀城项目高端酒店、东南稻田风情酒店、常州艺宝元文化展示中心、《长江国家文化公园常州段建设保护规划》编制、凤耀天溪艺术馆、恐龙园提升改造、常州“骑着恐龙去上班”城市品牌塑造与推广传播等14个项目，超额完成年度投资任务。

表42　2023年常州国家高新区（新北区）主要旅游景区一览表

单位名称	类别	地址
环球恐龙城	国家AAAAA级景区	新北区汉江路1号
常州博物馆	国家AAAA级景区	新北区龙城大道1288号
华夏艺博园	国家AAA级景区	新北区薛家镇庆阳路68号
新北中心公园	国家AAA级景区	新北区珠江路58号
江南环球港	国家AAA级景区	新北区通江中路598号
迪诺水镇	—	新北区河海东路60号
新龙生态林	—	新北区长江北路1001号
光大常高新环保工业旅游区	省工业旅游区	春江街道港区南路10号
新博龙泉工业旅游区	省工业旅游区	魏村街道安园路9号

表43　2023年常州国家高新区（新北区）
涉旅综合宾馆、饭（酒）店一览表

单位名称	星级	地　址
常州富都大酒店	五星级	新北区通江大道398号
维景国际大酒店	五星级	新北区河海东路56号
常州丽亭酒店	四星级	新北区通江中路599号
奥体明都国际饭店	四星级	新北区龙锦路1261号
富力喜来登	准评星	新北区通江中路88-1号
文璞酒店	准评星	新北区常州文化广场5号楼
金陵江南大饭店	准评星	新北区通江路466号
福记逸高酒店	准评星	新北区汉江东路99号
万豪酒店	准评星	新北区龙锦路1590号

续表 43

单位名称	星级	地 址
华美达国际大酒店	准评星	新北区晋陵北路85号
中天凤凰大酒店	准评星	新北区通江路555号
景尚恐龙主题店	主题酒店	新北区河海东路60号
恐龙人俱乐部酒店	主题酒店	新北区河海东路60号
邮轮主题酒店	主题酒店	新北区衡山路58号

（区教育局 张玮）

旅游资源

【概况】 2023年，常州国家高新区（新北区）围绕打造新北文旅特色品牌，推动汉江路省级旅游休闲街区、东南村省级乡村旅游重点村、江南环球港省级夜间文化和旅游消费集聚区、吟飞科技江苏省文化产业示范基地等培育创建。继续挖掘一批建设和创建单位，开发文旅融合新业态、新产品。年内，环球恐龙城被评为国家级文明旅游示范单位；江南环球港被评为省级夜间文化和旅游消费集聚区建设单位；东南村入选省级乡村旅游重点村培育单位；吟飞科技（江苏）有限公司入选江苏省文化产业示范基地创建单位。

（区教育局 张玮）

【“穿越侏罗纪”项目改造提升】 10月31日，中华恐龙园经典游乐项目——穿越侏罗纪进行提升改造。穿越侏罗纪游乐项目推出的23年间，累计接待游客超2000万人次。根据改造规划，提升改造后的项目名称沿用“穿越侏罗纪”，项目计划2025年9月完成，总投资额2亿元。项目计划加入全场景巨型环幕、全息投影、嵌入式影像等现代多媒体技术，配合动态雕塑和环境特效的综合应用，最大限度还原侏罗纪世界；游客载具从每船4人改为每船16人，项目容载量从每小时200人提升至800人以上。项目计划以恐龙人联盟踏上探寻火龙石的艰险旅程为故事主线，增加游客全感官体验及戏剧性，在生态融合化场景中体验惊险刺激与惊喜，并计划增设餐饮、商业、生态休憩等功能，与中华恐龙馆融于一体。

（恐龙园集团 蒋培超）

【环球恐龙城被评为国家级文明旅游示范单位】 5月8日，环球恐龙城休闲旅游区被评为第二批国家级文明旅游示范单位。环球恐龙城是一座集观光、文化、休闲、商业、人居于一体的国家AAAAA级旅游景区，始终把弘扬社会主义核心价值观与加强文明引导等工作融入景区日常运营管理，通过制定实施《中华恐龙园景区文明旅游工作专项方案》《文明旅游绩效考核方案》等制度，开展多种形式的文明旅游宣传，通过景区展板、幡旗、插牌、LED显示屏、网站、微信小程序等载体，在游客聚集点位营造文明旅游宣传氛围；持续擦亮“恐龙人爱心志愿者队”服务品牌，开展共享员工志愿顶岗、复员军人走访慰问、主题教育学习实践、抗疫志愿服务等活动。在游客中心设立红十字会救护站，由140人组成的志愿者队伍常年为游客提供救援保障，每年组织帮扶、捐赠、公益讲座、免费游园等活动。旅游区“笑、蹲、扶、问、勤、捷、善、细、责、精、眼、行”十二服务要素，入选省服务行业首批优质服务品牌。建立消费维权监督站，向游客公布12315维权热线，营造诚信经营环境。

【江南环球港被评为省级夜间文化和旅游消费集聚区建设单位】 4月，江南环球港被评为第三批省级夜间文化和旅游消费集聚区建设单位。江南环球港位于通江中路598号，集“文、旅、娱、体、展、教、购”等业态于一体，打破传统景区商业经营模式，发展为常州夜间文旅消费的代表。江南环球港整合室内购物中心夜场项目，开发世界港口小镇、燃擎体育公园和邮轮主题酒店等文旅项目，加大夜间商业、景观设施和夜间活动投入，完善夜市场管理、运营机制，打造“环球夜”品牌；以“环球风情”为主题，以游乐、休闲、运动、美食为核心，以灯光景观为氛围，以网红夜游、潮流夜秀、创意夜演、文化夜展、主题夜宿等体验活动为特色，成为集文化演绎、休闲体验和政企互动于一体的网红夜游打卡地。

【东南村入选2023年度江苏省乡村旅游重点村培育单位】 8月，新北区西夏墅镇东南村入选2023年度江苏省乡村旅游重点村培育单位。东南村保留传统农业耕种，2013年成立的有机稻米种植专业合作社是全区第一家有机稻米合作社，创立夏墅牌有机稻米。2023年，东南村以“产业＋生态＋人文”为特色，利用生态农田资源优势，创建“稻田理想农耕文化＋优质稻米产业＋旅游产品”模式，推动民宿旅游业发展；通过创新型乡村振兴模式，打造“一村一品”农耕文化特色产业布局；作为全国文明村，依托东南村新时代文明实践站，建立“环境一线联动”的生态文明体制机制，实现村委、企业和群众三方联动，共同推进村庄生态环境保护机制，实现乡村旅游可持续发展。

【新龙生态林】 新龙生态林（常州植物园）位于新北区北海中路188号，以“林”为核心，占地面积440公顷，绿化覆盖率70%。项目规划建设“两湖、三山、四岛、五园”（两湖：云阳湖、映月湖，三山：紫云峰、梅花山、丹霞岭，四岛：桂花岛、杜鹃坞、爱心岛、桃花坞，五园：和风园、伊甸园、牡丹园、遗址园、紫藤园），集生态调节、教育科普、休闲娱乐、运动康养等功能于一体。2023年，景区策划执行常州旅游装备博览会、常州国家高新区（新北区）园事花事系列活动、健步行、樱花节、紫藤花节、荷花节、“芒禾森林”音乐节、“长江森林”音乐节、“新龙森林”音乐节等活动70场，接待游客100万人次。

【环球恐龙城】 环球恐龙城位于常州市国家高新区（新北区）现代旅游休闲区内，占地面积320公顷，拥有中华恐龙园、侏罗纪水世界、恐龙人俱乐部、恐龙人俱乐部酒店、迪诺水镇商街、恐龙谷温泉、恐龙城大剧场等文旅商项目，是集观光、文化、休闲、商业、人居于一体的国家AAAAA级旅游景区。2023年，环球恐龙城旅游区接待游客超1000万人次，营业收入超12亿元。通过节庆品牌打造，环球恐龙城全年上榜全国热搜7次、话题流量超5亿。推进恐龙基因融入城市文化，协同筹办“水韵江苏——这里夜醉美”及“抖转新遗”常州非遗生活节；联合市文化广电和旅游局共同主办“骑着恐龙游常州”城市骑行活动，“骑着恐龙游常州”话题全网络平台点击量累计超1亿，增强城市品牌力、消费力和生命力。年内，环球恐龙城获国家文明旅游示范单位、江苏省现代服务业高质量发展集聚示范区等称号。

7月10日，“新龙森林”音乐节在新龙生态林举行（区委宣传统战部 供图）

【华夏艺博园】 华夏艺博园位于新北区薛家镇，是省、市两级政府重点扶持建设的工艺美术特色产业园区及文化旅游区，占地面积21.53公顷，由4幢工美展销大楼、10套别墅组成的大师村、薛家中心广场、薛家中心公园、常州市非物质文化遗产展示馆等组成。园区被授予国家AAA级旅游景区、江苏工艺美术产业园、江苏省传统工艺美术特色产业基地、常州市爱国主义教育基地等称号。华夏艺博园以雁荡河为圆心、传统非遗为骨架、公共艺术为创新要素、城市生活功能为补充，构建一个集艺术创新零售、传统工艺创新、美育研学教育、生态休闲体验于一体的艺术文旅生活产业园。园区内临平书院打造丰富多彩的社会群体文化活动，2023年举办文化活动100余场，诵读经典《论语》、临平茶艺体验、国画沙龙、自然美育、亲子研学、主题DIY等主题活动吸引8000余人次参与。

（区教育局 张玮）

资料链接

古镇老街选介

孟河古镇。位于新北区西北部，是齐梁故里、孟河医派的发源地，中国历史文化名镇。在南北朝时，诞生齐梁2名开国皇帝及10余名帝王。清朝中后期，以费伯雄、马培之等为代表的孟河医派创造“吴中名医甲天下，孟河名医冠吴中”的医派鼎盛时期。孟河城于明嘉靖三十七年（1558）依河筑城堡建成，孟河从孟河镇弯曲而过。河的一边是修建保存较为完好的孟城北街，保留顺来园茶店、益泰酱园、东亚堆栈等建筑。古镇内存有孟城古城墙定常门（大南门）附近的一段遗迹；建有费伯雄故居，为硬山式半木结构。

魏村老街。位于新北区魏村街道，初建可追溯至宋代。宋《毗陵志》有记载，初名烈塘寨，为江防要津，沿江诸水寨之一。宋咸淳年间，有一曹姓者从江阴虞门迁移到此落户，自称三国曹魏后裔，此地遂改名为“魏浦”。晚清、民国时期，魏村人口聚集，市井繁荣，成为当时江南闻名的商业汇聚之地。保存下来的老街，建造于清代，基本为晚清至民国建筑。老街由东街、北街、南街和闸北街组成，占地面积

150公顷。老德胜河把老街分成南北两半，架在河上的渡江桥有数百年历史。老街依河而建，临街的晚清至民国时期的商铺建筑排门而建，多数为“上宅下铺”“前店后坊”形式。街道均为花岗岩条石铺面。东街上商铺林立，商肆连绵。

奔牛古镇。位于新北区西部，有2100余年历史。奔牛镇名出自一则神话故事，据《舆地记》载：“汉时，有金牛出山东石池，到曲河，入栅断其道，牛因骤奔，故名。”奔牛古镇自宋朝起是常州经济重镇，水路要冲，漕运枢纽，地理位置重要，早在1000余年前就建有堰闸，称为奔牛堰、奔牛闸；人们怀念金牛，在镇西运河南筑台纪念，因此奔牛镇有别号“金牛”“金牛台”“金牛里”。苏东坡、陆游等历朝名人都有咏叹奔牛的诗和文章。老街仍保留有青砖黛瓦吊脚楼、古井古桥木牌门，是典型的江南小桥流水人家风格。2019年，奔牛镇打造“江南运河第一河口公园”，古运河奔牛段生态廊道风景秀美。

（常新鉴）

旅游营销

【概况】 2023年，常州国家高新区（新北区）以开展节庆活动、品牌活动为契机，举办“‘新’动向北”2023首届常州咖啡文化节暨新北区美好生活文旅周活动、“龙虎夜里厢·探新生活季”文旅生活节、新龙生态林音乐节、常州首届青年潮流文化艺术周等系列特色活动，推出一批精品文旅路线、城市网红打卡地，培育一批有新北特色的新消费场景，激活市场主体。推进文旅深度融合，促进文化体育和旅游业高质量发展，出台《常州国家高新区（新北区）文化体育和旅游发展专项资金管理办法（试行）》，奖补各镇（街道）和相关企业、团队248万元，以激励性措施激发文旅企业和项目内生动力。

（区教育局 张玮）

【2023“水韵江苏·这里夜最美”璀璨夏夜主题活动】 7月21日，由江苏省文化和旅游厅、江苏省发展和改革委员会、江苏省商务厅和常州市政府共同主办的2023“水韵江苏·这里夜最美”璀璨夏夜主题活动启动仪式在常州中华恐龙园举行。启动仪式上，江苏省文化和旅游厅发布江苏夜游、夜宿、夜食热力榜单，公布“水韵江苏·百名旅行商踩线”活动阶段性成果，首发“游遍江苏·璀璨夏夜”主题宣传片以及全省小剧场夜演信息，并启动2022—2023江苏文旅消费热力榜征集评选活动。

【D漫盛典活动】 8月4—6日，中华恐龙园化身“超时空次元穿梭站”，推出“D漫盛典”活动，以“D漫大赏主题秀”“D漫大巡游主题游行”及“D漫次元港主题街区”等系列活动，使中华恐龙园打破圈层及次元，迈出品牌年轻化探索的重要一步。活动吸引卡琳娜、谢安然、虚拟偶像金桔等10余名动漫顶流及300余名动漫爱好者。动漫展演“D漫次元港主题街区”打破以往漫展独立展台模式，将活动置于沉浸式户外主题街区，设置游戏、国漫等体验项目，数十个动漫IP（知识产权）互动展以游戏化的场景与故事线和游客互动。夜间举行的“D漫大巡游”方阵中，卡琳娜等cosplay（动漫角色扮演）圈顶流、汉服圈层达人以阵营形式加入游行，人车互动烘托现场气氛；在“D漫盛典BIGDAY-D次元舞台秀”上，中华恐龙园以二次元歌舞搭配园区王牌节目《D秀》，为现场观众带来兼具技术感与梦幻感的体验。

【恐龙元素融入常州城市场景】 8月22日，“璀璨常州·点亮中国”暨2023常州文化旅游节·新能源生活节开幕，由恐龙园集团联合永安行科技股份有限公司共同打造的恐龙主题新能源助力车首次亮相即受到游客追捧和社会各界关注。9月17日，“绿动生活 骑遇龙城”恐龙主题新能源助力车投运暨“骑着恐龙游常州”城市骑行活动在中华恐龙园旅游度假区启幕，面向全城招募的300余名骑行爱好者共同参加骑行活动。12月22日，由常州市文化广电和旅游局、常州市交通运输局共同主办的“骑着恐龙唱着歌”常州恐龙主题地铁、巴士首发仪式在常州地铁1号线科教城北站启动。活动从科教城北地铁站出发，乘坐恐龙地铁，途经河海站换乘恐龙巴士，最终到达环球恐龙城。该线路引发当地市民和外地游客的打卡热潮。

（恐龙园集团 蒋培超）

【2023首届常州咖啡文化节暨新北区美好生活文旅周】 8月25—27日，“‘新’动向北”2023首届常州咖啡文化节暨新北区美好生活文旅周启动仪式在常州创意产业园启动。活动现场，开展精品旅游线路推介、特色非遗展示、创意咖啡集市、露营互动打卡、群众文艺展演等活动，让市民和游客发现并体验新北全新生活方式。发布《“新”动向北》美好生活文旅宣传片，开展“美好生活‘新’推官”推选评比活动，通过前期推选和现场风采展示，评出“美好生活‘新’推官”9人，并颁发聘书。其中3人分别为市民群众推介网红打卡亲子游、高铁新城亲子游、美丽乡村亲子游3条精品旅游线路。举办新北区首届非遗展评活动，现场为6个“最受欢迎非遗项目”传承人颁奖。打造“你好创意咖”常州咖啡文化节，播放首届常州咖啡文化节宣

传视频，展示园区内的主要咖啡品牌，常州创意产业园“创Zao新声”第二届园区歌手大赛开唱。开展2023“花开沃土 幸福新北”群众文艺演出，为现场观众和游客带来视觉和听觉的双重体验。

【2023“龙虎夜里厢·探新生活季”文旅生活节】 10月13日，2023“龙虎夜里厢”文旅生活节在三江口公园启动。该次“龙虎夜里厢”活动以“探新生活季”为主题，围绕家门口的新服务、新消费、新业态、新生活，策划贴近群众需求的“文体旅商游购娱”活动50余场。发布“家门口的幸福地图”民生品牌，有环球港周年店庆、光伏公园“芒草节”、精品文艺进社区等传统项目，有全新打造的村BA篮球争霸赛、“龙虎新声代民星大舞台”歌手大赛、笑对新生活大型滑稽戏进校园、新疆民族风情歌舞快闪等新品牌，让市民沉浸式参与街道群众文化体育活动。

（区教育局 张玮）

【“山外有山 黔西大集”开幕】 11月11日，“山外有山 黔西大集”文旅活动在新北区“山外有山”农商旅街区开幕。贵州省黔西市文旅部门首次通过民族民俗文艺表演、农旅产品展示展销、非遗展示等形式向市民游客宣传推介黔西。活动现场展示黔西苗族刺绣、蜡染、剪纸等具有非遗特色的文创物品，表演独唱《水西谣》、苗族多声部民歌《阳雀声声在呼唤》、民族服装走秀、歌伴舞《奢香夫人》等节目，感受黔西独特的旅游、文化魅力。特色农旅产品和非遗产品展示区有黔西本土腊制品、深山虫草鸡蛋、蜂蜜、黄粑、茶叶、食用菌、牛肉干等纯天然原生态产品。展销活动采取线上线下相结合的方式，利用当地直播平台进行网络直播，采用扫码关注、赠送礼券、赠送礼品、折扣、品鉴体验、派发网上优惠券等形式开展促销。活动为期2天，吸引千余名市民游客参观购物。

（常新鉴）

【常州灯会】 12月15日，“爱让希望永存 龙腾大地常兴”2024常州灯会启幕仪式在中华恐龙园旅游度假区迪诺水镇举行。该届灯会由常州市文化广电和旅游局、常州市新北区人民政府主办，灯会持续至2024年5月4日，对公众免费开放。开幕当日，一条长35米、高15米的“龙腾常州”灯组蜿蜒盘旋，龙身勾勒出“2024”字样。另一条长9米的“翼龙”大展双翅，盘旋于夜空，吸引万余名游客观赏。该届常州灯会包括3个主题赏灯区、百余组花灯装置，结合声、光、电、雾等互动表现形式，打造错落有致、层次分明的多维情景体验空间。在灯会期间，举办跨年晚会百首金曲发布、开年大市、常韵年味市集、十二生肖主题巡游、年味民俗展演等活动，提升夜游体验感。

（区教育局 张玮）

【精品旅游线路推介】 2023年，常州国家高新区（新北区）推出4条精品旅游线路，全年吸引5000余万名游客游览打卡。线路一：中华恐龙园—河海综合市场—汉江路。中华恐龙园的戏剧光影节、先锋概念T台秀、奇幻装置戏剧巡游、潮趣有氧集市，趣味纷呈；河海综合市场有麻糕、鸡蛋饼等常州特色小吃；作为网红街区的汉江路国际风情街区，有青年创业集市和日式、韩式等美食。线路二：博物馆—大剧院—传媒中心—文化广场。游览常州博物馆，探索常州3000余年的历史；常州大剧院建筑风格独特；常州现代传媒中心是常州最具代表性的地标建筑之一；文化广场建筑设计采用“小桥流水”等江南水乡风格。线路三：新龙生态林—江南环球港。新龙生态林具有“森林氧吧”功能，分为东部休闲密林区、核心秀水山林区、西部原始森林区三大区域；江南环球港是集“文旅娱教购”等业态为一体的商业综合体，拥有网红餐饮、港口小镇、体育健身、主题酒店等。线路四：孟河小黄山—奔牛老街。小黄山拥有“山、

8月25日，“‘新’动向北”2023首届常州咖啡文化节暨新北区美好生活文旅周启动仪式在常州创意产业园启动 （区教育局 供图）

林、田、河、潭、宕”等多样化自然资源和景观；奔牛古镇的万缘桥，老街的青砖黛瓦吊脚楼，展示这座邑西重镇的历史人文。

（常新鉴）

旅游业态

【概况】 2023年，常州国家高新区（新北区）创新旅游业态，根据不同主题和客源对象，推出街区游、农业观光游、夜间消费游、文化遗产游、工业企业游等。开展新北网红景点宣传，推荐小黄山风景区、新龙生态林、中华恐龙园、常州博物馆、雁荡河水利风景区、泰象谷、碧春湖生态湿地、新北中心公园、孟河稻田艺术观景台、傲梅园十大景点。推出4条精品旅游线路，乡村休闲游推出老西庄（市级乡村旅游重点村）、梅林村、东南村、史陈家村，工业企业游推出光大常高新环保、新博龙泉2处省工业旅游区，向游客展示企业发展和企业文化。

（区教育局 张玮）

【夜间消费游】 2023年，常州国家高新区（新北区）围绕生产、生态、生活“三生融合”，赋能文旅夜经济焕活创新。举办2023“龙虎夜里厢·探新生活季”文旅生活节，营造夜间消费新项目、新场景、新空间。新桥街道打造滨江明珠城夜市，日均客流量超2000人次，成为北部新城新晋网红打卡地。作为新北区夜间经济集聚区之一的汉江路国际风情街，形成以中式私房菜、日式料理、韩国料理、印度料理等为核心，西点、轻食、咖啡、茶饮等品类汇聚的国际美食集聚区，拥有110余家餐饮店铺，每日外卖量超5000单。江南环球港港口小镇作为国家AAA级旅游景区，网红餐饮、港口小镇、体育健身、主题酒店等为夜间消费者提供大量体验场景和社交场景，并入选2023年江苏省体育消费场景精品案例。

（常新鉴）

“五一”假期期间，汉江路营造夜间消费新项目 （区教育局 供图）

【文化遗产游】 2023年，常州国家高新区（新北区）通过“历史文化遗产（古迹）+旅游线路”等多元体验，构建丰富的非遗旅游场景。年度推出新北区十大名胜古迹游。龙珠山寺位于罗溪镇，始建于唐代，建筑气势雄伟，庭园雅致，常吸引游客朝拜和旅游观光。万佛禅寺位于春江街道，是延续800余年的佛教禅宗古寺，有悠久历史和精美建筑。九龙禅寺位于孟河镇，始建于南朝梁武帝天监年间（503—519），有1500年历史。龙泉禅寺位于三井街道，是一座历史悠久、规模宏大的佛教寺庙。修善寺位于新桥街道，是一座规模宏大的佛教寺庙，有悠久的历史和文化背景。百丈千墩禅寺位于春江街道，是一座历史悠久的佛教寺庙，以其壮观的建筑和美丽的环境闻名。东宝寺位于春江街道，是一座历史悠久的佛教寺庙，建筑风格独特。孟城古城墙遗址位于孟河镇，是一座建造于明代的古城墙遗址，城墙遗迹长25米、宽15米、高2米，是常州府抵御金兵南侵及倭寇进犯北部的重要通道和屏障。前舍庙位于春江街道，有深厚的文化积淀和精美的建筑风格。百丈楠木厅位于春江街道，是新北区传统建筑，采用古朴典雅的装修和独特的楠木结构。

【“科技一夏”工业游】 7月21日，常州市新北区“科技一夏”青少年暑期工业科普游公益活动启动。参加活动的学生参观北汽（常州）汽车有限公司、江苏普拉迪数控科技有限公司、罗溪镇公共安全体验馆以及秋白书苑罗溪馆，参与罗溪镇残疾人之家的志愿服务活动。通过科学小课堂、木趣DIY、魅力观影等活动，让学生在生产一线感受产业的发展与创新的活力，激发学生参与科普创作和实践创新的主观能动性，提升学生科学素养和实践能力。

（区教育局 张玮）

【农业观光游】 8月，西夏墅镇东南村稻田画进入观赏期，“教我如何不想她”“打造新能源之都，共建万亿之城”“幸福龙城”等稻田画吸引游客打卡观赏。新北现代农业产业园区以3棵树为艺术造型，设计建设稻田画景观平台，让游客登台远眺。“教我如何不想她”稻田画展现传统与现代交融、本土与外来对话、文明与活力并蓄的现代化都市形象；“幸福龙城”稻田画象征人们对祥和幸福和美好生活的追求与向往；“打造新能源之都，共建万亿之城”稻田画凸显常州发展新能源产业，打造万亿之城的决心和信心。西夏墅镇东南村以有机稻米种植产业为主体，采用稻鸭共作等系列有机种植模式，形成集生产、加工、销售于一体的优质稻米产业化基地。稻田画融入村民对彩稻的选育，设计师对画作图案的设计，以及工程师对水稻定点的测绘，利用透视原理和3D技术，由人工种植彩色水稻，在栽秧结束后，进行水浆管理、肥料施用、病虫草防治等田间日常管理，保障水稻秧苗健康生长，呈现具有文化艺术特色的稻田画。全年吸引2万人打卡观赏。

（西夏墅镇 张湖渊）

【民宿休闲游】 2023年，稻田理想民宿作为常州网红民宿，吸引省内外游客前来休闲娱乐，全年入住率超80%。民宿位于西夏墅镇东南村，由4栋独栋小别墅组成，西侧设有稻田咖啡厅，可以举行聚会或开展小型会议。一楼大卧室自带私家草坪；二楼前后延伸一方露台，可通风引光，欣赏稻田美景；顶楼儿童小阁楼采用原木色装饰，营造柔软舒适氛围。游客在民宿可体验做花馍馍、传统石磨豆浆、采摘草莓等传统农活，游玩“123木头人”、椪糖、拔河、坐稻田小火车等项目。民宿美食是围炉食锅，有羊蝎子锅、豆腐鲜肉锅、滋补鸡肉锅等，并配上当地家常菜，让游客品尝地方美食。

（区教育局 张玮）

旅游公共服务

【概况】 2023年，常州国家高新区（新北区）有限额以上住宿业法人企业16家，有从业人员964人。有星级酒店4家，其中五星级2家、四星级2家。星耀城等14个项目完成年度投资额17.83亿元。举办“‘新’动向北”2023首届常州咖啡文化节暨新北区美好生活文旅周活动、新龙生态林音乐节、常州首届青年潮流文化艺术周等活动，促进文旅市场全面复苏。维景国际大酒店获2023年中国最佳卓越服务酒店奖。

（区教育局 张玮）

【常州嘉宏温德姆酒店开业】 3月10日，常州嘉宏温德姆酒店开业，孟河镇政府、嘉宏集团、孟河镇商会等相关人员出席开业活动。温德姆酒店是嘉宏酒店板块布局第一站。2018年10月拿地，2019年6月综合体开工，2020年12月孟河星光城商业板块开业，商业和酒店相辅相成，为孟河镇及周边人群提供吃、喝、玩、乐、住等便捷式人居配套。温德姆酒店配有客房125间，设有宴会厅、星光吧和西餐厅，可承接高端宴请和家庭聚会。

（常新鉴）

【维景国际大酒店】 维景国际大酒店位于河海东路56号，由常州波尔曼旅游投资发展有限公司按照五星级标准投资建设，港中旅酒店有限公司经营管理。酒店占地面积1.59万平方米，建筑面积3.5万平方米。拥有客房266间（套），床位316个，员工294人。设有自助餐厅、中餐厅、日式餐厅、多功能宴会厅、会议室、健身房、游泳馆、儿童乐园、棋牌室等配套设施，并与其他企业合作温泉服务。2011年5月酒店正式对外营业，酒店餐饮打造具有常州特色的创意精品菜，形成以餐饮带动客房的独特经营模式。2020年被评为常州市放心消费示范单位、2020年度常州礼遇品牌酒店。2021年被评为江苏省放心消费先进单位和常州礼遇品牌酒店，入选2021—2022中国旅游住宿业金光奖“最佳商务酒店”。2022年被评为美团大众点评“美团人气酒店自助餐厅”，入选2022年度中国高端酒店100强。2023年被评为江苏省放心消费创建示范单位、2023年亚洲最佳商务酒店，入选2023年常州

2023年，新龙生态林音乐节　（区委宣传统战部 供图）

市旅游协会理事单位。2023年，酒店实现营业收入8300万元。

【常州富都大酒店】 常州富都大酒店位于新北区通江大道398号，是常州市首家国际品牌管理的五星级酒店。酒店拥有客房和套房368间（套）。有2300平方米宴会空间，包括1300平方米的5D全息光影大宴会厅、580平方米的钻石宴会厅以及6个会议室，可满足不同活动的场地需求。酒店设有天香楼、V Kitchen、西村日本料理、大堂酒廊及巴克斯吧酒廊5个餐厅酒廊。天香楼中餐厅拥有300余个座位及25间贵宾厅，集创意淮扬菜、粤菜、常州家常菜等各式珍馔美味；V Kitchen引进A La Buffet概念，实现在一个时尚高雅的环境中品味米其林级的厨艺与食材；西村日本料理专注寿司和刺身，为住客烹制纯正和风料理；大堂酒廊及巴克斯吧酒廊备有各式小点及饮料，供客人休闲聚会。2023年，酒店实现营业收入6300万元。

【奥体明都国际饭店】 常州富都大酒店位于龙锦路1261号，是由常州晋陵投资集团有限公司投资建造的四星级豪华运动型饭店。饭店占地面积7223.8平方米，建筑面积2.32万平方米，主楼高12层，登顶可俯瞰全区城市风貌。饭店拥有现代豪华客房202间（套），所有房间配备宽带接口、液晶电视、迷你吧、保险柜、中央空调等。特设行政楼层，提供商旅服务。奥体明都国际饭店打造“亲情服务”品牌，深化“亲情服务”382条细则，为宾客提供“满意 + 惊喜”的服务。2023年，酒店实现营业收入5025.08万元。

【丽亭酒店】 常州丽亭酒店位于通江中路599号，是丽笙酒店集团（Radisson Hotel Group）旗下的四星级酒店，酒店占地面积1.11万平方米，建设面积2.66万平方米，集餐饮、客房、会务、休闲于一体，拥有客房261间，设有咖啡厅、行政酒廊、中餐厅、自助西餐厅以及多个不同风格的会议室和多功能厅，为客人提供多种美食体验和活动空间，承办各种风格的大型宴会和会议服务。酒店设施完善，Wi-Fi（移动热线）全覆盖，有停车位200个。酒店倡导“拳朴、知心、雅致”的居住体验，秉持“懂你的”服务理念，提供艺术化服务。2023年，酒店实现营业收入2790万元。

（区教育局 张玮）

旅游管理

【概况】 2023年，常州国家高新区（新北区）围绕文旅场所消防安全、特种设备安全、燃气电气安全、建筑安全、规章制度等对全区A级景区、星级宾馆、文保单位、网吧、KTV、健身场馆及其他娱乐场所开展安全检查。对发现的问题隐患提出具体整改措施和要求，并督促场所整改到位，形成闭环。开展新北区文体旅行业消防安全培训暨文保单位消防演练，制定《新北区大型游乐设施使用单位深度安全体检工作方案》，全面诊断大型游乐设施使用单位在安全管理和设备管理等方面的问题，排查消除安全风险隐患。强化剧本娱乐经营场所管理，完成全区16家剧本娱乐经营场所的备案工作，组织开展剧本娱乐经营场所安全隐患检查专项行动，重点对密室逃脱场所“一键开锁”“一键开灯”功能进行现场测试和检查。全年处置各类行业投诉1800余起。

【“中秋、国庆”节前安全检查】 9月19日，常州国家高新区（新北区）联合市文化广电旅游局等部门，对全区文体旅行业开展中秋、国庆节假期前安全生产专项检查。检查组到维景国际大酒店、中华恐龙园、江南环球港世界港口小镇、江南环球港古堡密室逃脱、梦的妮KTV、云汐电竞网吧、春江街道楠木厅等场所开展检查。重点围绕场所内消控室、厨房间、摩天轮、水上游乐设施等重点部位及消防设施、特种设备的维保情况进行现场检查，检查场所消防应急通道、紧急出口是否畅通，消防器材是否配备齐全和正常使用，水上游乐项目安全措施是否到位等。针对检查中发现的问题隐患进行反馈，明确整改要求，责令立即整改到位。

（区教育局 张玮）

建筑业

建筑业发展

【概况】 2023年，常州国家高新区（新北区）完成建筑业总产值252.53亿元，比上年（下同）增长37.29%。办理工程项目施工类发包317个标段，建筑面积590.72万平方米，合同价147.75亿元。其中，招投标项目104个标段，建筑面积207.81万平方米，中标价88.47亿元。至年末，全区有建筑企业536家，其中总承包一级资质企业17家、总承包二级资质企业38家、专业承包一级资质企业36家。年内，引进优质施工总承包一级企业4家（江苏晋陵建设发展有限公司、江苏南钧建设发展有限公司、江苏八达路桥有限公司、常州中航港建设工程有限公司）、专业承包一级企业钢构建设1家，培育常州达辉建设有限公司晋升施工总承包一级；获2022年度江苏省优质工程奖“扬子杯”项目7项，2022年度常州市优质工程奖“金龙杯”22项；获2023年度江苏省建筑施工标准化星级工地30项。

表44 常州国家高新区（新北区）获2022年度江苏省优质工程奖“扬子杯”项目一览表

序号	工程名称	申报单位	参建单位	项目性质
1	高新区商会大厦项目	江苏竣翔建设发展有限公司	江苏环亚医用科技集团股份有限公司	房建工程项目
2	星港大道（K0+000—K4+054.067）市政工程	江苏金坛市政建设有限公司、常州市东南交通建设工程集团有限公司	—	市政工程项目
3	三江口公园与绿化工程项目一期市政工程	常州黑牡丹建设投资有限公司	常州市东南交通建设工程集团有限公司、常州景轩园林建设工程有限公司	园林工程项目
4	新阳科技集团总部大厦项目幕墙门窗、室内装饰装修工程	江苏后肖幕墙装饰有限公司、江苏常装建设集团有限公司	—	装饰专业项目
5	科创水镇一期项目（1#楼~13#楼、地下车库）安装工程	江苏天目建设集团有限公司	—	安装专业项目
6	高新智汇中心机电安装工程	江苏天目建设集团有限公司	—	安装专业项目
7	生产厂房、综合楼、动力站、废水处理站、库房、化学品库、门卫、液氮罐区、事故池、雨水提升池、污水提升池（常州锦创电子）（安装工程）	江苏新有建设集团有限公司	—	安装专业项目

表 45　常州国家高新区（新北区）获 2022 年度常州市优质工程奖“金龙杯”项目一览表

序号	工程名称	申报单位	建设单位	参建单位
1	常州市新北区太湖东路以南惠山路西侧（GX080611）地块项目商办楼	江苏晋陵建设发展有限公司	常州市晋陵投资集团有限公司	江苏新有建设集团有限公司、常州晟昊建设工程有限公司
2	常州高新区（新北区）“两馆两中心”	江苏无锡二建建设集团有限公司	常州黑牡丹置业有限公司	江苏新有建设集团有限公司、江苏晶象建设工程有限公司、上海世家装饰实业股份有限公司、常州中泰装饰工程有限公司、江苏丰浩建设工程有限公司
3	常州市新北区新龙实验学校新建项目（教学综合楼、体育后勤楼、地下车库、门卫）	江苏武进建工集团有限公司	常州市新北区新龙实验学校	江苏华淳建设工程有限公司
4	奔牛镇金牛里小区北区工程（1#～15#，小区变一、三、四、五，门卫一、二、三，地下车库）	江苏华宇建设有限公司	江苏协新建设发展有限公司	—
5	奔牛镇金牛里小区南区工程（1#～13#、小区变一～四、门卫一、地下车库）	江苏华宇建设有限公司	江苏协新建设发展有限公司	—
6	常州世茂广场商业二期项目（D1、D2、D3、C5、C6、地下车库）	江苏成章建设集团有限公司	常州世茂新城房地产开发有限公司	—
7	常州市高技能人才公共实训基地二期工程（实训用房一、实训用房三、实训用房四、实训大楼、办公楼、地下车库、门卫一、门卫二、门卫三）	江苏溧阳城建集团有限公司	江苏省常州技师学院	—
8	常州市新北区龙城中学食堂及体育馆、教学楼、综合楼1#及地下室、综合楼2#、综合楼3#、综合楼4#、看台	江苏金坛建工集团有限公司	常州市新北区龙城初级中学	江苏环亚医用科技集团股份有限公司
9	常州市新北泰山路以东珠江路南侧地块项目4#、8#、9#、10#、12#、15#小区变、地下车库（二期）	江苏成章建设集团有限公司	常州新北金晟置业有限公司	—
10	常州市新北区巫山路东侧珠江路北侧地块［2#、5#～7#、10#、11#、15#～17#房、1#～2#商业、2#～3#配套楼、2#配电房、1#门卫、1#地下车库（A至N轴交53线以西，N轴至DD轴交47线以西）］	江苏成章建设集团有限公司	常州市嘉信置业有限公司	—

续表 45

序号	工程名称	申报单位	建设单位	参建单位
11	新龙活力广场地下空间民防工程	金土地建设集团有限公司	常州市新北区人民防空办公室	—
12	新北区百馨西苑五期保障性安居工程二标段［1#房～8#房、1#门卫、1#终端变、2#终端变、3#终端变、二标段地下车库（1-18/PA轴以南及18-44/BB轴以南地下室）］	常嘉建设集团有限公司	常州黑牡丹置业有限公司	江苏丰浩建设工程有限公司、常州富如建筑科技有限公司
13	年产高精密多层板、高密度互连积层板120万平方米建设项目	常州市华中建筑工程有限公司	常州澳泓电子股份有限公司	江苏奥翰建设工程有限公司
14	常州市新北区龙汇路东侧太湖东路以南地块项目（1#～3#、5#～14#、15#小区变、16#小区变、17#～25#及地下车库）	常州第一建筑集团有限公司	常州嘉宏新北置业发展有限公司	浙江军天建筑装饰工程有限公司、常州市恒盛建筑装饰工程有限公司
15	新北区百馨西苑五期保障性安居工程一标段［9#房～15#房、30#房、31#房、32#房、3#门卫、4#终端变、5#终端变、1#中间变、2#中间变、一标段地下车库（1-18/PA轴以北及18-44/BB轴以北地下室）］	常嘉建设集团有限公司	常州黑牡丹置业有限公司	江苏丰浩建设工程有限公司、常州富如建筑科技有限公司
16	新北区百馨西苑五期保障性安居工程四标段［16#、17#、19#、20#、22#、24#、27#、33#、34#房，2#、4#门卫，6#、8#、9#终端变、3#、4#中间变，四标段地下车库（45-61/GB轴以北及17-59/GB轴以南地下室）］	常州第一建筑集团有限公司	常州黑牡丹置业有限公司	—
17	综合楼、质检楼、1#～3#车间、5#～6#车间、公用工程车间、1#～3#仓库、5#～6#仓库、1～2#门卫工程施工总承包	常州市恒润建筑安装工程有限公司	常州强力光电材料有限公司	—
18	新北区百馨西苑五期保障性安居工程三标段［18#房、21#房、23#房、25#房、26#房、28#房、29#房、7#终端变、10#终端变、三标段地下车库（1-45/GB轴以北及1-17/GB轴以南地下室）］	江苏城东建设工程有限公司	常州黑牡丹置业有限公司	—
19	常州市新北区碧春路南侧、政泰路以西、龙城大道以北地块开发项目四标段［11#、12#、14#、15#、16#门卫、地下车库（BC/BA轴交42/47轴交BJ/BH轴以北、BV/BS轴交22/24轴交CP/CN轴以西）］	江苏溧阳建设集团有限公司	常州黑牡丹置业有限公司	—

续表 45

序号	工程名称	申报单位	建设单位	参建单位
20	百兴教育孵化基地（1#楼、地下室）	晟唐伟业建设集团有限公司	常州市华东房地产开发有限公司	—
21	孟河镇兴镇中路以南S239以西地块项目（3#、5#楼）	常州第一建筑集团有限公司	常州嘉宏北城置业发展有限公司	—
22	新建二期厂房及配套服务项目服务中心	常州明大建设工程有限公司	平谦现代产业园（常州）有限公司	—

表 46　常州国家高新区（新北区）获 2023 年度江苏省建筑施工标准化星级工地一览表

序号	工程名称	建设单位	建筑面积（平方米）	工程造价（万元）	开竣工日期
1	科创水镇三期新建项目（1#办公楼、2#办公楼、3#办公楼、4#办公楼、5#办公楼、6#楼、地下车库）	常州国平实业投资有限公司	87213	36965.45	2022.4.22—2024.10.30
2	薛冶路以西、瀛平路北侧（JZX20210504）地块开发项目（薛家文体中心）	常州市晋陵投资集团有限公司	59160	26646	2021.9.29—2023.3.28
3	常州工学院二期（1）建设工程项目	常州工学院	161909	62996.86	2022.7.16—2024.4.18
4	常州市新北区薛家中学易地新建项目（1#、2#、3#、4#、地下室）	常州市新北区薛家镇人民政府	64813	27693.5	2022.3.16—2024.10.30
5	常州市新北区滨江幼儿园项目（幼儿园、门卫、用户变）	江苏常州滨江经济开发区管理委员会	11602	4650.97	2022.4.29—2023.5.20
6	商用车关键零部件建设项目（倒班楼）	北汽重型汽车有限公司	13767	3925.69	2022.5.6—2022.12.30
7	美林湖花园开发项目（02地块）二期25#、26#、地下车库（二期）	常州市美林江南置业有限公司	27706.11	6689.78	2022.1.27—2023.3.28
8	绿都万和城06地块6（8#、9#、10#、11#、17#、18#、19#、地下车库）绿都万和城07地块（B-1#楼、B-2#楼、地下车库）	常州绿都房地产有限公司	241944	94136.85	2021.3.31—2024.4.15
9	新建一期厂房及配套服务项目B2厂房	平谦现代产业园（常州）有限公司	32371	5606.71	2020.9.30—2021.11.30
10	常州市新北区三井第二实验小学新建项目教学楼1、综合楼（C区）、综合楼（A、B区）、教学楼2、体育馆、门卫、地下车库	常州市新北区三井第二实验小学	63432	22949.33	2022.2.28—2023.8.30

续表 46

序号	工程名称	建设单位	建筑面积（平方米）	工程造价（万元）	开竣工日期
11	常州市新北区汉江路以南泰山路以东地块开发项目［1#～3#、5#～9#、25#小区变、26#小区变、地下车库（二期）］（龙辰壹号）	常州金阖诚置业有限公司	99179	19309.91	2021.8.5—2024.2.10
12	绿都万和城09地块（北侧）（3#、5#、6#、7#、12#、13#、14#、15#、16#、S-1#、地下车库）	常州绿都房地产有限公司	200850	78064.37	2021.3.31—2024.6.30
13	黄河中路以南衡山路以西地块开发项目（1-8幢、10幢、1-2幢小区变、4-1幢、7-1幢中间变、一期地下车库）设计、采购、施工总承包（EPC一体化）	常州常旭房地产发展有限公司	94884	36641.8	2022.2.8—2023.7.28
14	常州富都大酒店有限公司装修改造项目装修工程	常州富都大酒店有限公司	—	2997.51	2022.6.1—2023.4.10
15	常州恒泰第一工园生命科技港项目（车间A-1～车间A-16、车间B-1～车间B-5、1#用户变、门卫、综合楼）	常州恒泰常星生命科技产业发展有限公司	74386	17186.55	2022.3.3—2023.6.1
16	奔牛镇初级中学易地新建项目（教学楼、综合楼、食堂、体育馆、宿舍、门卫、地下车库）	江苏协新建设发展有限公司	55692	25838.11	2022.6.25—2024.5.13
17	常州市新北区罗溪碧春湖幼儿园项目（幼儿园）	常州市新北区罗溪镇人民政府	16038	6883.94	2022.9.3—2023.7.5
18	常州市长江生态优先绿色发展示范区建设三期项目—滨开区科创港（车间一、展示中心、检测中心、变配电间、控制中心、门卫、地下车库）	江苏常州滨江经济开发区管理委员会	23440	10099.31	2022.9.30—2024.7.15
19	联东U谷常州国际智慧谷项目1#-18#、20#厂房、地下车库	常州联东骄拓实业发展有限公司	81488	11000	2022.10.17—2024.4.30
20	滨江创智企业港项目（1#配套楼、2#厂房、3#厂房、4#厂房、5#厂房、门卫1、门卫2）	常州上荣科技服务有限公司	40013	8854.53	2022.11.9—2024.2.10
21	环保降解母料及其他塑料色母料生产项目（仓库一、仓库二）	江苏普莱克红梅色母料股份有限公司	18035	2288	2022.11.17—2023.7.30
22	常州市新北区奔牛镇兴奔路以东、心池路南侧地块开发项目1#～9#、3-1#开闭所、地下车库	常州玺盛置业发展	116583	18142.63	2022.2.26—2024.9.30

续表 46

序号	工程名称	建设单位	建筑面积（平方米）	工程造价（万元）	开竣工日期
23	智能物联网电源项目1#车间、2#车间辅房、3#门卫	常州市巨泰电子有限公司	56604	8836.88	2022.11.11—2023.12.30
24	常州齐梁项目管理有限公司新建厂房项目1#厂房、2#厂房、3#厂房、5#门卫	常州齐梁项目管理有限公司	51887	11955	2022.12.1—2024.1.30
25	常州创智大厦建设工程项目创智大厦	常州堇方建设发展有限公司	61062	24326.72	2021.9.18—2023.9.10
26	港区西路东侧、东海路以南地块保障性安居工程一标段［11#楼～13#楼、13-1#门卫、16#楼、17#楼、17-1#楼开闭所、小区变、20#楼、21#楼、地下车库（R2-30轴以西C区人防、32轴以西2-C轴线以北非人防地库）］（百馨西苑六期一标）	常州润程置业有限公司	124452	25998.68	2022.7.18—2024.5.16
27	港区西路东侧、东海路以南地块保障性安居工程二标段（5#楼、9#楼、10#楼、14#楼、15#楼、18#楼、19#楼、5-1#楼开闭所、14-1#楼小区变、15-1#楼小区变、地下车库（R2-30轴以东C区人防、32轴以东2-C轴线以北非人防地库）（百馨西苑六期二标）	常州润程置业有限公司	125938	25082.69	2022.7.18—2024.5.16
28	港区西路东侧、东海路以南地块保障性安居工程三标段［1#～4#楼、6#～8#楼、2-1#门卫、2-2#便利店、4-1#楼小区变、6-1#楼小区变、8-1#楼小区变、地下车库（A区人防、32轴以西2-C轴线以南非人防地库、商业人防地库）］（百馨西苑六期三标）	常州润程置业有限公司	123171	25988	2022.7.18—2024.5.16
29	新型金属复合材料生产项目1#车间、辅房、1#门卫、2#门卫	江苏瑞邦复合材料科技有限公司	26921	5800	2023.3.20—2024.3.30
30	常州市新北区奔牛镇府北路以南、星月路以西、迎宾路以北地块1#、2#、地下室	江苏华宇建设有限公司	21192	8777.99	2021.7.1—2022.1.10

说明：除常州富都大酒店有限公司装修改造项目装修工程专业类别为装饰装修外，其余项目专业类别均为房建。

【建筑业高质量发展】 5月，常州国家高新区（新北区）召开全区2023年度建筑业高质量发展大会，贯彻《促进新北区建筑业高质量发展三年行动计划的实施意见》文件要求，区政府表彰2022年度建筑业企业先进集体。召开建筑企业座谈会，实地走访建筑工地，提振建筑业发展信心与使命。践行创新、协调、绿色、开放、共享新发展理念，实施“重点企业库”制度，鼓励建筑企业争先进位，支持骨干企业参与高铁新城、交通中轴、老小区改造、人才公寓等项目建设，推进EPC（工程总承包）招标模式及评定分离评标办法，逐步提高施工占比。引进优质建筑业企业落户新北区，出台协税护税工作机制，建立完善施工总承包企业诚信体系，成立矛盾纠纷多元化解工作平台，严厉打击私刻公章、恶意欠薪、串标围标等行为，打造竞争有序的市场环境。全年新增竣工绿色建筑215.77万平方米，科创水镇三期新建项目被评为省级绿色建筑品质提升示范项目，星耀城绿色建造示范项目接受部、省、市各级观摩。

资料链接

2022年度常州国家高新区（新北区）建筑业先进集体表彰名单

一、2022年度建筑标兵企业

1. 江苏环亚医用科技集团股份有限公司
2. 江苏常鑫路桥集团有限公司

二、2022年度建筑贡献之星

1. 江苏筑森建筑设计有限公司
2. 江苏浩森建筑设计有限公司
3. 常州市通润建设工程有限公司
4. 江苏常鑫路桥集团有限公司
5. 江苏环亚医用科技集团股份有限公司
6. 常州南天建设集团有限公司
7. 江苏华宇建设有限公司

三、2022年度开拓创新企业

1. 江苏常鑫路桥集团有限公司
2. 江苏环亚医用科技集团股份有限公司
3. 常富建设集团有限公司
4. 江苏常装建设集团有限公司
5. 江苏益豪建设有限公司
6. 江苏天马万象建设集团有限公司
7. 江苏河海新能源股份有限公司
8. 常州南天建设集团有限公司
9. 常州市圩塘建筑工程有限公司
10. 江苏丰浩建设工程有限公司

四、2022年度优秀落户企业

1. 中建七局（江苏）建设有限公司
2. 宏筑国际建筑工程规划设计有限公司

五、2022年度优秀建设项目

1. 常州工学院产教融合发展项目B4-2
   建设单位：常州工学院
2. 常州工学院产教融合发展项目实训楼01
   建设单位：常州工学院
3. 新龙生态林二期工程项目景观绿化工程一标段
   建设单位：常州龙城生态建设集团有限公司

9月26—27日，省绿色建造试点观摩会在常州召开。图为星耀城观摩现场（区住建局 供图）

【高新区与中建七局签署战略合作协议】 8月16日，常州国家高新区（新北区）与中国建筑第七工程局有限公司（简称中建七局）签订战略合作协议，双方将开展合作加速区域基础设施建设、新型城镇化建设，合力推进建筑业及城市建设高质量发展。中建七局隶属于中国建筑集团有限公司，是中国建筑旗下和河南省建筑行业首家“三特三甲”［建筑工程施工总承包特级（即设计甲级）、市政公用工程施工总承包特级（即设计甲级）、公路工程施工总承包特级（即设计甲级）］资质企业，集设计施工于一体，具有机电工程施工总承包一级资质，桥梁、装饰、钢结构、公路路基、地基与基础工程专业承包一级资质。其在常州国家高新区设立的中建七局（江苏）建设有限公司，具备市政公用工程施工总承包一级资质和建筑工程施工总承包二级资质。中建七局将与本地建筑企业、地方国有企业等开展项目合作，与辖区内建筑业骨干企业建立战略合作关系，通过政府和社会资本合作（PPP）、融投资、工程总承包（EPC）、地产合作、城市综合开发等模式参与城市建设。

（区住建局 姚佳）

建筑施工

【概况】 2023年，常州国家高新区（新北区）新开工项目（标段）数284个，比上年（下同）增长13.15%；新开工面积520.38万平方米，下降1.4%；竣工项目（标段）数265个，增长6.4%；竣工面积619.27万平方米，下降6.9%。年内，全区受监工程（含水利和交通工程）项目510项，建筑面积1480.59万平方米，总造价509.71亿元；其中，新受监工程项目284个，在建项目建筑面积520.38万平方米。全年竣工验收工程265项，竣工总面积619.27万平方米。

（区住建局 钱安亮）

【建筑市场布局】 2023年，常州国家高新区（新北区）建筑业企业市内完成建筑业产值144.71亿元，增长53.95%，占总产值的57.31%。全区建筑业企业市外完成建筑业施工产值107.82亿元，增长19.88%。其中，省内市外完成建筑业施工产值43.01亿元，增长9.36%，占总产值比重17.03%，主要集中在盐城市、宿迁市、无锡市、南京市；省外建筑业施工产值64.81亿元，增长28.06%，占总产值的25.66%，主要集中在安徽省、浙江省、山东省、湖北省等地。

（区住建局 钱安亮 洪丹）

【建筑从业人员】 至2023年年末，常州国家高新区（新北区）有建筑业期末从业人员数4.36万人，增长31.22%。全区建筑企业全年直接从事生产经营活动的平均人数10.27万人，增长9.74%；建筑企业按总产值计算的劳动生产率24.56万元/人，增长165%；建筑企业人均竣工产值22.14万元，增长64.73%；建筑企业人均施工面积203平方米，增长6.8%。

（区住建局 钱安亮）

【建筑业企业和资质】 2023年，常州国家高新区（新北区）有建筑业企业536家，新增63家；总承包企业143家，专业承包企业286家，劳务企业107家。在143家施工总承包序列中，一级17家、二级38家、三级88家；在286家专业承包序列中，一级36家、二级181家、三级37家、不分等级32家；全区引进总承包一级企业4家，分别为江苏南钧建设发展有限公司、江苏八达路桥有限公司、江苏晋陵建设发展有限公司、常州中航港建设工程有限公司。

【建筑业创优争先】 2023年，常州国家高新区（新北区）建筑企业建筑业完成产值252.53亿元，增长37.29%。产值超亿元的有47家，其中超10亿元2家、5亿～10亿元7家、1亿～5亿元38家。企业签订合同总额702.44亿元，增长18.44%。当年新签合同额223.34亿元，增长75.87%。全年建设行业获省级及以上荣誉70项。其中，获2022年度江苏省优质工程奖“扬子杯”7项、江苏省建筑施工标准化星级工地14项、中国建筑工程装饰奖2项，江苏达实久信医疗科技有限公司参建的中国福利会国际和平妇幼保健院奉贤院区工程获2023年度中国建设工程鲁班奖（国家优质工程）。获市级荣誉79项。其中，获2023年常州市优质结构工程15项、2022年度常州市优质工程奖“金龙杯”22项、2022年常州市建筑工程市级标准化示范工地7个，获工法和专利69项。

（区住建局 洪丹）

建筑行业管理

【招投标管理】 2023年，常州国家高新区（新北区）完成施工项目发包317个标段，合同价147.75亿元。其中，直接发包213个标段，公开招标104个标段，节约资金17.71亿元。规范招标投标行为。依法落实招标人自主权，主管部门不再审核招标公告、招标文件，改为事中、事后监管。区住建局配合市住建局开展依法必须招标的房屋建筑和市政基础项目常态化检查，检查建筑项目23个，对存在问题的工程招标代理机构进行通报处理。开展2022年度在区内承接代理业务的27家招标代理机构专项检查，根据检查结果对4家代理机构实施通报处理。开展工程建设招标投标领域突出问题专项整治，按不低于20%的比例抽查全区2023年度1—11月公开招标项目，未发现违法违规问题。区住建局与区财政局、区行政审批局开展零星工程项目检查，按12%的比例随机抽查上报实施的464个零星工程项目。开展招投标专项培训2次，组织相关招投标监管人员参加省招标投标条例培训2次，培训300人次。与常州市公共资源交易中心重新梳理印发《建设工程招标投标文件汇编》。推行全流程不见面开标模式，全年“不见面”开标率100%。18个项目采用工程总承包（EPC）招标模式及评定分离评标办法。

【招投标领域环境优化】 2023年，常州国家高新区（新北区）开展长三角远程异地评标工作，服务长三角远程异地评标57场，服务时长353.04小时，服务专家153人。清理退还历史沉淀投标保证金18笔，计269.7万元。减轻建筑业企业投标成本，按照《常州市工程建设投标保证金信用承诺运行管理办法（试行）》，在政府投资市政项目中试行免收投标保证金，国有企业项目由招标人自主选择是否采用信用承诺替代投标保证金。年内，开标项目使用免收投标保证金6项，免保金额1.76亿元；使用保证金信用承诺15项，替代投标保证金金额2.54亿元。对常州奔牛国际机场航站区改扩建工程、长三角一体化—新北泰兴跨江联动快速连接建设项目监理等省、市重点项目开展优质服务活动。

（区住建局 唐云峰）

【建筑施工安全管理】 2023年，常州国家高新区（新北区）围绕危大工程监督管理，依托“省安管”平台实时全面掌控危大工程状态，规范超危工程专家评审、现场检查程序，按照监督计划对超危工程实施监管全覆盖。全年完成季度安全检查4次，涵盖复工、深基坑、起重机械、施工消防、高处作业等专项检查。推进施工标准化，开展安全生产月系列活动，落实日常安全生产监管，加大安全生产隐患查处力度。至年末，开展执法检查1177次，开具整改意见书706份，完成隐患整改4608条，约谈安全生产项目7个，移送安全生产违法违规案件14件，申请行政处罚项目14个，扣除企业信用分22家。全年完成智慧工地创建32个，其中市政工程项目4个，实现政府投资规模以上、市级及以上标化工地创建智慧工地全覆盖。智慧工地项目端3.0平台、监管端2.0平台以及智安监App完成上线。

（区住建局 李佳）

【建筑业市场管理和信用建设】 2023年，区住建局加强建筑业企业信用信息管理，为129家建筑业企业办理市级年度《建筑业企业信用手册》，在市

9月18日，三井阳光工业园拆房工地现场　　（区住建局 供图）

级信用平台上对25家建筑业企业实行不良行为记录，打击建筑市场“三包一靠”（分包、转包、内包和挂靠）违法行为，对涉嫌违法违规的项目责任主体立案调查，对管理不到位企业进行安全生产约谈，多措并举确保全区建筑业市场处于可控状态。全年组织开展新北区建筑市场综合大检查2次，为建筑业企业主体信用分采集提供依据。组织开展新北区2023年建筑工程市场行为专项检查2次，抽查在建项目29个，出具整改意见书12份。组织开展新北区2023年度打击建筑工程发包与承包违法行为夏季专项行动，对70个在建工程项目进行全覆盖检查，发出限期整改通知书19份。

（区住建局 董鑫 谢全钧）

【建设工程质量安全综合监管】 2023年，常州国家高新区（新北区）加快综合监管试点成果转化。至年末，监督工业、住宅、公建等项目19项，累计开展综合监督抽查94次，出具监督抽查记录95份，对相关单位和人员诫勉谈话1次，移送行政处罚案件2件，试点项目工程质量和安全生产状况总体良好。综合监管试点小组突出日常抽（巡）查随机性，建立符合区情的综合监督模式。创新特色监管，扶持创优项目，优化监管流程，服务重大项目，落实“拿证即开工”“竣备即发证”，开展重大产业项目“桩基先行”服务，提高项目服务效率和水平，保障项目有序推进。

（区住建局 李佳）

【消防设计审查验收】 2023年，常州国家高新区（新北区）办理特殊建设工程消防设计审查55件、特殊建设工程消防验收57件、建设工程消防验收备案抽查223件。组织开展易燃易爆项目专家评审24场次，实施行政处罚案件6件，罚款14.4万元。其中，涉及责令停止施工、停止使用或者停产停业的行政执法案件3件，核查办理举报投诉案件37件。消防行政审批和执法类案件未受到行政诉讼和行政复议。

（区住建局 严珍）

房地产业

房地产开发与销售

【房地产开发】 2023年，常州国家高新区（新北区）房地产市场在经济与政策动力的双重作用之下，调整态势未改，整体市场运行尤其是成交价格始终保持稳定平稳。全年房地产开工总面积85.75万平方米，比上年（下同）下降57.66%，批准商品房预售面积116.33万平方米，下降12.53%，其中批准商品住房面积92.07万平方米，上涨18.92%。年内，.全区出具16宗拟上市经营性用地的房地产开发项目建设条件意见书，办理6个开发项目95.42万平方米公建配套建设计划审查，完成30个项目（批次）253.33万平方米商品房公建配套验收及交付使用备案，面积增加17.6%。

（区住建局 杨凯）

【商品房销售】 2023年，常州国家高新区（新北区）销售商品房面积76.93万平方米，下降25.65%，其中商品住房面积43.81万平方米，下降18.36%。全年商品房销售均价13236元/平方米，上涨2.75%，其中商品住房均价19429元/平方米，下降1.25%。全年成交商品住房3198套，面积43.81万平方米，下降18.36%。商品住房面积以100～144平方米/套户型为主，多为三四居室改善性住房；单价集中在1万～3万元/平方米，房屋成交总价范围以100万～400万元/套为主。至年末，全区商品房可售余量369.87万平方米，其中住房可售余量153.66万平方米，上涨46.13%。

（区住建局 邵平 曾红雨）

单位：万平方米

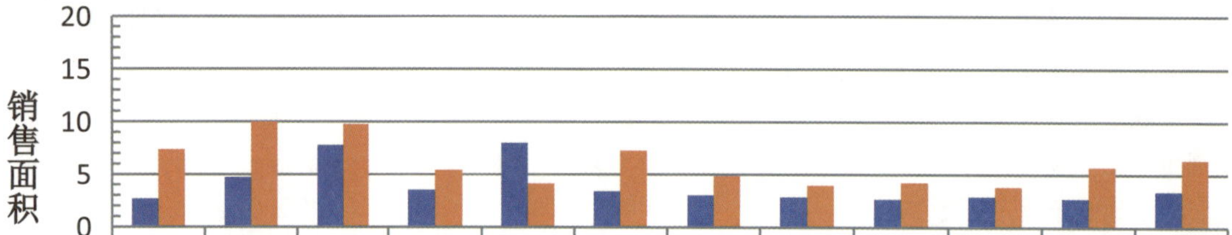

	一月	二月	三月	四月	五月	六月	七月	八月	九月	十月	十一月	十二月
■商品住房	2.68	4.70	7.78	3.52	4.13	3.40	3.04	2.87	2.67	2.91	2.71	3.40
■商品房	7.38	9.99	9.76	5.45	8.00	7.30	4.86	3.98	4.24	3.84	5.71	6.42

2023年常州国家高新区（新北区）商品住房和商品房月度销售面积统计图

单位：元 / 平方米

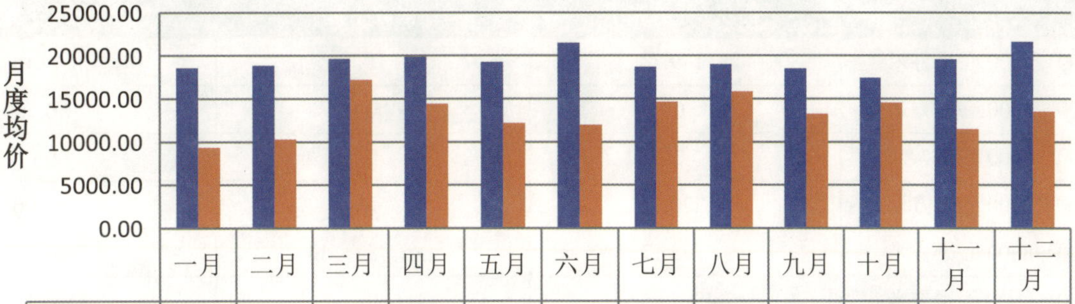

	一月	二月	三月	四月	五月	六月	七月	八月	九月	十月	十一月	十二月
商品住房	18565	18841	19623	19853	19241	21461	18680	18993	18494	17423	19560	21628
商品房	9365	10310	17193	14425	12198	11991	14647	15847	13267	14557	11503	13525

2023 年常州国家高新区（新北区）商品住房和商品房月度销售价格统计图

表 47　2023 年常州国家高新区（新北区）商品住房销售排行统计表

序号	项目名称	销售面积（平方米）	销售数（套）	销售均价（元 / 平方米）
1	美林湖花园	52311.12	433	14489.14
2	璟尚雅宸园	46770.52	300	17590.02
3	星耀雅苑	42723.37	346	19141.41
4	泱境雅园	39312.34	233	31504 .11
5	天汇花园	32693.75	227	23572.94
6	春风雅园	30269.00	291	12035.31
7	港湾花园	27208.97	166	23999.23
8	国色风华园	23009.62	103	35067.06
9	澎湃雅园	21707.75	199	13258.09
10	风华瓴著花园	20620.20	133	24646.03

表 48　2023 年常州国家高新区（新北区）不同面积段商品住房销售情况统计表

分类	面积（平方米）	销售数（套）	均价（元 / 平方米）
60～80平方米	505.45	7	9917.50
80～90平方米	21580.29	244	12456.04
90～100平方米	34549.50	355	14235.10
100～120平方米	60459.82	545	14263.16
120～144平方米	177520.37	1308	18242.20
144～180平方米	72966.71	444	23337.91
180～250平方米	41014.69	204	30020.79
>250平方米	29549.28	91	24105.94
合计	438146.11	3198	19429.23

表49 2023年常州国家高新区（新北区）不同单价段商品住房销售情况统计表

分类	面积（平方米）	销售数（套）	均价（元/平方米）
3000～4000元/平方米	149.78	1	3049.14
4000～5000元/平方米	0	0	0
5000～6000元/平方米	0	0	0
6000～7000元/平方米	770.27	5	6797.96
7000～8000元/平方米	723.17	3	7466.39
8000～9000元/平方米	4994.83	26	8502.11
9000～10000元/平方米	10847.67	84	9466.54
10000～12000元/平方米	38910.26	359	11181.79
12000～15000元/平方米	99854.77	881	13385.62
15000～20000元/平方米	109964.94	808	17715.80
20000～25000元/平方米	85020.32	562	22609.92
25000～30000元/平方米	37857.85	225	27418.83
>30000元/平方米	49052.25	244	34176.82
合计	438146.11	3198	19429.23

表50 2023年常州国家高新区（新北区）不同总价段商品住房销售情况统计表

分类	面积（平方米）	销售数（套）	均价（元/平方米）
40～50万元	149.78	1	3049.14
50～60万元	134.70	2	8795.84
60～70万元	211.13	3	9236.02
70～80万元	1035.42	11	8016.72
80～90万元	931.39	10	9224.06
90～100万元	5537.95	60	10405.15
100～120万元	27768.10	285	11303.67
120～150万元	54225.41	516	12735.53
150～180万元	52868.13	437	13668.97
180～210万元	26662.93	212	15623.10
210～250万元	42777.04	312	16962.90
250～300万元	58535.67	391	18309.93
300～350万元	53884.89	374	22462.12
350～400万元	19697.29	121	23073.48
400万元以上	93726.28	463	30181.43
合计	438146.11	3198	19429.23

（区住建局 曾红雨）

房地产市场监管

【房地产市场风险防控】 2023年，常州国家高新区（新北区）关注房地产市场的发展和变化，梳理全区商品房交付矛盾，查找问题根源，化解交付和“双欠”（拖欠工程款和拖欠农民工工资）等矛盾风险。坚持全过程监督管理，保障精装品质和地库质量，促进房地产市场和社会秩序稳定向好。推进落实国家“三保”（保交楼、保民生、保稳定）工作，强化预售资金监管，确保项目交付；加强托管资金监管，托管部分全部用于工程建设，并逐步采取定向支付方式；化解重点项目风险，提前介入、常态化督促璟尚雅辰、绿地名墩道、风华瓴著、环球港湾等重点关注项目，针对建设过程中的问题精准施策，及时化解项目以及业主信访等风险。

（区住建局 杨凯）

【预售资金监管】 2023年，区住建局继续执行《常州市商品房预售资金监管实施办法》，加强商品房预售资金监管，规范商品房预售监管资金节点释放和用途审核权限，对部分有交付风险的项目提前介入、严格监管。全年审批预售楼幢节点变更及资金使用213批次，释放监管资金32995.26万元。至年末，全区有10个项目采用不同等级风险管控，其中风华瓴著和港湾花园2个项目启动应急响应机制，确保预售托管资金用于项目建设，避免出现资金挪用、“烂尾”等情况。

（区住建局 邵平）

【既有建筑（自建房）安全隐患排查】 2023年，常州国家高新区（新北区）完成年度既有建筑隐患整治目标任务25栋。2021年，全区排查既有建筑3.29万栋，面积9200万平方米；排查出隐患建筑131栋，面积21.3万平方米（排查工作自2021年开始）；整治计划分2022—2024三年实施。至2023年年末，全区排查自建房13.75万栋，面积2623万平方米，其中经营性自建房8472栋，排查出隐患房屋170栋，完成整治销号157栋（其中6栋存在安全隐患的经营性自建房均完成整治）。

（区住建局 金一敏）

改造后的孟河镇富民欣园 （区住建局 供图）

物业管理

【概况】 至2023年年末，常州国家高新区（新北区）有51个小区成立业主委员会，有物业管理委员会47个，在区注册的物业服务企业有128家，有67家物业服务企业承接区物业服务项目。年内，推进业主大会、业主委员会和物业管理委员会建设，全年组建21个物业管理委员会，17个小区成立业主委员会或完成换届备案。强化党建引领，雅居乐星河湾苑、中海龙城花园、高新广场3个物业项目被评为省级党建引领示范点，全区累计有省级党建引领示范点7个。

【物业服务企业分类定级管理】 2023年，常州国家高新区（新北区）继续推进物业行业“提质创优”活动，以小区项目考核为主要评价方式，以申报评优、资金奖补为激励措施，对全区物业服务企业开展评分定级、分类管理，促进物业企业优胜劣汰。全区78家有在管项目的物业服务企业中，47家物业服务企业被评定为A类企业（含A+级企业16家），24家物业服务企业被评定为B类企业，7家物业服务企业被评定为C类企业。继续推行新物业行业“黑白名单”制度，将物管矛盾频发等问题较多的物业企业列入“黑名单”予以公布。年内，16家物业企业被列入物业行业“白名单”，7家物业企业被列入“黑名单”。促进物业企业加强管理，及时化解物业管理区域内的突发事件和矛盾纠纷。

（区住建局 姚栋耀）

【维修资金管理】 2023年，常州国家高新区（新北区）商品房维修资金当年度批准使用申请3136项，受理结算申请2759项，完成结算审批2584项，结算材料完结率93.66%。至年末，全区历年累计收缴安置房专项维修资金3.16亿元，电梯、消防设施设备专项资金217.65万元，累计使用2520余万元。

（区住建局 丁盛）

【高新广场入选2022年度党建引领物业管理服务工作省级示范点】 8月，高新广场入选2022年度党建引领物业管理服务工作省级示范点。高新广场地处常州高铁新城核心区域，是常高新集团建设和运营的集5A甲级办公、综合服务为一体的绿建二星智慧楼宇，总高33层，包含150米的商务塔楼和高33米的裙楼，总建筑面积13万平方米。项目自2018年6月投入运营后，入驻150余家企业，配套相关的创新展示和文化惠民等服务功能。2023年，高新广场物业管理部门围绕“促租赁、建标杆、树品牌、扩影响”的工作目标，利用大楼物资管理系统、物业云、停车系统智能化服务平台等信息化工具，实施现场标准化物业管理，打造省级示范物业管理项目、常州市示范物业管理项目等优秀标杆项目。

（高铁新城公司和常高新集团 陈升）

8月，高新广场入选2022年度党建引领物业管理服务工作省级示范点

（高铁新城公司和常高新集团 供图）

枢纽经济

综　述

【长三角交通中轴建设】 2023年，常州国家高新区（新北区）落实市委“532”重大战略决策部署，推进各项基础设施建设。加快常泰大桥及南连接线、腾龙大道、龙江路高架北延、德胜河枢纽及航道整治、常泰铁路、苏锡常城际铁路、常州机场航站楼改扩建工程等重大交通基础设施建设；全区形成常州机场、京沪铁路、京杭大运河、建设中的常泰长江大桥及南接线高速公路等多层次的集疏运输网络。提升农村公路建设管理、农路农桥安全防护、道路交通安全水平；港口船舶污染防治和安全生产工作、绿色港口建设取得突破；调整优化提升运输结构，常州到上海港海铁班列全年突破6万标准箱。

（区住建局 陆祺）

【交通路网完善】 2023年，常州国家高新区（新北区）围绕打造交通中轴，加快完善交通路网建设。年内，紫金山路、武夷山路、丽江路等市政道路建成通车，长三角一体化－新北泰兴跨江联动快速连接项目、腾龙大道智慧快速路工程新北区段等25个项目稳步推进。其中，龙江路高架北延项目一期（辽河路—122省道）于6月末开工建设，主线桥桩基完成施工，墩柱、箱梁超时序进度施工；二期（122省道—赣江路）于12月末全面开工。

（区住建局 徐健）

【交通行业安全生产专项整治】 2023年，常州国家高新区（新北区）加强交通行业安全生产管理，开展交通行业安全生产专项整治，预防和减少重特大道路交通事故发生。年内，罗溪镇、西夏墅镇开展交通综合治理试点示范创建，实施集中整治，治理任务于9月完成，初步实现农村公路安全保障能力系统提升、安全管理水平提升、交通事故下降的目标。港口行业实施第三方安全检查6次，检查港口企业280家次，查改问题隐患872个。强化路域环境综合治理，开展道路运输安全生产执法检查行动，全年出动执法人员8290人次，检查车辆7483辆次，检查运输企业546家次，其中“两客一危”（从事旅游的包车、三类以上班

8月3日，常泰大桥及南连接线施工现场　　（杨嘉文 摄）

线客车和运输危险化学品、烟花爆竹、民用爆炸物品的道路专用车辆）检查248家次，查改问题隐患736个。

（区住建局 陆祺）

航 空

【概况】 2023年，常州国家高新区（新北区）持续提升区域发展水平和航空产业辐射带动能力。常州奔牛国际机场全年旅客吞吐量402.9万人次，货邮吞吐量2.2万吨，其中国内全货机吞吐量4618.9吨。空港产业园依托常州奔牛国际机场和低空空域核心资源，重点发展通用航空、智能装备和现代物流等产业，全年实现地区生产总值195.09亿元，比上年增长11.8%。

【常州奔牛国际机场航站区改扩建工程初步设计获省发改委批复】 4月23日，常州奔牛国际机场航站区改扩建工程初步设计获省发改委批复。主要建设内容为扩建航站楼3.6万平方米，新建货运库及业务用房1.9万平方米，新建综合停车楼、机场业务保障用房、场务用房及空管二次雷达站等设施，配套建设通信导航、气象、供电、供水、消防、供冷、供热等工程。年内完成施工总承包单位、监理单位、空管工程、民航特种车辆等招标，项目施工图设计及审查，倒班宿舍及食堂项目主体封顶，货库、停车楼等单体桩基施工，主体工程全面开工建设。推动区域管制方式转变，获民航局关于设立常州进近管制室的批复，围绕机场塔台设立进近管制席位、常扬泰进近管制中心建设两大目标，推进管制人才储备及资质能力建设、空管工程建设等基础工作，提升空管运行效率和时刻容量。

【机场运输】 2023年，常州奔牛国际机场恢复及新增宜昌、张家界、遵义、西宁、鄂尔多斯、九寨沟、呼和浩特、芒市8个航点，通航境内外51个城市，国内通航城市首次超过40个，成都航线加密至每日6班以上，恢复泰国曼谷、越南芽庄、老挝万象等国际航线，加密澳门航线；单日最高旅客吞吐量1.7万人次，7月、8月旅客吞吐量连续突破40万人次。年内，构建“腹舱+全货机”协同发展的货运网络，试飞常州—达卡国际货运航线；系统布局季节性生鲜产业链，全年实现货量7400余吨，增长31%；推出“陆转航”“地空联运”“落地到家”“锦常转”等特色货运产品，多渠道开发中转产品，国内中转至芒市、哈密，国际覆盖东南亚缅甸和越南。

【机场服务】 2023年，常州奔牛国际机场加强与驻场部队、空管单位及航空公司协作，发挥运控中心中枢作用，实现地面保障全流程信息化共享，放行正常率80.26%。加快智慧化建设，自助闸机、“易安检”通道等投入使用，依托航旅纵横App，助力旅客一码完成值机、托运、安检、登机等环节。深化“广玉兰班组”品牌建设，开展“首乘有我，全程无忧”特色服务，提升“夕阳红”“一路童行”“车门到舱门”等特殊旅客服务，打造“隔夜中转”“航延中转”“中转急转”等个性化中转快捷服务。优化阳光物流“箱待如宾”等服务，打造货运全链条、一体化服务模式。

【航线复航】 3月9日，常州—泰国曼谷素万那普VZ3591直飞航班从常州奔牛国际机场起飞，由泰国越捷航空股份有限公司执飞，空客A321机型，初期计划每周4班，6月末加密至每周8班，标志着常州奔牛国际机场东南亚地区航班正式复航，成为全省第二家恢复东南亚航线的机场。6月30日，常州—越南芽庄航线恢复运行，由越捷航空、越南航空执飞，空客A321机型，每周5班。11月4日，常州—老挝万象航线正式复航，由老挝航空执飞，空客A320机型，每周1班，为全省唯一一条直飞老挝的航线。

（区住建局 陆祺）

铁 路

【概况】 2023年，常州国家高新区（新北区）铁路基础设施完善，为京沪通道重要节点，辖区内有京沪高铁、沪宁铁路、京沪铁路3条铁路开通运营，其中京沪高铁设置常州北站客运站、京沪铁路设置奔牛货运站。作为常州市交通中轴建设重点项目的常泰高铁、苏锡常都市快线等铁路建设项目前期工作稳步推进；以“常西欧”中欧班列、“常州—上海港”海铁联运为代表的运输模式，助力企业降本增效。

【“公转铁”运输结构调整】 3月，常州市物流产业集团有限公司在常州国家高新区（新北区）挂牌成立，注册资本10亿元，布局海铁联运、河海联运、中欧班列等物流业务，实现常州市域内物流产业资源整合发展。至年末，公司运营的“常州—上海港”海铁联运班列稳定运行2班/日，完成重箱发送6万标准箱，增长29.9%，实现“公转铁”货发80.8万吨，为当地企业物流运输降本增效3020万元。推出全市首个内河集装箱河海联运一单制产品“常申快航”，全年完成吞吐3.52万标准箱，月均吞吐量增长100%，为实体产业降低物流成本875万元；成功申报首批省级多式联运精品线路，“常西欧”班列全年发送192标准箱。

【常州北站】 京沪高铁常州北站地处新北区新桥街道，距离市中心站7.5千

2023 年，常州北站俯瞰　　（区住建局 供图）

米，隶属中国铁路上海局集团公司常州直属站管辖，于 2011 年 7 月 1 日正式开通运营。总占地面积 18.58 万平方米，其中站房总建筑面积 1.3 万平方米、候车室面积 5600 平方米。设社会车辆停车场 2 处，一处位于高铁站屋南广场地下 1～2 层，有 1.5 万平方米，可停放车辆 400 辆；另一处位于高铁站屋东侧高架线路下，划分小车位 200 个、大型客车位 22 个。常州北站是线下式站房，设站台 4 个，正线 2 条、到发线 4 条，计 6 股道，拥有包括军人、母婴候车室和商务座在内的候车区域 5 个。日常停靠旅客列车 67 对，其中上行 59 列，包括北京、武汉、长沙南、重庆西、长春西、兰州西、西安北、郑州东等方向，下行 75 列，包括三明、昆明南、宁波、温州南等方向，另有高峰线 6 列、周末线 4 列。2023 年，常州北站发送旅客 433 万人。

【常州奔牛火车站】 常州奔牛火车站位于新北区奔牛镇，始建于 1907 年，是京沪铁路三等站，隶属中国铁路上海局集团公司常州直属站管辖。该站按技术性质为中间站，按业务性质属货运站。中心里程位于京沪线下行 1269 千米 187 米（上行 1269 千米 93 米）处。主要担负列车编组、取送车等作业，以及货运、军运、装卸和列车到发、会让等工作。奔牛站设站台 3 个，正线 2 条、到发线 5 条、货物线 1 条，计 8 股道。2023 年，常州奔牛火车站完成装车 1337 辆、卸车 4.55 万辆。

（区住建局 陆祺）

公　路

【概况】 常州国家高新区（新北区）境内有沪宁高速、江宜高速“一纵一横”高速公路体系和 346 国道，122、338、239、238、312 省道等“两纵一横”国省干线公路网络，主城区涉及通江大道、龙城大道、长江路等 183 条主次干道，总里程 332 千米。2023 年，全区继续推进龙江路高架北延工程、常泰长江大桥及南接线高速公路等重大项目；腾龙大道新北段管线迁改工程开工，照明、交通安全设施迁改施工完成 80%，自来水燃气电力通讯迁移完成占地征询、方案设计、迁改合同签订等前期工作；黎河路（泰山路—峨眉山路）通车，全长 863 米，红线宽 16 米，面积 1.38 万平方米。年内，全区深化镇村道路改造工作，根据镇村道路危桥重建实施计划，建成马丁大道、孟城四圩村道路等镇村道路 16.69 千米，重建卧龙桥、东风桥等农村桥梁 7 座。

（区住建局 陆祺 王继梅 石钧夫）

【龙江路高架北延工程开工】 2023 年，常州国家高新区（新北区）推动龙江路高架北延重大基础设施建设，高架段南起汉江路，北至东海路，全长 10.8 千米，一般断面为高架 6 车道 + 地面 6 车道，高架设计速度 80 千米 / 小时，全线在辽河路、嫩江路、浏阳河路、122 省道、赣江路 5 个交叉口设置上下匝道 7 对，项目总投资额 40 亿元。项目一期（辽河路—122 省道）、二期（122 省道—东海路）先后于 6 月、12 月开工建设，计划 2025 年 12 月竣工。作为全市快速路网体系的重要组成部分，龙江路高架北延项目北接常泰过江通道，向南通过龙江路高架接两湖创新区，与腾龙大道共同形成贯穿常州南北的中轴通道。项目建成后，将完善常州快速路体系，实现交通高快一体化，推动常泰区域跨江融合发展。

（区住建局 高军 高铁新城公司和常高新集团 陈升）

【常泰长江大桥及南接线高速公路建设】 2023 年，常泰长江大桥主桥常州侧完成主塔施工，主航道桥钢梁架设完成 75%，斜拉索挂设完成 46%。南接线高速公路全年完成投资额 7.8 亿元，在全面完成征地、房屋拆迁、杆管线迁改等服务保障工作基础上，各重要节点按期完成，桥梁上部现浇完成 99%，桥梁上部预制完成 100%；隔离栅完成 40%；

基层完成91%，路面底基层完成93%，基本完成房建主体工程。

（区住建局 陆祺）

港 口

【概况】常州国家高新区（新北区）港口由常州港和新北内河港组成，有沿江港口6家、内河码头38家。常州港是国家一类开放口岸和地区性重要港口，基本形成由录安洲港区、圩塘港区和夹江港区“一港三区”及德胜河口预留未来发展空间的总体格局。新北内河港依托内河航道网设置，主要服务于区内沿河企业。2023年，全区开展港口岸线整合与利用，深化港口安全生产专项整治，系统打造港口生态环境新面貌，推进绿色水运高质量发展。

【绿色港口建设】2023年，常州国家高新区（新北区）引导辖区港口推进污染防治，推广应用节能减排新技术、新能源，打造绿色港口。全年完成辖区35家港口企业粉尘在线监测系统建设，实现易起尘作业货种港口企业全覆盖；国能常州发电有限公司省内首台抑尘卸船机正式投运；常州启凯德胜港口物流有限公司完成皮带全流程改造，装卸工艺绿色水平提高；常州宏川石化仓储有限公司RTO蓄热式焚烧炉项目建成并投产；录安洲长江码头有限公司建成全国首套大规模气膜分布式光伏发电项目，开创分布式光伏全新应用场景。年内，录安洲长江码头获江苏省四星级“绿色港口”称号。

【德胜河高等级航道整治工程】2023年，德胜河高等级航道整治工程初步设计获省发改委批复，为项目全面开工建设奠定基础。工程起于魏村枢纽下游引航道末端，止于京杭运河口，整治里程17.67千米，主要建设内容包括护岸工程、土方工程、标志标牌、航道信息化、绿化与环保工程等。航道沿线改建桥梁15座（含京沪铁路桥1座），改建桥梁一孔跨越通航水域，通航净空不小于70×7（米）。整治后，预计航道底宽60米，口宽70米，最小通航水深4米，最小弯曲半径不小于480米。工程概算总投资额67.27亿元，建设工期为6年。德胜河航道是《长江三角洲地区交通运输更高质量一体化发展规划》的重要支线航道，是江苏省“二纵五横”干线航道网中“一纵”京杭运河通道的重要组成部分，是常州市境内唯一的入江口门。实施德胜河航道整治工程能够提升通航能力，提高区域内部水路货运分担比例，对降低常州地区物流成本，提升区域经济综合竞争力发挥重要作用。

2023年，常州港俯瞰　（朱臻 摄）

【德胜河魏村枢纽扩容改建工程】2023年，德胜河魏村枢纽扩容改建工程完成投资额3.51亿元，累计完成投资额17.83亿元，项目于12月完成交工验收，仅剩少量尾留工程；德胜河桥、滨江桥均交工通车。整个项目各节点目标均按时完成，为船闸在2024年年初正式通航夯实基础。

【录安洲长江码头改造升级】3月，常州录安洲码头散货堆场气膜大棚环保提升项目完成交工验收，是省内沿江港口首家对散货堆场实施全封闭全覆盖改造项目。项目总投资额1.5亿元，总投影面积27.2万平方米，采用封闭气膜建筑的方式，对散货堆场进行全封闭改造。该项目用时约3年，散货堆场全封闭改造后，实现全流程封闭式作业，避免露天作业扬尘问题，缓解码头污水处理系统压力，从大棚雨水沟收集的雨水从清水池经检测合格后直接排出，每年可减少污水28万吨。10月30日，国内首套大规模“光伏+气膜”光伏电站项目在常州港录安洲长江码头建成，年发电总量可达1156万千瓦时，预计一年可减少9500吨二氧化碳排放。

【录安洲长江码头首次启运新能源整车及动力电池产品】2023年，常州国家高新区（新北区）加快赋能码头功能建设，为全市新能源整车和动力电池打造“家门口”的出海通道，经区交通主管部门及各口岸部门联动核验，常州录安洲长江码头有限公司5月取得危险货物作业附证，8月取得堆场危险货物作业附证。6月，装载1000余台内置锂离子电池组电动滑板车的3个集装箱大柜在常州录安洲码头装船，搭载驳船“佳兴17”轮，经上海港发往荷兰鹿特丹港，实现常州口岸动力电池及组件集装箱出口零的突破。8月，常州录安洲码头首批399台比亚迪牌新能源汽车通关，搭载驳船从常州港启航，通过水路发往上海洋山港出运海外。

（区住建局 陆祺 滨开区 黄婷）

【常州港】 常州港位于滨开区，是国家一类开放口岸，东临江阴市，与泰兴市隔江相望，距338省道1千米，距沪宁高速公路14千米，可通达南京、上海。常州港口岸分为长江常州港口岸和常州陆路口岸2部分。长江常州港口岸有码头4个，生产性泊位28个，其中万吨级泊位10个，港口通过能力3155万吨，集装箱能力20万标准箱，主要承担金属矿石、煤炭、矿建材料、液体化工、集装箱、件杂、散货等货种装卸运输。2023年，常州港完成货物吞吐量5511.6万吨，比上年（下同）增长17.9%；外贸完成货物吞吐量1239.9万吨，增长7.9%；集装箱完成28.1万标准箱，下降9.9%。

（区住建局 陆祺）

物流业

【概况】 2023年，常州国家高新区（新北区）抢抓“一带一路”、长江经济带、长三角一体化发展等重大机遇，加快推进长三角现代物流中心建设。加强常州港、常州机场等通道节点的物流基础设施建设，推进物流业制造业融合发展，完善保税、快递、云仓等物流服务功能，推动重点物流企业深度嵌入产业供应链，为制造企业提供一体化供应链服务。依托重点产业集群、生产性服务业集聚区载体优势和“公铁水空”的交通优势，争创国家物流枢纽经济示范区。年内，新增江苏奔牛港务集团有限公司、江苏大车载国际物流有限公司2家省级重点物流企业；奔牛智慧港、市粮食和应急物资储备库、麦利达粮食仓储物流3个项目被列入全市“532”发展战略2023年度重点项目，全年完成投资额1.8亿元。江苏奔牛港务集团有限公司、江苏政成物流股份有限公司、江苏安邦物流股份有限公司3家企业被评为市级供应链创新应用示范企业，常州吉瑞物流信息咨询有限公司被评为示范物流企业。至年末，全区有国家AAAA级物流企业12家、省重点物流企业（基地）19家、市级示范物流企业7家、省级示范物流园区1家，奔牛港物流中心入选省级现代服务业高质量发展集聚示范区。完成国能煤码头装卸能力提升工程设计审查；促成天合光能股份有限公司等企业“陆改水”业务；破解录安洲第九类危险品集装箱直装直取难题，实现动力电池运输零的突破，全年完成装船作业5222标准箱，发运新能源整车7558辆。

表51　2023年常州国家高新区（新北区）国家AAAA级物流企业一览表

序号	企业名称	地址
1	江苏燕进石化有限公司	新北区罗溪镇塑化路25-1号
2	江苏政成物流股份有限公司	新北区奔牛镇东桥村委埂西村1号
3	江苏安邦物流股份有限公司	新北区魏村街道金牛路1-5号
4	欧普石油天然气集团有限公司	新北区衡山路18号
5	江苏天地纵横物流有限公司	新北区都市雅居10幢乙单元201室
6	常州市尚德物流有限公司	新北区奔牛镇新市村
7	江苏奔牛港务集团有限公司	新北区奔牛镇奔牛港
8	常州录安洲长江码头有限公司	新北区魏村街道录安洲港区大道18号
9	江苏诚通物流有限公司	新北区罗溪镇通达路2号
10	江苏海航供应链管理服务有限公司	新北区河海中路99号
11	常州友好速递有限公司	新北区罗溪镇盛达路2号
12	常州跨越物流有限公司	新北区罗溪镇黄河西路1281号

表52　2023年常州国家高新区（新北区）省重点物流企业（基地）一览表

序号	企业名称	地址
1	江苏诚通物流有限公司	新北区罗溪镇通达路2号
2	常州新长江港口有限公司	新北区春江街道疏江路
3	江苏燕进石化有限公司	新北区罗溪镇塑化路25-1号
4	常州录安洲长江码头有限公司	新北区魏村街道录安洲港区大道18号
5	江苏安邦物流股份有限公司	新北区魏村街道金牛路1-5号

续表 52

序号	企业名称	地址
6	江苏常州城北国家粮食储备库	新北区罗溪镇吕汤路99号
7	江苏政成物流股份有限公司	新北区奔牛镇东桥村委埂西村1号
8	江苏海航供应链管理服务有限公司	新北区河海中路99号
9	常州市双志石油化工储运有限公司	新北区春江街道江边化工区江花路18号
10	中集苏航(常州)物流有限公司	新北区春江街道港口大道18号
11	江苏天地纵横物流有限公司	新北区都市雅居10幢乙单元
12	江苏达实久信医疗科技有限公司	新北区汉江路103号
13	常州启凯德胜港口物流有限公司	新北区魏村街道滨江二路99号
14	江苏奔牛港务集团有限公司	新北区奔牛镇劲港路2号
15	江苏大车载国际物流有限公司	新北区浏阳河路69号
16	常州保税物流基地	新北区新竹路2号
17	江苏奔牛港物流中心有限公司	新北区奔牛镇劲港路2号
18	中国物流常州综合物流中心	新北区罗溪镇通达路2号
19	常州聚盟物流园	新北区奔牛镇东桥村委埂西村1号

【长三角现代物流中心建设】 2023年，常州国家高新区（新北区）加快形成枢纽引领、网络畅通、产业协同、智慧高效的现代化物流体系，协同推进“1核心3枢纽8中心”（1核心：长三角现代物流中心核心区，3枢纽：常州南站物流枢纽、武南物流枢纽、苏浙皖物流枢纽，8中心：金坛物流中心、金坛港物流中心、东港集装箱物流中心、应急保供物流中心、运河钢贸物流中心、钟楼邹区物流中心、凌家塘物流中心、东部物流中心）物流空间布局建设，提升常州港、内河港、常州机场等通道节点的物流基础设施建设水平。作为常州境内唯一的入江口门户，德胜河三级航道整治工程初步设计年内获批，助推长三角地区港航高质量一体化发展。依托“公铁水空”交通优势，全面打通国内国际双循环物流通道。常州—上海港“海铁联运”成为江浙沪地区稳定的海铁线路，连续4年为江苏省内发运量最大的线路，发运量占上海港海铁联运总量的20%。2023年，在原有运行1班/天的基础上，提升至运行2班/天。6月，3个装载着内置离子电池组的新能源产品集装箱从常州港出发，经上海港发往荷兰，实现常州口岸动力电池及组件集装箱出口零的突破。8月，由迈威航空执飞的B737全货机搭载16吨布料纺织品起飞，标志常州国际机场首架南亚全货机试飞成功；是月，奔牛港铁路专用线由铁路运输的8车皮500吨硅铁合金下船出港，实现青海西宁—江苏张家港硅铁敞车车皮的铁水联运贯通，体现奔牛港务集团大宗物流业的多式联运示范地位与引领效应。

（区经发局 卞仁强）

【保税物流中心项目开工】 11月20日，常州综合保税区保税物流中心项目开工。保税物流中心项目位于新北区新竹路2号，规划用地面积6.1公顷，总建筑面积6.8万平方米，总投资额3.1亿元。项目采用二层坡道物流中心架构，打造双首层概念，提升二层商业价值。预期建成4幢高标准的公共保税仓，建筑消防等级为丙二类。其中首层层高11米，二层层高10.4米，首层荷载为每平方米3吨，二层荷载为每平方米2吨，货物垂直运输采用二层坡道式平台，坡道及二层平台荷载为每平方米3吨。项目结合综合保税区现有货物及后续发展需要，以满足大宗生产物料、产业供应链物资等为主，物流商品包括棉纱、PTA/PET（精对苯二甲酸/聚对苯二甲酸乙二醇酯）、轧辊、太阳能组件、机械零件、设备、光伏板、储电柜、地板等，并根据常州综合保税区作为常州跨境电商综合实验区核心区所承载的功能需要，兼顾保税商贸和跨境电商产品等。项目建成后将推动综保区“五大中心”（加工制造中心、物流分拨中心、销售服务中心、检测维修中心、研发设计中心）建设。

（综保区管理局 张佳杰 高铁新城公司和常高新集团 陈升）

【全市首批无人快递车上路】 11月21日，顺丰速运首批6台无人快递车在新北区发车，这是全市首次引入无人车上路服务快递末端配送。9点30分，4台无人快递车从顺丰速运新北区新桥营业点出发，驶向高新广场、腾龙广场、常州工学院辽河校区、碧桂园壹号天禧等接驳点。另2台无人快递车在顺丰河海网点开始运行。无人车集L4级自动驾驶、人工智能、车联网等技术于一体，满载质量1000千克，满电续航200千米，依托自动换电技术，可实现24小时不间断运营。无人车主要在辅道行驶，根据红绿灯的指示通过路口，遇到车辆或者其他交通参与物时会自动避让，行驶速度25千米/小时。经过前期测试，该次顺丰速运在新北区投放的无人配送车覆盖新桥、河海2个顺丰网点，运行5条线路，承担网点到驿站的短驳中转运输，单日单台

11 月，全市首批无人快递车在区内发车　　（区委宣传统战部 供图）

配送快递可达 1000 件。此前快递员需要在网点和驿站之间来回奔波，无人车投用后，只需根据软件终端提示在接驳点等待装卸车，每人每天可节省 2 小时，派送效率提升 2～3 倍。

【聚盟物流园“司机之家”获 AAAAA 等级评定】 12 月，江苏政成物流股份有限公司常州聚盟物流园获 2023 年全国“司机之家”AAAAA 级等级评定，是全省唯一上榜的物流园区类型“司机之家”。常州聚盟物流园户外劳动者驿站建于 2021 年 9 月，是全市首批集物流货车“司机之家”、党建基地“龙城红色驿站”、工会“户外劳动者驿站”为一体的劳动者服务站点。主要从事物流、仓储、运力、咨询与服务、车辆维保等物流及配套服务。“司机之家”建成后累计服务货车司机 4000 余人次。2023 年，聚盟物流园持续完善“司机之家”功能设施。在“司机之家”功能基础上，创建常州市首批市道路运输从业人员便民服务点，服务内容包括道路运输行业从业人员资格证换证、变更、注销、信用自检等高频事项办理。结合新业态新就业群体劳动者维权诉求上升的态势，创建常州市交通运输行业首批法律服务站，为户外劳动者、货车司机等提供法治宣传、法律咨询、人权保护、工伤申请、劳资纠纷、社会险种等法律服务。

【常州保税物流基地】 常州保税物流基地位于新北区新竹路 2 号，占地面积 1.76 平方千米，拥有标准厂房面积 16.3 万平方米，仓储面积 2.9 万平方米，货物堆场面积 2.1 万平方米，综合服务大楼面积 1 万平方米，生活配套设施面积 26.2 万平方米。基地先后引进辰瑞光学（常州）股份有限公司、巴奥米特医疗器械有限公司、高博能源材料有限公司等知名企业或行业龙头入驻，累计吸引外商总投资 14.2 亿美元，注册外资 9.7 亿美元，就业人员 2000 余人。2023 年，常州保税物流基地依托常州综合保税区内外资源，推进项目招引、落地服务及新业态建设。年内，常州保税物流基地实际到账外资 2.83 亿美元，完成外贸进出口 86.1 亿元。

【常州综合物流园】 常州综合物流园位于新北区罗溪镇，占地面积 131 公顷，拥有标准厂房面积 60 万平方米，仓储面积 60 万平方米，货物堆场面积 2 万平方米，综合服务大楼面积 6000 平方米，生活配套设施面积 1.4 万平方米。常州综合物流园具备多式联运、仓储分销、期货交割、智慧集配、航空物流五大现代物流服务功能，集聚奔牛港物流中心、政成智慧物流园、诚通物流中心、燕进联运、铁路奔牛站、木材交易市场、普洛斯仓储、中通智慧物流园等现代物流项目，建有大连、郑州和上海三大商品交易所 PVC（聚氯乙烯）、PP（聚丙烯）、PE（聚乙烯）、纤维板、胶合板、锰硅、硅铁等货种的交割仓库；拥有铁路专用线 16 条、运河码头 4 个、新孟河码头 10 个。至 2023 年年末，入园企业 355 家，货物吞吐总量 1200 万吨，实现营业收入 155 亿元，税收 1500 万元。

【常州临港物流园】 常州临港物流园位于常州滨江经济开发区，占地面积 287 公顷，实际运营面积 167.8 万平方米，仓储面积 149.6 万平方米，其中库房面积 36.4 万平方米，货物堆场面积 115 万平方米。常州临港物流园依托长江常州港资源优势，发展现代商贸物流产业，拥有常州市沿江 25.8 千米的全部自然岸线，规划港口岸线 8.23 千米，开发利用 4.44 千米。园区道路、供水、供电、供热、供气、排污等基础设施和水路、公路、管道等集疏运体系配套设施完善，是常州市及周边地区对外贸易的重要门户和区域性综合物流中心。2023 年，临港物流园物流相关营业收入（含贸易）首次突破百亿大关，达 105.56 亿元，比上年（下同）增长 128%；税收 4161 万元，增长 64.8%。全年完成货物吞吐量 3574 万吨，集装箱吞吐量 28.06 万标准箱。至年末，园区入驻常州录安洲长江码头有限公司、常州新长江港口有限公司、江苏安邦物流股份有限公司等 50 余家仓储物流企业，其中国家 AAAA 级物流企业 3 家，省三星级绿色港口企业 1 家、四星级 1 家，省级重点物流企业 5 家，市级示范物流企业 3 家。

（区经发局 卞仁强）

乡村振兴

综　述

【农村一、二、三产业融合发展】 2023年，常州国家高新区（新北区）聚焦“一主两特”（优质稻米，设施园艺、高效渔业）三大产业，围绕农业产业结构优化、农产品加工转化、现代农业要素配置、知名品牌培育等要素，对建设类、评定类、荣誉类项目采用“先建后补”“以奖代补”的方式实施补助，加快构建现代农业产业体系。谋划新一轮财政金融支持乡村振兴实施意见。统筹优化原有乡村振兴专项资金，加强对高标准农田建设、农村人居环境整治等重点项目的财政支持力度。推进农业农村现代化示范片区建设。依托新北现代农业产业示范园，发展“优质稻米、绿色果蔬”两大主导产业，以生态循环农业和苏南模式新农业为发展目标，整合片区内农文旅资源，促进三产融合发展。强化美丽乡村市场化运营。第四届“留住乡愁、文化赋能”进乡村高质量发展未来乡村村长论坛在奔牛镇史陈家村举办，扩大美丽乡村影响力。完成全区美丽乡村运营实践课题研究，探索可复制可推广的新北乡村运营模式。新认定区三星级以上精品观光采摘园7家，举办“和美与共庆丰收 振兴奋进万亿城”常州市2023年中国农民丰收节暨李家村美丽乡村开园仪式。未米生物科技（江苏）有限公司许洁婷的“打造精准育种平台，让农业芯片不再卡脖子”项目获第七届江苏省农村创业创新大赛一等奖。

【农业农村重大项目实施】 2023年，常州国家高新区（新北区）围绕稳产保供、科技自强、数字农业、产业融合、绿色发展、乡村建设六大领域，推进农业农村重大项目建设。新建农业农村重大项目14个，完成年度投资额9.3亿元。常州齐晖药业有限公司兽药改扩建项目入选全省“加、新、高”项目典型。新认定区级农业龙头企业13家，新建市级精美小菜园4个，认定三星级以上精品观光采摘园7家。重点推进包括西夏墅镇牛郎村在内的片区生态环境保护修复，聚焦垃圾收集处置、黑臭水体整治、村容村貌提升，牛郎村水环境综合整治工程完成招投标，年度完成投资额500万元。片区内梅林村农民集中居住项目完成建筑安装工程。

（区农业农村局 汪建龙 奚力中 石薇）

【农业农村（乡村振兴）年度重点工作】 3月，召开区委农村工作会议暨全区乡村振兴大会，部署2023年重点任务。会议要求全区要认清形势、抢

2023年，位于西夏墅镇乡村整治片区梅林村的“五优农居”

（区农业农村局 供图）

抓机遇，以全面推进乡村振兴为抓手，促进农业“接二连三”，拓展农业增值增效空间，加快推进美丽乡村建设，持续提高农村生活质量、缩小城乡发展差距。要锚定目标、铆足干劲，在把握形势机遇中谋划好全年“三农”目标任务。聚焦农业提质增效，全力保障粮食安全；做大做强农业品牌，推动新产业新业态快速发展；坚持科技赋能现代农业，不断提升乡村产业发展信息化、智能化、智慧化水平。聚焦乡村建设行动。坚持城乡融合原则，自觉对标先进、统筹谋划、因地制宜、分类指导，坚持规划先行、加强农村基建、提升人居环境，加快打造生态美、环境靓、乡韵浓的现代化新农村。聚焦富民强村改革。坚持共同富裕目标，持续壮大集体经济、深化机制改革、拓宽农民增收途径，加强乡村治理体系建设、提升乡村社会文明程度，形成乡村共治共享新格局。要加强统筹、强化投入，做好新时代“三农”工作，全面推进乡村振兴，必须加强党的领导，强化统筹协调和政策支撑，确保农业稳产保供、农民稳步增收、农村稳定安宁。

（区农业农村局 石薇）

2023 年，位于魏村街道黄城墩村的德胜河桥　（区委宣传统战部 供图）

乡村建设

【农村公路养护】 2023 年，常州国家高新区（新北区）继续推进“四好农村路”全国示范县（区）建设，乡村道路按季度实施养护考核，全年管养农村公路乡道 468.77 千米、村道 244.85 千米。至年末，全区农村公路里程 968.13 千米，其中县道 204.51 千米、乡道 468.77 千米、村道 294.85 千米。开展农村公路安全隐患排查，以 2023 年省库 140 千米农路安防精细化提升工作为基础，做好临水、公交、校车等安全隐患路段“回头看”工作，排查有安防隐患的农村公路 103 条，实现省库安防隐患清零。对数据库内的 763.62 千米乡村农村公路开展自动化检测，自动化检测率 100%。

【农村桥梁重建和管理】 2023 年，常州国家高新区（新北区）有农村公路库内桥梁 300 座，其中县道桥梁 94 座、乡道桥梁 151 座、村道桥梁 55 座。全年完成省计划内危桥改造 1 座，镇村桥梁重建（改造）7 座。为遏制和有效防范航道船舶碰撞跨河桥梁事故发生，按照《常州市桥梁船舶碰撞桥梁隐患治理专项行动实施方案的通知》，对区境内主要通航河道（京杭大运河、德胜河、扁担河）桥梁开展安全风险隐患自查，委托专业机构进行桥梁通航安全风险及抗撞性能综合评估，并专项设计桥梁通航安全隐患治理方案。开展农村公路桥梁普查工作，对 204.51 千米县道公路、桥梁和隧道开展安全隐患大检查；委托第三方桥梁咨询检测机构实施区农桥桥梁安全评估，全年检查桥梁 99 座，无三、四类桥梁。开展农桥经常性动态检查 212 座，关注重点桥梁运行状况，为各镇（街道）开展后续管理提供数据支撑。

（区住建局 沈海波）

【宅基地管理】 2023 年，常州国家高新区（新北区）深化农村宅基地改革管理，完善各镇（街道）联审联办机制，实施宅基地数字化管理，对符合要求的宅基地建房申请落实应批尽批。全年线上受理农户申请易地新建、翻（扩）建房屋 72 宗，完成审批 52 宗。线下受理西夏墅镇梅林村集居点新建农房 76 宗，为开展线上审批作前期准备。

（区农业农村局 陈艳辉 是玉婷）

【数字乡村建设】 2023 年，常州国家高新区（新北区）以信息基础设施为数字底座，夯实数字乡村发展根基。全区 57 个行政村实现千兆光纤入户 1.5 万户，5G 网络行政村覆盖率 100%。加快电子商务发展，开展直播带货、网店卖货等形式的网络销售，全区有网上营销主体 28 个，全年农业网上营销销售额超 5 亿元。建设“区块链 + 农村集体资产监管”一体化服务平台，实现农村集体“三资”（资产、资源、资金）全面信息化、智能化运行和监管。

推进乡村教育信息化，完成中小学千兆教育城域网建设，实现千兆到校、百兆到桌面、无线网络全覆盖，班班通覆盖率100%，全区中小学省智慧校园创建率96%。发展“互联网+医疗健康”，全区5家镇卫生院远程医疗覆盖率100%。打造“居家为基础、社区为依托、机构为补充、大数据平台为辅助”的多层次养老服务体系，新北区被评为全国智慧健康养老应用试点示范基地。

（常新鉴）

富民强村

【概况】 2023年，常州国家高新区（新北区）多措并举促进富民增收。全区新增经营性收入超500万元的村7个，消除经营性收入低于100万元的村2个。培育市级示范家庭农场12家、示范农民专业合作社3家。新农家庭农场联盟再次被评为江苏省“十佳家庭农场服务联盟”。实施《全区党建引领村级集体经济提质倍增行动计划》，探索“一村一策”具体增收方案。开展乡村公益医疗互助，全年3个试点乡镇有27个行政村（涉农街道）5.3万人参与乡村公益医疗互助试点，筹集资金533.79万元，发放补助2566人次282.26万元，提升农村医疗保障能力和水平。

（区农业农村局 陈艳辉）

【村级集体组织建设】 2023年，常州国家高新区（新北区）深化农村产权制度改革工作，新组建三井街道庄家股份经济合作社，全区量化资产13.83亿元，享受股权人数41.71万人，100%完成股改档案数字化工作，基本建立归属清晰、权能完整、流转顺畅、保护严格的农村集体产权制度，实现全区农村集体经济组织“应改尽改”目标。年内，按照程序合规、流程完整要求，19家股份经济合作社完成换届选举。探索推行股份合作社政经分离的工作模式，理顺基层组织和农村集体经济组织关系。

（区农业农村局 孟敏月）

【村级运转经费保障】 2023年，常州国家高新区（新北区）统筹优化原有乡村振兴专项资金，加强对农村人居环境整治等系列重点任务的财政支持力度，力争财政投入与乡村振兴目标任务相适应。全年通过农经条线对行政村下拨公共服务经费、村庄环境整治长效管理经费等补助资金1714万元，保障村级公共服务支出。成功申报5个省市级扶持村集体经济项目，争取扶持资金370万元。

（区农业农村局 陈艳辉 孟敏月 蒋叶）

【农业保险】 2023年，常州国家高新区（新北区）贯彻落实中央、省、市定险种保险工作。全年政策性保费总额2007.7万元，覆盖三大主粮、畜禽养殖、水产养殖、高效设施农业及配套设施等，区级及以上政府补贴总额1678.22万元。继续开展区级财政奖补险种目录试点工作。“梨完全成本保险”等地方特色商业性保险保费总额146.38万元，区级财政补贴金额99.05万元。

（区农业农村局 陈艳辉 是玉婷）

【农业人才培育】 2023年，常州国家高新区（新北区）加强农业人才引育，实施高素质农民培训工程，为现代农业高质量发展提供人才和技术支撑。全年围绕粮食、园艺等作物开展新品种、绿色优质技术、科学施肥、绿色防控、农产品电子商务等相关知识和技能培训300人次，采取集中授课与实践考察相结合的教学方式，分类组织实施。以实施基层农技推广补助项目为契机，全年培育科技示范户120户，并向周边农户传授种植技术和生产经验。常州笙绿农业科技有限公司总经理应英被省农业农村厅评为农村创业带头人。开展2023年度新北区现代农业人才申报工作，有33名人才申报，其中29人被认定为区级现代农业人才大学生类人才。

（区农业农村局 郝小燕 吴悠 蒋天昊）

农村改革发展

【概况】 2023年，常州国家高新区（新北区）完善集体经济一张图。开展集体资产调查摸底，明晰权属关系，规范资产财务管理，完善经营发展机制。加强对“三资”有效利用以及效益提升。持续开展农村集体“三资三化”专项提升行动，加强农村集体资产监督管理，维护农民群众切身利益。至年末，全区有村级总资产38.7亿元，其中经营性资产16.99亿元；有组级总资产24.75亿元，其中经营性资产3.41亿元。全年村、组两级总收入6.33亿元，总支出3.56亿元。

（区农业农村局 蒋叶）

【农村集体“三资”监管】 2023年，常州国家高新区（新北区）开展农村集体资产监管提质增效行动，建设“区块链+农村集体资产监管”一体化服务平台，实现农村集体“三资”全面信息化、智能化运行和监管，让数据“多跑路”、群众“少跑腿”。应竞尽竞拓宽增收空间。利用平台互通功能将新增的经营性资产出租，直接在线上展开竞价，提高溢价率。全年完成产权交易项目1330个，成交总金额1.12亿元，溢价金额296.57万元，溢价率2.7%。线上交易项目完成134个，成交总金额1689.81万元，溢价金额243.24万元，溢价率 16.8%。开展对 5 个股份经济合作社的审计，所涉问题全部整改到位。

（区农业农村局 孟敏月）

【农业水价综合改革】 2023 年，常州国家高新区（新北区）深化农业水价综合改革。通过开展农田灌溉设施全覆盖春修工作，保障农业生产灌溉用水。全年投入水利工程长效管护经费超 400 万元，确保农田水利设施正常运行。全区 1.25 万公顷改革面积实现计量设施全覆盖，全年维修保养计量设施 234 套。开展农业用水价格成本调查，在省级农田水利管护评估中获优秀等级。区农田灌溉用水有效利用系数为 0.6984，农田灌溉效率得到提升。

（区农业农村局 沈秋娜）

【土地经营权抵押登记】 9 月，常州市不动产登记中心新北分中心办理全省首例农村土地经营权抵押登记，中国农业银行常州新北支行向经营户常州市云丰农机服务专业合作社发放 500 万元抵押贷款。常州市云丰农机服务专业合作社是一家从事农业生产的互助型经济组织，主要从事高端“软玉”水稻专业种植，为农户提供水稻病虫害统防统治服务、水稻机插秧服务、秸秆机械还田服务。该合作社通过流转取得 74.79 公顷土地经营权。7 月，取得土地经营权不动产证。为解决资金需求，合作社希望以土地经营权向银行申请抵押贷款，用于扩大生产规模、提高农业科技水平以及改善农村基础设施。新北分中心获知合作社抵押贷款需求后，与区资规分局、区农业农村局联动，主动靠前服务、沟通协调，历经 2 个月的洽谈对接，该合作社顺利完成抵押合同签订、土地经营权抵押登记和放款手续，获得银行抵押贷款 500 万元。土地经营权抵押实现农村资源向农村资产转变，为农业产业发展注入金融“活水”。

（区农业农村局 蒋叶）

【农村集体经营性建设用地入市探索】 2023 年，常州国家高新区（新北区）根据自然资源部《关于加快完成集体土地所有权确权登记成果更新汇交的通知》，依据第三次全国国土调查、2021 年度国土变更调查成果、不动产登记发证信息和全区工业企业调查成果，摸排全区存量集体建设用地情况，筛查建立调查地块数据库，计 1035 宗 398.47 公顷。经各镇（街道）分析排查，最终形成拟入市（58 宗 41.62 公顷）、拟征收（11 宗 9.54 公顷）、拟保留（827 宗 296.01 公顷）、拟腾退（95 宗 28.95 公顷）四类处置清单。出台《新北区集体经营性建设用地入市管理办法（试行）》，区财政局出台《常州市新北区集体经营性建设用地入市土地增值收益调节金征收和使用管理办法（试行）》。年内，完成奔牛镇派尼曼项目 0.87 公顷入市工作，推进西夏墅镇浦河社区 4.28 公顷集体建设用地入市工作。

（区资规分局 吴玺）

【全省首批土地经营权不动产权证书颁发】 2023 年，常州国家高新区（新北区）建立农村土地承包经营权和土地经营权多部门协调联动机制，实现“双权”日常登记受理顺畅运作。年内，在新桥街道郭塘桥村颁发全省首批整组 15 户的新版土地承包经营权不动产权证书；对孟河镇 2 家种粮企业颁发全省首批土地经营权不动产权证，并对其中一家完成全市首例土地经营权抵押登记和放款工作，提供贷款 500 万元，为乡村振兴战略实施注入新动能。

（区资规分局 陈奇）

美丽乡村建设

【概况】 2023 年，常州国家高新区（新北区）学习运用“千万工程”（千村示范、万村整治）经验，编制全区宜居宜业和美乡村规划，以西夏墅镇片区整治更新和美丽乡村建设运营为抓手，通过分类实施、以点带面、连线成片，逐步打造“点上出彩、线上成景、面上美丽”的美丽乡村格局。孟河镇南兰陵村、薛家镇任葛村、西夏墅镇东

孟河镇南兰陵村郑塔里入选江苏省传统村落名录 （区委宣传统战部 供图）

南村、奔牛镇东桥村入选2023年江苏省乡村振兴示范村。奔牛镇祁家村入选常州市美丽乡村建设项目。西夏墅镇东南村李家村美丽乡村开园，青野东南乡村酒店开业，助力村集体增收。孟河镇南兰陵村乡村会客厅基本建成，招引民宿、餐饮等乡村新业态，深化美丽乡村专业化村庄运营模式。“留住乡愁 文化赋能”促进乡村高质量发展——未来乡村村长论坛在奔牛镇史陈家村成功举办，孟河镇南兰陵村郑塔里和奔牛镇祁家村祁家塘分别入选第十一批次、第十二批次江苏省特色田园乡村。至年末，全区建成江苏省特色田园乡村8个、江苏省传统村落7个。

（区农业农村局 石薇）

【农村人居环境提升】 2023年，常州国家高新区（新北区）成立区农村人居环境整治提升工作领导小组办公室，印发《常州市新北区农村人居环境整治提升“积分制”管理实施方案》《新北区2023年度农村人居环境整治提升为民办实事项目实施方案》和《新北区农村人居环境长效管理考核及奖补办法（试行）》，建立健全月检、季评、通报、督查、评价闭环考核体系。实施宜居宜业和美乡村“积分制”管理和“旱厕清零”专项行动，年底实施积分管理的行政村覆盖面超50%，存量旱厕“动态清零”。聚焦民生实事，全年完成农村陈旧垃圾房提标改造539座，新改扩建公厕3座。常态开展农村人居环境长效管理明察暗访，发现并整改问题1.66万处，整改合格率96.8%。统筹推进农村厕所粪污处理与农村生活污水治理有效衔接。对已建农村户厕强化监管，确保户厕正常使用。推动“一部”“四沿”“五旁”（城乡结合部，铁路沿线、高速公路沿线、国省干道沿线、农村县乡道沿线，宅旁、树旁、田旁、路旁、水旁）村庄垃圾清理专项行动，清理农村陈年生活垃圾、建筑垃圾、白色垃圾等33万余立方米，改善农村人居环境。

（区农业农村局 陈艳辉 陈方敏）

【传统村落保护】 2023年，常州国家高新区（新北区）继续开展省级传统村落申报和保护工作，推动魏村街道魏村老街、孟河镇万绥社区万绥、西夏墅镇梅林村金家、西夏墅镇东南村韩村、魏村街道青城村青城、奔牛镇东桥村史陈家、奔牛镇新市村塘上等认定的7个传统村落完善保护维修工作。至年末，魏村街道魏村老街、西夏墅镇梅林村金家及魏村街道青城村青城完成3个传统村落保护发展规划审批并获省级批复；西夏墅镇东南村韩村实施规划编制、方案设计，形成初步成果。

【农房改造】 2023年，常州国家高新区（新北区）持续推进现代化宜居农房建设，改造建设现代化宜居农房（农房改善）1904户，完成全年农房改善任务。开展农房安全隐患排除，至年末，全区排查农房6.31万户，经鉴定，存在较大风险的C、D级隐患农房272户，采取工程措施完成整治178户，采取管理措施94户。

（区住建局 潘旭栋）

乡村休闲旅游

【概况】 2023年，常州国家高新区（新北区）以美丽乡村试点示范建设为契机，强化美丽乡村市场化运营，推动乡村休闲旅游发展。培育农业观光游、民宿美食游、特色田园游等乡村旅游新业态。打造匠心铺、梅林居、古银杏园等主题景观，建设奔牛镇祁家村、西夏墅镇东南村等美丽乡村。推出梅林村—东南村—史陈家村—南兰陵村精品乡村游等旅游线路。举办丰收节、插秧节、采摘节、农场集市、专场推介等活动，提升农旅资源知名度。西夏墅镇举办常州市2023年中国农民丰收节暨李家村美丽乡村开园仪式，吸引数千名游客参观游览。新北现代农业产业园打造基于绿色果蔬产业的采摘节及基于杜鹃花节的观光农业品牌。依托新北现代农业产业园区葡萄、梨、桃等采摘基地建设，创建乡村休闲旅游标杆区，全年接待游客超6万人次。

【2023常州乡村旅游节开幕】 3月31日，第十四届江苏省乡村旅游节常州分会场暨2023常州乡村旅游节在新北区薛家镇市级乡村旅游重点村——花开西庄开幕。活动现场，2023常州乡村旅游精品线路产品发布，内容涉及赏花踏青、研学手作、特色游乐、乡村美食等，为市民和游客出游提供更多选择。3对驻村辅导员与村庄在开幕式现场进行结对签约，助推乡村振兴。对2022年度评定的第三批8个市级乡村旅游重点村授牌，设置常州市乡村旅游重点村主题画廊，让市民和游客体验“画在景中走，人在画中游”。开幕式上，来自常州6个辖市（区）和常州经开区的乡村旅游推荐官介绍各区的乡村旅游资源和特色，邀请市民和游客走进美丽乡村，感受田园风情。开幕式所在地花开西庄，是薛家镇依托文旅融合激活乡村活力并进行产业重塑的重要尝试。初心小院、红领巾馆、喜马拉雅乡村有声图书馆、同心小菜园、赵小姐的甜品屋等文旅新业态相继入驻，每年接待游客量超10万人次。

（常新鉴）

【常州市2023年中国农民丰收节暨李家村美丽乡村开园】 10月13日，“和美与共庆丰收 振兴奋进万亿城”常州

10月13日，"和美与共庆丰收 振兴奋进万亿城"常州市2023年中国农民丰收节暨李家村美丽乡村开园仪式在新北区举行 （区委宣传统战部 供图）

市2023年中国农民丰收节暨李家村美丽乡村开园仪式在新北区举行。开园活动由常州市农业农村局、区人民政府主办，区农业农村局、西夏墅镇人民政府承办。仪式现场，全市7个农业农村重大项目集中签约，并为第六届"农担杯"常州市农村创业大赛一等奖获得者颁奖。举办农产品展销活动，30余个常州特色农产品展位依次排开，叶莉莉梨膏糖、张万成羊肉、菜根香八宝粥、银河村螃蟹等展位吸引众多游客观赏品尝。历经两年的筹备和建设，新北区又一个美丽乡村——李家村，在丰收节开幕式现场揭牌开园。李家村是新北区西夏墅镇东南村下辖的自然村，区域面积6.67万平方米，耕地面积近20万平方米。李家村以稻米产业为基，以农耕文化为魂，通过修复生态、改造提升居民生活品质，引进"青野东南"主题酒店等业态，围绕"流觞曲水、田间雅集"主题，打造集住宿、餐饮、商务、休闲娱乐于一体的美丽乡村。

（区农业农村局 奚力中 石薇）

【新增省特色田园乡村2个】 2023年，孟河镇南兰陵村郑塔里和奔牛镇祁家村祁家塘分别入选第十一批次、第十二批次江苏省特色田园乡村。至年末，全区累计有8个村庄被评为江苏省特色田园乡村。年内，新北区以新发展理念构筑特色田园乡村建设新格局，组织开展特色田园乡村建设、传统村落保护、农村住房条件改善、农村人居环境整治提升等工作，改善农村生产生活条件，推动乡村可持续发展，乡村面貌持续向好。

（区住建局 潘旭栋）

资料链接

特色田园乡村

奔牛镇祁家村祁家塘。祁家塘紧邻京杭大运河，依托大运河和新孟河文化，村庄开展农村人居环境整治，实施河塘清淤、景观改造、亮化美化、墙面彩绘等工程，实现河畅、水清、岸绿、景美。祁家塘挖掘润土瓜蔬、刘伟农场、润源农场等产业特色，打造"水乡原墅、瓜果祁家"农旅融合示范区。

孟河镇南兰陵村郑塔里。南兰陵村明清时期便有"药材种植之乡"美名，村内古银杏、竹园、莲花庵遗址等彰显地域文化特色。郑塔里围绕"香邑南兰陵 享趣郑塔里"定位，打造集田园建筑、生活、风光于一体的诗意乡村，营造"水韵香、田野香、屋里香"三大特色版块，把文化特色、自然亲子、康养休闲有机结合，成为市民和游客打卡的特色乡村。

西夏墅镇东南村委大薛家村及韩村。大薛家村保留原有树木植被，激活河道水系，利用老砖老瓦等材料，挖掘"活色生香"老故事，形成"爷爷家的老瓦""东东南南的花园""小农夫的院子"等7个精品点，并串点成线。韩村挖掘以谢稚柳、恽建新为代表的乡贤文化元素，发挥乡贤在风习教化、村庄治理和带动致富中的作用，用乡贤智慧扮靓特色田园乡村建设。

奔牛镇东桥村委史陈家村。史陈家村历史悠久，文化底蕴深厚，史为主姓，是中华人民共和国司法部首任部长史良的寻根之地。史陈家村有参观、游玩、体验、采摘、品尝等项目。先后获江苏省社会主义新农村建设先进村、江苏省三星级康居示范村等称号。

西夏墅镇梅林村委龙王庙村。龙王庙村激发村民主动参与、持续改造庭院的内生动力，打造成片美丽庭院。探索盘活闲置宅基地和闲置住宅，发展新兴乡村文旅项目，文旅赋能乡村振兴。

薛家镇任葛村委老西庄。花开西庄为老西庄项目一期工程，规划面积54万平方米。花开西庄引进业态丰富，涵盖非遗手工坊、四季花境、乡食馆、羊萝卜牧场等。建设红领巾馆、初心小院作为红色教育基地，实现集诗意栖居的未来乡村、健康的都市田园、播种文化的艺术农场、智慧创新的文创社群于一体的共建共治共享都市田园。

西夏墅镇梅林村委夏家村。夏家

村碧水环绕，林木繁茂，厚植生态底色，发展生态产业，打造新型生态文明的“夏家模板”。

奔牛镇新市村委塘上村。塘上村村道宽敞、自然生态、宜居安乐，廉政文化教育和红色文化元素镶嵌在村里各景点中。塘上村启动新市村现代农业产业示范区规划，形成以贤春生态农场“新阳红”牌无土栽培西红柿、草莓和常州市戴墅菌业专业合作社“本德坊”牌食用菌培植技术为主导产业的格局，提高村级集体经济收入。

（区住建局 潘旭栋）

乡村治理

【概况】 2023年，常州国家高新区（新北区）围绕组织引领、三治（基层社会治理体系中的自治、法治、德治）融合、人才培育、空间整治和数字赋能等关键环节，建立健全乡村治理体系，推进乡村治理现代化。实施宜居宜业和美乡村“积分制”管理，存量旱厕实现“动态清零”；深化农村产权制度改革，提升宅基地数字化管理水平；率先建设“区块链+农村集体资产监管”一体化服务平台，实现“三农”信息化。坚持生产空间、生活空间、生态空间“三生融合”系统治理，西夏墅镇东南村入选第三批全国乡村治理示范村。重点推广“清单制”乡村治理方式，围绕依法依规编制办事清单、事项规范运行等，形成制度化乡村治理模式，实现“清单制”治理方式100%覆盖行政村。

（常新鉴）

【农村生态河道建设】 2023年，常州国家高新区（新北区）按照《2023年新北区农村生态河道建设实施方案》，建设农村生态河道16条，总长29.81千米。其中有孟河镇的茅庵大沟、军民河、北长沟，薛家镇的北童子河（北凤凰河）、松林河、童子河市政段、童子河南段，罗溪镇的韶山河、团结河，西夏墅镇的夏史巷大沟、十里长沟、永胜河、午塘河，奔牛镇的西沙河，新桥街道的乐山路河，魏村街道的青年河，总投资额6876.2万元，生态河道覆盖率比上年增长8.95%，并全部通过省、市级验收。至年末，全区建成农村生态河道187千米，覆盖率56.12%，农村河道面貌持续向好。

（区农业农村局 沈秋娜）

【农村生活污水治理】 2023年，常州国家高新区（新北区）围绕“十四五”农村生活污水治理专项规划和“十四五”畜禽养殖污染防治规划，继续推行农村生活污水社会化治理省级试点工作，统一规划、设计、建设、运营，实现村庄污水“建、管、养、运”一体化。按照“双60”（1个行政村中不低于60%的自然村完成治理，且1个自然村中不低于60%的农户完成治理）标准治理率达45%的目标。全区农村生活污水治理设施PPP项目完成109个自然村生活污水治理，新增19个“双60”达标行政村，实现行政村“双60标准”治理率70.5%，规划发展村全覆盖。

（区住建局 张志伟）

【农村土地承包经营纠纷化解】 2023年，常州国家高新区（新北区）持续推进农村土地承包经营纠纷调解仲裁工作，完善仲裁庭场所及硬件配套设施建设。全年收到农村土地承包经营权调解仲裁案件1件、市局交办信访件2件、区信访局转办信访件3件、举报信3件、门户网站来信6件、来电反映问题30余件，主要涉及土地承包、经营权流转、成员资格界定、股权分配、宅基地、集体经济组织年终分配等内容。区仲裁庭会同相关部门深入镇村调查，听取意见，协调多方关系，寻求解决问题的途径和办法，有效化解矛盾纠纷，维护农户合法利益。年内，魏村街道张琴芬农村土地承包经营权纠纷仲裁案公开审理，并出具裁决书；信访、门户网站来信、来电反映问题事项均调查答复信访人及来电群众。

（区农业农村局 曹金华）

【宜居宜业和美丽乡村积分制管理】 2023年，常州国家高新区（新北区）开展宜居宜业和美乡村“积分制”管理，主要内容是将宜居宜业和美乡村建设的各项事务转化成数量化指标，设置文明积分、环境治理积分、党建积分、垃圾分类积分和志愿服务积分等五类积分，并实施月检、季评、年表彰，探索实现宜居宜业和美乡村建设与乡村治理“双赢”模式。年内，开展积分管理的行政村实现全覆盖，村民参与度100%，满意度超98%。其中，孟河镇树新村、魏村街道新华村、奔牛镇贺家村等立足村情民情，将线下“老党员工作室+积分超市”“积分存折”和线上智能手机端积分平台打通，运用积分制管理唤醒村民自治意识，提升群众满意度和幸福感。

（区农业农村局 陈艳辉 陈方敏）

【西夏墅镇乡村整治更新片区试点】 2023年，常州市启动实施乡村片区整治更新试点工作，西夏墅镇农业农村现代化示范片区是全区唯一入选的试点片区。试点片区范围东至西梅线、南至122省道和东南路、西至浦河、北至于巷大沟和延寿河，涉及东南村、梅林村、水塔口村、池上社区4个行政村（社区），总面积18.46平方千米。试点片区围绕生态、生产、生活“三生空间”，规划新孟河生态廊道、122

省道发展联系轴、中部绿色生态宜游片区、西部融合发展宜业片区、东部和美田园宜居片区，形成“一廊一轴三片”空间布局。10月，西夏墅镇片区整治更新规划通过市级审查，并形成三年项目推进清单。至年末，牛郎村水环境综合整治工程开工，梅林村长巷里农房集建区项目基本完工。推进村庄规划编制衔接，统筹规划水、电、交通、生态空间等全域规划。

11月，西夏墅镇东南村入选第三批全国乡村治理示范村

（区农业农村局 供图）

【东南村被评为全国乡村治理示范村】11月，西夏墅镇东南村入选第三批全国乡村治理示范村。2023年，东南村以民主法治示范村创建为抓手，探索以自治为基础、以法治为保障、以德治为支撑的乡村振兴之路。自治为基础，发挥村民自我管理功能。根据东南村实际，完善村规民约，以乡风乡规推进乡村治理。坚持“四议两公开”“三务公开”（四议：村党支部会提议、村“两委”会商议、党员大会审议、村民代表会议或村民会议决议，两公开：决议公开、实施结果公开。三务公开：村级党务、村务、财务公开），打造“南事无忧”议事平台，规范民主议事规则，发挥老党员、乡贤、社会知名人士等议事成员的专业和经验优势，保障议事决策民主化。法治为保障，强化农村宣传服务供给。东南村加强“法律明白人”培育，遴选“法律明白人”20人。选优配强村法律顾问，定期开展普法讲座和咨询解答。建立网格微信群3个、法润民生群1个，对涉及村民利益的重大事项及时公开，重大民生问题广泛征求村民意见。德治为支撑，实施乡风文明培育行动。该村举办“文明家庭”评选活动，发挥家庭家教家风的道德教化功能。挖掘、深化、创新优秀思想观念、道德规范、家族传承等，讲好“韩村十八只书箱”和“两棵老树”的故事，打造法治文化产品，丰富群众的精神文化生活。

（区农业农村局 石薇）

城乡建设与管理

城乡建设规划

【概况】 2023年，常州国家高新区（新北区）围绕“创智新高地、城市新中心、滨江宜居城”发展定位，深化区级国土空间总体规划编制工作，完成市级部门意见征求；优化调整省级生态空间管控区域方案并通过市级专家论证。推进控制性详细规划修改16个，重构新详细规划单元19个。提交并通过2022年国土变更调查国家级核查，协同推进《常州市内河港总体规划修编》《新北区智造未来城供电专项规划》等专项规划编制，优化安家片区、吕墅工业园区等区域交通组织；首次实现春江高压燃气管线工程闭环管理，完成道路选址审批30千米、各类管线方案审批200千米；完成区级河道十里横河的统一确权登记工作。根据城市国土空间监测工作要求，更新全域自然资源和人文地理要素，推进建筑单体化建设。至年末，完成全域三分之二区域的建筑单体化采集，为城市规划和资源管理提供精准的数据支持。

（区资规分局 缪媛 高帆）

【区级国土空间规划】 2023年，常州国家高新区（新北区）按照国家、省、市工作部署，在“三区三线”（三区：农业空间、生态空间、城镇空间三种类型的国土空间，三线：分别对应在农业空间、生态空间、城镇空间划定的耕地和永久基本农田、生态保护红线、城镇开发边界三条控制线）划定成果基础上，完善面向2035年的新北区国土空间总体规划（分区规划）成果，细化交通、水系、用地布局等重点规划内容，完成市级部门意见征求。年内，完成2轮预支空间规模指标落地上图方案，并获江苏省自然资源厅函复同意，为重大项目和重大基础设施落地提供规划支撑。

（区资规分局 缪媛）

【重点片区规划研究】 2023年，常州国家高新区（新北区）促进全区产业空间布局研究成果转化，衔接产业发展规划、基础设施实施计划，完成常州高铁新城龙江路西侧产业园区规划设计，谋划打造常州低碳绿色智造产业万亩新高地。立足常州北部副中心发展定位，完成高铁新城嫩江路以北地区、江南环球港西侧城市深化设计。以常州北站南片区为重点，开展城市更新规划，探索城市更新路径。

（区资规分局 缪媛 高帆）

【控制性详细规划】 2023年，常州国家高新区（新北区）落实构建市区详细规划“一张图”要求，结合行政事权统筹生产、生活、生态和安全功能需求，完成新北区详细规划编制单元划分方案。持续优化中心城区和孟河镇、西夏墅镇、奔牛镇控制性详细规划，全年开展常州市新北区飞龙第二实验小学及周边、高铁新城嫩江路区域等16个控制性详细规划修改工作，为城镇生活区建设、产业园区发展提供规划保障。

（区资规分局 刘佳辰）

城市更新

【概况】 2023年，常州国家高新区（新北区）加快推进重大项目征地拆迁、安置房建设、拆除行业管理、老旧小区改造、美丽街区建设等重点工作。全年实施征迁项目9个，总面积68.95万平方米；实施安置房建设项目8个，安置房建筑面积129.48万平方米；实施老旧小区改造12个，既有住宅加装电梯5部，城市更新持续改善市民生活品质。

（区住建局 钱晓琛）

【房屋征收】 2023年，常州国家高新区（新北区）启动实施腾龙大道、龙江路以西产业园区（薛家片区、新桥片区非住宅、魏村片区）、龙江路以东乐山路以西浏阳河路以南地块（非住宅）等项目；德胜河航道提升、常泰铁路完成拆迁量统计及资金测算，环球港西地块、常柴铸造厂周边地块等项目开展前期工作。2022年结转的10个项目中，常蒸地块、常柴单缸机厂、国际修理包、桃花港整治、魏村工业承载地块、通用自来水厂、紫金山路7个项目完成签约；江苏电力、兰翔厂项目继续推进；西夏墅新孟河拓浚南北桥及长江路东浏阳河路以南地块项目推进剩余户的签约洽谈。年内完成签约住宅762户、非住宅105户，总面积68.95万平方米。

（区住建局　殷钱众）

【安置房屋管理与建设】 2023年，常州国家高新区（新北区）实施安置房建设项目8个，安置房建筑面积129.48万平方米。其中，续建小区5个，安置房建筑面积92.21万平方米，滨开区百馨西苑六期、安家苑四期和罗溪空港一村三期继续建设，新桥街道新景花苑五期竣工交付，新景花苑六期完成竣工验收；新建小区3个，安置房建筑面积37.27万平方米，孟河景园五期继续建设，安家苑五期和魏村安置区处于控规调整批前公示阶段。

【拆除行业管理】 2023年，常州国家高新区（新北区）有承接项目并从事拆除行业的服务单位32家，备案32家，其中评估公司7家、搬迁公司10家、拆房公司15家。区房屋征收（搬迁）行业服务单位备案53次，其中拆迁劳务18次、评估服务19次、拆房服务16次。加强房屋建筑拆除工程管理，提高和加大全区房屋建筑拆除工程现场检查工作频次和力度，全年开展巡查42次，督促相关单位整改到位，确保项目平稳顺利实施。至年末，全区完成房屋建筑拆除工程项目9个。

（区住建局　谭沛灵）

【老旧小区改造】 2023年，常州国家高新区（新北区）完成9个镇（街道）12个老住宅小区提升整治，总投资额超2亿元，惠及居民2万余户。改造内容从外墙道路等基础类改造延伸至完善社区配套服务的功能性改造，将老旧且利用率较低的非机动车车库，打造为“一老一小”全龄空间，引入国企物业企业和家政、养老等社会组织提高小区居民生活品质。年内，区首次成功申报老旧小区改造政府专项债券1亿元，并获中央、省级旧改奖补资金4518万元；4个项目被列入中央老旧小区改造项目，三井街道河海新村、中海锦珑湾花园被评为省级宜居示范居住区。新桥街道新龙花苑改造项目利用小区外围绿地拓展停车资源，结合新能源充电设施打造常州首座以充电为主、休闲为辅的充电公园。

（区住建局　王超男）

【无障碍环境建设】 2023年，常州国家高新区（新北区）推进全区无障碍环境示范区建设，区无障碍环境建设项目作为2023年新北区政府投资项目，通过设计改造缘石坡道、盲道、无障碍电梯、无障碍出入口、轮椅坡道等，优化无障碍环境，保障残疾人、老年人充分参与社会生活、共享社会物质文化成果。年内，全区开展无障碍环境专项体检，发现共性问题9个方面77个；摸排通江路以东、建东路以西（南部晋陵路以西）、汉江路以南、太湖路以北区域的无障碍设施现状，针对其中设置缺失、不合标准等问题制定设计方案，打造区内无障碍环境示范区。项目计划改造示范区内不符合要求的公交站台无障碍上下坡24处、盲道缺失27处、无障碍坡道高差调整507处。至年末，区无障碍环境示范区建设整体改造完成50%。

（区住建局　潘旭栋）

【美丽街区建设】 2023年，常州国家高新区（新北区）实施美丽街区综合提升改造工程。工程聚焦全要素一体化管理，以常州市政务中心为中心，围绕市容秩序、市政设施、景观品质、空间品质、长效管理等方面开展整治提升。工程重点围绕基础设施提升、绿化管理养护、停车设施管理等方面，修整人行道板面积4500平方米，替换公共座椅28个，增设儿童友好设施1处，出新人行道等标志标线4500余米；

三井街道阳光花园加装电梯　（区住建局　供图）

应用专利设计复合树脂盖板美化树池箅460个，清理修剪绿化带800余平方米，种植乔灌木50棵，补种地被面积2000平方米；出新店招标牌226个，美化电箱17个、约80平方米；14个停车场落实停车收费调整，涉及停车泊位4877个，其中退红线区域停车泊位1216个；建设市容环卫责任区信息化管理示范路2条，安装智慧探头20个；设置网红打卡点2个，开展共创活动1次。在常发广场、常州现代传媒中心、典雅广场等场所完善施划非机动车停车线800余米，可容纳2000余辆非机动车停放。

【汉江路被评为全省城市户外广告和店招店牌设施设置特色街区】 2023年，常州市新北区汉江路被评为全省城市户外广告和店招店牌设施设置特色街区。汉江路国际街区位于三井街道汉江路，西起晋陵北路，东至澡港河桥，全长780米。2021年6月，汉江路国际街区2.15万平方米场地改造提升项目启动。项目以店招标牌升级改造为特色，以“风、韵、雅”中国传统文化为设计灵感，以市民美好生活体验为出发点，打造集“都市风情、生活韵味、雅致情调”于一体的现代化生活街区，构建汉江路独特景观优势。汉江路入口广场设置裸眼3D格栅屏、全息投影、声光电相结合的超400平方米楼体光电板，使用科技手段吸引游客驻足，并通过造型各异的建筑立面、不同风格的景观绿化，结合视频、灯光、音响，打造一步一景的场景体验。

（区城管局 赵翔）

市政和公用事业

【概况】 2023年，常州国家高新区（新北区）以产业和民生为中心完善路网，改善部分堵点、事故多发点通行条件，提升道路网整体服务能力；开展主干道路维修养护、县乡公路专项养护等项目，确保存量道路资源高效利用；加强市政项目精细化管理，区“两馆两中心”项目市政工程、刘和里路（乐山路—崇义路）市政工程、百善路（刘和里—新桥大街）市政工程等13个项目（标段）被评为常州市市政优质示范工程。开展市政道路养护，对长江路、通江路等道路实施改造提升，全年完成市政养护项目362个，总投资额约7200万元，完成沥青施工面积12.33万平方米，人行道施工面积3.68万平方米，维修道路井盖498个。推进区属雨水管网修复工程及地理信息系统项目建设，持续完善市政排水管网，加强管道养护清淤，保障城区排水通畅。

（区住建局 徐健）

表53　2023年常州国家高新区（新北区）获常州市市政优质示范工程项目一览表

序号	工程名称	申报单位	建设单位	监理单位
1	2021年核心区道路白改黑工程市政项目	江苏茂业建设工程有限公司	常州市新北区市政绿化管理所	江苏园景工程设计咨询有限公司
2	百善路（刘和里—新桥大街）工程项目市政工程	常州中元市政建设工程有限公司	常州黑牡丹建设投资有限公司	江苏开源工程咨询监理有限公司
3	奔牛镇金牛里小区北区小区市政工程	江苏华宇建设有限公司	江苏协新建设发展有限公司	常州建工项目管理有限公司江苏龙城建设项目管理有限公司
4	奔牛镇金牛里小区南区小区市政工程	江苏华宇建设有限公司	江苏协新建设发展有限公司	常州市华阳建设工程监理有限公司
5	常州高铁新城新型城镇化示范区建设项目城市扩能增效及信息化提升——2021年长江路、通江路等道路改造工程	常州中航港建设工程有限公司	常州国家高新技术产业开发区（新北区）住房和城乡建设局	江苏园景工程设计咨询有限公司
6	常州高新区（新北区）“两馆两中心”项目市政工程	江苏益豪建设有限公司	常州黑牡丹置业有限公司	江苏嘉越工程项目管理有限公司
7	常州市新北区污水收集与治理全覆盖项目2020年农村污水管网施工六标段市政项目（奔牛农村）	常州市金建路桥工程有限公司	常州新美水务有限公司	江苏园景工程设计咨询有限公司

续表 53

序号	工程名称	申报单位	建设单位	监理单位
8	常州市新北区污水收集与治理全覆盖项目2020年农村污水管网施工四标段市政项目（孟河）	盐城市市政建设集团有限公司	常州新美水务有限公司	江苏安厦工程项目管理有限公司
9	黑臭河道整治——江边污水处理厂管网完善工程运河路、通江路、312国道、老239省道、王下村路等污水管道工程	常州市市政建设工程集团有限公司	常州市城市排水有限公司	常州市华阳建设工程监理有限公司
10	衡山路（藻江河—云河路）市政工程	江苏溧阳建设集团有限公司	常州黑牡丹建设投资有限公司	江苏安厦工程项目管理有限公司
11	刘和里路（乐山路—崇义路）工程项目市政工程	常州中航港建设工程有限公司	常州黑牡丹建设投资有限公司	江苏雨田工程咨询集团有限公司
12	庄只里路（新龙二路—循礼路）工程项目市政工程	常州市通润建设工程有限公司	常州黑牡丹建设投资有限公司	江苏安厦工程项目管理有限公司
13	紫金山路（沪蓉高速—省道338线）工程项目市政工程二标段	山东天诚交通工程有限公司	常州黑牡丹建设投资有限公司	江苏安厦工程项目管理有限公司

（区住建局 潘旭栋）

【市政道路建设】 2023 年，常州国家高新区（新北区）推进道路交通安全设施建设，完善全区骨干路网。年内，延河路（政泰路—罗东路）、新科路（龙六路—云台山路）等骨干路网建成通车；打通宜山路、龙业路至澡港河西岸段及黄河路至小塘路支路 2 段，提升城市支路微循环。完善重点片区整体路网，推进天河路（239 省道—井冈山路）、春江路（嫩江路—淮河路）等涉及产业配套、民生工程的规划道路建设，增加道路供给。持续开展区级主干道维修养护、县乡公路专项养护（道路改造），保障既有道路资源通行能力。至年末，全区市政道路总长 974.42 千米，其中主干路 156.59 千米，市政道路总面积 1354.75 万平方米；新增市政道路 4.05 千米、面积 9.49 万平方米，雨水管道 3.63 千米。全年验收区级投资市政工程竣工项目 13 项，项目总投资额 6.07 亿元。

表 54　2023 年常州国家高新区（新北区）市政道路竣工项目统计表

序号	项目名称	专业类别	建设性质	开工时间	竣工时间	新建道路长度（米）	总投资额（万元）
1	宜山路（龙业路—藻江河西岸）	道路桥梁	新建	2023.3.24	2023.9.28	150	650
2	延河路（政泰路—罗东路）	道路桥梁	新建	2022.3.24	2023.11.20	330	2350
3	新民西路（祁连山路—港区西路）	道路桥梁	新建	2022.3.24	2023.12.25	510	3150
4	宜山路（黄河路—小塘路）	道路桥梁	新建	2023.5.24	2023.12.15	700	1900
5	武夷山路（新科路—新竹路）	道路桥梁	新建	2022.4.1	2023.4.30	230	1255
6	新科路（龙六路—云台山路）	道路桥梁	新建	2023.3.28	2023.8.15	414	3830
7	奔发路叶家码头大桥	道路桥梁	新建	2021.9.18	2023.7.15	1601	40520
8	黎河路（泰山路—峨眉山路）	道路桥梁	改建	2023.3.28	2023.8.15	860	650
9	嵩山路（黎河路—黄河路）	道路桥梁	改建	2023.3.28	2023.8.15	350	300
10	新苑三路（创新大道—科技大道）	道路桥梁	改建	2023.4.22	2023.11.15	1050	1100

续表 54

序号	项目名称	专业类别	建设性质	开工时间	竣工时间	新建道路长度（米）	总投资额（万元）
11	巢湖路（通江路—惠山路）	道路桥梁	改建	2023.4.22	2023.11.15	400	350
12	嵩山路（桂江路—汉江路）	道路桥梁	改建	2023.4.22	2023.11.15	400	350
13	丽江路（瑶山路—政泰路）	道路桥梁	改建	2023.4.22	2023.11.15	590	450

（区住建局 徐健）

【市政道路养护】 2023 年，常州国家高新区（新北区）完成市政道路养护总投资额 7200 万元，建设项目 362 个，其中中修 114 个、行政开挖 29 个、小修 219 个；完成沥青施工中修 10.6 万平方米，行政开挖 0.48 万平方米，小修 1.25 万平方米；维修道路井盖 498 个，花岗岩树池 219 套；完成水泥侧平石中修 4.2 万米，行政开挖 0.13 万米，小修 0.54 万米；完成人行道中修 3 万平方米，行政开挖 0.16 万平方米，小修 0.52 万平方米。年内，针对黄河路、华山路、太湖路、晋陵路等道路原有人行道局部起拱、沉降、积水以及车位紧张等问题，采取拆除老旧板块、重新造景设计、增设步行便道、廊架等措施实施改造提升；通过重新规划停车区域，实行人车分离，缓解周边停车压力。

（区住建局 张慧景）

【市政排水养护】 2023 年，常州国家高新区（新北区）处理区内道路积水及管道塌陷等隐患，完成雨水管道养护 565 千米，清淤疏通检测雨水主管 105 千米，投资 914 万元改造汉江路、河海路、环龙路等道路管道缺陷处，维修管道 2.3 千米、检查井 16 座、收水井 504 座。加强安全隐患排查，区城市地下管网与城镇燃气安全生产专业委员会开展区级雨水管网安全专项检查 15 次，及时整改隐患问题，对新竹路等 3 条市政道路进行雨水专项验收。按照《新北区住宅小区排水工程服务手册》规范，对新尚嘉园、美林湖花园、桃溪院子等 21 个项目开展验收并出具商品房交付使用配套基础设施核查意见，确保住宅小区配套设施建设项目质量。

（区住建局 芮新江）

4 月，通江路龙城大道路口试点全市首个“左转待转区” （王锐 摄）

【供水】 2023 年，常州国家高新区（新北区）供水量 1.04 亿吨。年内，推进老小区自来水管道更新改造，实施工程 121 项，涉及小区 73 个。配合腾龙大道快速路改造工程，对 2 千米供水管网进行迁改及更新，保障城市供水用水安全。尝试开展卫星探漏工作，检测范围 400 平方千米，根据卫星影像解译结果，核查疑似漏水点 593 个，找出实际漏水点 224 个，其中管道暗漏 139 个、设施明漏 85 个。由省卫生监督所牵头，常州通用自来水有限公司参与起草编制的团体标准《二次供水设施卫生要求》发布。完成城市供水主干管漏损及爆管智能化侦测和预警管理系统技术研究与应用示范项目，填补国内管网资产评估及瞬态压力监控方向技术空白。配合市主管部门完成供水专项规划编制，推进安全供水体系提升。

（区住建局 鲍静文 薛丹 王丽萍）

【排水】 2023 年，常州国家高新区（新北区）完善污水管网等基础设施，新建紫金山路、瑶山路等道路污水干管 2.4 千米，开工建设污水泵站 1 座。年内，完成问题小区雨污分流改造 2 个，管网排查与疏通检测27.6千米，建成污水排放达标区1个。启动大运河奔牛段集镇区水环境综合治理项目，新建污水管道7.5千米，奔牛镇老集镇区段2.3千米大运河两侧管线和配套道路修复工程全部完工。至年末，孟河水环境治理工程完成雨水管新建及改造15.18千米，新建污水管15.49千米。

（区住建局 张志伟）

【供热】 2023年，常州国家高新区（新北区）联合中节能城市节能研究院有限公司对高铁新城进行能源专项规划，合作建设可再生能源区域集中供能项目。项目以江边污水处理厂排放中水、澡港河河水等可再生能源为主要冷热源，以浅层地热能、空气能、太阳能等相关技术为能源补充，挖掘属地低品位、废弃能源，采用高效节能的联合能源系统为高铁新城重点区域各类建筑提供集中供冷供热服务。该项目规划供能面积600万平方米，建设能源站3座、换热站40余个、供能管网35千米，总装机量235兆瓦。项目达产后，规划每年减少中水直排长江3000万吨、碳排放8万吨、二氧化硫排放529吨、粉尘排放308吨，系统可再生能源替代率70%，“碳达峰”“碳中和”贡献度9.7%，为区域建筑降低碳排放21%；相较传统系统，项目减少使用费用超30%，节约占地面积超60%。年内，集中供能项目一期能源子站建成并投运，能源母站土建工程竣工。

（常新鉴）

【供气】 2023年，常州国家高新区（新北区）总供气量4.04亿立方米，其中民用客户供气量5641万立方米、工商业客户供气量3.48亿立方米，客户总数30.11万户，管网总长1742千米；新建天然气管道86.63千米，投入资金7148万元。年内，完成富都花苑、盘龙苑等6个老旧小区燃气改造工程，改造庭院管道691米、立管2358米、户内设施3945户，总投入445万元。继续推进“瓶改管”项目，三井街道巢湖路等6个街区完成“瓶改管”项目，孟河镇、龙虎塘街道2个街区启动改造项目。至年末，全区有餐饮聚集街区129条，瓶装液化气餐饮用户2421家，完成“瓶改管”街区15条，接管573户（三井街道207户、薛家镇223户、西夏墅镇143户）。全年开展燃气安全抽查68次，开具执法责令整改通知单15份，完成使用环节隐患整改978处，实现餐饮企业燃气安全每月智慧化检查；完成工业级报警装置安装2957台，安装率100%；9家二级供气站点、2家三级供气站点建成投运，2家二级供气站点完成选址。

（区住建局 洪斌 凌春 季佳蕾 王丽萍）

【供电】 2023年，常州国家高新区（新北区）电网拥有晋陵变、魏村变、三井变等大型变电站43座，其中500千伏变电站1座、220千伏变电站10座、110千伏变电站30座、35千伏变电站2座。年内，220千伏新龙开关站主变扩建工程、110千伏科技开关站新建工程等主网项目投运，开展110千伏池上—罗溪线路工程、110千伏科技开关站主变扩建工程等项目的前期核准工作，筹备220千伏三井主变扩建及其送出工程等项目的规划设计。12月，国网常州供电公司新北区供电服务中心成立。

（区住建局 姚雨晨）

【5分钟绿色出行充电圈】 2023年，常州国家高新区（新北区）推进重点公共场所充换电设施和既有住宅小区充电设施建设工作，扩大公共站点、高速服务区、居民小区、公交专用站点等类型的充电设施建设。至年末，全区累计建成公共和专用充电桩2160个，正辉光储充检超充港、新桥星星充电公园投用，提升充电设施“见桩率”，加速推动全区“5分钟充电圈”形成，服务市民绿色出行。

（区经发局 沈贤峰）

【国网常州供电公司新北区供电服务中心成立】 12月29日，国网常州供电公司新北区供电服务中心（简称国网新北供电服务中心）在高铁新城核心区揭牌成立。国网新北供电服务中心位于辽河路901号常州国家级科技企业孵化器内，有在职员工53人，下设营业班、大客户服务班、低压综合服务班、配电运检班4个班组，开展辖区范围的客户业扩报装、装表接电、用电检查等供电服务业务，10千伏（20千伏）配网设备的运维检修、工程验收和低压业扩配套工程建设，以及重大活动保电、配电网规划、杆线迁移等涉电业务对接。

（常新鉴）

【城市照明】 2023年，常州国家高新区（新北区）有路灯设施17.76万盏，其中功能性8.09万盏、景观性9.67万盏；新增功能性路灯1539盏，新增功率117.13千瓦。11月，启动全区照明设施维修发光二极管（LED）更换项目，总投资额5800万元，针对全区15年以上老旧照明设施、部分带隐患照明设施进行改造，改造范围为区内尚未实施LED改造的市政道路、居住（小）区的功能照明灯具、高架功能照明和防撞墙照明灯具，总计改造城市照明灯具4.2万盏，其中功能照明3.1万盏、景观照明1.1万盏。

【公共交通】 2023年，常州国家高新区（新北区）新建公交站台26个、改造71个，公共交通基础设施完善工程总投资额600万元。更新置换公交车72辆，新能源公交车占比92.5%；优化调整公交线路5条，撤销线路1条。学习借鉴无锡市江阴市公交站台建设成功经验，推进智慧型户外广告设施建设，全年新增站台电子广告屏4个，并在站台底部增设通用串行总线（USB）手机充电口，实现数字智能化、大数据驱动和全渠道整合。

（区住建局 潘旭栋）

【城市共享单车】 2023年，常州国家高新区（新北区）城市共享单车主要包括有桩共享助力车及公共自行车，由永安行科技股份有限公司（简称永安行）负责建设和项目运营。至年末，全区有公共自行车站点86个，投入公共自行车1825辆，设置车桩2280个；有桩共享助力车站点1063个，投放车辆4.5万辆，其中永安行恐龙主题新能源助力车2000辆、氢能助力车800辆。据测算，公共自行车每天骑行量567人次，共享助力车每天骑行量2.5万人次。

（区城管局 赵翔）

园林绿化

【概况】 2023年，常州国家高新区（新北区）新建口袋公园1个、改造3个，改扩建绿化景观路7条，新增绿化面积48.13万平方米、改造5.87万平方米。至年末，全区累计建成各类公园绿地107个，公园绿地总面积1690万平方米，其中大型综合公园7个、社区公园9个、专类公园7个、口袋公园24个，实现绿化覆盖率41.6%，建成区绿地率35.56%，人均公园绿地面积18.83平方米。对红河路（长江路—乐山路）、太湖路（通江路—泰山路）、通江路（龙城大道—龙锦路）等路段实施改造提升，打造特色鲜明的城市花漾道路。完成8座公园标准化管理达标、7座三星级公园复评、1座四星级公园创建工作。深化“绿动高新·逸游未尽”品牌，举办荷花节、芒草节等专项园艺活动。开展古树名木资源普查、管护及修复，传承历史文化。年内，区住建局获全国绿化模范单位称号；11个绿化工程建设项目获2023年戈玉良杯常州市园林绿化优质工程奖。

（区住建局 杨雪飞）

【绿地养护】 2023年，常州国家高新区（新北区）出台《新北区市政绿化管理所城市维护费专项资金使用管理制度》《新北区市政绿化管理所城市维护费专项资金使用管理办法（大管家版）》及《新北区绿地养护分类分级管理实施细则（试行）》，通过对不同类别等级的管护标准投入差异化养护经费，建立“优质优价”的经费投入机制，规范城市维护费专项资金的使用管理，提升全区绿化精细化管理效果。每季度开展安全例会和安全专项检查，加大对道路行道树、绿地内桥梁、沿河护栏、廊架凉亭、亲水平台等的巡查力度，对存在安全隐患的点位落实警示措施并实施整改。组织养护单位开展病虫害防治、高空修剪作业、道路养护作业等安全工作及专业技能培训。全区12支绿化养护队伍在全市2023年度园林绿化“双优”（绿化养护优秀标段、优秀养护个人）竞赛活动中获长效管理“双优”竞赛优质标段称号，区市政绿化所在常州市园林绿化行业花境施工技能竞赛中获团体赛特等奖、管养单位获个人赛二等奖，全区入选全市绿化“四新”（新材料、新工艺、新技术和新产品）技术应用示范点5处。

（区住建局 郝莹）

【公园管理】 2023年，常州国家高新区（新北区）完成对19座（光伏产业公园和电子产业园合并为光伏产业公园）城区公园日常管理考核，总面积650万平方米。结合常州市公园管理服务标准对所管公园实施精细化管理，华山公园、三江口核心区绿地、三江口公园、新龙生态林、新景运动公园、紫藤公园、光伏产业公园、智汇公园完成公园标准化达标工作，飞龙公园、高铁生态公园、薛家中心公园、三江口公园、中央艺术公园、新龙湖音乐公园、新景运动公园通过三星级公园复评，新区公园升级为

新龙湖音乐公园　　（区住建局 供图）

区内首个四星级公园。在高铁生态公园、祥龙绿地等地建设月季邻里中心8处。全年推出新北区花情系列报道，确保每月1～2篇花情报道，形成新北区赏花月历。

（区住建局 叶彤）

【园艺推广】 2023年，常州国家高新区（新北区）在践行绿色低碳循环利用理念的基础上，兼顾为广大市民群众提供科普、咨询、技能培训等综合性园艺服务，满足市民家庭的园艺花艺需求。年内，利用区内公园柔性空间，以智汇公园、新北中心公园两大市民园艺中心为依托，举办紫藤花展、光伏芒草节等活动，增强“绿动高新·逸游未尽”公园品牌效应。推进“政府引导、社会参与、市民受益”园艺协同推广机制，区住建局、区市政绿化管理所和新北区市民园艺中心共同举办扫码换花、艾草花环制作、插花、树木认养等系列活动8场，吸引众多市民参与。

（区住建局 朱嫣）

【义务植树】 3月10日，常州国家高新区（新北区）在新龙生态林核心区组织义务植树活动，区四套班子领导和机关工作人员、常州军分区官兵等300余人参加，种植樱花树350余棵。年内，区住建局以“绿动高新·逸游未尽”为品牌，在3个省级“互联网+全民义务植树”基地组织开展爱绿护绿公益活动，吸引企事业单位及社会团体、爱心家庭参与植树和树木认养，形成生态保护人人参与的社会氛围。其中，新龙生态林作为全省首批“互联网+全民义务植树”基地，累计吸引企事业单位及社会团体50余家、爱心家庭3300余组，参与植树5000余株，树木认养4万余株。

（区住建局 杨雪飞）

【古树名木保护管理】 2023年，常州国家高新区（新北区）有古树名木60株，其中一级古树5株。修复古树名木13株，其中市级修复7株，分别为32041100086万绥社区东岳庙银杏、32041100097滕村岑北村银杏、32041100076小河社区街南村银杏、32041100065春江镇安家东蒋村场上邹家祠堂基地银杏、32041100093罗溪镇青莲社区空港产业园东峰电子厂内枸骨、32041100051新龙生态林内银杏、32041100077新北区孟城派出所内银杏；区级修复6株，分别为32041100044三井龙城大道华山路口加油站银杏、32041100067薛家中心广场银杏、32041100057魏村春江镇绿城墩村委绿南村夏巷里关帝庙基地银杏、32041100088孟河吉祥寺银杏、32041100079孟河刘费小学银杏、32041100080孟河刘费小学银杏。区级修复由区市政绿化管理所实施，投入资金43.08万元。各镇、街道组织人员定期对60棵古树生长情况实施巡查保护，投入古树养护费用24万元。

（区住建局 严东超）

【口袋公园建设】 2023年，常州国家高新区（新北区）新建及改扩建口袋公园4个，其中雅居乐·望湖口袋公园为新建口袋公园。雅居乐·望湖口袋公园，面积1.05万平方米，总投资额35万元，设颐养花园、森氧步道、乐语森林、阳光草坪等功能区，为小而精、多功能的城市密林花园；位于汉江路与通江路交叉口的口袋公园，面积3810平方米，总投资额150万元，融入活动场地、休闲坐凳、主题景墙等，具有商业性能；市府邻里口袋公园，面积1950平方米，总投资额20万元，景观层次分明，具备观娱游功能；锦珑口袋公园，面积4100平方米，总投资额100万元，设置园路、休闲廊架及健身设施等，是集休闲、娱乐、康体、交流于一体的街头公园。

【新增2个交通安全主题公园】 2023年，常州国家高新区（新北区）新增龙虎塘、西夏墅2个交通安全主题公园。龙虎塘交通安全主题公园位于龙虎大街与玲珑路路口西南角，占地面积3300平方米，是全市首个交通安全教育主题公园，包含趣味慢车道、车道模拟区等主题区，通过丰富的立体空间变化，真实模拟生活中常见的各种交通设施及场景。西夏墅道路交通安全主题公园位于239省道和城巷桥交叉口，占地面积4200平方米，公园遵循“地域特色与交通文化融为一体、宣传教育与景观赏析共为一色”的设计理念，打造交通标志识别墙、沉浸式模拟道路、电瓶车互动区、“‘童’行平安路”互动区以及道路交通安全主题打卡座椅等，让广大市民在休闲娱乐中潜移默化提升交通安全理念。

（区住建局 梁思伊）

【新桥星星充电公园开放】 12月15日，全市首个充电公园新桥星星充电公园对外开放。新桥星星充电公园位于华山路以东、澡港河以北，总面积6500余平方米。该公园太阳能和智慧能源项目，以充电为主、运动休闲为辅。园内设置48个充电车位，其中7千瓦慢充12个，120千瓦、360千瓦超级快充36个，充电价格为每千瓦时0.98元。投运后每天有200余辆新能源车到新桥星星充电公园充电，使用总电量2000余千瓦时，有效缓解周边新能源车充电供需矛盾。

（区经发局 朱瑄磊）

城市管理

【概况】 2023年，常州国家高新区（新北区）强化服务、优化管理、规范执

2023年，惠民路与广场大道斑马线完成改造出新　　（区城管局 供图）

法，提升城市管理精细化水平，营造干净、整洁、有序、安全、美丽的城市容貌和人居环境。围绕文明城市建设、城市长效综合管理、农村人居环境整治三大测评指标“三标融合”，开展13项年度重点攻坚行动。推动“城市大管家”业务入驻全区10个镇（街道），业务类型从传统业务向城市公共服务类新业务拓展。“四端发力”（前端分类投放、中端收集运输、后端集中处置、监督端管理执法）深化生活垃圾全周期管理，解决城市发展末端问题。聚焦民生关注，新建公共停车泊位，调整停车收费标准，完善智慧停车体系，缓解公共停车压力。打造“美丽街区”，开展市容市貌专项整治，推进公厕改造提升，解决制约城市发展问题。推进市容环卫责任信息化建设，全时段、智能化监管店招标牌，并聘请专业单位进行日常巡养维护，全年申报市容环卫责任区信息化管理示范路14条。至年末，区综合行政执法局立案230件，其中市容环卫类44件、环境保护类12件、城乡规划类67件、园林绿化类105件、其他2件；办理行政处罚文书166件，罚款78.42万元；完成行政复议5件，行政诉讼7件；处置平台各类投诉、舆情31件；办理省信访件4件、市信访件4件。

（区城管局 恽森强 戚赟）

【高新区（新北区）城市管理局成立】6月7日，常州国家高新区（新北区）城市管理局挂牌成立。区城管局主要职能为综合协调全区城市管理、城市市容和环境卫生行业管理及监督工作，内设综合处（政策法规处）、市容管理处（环境卫生管理处）及监督考评处，下设新北区城市管理行政执法大队、新北区环境卫生管理服务中心2家事业单位。年内，区城管局实施长效管理争先、大管家深化改革、美丽街区打造、生活垃圾分类推广、环卫基础设施品质提升、建筑装修垃圾处置体系建设、重点领域专项治理攻坚、智慧化管理增效“八大行动”，提升城市精细化、现代化管理水平。

（区城管局 许茜）

【“三标融合”】2023年，常州国家高新区（新北区）推进创建全国文明典范城市“三标融合”，提升城市精细化管理水平。“三标融合”是指整合文明城市建设、城镇长效综合管理、农村人居环境整治三大测评指标，根据指标就高、范围就宽、对象就广的原则，划分三类考核区域，实现分类施策，精准管理。建成区内的主次干道、商业大街、背街小巷、交通场站周边、小餐饮店、集贸市场及周边、商场超市周边、公共广场、公园、城市社区（居民小区）、水体、建筑工地、室外公厕以及主城区外的乡镇（含涉农街道）14类考察点所涉及的公共环境、公共秩序、公共设施等内容，由区城管局实施常态化考核；建成区之外的行政村所涉及的公共环境、公共秩序、公共设施等内容，由区农业农村局实施常态化考核；其他实地测评内容由区文明办组织常态化考核。文明城市、城市长效管理、农村人居环境长效管理分别按60%、30%、10%计入文明城市建设季度考核成绩。年内，全区围绕“创建工作融入日常、重复指标减少重叠、测评结果共同运用”的要求，开展背街小巷治理和垃圾分类治理2项重点攻坚提升行动。对菜场、医院、商业综合体、火车站、汽车站等重点部位周边道路加大排查力度，落实整改责任，全年开展背街小巷基础设施集中整治24次，维修人行道板、修补破损窨井盖等825处，发现并处理乱张贴、乱堆乱放问题3897处；新增施划非机动车停车线3850米，整治违停非机动车2476辆，联合交警治理道板机动车违停及拖移路内违停机动车977辆。

（区城管局 赵翔）

【“城市大管家”服务】2023年，常州国家高新区（新北区）推进“城市大管家”管理模式，指导龙城国控集团优化重组城市公共服务业务，形成以江苏龙控城悦管理服务有限公司为母公司，常州新园市政绿化有限公司、常州龙荟生活服务有限公司、常州龙悦停车管理有限公司为子公司的组织架构，为加快形成可复制、有竞争力的业务模式奠定基础。年内，龙城国控集团结合业务体系打造智慧管家平台，加强集团与区住建、城管、交警等部门联动，打通政府长效管理与内部业务管理的循环流程，平台建成后流转工单15.3万单，月均流转工单超1.6万件，工单办结率99%。“城市大管家”聚焦民生需求和市、区城市长效综合管理考评重点，通过考核管理与常态督查机制，清单式罗列梳理重点问题，统一流程标准，提升部门应急响应速度、工作主动性和问题整改效率。

（区城管局 邹立）

【户外广告管理】 2023年，常州国家高新区（新北区）落实减量、治乱、提质总体要求，加强户外广告和招牌设施安全监管，开展户外广告和店招标牌专项整治行动2次。7—8月，区城管局牵头各属地综合执法局开展校外培训店招店牌和户外广告专项整治工作，出动执法人员1225人次、执法车辆415车次，排查发现非法校外培训广告38处，全部清理拆除。12月，区城管局开展隐患排查“回头看”，对照台账检查既有问题整改进度，重点查看、摸排餐饮店、足浴店、棋牌室、超市等人员密集场所的户外广告设施，联合属地动态排查、监管户外广告和店招标牌遮挡门窗、阻断消防救援通道等问题。至年末，全区排查户外广告和店招标牌3.5万余个，发现隐患101处，全部完成整改。

【停车泊位建设】 2023年，常州国家高新区（新北区）新增公共停车泊位2586个，新接入市智慧停车平台公共停车泊位9850个，33个机关、国有企事业单位内部停车设施开放共享。推进停车场国有公司集中管理，由龙控诚悦服务管理有限公司承接全区路内停车泊位、退红线区域等涉及车位4100余个，停车资源40余处。各镇（街道）综合执法局和交警部门加强静态停车秩序治理，联动贴单违停车辆3.3万辆；常态长效开展违停拖移工作，拖移违停车辆8600余辆。完成全区154处公共停车设施收费调价工作，并完成收费公示牌更换。

（区城管局 赵翔）

【环境卫生管理】 2023年，常州国家高新区（新北区）环境卫生管理服务中心全面推进生活垃圾全量无害化处置，生活垃圾实现日产日清。全年产生生活垃圾35.25万吨，焚烧处置35.25万吨，生活垃圾无害化处理量100%。改造江边垃圾压缩站、空港垃圾压缩站；推进公厕升级，新建熙悦府口袋公园公厕，改造福地聚龙苑和康桥水郡公厕；开展垃圾偷倒、非法填埋和工业固体废物进站情况专项检查。依托区建筑装修垃圾处置厂，协调各属地政府部门落实装潢垃圾来源，全年处理装潢垃圾3.62万吨，可再生资源利用骨料2.93万吨、木料74.34吨、废旧金属15.2吨。

（区城管局 耿华）

【生活垃圾分类和治理】 2023年，常州国家高新区（新北区）生活垃圾分类建成，区内居民小区和单位实现可回收物、有害垃圾、厨余垃圾、其他垃圾“四分类”设施全覆盖。全面推进“三定一撤”（实现楼栋单元撤桶，合理设置集中投放收集点，实行定时定点投放，并逐步配备督导员宣传引导）达标小区建设，全年完成达标小区建设63个，全区建成区达标小区覆盖率75%，完成垃圾分类农村提标改造8个。年内，“推行厨余垃圾分类 共筑低碳绿色生活——2023年江苏省生活垃圾分类系列宣传活动”在迪诺水镇中心广场举行。龙虎塘街道腾龙社区水岸国际小区被评为第二批省级垃圾分类“红榜”居民小区。

（区城管局 刘丹琳）

【渣土管理和扬尘管控】 2023年，常州国家高新区（新北区）加强建筑渣土运输治理，制定《新北区建筑渣土运输处置考评标准及扣分细则》，全年对8家渣土运输企业和28辆运输车辆

8月31日，“推行厨余垃圾分类 共筑低碳绿色生活”活动在迪诺水镇中心广场举行

（区城管局 供图）

实施考核，总扣分34分。落实渣土车“两点一线”（两点：出土工地和消纳场所，一线：运输路线）全过程监管，要求每个工地出入口均配备冲洗设备，实行重点渣土运输工地专人值守；提高路面巡查频次，及时发现并查处渣土运输过程中各类违章；加强消纳场所监管，推动落实属地管理责任。实施行政约谈、现场办公，加强区公安、建设、交通、环保等部门联动，形成监管合力，巩固管理成效。年内，配合各属地开展渣土运输专项整治333次，现场即时整改243次；针对擅自处理建筑垃圾、未密闭运输建筑渣土、车轮带泥等易造成扬尘的违法行为立案查处90件，处罚金额30.77万元。

【违法建设治理】 2023年，常州市新北区综合行政执法局根据区综合行政执法体制改革方案要求，按照“属地管理、协作联动”的原则，强化违法建设协同治理，探索运用无人机技术赋能违法建设巡查监管，聚焦完善前期预防工作，鼓励公众舆论监督，深化违法建设综合治理。全年拆除在建违建427处，拆除面积3.42万平方米，拆除已建违建35处，拆除面积1.13万平方米。

【专项整治行动】 2023年，常州国家高新区（新北区）开展市容环境、餐厨废弃物、停车管理等城管领域专项整治10项。实施烟花爆竹禁放管控，开展整治活动24次，收缴烟花爆竹58箱。开展寒假春节期间“扫黄打非”专项整治行动24次，重点整治非法销售出版物的游商地摊行为，普法宣传引导22次。开展全区校外培训店招店牌和户外广告专项整治行动，清理拆除非法校外培训广告38处，对校园周边乱张贴、乱散发校外培训小广告行为开展整治45次，纠正取缔乱张贴、乱散发小广告行为81起。开展校园周边专项整治行动905次，立案104件、取缔3668件。开展退红线区域占用汽车泊位回头看专项整治行动46次，整改102处。开展废弃汽车专项整治工作，排查车辆972辆，处置废弃汽车68辆。开展露天烧烤、露天焚烧专项执法检查90次，其中露天烧烤整治35次、立案处罚35件，露天焚烧整治55次。开展餐厨废弃物专项执法检查42次，联合检查6次，整改问题143个。开展固态废弃物非法倾倒专项执法检查工作，全面排查梳理全区固体废物非法倾倒207条问题线索查办情况和283条立案查处情况。开展飞线充电专项治理工作，发放安全告知书580余份，清除飞线充电安全隐患110余处，约谈相关物业公司10余次。

（区城管局 戚赟）

水 利

【概况】 2023年，常州国家高新区（新北区）聚焦治水安民、兴水惠民，围绕节水优先、空间均衡、系统治理、两手发力“十六字”治水思路，加强水利工程监管、水土保持监管，推进河道综合治理。全区水利工程年度完成总投资额12.72亿元，其中省级水利重点工程共完成投资额3.9亿元。

（区农业农村局 严小燕）

【水利工程监管】 2023年，常州国家高新区（新北区）加强全区水利工程建设质量、安全生产及环境保护管理。规范水利建设市场秩序，在规划设计、前期准备、招投标、施工、监理、工程竣工与投产等环节建立质量管理制度，并委托第三方服务单位对全区在建水利工程项目开展质量安全巡查。组织全区在建水利工程参建单位开展《质量强国建设纲要》《水利工程质量管理规定》学习培训；对全区在建水利工程的项目法人开展监督检查，确保项目法人履职到位。组织质量、安全生产和扬尘管控等检查103次，下发整改通知书16份，发现问题231个，全部整改到位。按照“六个百分百”（工地周边100%围挡，物料堆放100%覆盖，出入车辆100%冲洗，施工现场地

11月30日，位于春江街道的老桃花港江边枢纽整治工程完工

（区农业农村局 供图）

面 100% 硬化，拆迁工地 100% 湿法作业，渣土车辆 100% 密闭运输）要求，对水利工地裸土覆盖、围挡封闭、车辆冲洗、现场降尘等保障措施进行监管；加强施工噪声管控，在施工现场设置分贝仪，实时监控噪声污染程度；对工地建筑垃圾、施工人员生活垃圾落实及时外运，及时处理。组织开展完工水利项目环保验收，落实环境评价和“三同时”（建设项目中防治污染的设施，应当与主体工程同时设计、同时施工、同时投产使用）管理制度。年内，老桃花港整治工程江边枢纽被评为 2022 年度江苏省水利工程文明工地；区水利局在全市 2022—2023 年度水利建设质量工作考核中被核定为 A 级。

（区农业农村局 薄贤波）

【河道综合治理】 2023 年，常州国家高新区（新北区）继续推进河道综合治理，实施魏村街道安宁村水系（黎亚河）、薛家镇丁家河、罗溪镇团结河、春江街道徐墅社区水系 4 项河道综合整治工程。魏村街道安宁村水系（黎亚河）综合整治工程于 3 月开工，5 月完工，总投资额 506.01 万元。工程包括河道综合整治 1350 米，新建木桩护岸 649 米、仿木桩护岸 481 米、生态砖护岸 204 米，拆建箱涵 2 座、管涵 1 座，新建箱涵 1 座、保水堰 1 座，新建滨水步道 574 米、过沟栈桥 1 座、水码头 10 座，种植水生植物 100 米、岸坡绿化种植 3600 平方米。薛家镇丁家河道综合整治工程于 3 月开工，5 月完工，总投资额 541.17 万元。工程包括河道综合整治 1415 米，新建框式墙护岸 1648 米、仿木桩护岸 20 米，河道边坡清杂整坡，新增绿化面积 7690 平方米，拆除管涵 3 座，拆建灌溉泵站 1 座，涵改机耕桥 1 座，新建保水堰 1 座。罗溪镇团结河综合整治工程于 4 月开工，6 月完工，总投资额 244.87 万元。工程包括绿化补种 2190 米，岸坡修整、草皮护坡 922 米，岸坡坍塌段新建木桩护岸 300 米，现状浆砌块石护岸段清洗、勾缝 304 米，雨水排放口护砌，现状电灌站修缮等。春江街道徐墅社区水系综合整治工程于 3 月开工，6 月完工，总投资额 279.98 万元。工程包括疏浚沟塘 8 处，全长 800 米，新建补水泵站 1 座、PE 管 460 米、管涵 7 座、现状出水口改造 3 处，新建生态木桩护岸 167 米、生态砖护岸 150 米，种植草籽固坡、红叶石楠绿篱、水生植物等。

（区农业农村局 杨阳）

【河长制工作】 2023 年，常州国家高新区（新北区）落实中央、省、市河长制决策部署，打赢打好碧水保卫战。调整区级河长责任分工，召开全区河长制暨防汛抗旱工作会议，印发《新北区 2023 年第 1 号总河长令》，全区 8 个国考、省考断面优Ⅲ比例连续七年保持 100%，优Ⅱ比例连续 3 年达到 87.5%。开展幸福河湖建设，年内创建成骨干幸福河湖 2 条、市级示范幸福河湖 2 条、农村示范幸福河湖 2 条、区级幸福河湖 24 条、市级幸福河湖管护样板 1 条和河长制主题公园 1 个。制定《新北区河道保护专项整治行动计划》，全面排查河道违法建设、妨碍行洪排涝、水利工程范围占用等内容，对水利部下发的 309 个、省水利厅下发的 516 个问题图斑开展核查，全部通过线上审核，2 个长江干流岸线占用项目完成省级销号。

【小微水体治理】 2023 年，常州国家高新区（新北区）开展小微水体连片治理，整治问题小微水体 320 个，清淤沟塘 297 个，创成区级幸福小微水体优秀片区 5 个，其中 3 个村获评市级幸福小微水体优秀片区，下达区级补助资金 1040 万元。至年末，全区累计完成问题小微水体整治 1077 个，创成区级幸福小微水体优秀片区 15 个，其中 9 个获评市级幸福小微水体优秀片区，实现第一轮问题小微水体治理全覆盖。

（区农业农村局 韩建文）

【老桃花港整治工程】 2023 年，常州国家高新区（新北区）继续实施老桃花港整治工程。老桃花港为新北区与江阴市的界河，由于年久失修，河道存在脏、乱、差等问题。整治工程于 2021 年 4 月由新北区和江阴市共同启动，并列入省水利厅区域治理竞争立项项目，初步设计得到省发改委批复，工程总投资额 4.2 亿元，项目分为老桃花港整治工程（长江一省道 122 线段）和江边枢纽工程。其中，老桃花港整治工程（长江一省道 122 线段）北起长江、南至 122 省道，新北区河道拓浚 6.72 千米，堤防及护岸加固 9.93 千米，拆建桥梁 1 座、新建桥梁 1 座，年内，老桃花港整治工程完成投资额 2.01 亿元；江边枢纽工程包括节制闸和双向泵站各 1 座，节制闸净宽 10 米，泵站排涝流量 12 立方米 / 秒。11 月 30 日，江边枢纽工程全部完工。

【浦河孟城闸闸外段整治工程（新北段）】 浦河位于太湖流域湖西区，南起城巷大沟，北至夹江，地跨新北区和镇江市丹阳市，是湖西区主要通江河道之一，全长 24.1 千米。自 2013 年起，区水利局对浦河开展综合整治，2013—2016 年整治长度 11.33 千米（一期 3.39 千米，二期 7.94 千米）。为发挥浦河整体效益，2022 年 12 月 10 日，新北区启动浦河孟城闸闸外段整治工程（新北段），批复总投资额 6755 万元，治理范围为孟城闸—立新桥，治理长度 7.04 千米，疏浚长度 1.4 千米，新建护岸 13.19 千米，新建防汛道路 550 米，堤防防渗加固 350 米，改造进、出水口 8 处，护砌 4 处。2023 年 12 月，浦河孟城闸闸外段整治工程（新北段）全部完工。

【长江干流江苏段崩岸应急治理工程新北区境内增补工程】 为减少水流对录安洲洲堤的冲刷，稳定长江新北段河势，2022 年 11 月，新北区利用长江干流江苏段崩岸应急治理工程新北区境内工程节余资金实施增补工程，主要建设内容为主江 208+300 ～ 208+400 段加固护岸 100 米，抛护面积 5000 平方米，抛护块石 6300 立方米；录安洲洲头主 1+800 ～主 2+600 段护岸工程长 681 米，护岸面积 3.56 万平方米，抛护块石 5.32 万立方米。2023 年 5 月，长江干流江苏段崩岸应急治理工程新北区境内工程完工，并于 12 月 29 日通过验收。

（区农业农村局 薄贤波）

【水土保持】 2023 年，常州国家高新区（新北区）完成水利部、省水利厅下发的 48 个图斑核查认定。年内，审批生产建设项目水土保持报告书（表）96 个，接受水土保持设施验收备案 85 个，对在建项目开展水土保持现场检查 126 次，完工已报备生产建设项目检查 79 次，实现全覆盖检查。全年征收水土保持补偿费 515.8 万元。开展新北区高砂土地区水土保持研究，建成录安洲清洁小流域。

（区农业农村局 沈秋娜）

【用水强度控制实施】 2023 年，常州国家高新区（新北区）用水总量 10.17 亿立方米，对辖区内年用水量 6000 立方米以上 1239 家用水单位下达用水计划，纳入常州市节水管理信息系统，实行用水监督管理。开展用水定额管理，按照全年目标任务，督促 16 家用水单位开展水平衡测试，核定单位用水定额。

（区农业农村局 严小燕）

生态建设

长江大保护

【概况】 2023年，常州国家高新区（新北区）聚焦沿江1千米范围区域高标准建设生态复绿和景观湿地系统，完成沿江岸线生态保育与修复，年内新增复绿面积20公顷，累计新增连片复绿面积超241.2公顷，长江常州段生态岸线占比80.6%，位居全省第一。贯彻新发展理念，坚持共抓大保护、不搞大开发。围绕“东方碳谷”“创新药谷”产业集群打造，建成长三角碳纤维及复合材料技术创新中心。常州滨江经济开发区新材料产业园亩均税收从2019年的11.1万元增至2023年的38.4万元。全年新材料产业产值530亿元，新医药产业产值199.4亿元。紧扣“清新365”[常州滨江经济开发区新材料产业园推进挥发性有机物（VOCs）治理能力和治理体系现代化过程中形成的工作体系]品牌打造，实施“一厂一策”废气污染专项治理，全年常州滨江经济开发区新材料产业园VOCs减排量234吨，实现园区环境无异味。召开常州国家高新区长江大保护工作会议，学习习近平总书记关于进一步推动长江经济带高质量发展座谈会时的重要讲话精神，通报常州亚邦化学有限公司延期关闭退出违约问题处理结果并研究部署相关工作。年内，形成《常州长江国家文化公园新北核心区建设概念性方案》，“常州市破解‘化工围江’难题 切实筑牢长江生态绿色根基”入选“2023减污降碳绿色发展峰会”绿色生态宜居城市案例。“算好‘三本账’必答题 打造‘空间补偿’创新链——沿江化工企业用地资源整合利用创新试点”获江苏省自然资源厅十大创新创优改革成果奖。

（滨开区 巢飞）

【《常州长江国家文化公园新北核心区建设概念性方案》】 8月，常州国家高新区（新北区）形成《常州长江国家文化公园新北核心区建设概念性方案》，该方案以“一路”（“4·23”常州解放胜利大道）、“一馆”（常州长江文化综合展示馆）、“一碑”（常州解放纪念碑）、“一渡”（圩塘汽渡码头文化公园）、“一带”[常州滨江文化综合展示带（含春江八景）]、“一岛”（新华村德胜岛及万亩农文旅综合示范片区）、“一园”（长江桥梁主题公园）、“一镇”（孟河古镇）、“八个一”子项目为主要建设内容。年内，常州国家高新区（新北区）搭建以区委宣传统战部牵头，滨开区主要实施，区教育局、区住建局、区农业农村局、区资规分局、区生态环境局等职能部门配合的组织架构，实施“两周一汇总，一月一汇报”的工作机制。区委宣传统战部对接市文化广电和旅游局，对《长江国家文化公园常州段建设保护规划》作修改完善。年内，由新北区牵头申报的“江南岸——孟河文旅融合展示项目”列入长江国家文化公园江苏段建设保护规划项目清单。

（区委宣传统战部 陆娟）

【铁本地块综合整治启动】 2023年，常州国家高新区（新北区）实施铁本地块综合整治。立足沿江片区（铁本地块）实际，盘活沉睡用地资源，按照“整体规划、分批实施”原则，规划通过3年（2023—2025年）系统整治，实现社会、经济、生态三大效益。在社会效益上，通过项目实施预计形成集中连片“农田+良田”466.67公顷；在经济效益上，项目建成后预计产生新增耕地指标约200公顷；在生态效益上，形成万亩田园生态景观，成为长江国家文化公园（常州段）的重要组成部分。至年末，完成整个片区可行性研究报告，基本完成146.67公顷“批而未供”区域土地平整，为优化沿江片区空间布局、承载全区重大项目拓展空间奠定基础。

（区资规分局 储焘）

【沿江试点项目整治】 2023年，常州国家高新区（新北区）创新实施沿江地区国土空间生态整治试点项目，探索化工用地“企业退出—生态修复—指标调剂—异地使用”空间补偿机制，加快沿江地区生态治理。年内，推进亚邦化学、新天环境、龙宇颜料（北）、春港化工4个沿江试点项目整治，总面积30.55公顷，促使企业腾退，启动生态整治修复。并对2020年后实施的地块项目开展中期评估，形成阶段性经验成果。从2020年到2023年生态整治试点项目中申请验收19个，面积100.97公顷。其中，通过省级验收项目11个，面积50.38公顷；通过市级初验项目8个，面积50.59公顷。至年末，滨开区累计安全拆除化工企业41家，实现沿江1千米范围内低质低效化工生产企业全面腾退，新增复绿面积超200公顷。

（区资规分局 张俊超）

【长江常州段水生生物资源监测】 2023年，常州国家高新区（新北区）农业农村局委托中国水产科学研究院淡水渔业研究中心分别于6月和11月对长江常州段开展2个频次渔业资源监测工作。监测内容主要包括鱼类、虾蟹类、浮游生物、底栖动物水环境因子等。该年度2个频次监测共采集鉴定鱼类36种，较上年增加2种；香农－威纳多样性指数为2.68，比上年增加16%。江苏省重点保护野生动物监测数量较上年增加24尾，主要经济鱼类生物学规格较上年有所增加。水生生物资源监测可为常州动态分析长江常州段水生生物资源变化及禁捕实施效果提供支撑，引导地方开展水生态保护和修复工作。

（区农业农村局 曾疆雪）

【破解“化工围江”入选2023减污降碳绿色发展典型案例】 7月，“常州市破解‘化工围江’难题 切实筑牢长江生态绿色根基”入选2023减污降碳绿色发展峰会绿色生态宜居城市案例。2019年起，常州国家高新区（新北区）强化沿江生态治理修复，系统推进“停、转、拆、绿、提”五大行动，实现沿江1千米范围内低质低效化工企业“清零”，完成沿江岸线生态保育与修复，长江常州段生态岸线占比80.6%，并带动上下游企业转型升级，形成以中简科技股份有限公司、新创碳谷集团有限公司等为代表的碳纤维及复合材料产业集群，以常州合全药业有限公司、常州吉恩药业有限公司为代表的新医药产业集群。常州国家高新区（新北区）长江大保护工作先后被中央电视台《新闻联播》、《新华日报》、香港《大公报》等媒体报道。

（滨开区 巢飞）

【长江禁捕基地联动执法】 2023年，长江禁捕党建联盟新增区检察院、公安新北分局治安防控大队、市水利局城防处3家成员单位。区农业农村局联合市农业农村局执法支队、市公安局水警支队、公安新北分局、常州海事局、长航公安常州派出所等长江禁捕执法整治组成员单位，开展长江禁捕水域打击非法捕捞垂钓、商货船违规携带渔具整治、“四清四无”（清江、清湖、清船、清网，无渔船、无渔民、无网具、无生产）排查整治等，开展上下游交界水域跨地区联合巡航执法专项行动10余次，清理“三无”船筏（无船名船号、无船舶证书、无船籍港的各类排水或非排水船、筏和移动式平台，即有关部门按规定不予发放相关证书的船舶）2条、违规网具60余条，引进长江禁捕5G无人机，弥补日常岸巡、船巡查和监控摄像头的高度、角度短板和视角盲区，提升禁捕监管科技赋能水平。

（区农业农村局 陈飞）

【“守望长江美 绿色共成长”新时代文明实践集中行动】 5月26日，常州国家高新区（新北区）举办“守望长江美 绿色共成长”新时代文明实践集中行动。活动现场，常州海事局和新北区新时代文明实践指导中心向常州市新北区圩塘中心小学、常州市新北区新华实验小学的学生发放首批“长江大保护小使者”聘书，用步行的方式践行绿色公益理念。在沿长江新时代文明实践集中行动周期间，滨开区、

渔政人员在长江常州段执法巡航　（区农业农村局 供图）

相关镇（街道）、有关单位聚焦理论宣讲、生态环保、法律咨询、体育健身、文化文艺、移风易俗等新时代文明实践“五大平台”（政策理论宣讲平台、教育服务平台、文化服务平台、科技与科普服务平台、健康促进与体育服务平台）重点领域，组织动员广大志愿者、志愿服务队伍和组织，开展10余场特色活动。常州海事局开展交界水域巡航。录安洲长江码头企业、德胜港码头企业、国能常州发电有限公司、江苏海宇船务公司等单位开展沿江健步走、骑行、江堤清洁、江面巡查、科普教育等活动，营造长江大保护氛围。

（常新鉴）

生态环境质量

【大气环境质量】 2023年，常州国家高新区（新北区）$PM_{2.5}$浓度34.9微克/立方米，连续2年达到国家二级标准。优良天数比率79.2%，排名全市第一，比上年（下同）改善1.5%，改善幅度排名全市第一。降尘量为2.1吨/月·平方千米，位居全市第一。

（区生态环境局 殷洁茹）

【水环境质量】 2023年，常州国家高新区（新北区）8个国考、省考水质断面水质优良（达到或优于Ⅲ类）比例100%，优Ⅱ比例连续3年为87.5%。3条主要通江河道（德胜河、澡港河、新孟河）控制断面水质均连续7年达到Ⅲ类以上。1个集中式饮用水水源地（长江魏村）水质优良比例为100%。

（区生态环境局 薛科）

【声环境质量】 2023年，常州国家高新区（新北区）区域环境噪声昼间平均值为54.1分贝（二级），符合《国家声环境质量标准》（GB 3096-2008）2类标准，比上年（二级）降低0.7分贝。按照《环境噪声监测技术规范城市声环境常规监测》（HJ 640—2012）城市区域环境噪声总体水平等级（昼间）划分为二级，属于较好水平。全区道路交通噪声昼间平均值为68.6分贝（二级），与上年持平。按照《环境噪声监测技术规范城市声环境常规监测》（HJ 640—2012）道路交通噪声强度等级（昼间）划分为二级，交通噪声环境质量属于较好水平。年内全区功能区噪声昼、夜间噪声达标率100%，与上年持平。

（区生态环境局 殷洁茹）

自然资源保护

【耕地资源保护】 2023年，常州国家高新区（新北区）下发2022年度变更调查耕地和永久基本农田核实处置任务，其中“非耕地”面积933.33公顷，全区通过就地整改和异地补划等方式，按时完成933.33公顷整改任务并纳入年度变更。全区耕地净流入约400公顷。实施耕地占补平衡项目8个，新增耕地8.57公顷，开展城乡建设用地增减挂钩项目2个，新增耕地1.33公顷。年内，西夏墅镇实施“退草还耕”86.67公顷。创成孟河镇润江村耕地保护先行示范区，面积293.03公顷，其中耕地面积141.75公顷。示范区完成集约化整治工程、标准化质量工程、系统化生态工程、规范化管理工程、产业化经营工程、信息化建设工程六大工程，包含12项子工程，成为耕地保护的标杆。

（区资规分局 吴赟）

【林、湿地资源保护】 2023年，常州国家高新区（新北区）根据全市营造林生产指导性计划要求，新增造林面积20公顷，低效林改造面积66.67公顷，森林抚育面积66.67公顷，新建2个省级绿美村庄（西夏墅镇李家村、奔牛镇顾庄村），建设提升1个省级绿美村庄（孟河镇十圩埭村）。新建常州市新北区浦河（孟城闸闸外段）湿地保护小区，总面积21.85公顷，边界长度16.9千米，修复湿地6.67公顷。通过国家级、省级森林卫片督查，全年核查林地图斑140个，总面积62.6公顷，全部落实整改。开发“智慧林业”管理系统，实现林业资源的实时监测、精准管理、科学决策和高效服务；探索开发“新北林长治”小程序，以数字化、信息化手段辅助推进全区林长制工作落地见效。完善提升森林防火基础设施，在孟河镇栖凤山新建森林防火智慧监测预警探头5个，蓄水池（罐、箱）1套2个。新北区2020年森林资源管理“一张图”林地面积6853公顷，2022年国土变更调查数据林地面积4947公顷。2023年开展林草生态综合监测工作，完成第三次全国土地调查林地外5045.19公顷森林资源调查。

（区资规分局 许群）

【《新北区土地整治项目管理实施办法》出台】 6月，常州国家高新区（新北区）出台《新北区土地整治项目管理实施办法》（简称《实施办法》），《实施办法》共10章34条，包含项目管理的依据、适用范围、工作原则，选址要求和区有关部门的审查内容，项目立项条件，项目的实施节点和要求以及部省系统的立项备案时间，项目的验收节点，项目后期管护的具体要求和巡查制度，指标使用方式和指标交易价格，资金支出范围等内容。《实施办法》规范项目选址，新增运用新技术锁定新增耕地来源，强化新增耕地监管手段，增加与国土变更调查工作衔接要求，完善土地整治立项、实施、验收、后期管护全过程监管机制，提高整治补助标准。

（区资规分局 张俊超 余俊曜）

【生物多样性保护】 2023年，常州国家高新区（新北区）推进长江生物多样性综合观测站一期建设，投入900万元开展沿江布点监测、智慧补充调查等，年内完成多样性观测体系搭建，为科学评估生态改善成效提供支撑。4月，开展小黄山区域生物多样性调查，调查范围为小黄山风景区及周边小黄山村部分区域，总面积4.5平方千米，生物所生存的环境类型包括林地、灌丛、草地、农田、水塘等，记录陆生维管束植物537种、陆生脊椎动物135种、陆生昆虫253种、土壤动物84种，其中有国家二级重点保护动物虎纹蛙、红隼、画眉、黑鸢、赤腹鹰和林雕。5月，第一届常州新北观鸟节暨生物多样性保护项目在新龙生态林举行。项目旨在从大众科普的角度，宣传观鸟、识鸟、爱鸟、护鸟知识，增强公众的生物多样性保护意识。18支观鸟挑战赛参赛队伍在48小时内观测到有效鸟种57种，单组最高观测有效鸟种39种，记录到2种国家二级重点保护野生鸟类，分别是红隼和赤腹鹰，以及白眉姬鹟和鸲姬鹟等在平原疏林地带少见的过境鸟类。

（区生态环境局 姜润）

六大工程建设

【概况】 2023年，常州国家高新区（新北区）以国家生态文明建设示范区创建为抓手，全面筑牢“生态中轴”基底。围绕“6·5”环境日、全国生态日等重要时间节点，举办“绿动高新区美丽向未来”活力生态跑等20余场活动。把生态环境宣传教育基地作为宣传习近平生态文明思想的重要阵地，创新“展馆+课堂+文创+活动”模式，打造生态环境宣传金名片。绘制新北生态手绘地图，推出新北区生态环境IP形象“新宝”，将IP与文化相结合、生态与生活相连接，开发文化衍生品，传递生态文明好声音。

（区生态环境局 黄译黎）

【常州国家高新区（新北区）生态文明建设规划（修编）出台】 5月，常州国家高新区（新北区）印发《常州国家高新区（新北区）生态文明建设规划（修编）（2022—2030年）》（简称《规划》）。《规划》共分五章，规划指标包括6类37项，其中约束性指标21项，参考性指标16项，在分析全区生态文明建设优势和面临挑战的基础上，提出生态文明建设的总体目标、重点任务、重点工程和保障措施。《规划》从生态制度体系建设、生态安全体系建设、生态空间体系建设、生态经济体系建设、生态生活体系建设、生态文化体系建设6个方面排布主要任务，实现天蓝水净、低碳清洁、和谐宜居、创新引领为主要标志的生态文明建设目标。《规划》围绕目标和任务，提出六大类54项重点工程，总投资额超156亿元。其中，生态安全保障体系工程8项，投资额12.07亿元；生态经济支撑体系工程11项，投资额42.09亿元；生态环境支撑体系工程15项，投资额61.82亿元；生态生活支撑体系工程12项，投资额38.71亿元；生态文化服务体系工程5项，投资额9350万元；生态制度约束体系工程3项，投资额4050万元。该《规划》是全区继续开展生态文明建设的纲领性指导文件，为深入打好污染防治攻坚战、持续改善生态环境质量提供方向。

【生态绿城建设】 2023年，常州国家高新区（新北区）持续实施小黄山、新孟河等重点区域生态系统保护与修复工程，打造“四横四纵”（四横：滨江生态廊道、新龙生态林廊道、高铁公园生态廊道、运河生态廊道，四纵：澡港河生态廊道、常泰高铁生态廊道、德胜河生态廊道、新孟河生态廊道）生态空间网架格局，推进9个生态绿城项目建设，其中生态源保护1项、城乡公园绿地4项、生态绿道1项、特色主题建设3项，共计完成增核133.33公顷、扩绿9.67公顷、连网5.6千米。

6月5日，由区生态环境局绘制的新北生态手绘地图发布（区生态环境局 供图）

表55　2023年常州国家高新区（新北区）生态绿城建设项目一览表

类型	项目名称	区域位置	建设规模	实施内容	建设主体
生态源保护工程	小黄山生态功能区生态保护修复项目	孟河镇	133.33公顷	小黄山生态功能区：山体边坡生态修复工程，包括地灾区崖坡复绿工程和人工泄水通道示范项目建设；林地植被生态修复工程，包括外来入侵物种综合治理工程和林区病虫害防治工程；环境污染治理工程，包括环保焚烧炉建设工程；生态安全防护工程，包括山体围网更新或加固工程和西山消防专用通道建设工程；森林抚育实施工作，包括对生物多样性的保护与保留中草药及名贵植物等项目	常州龙城新型城镇化建设发展有限公司
城乡公园绿地工程	汉江路与通江路交叉口西南角绿地	汉江路与通江路交叉口西南角	4000平方米	现状植物密闭，缺乏通透性，人群无互动性和参与性，空间未得以利用，以“街角口袋公园”思路规划设计，合理安排交通动线，融入活动场地、休闲坐凳、主题景墙等，打造良好商业性能口袋公园	常州国家高新区（新北区）住房和城乡建设局
	晋陵北路与黄河西路交叉口街头绿地	晋陵北路与黄河西路交叉口	4000平方米	整体提升，设置园路、休闲廊架及健身设施等，打造集休闲、娱乐、康体、交流的街头公园	常州国家高新区（新北区）住房和城乡建设局
	蓝港绿地改造提升	新北区通江中路555号	1.47公顷	进行张拉膜更换、活水循环及净化处理及部分景观绿化提升等，旨在打造出一全新的街头口袋公园	常州国家高新区（新北区）住房和城乡建设局
	光伏公园西区改造	通江路以东、新科路以北、新竹路以南地块西区	7.4公顷	以“花红光伏、草润人生”为主题，延续东侧芒草主题，布置大面积芒草，粉黛乱子草，以特色植物为基底组成各式花境，展现光伏草类公园特色	—
生态绿道工程	红河路（崇义路—仁和路东侧河道）景观：仁和路东侧河道（云河路—红河路）	红河路（崇义路—仁和路东侧河道），仁和路东侧河道（云河路—红河路）	600米	红河路（崇义路—仁和路东侧河道）景观：新建绿化7800平方米；仁和路东侧河道（云河路—红河路）景观：新建绿化5250平方米	常州黑牡丹建设投资有限公司
特色主题建设工程（畅流活水）	通江路(龙城大道—黄河路)花漾道路	龙城大道—黄河路	3千米	改造中分带，主要以四季花灌木、开花地被为主的特色景观大道，长度约3千米	常州国家高新区（新北区）住房和城乡建设局
	红河路（长江路—乐山路）花漾道路	长江路—乐山路	1千米	改造侧分带，以开花植物为主的特色道路，长度约1千米	常州国家高新区（新北区）住房和城乡建设局
	太湖路（通江路—泰山路）花漾道路	通江路—泰山路	1千米	改造中分带以月季为主的特色景观，长度约1千米	常州国家高新区（新北区）住房和城乡建设局

【生态文明建设示范单位创建】 2023年，孟河镇石桥村被评为省级生态文明建设示范村，孟河镇树新村、孟河镇荫沙村被评为市级生态文明建设示范村，常州市新北区圩塘中心小学被评为2023年度江苏省国际生态学校示范校。6月，生态环境部宣教中心在常州市新北区龙虎塘实验小学举行国际生态学校绿旗现场集中授旗仪式，展示学校生态文明建设成果和理念渗透力量。

（区生态环境局 姜润）

【区生态环境宣传教育基地揭牌暨《大督查》电影项目启动】 2月13日，常州国家高新区生态环境宣传教育基地揭牌暨《大督查》电影项目启动仪式在三江口公园举行。生态环境部宣传教育中心党委书记、主任田成川向常州国家高新区授予生态环境公众宣传教育基地铜牌。并联合启动《大督查》电影项目。常州国家高新区生态环境宣传教育基地位于三江口公园，是常州市首个生态环境宣传教育基地，占地面积1655平方米，建筑面积4745平方米。基地以“光”为核心要素，涵盖科普宣教和展示交流两大功能，第二层展厅分为5个展区，分别为携手共建生态文明展区、人与自然和谐共生展区、城市污染防治展区、环保科技超市展区及环保体验乐园展区，通过运用多媒体科技等手段，全方位、多角度展现全区生态环境改善新面貌。《大督查》电影项目以污染防治攻坚战为总基调，包含执法、反腐、悬疑、推理等影视元素，故事取材于各级各环保类督察行动中的真实污染案例，首次向公众揭秘环境案件的侦破过程，打造新时期生态文明的标志性作品。

（区生态环境局 刘如澄）

污染防治

【概况】 2023年，常州国家高新区（新北区）坚持精准治污、科学治污、依法治污，召开生态文明建设推进会，深入打好污染防治攻坚战，大气环境治理稳步推进，水环境治理成效明显，区域环境质量持续改善，生态环境治理做法获全省通报表扬，常州滨江经济开发区新材料产业园VOCs治理经验获省生态环境厅领导批示肯定。

（区生态环境局 黄译黎）

2023年，孟河镇树新村风貌 （孟河镇 供图）

【水环境治理】 2023年，常州国家高新区（新北区）推进新一轮太湖综合治理，断面水质达标提升。开展断面水质加密监测，推进控源截污、清淤活水、生态修复等工程性措施，实现国考、省考断面水质稳定达标。开展支流支浜消劣整治专项行动，完成21条支流支浜消劣整治，新北区劣五类支浜比例稳步下降。启动孟河镇水环境全域综合整治工程，通过水系整治、畅流活水等工程，提升新孟河沿线支流支浜水环境质量。开展涉磷企业专项整治，994家涉磷企业完成整治任务，通过市、区验收288家，其中规范提升220家（含不涉磷企业）、关停搬迁淘汰68家。推进环境基础设施建设。完成2022年度区域水污染物平衡核算，开展分质分类处理调查评估工作。推动8.3平方千米污水处理提质增效达标区建设，提升城镇污水收集处理效能。

（区生态环境局 薛科）

【大气环境治理】 2023年，常州国家高新区（新北区）落实大气污染管控措施，整合热点网格、雷达扫描、走航监测等科技力量，提升精准溯源、科学治气能力。依托常州滨江经济开发区新材料产业园限值限量管理系统，发挥在线监测监控作用，以重点行业为突破，年内完成42家企业“一企一策”整治提升改造，更换76个储罐156个高效呼吸阀，3家企业新增3套蓄热式热力焚化炉（RTO）设备。持续开展友好减排，督促企业合理调整生产负荷，加强非正常工况管理，减少重点行业企业夜间启停炉。推进1100家企业活性炭入户调查，加快集中更换第三方运行全覆盖。推进用电监控安装，落实在线监控应联尽联，提升末端治理效能。完成581家机动车路检及126家入户检查。区生态环境局、市场监督管理局等部门开展联合检查，对安家村周边摸排的6家散乱污企业实施取缔，对违规使用稀释剂的企业依法从严处理。开展禁烧秸秆宣传，压实镇村两级网络责任，结合视频监控等非现场手段，重点对监控站点周边5千米范围和秸秆禁烧重点区域开展昼夜巡查。安装10套AI火警在线视频系统，确保周边范围全覆盖。

（区生态环境局 殷洁茹）

【土壤和地下水管控治理】 2023年，常州国家高新区（新北区）完成22个暂不利用开发地块的土壤风险管控，开展常州滨江经济开发区新材料产业园地下水详细调查和风险管控工作；完成20家土壤重点监管单位隐患排查“回头看”，39家土壤重点监管单位周边土壤和地下水监测，4个超一类地块土壤污染调查，78家土壤重点监管单位的隐患排查、自行监测与风险管控。推进7个国控地下水点位“一井一策”质量保持和规范化整治工作。严格建设用地准入，建设用地安全利用率100%。

（区生态环境局 岳文泽）

【生态环境损害赔偿】 2023年，常州国家高新区（新北区）在原有的多部门联动参与、专业机构技术支撑基础上，探索创新生态环境损害赔偿工作思路和方法，面对多个企业发生生态环境损害、评估损害较低情况，由属地政府统筹兼顾，统一考虑综合修复模式，灵活采用替代修复赔偿方式。严把线索调查、启动索赔、鉴定评估、赔偿磋商、签订协议、修复监督、修复确认7个关口，让违法主体在承担行政责任的基础上承担民事责任，营造“环境有价、损害担责”的社会氛围。《常州新北区三家企业违法排放大气污染物生态环境损害赔偿磋商案》入选江苏省第三批生态环境损害赔偿十大典型案例。年内启动生态环境损害赔偿61件，启动生态环境损害赔偿磋商50件、终止11件，涉及金额16万元。

【3家企业违法排放赔偿磋商案】 8月，《常州新北区三家企业违法排放大气污染物生态环境损害赔偿磋商案》入选全省第三批生态环境损害赔偿十大典型案例。2021年3月，区生态环境局在日常执法监察中发现常州市某五金厂未申领排污许可证，擅自通过暗管排放水污染物；当年10月，区生态环境局发现常州市某药业有限公司超标排放大气污染物；当年11月，区生态环境局发现江苏某化学有限公司不正常使用污染防治设施排放大气污染物。区生态环境局对3家企业实施行政处罚的同时，启动生态环境损害赔偿，采用简易程序委托第三方专家进行损害调查与鉴定评估，并出具评估意见。2022年7月，区生态环境局会同属地政府与3家企业分别进行磋商，签订磋商协议，达成赔偿协议8.2万元，确定将便民充电桩作为该案的生态环境损害替代性修复模式。由属地政府与第三方公司签订便民汽车充电桩购买、安装和运营合同，在奔牛镇便民中心和东桥村史陈家自然村建设15台便民汽车充电桩。

（区生态环境局 钱雪莲）

化工产业安全环保整治

【高新区获化工整治省级奖补资金4647万元】 6月12日，市工业和信息化局、财政局联合下发《关于下达2023年化工产业安全环保整治提升省级奖补资金预算的通知》，常州国家高新区（新北区）获2022年度化工企业关停目标任务奖补资金4647万元，占全市奖补资金总额的57.2%。2017年以来，全区推进长江大保护等“三大工程”，实施化工整治“加减法”。淘汰落后化工企业，2017—2023年累计关停122家，化工企业总数减少76%，安全风险隐患数量和污染物排放量大幅减少，优良天数比例、VOCs排放及$PM_{2.5}$年均浓度等环境质量关键指标逐年向好。调整化工园区布局。完成常州滨江经济开发区新材料产业园“北退南进”布局调整，为宸光（常州）新材料科技有限公司等高端绿色精细化工项目推进奠定基础，推进常州市宝隆化工有限公司、常州宝氢天辰气体有限公司、常州新东化工发展有限公司等企业转型升级项目，助力企业减少源头风险，加快化工产业结构调整。

【5家企业获化工企业老旧装置改造省级补助资金687万元】 12月22日，市工业和信息化局、市应急管理局、市财政局联合下发《关于下达2023年化工（危险化学品）企业老旧装置更新改造省级补助资金（第一批）的通知》，华润化学材料科技股份有限公司、常州市阳光药业有限公司、常州诚达新材料科技有限公司、常州新东化工发展有限公司、常州多棱多铸造有限公司5家企业获财政补助资金687万元，资金额位列全市第一。化工企业老旧装置指化工生产企业、化学药品原料药制造企业的主要反应器等设备设施达到设计使用年限或实际投产运行时间超过20年的装置。老旧装置淘汰是推动化工企业本质安全、本质环保水平有效提升的重要措施。2022年以来，全区按照分类整治、科学整治和依法整治要求，全面排查全区化工企业在役装置，推进企业按照“一装置一策”要求，采用连续化、自动化、绿色化等生产技术及高效工艺与低（无）泄漏生产设备，实施老旧装置更新改造和新技术应用，提高生产装置稳定性、设备可靠性、工艺安全性，

构建完善的老旧装置安全环保风险防控长效机制，助推全区化工行业高质量发展。2023年，完成5套老旧装置更新改造。

（区经发局 匡成阳）

节能与低碳

【概况】2023年，常州国家高新区（新北区）贯彻创新驱动发展战略，推进绿色制造梯级培育体系，推动制造业绿色低碳转型。年内，新增国家绿色工业园区1家，工信部绿色供应链管理企业6家，工信部绿色工厂2家，江苏省绿色工业园区1家，江苏省绿色工厂9家，常州市绿色工厂30家。至年末，全区累计创成国家级绿色工业园区2家、绿色工厂3家、绿色供应链管理企业7家，省级绿色工业园区1家、绿色工厂14家，市级绿色工厂51家。

表56　2023年常州国家高新区（新北区）绿色制造体系新增企业一览表

序号	荣誉类型	企业名称
1	国家绿色工业园区（1家）	江苏常州滨江经济开发区
2	工信部绿色供应链管理企业（6家）	梅特勒-托利多（常州）精密仪器有限公司、常州市巨泰电子有限公司、扬子江药业集团江苏紫龙药业有限公司、常州市范群干燥设备有限公司、江苏宏微科技股份有限公司、常州华威模具有限公司
3	工信部绿色工厂（2家）	常州市范群干燥设备有限公司、常州星宇车灯股份有限公司
4	江苏省绿色工业园区（1家）	江苏常州滨江经济开发区
5	江苏省绿色工厂（9家）	梅特勒-托利多（常州）精密仪器有限公司、常州吉恩药业有限公司、常州优谷新能源科技股份有限公司、常州太平洋电力设备（集团）有限公司、电装（常州）燃油喷射系统有限公司、常州新东化工发展有限公司、安莉芳（常州）服装有限公司、常州华威模具有限公司、江苏新金牛线缆有限公司
6	常州市绿色工厂（30家）	蒂森克虏伯转向系统（常州）有限公司、江苏诚功阀门科技有限公司、常州太平通讯科技有限公司、常州长青科技股份有限公司、江苏宏微科技股份有限公司、常州市巨泰电子有限公司、诺贝丽斯（中国）铝制品有限公司、江苏博之旺自动化设备有限公司、特雷克斯（常州）机械有限公司、常州厚德再生资源科技有限公司、常州恒邦药业有限公司、常茂生物化学工程股份有限公司、江苏德春电力科技股份有限公司、常州中车铁马科技实业有限公司、华润化学材料科技股份有限公司、常州齐晖药业有限公司、常州豪爵铃木摩托车有限公司、永祺（中国）车业股份有限公司、江苏龙城洪力液压设备有限公司、常州天山重工机械有限公司、常州八益电缆股份有限公司、阿朗新科高性能弹性体（常州）有限公司、常州同惠电子股份有限公司、江苏盈天环保科技有限公司、常州市德易印染有限公司、常州澳弘电子股份有限公司、常州雅美特窗饰股份有限公司、林德气体（常州）有限公司、梅特勒-托利多（常州）测量技术有限公司、江苏京盈新材料股份有限公司

【车内饰用有色涤纶低弹丝入选工信部绿色设计产品名单】2月9日，江苏欣战江纤维科技股份有限公司的车内饰用有色涤纶低弹丝入选工业和信息化部2022年度绿色设计产品名单。江苏欣战江纤维科技股份有限公司作为国内规模较大的汽车装饰面料纤维和户外装饰面料纤维的制造企业之一，长期致力于对纺前着色纤维制造水平的改造，提升国内纺前着色纤维制造的科研水平及产品附加值。获“绿色设计产品”认证的车内饰用有色涤纶低弹丝从原料选择、有毒有害物质减量或替代、清洁生产工艺技术、包装及运输、资源化循环利用、无害化处

江苏欣战江纤维科技股份有限公司生产车间　（区委宣传统战部 供图）

置以及资源能源消耗、污染物排放等方面均遵循绿色设计理念，占公司产品总量的60%以上，国内市场占有率达35%以上。

【天合光能成为绿色制造体系大满贯企业】 2月9日，天合光能股份有限公司入选工业和信息化部“绿色供应链管理企业”榜单。继2018年度获国家绿色工厂、2021年入选工业和信息化部“绿色设计产品”名单、2022年获工业和信息化部“工业产品绿色设计示范企业”之后，天合光能股份有限公司再获国家级绿色制造荣誉，成为常州市首家实现绿色制造领域大满贯企业。

【MVR蒸发提取装备入选《国家鼓励发展的重大环保技术装备目录》】 12月11日，江苏瑞升华能源科技有限公司自主研发的新能源材料MVR蒸发提取装备入选《国家鼓励发展的重大环保技术装备目录（2023年版）》推广类中水污染防治领域的重大环保技术装备。新能源材料MVR蒸发提取装备是智能化全流程废旧动力电池有价金属回收成套装备中的核心装置，主要应用于废旧三元和磷酸铁锂动力电池（镍、钴、锰、锂等）回收处理及资源化再利用。江苏瑞升华能源科技有限公司通过自主研发大处理量绿色低能耗的动力电池有价金属蒸发回收和高效锂液回收提取等技术，实现有价金属高效回收利用，该提取设备可实现锂回收率大于95%，硫酸镍、硫酸钴、硫酸氢回收率大于98%，电耗和蒸汽耗量均小于行业平均值，产品纯度超过国内平均水平。

（区经发局 匡成阳）

【厚德再生获污染治理和节能减碳专项资金2100万元】 6月，常州厚德再生资源科技有限公司获污染治理和节能减碳专项（节能减碳方向）2023年中央预算内补助资金2100万元，补助金额全市第一。入选项目为动力电池储能与战略金属高端再造研发及产业化，项目建设退役动力电池智能拆解生产线、动力电池正负极废料高效分选生产线、新一代脂塑产品成型生产线、战略稀贵金属（金、银、铂、钯、铑等）绿色提取生产线、线路板破碎分选生产线、再生覆铜板制备生产线。项目建成后，将提升资源回收利用水平，助力实现碳达峰碳中和以及经济高质量发展。

（罗溪镇 贾玺文）

【节水型社会建设】 2023年，常州国家高新区（新北区）完成节水目标任务52个。常州海弘电子有限公司、常州京江源纺织有限公司、华生管道科技有限公司、兴和制药有限公司等创成市、区级节水型企业，区检察院创成市级节水型机关，常州市新北区河海实验小学和常州市新北区实验中学分别创成省、市级节水型学校。常州工学院（辽河路校区）合同节水保证型示范项目能耗系统监测完成建设。华润化学材料科技股份有限公司外排水资源综合利用项目通过市级节水技术措施项目验收，总投资额490万元，年节水能力12万立方米。

（区农业农村局 严小燕）

【节约型机关创建】 2023年，常州国家高新区（新北区）落实党政机关带头过紧日子要求，完成区公物仓“新俭仓”建设，年内入库各类资产1200余件，办理各类资产调剂借用手续29笔，借出资产410件（套），节省财政资金30余万元，实现闲置资源二次利用。对照公共机构绿色低碳引领行动目标任务，加快能源结构转型，区社会管理服务中心和滨开区分别实施1200平方米和1600平方米屋顶分布式光伏项目，年发电量20余万千瓦时，年二氧化碳减排量200余吨。区行政中心创建省级低碳示范单位、区检察院创建市级节水型机关均完成管网改造，二级表、三级表安装等前期创建工作，全年创成省级节能示范单位7家、省级节能示范领跑者3家、节约型机关49家，市级节水型单位81家。

推广使用新能源汽车，推进充电基础设施建设，在区商务中心和社会管理服务中心地下停车场新建新能源汽车充电桩28个。组织开展光盘换香囊、智能垃圾分类箱投放表彰、“新绿行动低碳出行”等活动，利用机关餐厅等宣传阵地更新宣传知识挂图，发放节能宣传卡片200余份，营造崇尚节俭、厉行节约氛围。

（区党政办 张凌云）

【节约用水监管】 2023年，常州国家高新区（新北区）开展节水监督检查、规划和建设项目节水评价，实施“新建、改建、扩建”项目时落实节水“三同时”（节水设施应当与主体工程同时设计、同时施工、同时投产）制度。把辖区内30万～50万立方米以内用水单位纳入省、市、区级重点监控用水单位名录，落实用水单位按时上报数据信息。配合市水利局开展辖区内16家、区级自行开展96家重点用水单位节水监督检查，点对点指导用水单位收集整理节水台账资料。对常州东方诺亚印染有限公司、常州京江源纺织有限公司和华润雪花啤酒（常州）有限公司等7家单位开展用水审计。

（区农业农村局 潘奔燕）

环境监管

【概况】 2023年，常州国家高新区（新北区）聚焦民生痛点和重点信访，开展“两治一提升”（治理噪声、治理异味污染，提升人民群众获得感）整治工作，推动群众身边噪声、异味污染等突出生态环境问题化解。对上市企业、苗圃企业、专精特新等60家重点企业开展全面体检，加强环境技术帮扶指导，助力绿色企业高质量发展。召开企业环保法律法规宣讲培训会，编印、发放《企业风险防范手册》《企业服务手册》3000余份，提高企业守法意识和风险防范能力。

（区生态环境局 黄译黎）

【环境影响评价审批】 2023年，常州国家高新区（新北区）完成256个项目环境影响评价审批。区行政审批局梳理年度重大项目信息，结合项目特点，建立领导挂帅、部门负责、专人跟踪、一企一群的重大项目服务工作机制，从项目前期阶段开始提前介入，联合区相关部门，通过“星期六审批直通车”“急郎中工作室”等服务方式对项目进行指导服务，协调解决项目推进过程中相关问题，实现重大项目全过程“店小二”式服务。同步开展“环评告知承诺制审批”“多评合一（环评、能评、水土保持）”等服务模式，提升行政效能。

（区行政审批局 沈霞）

【环境专项执法】 2023年，常州国家高新区（新北区）在大气、水、危险废物、第三方机构等重点领域开展“VOCs大会战”、太湖安全度夏、春夏攻坚等16项专项执法行动，打击各类环境违法行为，保障全区环境质量改善。年内，下发决定书123件，罚款金额1419.5万元，下达不予处罚决定书15件。适用新环保法配套办法29件，其中查封扣押4件、移送拘留25件；移送司法4件。无行政复议纠错、行政诉讼败诉情况发生。

（区生态环境局 马静 钱雪莲）

【环境风险防范】 2023年，常州国家高新区（新北区）开展重点风险源突发环境事件隐患排查，排查重点风险源企业65家，会同镇（街道）开展5类（大气污染防治设施、水污染防治设施、噪声污染防治设施、固体废物处理设施以及危险废物处理设施）环保设备设施安全隐患排查580厂次。完成常州滨江经济开发区新材料产业园三级防控体系建设。全年妥善处置突发事件2起，比上年下降84.6%，未对周边环境造成影响。组织开展4次突发环境事件应急拉练。全年受理各类环境信访举报428件次，均按期办结。省督交办信访件19批28件，全部按要求反馈和推进整改。

（区生态环境局 马静）

【执法监管机制创新】 2023年，常州国家高新区（新北区）出台《关于进一步压紧压实执法监管责任的通知》，在分析总结原日常巡查制度的基础上，探索“大巡查、大监管、大执法”执法监管机制。年内，立案查处违法用地1件。建立土地执法卫片、“云监管”、动态巡查、举报、信访等违法违规线索汇总“周报告、月汇总、季分析、年总结”制度，落实巡查台账应登记尽登记，内容完整要素齐全，违法线索应录尽录。“云监管”智能监管平台通过布设133个视频监测终端，监控范围覆盖340.87平方千米（占全区面积的93.07%，去除中心城区、机场周边、军事区），覆盖耕地93.2平方千米（占耕地总面积的87.8%）、永久基本农田76.07平方千米（占永久基本农田总面积的94.6%）和林地32.47平方千米（占林地总面积的73.3%），基本实现全覆盖监控。区资规分局每周集体研判变化图斑真伪，发现违法违规行为限期7天整改到位，全年“云监管”智能监管平台发出预警线索811条，第一时间消除违法状态30余起，其余线索为水利泵站、原有农路翻新及推土等实地未变化情况。

（区资规分局 周宗耀）

【生态环境监测】 2023年，常州国家高新区（新北区）获得空气质量自动监测数据3153万余个、57参数VOCs

自动监测数据5991万余个、大气交通站自动监测数据3574万余个、空气微站自动监测数据698万余个、水质自动监测数据76万余个。年内，完成生态环境监测监控网络能力建设项目一期（完善建设全区域水质环境监测监控体系）和二期（大气交通污染专项监测监控建设）项目，新建5座支流支浜水质预警小型站和2座大气交通站，为辖区环境污染源排查溯源提供指导方向，提升新北区一体化预警溯源监测监控能力。

【污染源在线监控联网】 2023年，常州国家高新区（新北区）新增排污单位污染物自动监测设备联网79家和排污单位在线相关视频监控设备联网93家。开展全区范围用电监控规范化建设试点工作，新增排污单位用电监控安装、联网310家，实现企业生产工况、在线设备故障等情形的自主标记，提升"非现场"监管能力。区生态环境局指导企业开展预警信息签收、对数据异常情况进行标记、开展现场核查及核查意见反馈上报等工作，筑牢排污单位自动监测监控根基。

（区生态环境局 姜润）

【固体废物管理与处置】 2023年，常州国家高新区（新北区）危险废物处置能力33.4万吨。服务小微企业1368家，收集危险废物1099吨。强化资源化优先政策导向，注重提升资源化利用能力，新增常州赛蓝再生资源有限公司涉重废物玻璃化工程技术中心项目，年处置能力3万吨；注重处置产能升级，淘汰包装桶清洗项目2个，废机油收集能力1万吨。强化特殊行业危险废物管理，开展汽修行业全生命周期管理，推动583家汽修企业开展规范化整治和申报管理，督促全区实验室、高校通过扫码填报，纳入小微企业管理系统（ERP）、全生命周期系统转移危险废物。开展一般工业固体废物集中收集体系建设，将一般固体废物收集体系项目纳入政府投资计划，建成3套集装箱式信息化收贮设施，推动10家一般固体废物收集分拣项目开展规范化提升改造。

【危险废物全生命周期管理】 2023年，常州国家高新区（新北区）纳入平台的产废企业2490家，比上年增长18.5%。全年危险废物产生单位、经营单位危险废物规范化管理抽查合格率100%。开展危险废物专项排查整治，排查122家企业发现问题隐患296个，全部整改完毕；创新开展安全风险大数据辨识，下发《关于产废企业库存危险废物环境安全风险提示函》37份，通过固体废物管理信息系统梳理各类数据，对危险废物储存量大的22家企业危险废物仓库及环保设施进行安全生产检查，发现隐患111个，责令企业落实整改。

【核与辐射环境管理】 2023年，常州国家高新区（新北区）落实年度"双随机、一公开"执法检查要求，对14家重点单位全覆盖检查，121家一般单位进行抽查，全年开展执法检查60家次。开展三类射线装置辐射安全许可证核（换）发51家次；完成区内122家辐射工作单位年度评估工作，对辐射工作单位在全国核技术利用单位辐射安全申报系统的申报信息进行核查；督促指导59家核技术利用单位完善人员培训、计量检测和信息维护。强化核与辐射环境管理监督严慎细实规范管理，推进辐射技术利用单位标准化自评估和外部评估，从辐射安全管理体系、管理制度等7个方面开展帮扶提升，按照标准化指标体系，逐条对照、建章立制。提升核与辐射环境管理体系和能力现代化水平，构建更加严密的核与辐射安全风险综合防控体系。

（区生态环境局 郭丽峰）

【新北表面处理循环产业技术研究示范中心项目开工】 2023年12月，新北表面处理循环产业技术研究示范中心项目开工建设。该项目位于新北区孟河镇，5月签订投资协议，总投资额约25亿元，规划用地面积12.6公顷，

12月，孟河集中喷涂中心一期喷涂中心及喷涂产线配套用房项目建设完成

（孟河镇 供图）

拟建设表面处理生产线200条，新建标准厂房23.5万平方米，配备5000吨/日污水处理厂、综合管廊、仓库、变电站、工业水厂、综合楼、智慧化监测监控平台等公用辅助设备。该项目将打造太湖流域表面处理产业转型升级和源头治理的先行示范区，引导区域内符合要求的表面处理企业集聚发展。

（区生态环境局 严虎）

【孟河集中喷涂中心一期喷涂中心及喷涂产线配套用房项目】 2023年12月，孟河集中喷涂中心一期喷涂中心及喷涂产线配套用房项目建设完成，总建筑面积5万平方米，总投资额2.5亿元，项目购置机器人自动喷涂线4条、柔性喷涂线7条，同步配套废气处理设备，项目建成后可形成年产300万套汽摩零配件的生产能力，预计可削减区域VOCs排放量60吨。自2022年起，全区在孟河镇启动以工业“绿岛”为主题的涂装产业园项目，整合生产工艺和污染物性质相似的中小企业，采用先进工艺和设备，共建集中式污染治理设施，开展大气、水污染物集中治理以及危废物规范集中收集贮存，全面改善孟河镇涂装行业现状，引领涂装产业健康规范发展，计划引导74家中小企业入园代加工。

（区生态环境局 岳文泽）

【化工储罐废气治理项目被评为省示范标杆项目】 10月，常州宏川石化仓储有限公司投资2500万元的化工储罐废气治理项目经过半年试运行，平均每天处理废气量约30万立方米，VOCs去除率达99%以上，被评为江苏省示范标杆项目。常州宏川石化仓储有限公司成立于2009年，专业从事液体化工品码头接卸、储罐仓储、管线输送，为滨开区化工企业建设仓储物流综合配套项目。2021年，常州宏川石化在国内率先建设RTO蓄热燃烧炉用于储罐废气治理，取得明显效益。

（滨开区 黄婷）

数字经济

综　述

2023年，常州国家高新区（新北区）抢抓数字经济新机遇，出台《加快推进数字经济高质量发展三年行动计划》，深入实施数字产业提质、数字价值赋能、数字要素创新、数字管理跃升、数字应用强基“五大行动”。全年167家数字经济企业实现产值841.9亿元，比上年（下同）增长17.7%，占规模以上工业比重22.4%，比上年末提升1.9个百分点。745家高新技术产业企业（省口径）实现产值2584.6亿元（上报数），增长11.6%，占规模以上工业比重68.8%，比上年末提升11.4个百分点。入围2023年省级战略性新兴产业发展专项资金项目市级推荐名单项目5个，新增省、市级工程研究中心7家。新增星级上云企业105家，总数突破500家。入选国家级专精特新“小巨人”企业24家，新认定省级专精特新中小企业101家，新认定常州市专精特新中小企业127家。入选首批全国县域商业“领跑县”；常州创意产业园区被评为省现代服务业高质量发展集聚示范区、全市首家省工业设计示范园区。

数智赋能提速。常州国家高新区（新北区）围绕“互联网+”，持续开展制造业智能化改造和数字化转型，推动智能赋能制造业高质量发展。全面开展“智改数转”企业免费诊断，以满足多样化需求、实现多场景应用为目标，发动网络基础运营商、信息化服务商和专业咨询机构组建联合工作组，通过诊断服务，对标智能工厂、5G全连接工厂和工业互联网标杆工厂等，为企业量身定制“智改数转”近、远期规划。全年对735家制造业企业实施免费诊断，“一企一策”助企发展。推动企业加快上云上平台步伐，实现由浅层应用向深度融合转变，由单系统支撑向多系统集成转变，由实物经济向数字经济转变。全区星级上云企业总数突破500家。常州星宇车灯股份有限公司被评为国家级智能工厂，全区首家；天地（常州）自动化股份有限公司被评为国家级优秀场景。天合光能股份有限公司等5家企业被评为省级智能工厂，江苏博之旺自动化设备有限公司等3家企业被评为省工业设计中心。

数字文化产业发展。常州创意产业园区作为全市数字经济新兴领域的重要基地，打造数字经济集群。园区以智能制造、数字文化装备、数字交互展陈、数字创意设计等为重点，培育一批深耕细分领域的代表企业。以江苏赞奇科技股份有限公司、常州麦拉风网络科技有限公司等为龙头，培育文化数字化特色品牌及产品；以江苏印象乾图文化科技有限公司、卓谨信息科技（常州）有限公司、江苏有维文化科技有限公司等为代表，重点培育智慧展示、数字影视、MR互动［融合虚拟现实（VR）和增强现实（AR）特点的技术，允许用户在现实世界中与虚拟对象进行实时互动］、5G应用等文化科技交互式展览展示业态。同步发展以直播电商为代表的新模式。年内，园区通过产业能级提升、公共平台建设、营商环境优化等举措，招引落户产业链优质项目30余个，引进落户“龙城英才计划”项目5个，园区高新技术企业有70家。全年完成产业链营业收入320亿元，增长15%；数字文化企业累计促成全国15省100余地区建设数字文化场景2000余个，为全球168个国家和地区超60万名用户提供线上内容及技术服务。

智慧农业升级赋能。常州国家高新区（新北区）加快打造农业数字化基地。新北现代农业产业园区与丰疆智能农机合作建成53.33公顷数字化智慧无人农场，实现“耕种管收”全程远程控制，田间气候、土壤墒情、作物长势等动态监测。新北现代农业产业园先后被评为省级数字农业农村基地、省级粮食生产无人化农场。常州市兴华牧业有限公司年出栏5万头楼房养猪项目实现畜禽养殖环境智能监控和精准饲喂。常州市兴华牧业有限公司被评为省级畜禽养殖全程机械化标杆基地。新北现代农业产业园区的无人化农场建设和兴华牧业的畜禽养殖数字化建设入选全省农业数字化建设优秀案例。推进农业“互联网+”工程建设。加快电子商务发展，全区有网上营销主体28个，全年农业网上营销销售额超5亿元。开发新北区农业生产信息数字化管理平台和配套的农业调查App，用高清遥感技术和现场核验相结合，将农田信息、生产信息显示在全区高清地图上，实现农业生产信息“一图掌握”。推进农产品可追溯化，把全区5054户种养殖户纳入江苏省农产品质量追溯管理平台，开展主体入网监管，实现入网主体更新完善、日常巡查、开具合格证、检测等全覆盖。全区建立23个农产品质量安全村级服务站，为周边农户提供检测和开具合格证等服务。开展包括数字化营销在内的农产品电子商务培训，全年培训超50人。

数字化社会治理。常州国家高新区（新北区）以数字化助推社会治理现代化。年内，城市运行管理中心实体化运行，三井街道入选全省“五社联动”机制创新试点单位，新桥街道江湾社区入选全国完整社区建设试点，全市唯一。城市大管家成效显现。整合环卫绿化、停车管理、物业服务等业务，以“管理+服务+运营”模式实现多元主体协同治理。实施文明城市建设、城镇长效综合管理、农村人居环境整治“三标融合”，开展背街小巷、空中线缆治理等13项年度重点攻坚行动，文明城市常态长效水平得到提升。以大数据为支撑，搭建区网格化社会治理联动指挥平台，实现网格事务信息化处理，形成“分析研判、按责转办、限时办结、统一督办、评价反馈”的工作闭环。探索创新社情民意收集方式，开发“新北E家”数智社区研判平台，包含社区党建、网格治理、便民服务、社区活动四大模板，帮助社区实现资源整合、需求整合和平台整合，精准识别居民需求，畅通民情民意在线表达渠道。全年通过“新北E家”平台发布动态信息1000余条，解决社会治安、民生服务等各类诉求1万余件。

（区经发局 朱瑄磊）

数字产业化

【概况】 2023年，常州国家高新区（新北区）聚焦数字产业化扩能增效，推动数字经济产业核心规模提升，基本形成数字经济产业体系。年内，出台《加快推进数字经济高质量发展三年行动计划》，加快提升半导体器件、信息通信网络、新型显示、智能终端等关键战略材料及设备供给能力，发展行业应用软件、高端嵌入式软件、工业互联网、大数据应用等新兴软件与新型信息服务业。基本形成以“发、储、送、用”为特征的智慧能源产业裂变式发展新格局。培育数字经济新兴产业。深化新一代信息技术集成创新与融合应用，增强企业技术创新、场景创新和普及推广能力。强化数字经济全产业链支持，统筹资源、平台和政策供给，探索针对不同层级企业采取差异化财税、金融、社保等结构性支持政策。依托常州创意产业园区、环球恐龙城、龙城金谷（北区）、科创水镇等载体，培育发展人工智能、智能网联汽车、高端工业软件等优质企业。围绕生命健康、碳纤维及复合材料、新能源汽车、智慧能源、创意五大重点产业，推动制造业向高端化、智能化、绿色化发展。

（区经发局 朱瑄磊）

【智能传感产业】 2023年，龙虎塘街道着力打造智能传感小镇，强化研发创新、人才集聚、未来产业建设，基本形成传感产业集聚的区域特色。至年末，智能传感小镇拥有智能制造企业174家，其中规模以上企业86家，实现产值216.67亿元、增长13.68%，完成税收8.32亿元。小镇集聚一批自主创新能力强、核心竞争力强的优势传感企业，全年申报高新技术企业47家，新增25家；培育国家级专精特新“小巨人”企业9家，上市企业6家，先后获江苏省传感产业基地、中国国际传感谷（常州）、全国产业集群区域品牌建设传感器产业试点地区等称号。位于小镇的森萨塔科技（常州）有限公司被评为2023年常州市工业五星企业、莱赛激光科技股份有限公司通过江苏省工业设计中心评选。江苏常荣电器股份有限公司获江苏省科学技术奖三等奖，江苏宏微科技股份有限公司被评为2023年常州市数字经济示范企业。

（龙虎塘街道 许艳）

【集成电路示范产业园打造】 2023年，三井街道抢抓集成电路产业上升为国家战略的重要机遇，依托三晶科技园，打造全市集成电路示范产业园。年内，推进江苏宏微科技股份有限公司二期车规级功率半导体分立器件生产研发项目。三晶科技园通过创立“晶英汇”服务品牌，引进全国高校常州校友会联盟，创办三晶创业学堂，成立智造基金等，为园区企业实时提供服务。至年末，三晶科技园集聚半导体企业25家，企业创办人中有国家重大人才工程A类2人、江苏省双创人才4人、常州市龙城英才18人。累计培育上市企业1家，新三板挂牌企业4家，培育潜在独角兽企业1家、瞪羚企业4家，“十四五”时期上市储备企业2家；园

常州捷佳创精密机械有限公司外景　　（区委宣传统战部 供图）

区半导体企业获投融资4.58亿元，获科技、人才资助2.8亿元。

（三井街道 王蓉燕）

【捷佳创泛半导体装备产业园竣工投产】 12月，捷佳创泛半导体装备产业园实现竣工投产。常州捷佳创精密机械有限公司成立于2008年，为全球200余家光伏电池生产企业约2000条电池生产线提供设备和服务。捷佳创泛半导体装备及材料产业园项目主要聚焦光伏设备及电池生产设备。2023年，常州捷佳创精密机械有限公司抢抓新能源产业发展机遇，在二期项目投产后，迅速启动三期建设，在建三期项目总投资额50亿元，达产后年销售额可达50亿元。

（罗溪镇 袁鲁豫）

【"以数为名 眺望新时代"数字伙伴生态链接大会】 12月20日，"以数之名 眺望新时代"数字伙伴生态链接大会在常州中吴宾馆举行。会议通过主题演讲、产业推介、项目路演等环节，分享发展成果，眺望数字文化创意未来图景。常州创意产业园区作为该次活动承办单位，邀请行业专家、企业代表、优质项目等进行现场对接交流，共谋数字文化产业创新发展。常州创意产业园区先后获国家数字娱乐产业示范基地、国家版权示范基地等"国字号"品牌8项，创造就业岗位1.5万个，每年营业收入300亿元。科技创新赋能文化产业数字化，创意产业园区在数字展览展陈、数字文旅体验、数字版权交易、数字创意内容生产等领域拓展新业态、新场景、新服务，构建数实共生的产业发展格局。

（常新鉴）

产业数字化

【概况】 2023年，常州国家高新区（新北区）围绕"互联网+"，持续开展制造业智能化改造、数字化转型和网络化连接，推动数智赋能制造业转型升级。全面实施"智改数转"企业免费诊断，组建以网络基础运营商、信息化服务商和专业咨询机构等为主的联合工作组，通过企业诊断服务，对标智能工厂、5G全连接工厂和工业互联网标杆工厂等，为企业量身定制"智改数转"长、短期规划。加快工业机器人应用步伐，推动制造业高端化、智能化、绿色化发展。全年排定智能化改造、数字化转型类项目132个，计划总投资59亿元。加快构建"智""数"双全新场景。年内，常州星宇车灯股份有限公司被评为国家级智能制造示范工厂，实现全区"零"的突破；天地（常州）自动化股份有限公司被评为国家智能制造优秀场景。新增5家江苏省智能制造示范工厂，分别为天合光能股份有限公司的大功率大尺寸高效组件智能工厂、常州澳弘电子股份有限公司的高精密印制线路板智能工厂、常州豪爵铃木摩托车有限公司的绿色环保摩托车智能工厂、梅特勒-托利多（常州）精密仪器有限公司的柔性自适应精密仪器及衡器智能工厂、华润化学材料科技股份有限公司的PET聚酯切片智能工厂。全年新增省级智能制造示范车间8家、市级智能车间15家，省星级上云企业数在全市率先突破500家。

【星宇车灯入选国家级智能制造示范工厂名单】 10月，由常州星宇车灯股份有限公司（简称星宇车灯）申报的常州星宇LED车灯智能制造示范工厂入选国家级智能制造示范工厂名单，成为高新区首家国家级智能制造示范工厂。智能制造示范工厂评选活动中，星宇车灯在产品数字化研发与设计、工艺数字化设计、智能在线检测等环节表现突出，获江苏省工业和信息化厅、江苏省发展和改革委员会推荐，经过专家评审、网上公示等程序，最终入围。星宇车灯是国内智能LED车灯行业首家智能工厂。智能LED车灯照明系统建设包括项目总体规划、研发设计制造一体化协同开发系统、车灯智能柔性化生产线、智能制造运营管理系统、智能制造大数据集成云平台与决策分析系统等，实现LED车灯产品的智能化生产。星宇车灯以智能产业园为载体，采用“一仓辐射多工厂的模式”，成为智能LED车灯照明系统产品的智能工厂应用示范。

（区经发局 朱瑄磊）

【PET聚酯切片智能工厂获评省智能制造示范工厂】 1月，华润化学材料科技股份有限公司的PET聚酯切片智能工厂入围2023年江苏省智能制造示范工厂名单。华润化学材料科技股份有限公司是央企华润集团下属的专业化生产、销售非纤维级聚酯切片一级利润中心，是国内瓶级聚酯切片规模较大的生产商之一，产能位居全球前列。此次入围的PET聚酯切片智能工厂通过引入BI智能决策、ERP企业资源计划、HSE“五位一体”安全管理、EAM设备管理、EMS智慧能源管理、ILS智慧物流以及LIMS质量管理等resolink华润工业互联网平台应用。结合华润云、5G传输以及云边协同等新技术，实现全工艺流程监控，核心设备状态监测、生产物流精准配送，能源消耗与安全环保智能管控等功能，提升人员管理效率，实现降本增效。

（滨开区 黄婷 区经发局 朱瑄磊）

【3家企业被评为省工业互联网标杆工厂】 8月，常州伟泰科技股份有限公司、常州澳弘电子股份有限公司、常州通宝光电股份有限公司入选2023年度省工业互联网示范工程（标杆工厂类）认定名单。常州伟泰科技股份有限公司以构建高端半导体精密钣金结构组件智能化制造为目标，通过引入先进的智能装备，建设或重构融合公司ERP（企业资源计划）、APS（高级计划与排程）、MES（生产执行系统）、WMS（仓储管理系统）、PDM（产品数据管理）、数字化设计等信息化系统，实现基于订单驱动的销售、设计、采购、制造、物流、服务一体化的全价值链集成，让数据成为生产力。常州澳弘电子股份有限公司聚力打造集成PLM（产品生命周期管理）、APS（高级计划与排程）、MES（生产执行系统）、AOI（自动光学检测）、ERP（企业资源计划）、SRM（供应商关系管理）、OA（办公自动化）+生产协同管理平台、WMS（仓储管理系统）+WCS（仓库控制系统）、CRM（客户关系管理）等信息系统，互联网一体化平台包括研发、计划、排产、生产、配送、全球结算等环节，综合运用数据采集与系统集成、模型分析与优化技术，提升集团综台管控和管理效率，实现各层级流程优化。常州通宝光电股份有限公司依托工业互联网技术，搭建国际先进的全自动SMT贴装生产线进行汽车LED车灯模组的智能化生产。整合ERP（企业资源计划）、BI（商业智能）、MES（生产执行系统）、WMS（仓储管理系统）、OA（办公自动化）等核心应用系统，构建工业互联网标杆工厂的核心基础，降低运营成本，缩短产品研制周期。

（区经发局 朱瑄磊）

【北汽重卡数字化转型】 3月28日，全国首个重卡数字孪生智慧工厂落成投产暨北京重卡首台车下线仪式在北汽重型汽车有限公司（常州）举行，500余人出席仪式。当日，北汽重卡新能源验证中心揭牌。依托北汽重卡数字孪生技术，在行业内首次建立工厂数字孪生体，新工厂设计之初从厂区规划到设备调试，完全在虚拟孪生模型中进行创建模拟。通过在物理工厂部署数以万计的传感器，依托数据镜像再现虚拟工厂，实现IT（信息技术）与OT（运营技术）的完美融合，以数字孪生技术实现以虚预实，以虚优实，以数字化赋能智能智造。北汽重卡制造端到端全过程透明化，大数据和智能算法实现排产、库存、人力资源等生产要素的最优配置。实施数字化四大工艺（超高精度全自动冲压车间、数字化全机器人焊装车间、全自动化无人涂装车间、数字孪生智慧总装车间），首创用户点单系统，通过“平台+模块”、

3月28日，全国首个重卡数字孪生智慧工厂落成投产暨北京重卡首台车下线仪式举行。图为公司生产车间　（区委宣传统战部 供图）

根魔方、EBOM 的智能匹配，实现超2万种产品配置组合，满足用户的个性化定制需求。北京重卡首台车下线即交付客户，首批客户预售订单503台。9月，北汽重型汽车有限公司的北汽重卡数字化产业协同平台入选2023年度常州市“十链突破”项目名单，5G+智慧重卡工厂被评为2023年度江苏省5G工厂。

（区经发局 朱瑄磊 罗溪镇 贾玺文）

【新增星级上云企业105家】2023年，常州国家高新区（新北区）新增星级上云企业105家。6月，常州药物研究所有限公司等7家企业入选2023年度省四星级上云企业，常州理工科技股份有限公司等36家企业入选2023年度省三星级上云企业。12月，高新区（新北区）有62家企业入选2023年度江苏省第二批星级上云企业认定名单。其中，常州优谷新能源科技股份有限公司等3家企业入选省五星级上云企业，江苏双鑫新材料有限公司等10家企业入选省四星级上云企业，常州启赋安泰复核材料科技有限公司等49家企业入选省三星级上云企业。至年末，全区累计拥有省星级上云企业533家。其中，五星级上云企业15家，四星级上云企业172家，三星级上云企业346家。

（区经发局 朱瑄磊）

【9.8兆瓦天能瓦BIPV（光伏建筑一体化）光伏电站项目入选国家级智能光伏试点示范项目】1月29日，天合富家能源股份有限公司9.8兆瓦天能瓦BIPV（光伏建筑一体化）光伏电站项目入选工业和信息化部第四批智能光伏试点示范项目名单。智能光伏试点示范项目是由工业和信息化部、住房和城乡建设部、交通运输部、农业农村部、国家能源局等部门，按照《智能光伏产业创新发展行动计划（2021—2025年）》要求，经省市工信部门推荐、专家评审，工信部公示等环节最终评定，旨在推动光伏产业高质量发展，鼓励智能光伏产业技术进步和扩大应用。天合富家能源股份有限公司的9.8兆瓦天能瓦BIPV光伏电站项目利用工业企业建筑物屋顶，采用“自发自用、余电上网”模式，通过先进设计理念及材料，将光伏与建筑深度融合，创造光伏建筑一体化示范标杆。天能瓦BIPV解决方案带动企业屋顶经济性、安全性、耐用性、便捷性全面提升。

（区经发局 匡成阳）

【数字人民币推广】2023年，常州国家高新区（新北区）金融机构根据《常州市数字人民币试点工作方案》和全市数字人民币应用发展水平高质量考核目标，在全区数字人民币推广普及与应用方面积极探索，并取得成效。至年末，全区个人钱包累计月活数33.39万个，对公钱包累计月活数1.69万个，线下商户数币支付开通2.34万个。

（区经发局 奚晗悦）

数字化治理

【概况】2023年，常州国家高新区（新北区）以统筹规划、“一网统管”、“一网协同”为目标，推进区门户网站群、区电子政务外网、区大数据建设。开展区政府网站集约化建设和政府网站普查、区办公自动化平台改造、区电子政务外网安全运维、区政务数据共享平台和城市运行“一网统管”建设等工作。在常州市新北区区域社会治理现代化指挥中心（常州市新北区网格化服务管理中心）增挂新北区城市运行管理中心牌子，推动“三中心”合一，统筹推进城市运行“一网统管”工作。年内，区党政办被评为2023年度江苏省政府网站工作先进单位和常州市政府网站建设管理表扬单位；在由中国信息化研究与促进网举办的2023年中国优秀政务平台（数字政府）推荐及综合影响力评估活动中，区门户网站被评为中国领先政务网站。

【政府网站建设】2023年，常州市新北区电子政务中心依托市政务云平台和市政府网站集群，实行政府网站集约化建设。完成区门户网站SSL证书申请及HTTPS加密改造，确保数据在传输过程中不被窃取、改变。围绕提高民生实事成效，向全社会公开征集2024年区民生实事项目，通过网站在线征集到建议17条，供有关部门决策参考。继续开展政府网站普查，强化网站信息内容的审核和管理，明确专人负责本单位网站信息的审核和发布。通过人工手段，检查信息更新情况、信息准确性、空栏目等内容，撤并长期未更新的栏目和空栏目。开展全站死链扫描和错别字检测，及时发现并整改网页中的错链、死链和错别字。完善网站助手软件的功能和字库，优化网站前端内容检测功能，确保信息精准。实施区办公自动化平台改造，实现全程线上审批流转。平台电脑端和移动端同步上线运行，打造跨部门、跨层级办公业务的“一网协同”体系。

【电子政务外网运维】2023年，常州市新北区电子政务中心全程参与“网安2023”区网络安全攻防实战演练，区党政办被评为优秀防守单位。扎牢电子政务外网安全防线，部署互联网出口、服务器区双活防火墙，实现网络边界可控；自主设计多网逻辑隔离统一管理方案，并优化VPN（虚拟专用网络）拨号程序，成为多部门专线并网的解决方案；部署IPS（图像信号处理）设备，实现对内部终端设备木马病毒防护；设置幻阵安全防护系统，并实现自研防火墙与幻阵及IPS联动，遭攻击自动阻断；优化完善日志服务器程序，记录关键数据，提高日志分析效率；协调区商务局、区教育局、区行政审批局等部门的系统迁移至政务云。

【政务大数据体系建设】 2023年，常州市新北区电子政务中心围绕市区政务大数据一体化总体要求，通过市级超融合服务平台，开展数据清洗治理工作，结合市级原有数据资源，清洗治理新北区数据资源392类，其中一网统管涉及数据类160类，清洗出新北区数据147类；两档涉及数据类目232类，清洗出新北区所属数据类目209类。数据总量1.5亿条，并同步至市级平台新北模式下。利用政府数据开放平台发布各类政府开放数据，至年末，发布数据资源77个，开放数据4万余条。推进电子印章和电子证照应用，全年政务服务一体化平台调用含市场准入、落户秒批、出版物备案、档案查询等业务电子印章1.13万次，电子证照调用4748次。开展政务信息系统调研工作，上报自建政务信息系统61个，其中已建和在建系统57个，当年度计划建设系统4个。

（区党政办 徐斌）

【“一网统管”运行】 2023年，常州国家高新区（新北区）围绕“一网整合数据、一屏能观全局、一体联动指挥、一线解决问题”等环节，在系统集成、数据共享、场景谋划等方面发力，推进“一网统管”各项任务落地落实。推动城市运行中心阵地建设，按照分批建设、全面覆盖原则，加快打造区、镇（街道）两级中心体系。年内，建成区级城市运行指挥大厅，开展实体化运作。推进城市运行场景开发，围绕经济治理、城市治理、社会治理、安全治理四大板块，梳理形成场景建设清单，建成2个市级年度重点场景和3个区级个性化场景，汇聚相关数据超300万条。

（区城市运行管理中心 孙晨阳）

数字社会建设

【数智政务服务】 2023年，常州国家高新区（新北区）坚持活用AI、VR、大数据等智能技术，引进机器人、自助机、打证机等功能设备，优化政务服务。打造集“智能导办、云端享办、同屏帮办”等功能于一体的“网上智慧大厅”。完成苏服码15个证照使用授权，活用AI、OCR（光学字符识别）、动态模拟、大语言模型等技术，贯通咨询、申报、踏勘、出证全流程，实现对大厅办事人员的集中引导、集中办理、集中出证、集中送达。全省首家智能政务AI自助服务体验中心在区政务服务大厅投入使用，让办事群众轻松享受“一站式”智能化服务。政企通平台完成11个局办25个平台账号开通，46条政策事项、32条申报事项等专项录入，累计推进法人注册超1.36万人次，超9万人次使用。VR云勘察累计完成云勘探75次，延伸服务至镇，在孟河等6个镇（街道）有应用案例。政务地图上线“我的常州”“苏服办”等移动端服务，新增党组织关系转接功能。“12345”平台提供热线百科和专班服务，2023年，受理有效诉求66234件，办件满意率99.98%。按照“一次告知、一表申请、一套材料、一同踏勘、一窗发证”要求，推进“一件事”服务窗口整合及业务办理，依托线上平台和线下专区，分类推进一件事一次办，整合民生小店开心办、一证化、一件事套餐办等已有服务，上线16个省定标准“一件事”。

（区行政审批局 吴文希）

【智慧农业】 2023年，江苏省新北现代农业产业园区以省级现代农业产业示范园创建为契机，搭建智慧农业大数据平台，通过“园区企业+农业大数据中心+线上交易”的运营模式，为企业提供农产品全生命周期数字化服务。投入使用的“龙西田园”微信

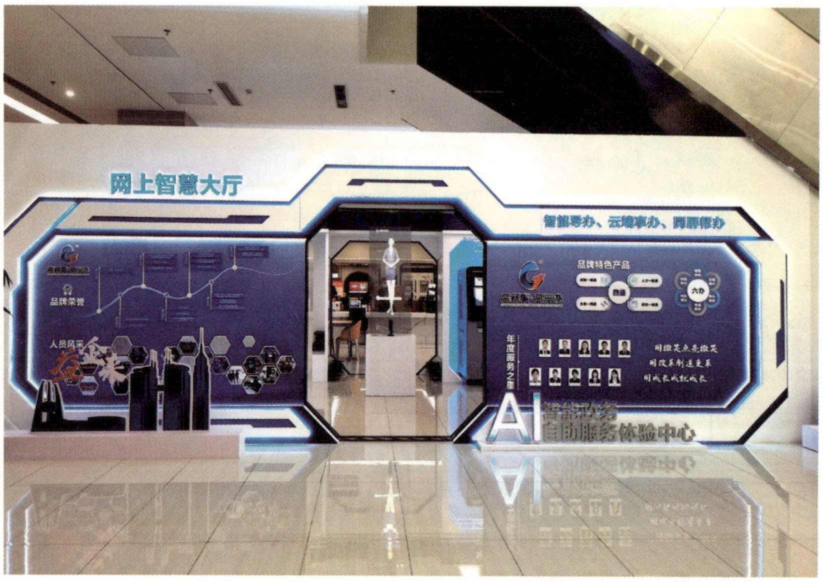

12月，全省首家智能政务AI自助服务体验中心在区政务服务大厅投入使用

（区行政审批局 供图）

小程序，接入现代农业园区企业10家，农产品自提点6个，其中新北区市区1个、西夏墅镇5个。为满足现代农业园区物联网整体发展需要，在原有监控的基础上，增设可视化探头及大棚室内传感器120个，实现精准化、高效化、环保化农业生产。

（西夏墅镇 张沏渊）

【智慧警务】 2023年，公安新北分局围绕重点企业、公共部位、居民小区等重要区域，织密感知设备密度，为推进新一轮社会治安防控体系建设提供警务保障。年内，升级新建一批高清智能摄像机2.3万路，日均采集轨迹数据6500万条。全域推进公安数字化转型，发挥超融合平台试点主力军作用，新增接入社会面数据19类，搭建数据实战产品34个，金融风险感知、视频图像前端科学布建等实战场景在省、市比赛中获一等奖。《执法办案大数据监督管理平台》《民警数字化工作督办》《民警智能组合应用工作台》等软件获国家计算机软件著作权。三井派出所被评为全省科技创新示范所队。探索实践“智慧安保”措施，搭建大型活动现场安保三维模型，全量标注观众流线流向、警力定点定位和安全设施设备等要素，实现警力部署可视化、指挥调度扁平化。严格落实大型活动安保复盘总结机制，完成芒禾音乐节、中国羽毛球比赛、奥体中心演唱会等万人以上大型活动安保任务。

（公安新北分局 谈蓓）

【智慧城管】 2023年，常州国家高新区（新北区）深化城市智慧化管理，建设新北区智慧城市管理指挥平台，按照统一门户、统一数据标准、统一权限要求，一体化集成综合执法、长效管理、市容环卫等业务管理功能，实现全过程实时管理、数据实时汇总分析，汇聚8大类城市公共服务业务功能、4类基础管理功能，梳理功能清单33类178项，并为新增业务预留端口，持续提升城市管理和服务效能，实现城市管理业务完整闭环。全面铺开城市大管家服务，形成“行政力量+智慧平台+专业服务”的城市一体化管理模式，推动城市大管家业务入驻全区10个镇（街道），业务类型从传统的环卫保洁、绿化管养、市政维保等业务，向停车管理、物业管理、垃圾分类等城市公共服务类新业务拓展，至年末，承接全区城服类业务总额3.75亿元。

（区城管局 葛智康）

【智慧教育】 2023年，常州国家高新区（新北区）推进智慧校园创建，全区中小学省智慧校园创建率96%，创成国家智慧教育平台江苏省试点学校1所，省智慧校园示范校3所，市信息化建设重点项目13个，市装备管理应用示范校30所。年内，常州市新北区龙城初级中学、常州市新北区吕墅中学、常州市新北区圩塘中心小学创建成市装备管理应用示范校；常州市新北区三井实验小学、常州市新北区香槟湖小学、常州市新北区奔牛实验小学入围常州市第二批教育信息化建设示范项目；常州市新北区龙城初级中学、常州市新北区香槟湖小学探索研究基于元宇宙技术的课堂教学样态，开发出相关课例，在国家级信息化教学实验区的展示中展出成果。

（区教育局 袁定胜）

【智慧养老】 2023年，常州国家高新区（新北区）打造居家为基础、社区为依托、机构为补充、大数据平台为辅助的多层次养老服务体系，推进智慧健康养老服务提质增效。2022年8月，新北区智慧养老安全监管平台系统正式上线，接入全区所有养老机构。该系统由老年人基础数据库、呼叫中心、机构养老管理、安全监管等“一库一中心N系统”组成，通过连接监控摄像、用电探测、独立烟感等硬件设施，即时显示15项安全数据，破解养老服务和运营监管难题。2023年，在上线智慧养老安全监管系统基础上，把12项养老机构统计数据和1.9万名老年人居家上门服务、日均约2500名老人刷脸刷卡助餐、全年400户老年人家庭适老化改造等场景业务，制成标准化数据流程，统一标准服务。依托属地社区卫生服务机构，为老年人提供线上咨询和远程诊断等服务。

【新北区被评为全国智慧健康养老应用试点示范基地】 12月，常州市新北区被评为全国智慧健康养老应用试点示范基地，成为全市首个全国智慧健康养老应用试点示范基地，奔牛镇入选全国智慧健康养老应用试点示范街道（乡镇）。2023年，新北区加快养老设施建设，完善养老服务政策支持，推进智慧健康养老服务提质增效。至年末，全区有60周岁以上老年人口14.65万人，占户籍人口的22.93%，其中80周岁以上老年人1.91万人。全区构建以居家为基础、社区为依托、机构为补充、大数据平台为辅助的多层次养老服务体系。借助产业优势，借力平台载体，全区形成以新北区万家安睦邻中心、乐汇老居家养老服务中心、常州市新博科技有限公司、贝慈369康养照护中心、永安行科技股份有限公司、江苏枝秀老龄产业发展有限公司、中民孝行（常州）养老产业发展有限公司等为主的养老服务圈，以丰臣国际、道生中心为核心的大健康产业商圈，由中华恐龙园、新区公园、小黄山风景区等组成的绿色康养生态圈。

（区人社局 曾艺）

【智慧公交站台】 2023年，常州国家高新区（新北区）投入1300万元，实施公交站亭“微更新”工程。至年末，新建62个、改造71个公交站台，增设户外电子广告屏4个，并在站台底部设置USB手机充电口，为居民出行提供候车、休憩、线路指示和夜间照明服务，基本实现高铁新城核心区范围新型智慧公交站台全覆盖，并同步实施路灯改造、交通疏导、慢行系统提升等工程。

（区住建局 潘旭栋）

通信建设和服务

·中国电信股份有限公司常州分公司新北区局·

【概况】 2023年，中国电信股份有限公司常州分公司新北区局（简称电信常州分公司新北区局）下设公众支局5个、政企分部6个。有本科及以上学历人员44人，技术员及以上职称35人；有专司安装维护人员97人，负责电信业务咨询、新装、变更、缴费、拆机、应用辅导等受理接待人员103人。年内，电信常州分公司新北区局优化组织架构，推进全光网络建设。至年末，全区有宽带用户22.8万户、移动用户37.6万户。全年业务收入5亿元。

【网络建设】 2023年，电信常州分公司新北区局加快5G网络与千兆光网协同建设，推进IPv6规模部署和应用，加快建设新一代信息基础设施，全年通信建设投资额4900万元。实施千兆光网建设，规模部署10G-PON千兆网络设施，实现全区城乡一体100%全光深度覆盖。新增FTTH接入端口1.68万个，累计部署末级千兆光端口60万个，实现90%以上城乡一体千兆光网覆盖，10GPON端口占比80%。对滨江工业园、薛家工业园等科技型企业较多的园区实现5G及光网千兆全覆盖。整体三甲医院、学校、文化旅游区、机场、高铁站、重要道路等重点场所，5G通达率100%，全年新建5G基站182个，累计建成1254个。促进2B行业（政府及企业客户）应用发展，推进双千兆应用创新。在常州百康特医疗器械有限公司、常州光洋轴承股份有限公司建成5G定制网，助推“双千兆”网络与智慧工厂等行业深度融合。

【网络服务】 2023年，电信常州分公司新北区局推进智慧家庭建设，建立一支97人智慧家庭工程师队伍，业务覆盖辖区用户宽带上网、固定电话使用等，提供智慧家庭组网、智能家居设计、施工和维护需求等服务。VIP高端客户服务团队主要服务于区内的党政军机构及千余家规模以上企业的重要会议保障、企业内部网络监测及企业组网设计、施工、维护等工作。优化服务门店布局，为客户提供咨询、缴费、装拆、变更各类服务。至年末，全区设电信服务网点54家。

（电信常州分公司新北区局 顾宇炜）

·中国移动通信集团常州新北移动分公司·

【概况】 2023年，中国移动集团常州新北移动分公司（简称新北移动分公司）有经理1人、副经理3人，内设2部1组1中心，下设营业部5个，有员工156人，其中管理技术岗38人、基础生产岗118人。有自办厅11家，加盟店、宽带服务站及代理点87家。服务集团1.3万家，其中A、B类集团740家。年内，新北移动分公司组织青年志愿者参与“一袋牛奶的暴走”等公益活动，并提供网络保障；联合属地共建单位开展反诈宣传、贫困帮扶、慰问退伍军人等活动12次，共筑和谐社会。

表57 2023年中国移动通信集团常州新北移动分公司工作业绩统计表

经营责任制目标	完成情况
CHN收入增长（万元）	342.58
通信用户净增（户）	15233
宽带净增（条）	4212

【企业宽带用户满意度提升】 2023年，新北移动分公司通过线上线下主动关怀、RMS（单调速率调度算法）纳管整治、中断时长管控等举措，提升企业宽带用户满意度。全年修复206户，完成终端纳管整治604台，单用户中断时长降至0.3分钟以内，有效提升用户使用感知。

【“五一”假期网络畅通保障】 2023年，新北移动分公司围绕提升市民游客假期网络体验，多种举措确保各地网络运行顺畅。结合历年“五一”业务量情况，以及收集到的人流信息，提前对常州高铁北站、中华恐龙园区等人流密集区域网络容量开展科学评估，并针对性制定专项保障方案，完成现网扩容62个，部署应急小站2个，出动应急通信车2辆，测试及优化热点场景网络质量5处，保证4G与5G网络信号畅通。成立多专业联合保障专项小组，对重点保障区域沿线站点机房设备加大巡视力度，开展线路、无线专业应急保障演练，制定节假日期间的应急通信预案，处理网络故障和投诉，满足市民游客的通信使用需求。

（新北移动分公司 孟飞）

教育

综述

【教育机构】 至2023年年末，常州国家高新区（新北区）有中小学、幼儿园109所，其中高中3所、初中16所、九年一贯制学校3所、十五年一贯制学校1所、特殊教育学校1所、小学30所、幼儿园55所。拥有省四星级高中2所、三星级高中1所；市优质初中16所（含九年一贯制学校）、市优质小学30所；省优质幼儿园40所、市优质幼儿园17所，省、市优质幼儿园覆盖率94.98%。有中小学、幼儿园专任教师8517人，其中中学学段2463人、小学学段4027人、幼儿园2027人；在校（园）学生12.6万人，其中幼儿园2.5万人、小学6.6万人、初中2.6万人、高中0.8万人。学龄前儿童入学率100%，义务教育巩固率100%。有各类社区培训学院（中心）129所，各类校外培训机构391家。其中，学科类培训机构7家、艺体等非学科类培训机构384家。

（区教育局 朱庭欣）

【教育经费投入】 2023年，常州国家高新区（新北区）全社会教育投入财政性教育经费28.51亿元，其中一般公共预算教育经费20.95亿元，其他一般公共预算安排教育经费1.04亿元，政府性基金安排教育经费1.64亿元。全区普通学校小学生、初中生、高中生生均一般公共预算教育经费分别为17617元、28226元、26483元。新增学位约6000个。继续实施全学段国家助学金及普通高中免费资助，总计资助5533人次，资助金额553.22万元，增加13.82万元。其中，553人次获得学前教育阶段资助，资助金额355.6万元；743人次获得义务教育阶段资助，资助金额81.49万元；743人次获得普高阶段资助，资助金额81.49万元。为全区低保户家庭122人次发放低保教育补贴金额26.14万元。

（区教育局 武志刚）

【学校基本建设】 2023年，常州国家高新区（新北区）实施续建、新建学校建设项目14个，其中续建项目8个、新建项目6个，项目涉及初中5所、小学3所、幼儿园6所，年内竣工8所，完成投资约10.8亿元。全年投入专项基建装备常规经费2611万元，重点用于教学必须、薄弱提升改造等方面。投入为民办实事项目专项经费847万元，提档升级18所公办初中理化生实验室。实施新北区中小学生在校热水洗手全覆盖项目，解决学生冬季在校洗手难题，全区53所中小学校共投入经费296.65万元。至年末，常州市新北区实验中学创成市节水型学校，常

常州市新北区薛家中学 （区委宣传统战部 供图）

州市新北区龙城初级中学、常州市新北区吕墅中学、常州市新北区圩塘中心小学3所学校创成市装备管理应用示范学校，常州市新北区汤庄桥小学、常州市新北区吕墅中学、常州市新北区小河中学、常州市新北区薛家中学4所学校创成常州市中小学实验教学合格校。

表58　2023年常州国家高新区（新北区）续建、新建学校建设项目统计表

序号	建设性质	项目名称	建设规模	建筑面积（平方米）	总投资（万元）	2023年完成投资（万元）	建设时限	备注
1	续建	滨江幼儿园	8轨24班	13000	8475.88	4000	2022.4—2023.9	竣工
2	续建	孟河中学改扩建工程综合楼项目	（无新增）	5800	4100	2295	2022.11—2023.12	竣工
3	续建	小河中学改扩建（四期）	（无新增）	6839.9	3848	1924	2022.9—2023.9	竣工
4	续建	新北区万绥小学改扩建工程	新增6班	5250	3200	1282	2022.4—2023.3	竣工
5	续建	薛家中学易地新建	20轨60班 新增42班	65093	33500	20000	2022.3—2023.8	竣工
6	续建	罗溪碧春湖幼儿园	8轨24班	16504	13768.48	12768.48	2022.8—2023.10	竣工
7	续建	奔牛初中易地新建	16轨48班 新增18班	54528	38720.83	20000	2022.6—2024.1	—
8	续建	三井第二实验小学	10轨60班	64500	32732	20732	2022.3—2023.12	竣工
9	新建	新北实验中学教学楼加固工程	（无新增）	12300	1700	1700	2023.7—2023.9	竣工
10	新建	泰山实验学校	20轨60班	64962	33500	10000	2023.6—2025.3	—
11	新建	孟河代英幼儿园	12轨36班	21000	12180	10180	2023.2—2024.6	—
12	新建	前桥小区西地块幼儿园	5轨15班	9942	5965	2000	2023.6—2024.8	—
13	新建	安家幼儿园改扩建	新增8班	3800	2497.74	500	2023.9—2024.8	—
14	新建	龙城幼儿园	6轨18班	12000	7200	600	2023.12—2024.12	—

（区教育局　李英　史洛铭）

【教育科研】2023年，常州国家高新区（新北区）各学科平均开设区级公开课13节，在省市评优课、基本功竞赛中，获省一等奖10人次、二等奖3人次，市一等奖35人次。年内，区教育局承担江苏省中小学教研室学科教学研讨活动3次，常州市教育科学研究院学科教学研讨活动15次。通过省规划课题8项、省教研课题9项。15项省规划课题、6项省教研课题结题。22项省规划课题、6项省教研课题通过中期评估，其中1项省规划课题被评为省精品课题，2项省规划课题在江苏省教育科学规划领导小组办公室组织的中期评估中被评为优秀。8项市级青年专项课题结题，10项市级综改课题通过常州市教育科学研究院中期评估。新北区实验中学《常州博物馆文创产品的设计与营销》获全国综合实践活动优秀案例一等奖。《常州博物馆文创产品的设计与营销》《走进博物馆——学会实地考察》2个案例获省义务教育综合实践活动优秀案例一等奖。“混融式学习：育人方式变革的实践探索”“学科育人：培养地理实践力的教学方式转变研究”等19个项目入选市2023年基础教育教学成果奖培育项目。全区5个校本课程案例入选教育部课程教材研究所校本课程典型案例。周文荣乡村骨干教师培育站被评为省优秀乡村骨干教师培育站。常州市龙虎塘实验小学被评为市示范教育科研基地，常州市新北区泰山小学

被评为市优秀教育科研基地。至年末，全区教研员在《化学教与学》《幼儿教育导读》《中学数学教学参考》等省级及以上正规期刊发表论文18篇，其中在《化学教学》《语文建设》等核心期刊发表3篇。

（区教育局 周文荣）

【校园安全】 2023年，常州国家高新区（新北区）开展校舍安全、校车安全、消防安全、食品安全等专项检查126次，排查发现隐患186处，整改率100%。强化学校食堂食品安全管理，组织全区中小学开展2023年度学校食堂“五常”（常分类、常整理、常清洁、常检查、常自律）管理示范单位创建，评选常州市新北区新桥实验小学等3家“五常”管理示范单位。组织全区3万余名学生参加新北区学校安全教育“送训到校”活动，增强师生交通安全防范意识，有效预防和减少道路交通事故发生。年内，常州市新北区龙城初级中学、常州市新北区罗溪中心小学、常州市新北区新港幼儿园、常州市新北区美林湖幼儿园4所学校创成常州市平安校园。至年末，全区有省级平安校园21所、市级平安校园79所，市级以上平安校园占比超70%。

（区教育局 段尊宇）

9月12日，常州市龙城小学开展安全教育之逃生演练 （区教育局 供图）

教育管理

【教师队伍建设】 2023年，常州国家高新区（新北区）实施“优才计划”，开展各类教师招聘工作。招聘优秀高校应届毕业生50人，其中研究生37人、本科生13人。招聘编内教师206人、聘用制教师101人。遴选优秀教师9人至南京师范大学常州实验学校任教。完善岗位设置与聘用中降级人员实行竞聘上岗机制，1259人变动岗位。新增江苏省教学名师、正高级教师各3人，入选省教育家型校长、省乡村优秀青年教师培养奖励计划各1人。新增市名教师工作室领衔人12人、市乡村教师培育站领衔人2人、市区五级梯队教师308人。8月，区教育局开展“灯塔型”优秀教育人才评选，5人获选优秀校（园）长、10人获选十佳教师、10人获选十佳乡村教师、10人获选十佳班主任。开展优秀教师培养周期考核，高层次人才考核22人，市区级五级梯队教师考核328人。为688人次优秀教师成功申请优秀教育人才资助经费548.5万元。打造“蔚蓝·心³”新北区名班主任培育工程品牌，24人获市名班主任称号。组织中小学班主任参加省市基本功竞赛，1人获江苏省中小学班主任基本功大赛一等奖，1人获二等奖。至年末，1人被评为省教学名师、市优秀教研员，1人被评为市优秀教研员、市特级教师后备人才。

（区教育局 章树超 胡跃 罗雯娟等）

【校长队伍建设】 2023年，常州国家高新区（新北区）推进党组织领导的校长负责制改革，把党的领导贯穿办学治校、教书育人全过程。年内，调整41所学校基层党组织关系为隶属于区委教育工委。成立新北教育党建研究中心，开展《学校党建与教育管理的有机融合实践研究》等3项课题研究，常州市新北区三井实验小学党支部等6所学校党支部被评为第四批市委教育工委党建文化品牌项目。全年在“学习强国”学习平台刊发党建教育新闻20篇，提升教育影响力。7月，区教育局配合区委组织部对江苏省奔牛高级中学和常州市西夏墅中学的校长人选进行调整。8月，针对全区中小学部分学校领导到龄等现状，开展校级领导班子调整，提拔校级领导20人，促进校级领导队伍的年轻化和专业化。是年，常州市新北区奔牛实验小学校长杨文荣被评为龙城十佳校长。

【第二轮“三名”培育工程】 2023年，常州国家高新区（新北区）在第一轮“三名”培育工程示范引领下，启动第二轮“三名”培育工程。首轮“三名”培育工程组建名校长发展成长营6个、名教师成长营12个、名班主任成长营6个，聚集领衔人24人、培养对象365人。自第一轮“三名”培育工程启动后，领衔人晋升江苏名师等高层次人才比例达30%以上，培养对象专业提升率达60%以上。至年末，第二轮“三名”培育工程共组建20个成长营（3个卓越教育管理人才成长营、13个卓越教师成长营、4个卓越班主任成长营）和31个培育室（3个优秀教育管理人才培育室、23个优秀教师培育室、5个优秀班主任培育室），带动全区中小学校师资队伍和办学品质整体提升，全面打造新北优质教育品牌。

（区教育局 潘晨光 胡跃）

【教育综合督导】 2023年，常州国家高新区（新北区）下发《关于调整新北区人民政府教育督导委员会成员的通知》，成员单位由原15个区级部门调整为24个。按照新北区教育督导委员会办公室2023年度工作计划实施学校综合督导，组织召开专家研讨会，根据《常州市中小学（幼儿园）综合督导方案》，制定符合本区学校实际的综合督导评估细化指标，修订完善中小学综合督导评估学校自评手册和督导工作手册。根据2023年度中小学（幼儿园）综合督导计划，对常州市新北区三井实验小学、常州市新北区龙虎塘实验小学、常州市河海实验学校、常州市中天实验学校、常州市新北区飞龙幼儿园、常州市新北区九里幼儿园等16所学校实施综合督导，并根据上级要求和本级工作需要开展专项督导。通过实施学校综合督导，规范各中小学（幼儿园）办学行为、提高育人水平和教育质量。

（区教育局 吴奎 吴迪科）

素质教育

【概况】 2023年，区教育局坚持德智体美劳“五育”并举的发展性评价，促进学校形成绿色教育质量观，打造“高新慧育”教育品牌。开展体育教育现场推进会、中小学生科学素质提升行动推进会、劳动教育推进会、艺术教育推进会4场系列推进会。组织参加常州市第十六届运动会、常州市中小学生艺术节系列比赛。召开新北区校园科创嘉年华暨中小学生科学素质提升行动推进会，成立10个校内外科普游学实践基地，下发《常州市新北区中小学生科学素质提升行动实施方案》，常州市新北区飞龙实验小学、香槟湖小学被评为常州市科学教育特色学校。搭建大中小学思政课一体化联盟、中小学心理健康研究中心、家校社共育研究中心3个校际联动平台，实施中小学劳动教育“五·一工程”项目、小学课外阅读“100”项目两大项目群组，形成德智体美劳“五育融合”的育人合力。构建家庭教育指导中心、未成年人成长指导中心、社会心理服务指导中心“三维联动”阵地，为青少年的健康成长搭建共育平台。

（区教育局 朱庭欣）

【思政教育】 2023年，常州国家高新区（新北区）突出思政课程关键地位，推动大中小幼一体化思政课联盟建设。以一体化联盟工作室为抓手，建设新北区大中小学衔接的“红色基因”思政教育课程群。以“联盟带动 全面展开”的基本思路，以一体化联盟工作室为抓手，通过实施“十百千·红思政”工程，打造新北区思政课一体化品牌项目。全面提高大中小学思政课教学质量和水平，形成区域大中小学思政课一体化协同创新发展的“新北样本”。常州市新北区奔牛实验小学被评为常州市思政育人特色学校，常州市新北区三井实验小学被评为江苏省思政育人特色学校。

【德育教育】 2023年，区教育局组织各校开展社会主义核心价值观教育、中华优秀传统文化教育、中小学生习惯养成教育、心理健康教育和劳动教育等内容的德育教育活动，提升中小学生核心价值观培育与核心素养培养。加强未成年人道德建设，开展“七彩德育行动”、第二届中小学“立德树人”优秀成果评选等活动，引导未成年人树立正确的人生观和价值观。组织中小学生代表参加2023年常州市中小学“学宪法 讲宪法”演讲比赛暨素养竞赛比赛，3人获演讲比赛一等奖，1人获素养竞赛一等奖，3人获素养竞赛二等奖；参加市中小学“强国复兴 争当时代新人”宣讲大赛，1人获一等奖，6人获二等奖。至年末，167人被评为省市级优秀学生及优秀学生干部，3人入选江苏省新时代好少年候选人。

（区教育局 秦琳 刘宇婷）

【生态文明教育】 2023年，常州国家高新区（新北区）全面推进生态环保教育。年内，承办江苏省生态文明教育现场交流会暨第十一批“国际生态学校”授旗仪式、第二届全国学校家庭社会协同开展气候变化教育研讨会。常州市新北区三井实验小学、常州市新北区先启幼儿园、常州市新北区龙虎塘实验小学首次参评并通过国际生态校评审，常州市新北区圩塘中心小学、常州市新北区三井街道藻江花园幼儿园通过复评。至年末，新北区累计9所学校建成国际生态学校项目，常州市新北区圩塘中心小学获评2023年度江苏省国际生态学校示范校。

（区教育局 秦琳 乔梁）

【体育教育】 2023年，常州国家高新区（新北区）实施《关于全面加强和改进新时代学校体育工作的意见》，加强体艺特色培育，完善小学、初中、高中专业优秀人才培养计划。3月，召开新北区体育教育现场推进会，发布《新北区“高新慧育·心悦动”体育教育质量提升三年行动方案（2023—

2025年）》。区教育局组织学生参加常州市第十六届运动会，新北区共获166.5枚金牌，在总分成绩上获幼儿组第二、小学组第三、初中组第三。5月，区教育局承办常州市第十六届运动会的棒垒球（常州市新北区新桥实验小学）、棋类项目（常州市新北区飞龙中学）和常州市深化学校体育改革之爸爸妈妈跟我去运动市级总决赛（常州市龙城小学），其中常州市龙城小学、常州市新北区河海实验小学获一等奖，常州市新北区香槟湖小学获二等奖。开展常州市校园体育之星评选，3人获选常州市十佳校园体育之星，4人获选常州市优秀校园体育之星。组织公益性暑期青少年阳光体育夏令营，申报夏令营营地15个，常州市龙城小学获市优秀营地一等奖，常州市新北区河海实验小学、常州市新北区香槟湖小学获市优秀营地二等奖，常州市新北区圩塘中心小学、常州市新北区万绥小学、常州市新北区春江中心小学、常州市新北区泰山小学、常州市新北区新桥第二实验小学获市优秀营地三等奖。

【艺术教育】 2023年，常州国家高新区（新北区）组织各中小学参加常州市艺术展演比赛，获合唱比赛特等奖3个、一等奖20个、二等奖7个，获戏剧比赛特等奖2个、一等奖4个、二等奖3个，获朗诵比赛特等奖4个、一等奖12个、二等奖4个。年内，常州市新北区新桥第二实验小学创成江苏省艺术特色学校，常州市新北区泰山小学、常州市新北区新桥第二实验小学、常州市新北区奔牛实验小学创成常州市第三批“墨香校园”。常州市新北区河海实验小学承办“龙腾盛纪·墨舞龙城”——2024常州市百校送福迎春义务送春联活动启动仪式。6月，举办“高新慧育·星梦享”新北区学校艺术教育工作推进会暨中小学生艺术展演展示活动，展示新北区艺术教育阶段成果。

（区教育局 顾建伟）

【劳动教育和食育教育】 2023年，常州国家高新区（新北区）推进劳动教育，完善劳动实践育人体系，引导广大青少年在主动参与劳动实践活动中增强社会责任感、创新精神和实践能力。年内，组织中小学参加2023年常州市食育优秀课程评选活动，常州市新北区泰山小学《一碗“面”的底气》、常州市新北区飞龙实验小学《豆子狂想曲》等8所学校课程被评为2023年市食育教育优秀校本课程，38名教师被评为市优秀食育工作者，525名学生被评为市食育优秀学生。

【心理健康教育】 2023年，常州国家高新区（新北区）推进心理健康教育，探索“1+1+N”（“1”指领衔小学，“1”指合作中学，“N”指区域部分中小学）心理健康教育模式，打造区域心理健康教育研究中心。年内，江苏省奔牛高级中学、常州市新北区薛家实验小学、常州市新北区新桥第二实验小学等7所学校入选常州市第二批中小学心理健康教育特色学校。全区中小学在常州市2023年生命教育月活动评选中，获生命教育月活动方案特等奖2个、一等奖3个、二等奖4个，在挫折教育主题班会设计方案评选中获特等奖3个、一等奖3个、二等奖4个。

【家庭教育】 2023年，常州国家高新区（新北区）强化家校社（家庭、学校、社会）共育，建立区校两级家长学校，赋能“家校社共育”研究联盟，形成家校社“互惠、赋能、协同创生”型家庭教育共育合作新形态。10月，区教育局聚焦更多专业力量提升家庭教育指导质量，联合区文明办、区卫健局等部门成立新北区家庭教育指导中心，为家长和学生持续开展个性化服务。至年末，常州市新北区三井实验小学、常州市龙虎塘实验小学等联盟学校的校内外家校共育活动被“学习强国”学习平台、“江苏生态环境”微信公众号、常州电视台、《常州日报》

5月25日，新北区中小学劳动教育现场推进会在新桥第二实验小学举办。图为劳动食育基地代表现场进行食雕示范（区教育局 供图）

等媒体报道20余次。新北区教师论文在常州市家庭教育指导工作论文评选活动中获特等奖3篇、一等奖3篇、二等奖7篇。

（区教育局 秦琳 刘宇婷）

学前教育

【概况】 2023年，常州国家高新区（新北区）扩大学位资源供给，完善学前教育保障机制，新增常州市新北区印山风华幼儿园、常州市新北区碧玥和鸣幼儿园、常州市新北区帕丁顿幼儿园3所民办幼儿园。提升民办幼儿园保教质量，开展新北区民办幼儿园课程游戏化建设暨保教管理水平评比活动，常州市新北区银河香槟湖幼儿园等6所幼儿园获一等奖；常州市新北区银河云峯幼儿园等6所幼儿园获二等奖；常州市新北区先启幼儿园等14所幼儿园获三等奖；常州市新北区孝都幼儿园“指向幼儿经历学习的乐活种植‘场’之探究实践”入选2023年市级前瞻性教学改革实验项目；常州市新北区新华幼儿园“‘小当家’慧整理行动”、常州市新北区奔牛幼儿园“‘牛牛小农娃’——主动学习理念下的亲自然游戏坊项目”、常州市新北区春江幼儿园“幼儿玩·创生活‘工作坊’的构建”、常州市新北区罗溪幼儿园“构建幼儿自主发展的户外‘自然’教育体验馆建设项目”、常州市新北区华山幼儿园“激活内在生命力的寻访课程方案建设”入选新北区幼儿园前瞻性教学改革实验项目。至年末，全区共有公办幼儿园27所、民办幼儿园28所（含普惠性民办幼儿园14所），全区公办及普惠性幼儿园覆盖率93.38%。省、市优质幼儿园就读幼儿占比96.61%。

常州市新北区新港幼儿园外景 （区委宣传统战部 供图）

【10所幼儿园创成省、市优质幼儿园】 2023年，常州国家高新区（新北区）推动省市优质幼儿园创建，通过政策引导和加大普惠性学前教育资源供给力度，把公办幼儿园占比列入区政府履责及年度考核目标内容。年内，常州市新北区龙虎塘街道中心幼儿园盘龙新园、常州市新北区孟河实验幼儿园富民园区、常州市新北区三井街道国宾花园幼儿园、常州市新北区雅居乐星河湾幼儿园、常州市新北区小河中心幼儿园（东六分园）5所幼儿园创成江苏省优质幼儿园。常州市新北区美林湖幼儿园、常州市新北区明德幼儿园、常州市新北区天禧幼儿园、常州市新北区新城樾隽幼儿园、常州市新北区新港幼儿园5所幼儿园创成常州市优质幼儿园。常州市新北区吕墅幼儿园、常州市新北区孟河中心幼儿园等20所幼儿园通过2023年江苏省优质幼儿园复审。

【幼小衔接】 2023年，区教育局立足幼小衔接工作现状，组织教育行政、教科研部门、幼小衔接工作室开展全区幼小衔接工作室中期汇报展示活动，以工作室研究为蓝本，向全区辐射幼小衔接实践研究经验，形成多点式经验辐射推广样态。开展“幼小科学衔接”优质项目评选，常州市新北区魏村中心小学、常州市新北区新桥街道中心幼儿园等9所学校获一等奖；常州市新北区新桥实验小学、常州市新北区新华幼儿园等14所学校获二等奖，常州市新北区薛家实验小学、常州市新北区薛家镇中心幼儿园、常州市新北区龙虎塘街道中心幼儿园、常州市河海实验学校被评为常州市幼小衔接优质校（园）。

（区教育局 周丽芬）

义务教育

【概况】 2023年，常州国家高新区（新北区）推动全区义务教育从基本均衡向优质均衡迈进。义务教育阶段入学率100%，残疾儿童少年入学率100%并享受15年免费教育。符合入学条件的外来务工人员随迁子女100%进入公办学校就读并享受与户籍学生同等待遇。义务教育实施免试入学，公办学校采取户籍、居住地对口和教育行政部门统筹安排等方式入学。流动就业创业人员随迁子女符合入学规定的，由教育行政部门统筹安排；薛家镇、孟河镇、奔牛镇、西夏墅镇、春江街道实行积分入学。实行公办、民办学校同步招生。民办学校按当地教育行政部门核准的招生方案实施电脑派位招生。轻度残疾适龄儿童少年，原则上就近安排入学，随班就读；中重度的残疾儿童少年安置到特教学校就学。全区实施义务教育阶段学校集团化办学模式，至年末，全区拥有17个教育集团，实现全区义务教育阶段学校集团化办学全覆盖。

（区教育局 顾晓春）

【义务教育“双减”改革】 2023年，区教育局深化基础教育教学改革，多措并举提升校内教育教学质量，丰富课后服务供给，加强校外培训机构规范管理，促进学生全面发展和健康成长，让“双减”工作落到实处。在全面推行市课后服务“5+2+1”模式的基础上，每天的课后服务都开设“1+T+X”课程，“1”为基本服务，包括指导完成作业、进行个别化补习辅导与答疑等；“T”为运动休闲，包括体育活动、课间休闲、营养补充等；“X”是拓展服务，包括思维能力拓展、兴趣培养、科学探究、综合实践、社团活动等。在课后服务中落实“五育并举”，打造“校校有块责任田”，鼓励学生“出力流汗”；推进“体育强基”和“科技进校园”，倡导学生“能文能武”。在常州市中小学优秀学生体育、艺术社团遴选中，新北区获十佳社团1个、精品社团6个，在省“课后服务学生活动优秀方案”评比中获一等奖5个、二等奖7个。在常州市中小学“双减”工作优秀实践案例评审中，获市一等奖12篇、二等奖15篇、三等奖18篇。

（区教育局 蒋楠）

【3所学校入选常州市新优质学校】 2023年，常州国家高新区（新北区）3所学校入选常州市义务教育新优质学校。

常州市新北区吕墅中学。2023年有教学班18个，学生838人；专任教师67人，中学高级教师19人。学校依托常州市“四有好教师”（有理想信念、有道德情操、有扎实学识、有仁爱之心）项目建设和常州市前瞻性项目“展·创”课堂实践，倡导“以人为本”现代教育与管理理念，追求教师、班级、学生新成长。学校先后获省健康促进学校金奖、银奖，获市德育先进学校、市绿色学校、市优秀实验室、市一级校园网、市装备示范学校等称号。

常州市新北区罗溪中心小学。2023年有教学班31个，学生1237人；专任教师72人，其中高级职称7人，骨干及以上优秀班主任6人，有市、区级五级梯队专业称号的教师29人。学校围绕“灵溪教育”，坚持守正创新，寻找学校内涵发展的生长点，重点在国防、科技、书法等领域，以“灵溪课程”新样态实现育人新目标。学校先后获全国国防教育特色学校、示范学校，江苏省优秀少先队集体，江苏省双拥示范基地，江苏省科学教育特色学校等称号。

常州市新北区圩塘中心小学。2023年有教学班44个，学生1814人；专任教师118人，其中高级职称17人，本科及以上学历教师115人（含硕士3人），市、区五级梯队教师40人。学校确立“服务儿童的快乐成长”办学理念，践行“和乐共进”校训。先后获全国青少年校园足球特色学校、守护江豚示范学校、江苏省中小学课程基地、江苏省国际生态学校示范校、江苏省青少年科技教育先进集体等称号。

（区教育局 顾晓春）

【7个项目获评省、市基础教育前瞻性教改实验项目】 2023年，常州国家高新区（新北区）7个项目被评为省、市基础教育前瞻性教改实验项目。其中，常州市新北区安家中心小学的“基于乡村生活场景的综合实践活动课程创新开发研究”项目被评为江苏省基础教育前瞻性教改实验项目，常州市新北区孝都幼儿园“指向幼儿经历学习的乐活种植‘场’之探究实践”、常州市新北区孝都小学“基于学业质量标准的教学设计校本探索”、常州市新北区实验中学“指向深度学习的初中数学课程高质量实施的探索”、常州市新北区圩塘中学“让学习真正发生：初中‘四动’课堂的建构与实践”、常州市新北区罗溪中心小学“‘灵溪’文化润泽的‘科学教育+’课程建设”、常州市新北区吕墅中学“核心素养导向下初中‘展·创’课堂样态的构建”6个项目被评为常州市基础教育前瞻性教学改革实验项目。

（区教育局 周丽芬）

【5个项目被评为市品格提升工程项目】 2023年，常州国家高新区（新北区）中小学加强德育研究，优化建设方案，提炼理念思路，形成德育工作合力。年内，常州市新北区新桥实验小学“诗心美行：紫藤少年品格涵育行动”、常州市新北区孟河中心小学“孟河医派馆：精诚少年品格涵育行动”、常州市新北区圩塘中心小学“天趣园：学生‘三气’品格的涵养行动”、常州市新北区万绥小学“齐梁文化院：‘和乐少年’品格赋能行动”、常州市新北区汤庄桥小学“红色+：勤美少年赋能行动”5个项目被评为常州市品格提升工程项目。

（区教育局 秦琳）

【省常中教育集团薛家中学新校区交付使用】 9月，江苏省常州高级中学教育集团薛家中学新校区交付使用。新校区为异地新建，位于薛家镇薛冶路以西，瀛平路以北，占地面积4.96公顷，总建筑面积6.51万平方米，其中地下建筑面积1.56万平方米（含地下接送系统）、地上建筑面积4.95万平方米。新校区建有4栋楼，1号楼为实验楼（科创楼A座、B座），共5层；2号楼为行政楼（领航楼），共4层；3号楼为教学楼（思远楼、博知楼、学海楼），共5层；4号楼为综合楼（鼎盛楼），共5层。设48个班，可容纳学生2400人就读。新校区于2022年3月28日开工，2023年8月20日完成搬迁。

【新北区实验中学西夏墅分校交付使用】 2023年，常州市新北区实验中学西夏墅分校引进常州市新北区实验中学优质教育资源，通过管理合作交流、教师结对共建、教学活动互通、全面协同共进4个方面提高办学质量和影响力，选派优秀教师开展交流学习和教研活动，引入体育、科技、艺术3个方面特色课程，构建符合地方特色的教学课程。6月13日，常州市西夏墅中学与新北区实验中学合作办学签约暨常州市新北区实验中学西夏墅分校揭牌仪式在西夏墅中学举行。9月，西夏墅中学初中部、浦河实验学校初中部的600余名师生迁入新建的新北区实验中学西夏墅分校。该分校位于西夏墅镇丽江路以南、瑶山路以东，占地面积3.89公顷，建筑面积4.3万平方米。建有2栋5层教学楼、2栋5层宿舍楼、1栋5层行政楼、1栋5层实验楼、1栋3层图书综合楼和1栋3层食堂体育馆，校内配套足球场，总投资金额2亿余元，设计办学规模12轨36个班级，年内启用6轨18个班级。

【常州市新北区新龙湖实验小学成立】 12月14日，区教育局与常州市局前街小学签订合作办学协议，常州市新北区新龙湖实验小学（常州市局前街小学教育集团新龙湖分校）成立。学校位于新北区轩文路以东、嫩江路以南、循礼路以西、庄只里路以北，占地面积3.64公顷，总建筑面积约55000平方米，按办学规模8轨48班建设。2023年，常州国家高新区（新北区）探索适应经济社会发展的办学机制和教育模式，与常州市局前街小学开展合作办学，凭借常州市局前街小学在集团办学理念、管理模式、课程体系建设等方面的优势，在全区基础教育领域展开更深层次、更进一步、更多样化改革，引领全区小学学段教育高质量发展。

【《园趣·悦动——生态园劳动实践课程》入选国家中小学校本课程典型案例】 2023年3月，常州市新北区安家中心小学的《园趣·悦动——生态园劳动实践课程》入选国家校本课程典型案例。常州市新北区安家中心小学位于常州市农业保护区，学校依托周边自然类生态园，把培育学生爱自然、爱乡村、爱劳动的情怀融进课程，从“我是生态园的小园长，我是生态园里的小专家”2个维度研发12个劳动任务群，形成一至六年级的“生态园劳动实践”课程体系。学校通过“1+2+N”（1节劳动课、课后服务中的第2个时间段、N个学生日常生活时光）实施方式，组织专业导师引领学生在劳动中掌握基本的劳动知识和技能，正确使用常见劳动工具，增强体力、智力和创造力，具有完成一定劳动任务所需要的设计、操作能力及团队合作能力，让学生成为生态园建设中的小专家、小园长。

（区教育局 顾晓春）

普通高中教育

【概况】 2023年，常州国家高新区（新北区）高考本科达线率91.5%。江苏省奔牛高级中学特殊类型招生控制线达线643人，达线率90.3%。其中，理科最高分660分，文科最高分632分，600分以上总人数123人。常州市新桥高级中学文化、艺体类达线621人，达线率95.1%。其中，美术达线率100%，音乐达线率100%，艺体类本科达线率98.96%，1人考取985高等院校。常州市西夏墅高级中学本科达线率65.9%，其中艺体类本科达线率84.6%。年内，江苏省奔牛高级中学被评为全国民族团结进步示范单位、江苏省第三批红石榴家园、常州市中小

常州市新北区新龙湖实验小学操场　　（区委宣传统战部 供图）

学心理健康教育特色学校。常州市新桥高级中学通过2023年普通高中四星复审和常州市第二批市级教师发展示范基地校三年一周期考核，被评为常州市中小学（中职校、幼儿园）关工委优质化建设学校，获第十届全国模拟政协展评优秀组织奖。常州外国语附属双语学校高中部获英国牛津AQA（The Assessment and Qualifications Alliance，英国资格评估与认证联合会）国际考试局5年合作伙伴奖，在第二届国际青少年中文写作大赛中获优秀组织奖以及中文写作教学优秀学校奖。

（区教育局 顾晓春）

【奔牛高级中学被评为全国民族团结进步示范单位】 12月，江苏省奔牛高级中学被评为第十一批全国民族团结进步示范单位。江苏省奔牛高级中学于2002年被省教育厅确定为承担内地西藏高中生插班就读项目学校。学校自西藏班办班以来，开展爱国主义和民族团结教育，引导学生树立正确的祖国观、民族观、历史观、文化观，铸牢学生中华民族共同体意识。结合中华民族传统节日，开展“汉藏一家亲·民族融情系列活动”。创新开展“大美西藏”主题文化宣传活动，促进藏族学生与汉族学生广泛交往、全面交流、深度交融、共同成长。开展立体融合式社会实践活动，通过研学、社团活动等，让学生深入社区，在社会活动中感知、生成、内化共同体意识。2023年7月，学校开设青海班。同月，学校被评为江苏省第三批“红石榴家园”。至年末，学校共招收19届西藏学生1331人，毕业1059人，其中考入清华大学2人、北京大学5人、985高校380人、211高校近700人，一本及以上大学录取率97%以上；7人加入中国共产党，16人被评为江苏省“三好学生”。

（区教育局 顾晓春 祁文娟）

【常州外国语附属双语学校（高中部）】 2023年，常州外国语附属双语学校（高中部）有教学班12个，学生264人，专任教师40人，70%为研究生学历，其中博士1人。专任教师中A-level（英国的国际高中课程）课程考官4人，IB（International Baccalaureate，国际文凭项目）课程考官3人。2023届45名毕业生共收到来自英国、美国、加拿大、澳洲等国家及中国香港、中国台湾等地约200份录取通知书。到英国就读12人，其中剑桥大学3人、帝国理工大学3人、伦敦大学学院2人，英国前5所超精英大学录取占比67%；到美国就读8人，其中波莫纳学院1人、莱斯大学1人、卡内基梅隆大学1人、埃默里大学1人、纽约大学2人，美国本科排名前30大学录取占比75%；到新加坡国立大学1人、香港大学4人、香港理工大学3人、台湾大学1人、墨尔本大学7人、莫纳什大学1人。

（区教育局 蒋楠）

职业技术教育

【江苏省常州技师学院】 至2023年年末，江苏省常州技师学院有全日制在校生9437人，毕业生就业率99.42%，留常率85.15%，社保参保率71.2%。有专任教师513人，正高级讲师21人，高级职称教师236人，技师以上职业资格教师358名，一体化教师占比超70%。其中，国家级教学名师2人，享受政府特殊津贴专家3人，江苏大工匠4人，江苏工匠10人，全国技术能手20人，江苏省技术能手91人，黄炎培杰出教师奖2人，省级教学名师29人，省级学科带头人55人。

学校建设。2023年，学校被评为国家级高技能人才培训基地；以第一名的成绩再次获批省高水平技工院校建设项目；第三次被评为国家级高技能人才培训基地；建成全省技工院校首个博士后创新实践基地，引进博士人才2人。完成国家和省级项目申报9项，建成国家级技能大师工作室1个、省技能大师工作室1个，省卓越技师A类1个，省技工院校品牌特色专业群2个，省技工院校一体化教学名师工作室3个，省高技能人才专项公共实训基地1个，联院高水平产业学院2个。牵头组建的常州市技工教育集团入选人社部第一批示范性技工教育联盟（集团）。开展二期引企入校工作，新引进生产型企业3家；建成常州市工匠学院和常州市智能制造劳模工匠联盟；建成智能制造等产业学院7家。

学生教育。2023年，学校开展班主任培训1500余人次。3人获市职业学校班主任能力大赛三等奖，1人获第二届省技工院校教师职业能力大赛班主任赛项三等奖。推行“能娃”先锋计划，开展“小班主任”培养工程，选任50名优秀学生担任2023级新生班主任助理，增强“三自”（自我管理、自我教育、自我服务）育人效果。加强学生心理成长指导中心建设，全年开展个体心理咨询110余人次、团体辅导培训30余场次，处置心理危机事件40余件。全年3000人次参与学雷锋志愿服务，1项志愿服务获2023年常州市高校红十字会“博爱青春”暑期志愿服务项目一等奖，1人获第七届江苏省中学中职学校微团课大赛一等奖，1人获市微团课大赛一等奖。2人被评为江苏省最美职校生，4人被评为常州市最美职校生。

教学科研。新开“工业互联网技术应用”全日制高级技师班；技师（含高级技师）占比51%，在全国技工院校中处于领先地位；2023届技师班技师鉴定应知合格率97.43%，应会合格率99.74%。实施工学一体化课程体系改革。完成全日制高级技师班教学与研究，完成中国职协立项课题1项、第一届黄炎培职业教育思想规划研究课题2项、市厅级课题4项、校级课题44项；教师主编并正式出版教材193部，公开发表学术论文1319篇（核心期刊15篇），获国家专利21项，开发省级精品课程23部。建有省级品牌特色专业群2个，省级示范专业8个，省级重点专业19个，市级示范专业21个，市级重点专业9个。

产教融合。2023年，学校依托产教融合园区二期入驻企业，建设校企联合实训基地16个，新增企业实训岗位900个。安排学生赴企业岗位实习1.8万人次，企业导师参与教学3000余课时。开设订单班10个。开展高质量职业培训2.47万人次，立项数345个。特种作业安全培训68期，5786人次参训。企业新型学徒制培训班28个，参训学员1312人。骨干教师和工学一体化教师培训18期525人。学校获国家技能根基工程培训基地、江苏省十大优秀职业技能培训机构称号。

技能大赛。在全国第二届职业技能大赛中，获2金2银2铜和9个优胜奖，金牌数、奖牌数位列全省第一；在第三届全国技工院校教师职业能力大赛中，获3个类别一等奖；在首届全国服务型制造应用技术大赛中，获一、二等奖各1名，三等奖2名。在第五届全国智能制造应用技术大赛中，获职工组一等奖第一名、学生组一等奖第二名，学校获“冠军选手单位”称号，2名教师获“优秀教练”称号。在首届江苏省技工院校学生创业创新大赛中，获一等奖1项、二等奖2项，全省综合排名第一。获2023年江苏省职业院校创新创业大赛一等奖1项，“创青春”江苏青年创新创业大赛二等奖1项，第十八届“振兴杯”全国青年职业技能大赛学生组创新创效竞赛金奖1项。

（江苏省常州技师学院 崔琦）

【建东职业技术学院】 至2023年年末，学院有学生5768人，教职员工239人，其中具有高级职称及“双师”（双职称型、双素质型）素质的教师超70%。

学科建设。学院有航空服务学院、智能制造与计算机学院、经贸管理学院、艺术与建筑学院、马克思主义学院、人文基础学院6个二级学院，开设机械制造、民航管理、计算机应用技术、大数据与会计、建筑工程、视觉传达设计等33个专业，建有现代教育中心及44个实验室。学院先后被评为江苏省平安校园、江苏省创新实验基地、江苏省高职实训基地。

学生教育。2023年，学院与江苏大学、南京审计大学、南京邮电大学、南京中医药大学、江苏师范大学等58所本科院校开展“专转本”合作项目，学生转本成功后可获计划内全日制本科毕业证书和学士学位，当年度有19人通过“专转本”考试；与南京工业大学、苏州大学、南京师范大学、南京艺术学院、南京信息工程大学、江南大学、南京财经大学、江苏理工学院等本科院校开展“专接本”合作项目，专科阶段与本科阶段之间的学分互认，3年获建东学院专科毕业证书，4年可获合作本科院校的本科毕业证书和学士学位证书，并以本科毕业生身份进行档案派遣，提升学生就业竞争力。学校全面畅通新生入学“绿色通道”，迎接家庭困难新生。全年为620名贫困学生办理先入学、后交费的手续，包括282名生源地助学贷款，累计金额331.53万元、为338名家庭经济困难新生发放爱心大礼包，共计金额2万元、15名残疾生学费减免，共计减免金额19.7万元；至年末，1人获得国家奖学金，44人获得国家励志奖学金，共计金额22万元。

（建东职业技术学院 夏海炜）

【常州旅游商贸高等职业技术学校】 至2023年年末，常州旅游商贸高等职业技术学校有全日制在校生5536人，在编教职工346人。其中，专任教师328人，专任教师中有高级职称教师143人，硕士研究生208人，全国、省、市优秀教师、省职业教育领军人才、学科带头人、骨干教师等150余人。学校设有运动健康系、旅游管理系、应用外语系、经济贸易系、创意信息系、继续教育部五系一部20余个专业，其中省级以上品牌特色专业7个，省现代化专业群4个，国家示范专业点1个，省级实训基地5个。获批教育部第二批职业院校数字化校园建设试点院校。年内，学校举行办学80周年创新发展大会，回顾发展历程，擘画发展蓝图。推进建筑面积5.8万平方米、总投资额4.3亿元的二期建设项目，“一体两翼三辐射”（以常青藤为主体，旅游职教集团和全国商贸职教集团为两翼，实现学生国际化就业、企业智力支撑、产业标准输出为三辐射）发展格局基本形成。

师资建设。学校新增教授1人、特级教师后备人才1人、市“名班主任”4人，新建省级、市级名师工作室各1个，入选常州市“五级阶梯”9人，1人获评“江苏工匠”。

教育科研。学校21项课题通过常州市社科联第十九届社科课题评审，3项课题立项2023—2024年度江苏职业教育研究项目，1项课题立项2023年度江苏省高校哲学社会科学研究项目；1项研究成果获国家级教学成果奖二等奖，2项研究成果分别获江苏联合职业技术学院教学成果二等奖、省旅游学会教育分会优秀教学成果二等奖，2项研究成果获市教学成果奖培育项目。

技能竞赛。学校在2023年江苏省

职业院校技能大赛中获7金17银9铜；在第二届江苏省大学生“用外语讲好家乡故事”演讲比赛中获一、二等奖各1个；在2023年常州市职业院校技能大赛中获一等奖8项、二等奖11项、三等奖10项。学校烹饪工艺与营养专业毕业生丁慧敏在全国星级饭店从业人员服务技能竞赛总决赛中获西餐服务一等奖。

国际交流与合作。学校依托省“十四五”基础教育职业教育对外合作交流重点建设项目——郑和中餐文化海外推广项目，以食为媒，开展对外交流活动。在2023海外华裔菁英青少年“大运河”文化体验活动常州站活动中，接待来自7个国家12所华文学校的150余名华裔师生，活动采用全程图片直播形式，浏览量16万余人次；与德国等国家华文学校开展线上交流活动，与日本山梨学院大学、新加坡TMC学院、英国纽曼大学等深化合作，探索国际教育交流合作新模式、新路径。

产教融合。学校主动对接行业头部企业，以产业学院建设助推产教深度融合，年内，京东数字供应链产业学院、九洲季子文旅产业学院相继成立。现代文旅产业学院入选省联院首批五年制高职高水平产业学院，现代文旅行业产教融合共同体入选常州市行业产教融合共同体，学校被推选为全国现代餐饮行业产教融合共同体常务理事单位。

继续教育。学校五年一贯制专转本录取人数105人。与常州大学在国际经济与贸易、会计学、视觉传达设计、物流服务与管理4个专业合作开展自学助考，在学规模超860人。学校以开展第二课堂教育等形式构建促进学生就业竞争力培养的长效机制，年内，1194名学生参加计算机维修工（初级）工种第二技能培训及鉴定，考核通过率97.15%。

社会服务。学校开展定点帮扶工作，发挥专业、师资和资源优势，推动岚皋职教中心建成旅游与中餐烹饪实训基地和“劳动教育＋职业体验”研学基地，并为该中心捐赠各类书籍6500余册。开展“教育惠民·乐学龙城”公益培训活动，1.2万人次接受培训；年内，承办市级技能大赛6个赛项赛点工作，落实常州市教师招聘考试、国家公务员考试、国家统一法律职业资格考试、全国硕士研究生招生考试等考务工作，服务考生2.8万人。

（常州旅游商贸高等职业技术学校 刘增武）

【常州体育运动学校】 至2023年年末，常州体育运动学校有在校生425人，2022—2023学年招生141人，毕业130人。学校有教职工71人，其中专任教师60人。学校位于晋陵北路11号，占地面积16.68公顷，建筑面约5万平方米，教学、训练、科研和生活设施齐全，并与奥体中心相连，资源共享。学校设有运动训练、休闲体育服务与管理两个三年制中职专业，其中运动训练专业为学校核心专业，开设篮球、足球、排球、田径、举重、自行车、赛艇等专项运动训练项目。办学以来，学校向国家和省输送数千名品学兼优的体育专业人才，先后被国家、省授予全国篮球高水平后备人才基地、江苏省优质特色职业学校等称号。2023年，学校组织845名运动员参加第二十届省运会，最终获90.5枚金牌、61.5枚银牌、55枚铜牌，助力常州市体育代表团稳居金牌榜前三。

人才培养。学校拥有一支专业性强、结构比例合理、学历职称层次较高的专任教师队伍。2023年，学生文化课合格率为100%，专业技能合格率为100%，体测合格率100%，学生毕业率100%，就业率73.85%，本省去向落实率73.96%。有39名学生被本科院校录取，占毕业生人数30%。学校以赛促教、以赛促学提升技术技能人才培养质量。毕业生95%以上取得本专业相应的职业资格证书，20%以上获得本专业相应的国家二级运动员资格证书。

社会服务。学校以运动训练专业为龙头，持续推进体教融合，完善市队校办、一校多点、名校办名队等合作形式。2023年，学校在原有“市队校办”联合办队的基础上，先后与江苏省常州高级中学合办田径、网球、排球项目；与常州市博爱路小学合办排球丙组项目；与常州市第二十四中学天宁分校合办女子排球、女子篮球项目；与常州市龙城小学合办男子足球丁组项目。服务保障常州市第十六届运动会，学校承担市运会青少年部田径、举重、篮球、足球、网球、排球六个项目中八项赛事的协办工作，历时6个月完成所有赛事协办任务。学校探索江苏省青少年业余训练新渠道，开展业余训练点申报，男篮、女排体育后备人才培养体系连续两个周期获评江苏省青少年高水平单项运动业余训练点，为国家体育事业持续输送人才。

产教融合。学校深化体教融合和体育工作改革，联合周边高中、初中以及初中学区内的小学，以学校体育项目为纽带，构建项目发展共同体。学校整合完善女足常州市东青实验学校、常州市北郊初级中学、常州市北郊高级中学；男足常州市雕庄中心小学、常州市田家炳初级中学、常州市田家炳高级中学；男篮常州市局前街小学（湖塘桥实验小学）、常州市实验初中、常州市第一中学；女篮湖塘桥第二实验小学（常州市解放路小学）、常州市第二十四中学（常州市新北实验中学）、江苏省常州高级中学（常州市第三中学）的一条龙培养模式。推进田径、举重、赛艇、自行车校区联办运动队，拓展三人制篮球，与常州市第二中学、江苏省前黄高级中学、溧阳市光华中学、金坛第一中学、常州市新桥高级中学联办训练新模式，为体教融合注入新内容。学校利用社会资源，建立多个校外实习实训基地，先后与天行健健身俱乐部、常州体育医院、常州奥体场馆公司等企事业单位签定校外实习实训基地协议，促进学生的顶岗实习能力与学生就业质量的提高。

（常新鉴）

高等教育

【河海大学常州校区】 2023 年，河海大学常州校区设有本科专业 20 个，省优势学科 5 个，省“十四五”重点学科 6 个，一级学科博士学位授权点 1 个，一级学科硕士学位授权点 6 个，教育部“卓越工程师”培养计划专业 2 个，省重点专业 5 个，省一流专业 3 个，省、部级设置的研究所（中心）、实验室 4 个。通信工程、物联网工程专业入选国家一流专业建设点，物联网工程通过中国工程教育专业认证，机械工程专业获江苏省卓越工程师计划 2.0 立项建设，获国家教学成果二等奖 1 项（参与），获批国家一流课程 1 门，获教育部产学合作协同育人项目立项 6 项。2023 年 9 月，位于常州市金坛区的河海大学常州新校区启用。

人才培养。2023 年，河海大学常州校区获江苏省优秀博士论文 2 篇、省优秀硕士学位论文 12 篇，获批江苏省普通高校研究生科研与实践创新计划项目 12 项。本科生在省部级以上学科竞赛中获奖 131 项；获 ICPC 国际大学生程序设计竞赛国家级奖 1 项，第十三届中国大学生服务外包创新创业大赛 3 项；“中国软件杯”软件设计大赛国家级奖项 13 项，蓝桥杯全国软件和信息技术专业人才大赛国家级奖 4 项；获 TI 杯全国大学生电子设计竞赛 1 项，全国大学生电子设计竞赛 1 项。获第十八届“挑战杯”全国大学生课外学术科技作品竞赛红色专项活动江苏省一等奖、江苏省二等奖各 1 项；获第九届江苏省“互联网 +”大学生创新创业大赛高教主赛道决赛二等奖 1 项；获“挑战杯”中国大学生创业计划竞赛铜奖 1 项。

学科建设。2023 年，新增教育部 B 类实验室 1 个、国家自然科学基金区域创新发展联合基金 1 项、JKW 重点项目课题 1 项、重点研发课题 1 项、JKW 创新项目 1 项。学科成员入选 IEEE Fellow(电气与电子工程师协会会士）1 人，入选爱思唯尔“中国高被引学者”榜单 2 人。推进机械工程一级学科博士点申报，机械工程“十四五”省重点学科中期考核为“优秀”；完成由学科评议组和教育部职业院校教学指导委员会联合组织的机械专硕学位授权点专项核验工作。信息资源管理、图书情报专业学位点通过 2023 年学位授权点专项核验。

科学研究与学术活动。2023 年科研合同经费 12800 万元，到账经费 10072 万元；获批国家基金面上项目 18 项、青年基金 5 项，国家社会科学基金项目 3 项，教育部人文社会科学研究项目 5 项。发表 SCI（Science Citation Index，科学引文索引）论文 559 篇 ,CSSCI（Chinese Social Sciences Citation Index，中文社会科学引文索引）论文 71 篇；入选全球前 2% 顶尖科学家榜单 2 人。开展学术交流，主办中国机械工程学会生产工程分会（生产系统）学术年会暨智能制造实践论坛、第六届多体系统动力学青年学者学术研讨会；完成疏浚技术教育部工程研究中心年度报告。

国际交流与合作。2023 年，举办首届河海大学来华留学生“联创”沙龙；承办第十一届国际项目管理协会（IPMA）研究大会、协办中国—西共体发展合作与新时代中非关系分论坛。持续推进 AACSB（The Association to Advance Collegiate Schools of Business，国际商学院协会）认证、AMBA&BGA（Association of MBAs and Business Graduates Association，国际工商管理硕士协会）再认证工作。主办第五届机器人与智能制造技术国际会议（ISRIMT，International Symposium on Robotics & Intelligent Manufacturing Technology，2023），承办 2023 智能通信与网络国际学术会议（ICN 2023），线上线下参会人数超 500 人，举办主题报告 6 场、特邀报告 2 场。

（河海大学常州校区　崔炳利）

【常州工学院】 至 2023 年年末，常州工学院有普通全日制在校学生 16037 人；有教职员工 1360 人，其中专任教师 1043 人，专任教师中有高级专业技术职务 427 人、博士 566 人、硕士 430 人。获批江苏省高校“青蓝工程”中青年学术带头人培养对象 2 人、优秀青年骨干教师培养对象 3 人、优秀教学团队 1 个，入选江苏省“教学名师”2 人，双创博士 6 人，江苏省本科类产业教授 4 人。全年招收全日制新生 4294 人、成人教育新生 3190 人。普通全日制毕业生 3951 人，初次就业去向落实率 86.08%，年终就业去向落实率 90.46%。

学科建设。学院设有航空与机械工程学院 / 飞行学院、汽车工程学院等教学单位 19 个，开设机械设计制造及其自动化、电气工程及其自动化等 60 个本科专业。获批航空服务艺术与管理 1 个、新专业和省级现代职教体系项目 3 个，累计有 11 个现代职教体系项目。获批省级产教融合品牌专业建设点 2 个、省级卓越工程师教育培养计划2.0专业2个、省级产教融合重点基地建设点1个。2个专业通过工程教育专业认证，1个专业通过教育部师范类专业第二级认证。获批国家级一流本科课程4门、省级高校美育精品课程1门。获省级教改研究课题立项6项、中国高等教育学会规划课题立项8项。碳纤维新材料产业学院获批工信部“专精特新”产业学院建设点。

科学研究。学院申请专利226件，授权专利100件。获批国家级科研项目24个、省部级科研项目30个、市厅级项目229个。其中，国家自然科学基金项目21个、国家社会科学基金项目3个、教育部人文社科项目5个、江苏省自然科学基金项目2个、省社会科学基金项目8个、省政策引导类计划（软科学）项目1个、省教育厅重大项目13个。获江苏省社科应用研究精品工程优秀成果奖2个。发表研究论文325篇，首次以第一完成单位和通讯作者单位在国际顶级期刊《*Nature*》子刊《*Nature Communications*》发表研究论文。学院科技创新团队在磁悬浮电机装备技术及其应用领域达到国际领先水平。

产学研合作。学院获批2023年江苏省“科技副总”15人、江苏省产学研合作项目39个，签订产学研合作项目1305项，横向科研项目到账经费1.83亿元。新增9个校外教学点，继续教育到账总收入2515万元。打造高水平智库成果，相关研究成果在《大运河智库》《江苏通讯》等内参刊载，获省市主要领导批示3项；江苏高校文化创意协同创新中心与大兴安岭林业集团联合出品的电影《东方神鹿》获第十五届澳门国际电影节“金莲花”最佳纪录片奖。

创新创业教育。学院制定《常州工学院本科生创新创业学分认定办法》《常州工学院“专创融合”课程管理办法（试行）》，新增创新创业导师10人。获批国家级大学生创新创业训练计划项目40个。获大学生创新创业I级竞赛国家级奖项167项，获第十八届“挑战杯”全国大学生课外学术科技作品竞赛红色专项全国一等奖1项，获中国国际大学生创新大赛（2023）国赛银奖1项。

国际交流与合作。学院与英国赫特福德大学合作设立的非独立法人中外合作办学机构——常州工学院赫特福德学院获教育部资格认定并准予办学，完成首届招生工作。与9个国家或地区的16所大学新签或续签校级实质性合作协议17份。全年培养各类留学生236人，留学生在国家级、省级比赛中取得各类奖项8项。开展中文及中国文化国际传播，“汉语连四海、云端常州行”项目获常州市对外宣传工作创新提名奖。在江苏省首次开展的高校对外合作与交流高质量发展综合评价中获A+等次。学院获评省涉外管理工作先进单位、教育部《中美人才培养》121项目年度先进单位。

（常州工学院 周倜）

特殊教育

【概况】 2023年，常州国家高新区（新北区）加快发展特殊教育事业，加大融合教育资源中心投入，加强融合教育师资队伍建设，提升适龄残障儿童少年义务教育普及水平。全区有特殊教育学校1所（常州市新北区新星实验学校），教学班3个，在校学生46人，专任教师11人。另有持证残疾学生随班就读普通学校259人，含学前教育27人、小学教育180人、初中教育44人、高中教育8人，义务教育阶段入学率100%。年内，特殊教育学校1人获常州市特殊教育教师基本功大赛一等奖，3人撰写的论文分别在省、市、区论文评比中获奖。

（区教育局 张燕萍 朱曦铣）

【特殊教育融合发展】 2023年，常州国家高新区（新北区）新增融合教育资源中心13个，累计46个。新增参加省特殊教育上岗培训融合教育资源中心教师23人，累计63人。年内，常州市新北区新桥街道中心幼儿园、

12月27日，常州工学院举办2024年新年音乐会　　（常州工学院 供图）

常州市新北区三井街道国宾花园幼儿园、常州市新北区春江幼儿园、常州市新北区孟河实验小学4所学校创成市级优质融合教育资源中心。常州市新北区银河幼儿园与常州市儿童医院合作，领衔常州市多重障碍融合教育研究工作室。常州市新北区龙虎塘街道中心幼儿园与常州市新北区星星益站特殊儿童康复中心联动，为培智学生提供针对性服务和康复支持。特教学校教师与普通学校融合教育资源中心部分骨干教师形成巡回指导教师团队，分片区开展巡回指导，制定送教上门方案，定期入户送教上门。推进“深化区域融合教育资源中心建设”项目和常州市新北区银河幼儿园“星星点灯：‘1+N’星星亮闪闪——特需幼儿发展支持教育项目实践探索”项目，提升融合教育质量。开展“融合背景下特需幼儿观察——个性化支持”、“自然环境中发育迟缓幼儿的个案研究”、“十四五”规划备案课题研究。至年末，特殊教育学校1人、普通学校1人获市基本功比赛一等奖，融合教育资源中心3人被评为常州市最美融合资源教师。

（区教育局 周丽芬）

【“特需幼儿发展支持教育项目实践探索”获评优秀项目】 12月26日，常州市新北区银河幼儿园的“星星点灯：‘1+N’星星亮闪闪——特需幼儿发展支持教育项目实践探索”项目在江苏省特殊教育发展工程建设项目中期调研中被评为优秀。银河幼儿园关注每个幼儿的特殊需求，打造亲近自然的融合教育环境，利用户外环境和混龄活动机制，把更多活动空间留给特需幼儿。自2022年5月起，创设“星星点灯：‘1+N’星星亮闪闪——特需幼儿发展支持教育项目实践探索”项目。该项目以契合特需幼儿的年龄特点和生长发育需求为核心，在常规课程中寻求与融合教育相结合的点，包括节日体验类课程在内的一系列课程，与普通课程相衔接，为特需孩子的全日制融合提供保障。以“科学观察—精准解读—有效支持”为行动路径，观察幼儿每日生活的寻常时刻和特定节点，多元解读了解特需幼儿“最近发展区”，通过“1+N”文化理念、“融+容”环境打造、“星星点灯”课程支持等精准、个性化支持特需幼儿发展。至2023年年末，项目形成市区融合教育课程范式和普通学校开展融合教育样本。

（区教育局 张燕萍 朱曦铣）

社会教育

【概况】 2023年，常州国家高新区（新北区）有各类社区教育机构151个，其中区社区培训学院（老年大学）1个、乡镇（街道）社区培训中心（老年大学分校）10个、村（社区）老年学习点140个。全区有非学历教育机构7个，社区教育志愿者201人，培训智慧助老教师29人。全年开展各级各类教育培训4000余场次，线上和线下课程服务18万人次，居民参与社区教育活动率26%。年内，孟河镇开展“i阅读·书香孟河”读书节活动，龙虎塘街道开发“红色传承”“绿色生态”“蓝色工业”为主题的三色研学路线，新桥街道实施文化“三送”工程。5月，新北区老年大学2023年“送文化进社区”活动暨新北区老年大学魏村分校成立一周年文艺会演在魏村街道新华广场举行，展示新北区老年大学和魏村分校办学以来取得的成果。至年末，龙虎塘街道“龙娃虎妞趣学堂”项目立项省级社区教育品牌培育项目，薛家镇“赏游‘西庄’，品学‘乡韵’”项目及魏村街道“江南黄酒文化”游学项目获批常州市第三批社区教育游学实验项目，奔牛镇申报市教育服务“三农”高水平基地建设项目，孟河镇“书香孟河”项目入选省社区教育特色品牌建设项目。

【全民终身学习活动周】 11月3日，新北区2023年全民终身学习活动周启动仪式暨新北区“百姓学习之星”表彰活动在薛家镇中心广场举办。区委宣传统战部、区教育局等相关部门领导及全区各校（园）长260人参加。活动周以“让学习成为一种生活方式”为主题，宣传终身教育思想，树立全民终身学习理念。仪式上，相关领导为全区各行各业坚持读书学习、参与成人教育和社区教育的“百姓学习之星”颁奖。镇（街道）社区教育中心以及部分学校负责人分享学习经验和学习心得。

（区教育局 张玉玉）

文 化

公共文化

【概况】 2023年，常州国家高新区（新北区）有图书馆、文化馆各1个，镇（街道）文化站10个、村（社区）文化室134个，图书室130个，有专职文化工作者37人、业务文化工作者79人。全年举办舞蹈、绘画、音乐等培训429场，培训43203人次。组织公益讲座317余场，惠及65768人。开展“青春之火”主题藏书票展、“遇见绘本”主题展、颗粒艺术展等展览活动，参展观众13万余人。举办2023“新动向北—潮北看”第二届“潮起高新”文化艺术节、“精彩一夏 与你有约”暑期少儿活动等群众性文艺活动，惠及群众10余万人次。举办长江森林音乐节和“春江花月夜”长江文化节，开展新北区首届“新星奖”原创文艺作品比赛活动，举办紫金文化艺术节群众文化活动100场。至年末，全区人均接受文化场馆服务3.48次，区图书馆通过公共图书馆一级馆评估定级。常州华声合唱团、常州市新北区癌症康复协会被评为江苏省优秀群众文化团队。

（区教育局 韩卓璇 袁玲 区委宣传统战部 陆娟 王雨菲）

【文化设施建设】 2023年，常州国家高新区（新北区）发挥区图书馆、文化馆主阵地作用，完善区、镇、村三级公共文化服务设施网络，丰富基层公共文化服务供给。年内，区图书馆完善空间布置，区文化馆在空间布置上设计春夏秋冬4个主题的静态装置展，丰富群众的文化感官体验。孟河镇综合文化服务中心投入使用，其中设置汤友常雕刻艺术馆。薛家镇综合文化服务中心开设书香、美育、风物、活力、非遗5个板块。年内，常州国家高新区（新北区）新建秋白书苑1家，累计有秋白书苑12家、秋白微书房7家，数量及投入均列全市第一。秋白书苑常高新蔚蓝馆、春江楠木厅2家空间入选江苏省最美公共文化空间。常州秋白书苑体系首个黑胶音像馆在江南环球港亮相。

（区教育局 韩卓璇）

【文化服务供给】 2023年，常州国家高新区（新北区）以品牌文化活动为引领，营造文化惠民氛围。举办“新动向北”2023首届常州咖啡文化节暨新北区美好生活文旅周活动、2023“书香新北 幸福悦读”全民阅读系列行动暨第一届Book思议读书节、常州非遗造物节暨新北区首届非遗开XIN季、2023“潮起高新”文化艺术

6月10日，常州非遗造物节暨新北区首届非遗开XIN季在薛家中心广场举行 （胡平 摄）

节4场系列活动。开展精品“送戏下乡”，引进滑稽戏《陈焕生的吃饭问题》、大型锡剧《中秋月》等精品戏剧，巡回演出12场。罗溪镇举办溪韵文化惠民演出系列活动，新桥街道举办首届大学生创享文化节，三井街道举办“三生有幸 繁花似锦”系列惠民活动，春江街道举办“春江花月夜”文化惠民活动。并将汉江路国际街区“美食节”“花开西庄”演艺活动等融入其中，提高文化惠民的覆盖面。推动公共文化服务走上“云端”、进入“指尖”，依托江苏公共文化云平台，引进文化云平台签到机，将线下文化服务搬到线上，文化云平台开展活动76次，预约人数5485人，直播31场，观看人数66.29万人，文化云总服务67.26万人次。年内，全区以文化遗产日、重大节庆宣传活动为载体，开展非物质文化遗产保护宣传。举办“汉江迎福闹元宵”“玉兔贺新春 非遗乐元宵”“非遗开XIN季”“省级非遗·孟河斧劈石文化沙龙”等活动，让市民近距离认识非遗、体验非遗。组织观看电影《觅渡》200余场，观众3.5万人次。推进农村公益电影放映，全年放映1522场，惠及57个行政村。

（区教育局 韩卓璇 袁玲）

【全民阅读】 2023年，常州国家高新区（新北区）以构筑全民阅读公共服务体系为路径，开展形式多样、内涵丰富的全民阅读活动。新建、提升秋白微书房、家庭微书房、基层阅读点、书香机关四大品类“悦”读新空间，借助“书香新北 幸福悦读”平台，拓优阅读推广联盟。以区图书馆、秋白书苑、农家书屋以及社区图书室等阵地为依托，开展阅读推广活动1000余场，55.89万人次参加。全年承办市全民阅读“春风行动”、龙城淘书节启动仪式，举行2023“书香新北·幸福悦读”全民阅读系列行动暨第一届Book思议读书节启动仪式，开展“带一本好书回家过年”主题系列活动、“新北书韵”主题书签大赛及阅读漂流活动、大咖分享会、“护苗2023”主题活动、“书香满新北 阅读伴成长”暑期阅读志愿服务系列活动、“9·28”经典诵读活动、“好书伴我成长”读书征文活动等全民阅读活动，提升阅读活动知晓率和参与率。打造“新北夜读”活动品牌，开展活动60余次，吸引3000余人次参加。1月，成立新北区全民阅读促进会。

（区教育局 韩卓璇 区委宣传统战部 王雨菲）

【图书馆和文化馆】 2023年，常州国家高新区（新北区）图书馆、文化馆总建筑面积约6100平方米，是集培训、讲座、演出、展览、阅读等多功能于一体的新型公共文化空间，为全区群众提供多场景、多元化的一站式公共文化服务。场馆共有三层，一楼有图书馆、展览区及多功能教室；二楼有可容纳471人的小剧场，可承办中小型演出、音乐会、讲座、会议等活动；三楼有各类培训教室。

图书馆。推进图书馆总分馆体系建设，10个镇（街道）挂牌新北区图书馆分馆，全年服务读者192.28万人次，举办各类活动180场，参与活动4.66万人次。年内，区图书馆新增图书4万册，总藏书量10万册；全年接待读者26.07万人次，图书流通19.85万册，线下咨询3.08万条。区官方微信公众号关注数3813人，推送图文阅读量7.81万次，举办阅读推广活动171场，参加读者7.08万人次。开展“每天阅读1小时”首届读者节、阅读推广人进校园等活动5场；举办舞蹈、绘画、音乐等培训10场，培训381余人次；组织公益讲座20余场，惠及1600余人；开展春华秋实数十载 矢志不渝献航天——中国载人航空成就与展望、文津图书奖主题书展、茅盾文学奖主题书展、穿越时空的漂流片——明信片交流展、“一本书的诞生”系列展、“以素为绚”耿建国摄影展等展览活动，观众6.3万余人。

文化馆。以“花开沃土 幸福新北”为主题开展形式多样的惠民活动。对接基层需求，开展馆内外公益培训、讲座、精品文艺演出和展览等活动。开办非洲鼓、声乐、朗诵、合唱、国画、形体模特、尤克里里等培训班200节，讲座30场，惠及3000人。开展兔年生肖文物图片展、“新北书韵”主题绘书签图片展、走进中西方美术大师优秀作品展3个主题特色展进基层活动，在镇（街道）巡展30场。馆内举办“青春之火”主题藏书票展、“遇见绘本”主题展、颗粒艺术展等，有13万余人参观。开展2023“新动向北—潮北看”第二届“潮起高新”文化艺术节，线上线下惠及4万余人。

（区教育局 袁玲）

【黑胶音像馆入驻秋白书苑】 6月，常州秋白书苑体系首个黑胶音像馆在大众书局江南环球港店亮相，场馆总占地面积约480平方米，有黑胶唱片、CD、DVD等各类音像制品超3000册，填补秋白书院内容矩阵中音像品类空白。场馆配备黑胶唱片播放机、自助借还一体机、安全门禁系统，可与常州图书馆八楼黑胶音像馆通借通还。馆内100张黑胶唱片主打潮流小众，涵盖不同时代、各个音乐流派的中外经典。开放时间为每天10：00—22：00。馆内打造“中午见”茶饮文化空间，由茶艺师制作各类新中式茶饮和茶点。

【新龙芒禾音乐节】 9月9—10日，2023常州超级MAX新龙芒禾音乐节在新龙生态林举行，吸引5万余名来自全国各地的乐迷到现场观看。此次音乐节依托新龙生态林自然资源底蕴，以青春的音乐为载体，以探索“音乐节经济”模式为目标，高水平打造特色文化品牌，展现新北区生态建设成果。

（区教育局 韩卓璇）

【常州首届青年潮流文化艺术周】 9月29日至10月1日，常州首届青年潮流文化艺术周在常州奥林匹克体育中心举行。此次INNERSECT潮流嘉年华延续INNERSECT潮流文化体验展形式，引入潮流生活方式，设运动区、美食区以及新增添的户外“INNERSECT × NUTS音乐节”。NUTS音乐节邀请国内外流行、说唱、电子艺人30余组，演绎多重音乐风格。INNERSECT全球潮流文化体验展涵盖80余个艺术、潮流品牌。NUTS音乐节3天总计售票53278张，潮流展总计售票35107张，消费人群更加年轻化。其中，常州当地人数占比9.5%，江苏省内占比30.23%，省外占比60.27%。

（区教育局 韩卓璇 常新鉴）

【2023“新动向北”第二届“潮起高新”文化艺术节】 11月18日，“新动向北”第二届“潮起高新”文化艺术节在区文化馆开幕。文化艺术节历时2个月，以“新动向北”为主题，分“潮北看——一‘旗’出发”优雅与文化的交响旗袍秀比赛、“潮北看——给生活一首歌的时间”唱响幸福最强音歌唱比赛、“潮北看——意向万千”书画作品征集展3个篇章，展现新北区的新发展、新活力，新创意。此次艺术节包含精品文艺作品专场演出、童真童趣的精彩一夏、非一般的非遗体验以及各式沉浸式展览共计6场活动，3000余人参与，线上线下惠及4万余人。

（区教育局 韩卓璇 袁玲）

【春江楠木厅和常高新蔚蓝馆入选2023年度省级最美公共文化空间】 4月13日，春江楠木厅和常高新蔚蓝馆入选2023年度省级最美公共文化空间。春江楠木厅位于春江街道赣江路、友谊河畔，为三进院落，占地面积9263平方米。2021年，春江街道综合文化服务中心活动阵地新面貌重新开馆，为周边居民提供多元化的活动空间。春江书院整体以原木现代为设计风格，在自然的基础上追求简约空灵，静穆庄严，布局的中间为一棵锯开的楠木树干，呼应整个展馆的设计主题和名字的由来，锯开部分设计成书架用来摆放书籍，树干之间摆放桌椅用来休息和阅读。春江楠木厅全年免费向居民开放，每周二至周日早上9点到晚上8点开馆，周一闭馆。定期举办音乐会、戏剧表演、艺术讲座、手工艺体验等各类文化活动，丰富社区居民的文化生活。

秋白书苑常高新蔚蓝馆位于常州高铁新城核心区，是全市第一家由地方国有企业承建的秋白书苑。该馆于2021年7月对外开放，由常高新集团负责运营。馆内拥有13000余册精选图书可供借阅，与市图书馆实现通借通还；800平方米的空间设立沙龙活动区、青少儿阅读区、书咖区和艺术展览区等。全年蔚蓝馆开展活动88场，其中读书类活动11场；全年图书借还册次33194册，文献借还人数5747人，图书流通率203.2%。

（区教育局 韩卓璇 高铁新城公司和常高新集团 陈升）

文学艺术

【概况】 2023年，常州国家高新区（新北区）发掘文化底蕴，打造一批具有高新特色的文艺精品。区文学协会作家任小霞长篇儿童小说《开往春天的火车头》由江苏凤凰文艺社出版。歌曲《未来科学家》和传记文学《东坡传》入选2023年度常州市优秀精神文化产品创作扶持项目，图书《运河奔牛故事》出版发行。

【2部图书出版】《运河奔牛故事》由大运河文化带建设研究院常州分院、常州市大运河文化带建设研究院组编完成，于2021年12月由上海交通大学出版社出版。《运河奔牛故事》是有关奔牛运河的套通俗读本，共分《运河春秋》《帝王史话》《知音遗韵》《儒林雅望》《文物古迹》《风流人物》《古

9月9—10日，2023常州超级MAX新龙芒禾音乐节在新龙生态林举行

（区委宣传统战部 供图）

镇风物》《乡风食俗》《坊间传闻》《烽火岁月》10册。通过这些故事，向读者描绘一幅奔牛古镇的风貌轮廓及古镇特有的精神内涵。

《开向春天的火车头》长篇儿童小说由区作家任小霞创作，于2023年4月由江苏凤凰文艺社出版。《开向春天的火车头》是一部以中车戚墅堰机车有限公司历史为背景的儿童成长小说。该书被纳入2021年度常州市优秀精神文化产品创作扶持项目，是一部记录城市历史文脉、弘扬城市精神和城市品格的现实题材作品。

（区委宣传统战部 陆娟）

【9件作品获“青果奖”】 12月1日，第二届常州市公共文化“青果奖”评选结果公示，常州国家高新区（新北区）9件作品获奖。舞台艺术类获奖作品5件，其中音乐类3件、戏剧类1件、合唱类1件；入围作品7件，其中舞蹈类2件、戏剧类3件、曲艺类1件、广场舞类1件。美术类获奖作品4件，其中美术类1件、书法类3件；入展作品7件，其中美术类5件、书法类2件。新北区文体旅游管理服务中心获优秀组织单位奖。

表59　常州国家高新区（新北区）获第三届常州市公共文化“青果奖”评选结果一览表

序号	作品门类	作品名称	作品类别	作者	选送单位
美术类获奖作品					
1	美术类	《忆》	中国画	周涵钰	常州国家高新技术产业开发区（新北区）文化体育和旅游局
2	书法类	《四友斋书论选抄》	草书	潘建根	常州国家高新技术产业开发区（新北区）文化体育和旅游局
3	书法类	《历代诗人咏常州诗词选录》	楷书	孙辉	常州国家高新技术产业开发区（新北区）文化体育和旅游局
4	书法类	《苏轼词定风波》	行书	杨圣山	常州国家高新技术产业开发区（新北区）文化体育和旅游局
舞台艺术类获奖作品					
1	音乐类	《网格员的朋友圈》	小合唱	薛家镇行政审批局	常州国家高新技术产业开发区（新北区）文化体育和旅游局
2	音乐类	《微尘之光》	男女声二重唱	常州市文化馆 龙虎塘街道行政审批局	常州市文化馆 常州国家高新技术产业开发区（新北区）文化体育和旅游局
3	音乐类	《借我四季阳光》	男女声二重唱	新桥街道行政审批局	常州国家高新技术产业开发区（新北区）文化体育和旅游局
4	戏剧类	《谁添的堵》	小品	常州市文化馆 三井街道行政审批局	常州市文化馆 常州国家高新技术产业开发区（新北区）文化体育和旅游局
5	合唱类	《雪花的快乐》 《草原夜色美》	混声合唱	新桥街道行政审批局	常州国家高新技术产业开发区（新北区）文化体育和旅游局

（区教育局 袁玲）

【“以素为绚”耿建国摄影作品展】 9月28日，“以素为绚”耿建国摄影作品展在北京市五棵松国际摄影文化苑开幕。展览共展出40余张黑白摄影作品，均选自耿建国近年来在西藏阿里、新疆红旗拉普口岸等海拔5000米以上地区拍摄的佳作。作者运用古典影像和手工影像相结合的创作形式体现作品的超现实感，展现西藏、新疆等地的自然风光、历史人文，引申出对生活、生命的思考。11月11日至12月10日，“以素为绚”耿建国摄影作品展在常州工学院辽河校区图书馆二楼大厅展出。此次展览由常州市新北区教育局（文化体育和旅游局）、新北区文联主办，常州市新北区文体旅游管理服务中心、常州市新北区摄影协会承办，常州工学院协办。

（常新鉴）

【“高铁新城杯”书法展】 3月31日，由市文联、区委宣传统战部主办，市书协、常州高铁新城公司和常高新集团、新北区新桥街道办事处承办的常州市第三届书法大展暨常州市“高铁新城杯”书法展开幕式在秋白书苑蔚蓝馆举办，市、区各级领导、嘉宾、获奖代表及书法爱好者共百余人出席开幕式，此次活动为常州市第三届书法大展“谢稚柳”书法奖金奖、提名奖获得者代表颁发证书；获奖的60幅书法作品在高新广场33楼进行集中展示，展示持续至2023年4月30日，观展人次超1000人次。

（高铁新城公司和常高新集团 陈升）

文化遗产保护

【概况】 至2023年年末，常州国家高新区（新北区）有不可移动文物159处，其中全国重点文物保护单位1处（大运河）、省级文物保护单位4处（万绥东岳庙戏楼、梅村真武庙戏楼、巢渭芳故居、万缘桥）、市级文物保护单位30处；有非物质文化遗产（简称非遗）项目61个，其中省级非遗项目7个、市级非遗项目22个。年内，对全区35个市级以上文保单位开展文物安全隐患专项检查，并落实日常巡查，90个不可移动文物点位巡查情况为优秀，33个点位巡查情况为合格，依据考核结果发放工作经费24.95万元。举办全区文物管理专题培训班，面向基层文物工作者，开展文物保护法律法规、文物安全检查、文物保护工程管理等培训，提升文物工作者业务水平。开展四期文物保护宣讲活动，围绕大运河文化、文物建筑等内容举办讲座，营造文物保护氛围。

【文物遗迹保护】 2023年，常州国家高新区（新北区）坚持文物日常巡查，每季度开展文保单位安全检查，定期依托第三方落实辖区文物古建筑火灾防控措施。11月，组织开展私有文物建筑消防安全督查，摸清全区私有文物建筑底数38处，提高文物建筑所有人消防安全意识。健全文物安全基层网格化管理机制，实施文物安全直接责任人公告公示制度，落实文物安全直接责任人、实施公告公示单位的省级文物保护单位4处，市、县级文物保护单位30处，其他不可移动文物（包含无使用人的田野文物等）124处，完成率100%。

（区教育局 韩卓璇）

【非遗传承保护】 2023年，常州国家高新区（新北区）以文化遗产日、重大节庆宣传活动为载体，开展对非物质文化遗产保护宣传。元宵节开展“汉江迎福闹元宵”“玉兔贺新春 非遗乐元宵”非遗主题元宵节活动，惠及6000余人；“自然和文化遗产日”举办新北区首届“非遗开XIN季”活动邀请30余名非遗传承人、2000余名市民参加，评选出6个“最受欢迎非遗项目”，分别是省级非遗项目——万绥猴灯，市级非遗项目——常州堆花糕团、常州豆炙饼制作技艺、孟河中药香囊制作技艺，区级非遗项目——抖空竹、民间刻纸；举办“省级非遗·孟河斧劈石文化沙龙”活动。开展第五批区级非物质文化遗产项目代表性传承人的申报评定，江南天然香制作技艺、孟河医派林氏脾胃专科等9个项目共10名传承人被确定为第五批区级非物质文化遗产项目代表性传承人。推荐堆花糕团项目传承人陈国琴、打莲响项目传承人王妹英、孟河鳝丝面制作技艺传承人谢公阳申报常州市第五批市级非物质文化遗产项目代表性传承人；推荐常州黄酒酿制技艺、常州豆炙饼制作技艺、江南八宝菜粥制作技艺等3个非遗项目申报省级非遗代表性项目，被江苏省人民政府批准进入第五批省级非物质文化遗产代表性项目名录。至年末，全区有省级“非遗”项目7个、市级“非遗”项目22个、区级“非遗”项目32个。

表60 常州国家高新区（新北区）
第五批非遗项目代表性传承人一览表

序号	项目类别	项目名称	传承人
1	传统曲艺	唱凤凰	蔡富平
2	传统技艺	手工旗袍	李华
3	传统技艺	抖空竹	钱晓英
4	传统技艺	抖空竹	刘志娟
5	传统美术	刻纸	乔瑞君
6	传统技艺	江南天然香制作技艺	夏振飞
7	传统技艺	江南八宝菜粥制作技艺	陈潮
8	传统技艺	常州豆斋饼制作技艺	周天春
9	传统医药	孟河医派林氏脾胃专科	林云鹏
10	传统舞蹈	打莲响	王妹英

省级非遗项目——万绥猴灯　　（胡平　摄）

【新增3个省级非遗代表性项目】 11月，由常州国家高新区（新北区）推荐的常州黄酒酿制技艺、常州豆炙饼制作技艺、江南八宝菜粥制作技艺3个非遗项目入选省级非遗代表性项目，类别均为传统技艺。

常州黄酒酿制技艺。常州酿造酒（石龙嘴黄酒）属苏式黄酒系列，该酒以糯米为主要原料，经淘、蒸、淋后加入酒药为糖化发酵剂，在糖分达到一定要求时，掺入麦曲，分缸密封，经较长时间养醅后，再压榨、陈酿为成品。常州黄酒品牌“石龙嘴”源自1912年在常州石龙嘴创办的常州酿酒总厂。2005年，常州酿酒总厂转制，蔡文忠接过常州黄酒“石龙嘴”品牌，传承常州酿酒总厂老酒师陆金焕的“石龙嘴”酿制技艺，将“石龙嘴”酒品牌光大绵延。

常州豆炙饼制作技艺。常州豆炙饼也称“豆斋饼”，分为大、小两种。小豆炙饼如一元硬币，是用白雀虹豆磨浆，用平底锅微火煎炙而成，是常州人纪念祖先和佛事斋供活动的不可或缺的供品。清代道光年间，常州西瀛里西园菜馆的厨师陈小福在传统豆炙饼制作技艺的基础上改进工艺，独创大豆炙饼制作工艺，也称“金钱饼”。现任江苏菜根香餐饮连锁有限公司董事长、常州豆炙饼制作技艺第八代传承人周平凡，近年来在父亲周泽清的传授下，通过技术手段解决豆制品的储存保鲜难题，常州豆炙饼得以进入超市售卖，拓展常州豆炙饼制作技艺的发展空间。

江南八宝菜粥制作技艺。江南八宝菜粥是在腊八粥的基础上传承而来。第三代传人周泽清以江苏菜根香餐饮连锁有限公司为基地，在民间传统煮熬“腊八粥”的基础上，选用金坛粳米和糯米，配以赤豆、黄豆、茴芽豆、芋艿、大栗、花生、芸豆、咸肉片等八宝组合，效仿民间大灶头先煮后焖的方法制成。现江苏菜根香餐饮连锁有限公司董事长周平凡继承父亲的衣钵，成为江南八宝菜粥制作技艺第四代传承人。

（区教育局　苏伟英）

档案工作

【概况】 至2023年末，区档案馆馆藏档案61个全宗，45.03万卷40.47万件。优化“一网通查”，将建设工程档案纳入线上查询，做到全省率先、全市首家。举办档案业务培训会议10次，参训人员约1000人次。推进基层档案室规范化建设，区内2家单位获评省级示范档案室称号，7家单位获评省级规范档案室称号。推进村镇建设档案工作，年内确定1家单位为省一级村镇档案室评选对象，1家单位为村镇档案5年复查对象。区档案局、区档案馆联动开展档案年检，对全区46家单位年度归档工作开展检查，根据现场检查情况形成反馈意见，督促整改到位。围绕“6·9”国际档案日，举办“奋进新征程 兰台谱新篇”主题展览，开展国际档案日“进机关、进企业、进学校、进社区”宣传活动7场，参与群众约500人。区档案馆与江理工文旅学院开展馆校合作共建活动，进一步助力档案专业建设和人才培养。编制《新北区建设工程竣工档案编报指南》（2023版）。6篇论文入选2023年全国青年档案工作者学术论坛，其中获二等奖1篇。

【档案资源建设】 2023年，区档案馆共接收档案1.86万卷14.3万件；政府公开信息470件。其中，接收区新冠肺炎疫情防控指挥部档案1860件，设置重大活动和突发事件档案专题全宗实施规范管理。建立苏陕协作和援疆工作档案共建共享合作机制，征集接收苏陕协作各类档案136件、电子数据12GB。开展文书档案和民生档案接收进馆工作，全年完成13.4万余件文书档案、5258件出生证明档案和5214卷婚姻档案的接收任务。同步征集图书画册、书画作品、照片、家庭账簿等各类资料47件。年内，区档案馆对175家建设单位的647个工程项目开展档案专项验收，开具建设工程档案验收意见182份、建设工程档案接收凭证161份，归档入库17114卷城建档案。城建档案管理系统新增109093条卷内目录并完成数据挂接。创新搭建新北区智慧档案管理云平台，完成智能库房26万余件档案数据预处理工作。

【档案服务利用】 2023年，区档案馆接待线上线下查档2266人次，查阅利用档案材料1.75万卷（件），工程竣工电子档案1.62万卷。6月，区档案馆在奔牛镇便民服务中心举行建设工程档案“一网通查”远程利用服务开通仪式，为全市首家开通单位，至年末，线上查档办理148人次。为助企业早开工、早投产，区档案馆与行政审批局、常州市不动产登记交易中心新北分中心联合实施“竣备即发不动产证”服务。全年为68家企业办理不动产证提供档案服务。2023年向社会开放馆藏1997年档案382件。

【常州知青史料征集】2023年，区档案馆通过新闻媒体刊登征集启事、寄发征集函和登门拜访等途径，开展重大活动、重要人物、地方特色档案征集工作，强化历史留存。组建知青史料征集小组，对接常州知青图书资料陈列馆，接收知青馆全部档案史料1200余件，为建馆以来首次接收知青档案史料。常州电视台、《常州日报》、《中国档案》杂志等媒体对此次活动作了报道。

资料链接

常州知青图书资料陈列馆

常州知青图书资料陈列馆，是上海知青图书资料中心分馆、上海知青研究资料分中心、江苏理工学院马克思主义学院的大学生社会实践教学基地，是常州市地方文化研究会知青协会筹建的常州首家知青图书资料陈列馆。该馆成立于2018年4月，坐落在春江街道市级文物保护单位百丈楠木厅内。展厅约30平方米，布陈展柜18节，设置喜报荣誉、知青知音、文史专柜、那个年代、知青影集、知青著作等主题。馆内收录有近百名知青自愿捐赠的书籍、杂志、报纸、日用品、书信、笔记本、奖状、荣誉证书、毕业证书、劳动用品、喜报证书、下乡笔记、杂志影集等物件1000余件。其中，沈英的手撒计数机、杜晓武的日历页、潘利亚的羊毛毡靴等重要藏品收录于《中国知青馆藏珍品录》。2023年6月，新北区档案馆与常州知青图书资料陈列馆签订交接文据，正式将知青档案接收进馆，纳入馆藏管理。

（区党政办 耿艳萍）

地方志工作

【概况】 2023年，常州国家高新区（新北区）方志办公室推进新北区方志事业高质量发展。挖掘新北区璀璨历史和厚重文脉、弘扬高新精神和讲好高新故事，融合现代传播媒体，推陈出新，以年鉴、志书、影像志、论坛等多种方式，以传统纸媒、视频、线上直播等多种形式，全方位、立体化书写和讴歌高新区高质量发展走在前列的时代强音。《常州国家高新区 常州市新北区年鉴（2023）》入选省精品年鉴培育单位。《三井街道志》《罗溪镇志》出版发行，分别获2023年度全省镇村志质量评比一等奖和三等奖；江苏名镇志《江苏名镇·孟河镇志》公开出版。申报并拍摄第一批江苏省情影像志《乡土江苏·孟河》；开展“齐梁故里 孟河有志”系列活动，以直播形式举办“‘志’说孟河——孟河镇与孟河人”江苏大讲堂孟河专场，在线观看人数超15万人。

【《常州国家高新区 常州市新北区年鉴（2023）》出版发行】 12月，由常州国家高新区（新北区）主办，区志办编纂的《常州国家高新区 常州市新北区年鉴（2023）》由方志出版社出版，是1999年创刊后的第13卷。全书围绕区委、区政府中心工作，加大“三大”工程、“六张”高新名片、新能源核心之都核心区建设等篇目内容，全面系统反映2023年度高新区（新北区）行政区域内的大事要闻，凸显区域特色。全书设区情概览、法治、军事、经济管理、科技创新、区域合作、物流业、建筑业、房地产业、交通、数字新北建设等类目37个，含图片193幅、表格68张，总计90万字。

【2部镇（街道）志出版发行】 1月，《三井街道志》由凤凰出版社出版发行。该书由三井街道地方志编纂委员会历时8年编纂而成。全书设建置区划、自然环境、人口、水利、基础设施、城市化建设与管理等篇章26个，计80万字，图照655幅，表格195张，客观全面记载三井街道从1983年至2015年的经济、政治、文化、社会发展状况及自然环境，展现三井街道由传统农业转向现代产业、乡村田野变成繁华都市的发展成就，凸显三井人民艰苦奋斗、开拓进取、争先创优、勇攀高峰的精神风貌。

8月，《罗溪镇志》由江苏人民出版社出版发行。该书由罗溪镇地方志编纂委员会编纂，于2014年7月立项，历时9年完成。该书上限不限，下迄2015年底，大事记延伸至2021年。全书设29章162节，计110万字，图照312幅，客观、全面反映罗溪镇在长期的历史发展和人文积淀中逐渐形成以教育文化、名人文化、美食文化、航空文化为核心的“四大文化”和崇文重教、求知探索、追求卓越、爱党报国的精神面貌。

【《江苏名镇·孟河镇志》出版发行】 12月，《江苏名镇·孟河镇志》由南京出版传媒集团南京出版社出版发行。该书由省地方志编纂委员会办公室、孟河镇地方志编纂委员会编纂。全书设镇情概览、镇村建设、齐梁故里、孟河医派、古镇修复、胜迹旅游、中国汽摩配名镇等篇章11个，计16.5万字，附图110张、视频二维码10个。该书上限不限，力求上溯事物发端，下迄2020年末，客观全面、多维立体展现孟河齐梁故里、中医源脉、红色名镇的地域特色，全景式呈现孟河镇的“名”与“特”。

12月,《江苏名镇·孟河镇志》由南京出版社出版发行　（常新鉴 供图）

【“齐梁故里 孟河有志”系列活动】 12月12日，“齐梁故里 孟河有志”系列活动在孟河镇举行。该活动由《江苏名镇·孟河镇志》首发式、江苏省情影像志《乡土江苏·孟河》首发式及江苏方志大讲堂孟河专场“‘志’说孟河——孟河镇与孟河人”3个板块组成。省地方志办公室主任左健伟、区长石旭涌、市政府副秘书长陈峰出席活动，各界代表300余人参加。

《江苏名镇·孟河镇志》首发式。左健伟、石旭涌等领导向全区各界人士代表赠书100本。

江苏省情影像志《乡土江苏·孟河》首发式。3月，孟河镇入选《江苏省情系列影像志》（第一批）制作单位，10月完成拍摄。该片从历史文化视角，选取孟河由来、齐梁文化、孟河医派、红色故里等特色元素，以影像记录的形式再现孟河历史场景，记录时代变迁，传承乡土文明。该视频登录省广播电视总台综艺频道、常州网等媒体平台，线上浏览量超4万次。

江苏方志大讲堂孟河专场“‘志’说孟河——孟河镇与孟河人”。讲座采用对话交谈形式，其间穿插外场视频连线，以新孟河人想了解孟河镇当地历史人文为切入点，从地方志角度解读孟河镇。论坛展现孟河镇深厚的历史底蕴、浓郁的人文气息、丰富的物产资源以及傲然的风骨气节，带给观众一场全新的视听体验。该场活动在“交汇点”新闻客户端、“方志江苏”视频号等平台同步直播。年内，“‘志’说孟河——孟河镇与孟河人”获2023年江苏方志大讲堂十佳奖。

（常新鉴）

文化产业发展

【概况】 2023年，常州国家高新区（新北区）文化产业增加值占GDP比重为6.46%。213家规模以上文化产业单位实现营收276.8亿元，比上年增长12%。开展文化产业统计，以第五次全国经济普查为契机，摸清文化产业底数，落实全区文化产业单位核查认定和入规纳统工作。用足用好各类文化产业政策。组织新闻出版领域企业和从业人员申报省优秀版权作品产业转化重点培育项目、省级现代服务业（新闻出版）发展专项资金项目。江苏神工文化发展有限公司申报的《比翼双栖》等9件作品入选省级优秀版权作品产业转化重点培育项目。常州恐龙园文化科技有限公司获省重点文化科技企业称号。常州文化科技创意发展有限公司、卓谨信息科技（常州）有限公司、常州青云阁艺术有限公司、江苏恐龙园赞奇影业有限公司4家文化企业获常州市文化产业引导资金补贴140万元。20个项目获2023年常州国家高新区（新北区）文化产业引导扶持资金200万元。

【文化人才引育】 2023年，常州国家高新区（新北区）根据《关于推进文化人才引育的实施办法》，加大人才资助力度。开展2021年度全区宣传文化人才申报评审，引进文化重点人才1人，文化拔尖人才4人。红色展馆数字展示领域专项人才引进和《忆江南》系列刻纸参展纽约艺术博览会项目获得市高层次文化人才扶持。

【第二十届中国（常州）国际动漫艺术周】 12月20日，以“炫动常州 数链未来”为主题，第二十届中国（常州）国际动漫艺术周暨数字伙伴生态链接大会在高新区举办。活动现场发布《常青行动——2024—2028常州市数字文创产业促进计划》。是日，“以数为名 眺望新时代”数字伙伴生态链接大会举行，搭建动漫影视、数字文化企业与投融资机构交流对接平台，为文化产业发展提供新动能、创造新机遇。来自复旦大学、北京爱奇艺科技有限公司、易动文化公司的专家学者、文化企业代表围绕文化创新、科技创新和优质项目作主旨演讲，4个优质项目和5个全国青年数字文化创意获奖项目作现场交流分享。

（区委宣传统战部 陆娟）

【吟飞科技入选江苏省文化产业示范基地创建单位】 11月10日，吟飞科技（江苏）有限公司入选省级文化产业示范基地创建单位名单。吟飞科技(江苏)有限公司是一家集音源专用集成电路、智能数字乐器产品研制、生产、销售、服务为一体的文化科技企业，是国家文化出口重点企业、高新技术企业、江苏省重点文化科技企业、中国轻工业乐器行业十强企业、国家消费品标准化示范企业、江苏省标准化试点企业、江苏省专精特新“小巨人”企业、“十三五”轻工业科技创新先进集体、中国教育装备行业信用AAA级企业，连续多年被美国《音乐贸易》杂志列入全球乐器与音响制品225强行列。2023年实现销售收入2.67亿元，税收459万元。

（区教育局 张玮）

文化市场监管

【概况】 2023年，常州国家高新区（新北区）文化市场在册经营单位有网吧48家、歌舞厅37家、游戏室7家、营业性演出场所3家。区加强文体旅行业安全生产管理，对重大节假日期间安全生产风险开展研判管控，通过受理举报和日常检查等方式，处置网吧、娱乐场所等经营单位的违规行为，全年检查文体旅行业场所196家次，开具整改通知书15份。把小型游乐设施和游乐设备的安全管理纳入安全检查内容，不定期开展检查，夯实相关经营管理者的安全生产主体责任。强化对旅游、娱乐、上网服务、营业性演出等经营活动的监管，督促各类文旅经营单位整改到位。配合市文化市场综合行政执法支队依法查处提供含有国家法律法规禁止内容的文化产品等违法违规行为。

（区教育局 韩卓璇）

【新闻出版管理】 2023年，常州国家高新区（新北区）新闻出版物零售许可新设立事项49件，变更事项18件，注销事项33件。全年开展新闻出版领域、电影行业专项检查66次，检查企业230家，排查问题隐患约200处并全部整改到位。开展出版物及印刷企业行政审批工作，组织全区94家印刷企业、457家出版发行单位完成2023年印刷企业年度报告工作。落实安全责任，开展新闻出版、电影行业消防安全防范、重大事故安全隐患排查整治等专项行动，排查隐患问题并整改到位。7月，组织全区印刷企业及各镇（街道）开展区新闻出版领域安全生产警示教育培训会。增强新闻出版领域安全防范意识。

（区委宣传统战部 陆娟 王雨菲）

【扫黄打非】 2023年，常州国家高新区（新北区）调整区文化市场管理（扫黄打非）工作领导小组成员名单，明确工作职责。针对网上网下涉“黄”涉“非”突出问题，开展五大行动和6个专项整治，对辖区范围内书店、印刷场所、打字复印店和互联网上网服务场所开展“扫黄打非”专项督查20余次。发动各镇（街道）开展“扫黄打非”基层示范点申报工作，促进基层“扫黄打非”工作任务量化、细化。开展“护苗2023”专项行动，举办“护苗2023”专项行动启动仪式，在全区建立10家“护苗”读书角，组织护苗宣讲队走进基层开展宣讲15次，印制宣传海报3万余张、绿书签1万份，树牢“绿色阅读 文明上网”理念。提升“扫黄打非”基层站点工作人员业务能力，组织参加全省“扫黄打非”线上培训，新北区145位基层工作人员全部通过考核。

（区委宣传统战部 王雨菲）

12月20日，以“炫动常州 数链未来”为主题，第二十届中国（常州）国际动漫艺术周暨数字伙伴生态链接大会在区举行 （区委宣传统战部 供图）

卫生健康

综　述

2023年，常州国家高新区（新北区）以“卫生健康优质服务提升年”行动为抓手，高标准绘就“常有健康”幸福底色。至年末，全区有各级各类医疗卫生机构293家，其中区属医疗卫生机构288家；医疗卫生机构床位2933张；卫生技术人员5065人，其中执业（助理）医师2069人、注册护士2061人。

基层医疗能力提升。奔牛人民医院新住院大楼、孟河中医医院ICU病房建成投用；孟河中医医院消化内镜诊疗中心和奔牛人民医院康复疼痛诊疗中心被认定为江苏省农村区域性医疗卫生中心十大相关功能中心，春江人民医院被评为江苏省社区医院；在基层医疗机构增设市级医院专家工作室（联合病房）4个；新增市级推荐标准的村卫生室6家、基本标准的村卫生室10家；全市首家实现基层医疗机构预约挂号移动支付，普惠型数字医学影像“云胶片”服务实现基层医疗卫生机构全覆盖，群众看病就医更便捷。

中医药振兴。孟河中医医院加入常州市中医医疗集团，增挂“新北区中医医院”牌子；春江人民医院、奔牛人民医院成为第三批江苏省基层医疗卫生机构五级中医馆建设单位；新桥街道社区卫生服务中心和罗溪镇卫生院中医馆升级为四级中医馆；打造“传承孟河医派，振兴中医国粹”中医药优质服务项目，引进省内外孟河医派传人及名中医15人到区坐诊；实施“杏林优才”中医药人才培养工程，在区设立名中医专家传承工作室；联合南京中医药大学国际经方学院开办新北区经方研修班，培养孟河医派传承人；开展中医药文化“六进”（进校园、进机关、进企业、进社区、进养老院、进家庭）宣传活动，加快孟河医派传承发展。

医防协同推进。新北区疾控中心新建项目竣工，并搬迁至新址办公；成立区级社会心理服务指导中心，与区级家庭发展指导中心、未成年人成长指导中心融为一体；全区有家庭医生签约团队134个，重点人群签约率82.66%；全人群电子档案建档率、高血压、糖尿病患者规范管理率均超90%；全区5家二级医院建成慢性病管理中心，实现院内院外、线上线下一体化、全周期的健康管理。

重点人群健康网底兜实。持续开展0～6岁儿童免费孤独症筛查和干预，全年完成初筛5.75万人次，阳性127例；成立新北区托育服务协会，建成区托育综合服务中心；创成省普惠

6月25日，区卫健局开展“中医药文化进校园”活动　　（区卫健局 供图）

托育机构4家、省示范性托育机构1家、省社区托育示范点1家，市级普惠托育机构4家；实施“生殖健康好孕行动”，加大生育力保护宣传。在全区21所中学推广适龄女生国产双价HPV（人乳头瘤病毒）疫苗免费接种，完成首针接种2596人，续针接种2360人；完善老年人健康体检服务，老年人健康管理率71.49%；创建老年友好环境，三井街道河海社区卫生服务中心、魏村街道社区卫生服务中心被评为江苏省老年友善医疗机构先进单位，新桥街道江湾社区创成全国示范性老年友好型社区。

表61　2023年常州国家高新区（新北区）区属医疗卫生机构、人员情况一览表

机构 / 人员	类别	数量
医疗机构（家）	一、医院	6
	专科医院	3
	护理院	3
	二、基层医疗卫生机构	278
	社区卫生服务中心（站）	38
	社区卫生服务中心	6
	社区卫生服务站	32
	卫生院	6
	村卫生室	41
	门诊部	73
	诊所、卫生所、医务室	120
	三、专业公共卫生机构	3
	疾病预防控制中心	1
	妇幼保健所	1
	卫生监督所	1
	四、其他卫生机构	1
	健康体检中心	1
在编卫计人员（人）	无职称	11
	初级职称	97
	中级职称	313
	高级职称	597

（区卫健局　汤晓璐）

健康促进

【“常有健康”三年行动方案（2023—2025年）】 2023年，常州国家高新区（新北区）坚持把保障人民健康放在首位，以“提升、巩固、发展”为阶段目标，以“补短板、强弱项、扬优势”为着力点，出台《常州国家高新区（新北区）深入推进“常有健康”三年行动方案（2023—2025年）》（简称《行动方案》），探索基层卫生健康事业发展的新模式、新机制、新举措。《行动方案》明确6个方面23条措施，包括实施“公卫提质”工程、“中医药振兴”工程、“心理关爱”工程、“人才引育”工程和综合保障工程。至2025年年末，通过优化增量、盘活存量、提升质量，促进全区医疗资源布局与区域能级提升相匹配。

（区卫健局　汤晓璐）

【社会心理服务体系建设】 2023年，常州国家高新区（新北区）建成“以区级社会心理服务指导中心为核心，镇（街道）心理服务站为基础，村（社区）心理健康服务室为补充”的三级社会心理服务体系。其中，区级社会心理服务指导中心与区家庭教育指导中心、区未成年人成长指导中心合力入驻龙虎塘街道党群服务中心、新时代文明实践所，打造“1+1+1>3”的新平台。全区10个镇（街道）均建立社会心理服务站，建成率100%；全区141个村（社区）建立社会心理服务室139个，建成率98.6%，超额完成试点地区80%的目标任务。

【健康宣教】 2023年，常州国家高新区（新北区）发放健康教育印刷资料28种26万余份，更新健康教育宣传栏1092期，举办健康教育讲座561场、公众咨询活动129次，播放音像资料4000余次，举办控烟宣传活动19场。在中、小学校开展“健康江苏·我为控烟发声”公益接力活动，学生及家长参与人数7700余人次。开展全国爱牙日、全国高血压日、世界糖尿病日主题科普在线直播，场均参与观看互动超1万人次。在6个社区开展居民健康素养调查240人，为健康干预提供依据。

（区卫健局　戴红锋）

【健康促进医院创建】 2023年，常州市新北区新桥街道社区卫生服务中心和常州市新北区魏村街道安家社区卫生服务中心通过江苏省健康促进医院考核并获命名。健康促进医院是把健康为中心的理念融入医院各个环节，通过提升医

疗服务质量、改善就医环境、和谐医患关系、构建社区健康，促使医院职工、患者与家属、社区居民树立正确的健康理念，达到全面提升医院管理水平和人群健康水平的目的。常州市新北区新桥街道社区卫生服务中心通过文明医疗行为、一站式服务咨询台、设置母婴室等举措，为服务对象提供健康管理、健康教育、疾病预防等一体化服务；设立健康管理中心，为患者提供个性化健康指导；加强中医药知识宣教，发挥中医药特色优势；为孕产妇、儿童和老年人等特定人群开展特色健康服务，定期举办健康知识讲座和社区活动。常州市新北区魏村街道安家社区卫生服务中心改善诊疗环境、优化服务流程、完善基础设施，为患者提供安全、舒适、温馨的就诊体验；推广控烟工作，创造无烟环境，保护患者和员工健康；设立健康管理中心和中医治未病诊室，为群众提供全方位健康管理；定期开展体检、建立健康档案、实施健康干预，提高健康水平。

（区卫健局 刘国兴）

【家庭医生签约】 2023年，常州国家高新区（新北区）有家庭医生签约团队134个，签约医生924人，累计签约40.05万人，签约率44.78%。其中，重点人口签约18.12万人，签约率82.66%；有偿签约7.29万人，签约率33.27%；特殊人口签约6048，签约率95.06%。

【居民健康档案管理】 2023年，常州国家高新区（新北区）常住人口894498人（数据来源第七次全国人口普查），建立居民电子健康档案840458份，建档率93.96%，其中新建档案99031份；实行动态记录的有447548份，健康档案使用率53.25%；全区开放档案数680118份，档案开放率80.92%。

（区卫健局 戴红锋）

基层医疗卫生体制改革

【概况】 2023年，常州国家高新区（新北区）以共建专科型医联体为突破，优化医疗资源供给，围绕“基层首诊、双向转诊、小病在社区、大病在医院、康复回社区”的分级诊疗目标，增强基层服务能力，完善医防协同，推进基层医疗卫生体制改革任务走深走实。年内，常州国家高新区（新北区）疾病预防控制局揭牌，新增薛家人民医院与常州市第一人民医院消化内科、西夏墅镇卫生院与常州市第一人民医院颈肩腰腿痛科、三井街道河海社区卫生服务中心与常州市中医医院中医正骨科专科医联体，至年末，全区各基层医疗卫生机构与市内外医院建有专科医联体43个。

（区卫健局 李健）

【分级诊疗】 2023年，常州国家高新区（新北区）上级医院向基层医疗卫生机构转诊882人次，比上年（下同）增长5.1%；基层医疗机构向上转诊5268人次，增长8.48%。年内，深化基层医疗卫生机构与市三甲医院专科医联体建设，薛家人民医院、西夏墅镇卫生院分别与常州市第一人民医院建立消化内科、颈肩腰腿痛科专科医联体，三井街道河海社区卫生服务中心与常州市中医医院建立中医正骨科专科医联体。孟河中医医院消化内镜诊疗中心和奔牛人民医院康复疼痛诊疗中心被评为江苏省农村区域性医疗卫生中心十大相关功能中心，薛家人民医院妇女儿童诊疗中心和居民健康体检与管理中心被评为常州市农村区域性医疗卫生中心十大相关功能中心，春江人民医院被评为江苏省社区医院。

（区卫健局 李健 赵建慧）

【卫生人才培养】 2023年，常州国家高新区（新北区）招聘、引进编内医疗卫生人才12人，其中紧缺、急需专业卫生人才10人，中级职称3人。区疾病预防控制中心公开招聘公共卫生执业医师1人；区妇幼保健计划生育服务中心面向基层医疗卫生事业单位遴选妇产科医师1人。面向2023级高中毕业生招录农村订单定向免费培养医学生39人，其中五年制本科16人、三年制大专23人。柔性引进三级医院知名博士团队2个。推进“区管院用”制度实施，核定全区基层医疗卫生机构员额总量2473人，根据总量重新进行岗位设置和聘用，有效缓解岗位聘用中的突出矛盾。

（区卫健局 顾亚炜）

【卫生信息化建设】 2023年，常州国家高新区（新北区）在全市首个实现基层医疗卫生机构预约挂号移动支付，至年末，该服务在全区5家二级基层医疗卫生机构上线，共开放互联网专家号源1万余个，互联网专家号源使用率100%。全面推行普惠型数字医学影像服务，患者在基层医疗卫生机构进行医学影像检查，即可获全省结果互认的数字影像胶片。在基层医疗卫生机构上线数字人民币支付和信用就医，患者可享受先就医后支付。基层医疗卫生机构实现his系统（Hospital Information System，医院信息管理系统）、lis系统（Laboratory Information System，实验室信息管理系统）集中部署，区域内数据实现互联互通。具备医防融合功能的门诊电子病历系统全面上线启用，门诊医生看病的同时可对患者进行建档、随访和签约。上线网络安全监管平台，对全区基层医疗机构网络安全和数据安全进行有效监管。

（区卫健局 戴红锋）

【一院一品】 2023年，常州国家高新区（新北区）基层医疗机构深化省市级基层特色科室内涵建设，孟河中医医院骨科、薛家人民医院消化内科、西夏墅镇卫生院内分泌科、奔牛人民医院康复科、新桥街道社区卫生服务中心中医脾胃科等基层特色科室全年门诊量较往年均有提升。至年末，全区基层特色科室业务总收入3.78亿元，占医疗业务总收入的22.28%，特色科室业务收入较上年增长160.5%；特色科室门急诊人次102.62万，占门急诊总人次的16.22%，门急诊人次增长107.5%。

表62　2023年常州国家高新区（新北区）各基层医院特色专科一览表

<table>
<tr><th>单位</th><th>省级特色科室</th><th>市级特色科室</th></tr>
<tr><td rowspan="4">孟河中医医院</td><td rowspan="6">普外科</td><td>手外科</td></tr>
<tr><td>眼科</td></tr>
<tr><td>肛肠科</td></tr>
<tr><td>普外科</td></tr>
<tr><td rowspan="2">薛家人民医院</td><td>口腔科</td></tr>
<tr><td>呼吸内科</td></tr>
<tr><td rowspan="5">奔牛人民医院</td><td rowspan="9">康复科</td><td>康复科</td></tr>
<tr><td>肛肠科</td></tr>
<tr><td>手外科</td></tr>
<tr><td>消化内科</td></tr>
<tr><td>儿科</td></tr>
<tr><td rowspan="4">三井人民医院</td><td>中医脾胃科</td></tr>
<tr><td>妇产科</td></tr>
<tr><td>口腔科</td></tr>
<tr><td>呼吸内科</td></tr>
<tr><td rowspan="4">春江人民医院</td><td rowspan="13">糖尿病科</td><td>糖尿病科</td></tr>
<tr><td>颈肩腰腿痛科</td></tr>
<tr><td>眼科</td></tr>
<tr><td>骨科</td></tr>
<tr><td>罗溪镇卫生院</td><td>皮肤科</td></tr>
<tr><td>西夏墅镇卫生院</td><td>糖尿病科</td></tr>
<tr><td rowspan="2">新桥街道社区卫生服务中心</td><td>颈肩腰腿痛科</td></tr>
<tr><td>中医脾胃科</td></tr>
<tr><td>河海社区卫生服务中心</td><td>糖尿病科</td></tr>
<tr><td>龙虎塘街道社区卫生服务中心</td><td>康复医学科</td></tr>
<tr><td rowspan="2">魏村街道社区卫生服务中心</td><td>中医脾胃科</td></tr>
<tr><td>老年病科</td></tr>
<tr><td>安家社区卫生服务中心</td><td>儿科</td></tr>
</table>

（区卫健局 李健）

【专家工作室及联合病房创建】 2023年，常州国家高新区（新北区）推进基层医疗机构专家工作室和联合病房建设，提升基层医疗卫生机构综合服务能力，全区累计建成专家工作室12个、联合病房8个。年内，新增魏村街道社区卫生服务中心与市第一人民医院消化内科、春江人民医院与市儿童医院儿内科2个专家工作室以及奔牛人民医院与市第一人民医院内分泌科、魏村街道社区卫生服务中心与市第一人民医院消化内科、春江人民医院与武进人民医院普外科3个联合病房。全年专家工作室开展门诊服务1.22万人次，联合病房住院（含教学查房）3193人次。

（区卫健局 赵建慧）

妇幼保健

【概况】 2023年，常州国家高新区（新北区）有母婴保健技术服务机构16家（含民营），其中婚前医学检查机构1家、助产机构7家、计划生育技术服务机构15家。规范出生医学证明档案管理。全区8家出生医学证明签发机构［其中补发机构1家、首次签发（换发）机构7家］签发出生医学证明669张，未发生丢失、倒卖、制假贩卖等重大违法、违纪事件。实施妇幼健康服务能力提升项目，举办儿童眼保健、儿童心理发育、高危孕产妇管理等专项培训11期，培训754人次；在孟河中医医院开展全区孕产妇危急重症救治应急演练。实施出生缺陷综合防治项目，全年新增叶酸服用2691人，婚前医学检查1027人，免费提供孕前优生健康检查507对，产前筛查率98.8%、新生儿疾病筛查率99.59%，均实现目标人群全覆盖。实施妇女保健项目，开展适龄妇女免费“两癌”检查项目，提供免费宫颈癌筛查2.38万人、乳腺癌筛查2.41万人，检出宫颈癌5人、宫颈癌前病变47人，宫颈癌筛查早诊率90.74%；检出乳腺癌20人，乳腺癌筛查早诊率85%。推进免费基本避孕服务项目实施，为1.29万人发放免费避孕药具，区域基本避孕手术服务率100%。

表63 2023年常州国家高新区（新北区）妇幼健康促进指标完成情况统计表

指标	单位	数值	“十四五”目标
生命安全			
孕产妇死亡率	1/10万	0.00	＜7/10万
婴儿死亡率	‰	1.87	≤4
5岁以下儿童死亡率	‰	3.93	≤5
妇幼保健服务			
严重多发致残缺陷发生率	%	0.00	控制在合理范围
免费孕前优生健康检查目标人群覆盖率	%	101.40	≥90
产前筛查率	%	98.80	≥98
新生儿遗传代谢性疾病筛查率	%	99.59	≥98
新生儿先天性心脏病筛查率	%	99.85	≥98
新生儿听力筛查率	%	99.33	≥98
孕产妇系统管理率	%	95.28	≥90
孕产妇艾滋病、梅毒和乙肝检测率	%	100.00	≥98
孕产妇艾滋病梅毒乙肝早期检测比例	%	90.71	≥80
适龄妇女宫颈癌人群筛查率	%	71.81	≥70
适龄妇女宫颈癌早诊率	%	90.74	≥90
适龄妇女乳腺癌早诊率	%	85.00	≥70
7岁以下儿童保健管理率	%	99.09	≥98
3岁以下儿童系统管理率	%	99.69	≥95
6个月内婴儿纯母乳喂养率	%	70.93	≥50
0～6岁儿童眼保健和近视检查年覆盖率	%	99.70	≥98
在园儿童眼健康档案覆盖率	%	100.00	≥85
5岁以下儿童生长迟缓率	%	0.72	≤1

【孕产妇保健】 2023年，常州国家高新区（新北区）全面实施预防艾滋病、梅毒和乙肝母婴传播项目，孕早期艾梅乙检测率100%，乙肝表面抗原阳性孕产妇所生婴儿乙肝免疫球蛋白注射率100%。执行高危孕产妇分级管理、专案管理等24项工作制度，加强母婴安全保障。全年早孕建卡5004人，孕产妇系统管理5263人，产后访视5185人。全区助产机构剖宫产率45.1%。实施“生殖健康好孕行动”民生实事项目。为符合条件的育龄妇女提供免费卵泡监测，为不孕家庭（优先扶助计划生育特殊家庭、医疗救助群体或备孕二孩家庭）减免部分辅助生殖技术费用，全年享受免费B超卵泡监测人数538人，减免次数1187次，有14人减免辅助生殖技术（取卵移植手术）费用。

（区卫健局 钱宇）

【儿童保健】 2023年，常州国家高新区（新北区）婴儿死亡率1.87‰，5岁以下儿童死亡率3.93‰。全区活产数5341人，新生儿访视5126人。管理0～6

岁儿童4.83万人，儿童中医药保健指导1.53万人。为2.72万名在园儿童视力筛查，建立视力健康档案2.72万份，实现在园儿童全覆盖。推进0～6岁儿童孤独症筛查工作，强化0～6岁儿童心理行为预警征象的筛查与评估，对发育异常的儿童提供家庭干预指导、定期随访，建立儿童孤独症“筛—诊—康—管”全链条闭环管理服务体系，全年完成0～6岁儿童孤独症初筛5.75万人次，其中入园入托初筛9244人，初筛阳性127例。规范托幼机构卫生保健工作指导，全区在管托幼机构65家75个园区，其中36所幼儿园为示范园、13所幼儿园为一类园、12所幼儿园为合格园，7所幼儿园招生前评价合格。全年开展托幼机构卫生保健综合评估34家，招生前评价39家（其中开展托育服务机构36家）。全区完成适龄儿童口腔健康教育6.7万人、口腔健康筛查1.1万人、儿童龋病调查1.1万人、窝沟封闭7853人，窝沟封闭牙数1.7万颗；奔牛人民医院、河海社区卫生服务中心完成早期龋充填和局部用氟项目任务。继续在全区61家幼儿园推广“小手拉大手”科学刷牙法——健康口腔促进行动，普及科学刷牙法，推广口腔动漫视频、幼儿园科学护牙教程，发放口腔健康知识多功能板，口腔健康教育覆盖率100%，21天科学刷牙打卡率95.57%，正确刷牙率80.55%，教师及家长口腔健康知识知晓率88.35%。

（区卫健局 钱宇 祝志军）

疾病防治

【概况】 2023年，区疾控中心实验室开展消毒效果评价、空气、医院污水、消杀、食品风险监测、食源性疾病共1787份样本病原生物检测。开展盐碘、尿碘、饮用水、滤膜中的锰、苯系物等826份样本理化检测。开展HIV（艾滋病）自愿咨询、新发艾滋病人CD4细胞、老年人艾滋病哨点、高校学生艾滋病调查、风疹麻疹抗体检测等1768份样本医学检验，完成基层艾滋病筛查网络督导及检测质量考评。病毒检测新型冠状病毒1.93万管、诺如病毒245例、其他肠道病毒107例、流感病毒1015例、甲型流感H1/H3分型171例。全区中小学校学生缺课监测网报率100%，非零上报率84.74%、预警信息处置率100%、伤害监测上报率100%。完成15所学校教学环境监测、9所学校学生常见病和健康影响因素监测与干预。

【传染病防控】 2023年，常州国家高新区（新北区）报告乙类传染病13种1708例，发病率189.05/10万，比上年（下同）上升103.22%；丙类4种6266例，发病率693.56/10万，上升283.84%。重点开展新冠病毒感染、禽流感、流行性感冒、手足口病、疱疹性咽峡炎、霍乱及其他肠道传染病监测，对3例布鲁氏菌病、2例伤寒、9例鹦鹉热、1例云南输入登革热、11例猴痘病例开展流行病学调查和应急处置。发现肺结核病人189例，病原学阳性率63.3%，病人转诊率100%，转诊到位率100%。报告麻风疑似病例18例。全区医疗机构开展HIV检测25.5万人次，初筛待复检77例，确证26例。结合基本公共卫生老年人体检开展HIV检测7.6万人，发现初筛阳性12例，确证阳性6例。干预男男性行为者1755人次、检测435人，确证阳性6例。全区随访管理存活的HIV感染者和病人532人，其中年内新增感染者和病人53例、死亡4例。

【慢性病管理】 2023年，常州国家高新区（新北区）建立电子健康档案84.1万份，建档率93.96%。全区管理高血压患者8.9万人、糖尿病患者2.9万人，管理任务完成率均大于或等于100%；高血压、糖尿病患者规范管理率分别为91.40%、90.74%，管理人群血压/血糖控制率均大于或等于40%。全区65岁及以上老年人口10.7万人，开展老年人健康管理7.7万人，管理率71.49%；接受中医药健康管理服务8.6万人，管理率79.98%。国家慢阻肺项目监测点完成初筛4527人、高危人群筛查829人。5家二级医疗机构完成慢性病管理中心建设，为患者提供全流程“防、筛、诊、治、管、康”闭环服务，实现院内院外、线上线下一体化、全周期健康管理服务。春江人民医院、奔牛人民医院试点慢性病患者亲情管理模式。严重精神障碍患者登记在册3708人，检出率4.2‰；规范管理3567人，规范管理率96.25%，规律服药率84.57%，面访率94.55%，全区未发生肇事肇祸事件。

【免疫规划】 2023年，常州国家高新区（新北区）0～6岁儿童建卡7520人次，免疫规划疫苗实际接种16.39万针次，最高接种率99.94%。流调、处置免疫规划相关传染病55例。接到疑似预防接种异常反应报告383例，其中一般反应361例、异常反应20例、偶合症2例。接种新型冠状病毒疫苗1083剂次，接到新型冠状病毒疫苗疑似预防接种异常反应3例，其中一般反应1例、异常反应1例、偶合症1例。开展省民生实事项目水痘疫苗接种、初一女生免费HPV疫苗接种，完成水痘疫苗接种2.69万剂次，任务完成率113.38%；适龄女生国产双价HPV疫苗首针接种2596人、续针接种2360人。开展进口二价HPV疫苗“三针免一针费用”惠民项目，年内惠及78人，各门诊均实现HPV疫苗预约从线下到

"育苗通"线上预约方式转变。完成预防接种异常反应调查诊断区级专家增补与培训，开展接种人员初训、复训及狂犬病暴露预防处置技术专项培训，完成区疫苗管理委员会成员调整。三井人民医院预防接种门诊通过示范化门诊市级验收。

【血吸虫病与地方病防控】 2023年，常州国家高新区（新北区）检查钉螺面积355.7万平方米，查获活钉螺52只，解剖结果均为阴性；有螺面积1275平方米，及时完成有螺环境改造、混凝土硬化灭螺。5—10月，全区完成沿江重点环境漂浮物螺情监测及动态灭螺，查获漂浮物携带钉螺3只，解剖结果均阴性；在奔牛镇、三井街道开展省级蚊媒监测；完成疟疾血检300人次，无阳性。通过疟疾五省联防联控现场督导。完成学生、孕妇碘营养监测和零售层次碘盐监测共300份。开展流动人口血吸虫病查病检测200人份、常住人口2500人份，结果均阴性。开展土源性线虫省级监测采集粪便1041份，检测结果均阴性。区疾控中心联合常州海关、常州机场开展疟疾防治宣传，联合市盐业公司在大型商业综合体、学校开展碘缺乏病日现场咨询、健康讲座。

【职业病防治】 2023年，常州国家高新区（新北区）开展重点职业病常规监测，审核职业健康检查数据9.57万条，随访尘肺病患者21人。对4家企业147人开展职业健康素养监测调查，完成36家重点行业用人单位重点职业病危害因素监测和职业健康帮扶。指导3家企业申报"健康企业"，均通过市级评估，其中1家待省级验收评估。举办争做职业健康达人活动，评选区级职业健康达人33人。

（区卫健局 祝志军）

中医药振兴

【概况】 2023年，常州国家高新区（新北区）立足孟河医派特色优势，推动中医药振兴发展。以孟河中医医院创建二级甲等医院为目标，在医院增挂"新北区中医医院"牌子，并加入常州市中医医疗集团。加快推进基层中医馆提档升级，罗溪镇卫生院、新桥街道社区卫生服务中心中医馆被评为基层医疗机构四级中医馆。春江人民医院、奔牛人民医院中医馆被评为省基层医疗卫生机构五级中医馆建设单位。实施"杏林优才"中医药人才培养工程，遴选培养学员21人，邀请孟河医派传人及名中医团队10余人在孟河中医医院设立名中医专家传承工作室，开展坐诊、带徒。联合南京中医药大学国际经方学院开办新北区经方研修班，通过理论研习、临证实践等方式，培养孟河医派传承人。组织开展中医药文化"六进"活动，通过开办中医讲座、咨询义诊、科普宣传等方式，传播普及中医药文化知识。至年末，全区有二级公立中医医院1家、中医诊所26家、中医门诊部3家、中医综合诊所2家，有五级中医馆1家、四级中医馆6家、三级中医馆4家。建成张志坚、申春悌2个国家级名老中医工作室和陈岱等10个省市级名中医工作室。全区有中医执业医师265人；中医全科医生98人，其中副高以上职称44人、中级职称29人。全区所有基层医疗卫生机构中医综合服务区（中医馆）中医药基础设施和装备均达到建设标准，超50%的村卫生室（社区卫生服务站）提供中医药服务。按照《常州市新北区推进医疗卫生人才引育的实施办法（修订）》，区外引进中医类人才1人。

【中医适宜技术推广】 2023年，常州国家高新区（新北区）依托孟河中医医院基层卫生实训基地，组织全区基层医疗卫生机构临床医师、中医师和护士132人开展中医适宜技术培训。通过推广耳穴埋籽、拔罐刺络、刮痧、推拿、艾灸、针灸6项中医适宜技术，提升基层中医服务能力。至年末，全区基层医疗卫生机构全部提供6类15项及以上中医药适宜技术服务，50%的村（社区）卫生室（站）能开展4类4项及以上中医药适宜技术服务。

【名中医专家传承工作室】 2023年，常州国家高新区（新北区）邀请"国医大师"邹燕勤、全国名中医黄煌、江苏省名中医申春悌、孟河医派费氏嫡传费季翔、丁氏嫡传丁一谔、上海施氏伤科等名中医及其团队，在孟河

4月10日，区疾控中心在魏村街道录安洲开展区级查螺工作

（区卫健局 供图）

中医医院设立名中医专家传承工作室，开展常态化坐诊、带教指导等活动，传承孟河医派学术经验和技术专长。自7月名中医专家传承工作室设立至年末，接诊2609人次。区卫健局联合南京中医药大学国际经方学院举办新北区经方研修班，有21名基层医疗机构中医师参加。

【推进中医药振兴发展方案】 2023年，常州国家高新区（新北区）出台《新北区关于传承创新孟河医派 推进中医药振兴发展的实施方案（2023—2025年）》。方案围绕“能力提升、文化弘扬”两条主线，聚焦孟河医派保护、传承、发扬3项重点，形成传承研究、临床应用、人才培养、文化宣传等多位一体的工作模式，打造具有影响力的传统医学和文化名片。主要任务包括实施名院、名科、名医“三名”工程，强化基层阵地建设、人才队伍培养、经典学习推广“三实”举措，开展提升文旅特色内涵、提升古籍转化效率、提升文化传播能力“三提”行动，加快推进以孟河医派为特色的中医药传承创新发展。

【新桥街道社区卫生服务中心中医馆创成市四级中医馆】 8月，常州市新北区新桥街道社区卫生服务中心中医馆经市卫健委中医馆等级评审，被确定为四级中医馆（市级中医院馆分三级、四级、五级）。2023年，新桥街道社区卫生服务中心中医馆改扩建工程完成并投入使用。新建成的中医馆集挂号、就诊、缴费、取药、针灸推拿、中医康复为一体，面积1500平方米，设候诊区、中医诊室区、针灸理疗室区、中药房与中药库、劳模工作室等区域。

（区卫健局 李健）

卫生监督

【概况】 2023年，常州市新北区卫生监督所以“双随机一公开”执法抽查为抓手、以专项治理行动为突破口，结合“互联网+监管”、信用评价等手段，完成“双随机”监督抽检总任务634家，抽查结果向社会公示。开展消毒产品、游泳场所、学校卫生、打击医疗违法行为等专项检查和专项整治活动27次，检查各类单位1294家次。开展《中华人民共和国职业病防治法》宣传周、饮用水卫生等各类宣传活动4次，宣传咨询86场次，受众人数1.36万余人。全年实施卫生行政处罚立案37起，受理各类投诉举报132起，办结率100%。

【医疗机构监督】 2023年，常州国家高新区（新北区）检查医疗机构327家次，出动车辆173台次，约谈机构15家次，对13家机构违法执业行为立案处罚，对3名医师违法执业立案查处。开展打击医疗违法行为、临床检验机构依法执业、母婴安全守护行动等专项督查工作。全年巡查涉嫌无证行医286家次，出动车辆192台次，取缔无证行医17家次，移送公安1件，立案处罚16件。

【公共场所卫生监督】 2023年，常州国家高新区（新北区）对2170家公共场所单位开展日常监督，巡查6817家次，监督覆盖率100%。监督抽检游泳场所38家，合格率76.3%。11家大型宾馆、32家连锁酒店、10家游泳场所和1家餐饮具消毒单位安装在线监控系统。对20家二次供水单位开展日常监督和水质监督抽检，共抽检样品120件，合格率100%。

【职业健康监管】 2023年，常州国家高新区（新北区）强化职业健康监督执法工作，完成637家用人单位的职业病危害项目申报审核。面向用人单位开展各类专项整治4个，监督检查单位181家次，立案处罚1家。持续开展建设项目职业病防护设施验收监督工作，提升职业健康依法监管能力和服务水平，落实用人单位主体责任，保障劳动者职业健康权益。

（区卫健局 祝志军 曹筠）

7月19日，新北区卫生监督所卫生监督员检测恐龙园水世界水质

（区卫健局 供图）

医政药政管理

【概况】 2023年，常州国家高新区（新北区）开展医疗服务质量提升行动，强化医疗服务和监管。区医疗质量、院内感染、护理质量、药事管理等质控小组开展常态化业务培训、督查检查和评比评审等医疗质量管理工作。开展护士节、医师节系列活动，弘扬“敬佑生命、救死扶伤、甘于奉献、大爱无疆”的职业精神。以“双随机、一公开”执法抽查为抓手，加强对医疗行业的综合监管。推进平安医院建设，落实重大医疗纠纷和医疗事故报告制度。开展“优质服务基层行”，达到“国家推荐标准”的基层医疗机构占50%。加强药事管理，开展基层紧缺药品监测和国家基本药物使用评价。

（区卫健局 李健）

【医疗服务】 2023年，常州国家高新区（新北区）医疗机构门急诊量540.39万人次，出院8.46万人次。其中，12家基层医疗卫生机构门急诊量327.31万人次，出院3.68万人次，手术5905人次。提升基层医疗卫生机构新冠病毒感染“乙类乙管”阶段医疗救治能力储备，选派24名骨干医护人员参加常州市第一人民医院集中培训。开展“优质服务基层行”活动，春江人民医院、奔牛人民医院、孟河中医医院、薛家人民医院、三井人民医院和新桥街道社区卫生服务中心6家单位达到国家级推荐标准；罗溪镇卫生院、西夏墅镇卫生院、河海社区卫生服务中心、龙虎塘街道社区卫生服务中心、魏村街道社区卫生服务中心和安家社区卫生服务中心6家单位达到国家级基本标准。推动家庭病床建设，结合长护险人员有针对性地开展建床工作，年内建床119张。开展2023年世界献血者日宣传活动，组织无偿献血2404人次，新北区获“全国无偿献血促进奖”“常州市无偿献血先进集体”称号。

（区卫健局 张煜 赵建慧）

【医疗质量管理】 2023年，常州国家高新区（新北区）健全医疗质量管理组织体系，调整区病案质量、医院感染管理、护理质量3个质量控制小组，成立中医医疗、高血压、糖尿病、DRG质控（Diagnosis Related Groups，疾病诊断相关分组）小组，制定质控组织工作职责，开展条线业务培训、督查检查和评比评审等相关医疗质量管理。质量控制小组每季度开展督查并监督整改，全年开展区级医疗护理督查4次、院感督查6次、药事督查1次。组织医疗、护理、院感、药事培训19场次。规范医疗技术管理，开展医疗机构限制性医疗技术临床应用动态情况现场核查；病案质控小组重点督查手术分级情况，强化手术分级监督管理。

（区卫健局 张煜）

【药事管理】 2023年，常州国家高新区（新北区）落实基本药物配备使用政策，衔接基层与二级以上基层医疗卫生机构用药，满足群众常见病、慢性病及专科用药需求。全区一级基层医疗机构和二级基层医疗机构全年基本药物使用比例分别为64.4%、60.4%。实施合理用药监管，指导各基层医疗卫生机构建立药品使用动态监测和超常预警机制，定期分析通报基层医疗卫生机构用药情况，加强重点监控品种、抗菌药物使用监管。各基层医疗卫生机构抗生素平均使用占比20.1%。区卫健局与常州市第一人民医院药学部成立药学联盟，通过系列专题培训推进区基层医疗单位药学服务能力建设，促进优质药学服务下沉基层，并在常州市第一人民医院指导下完成全区13家基层医疗单位药事管理工作专项检查，全面梳理存在的问题，为后续工作提供借鉴。

（区卫健局 杨丹）

【药品和医用耗材阳光集采】 2023年，常州国家高新区（新北区）医保分局贯彻省、市各级医药价格文件精神，督促辖区基层医疗机构落实药品（医用耗材）集中带量采购和阳光采购政策。年内，全区医疗机构参与药品集采11个批次、耗材集采8个批次，节约采购金额7768.51万元。推进种植牙集中带量采购，全区26家口腔种植医疗机构接受统一价格调控，种植牙价格平均下降超60%，有效减轻辖区参保群众种植牙的经济负担。

（区医保分局 沈洁）

医疗卫生机构建设

【概况】 2023年，常州国家高新区（新北区）有公立三级医院1家，民营二级医院4家，区属各级各类医疗卫生机构288家。其中，卫生院6家，社区卫生服务中心6家，精神病医院1家，村卫生室（社区卫生服务站）73家，民营专科医院2家，爱心护理院3家，门诊部73家，诊所、卫生所、医务室120家等。年内，加快推进奔牛人民医院综合门急诊楼建设项目，完成项目初步审批，进入EPC招标准备阶段。实施罗溪镇卫生院提档升级，新增建筑面积2461平方米，包括1幢2层的生活配套及CT室、1幢1层的防保预检分诊系统及门卫。至年末，罗溪镇卫生院完成土建工程。

（区卫健局 张煜）

【区疾控中心新址启用】 11月，区疾控中心新址正式启用。新址位于泰山路以西，市疾控中心南侧，新澡港河以东，河海中路以北。总建筑面积7970.65平方米，其中地上建筑面积6615.39平方米、地下建筑面积1355.26平方米。该项目与常州市疾病预防控制中心检验检测大楼、常州市卫生监督所办公大楼作为一个整体项目，以“市疾控中心检验检测大楼项目”名称于2020年12月经市发改委批准立项，2021年8月开工建设，2022年12月土建竣工，2023年8月完成内部装饰。区疾控中心主要承担全区疾病预防与控制、突发公共卫生事件应急处置、疫情报告及健康相关因素信息管理、健康危害因素监测与干预、实验室检测分析与评价、健康教育与健康促进等职能的具体工作落实、信息收集报告、现场调查处置、基层工作指导等任务。配备各类检验检测仪器装备85种148台（套），价值943万元，通过资质认定评审后检验检测能力将扩增20项。

（区卫健局 祝志军）

【公共卫生康复中心建设】 2023年，常州国家高新区（新北区）完成公共卫生康复中心建设项目变更及立项，取得项目建议书及可研批复，通过人防及施工图审查，开展招标代理、监理、跟踪审计等工作发包及EPC公开招标，取得规划许可证及施工许可证，12月开工建设，完成场地平整和桩基部分支护工程，年度投资额0.2亿元。该项目位于春江人民医院院内地块，总建筑面积1.5万平方米。项目建成后将承担春江街道片区公共卫生职能，包括基本公共卫生服务、健康体检等，并为全区基层医疗卫生机构提供消毒供应服务。

（区卫健局 戴红锋）

【市一院高新院区项目选址】 2023年，常州国家高新区（新北区）加快实施常州市第一人民医院高新院区建设，推进方案设计、用地报批等工作。市一院高新院区项目选址在长江路以西、乐山路以东、嫩江路以北地块，总投资额23亿元，总建筑面积33.46万平方米，主要建设内容为门急诊、住院、医技、科研用房、重点学科实验室、教学用房、培训用房、人才公寓等。常州市第一人民医院高新院区是集医疗、科研、教学、预防、保健、康复于一体的综合兼肿瘤重点学科的现代化三级甲等综合医院及区域性医疗中心，项目建成后将提升卫生健康服务能力，护佑人民群众生命健康。

（区卫健局 汤晓璐）

【奔牛人民医院新住院大楼启用】 3月，奔牛人民医院新住院大楼投入使用。新住院大楼1～6楼设为内1科、内2科、康复科、外科、骨科、妇产科6个病区，7楼为康复大厅和综合会议室，8楼为手术室、ICU（重症加强护理病房）。奔牛人民医院新住院大楼项目于2017年9月启动，2018年4月通过区行政审批局审批、同意实施，新建1幢地下1层、地上8层的住院大楼及1幢地上2层的食堂，项目总建筑面积1.68万平方米，其中新住院大楼地上建筑面积1.23万平方米、地下建筑面积3780平方米。食堂建筑面积770平方米。2021年1月开工建设，2023年1月竣工。

（区卫健局 高彩亚）

3月18日，奔牛人民医院新住院大楼投入使用　　（区卫健局 供图）

体　育

群众体育

【概况】 2023年，常州国家高新区（新北区）推动全民健身活动开展，全年举办全民健身月系列活动12场，开展科学健身知识讲座20场，组织社会体育指导员培训5场。各镇（街道）开展全民健身月系列活动50场、社区运动会2场。召开新北区体育教育现场推进会，发布《新北区"高新慧育·心悦动"体育教育质量提升三年行动方案（2023—2025年）》。区教育局、区农业农村局、区总工会等14家单位被评为2018—2022年度常州市群众体育先进单位。

【社会体育指导员队伍建设】 2023年，常州国家高新区（新北区）新增社会体育指导员64人，每万人拥有指导员4.2人，全年举办三级社会体育指导员培训班3期，培训64人，选送三级社会体育指导员20人参加常州市二级社会体育指导员培训，选送50人参加省、市体育局一线社会体育指导员轮训。至年末，全区有社会体育指导员3757人，其中国家级12人、一级60人、二级316人、三级3369人。

3月29日，新北区体育教育推进会在常州市新北区香槟湖小学举行

（区教育局 供图）

【"全民健身月"活动】 8月7日，2023新北区"全民健身月"启动仪式在新北（薛家）全民健身中心举行，仪式现场发布2023年度新北区全民健身月重点活动。在全民健身月期间，相继举办新北区区级机关运动会、新北区气排球比赛、门球比赛等系列活动，各镇、街道结合实际，组织开展各类全民健身活动和社区运动会，举办15项比赛活动计2000余场，参与人数3万余人。

【区级机关职工夏季运动会】 7—8月，常州国家高新区（新北区）区级机关工会举办2023年区级机关职工夏季运动会，比赛设置乒乓球、羽毛球、篮球3个大项10个小项，35家单位选派的300余名运动员参加比赛。在为期1个月的总赛程中完成318场比赛，区纪委联队、公安新北分局、区党政办联队获篮球赛前三名，区城管局、区卫健局、区审计局获乒乓球男子团体赛前三名，区住建局、区检察院、区商务局获乒乓球女子团体赛前三名，区财政局联队、区党政办联队、区税务局获羽毛球团队赛前三名，区纪委、区党政办等8个工会小组获优秀组织奖。

【薛家镇首届全民健身运动会】 10月26日，2023常州市社区运动会新北区薛家镇分站暨薛家镇首届全民健身运动会在新北（薛家）全民健身中心举办，20支社区代表队360余人次参与活动。社区运动会设置贴近生活、方便参与、利民惠民的体育健身项目12个。其中，平板支撑、仰卧起坐、跳绳等体能项目5个，篮球、飞镖、拔河、掼蛋等可选项目6个，广场舞特色项目1个。活动结束后，薛家镇联合常州体育产业集团新北分公司向健身爱好者发放体育健身券，营造全民参与健身、追求健康文明生活方式的氛围。

（区教育局 靳红炎）

【新北区与德国赫尔福德市足球合作项目签约】 11月15日，“足下生辉，球联世界”新北区与德国赫尔福德市足球合作项目签约仪式在常州市新北区龙虎塘实验小学举行。温康纳机械制造有限公司与常州市新北区龙虎塘实验小学共同签署足球合作公益资助项目协议，旨在推动学校足球教育及中德两国青少年之间文化交流。温康纳机械制造有限公司创立于1925年，深耕人造板机械装备领域，2004年在龙虎塘街道投资设立温康纳（常州）机械制造有限公司。经董事长温康纳的引荐和推动，2015年，新北区与德国赫尔福德市正式缔结为友好城市；2016年，温康纳公益基金会与常州市新北区河海实验小学（原国英小学）达成中德友好城市交流活动——足球进校园合作，促成学校与阿迪达斯中国合作开展青少年足球训练项目；2017年，新北区与德国赫尔福德市友好城市足球合作项目启动。常州市新北区龙虎塘实验小学是第一批全国青少年篮球特色学校、常州市田径特色学校、射击特色学校，在多场体育赛事中获得佳绩。此次足球合作公益支助项目协议签署后，来自德国赫尔福德市的足球教练和助理从12月开始，在学校开展为期约3个月的足球教学活动，指导学生的足球训练。

（常新鉴）

竞技体育

【概况】 2023年，常州国家高新区（新北区）竞技体育以新北区青少年业余体校为依托，开展运动员集训、参赛等工作，其中手球、篮球为市队校办项目，田径、射箭、射击等为学校优势项目，培养输送体育后备人才，并在国家、省、市级比赛中多次获奖。至年末，全区有国家健将级运动员11人、一级运动员70人、二级运动员127人，备战二十一届省运会注册并在训的运动员有134人。裁判员队伍逐年发展壮大，有一级裁判员6人、二级裁判员6人。

【赛事承办】 2023年，常州国家高新区（新北区）承办市级及以上比赛6场，其中国家级1场、省级1场、市级4场。承办第十九届全国壮老年保龄球联谊赛，比赛于10月9—18日在常州江南环球港爱保力（常州）保龄球馆举行，设置男子甲组、男子乙组、女子甲组、女子乙组、省部级领导和部队将军表演赛，参赛人员384人，为期9天。年内，相继承办2022—2023中国初中篮球联赛（江苏赛区），常州市第十六届运动会青少年部棋类比赛、棒垒球比赛，农村部风筝比赛，老年人部广场舞比赛。

【区少体校篮球等项目获奖】 2023年，新北区少体校组队参加多场全国比赛，获2022—2023中国初中篮球联赛（全国总决赛）女子组亚军，2022—2023中国初中篮球联赛（全国东区）女子组冠军；获2023年全国U18射箭锦标赛单轮全能男子团体排名赛第三名、单轮全能混合团体排名赛第三名、男子团体淘汰赛第二名。周栋臣获2023年中国中学生射击联赛男子10米光电手枪冠军。

（区教育局 靳红炎）

【北郊高中男足全国夺冠】 11月13日，首届全国学生（青年）运动会（校园组）足球中学组男足决赛在广西省北海市银投国际足球训练基地举行，常州市北郊高级中学男子足球队代表江苏省出征，以全胜的战绩为江苏代表团增添一枚金牌。在决赛比赛中，北郊高中男足顶住压力，贯彻教练组技战术安排，最终比分4∶2。常州市北郊高级中学体育学科特色鲜明，获全国群众体育先进单位、全国青少年校园足球特色学校、江苏省体育先进学校等称号。

（常新鉴）

【高新区（新北区）组队参加常州市第十六届运动会】 2023年，常州国家高新区（新北区）组队参加常州市第十六届运动会职工部、农村部、老年人部、社会部、青少年部比赛。其中，青少年部取得幼儿组金牌总数第二、团体总分第二，小学组金牌总数第二、团体总分第三，初中组金牌总数第三、团体总分第三。职工部取得乒乓球男、女团体第一名，篮球第二名，农村部取得风筝第一名，老年人部取得门球第二名。

（区教育局 靳红炎）

体育设施与体育产业

【概况】 2023年，常州国家高新区（新北区）推进体育设施建设，新建体育公园1个、健身步道5千米、羽毛球场地520片，新建与更新全民健身路径200套。至年末，全区建有区级全民健身中心2个、镇（街道）全民健身活动中心7个、体育场地5019个（室内1223个、室外3796个），各类足球场123片，篮球场地839片，全民健身路径点1470个，体育场地面积309.27平方米，人均体育场地面积3.44平方米，城乡一体“10分钟体育健身圈”覆盖率100%；有江苏省体育服务综合体3家，江苏省体育产业示范单位2家，江苏省智慧体育场馆示范项目1家。年内，全区有3家单位获2023年度江苏省体育事业发展专项资金（体育产业发展）项目补助经费350万元。

8月7日，新北（薛家）全民健身中心启用　（区委宣传统战部 供图）

【全国体育场地统计调查】 2023年，常州国家高新区（新北区）在全区范围内对当年新建的可供居民开展运动训练、比赛和健身等各类体育场地进行统计调查，统计工作分上半年和下半年2次场地普查，上半年从7月15日开始至9月10日，下半年从11月1日至12月10日。据统计调查，全区人均体育场地面积3.44平方米，新增体育场地1049个，新增面积26万平方米，人均新增面积0.27平方米。

【新北（薛家）全民健身中心启用】 8月7日，新北（薛家）全民健身中心启用。中心总占地面积1.64万平方米，总建筑面积6万平方米，体育运动区域面积及其他服务面积1万平方米，由新北区与常州市晋陵投资集团有限公司合作建设，是除奥林匹克体育中心外常州市规模最大的全民健身中心。全民健身中心集体育、培训等功能于一体，设游泳、羽毛球、篮球、乒乓球、健身、体适能培训等项目，拥有50×25米游泳池1个、标准羽毛球场地7片和篮球场地2片、2000余平方米健身房1个。作为常州市首家引进商业载体的全民健身中心，创新开启“体育+”模式，配套有餐饮、零售、商超、酒店、文化艺术培训、特色体育、体育用品专卖店等业态。

（区教育局 靳红炎）

【常州动源体育产业园】 常州动源体育产业园位于新北区华山中路21号，于2018年10月开园，是常州市首家民营资本参与的体育服务综合体，占地面积5万平方米，建筑面积3万平方米。该产业园由立达纺织集团的老厂房改造，突破传统体育产业和商业地产的模式，引进篮球、网球、台球、滑板、体操、拳击、射箭、武术等10余项体育类项目，成为城市运动中心和新型体育服务综合体。通过引流、公共服务、赛事引领和联合营销，提升整体运营的价值，让体育及其他商业形成合力聚集资源，为体育爱好者提供一个创业和就业的平台，并培养一批体育运动人才。2022年被认定为江苏省第五批体育服务综合体。2023年，园区先后举办世界扣将飞行之旅——扣篮表演赛，承办2023年全国体操等级比赛（常州站）等赛事；后羿射箭选手在2023年亚洲青少年室内射箭公开赛上取得团体赛亚军，男子个人排位赛冠军；方舟羽毛球选手在2023年常州市运动会上取得4金2银1铜；搏锋乒乓球是常州市青少年（儿童）培训基地，学员在2023年常州市运动会上获6枚金牌、2枚银牌、4枚铜牌。

（常州动源体育产业园 张颖）

就业

综　述

2023年，常州国家高新区（新北区）深化就业创业、人才培育、用工服务、技能培训、园区建设升级等工作。聚焦就业困难群体，开展重点群体帮扶，落实各类政策补贴，有针对性地提供就业服务。健全就业公共服务体系，创建“家门口”就业服务站，建成区级零工市场。线上动态推送岗位用工信息，组织开展各类专场招聘活动，深化劳务协作交流，搭建供需对接平台。推动校政企合作，促进高校毕业生就业创业。持续开展人才引育活动，精准落实各类人才政策。深耕校企共建，促进企业与学校建立长效人才储备机制，以专业共建和产业学院共建模式，定向培养工匠型人才。建立展示交流平台，广泛招引人才和团队到新北区发展，实现参赛项目与区域发展融合衔接。持续推进技能人才培养和职业技能等级认定。通过企业职工合格证培训、新型学徒制培训、岗位技能提升培训等培训模式，实现企业一线技能人才从入职培训到岗位技能提升的全流程培养，缓解企业岗位需求和人才实际供给的结构性矛盾。

（区人社局　钟娟）

重点人群就业

【青年人才就业】2023年，常州国家高新区（新北区）组织青年（含高校毕业生）参加就业见习2056人，开发高质量就业见习岗位4294个，发放青年就业见习补贴580.7万元。落实新就业大学生租房补贴17.99万元、紧缺人才购房补贴236万元、大学生实习补贴378.8万元。实施“青年人才生活居住双资助”“青春留常”综合资助政策，发放各类生活补贴4712.39万元，惠及96387人次。

（区人社局　邵杨）

【退役军人安置就业】2023年，常州国家高新区（新北区）完成年度转业军官、随调家属、政府安排退役士兵工作的移交安置任务和春、秋季退役士兵接收工作。并举办退役军人适应性培训班，参训率100%。全面落实退役军人补贴政策，发放2023年春季退役士兵一次性补助金1500余万元。开发老兵专岗398个，举办专场招聘会4场，提供工作岗位5000余个，300余人达成初步就业意向；举办首届退役军人创业产品展销会，5.4万人参与，产品销售额突破20万元。组织30人参加区第二届退役军人创业培训初级班、76人参加职业技能培训班。组织开展第二届退役军人职业技能竞赛，93人参赛。举办第四届“工行杯”退役军人创新创业大赛，并选送优质项目参加全市比赛，2个项目分别获市创新创业大赛一等奖、二等奖。

（区退役军人事务局　蒋建荣）

【残疾人就业】2023年，区残联向5名残疾人发放自主创业扶持资金2.5万元，向10名自主创业残疾人发放租金补贴18.6万元，年审残疾人企业427家，安置残疾人就业1103人，向45家达标和超标安置残疾人的企业发放补助奖励金49.25万元。全区净增实名制就业残疾人92人，新增残疾人就业72人，其中城镇残疾人19人、农村残疾人53人。年初，开展以“春风送春情　援助暖民心”为主题的就业援助月系列活动；更新完善10名残疾大学生一人一策就业档案，并组织参加大学生专场招聘会，跟踪就业状况；举办以“讲好两个格外感恩故事，宣讲个人自强奋斗历程”为主题的残疾人就业宣传活动暨新北区残疾人就业创业典型讲演选拔赛，为残疾人搭建自我展示的平台；联合区妇联在奔牛镇为全区首家残疾人“美丽工坊”授牌，助力残疾妇女就业增收；依托第三方培训机构为215名残疾人举办高级保健按摩师和中级中医康复理疗

2023 年，区残联组织残疾人在基层“残疾人之家”开展辅助性就业工作
（区人社局 供图）

师、多媒体直播带货等职业技能培训16 场。推进辅助性就业工作，确定全年人数和产值目标，与 2 家合作企业续签合作协议，动态投保雇主责任险；在西夏墅工作室召开全区辅助性就业工作现场推进会；为残疾员工发放防暑降温慰问品；举办工作室负责人培训班，对残疾人突发矛盾、疾病等突发事件的应对处理进行详细讲解，提升工作室负责人的运行管理水平。至年末，残疾人参与辅助性就业 305 人，实现加工收入 350 万余元。

（区人社局 吴喜燕）

就业促进

【就业服务】 2023 年，常州国家高新区（新北区）落实各项社保补贴政策，发放小微企业招用应届高校毕业生社保补贴、用人单位吸纳就业困难人员社保补贴、公益性岗位吸纳就业困难人员社保补贴和女职工产假期间企业社保补贴等共 405.52 万元。受理灵活就业人员社保补贴申请 4679 人次，发放补贴 2673.5 万元。认定审核就业困难对象 1136 人次，开展残疾人员、连续登记失业一年以上人员、特困职工家庭、零就业家庭、低收入家庭 5 类群体就业帮扶 224 人次。全面推进退捕渔民的就业安置和社会保障工作，保持退捕渔民转产就业率和社保参保率均 100%。开展流动人员和高校毕业生就业服务相应配套工作，受理档案流转 5463 份次、档案利用 1874 份次，“人才落户秒批”网办 53 人次。组织开展以“春风送真情 援助暖民心”为主题的春风行动暨就业援助月专项服务活动，走访摸排重点群体 800 余人，发放政策宣传材料 1500 余份。年内，按照常州市《关于印发建设标准化“家门口”就业服务站三年行动计划（2023—2025 年）的通知》，创建“家门口”就业服务站，新建三井街道藻江社区、春江街道录安洲社区和新桥街道道乡社区 3 家就业服务站，通过建立“一户一档”，对就业困难人员进行动态管理和精准帮扶，提供技能培训、岗位推荐等就业帮扶。其中，三井街道藻江社区“四早”（情况早知道、需求早服务、技能早培训、人员早上岗）工作法获国务委员谌贻琴肯定。推进劳务品牌培育建设，“西夏墅工具匠人”被认定为 2022 年度省级劳务品牌；“常州高新区生命健康产业工匠”被认定为 2023 年度市级劳务品牌。至年末，全区实现城镇新增就业 3.3 万人，失业人员再就业 6221 人，就业困难人员再就业 1908 人，开发公益性岗位和兜底安置就业困难人员 431 人。

（区人社局 陈胜）

【创业服务】 2023 年，常州国家高新区（新北区）在省人社一体化信息平台为 5565 名创业者开展实名制登记服务，其中精准扶持成功自主创业 2827 人，创业带动就业 1.47 万人。受理并成功申领创业扶持资金 212 人次，涉及补贴资金 161.6 万元；落实常州市富民创业担保贷款政策，惠及创业者 290 人，涉及放贷金额 5940 万元。推进创业孵化基地建设，嘉壹度 · 新度青年众创空间建成市级大学生创业园，常州西夏墅工具产业创业服务中心建成省级创业孵化示范基地。举办“青创新北 智汇龙城”首届创业大赛表彰会暨创业项目服务推进会，弘扬首创和独创精神。完成 20 个 2022 年省、市大学生优秀创业项目的实地回访服务，发挥创业带动就业倍增效应。开展 2023 年度省、市级大学生优秀创业项目遴选，推荐优秀创业项目 26 个，入选省优项目 9 个、市优项目 14 个。征集 25 个项目参加“创响江苏”高校毕业生等青年人才创新创业大赛常州市初赛，4 个项目获入围奖，1 个项目获优秀奖，其中“大型干法刻蚀设备产业化”项目晋级省决赛获三等奖。

（区人社局 王贞）

【技能人才队伍建设】 2023 年，常州国家高新区（新北区）推进新时代产业工人队伍建设，开展企业职工合格证培训、新型学徒制培训、岗位技能提升培训等活动，助力企业高技能人才培养。根据《关于健全完善新时代技能人才职业技能等级制度的意见（试行）》，落实“新八级工”制度，常州宝菱重工机械有限公司张永洁被评为江苏首批首席技师。新增技能等级认定试点企业12家，新增技能人才6483人，其中高技能人才2380人。新增江苏省卓越技师B类1人、市级企业首席技师3人、市级技能大师工作室1家。开展新北区第六届职业技能竞赛活动，开展互联网营销师、电子专用设备装调工等职业技能竞赛10场，约2000人参与。

（区人社局 冷夏艳）

【企业用工服务】 2023年，常州国家高新区（新北区）开展“创响江苏”春风行动招聘月各类招聘活动37场，提供岗位3.7万余个；通过“新北人才”微信公众号、常州高新区人才网等平台，动态推送7801家企业5.8万余个岗位用工信息；组织开展网络、直播招聘会13场，815家企业提供岗位1.8万余个。全年组织开展专场招聘活动157场，3400家次企业提供岗位8.7万余个。深化劳务协作交流，对接陕西省、四川省、湖北省等10个劳务基地，发布岗位需求8000余个；联合湖北省襄阳市老河口市、保康县、谷城县、襄州区人社部门开展直播带岗活动4场，提供岗位约4000个；组织常州比亚迪汽车有限公司、汉得利（常州）电子股份有限公司等重点企业，赴陕西省安康市参加苏陕劳务协作招聘活动。年内，结合省零工市场建设规范要求和企业自身经营发展需要，打造“零工市场—零工驿站—零工之家”区、街道、社区3级全覆盖就业体系，打通企业与求职者信息壁垒。

（区人社局 陈胜 邹翠婷）

【产业人才集聚】 2023年，常州国家高新区（新北区）实施“百校千企万名英才集聚工程”，依托区就业联盟平台，完善政校企合作引才、育才工作机制，新建高校引才工作站20家，引育各类人才2.8万人。开展“博揽人才，集聚新北”人才引育活动，全年举办校园招聘活动46场，组织62家企业参加“新能源之都”产业人才对接暨需求发布会，邀请太原工业学院、太原科技大学等12所高校学生处长赴新北区参加“百名高校学生处长常州行”子活动，“零距离、面对面”考察新北区城市环境，感受经济产业发展态势。承办常州市“名城名校合作行 创新创业赢未来”太原站、武汉站活动，组织88家重点企业参会，提供岗位2658个，收到简历2150份。承办首届江苏省博士后创新创业大赛暨第二届全国博士后创新创业大赛江苏选拔赛，并于大赛期间开展百名博士常州行活动，新北区政府获大赛特别贡献奖。推进博士后科研成果与企业需求深入对接，天地（常州）自动化股份有限公司、常州捷佳创智能装备有限公司、常州市宏发纵横新材料科技股份有限公司3家企业入选2023年度博士后科研工作站；常州厚德再生资源科技有限公司、常州中车铁马科技实业有限公司、常州市常蒸蒸发器有限公司等6家企业入选2023年度江苏省博士后创新实践基地；江苏众红生物工程创药研究院有限公司、天合光能股份有限公司、中国节能环保集团有限公司3家公司的5名博士后入选2023度江苏省卓越博士后计划。维尔利环保科技集团股份有限公司李月中入选享受政府特殊津贴专家。江苏宏微科技股份有限公司赵善琪入选第三批常州市首席专家。

（区人社局 邵杨）

2月18日，常州国家高新区（新北区）开展滨开区春风送岗行动暨长江大保护专场招聘会

（区委宣传统战部 供图）

劳动权益保障

【概况】 2023年，常州国家高新区（新北区）强化劳动维权政策法规宣传，加强部门协调联动，通过简化办案程序，解决群众办事难、办事慢等难题。规范和优化企业劳动用工指导及服务，开展企业调研35家次。完成150家企业的薪酬调查和最低工资政策实施效果专项调查。全年完成特殊工时行政许可件121件、集体合同（含工资专项集体合同）审核件36件，对21家

企业实施季度成本监测。开展工伤预防与工伤认定，以点带面落实工伤预防工作。开展工伤康复宣传，帮助职工参加工伤康复活动。

【劳动监察】 2023年，常州国家高新区（新北区）以构建和谐稳定的劳动关系为核心，开展普法宣传、监督检查和案件查处工作。聚焦事关职工劳动权益保障、合理合法反映诉求方面的法律法规和政策措施，指导企业加强劳动用工管理，维护劳动者合法权益。发放《劳动保障监察维权小常识》《根治欠薪维权渠道》等宣传手册1万余份，开展普法宣传和培训6场次。推广“常安薪”欠薪线索反映平台，制作宣传海报3000张、二维码贴纸3.5万个，推进劳动者“指尖维权”和“线上讨薪”。坚持问题导向，强化日常监管，对常见用工问题强化警示教育，提供行政建议，对突出问题依法查处，以案为鉴形成违法震慑。坚持动态清零总目标，从快调处各类劳动纠纷。加大源头治理力度，强化联合监管，对案件线索实时监测、跟踪、处理。拓宽劳动者维权渠道，建立全市首家劳动监察“和谐号”调解直通车商圈站点——新北万达站，就地化解商圈周边劳动纠纷，调解成功率80%。

【劳动争议仲裁】 2023年，常州国家高新区（新北区）提高劳动仲裁案件调处质效，促进劳动人事关系和谐稳定，年内劳动争议调解成功率86%。全年成功培育市级金牌劳动争议调解组织3家。在职工职业技能竞赛中，区仲裁院代表队1人获江苏省技术能手称号，3人获常州市仲裁员业务能手称号，区仲裁院被常州市总工会、市人社局、市劳动人事争议仲裁委授予优秀组织奖。为解决当事人白天参加调解仲裁不便的难题，在全市率先推出“17:30晚间仲裁庭”服务品牌，全年开设晚间仲裁庭300余次，为劳动者追讨欠薪及工伤待遇2800余万元。是年，“17:30晚间仲裁庭”服务品牌被评为2023年度常州市人社系统创新创优工作项目；劳动争议调解工作品牌——“橄榄枝工作室”入选2023年常州市平安建设典型案例，其经验做法被市委政法委纳入《市域社会治理现代化》专刊。

【特色和谐劳动关系新格局构建】 2023年，常州国家高新区（新北区）建立健全构建特色和谐劳动关系新格局机制，开展和谐劳动关系创建活动，指导3家企业参评省级和谐劳动关系企业，18家重点企业申报创建2023年度常州市和谐劳动关系企业。盛正平被江苏省劳动关系三方委员会授予江苏省金牌劳动关系协调员。发挥村（社区）与群众联系密切的优势，把构建和谐劳动关系作为社区“微治理”内容，创意产业园区劳动关系公共服务站点、藻江社区橄榄枝工作室被市人社局评定为常州市劳动关系公共服务站。全年开展现场宣传活动4场，发放劳动法规等宣传资料2000余份，接受现场咨询100余人次。优选3家龙头企业试点实施由龙头企业牵头组织、供应链企业协同参与实施的工伤预防培训创新项目，带动60余家中小企业构建安全生产管理体系，降低企业工伤发生率，为75名工伤人员提供康复服务，最大限度改善和提高其生理功能和职业劳动能力，帮助其回归社会和工作岗位。

【农民工工资支付保障】 2023年，常州国家高新区（新北区）深化“根治欠薪提升年”工作质效，畅通农民工维权“绿色通道”，通过快速立案、快速调解、快速结案，打造共治、共建、共享的和谐劳动关系新模式。年内，聚焦重点行业、重点区域、重点项目，推进工程建设领域欠薪源头治理和制度建设，保障农民工按时足额获得劳动报酬的权利。运行区劳动争议仲裁速裁庭，查处各类拖欠工资案件，全年为农民工追讨工资报酬3000万元，拖欠农民工工资举报投诉案件按期结案率100%；区人社局、区住建局、区交通局、区水利局等主管部门履行监管职责，以实名制、工资专户、按月足额支付和工资保证金制度落实情况为重点，开展定期巡查和专项检查，保障劳动者的劳动报酬权。全年未发生因欠薪引发50人以上的群体性事件和个人极端事件或因重大欠薪舆情造成不良社会影响。

【全市首份农民工电子劳动合同签订】 2023年，常州国家高新区（新北区）加强工程建设领域欠薪问题治理，抓住关键环节，督促在建工程建设项目工资支付落实每月工资账目核清、按月结清农民工工资。7月19日，薛家镇牡丹都汇建设项目与农民工签订常州市首份工程建设领域电子劳动合同，该项目成为常州市首个签订电子劳动合同的在建项目。用人单位与农民工在电子劳动合同中明确工种、工资标准、支付日期、福利待遇等权利义务，农民工可通过“我的常州”App随时查看自身劳动合同签订情况。

（区人社局 潘晶）

收入与分配

居民收支

【居民收入】 2023年，常州国家高新区（新北区）全体居民人均可支配收入61929元，比上年（下同）增长5.3%。城镇居民人均可支配收入74789元，增长4.6%；农村居民人均可支配收入41729元，增长6.6%；城乡居民人均收入比由上年的1.83下降为1.79，缩小0.04。收入来源持续正增长，全体居民人均工资性收入38076元，人均经营净收入9151元，人均财产净收入4510元，人均转移净收入10186元，增幅分别为5.6％、4.1%、3.1%、6.5%，分别占可支配收入的比重为61.5%、14.8％、7.3%、16.4%。

【居民消费】 2023年，常州国家高新区（新北区）全体居民人均消费支出38922元，增长7.1%。城镇居民人均消费支出44036元，增长6.6%；农村居民人均消费支出30890元，增长10.5%。城镇、农村居民的恩格尔系数分别为26.2%、31.2%。

（区统计局 丁苏洁）

表64　2023年常州国家高新区（新北区）居民家庭人均生活消费支出情况统计表

生活消费支出项目	支出费用（元）	占人均消费支出比重(％)
食品烟酒	10563	27.1
衣着	2598	6.7
居住	7491	19.2
生活用品及服务	2434	6.3
交通通信	5646	14.5
教育文化娱乐	5940	15.3
医疗保健	2927	7.5
其他用品及服务	1323	3.4

社会保险

【概况】 2023年，常州国家高新区（新北区）有养老、医疗、工伤、失业、生育五险参保单位2.99万家，企业参保人数40.77万人，实现当年新增参保人员2.18万人（含灵活就业人员）；纳入社会化管理企业退休人员9.19万人。区机关事业单位养老保险参保单位204家，在职参保人员7934人，退休人员3643人，养老金发放率保持100%。全区城乡居民基本养老保险参保人员11.6万人，其中享受城乡居民基本养老保险待遇人员8万人。全区企业失业保险参保人员36.95万人，工伤保险参保人员37.27万人。开展社保卡申领制办，至年末，全区14个社会保障卡网点办理社保卡总计2.47万张。

【社会保险征缴扩面】 2023年，常州国家高新区（新北区）加强社会保险扩面分析研判和精准管理，关注“关停并转”(关闭、停办、合并、转户)、减员较多、基数申报异常等企业，通过区人社局、区税务局、区财政局、区市场监督管理局等相关部门综合施策，比对相关参保数据，及时掌握社保扩面、基金征缴进展，加强社保缴费基数申报管理，维护和保障劳动者权益。至年末，全区企业职工养老保险净增缴费0.68万人，其中灵活就业人员净增缴费0.13万人。

【城乡居民基本养老保险】 2023年，常州国家高新区（新北区）城乡居民基本养老保险参保人数11.6万人，其中缴费人员3.6万人、享受养老待遇8万人，参保率超99%，待遇发放率

100%，月均养老金水平660元。城乡居民基础养老金标准提高至每人每月450元。对65周岁以上享受城乡居民基本养老保险待遇的人员给予老龄补贴，年满65周岁不足75周岁、年满75周岁以上的老龄人员补贴分别为每人每月5元、10元。区、镇（街道）两级财政投入城乡居民基本养老保险配套资金3.54亿元，用于发放基础养老金、缴费年限养老金和补贴参保人员缴费等项目。

【城乡居民基本养老保险集体补助】 2023年，常州国家高新区（新北区）通过全社会参与助保，提高城乡居民养老保险待遇水平。组织开展调研摸底、数据梳理、村级集体补助方案实施、业务经办及费款扣缴等工作，完成年度城乡居民基本养老保险集体补助工作。制定“一村一策”工作方法，由集体经济组织根据实际情况自行确定补助对象、补助标准、资金来源等事宜，按规定落实民主监督程序，全年有105个村（社区）的1.56万名城乡居民参保人员享受基本养老保险集体补助，补助金额31.65万元。

【东陆村便民服务中心入选“暖心居保”服务示范点】 4月，孟河镇东陆村便民服务中心被省人力资源和社会保障厅确定为2023年度江苏省“暖心居保”服务品牌试点单位。年内，常州国家高新区（新北区）以人人享有基本社会保障为目标，依托“人社之家”志愿者队伍民生保障工作组，打造“便民、专业、智慧、温暖”的“暖心居保”服务品牌。东陆村升级改造村便民服务中心，设立“暖心居保”专窗，为村民提供生存验证、待遇审批预约、参保缴费待遇申领提醒、行动不便人员代办等暖心精准服务；启用东陆村社保卡制卡网点，为周边村民即时办理具备金融支付、就医买药、交通出行等功能的第三代社保卡。通过跨部门数据共享、跨领域服务协同，“暖心居保”为邻村村民提供无差别服务，实现城乡居保业务就近办、快速办。

（区人社局 吴劼）

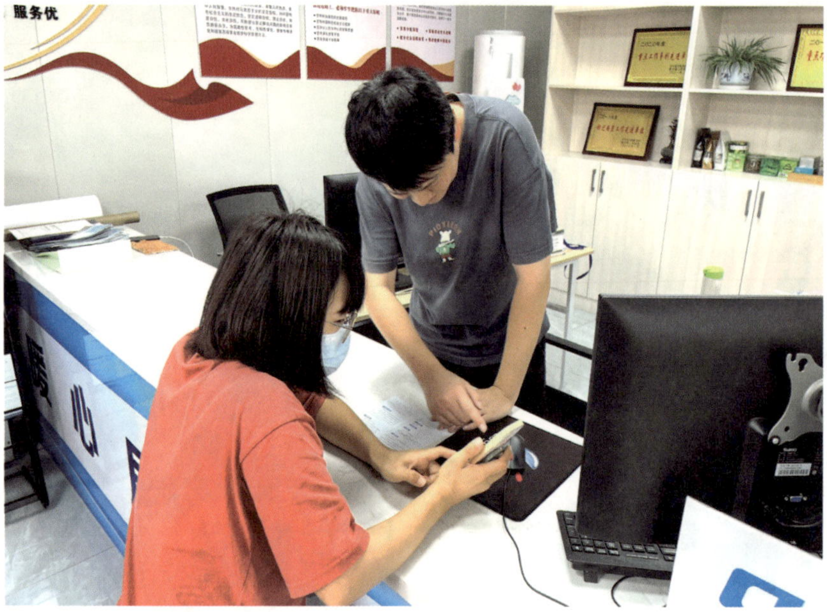

孟河镇东陆村便民服务中心工作人员解答群众问题　（孟河镇 供图）

【医疗保险与生育保险】 2023年，常州国家高新区（新北区）基本医疗保险参保人数77.73万人，其中职工基本医疗保险参保人数48.13万人、城乡居民基本医疗保险参保人数29.6万人、生育保险参保人数36.46万人。年内，审核生育保险待遇4400人次，报销支付生育待遇6637万元。

（区医保分局 赵剑）

【单独工伤险政策落实】 2023年，常州国家高新区（新北区）落实《工伤保险条例》《江苏省实施〈工伤保险条例〉办法》，解决工伤保险工作中的突出问题，提升工伤保险统筹水平。继续推进非全日制劳动人员、超过法定退休年龄人员、实习生3类人员单独参加工伤保险工作。至年末，全区有单独参加工伤保险的企业544家，单独参加工伤保险1529人，其中非全日制劳动人员451人、超过法定退休人员518人、实习生560人。

【被征地农民养老保障】 2023年，常州国家高新区（新北区）根据《中华人民共和国土地管理法实施条例》《江苏省土地管理条例》等法规，结合区情，通过创新机制解决难点、推进信息系统建设、优化审核流程等举措，全面落实被征地农民社会保障工作。年内，被征地农民养老年龄段人员保养金标准由每人每月1020元调整至每人每月1100元。至年末，全区领取养老年龄段保养金人数2.88万人。

（区人社局 吴劼）

【医保新政落实】 2023年，常州国家高新区（新北区）落实市医疗保障局“一降一扩三提”（一降：降低起付标准，一扩：扩大保障范围，三提：提高统筹基金支付费用限额、统筹基金支付比例、门诊大额医疗费用保障水平）政策，推进职工医保门诊共济改革，辖区内新增304家医药机构（其中定点医疗机构6家，定点零售药店298家）

纳入门诊统筹，提高参保人员门诊待遇，减轻群众医药费用负担。全面推进支付方式改革，落实DRG/DIP（按病种付费的具体形式）支付方式，实现全区住院医疗机构DRGs（一种根据患者年龄、疾病诊断、合并症、并发症、治疗方式、病症严重程度及转归等因素，将患者分入若干诊断组进行管理的体系）付费方式全覆盖。推进医疗救助工作，完成全区11类7160名医疗救助对象的免缴参保工作，实施困难群众罕见病患者的补充医疗救助工作，救助困难群众罕见病患者28人，补助医疗费用27万余元。

（区医保分局 张晓冬）

【村（社区）医保公共服务点全覆盖】2023年，常州国家高新区（新北区）全面推进村（社区）医保公共服务点建设，出台新北区村（社区）医保公共服务点建设方案，推动全区57个行政村、83个社区依托党群服务中心设立医保服务点。对照《2023年度江苏省村（社区）医保公共服务点建设情况评价方案》，开展村（社区）医保经办工作人员业务培训，现场指导创建医保公共服务点标杆村(社区)10家次，召开镇（街道）所属村（社区）现场指导会10次。年内，全区140个村（社区）实现医保服务点全覆盖。村（社区）医保公共服务主要提供城乡居民参保登记、参保人员参保信息查询2项直接办理事项，医保个人账户查询、参保缴费历史记录查询等13项帮办、代办事项，11—12月（11月起开展人数统计）服务人数6837人。

（区医保分局 李莉）

【医保经办服务】2023年，常州国家高新区（新北区）加强综合柜员制建设，实现医疗保障业务事项一窗式办理、一单制结算。开展帮办代办、容缺受理、预约办理、延时服务、自助办理等服务，提高经办服务效率和群众满意度。年内，新北区各级医保公共服务点接待各类咨询4.7万人次，办理参保业务12万件。完成医疗费用零星报销业务1200人次，医保待遇报销支付995万元。完成帮代办、邮寄办、邮箱办、绿色通道办110人次。

【定点医疗机构和定点零售药店管理】2023年，常州国家高新区（新北区）规范全区定点医疗机构和定点零售药店服务行为，健全宽进严管依法规范的动态管理机制，落实医疗保障分级分类精细化管理，维护参保群众合法权益。年内，新增定点医药机构63家、暂停5家、取消1家、恢复1家。至年末，全区有定点医疗机构和定点零售药店517家，其中定点住院医疗机构20家、门诊143家、零售药店354家。落实国家医保局18项统一医保信息编码深化应用，推进职工医保门诊共济改革，实现定点医药机构异地就医刷卡结算功能开通全覆盖。全年新纳入门诊统筹定点医药机构304家。年内完成定点医药机构医保进销存、对账平台、电子处方流转平台等信息化改造工作。

（区医保分局 马雯斓）

【医保基金监管】2023年，常州国家高新区（新北区）坚持“防风险、除隐患、保安全、守底线”的基金监管原则，筑牢基金安全防线。召开全区定点医药机构基金监管工作会议，压实行政机关、经办机构和定点机构的基金监管责任。完成辖区内“两定”（定点医疗机构和定点零售药店）医药机构的全覆盖检查任务，聘请第三方审计机构对20家定点医药机构进行进销存专项审计，开展定点药店门诊统筹专项检查，实施DRG支付专项稽核，全年协议处理“两定”机构123家次，实施行政处罚2起，追回医保基金本金219.71万元，处罚违约金19.83万元。开展医保基金监管宣传月活动，通过“八走进”（进机关、进经办机构、进企业、进学校、进“两定”机构、进社区、进乡村、进家庭）活动，开展医保法规、政策宣讲和热点问题解答，营造全民监管的社会氛围。

（区医保分局 顾伟）

【新北区入选“15分钟医保服务圈”省级示范区】5月，新北区入选全省第一批“15分钟医保服务圈”省级示范区。2023年，常州国家高新区（新北区）推进“15分钟医保服务圈”示范点创建工作，开展省、市级示范点常态化运行、业务培训指导，推动医保服务经办下沉。围绕组织管理、硬件配备、业务下沉、标准化服务、能力提升、便民利民等指标，提升综合服务水平，推动参保群众办事“就近办”“一次办”。至年末，全区有省级“15分钟医保服务圈”省级示范点4个、市级示范点7个。

（区医保分局 李莉）

住房保障

【保障性安居工程建设和资金筹集】2023年，常州国家高新区（新北区）加速推进保障性租赁住房建设，扩大保障性租赁住房供给。年内，新开工保障性租赁住房3544套（间），完成目标任务的101%；筹集保障性租赁住房筹集补贴1792万元。

【住房租赁及补贴分配】2023年，常州国家高新区（新北区）新增公共租赁住房38户，累计完成公共租赁住房301户。全年审核公共租赁住房264户，取消37户保障资格，实现“应保尽保，应退尽退”。全年为223户低收入、78户中等偏下收入家庭发放租赁补贴共

203万余元。按月审核新就业大学生租房和购房补贴，年内审核租房补贴4666人次、发放补贴1944万元，购房补贴523人次、补贴2404万元。

（区住建局 邵平）

社会救助

【概况】2023年，常州国家高新区（新北区）开展最低生活保障等社会救助兜底保障扩围工作，排查救助对象3385人，落实成年无业残疾人、困难残疾人等对象收入减免政策。实施低保对象大病补充保险，实现低保对象合规医疗费用医保内100%全保障、医保外保障限额5000元。建立特殊困难群体“一户一档一策”数据库，通过综合研判查漏补缺，开展精准救助、温情救助。启动“暖心护航”行动，强化特殊困难群体重点对象安全保障，完成350户预定目标智能监测设备安装，数据同步上传至市级平台，初步建成动态监测体系。至年末，全区有在册低保对象1182户1629人，发放最低生活保障金1530.14万元；有在册特困供养对象432人，发放特困人员基本生活供养经费709.2万元；有在册享受残疾人“两项补贴”9058人次，发放残疾人“两项补贴”资金5109.36万元；有在册困境儿童468人，发放困境儿童基本生活补贴493.95万元；实施救助低保边缘困难家庭352户，发放边缘救助金63.36万元；实施临时救助253户638人，发放救助金74.07万元。

（区人社局 缪冬至）

【最低生活保障提高】2023年，常州国家高新区（新北区）有在册城乡低保对象1182户1629人，其中城镇低保对象416户581人、农村低保对象766户1048人，保障人数占户籍总人口数的0.25%。新认定城乡居民最低生活保障对象147户226人，其中农村84户135人、城镇63户91人；新认定低保边缘家庭35户。全年发放最低生活保障金1530.14万元。与2022年相比，低保户增加17户，低保人数增加16人，因低保数量动态变动，低保金支出减少151.34万元。7月，区城乡低保对象最低生活保障标准由每人每月1000元提高至每人每月1020元。

（区人社局 王卫华）

【慈善捐助】2023年，常州国家高新区（新北区）完善慈善工作机制和服务项目，满足困难群体多元化需求。1月，区慈善分会下拨资金52.5万元，以每户1500元的标准慰问辖区350户困难家庭；资助区癌症（爱友）康复协会经费18万元。2—3月，为5名符合条件的血友病患者申报中华慈善总会科跃奇项目，获救助金13453元；按照《江苏省贫困家庭儿童重大疾病慈善救助实施细则》帮助1名困境儿童申请救助金47612元；列支10万元用于陕西省安康市紫阳县、岚皋县对口帮扶。结合9月5日“中华慈善日”，新北区慈善分会组织全区各机关事业单位干部职工参加“慈善一日捐”活动，募集捐款46.08万元。

【“常善家园”慈善工作站全覆盖】2023年，常州国家高新区（新北区）推动“常善家园”慈善工作站建设，打造有温度、有情怀的现代新北。建立健全联动机制，设立更广域的基层慈善组织，推动慈善由“精英慈善”向“大众慈善”转型；紧抓“乡情”纽带，开发大众慈善动能，激发群众慈善热情，扩大慈善募集途径；发挥基层组织扎根社区、贴近群众的优势，对低保、低保边缘、特困人群落实弱有所扶、难有所帮、困有所助；坚持示范带动，强化监督管理，营造“人人有善念、个个做善事”的良好氛围。年内，建成“常善家园”慈善工作站151个，实现镇（街道）、村（社区）慈善平台全覆盖、慈善帮扶零距离。12月，区慈善分会为141个村（社区）“常善家园”慈善工作站拨款282万元，推动慈善资源融入基层社会治理。

（区人社局 朱张远）

【特困供养对象救助】2023年，常州国家高新区（新北区）有特困供养人员432人，均为农村特困人员，其中集中供养人员276人、分散供养人员156人，全年发放特困供养金709.2万元。农村特困供养人员基本生活标准按照市政府公布的2023年常州市居民最低生活保障标准的1.3倍发放，即每人每月1326元，集中和分散特困供养标准统一。引入社会力量参与，全面提升特困供养人员服务保障水平，按照自理、半护理的等级由第三方提供每月200～375元的居家上门服务，为符合条件的失能、半失能特困供养对象办理长期护理险。并由镇（街道）、村（社区）、分散供养对象和照护人签订四方照护协议。

（区人社局 张艳）

【困境儿童救助】2023年，常州国家高新区（新北区）完善困境儿童“主动发现”机制，将六大类（孤儿，父母监护缺失的儿童，父母无力履行监护职责的儿童，重残、重病及流浪儿童，贫困家庭儿童，其他需要帮助的儿童）困境儿童纳入动态监测范围。年内，提高孤儿、事实无人抚养儿童基本保障水平至2286元/月。至年末，向全区符合享受困境儿童基本生活费补贴的486名儿童发放救助金494万元；向符合“明天计划”医疗康复计划的1名儿童发放一次性救助金2万元。

（区人社局 唐敏明）

【临时救助和“两节补贴”】2023年，常州国家高新区（新北区）实施临时救助253户638人次，发放救助金74.07万元，救助金额比上年增长48.14%。其中，非本地户籍救助2户7人次，救助金额1万元；一般困难群众救助251户631人次，救助金额73.07万元。元旦、春节期间发放城乡困难群众节日补助。全年走访城乡低保对象1629人、农村特困供养人员432人、孤儿（含艾滋病病毒感染儿童）7人、低保边缘家庭352户，发放补助资金159.04万元。其中城乡低保对象和孤儿（含艾滋病病毒感染儿童）发放标准为400元/人、农村特困供养人员发放700元/人。为城乡低保边缘困难家庭、支出困难型家庭发放1800元/户生活补助金。

（区人社局 朱张远）

6月17日，区人社局组织人员参观新北区未成年人救助保护中心

（区人社局 供图）

社会福利

【概况】2023年，常州国家高新区（新北区）加快推进社会福利体系建设，坚持在发展中保障和改善民生。在满足辐射区域内特困人员集中供养需求的前提下，向社会开放机构富余床位，优先满足高龄、独居、空巢、失独、失能、重点优抚对象和低收入等老年群体住养服务需求。以促进儿童全面发展为出发点和落脚点，综合运用社会救助、社会福利和安全保障等政策措施，为困境儿童健康成长营造良好环境。

（区人社局 方波）

【未成年人关爱】2023年，常州国家高新区（新北区）实施“未爱+U”守护行动、“心花·朵朵开”计划、“梦想改造+”计划、“微笑计划”等关爱保护项目，建立区文化馆、区图书馆、“小橘灯”、“灯塔萌”未成年人保护展厅、恽代英事迹陈列室等“苏童成长”践习基地。开展“守护成长 温暖同行”未成年人保护工作品牌发布暨未成年人保护宣传活动，打造新北区“未爱365”未成年人保护品牌，营造全社会关爱未成年人的氛围。组织参加儿童主任实务技能竞赛，并获全市“苏童成长，常护未来”第一届儿童主任技能大赛团体三等奖。开展2021—2022年度新北区未成年人保护优秀项目、优秀集体、优秀个人评比活动，树立典型、表扬先进。年内，完成新北区未成年人救助保护中心改造提升，建成龙虎塘街道未成年人保护工作站。

（区人社局 王双青）

【老年人福利】2023年，常州国家高新区（新北区）投入1851.9万元为1.9万名80周岁以上老年人提供居家上门援助服务。对重点空巢独居老年人，依托基层组织、社区网格化治理体系，通过上门走访、电话、视频连线等形式，每周至少开展一次探访关爱服务，全年探访20661人次。投入240万元对全区400户困难老年人家庭实施适老化改造。落实尊老金发放等惠民服务举措，全年发放尊老金1260.59万元。培训失能老年人家庭成员500余人次，帮助家庭成员提高照护失能老人技能。组织薛家镇、奔牛镇、罗溪镇、春江街道的4家区域性养老服务中心开展标准化建设，提升服务质量。

（区人社局 沈宇 陈翔）

【残疾人福利】2023年，常州国家高新区（新北区）享受困难残疾人生活补贴4770人、重度残疾人护理补贴4288人，发放残疾人“两项补贴”5109.36万元。年内，新增薛家“德康驿站”1家，全区建成精神障碍患者社区康复站点4家，其中省级示范点2家。全年开展政策宣传、康复知识普及等活动267场，服务残疾人5171人次。至年末，完成康复辅具租赁招标，基本完成新北中心（旗舰店）、孟河镇、奔牛镇、薛家镇、三井街道、春江街道6个残疾人服务点场地建设。

（区人社局 汤文辉）

社会事务

人口家庭发展

【概况】 2023年，常州国家高新区（新北区）出生人口3788人，其中二孩出生1362人、多孩出生190人，人口出生率5.16‰，自然增长率-0.75‰。与上年相比，出生人口减少514人，降低11.95%。农村部分计划生育家庭奖励扶助对象20027人，计划生育家庭特别扶助对象1405人，企业退休人员一次性奖励计生对象5379人，发放奖扶金5000余万元。

【《新北区普惠托育服务三年行动方案》】 2023年，常州国家高新区（新北区）贯彻落实《常州市普惠托育服务三年行动方案（2023—2025年）》等文件精神，秉持“政府引导、部门协作、家庭为主、社会参与、多方运营、教养医结合、普惠普及”的工作思路，出台《新北区普惠托育服务三年行动方案（2023—2025年）》，以全面推进普惠托育服务体系建设，促进全区人口长期均衡发展为主线，围绕坚持多方参与、坚持盘活存量、坚持规划引领、坚持规范服务、坚持综合发力“五个坚持”核心，明确目标任务，拓展工作内涵，确保各项工作责任到位、措施到位、落实到位，合力推动全区普惠托育建设工作高质量发展。

2023年，常州市新北区悠悠爱托育园被评为省社区托育示范点

（区卫健局 供图）

【托育服务】 2023年，常州国家高新区（新北区）推进“常有善育”民生实事项目，持续扩大普惠托育服务有效供给，满足3岁以下婴幼儿家庭多样化、多层次照护服务需求。年内，出台《新北区普惠托育服务三年行动方案（2023—2025年）》，创成省普惠托育机构4家、省示范性托育机构1家、省社区托育示范点1家，实现“一镇一街道一普惠”全覆盖。优先发展托幼一体服务，支持社区普惠托育服务，打造“1+N”（依托1个总园，辐射N个社区园）模式，建成2家社区嵌入式普惠托育服务设施社区2家，满足婴幼儿家庭“就近托”需求。成立新北区托育服务协会，建成区托育综合服务中心，举办从业人员业务能力提升培训班，全年发放托育体验券3000张，编写《科学育儿指导手册》。5家单位的托育服务项目获中央预算内计划投资额280万元，有效补充托育服务供给。至年末，全区提供托育服务的机构81家，提供托位4000个，每千人口托位数4.4个。

（区卫健局 殷文斌）

【户政和流动人口管理】 2023年，常州国家高新区（新北区）有户籍人口

63.9万人，流动人口42万人，出租房16.7万户。全年区户籍窗口办理户口5.1万人次、办理居民身份证90976张、制发临时身份证12840张，发放港澳台居民居住证166张。至年末，查获群租房违法案件102件，取缔违规群租房31户，出租房火灾警情和治安、刑事警情比上年均下降1.87%，全区未发生涉及群租房的重大案件事故。

（公安新北分局　于莉芬）

【婚姻登记】 2023年，常州国家高新区（新北区）提高婚姻登记服务水平，强化数据共享，开展“婚育一件事”办理。自6月1日起，“跨省通办”服务范围由结婚登记拓展至离婚登记。年内，办理跨市通办结婚登记390对，离婚58对；跨省通办结婚登记297对，离婚33对。至年末，办理结婚登记3647对，离婚申请2204对，离婚发证1421对，补领结（离）婚证件653对。

（区人社局　李敏）

【殡葬管理】 2023年，常州国家高新区（新北区）开展殡葬领域“活人墓”等突出问题整治，规范殡葬行业管理。推动常州天府陵园改制，推进新北区殡葬设施布局规划编制，推动镇（街道）守灵中心备案手续。开展清明祭扫管理，投入4711人次进行服务保障，完成22.6万人的祭扫和4.2万辆车辆的指挥疏导，实现平安清明目标。举办“‘植’此青绿，共向未来”——2023年常州栖凤山福寿园植树节活动，开展文明殡葬宣传，引导群众移风易俗。全年投资65万余元完成民生实事项目——黄山公墓墓区环保焚烧设施建设。

（区人社局　王双青）

【计生特殊家庭帮扶】 2023年，常州国家高新区（新北区）建立计划生育特殊家庭扶助人员动态管理机制，定期开展计生特殊家庭人员梳理，完成计生特殊家庭基本情况调查。在重大节假日及中国传统节日，举办特殊家庭心理讲座等主题活动，引导计生特殊家庭成员建立美好生活信心。落实计划生育家庭奖励扶助政策，发放各类奖励扶助资金。开展计划生育奖励扶助金发放情况专项检查，保证群众切身利益。全年农村奖扶对象20027人，计生特扶对象1405人。节日期间走访慰问计生特殊家庭1289人，发放慰问品、慰问金共94万余元。

（区卫健局　殷文斌）

【和谐家庭建设】 2023年，区妇联开展寻找“最美家庭”活动，杨明晖家庭被评为江苏省最美家庭。联合区住建局举办“传承优良家风 共建和美家庭”道德讲堂，50余人参加。结合家风家教主题宣传月活动，依托陈卓林最美家庭工作室，开展家庭文明建设主题活动2场，“新时代家庭观大家谈”宣传活动12场，参加人数600余人。启动“心关怀 馨家园”区家庭教育赋能项目，对家庭教育水平相对薄弱的农村中小学家长开展家庭教育指导，举办家庭教育讲座，指导服务家长425名；心理团辅80名未成年人，亲子研学互动65组家庭，组织策划“大手拉小手 优良家风代代传”等暑期儿童关爱服务系列活动100余场。全年打造家庭教育指导站4个，阳光心灵驿站7个。出台《关于常州市新北区妇联深入推进家庭建设工作方案的通知》，举办全区家庭教育工作培训班，全区150名妇联干部参加培训。举办第八届新北区亲子绘本剧大赛，有18组队伍参与角逐。开展“把爱带回家”活动，通过送家风故事、送家教服务等形式密切亲子关系、促进家庭和谐。加强女青年家庭观、婚恋观教育引导，举办讲座39场，个案咨询服务93人次；联合社会组织开展婚前辅导1922对，离婚干预1840对。结合“三八”“七夕”节等重要时间节点策划婚恋交友活动5场，70余对青年男女参与。

（区妇联　黄瑀汝）

【爱心家教志愿服务】 2023年，常州国家高新区（新北区）依托大学生志愿者资源，扩大爱心家教项目实施范

6月，“未”你护航 e“童”成长——新北区爱心家教志愿服务项目在新桥街道锦海社区启动

（区妇联　供图）

围，提升爱心家教服务水平。6月，在新桥街道锦海社区启动“未”你护航e“童”成长爱心家教志愿服务项目，项目由区妇联与常州工学院计算机信息工程学院联合组织。同月，举办首批结对家庭见面会，结对困境家庭4户，由常州工学院大学生提供免费上门家教服务，大学生志愿者与结对家庭签订《“未”你护航 e“童”成长——新北区爱心家教志愿服务活动协议书》，区妇联和全体大学生志愿者分别向结对对象赠送爱心礼物。

（区妇联 盛洁）

社区建设

【概况】 2023年，常州国家高新区（新北区）聚焦新形势下社区治理创新难点热点，探索社区建设的高新模式。完善“五社联动”（以社区为平台，以社会组织为载体，以社会工作者为支撑，以社区志愿者为辅助，以社会慈善资源为补充的现代基层治理行动框架）体制机制建设，推动城乡社区治理服务高质量发展。年内，全面推行村（居）民委员会规范化建设，指导基层开展村（居）民委员会成员补选和规范开展村（居）务公开及民主管理工作。举办城乡社区治理专题培训班，提升城乡社区治理水平。开展全区社区治理品牌展示活动，加大新桥街道道乡社区“同道·乡伴”、薛家镇任葛村“网格员的朋友圈”等社区治理品牌的宣传力度，扩大社区治理的影响力和群众对社区工作的满意度。至年末，薛家镇后肖社区、三井街道国宾社区等7个社区被评为常州市儿童友好社区。

（区人社局 陈华兴）

【村（社区）综合服务中心建设】 2023年，常州国家高新区（新北区）按照“新建一批、扩建一批、改建一批”思路，推进村（社区）综合服务中心建设，完善城乡社区服务设施和功能，打造融党建群建、养老服务、医疗卫生、文化体育、便民服务等为一体的村（社区）综合服务中心。年内，建成奔牛镇五兴苑社区、春江街道象墩社区、魏村街道济农村3个省级村（社区）综合服务中心。至年末，全区有村（社区）综合服务中心140家。

【村（社区）规模调整】 2023年，常州国家高新区（新北区）按照便于居民自治、便于社区服务、便于基层治理的原则，推进居民委员会规模调整，确保社区规模科学适中。年内，调整罗溪镇高巷社区、溪南社区，三井街道富都社区，新桥街道新龙湖社区、锦海社区、江湾社区、望湖社区、道乡社区共计8个社区居民委员会辖区范围。新建新桥街道乐山社区居民委员会和三井街道黄河路社区居民委员会。至年末，全区建有村民委员会57个、社区居民委员会85个。

（区人社局 蒋宇涵）

【城乡社区治理创新】 2023年，常州国家高新区（新北区）创新社区发展思路，从组织保障、阵地建设、制度完善、队伍构建、资源整合等方面，提升社区服务水平，构建多元共治、协商共建、智能共融、幸福共享的新型城乡社区。年内，在常州市城乡社区治理与服务品牌展示交流活动中，新桥街道道乡社区“同道·乡伴”、薛家镇任葛村“网格员的朋友圈”分别获一等奖、三等奖；在常州市“全科社工”业务技能竞赛中，新桥街道新龙湖社区孙香、三井街道藻江社区任莉分别获一等奖、二等奖，三井街道入选江苏省“五社联动”试点单位，龙虎塘街道入选江苏省智慧社区建设特色应用试点单位，新桥街道江湾社区入选全国完整社区试点。是年，孟河镇东陆村、西夏墅镇观庄村、春江街道东海社区、魏村街道闸北村创成2023年常州市全科社工示范窗口，奔牛镇东桥村、三井街道国宾社区、龙虎塘街道盘龙社区、新桥街道道乡社区创成常州市平安法治和谐示范点。

（区人社局 陈华兴）

【社工队伍建设】 2023年，常州国家高新区（新北区）优化社区工作者队伍结构，充实城乡社区工作者队伍。推进基层民主建设，全面依法、规范开展村（居）民委员会成员辞职和补选工作，全区补选村（居）委会成员15人。推进优秀社区工作者企业年金、基础工资调整等工作。鼓励社会工作者参加全国社会工作职业水平考试，全年有308人通过全国社会工作职业水平考试，其中初级273人、中级35人。推进镇（街道）社会工作服务站建设，重点打造春江街道东海社区等4个村（社区）的全科社工示范窗口，提升社工服务水平。年内，奔牛镇社工站与薛家镇社工站入选2023年常州市社会工作服务站示范点。

（区人社局 蒋宇涵）

【江湾社区入选全国完整社区建设试点】 7月，新桥街道江湾社区入选全国完整社区建设试点名单。年内，江湾社区以创建省新型农村社区建设试点为契机，坚持以党建引领社区治理创新，与建东职业技术学院、常州技师学院、区法院等11家单位签订共建协议，打造“江心”党建联盟。通过“新桥红声音”活动，树立一批党员先锋模范典型，成立红色宣讲团，打造系列红色讲堂。发挥街道社工站的辐射作用，培育社区社会组织8个。通过实施党建引领“五社联动”项目，每年组织便民利民服务和文体活动100余场次，受益居民2000余人次。挖掘和选树优秀党员、居民能人，通过“榜样带动、荣誉激励、积分鼓励”等方式，带动广大居民共同参与社区治理。

（区人社局 陈华兴）

社会组织管理

【概况】 2023年，常州国家高新区（新北区）围绕孵化社会组织创新“红种子”、培育先锋“红树苗”、打造完善“红树林”定位，推动社会组织在促进经济社会发展、创新社会治理方面发挥积极作用。年内，社会组织成立登记24家、变更登记58家、换届换证87家。新增常州市新北区恩悦社会工作服务中心AAAAA级社会组织1家。常州市新北区社会组织发展服务中心、常州市新北区两新组织拥军优属协会等6家社会组织到陕西省紫阳县开展“三留守”（农村留守儿童、留守妇女和留守老人）关爱服务，为10名留守退役老兵和11名留守儿童发放慰问金和慰问品。通过“薪火+”公益创投、“北斗星·社创+”活动，开展助老、助残、困境儿童帮扶等公益项目36个，开办公益课堂24场，全年公益服务520场次，惠及群众1.2万余人次。新北区社会组织发展服务中心被省民政厅评选为全省社会组织党建工作示范点；常乐长者养老服务中心的“爱启忆，勿忘我——认知症预防关爱项目”和五味公益服务中心的“多巴胺”校外强基成长计划被评为江苏省社区社会组织优秀案例；“北斗星·社创+”公益品牌项目《老友记——探索共建共享老年认知症友好社区》被《人民日报》、“学习强国”学习平台、《中国社会工作》杂志刊登；常州市新北区常乐长者养老服务中心和常州市新北区恩悦社会工作服务中心相关报道被“学习强国”学习平台、“中国新闻网”、《中国社会报》等媒体刊登。

【社会组织综合监管】 2023年，常州国家高新区（新北区）推进社会组织综合监管体制建设，引导全区社会组织参与社会救助、老龄、残疾人福利、儿童福利等民政服务，助力民政工作提质增效。年内，通过江苏省社会组织综合业务管理系统，简化审批流程，强化业务主管单位对社会组织的监督管理，落实社会组织年度检查、报告工作制度。持续开展“僵尸型”社会组织专项整治行动，对不符合登记条件和长期不开展活动的社会组织动员注销登记，全年注销社会组织13家，4家“僵尸型”社会组织被列入社会组织异常名录。

【社会组织等级评估】 2023年，常州国家高新区（新北区）加强社会组织规范化建设，引导社会组织健康有序发展。根据《社会组织评估管理办法》《江苏省社会组织评估管理办法》《关于开展2023年度全市社会组织评估工作的通知》等文件要求，开展区属社会组织等级评估，按照社会组织不同类型分类实施，从党建工作、基础条件、内部治理、工作绩效和社会评价5个方面综合考察参评社会组织。区社会组织服务发展中心承办区级社会组织等级评估，对符合参评要求的社会组织负责人及相关人员开展培训。经评估，全区98家社会组织获得评估等级，其中1家社会组织获AAAAA级、6家获AAAA级、7家获AAA级、1家获AA级、90家获A级，等级评估覆盖提升率21.44%，社会组织等级评估覆盖率43.04%。

（区人社局 郑茜）

地名勘界

【平安边界共建】 2023年，常州国家高新区（新北区）完成锡常线新北区与无锡市江阴市、钟新线钟楼区与新北区、天新线天宁区与新北区行政区域界线联合检查工作，区政府分别与天宁区、钟楼区共同签发《行政区域界线联合检查报告》；江阴市民政局和新北区民政局形成《关于无锡市和常州市行政区域界线（江阴市与新北区

2023年，市级地名文化遗产——孟城北街民宅 （区委宣传统战部 供图）

段）联合检查的报告》。推进平安边界创建，新北区与天宁区、钟楼区、无锡市江阴市的相关镇（街道）、村（社区）签订平安边界共建协议书，界桩维护完好率100%。

【地名管理】 2023年，常州国家高新区（新北区）落实国家地名信息库质量建设要求，完善更新数据库地名48条。开展地名文化遗产评定，公布《常州市新北区地名文化遗产名录（第二批）》，孟河老街、万缘桥等23个地名入选名录中路、街、巷、古桥梁名单。孟河老街、万缘桥等22个地名入选市级地名文化遗产名单。孟河老街、万缘桥、伯牙桥3个地名入选省级地名文化遗产名单。参与编写市民政局组织编纂的地名文化系列丛书——《常州青山和绿水》中的新北区章节。根据《常州市地名命名更名工作规程》《常州市街路巷地名命名更名审批工作流程》，申报道路（延伸段）命名6条。

（区人社局 王卫华）

表65 2023年常州国家高新区（新北区）省级老年友善医疗机构一览表

名称	性质
孟河中医医院	基层医疗卫生机构
薛家人民医院	
罗溪镇卫生院	
西夏墅镇卫生院	
奔牛人民医院	
新桥街道社区卫生服务中心	
三井人民医院	
三井街道河海社区卫生服务中心	
龙虎塘街道社区卫生服务中心	
春江人民医院	
魏村街道社区卫生服务中心	
魏村街道安家社区卫生服务中心	
常州新北金安爱心护理院	民营护理院
常州新北薛家爱心护理院	
常州远晖康养爱心护理院	

（区卫健局 殷文彬）

老龄事务

【概况】 2023年，常州国家高新区（新北区）有60周岁以上户籍老年人口14.65万人，占户籍总人口的22.93%，其中70～79周岁老年人口12.74万人，80周岁及以上老年人口1.91万人。年内，区民政部门以构建养老、孝老、敬老政策体系和社会环境为目标，开展医养结合、老年健康、智慧助老、安康关爱等各项工作。出台《常州市新北区社区居家养老服务工作综合考评办法》，助推老年友好社会建设。新增老年助餐点2个，实现城乡社区养老服务设施覆盖率100%。建成街道综合养老服务中心6家，覆盖率100%。3家标准化区域养老服务中心按照省级要求完成市级验收。改建示范性农村互助养老睦邻点4个。完成魏村街道、三井街道兰翔社区2家综合性养老服务中心的新建和改建。为1.9万名老年人提供居家上门服务，高龄、经济困难失能老年人养老服务保障达标率98%以上，重点空巢独居老年人探访关爱服务率100%。为400户困难老年人家庭实施居家适老化改造，帮助老年人改善居住条件和生活质量。养老机构护理型床位占比100%，总数3122张。在营12家养老机构全部完成等级评定。开展失能老年人家庭成员照护培训100人次；7家养老机构消防安全标准化管理达标，达标率100%。

（区人社局 曾艺 区卫健局 高丹）

表66 2023年常州国家高新区（新北区）百岁老人一览表

序号	姓名	性别	出生日期	镇、街道	所属地区
1	蔡贞贵	男	1923.3.16	孟河镇	银河村
2	郭祥娣	女	1923.12.16		银河村
3	潘纪生	男	1923.12.16		小黄山村

续表 66

序号	姓名	性别	出生日期	镇、街道	所属地区
4	王海林	男	1924.1.21	孟河镇	菌沙村
5	钱玉娥	女	1924.2.16		小河社区
6	蒋孟蔚	男	1924.6.5		万绥社区
7	马云清	男	1924.7.3		小河社区
8	朱根凤	女	1924.10.11		万绥社区
9	姚腊凤	女	1924.12.12		润江村
10	郑菊妹	女	1924.9.25		石桥村
11	周爱娣	女	1918.9.26	薛家镇	叶家村
12	顾忠方	男	1921.3.21		中巷村
13	吕培生	男	1921.10.5		后肖村
14	杨凤娟	女	1921.10.17		中巷村
15	张爱华	女	1922.5.25		任葛村
16	蒋细凤	女	1923.9.9		中巷村
17	盛华英	女	1923.11.5		任葛村
18	蒋腊娣	女	1921.12.9	罗溪镇	溪南社区
19	黄玉轩	女	1922.2.16		高巷社区
20	侯来大	男	1923.2.18		罗墅湾社区
21	芦留珍	女	1923.5.25		龙珠山村
22	季凤英	女	1923.9.26		青莲社区
23	戴遗珍	女	1924.4.9		温寺村
24	谢凤英	女	1924.4.16		空港社区
25	何玉妹	女	1924.5.22		空港社区
26	侯玉珍	女	1924.11.13		温寺村
27	张惠珍	女	1923.8.24	西夏墅镇	池上社区
28	顾金娣	女	1924.9.15		池上社区
29	潘凤英	女	1924.9.24		梅林村
30	李炳文	男	1924.11.6		观庄村
31	王兰英	女	1916.1.9	奔牛镇	奔牛社区
32	沈焕荣	男	1922.9.3		奔牛社区
33	陈仁娣	女	1922.12.24		五兴村
34	谢苏煜	女	1923.11.6		奔牛社区
35	沈彩凤	女	1923.11.12		祁家村
36	潘荷娣	女	1924.1.12		奔南社区
37	蒋万成	男	1924.2.26		奔南社区

续表 66

序号	姓名	性别	出生日期	镇、街道	所属地区
38	曹荷珍	女	1924.6.28	奔牛镇	奔牛社区
39	何华英	男	1924.11.19		何家塘村
40	丁小英	女	1922.6.15	新桥街道	道乡社区
41	金留兴	男	1923.5.8		新龙湖社区
42	邵桂明	男	1923.8.16		史墅村
43	万桂秀	女	1924.8.20		道乡社区
44	高阿英	女	1924.12.20		马鞍桥村
45	茅玉梅	女	1921.1.26	三井街道	巢湖社区
46	冯金坤	男	1922.2.1		府新社区
47	朱忠德	男	1923.1.6		华山社区
48	赵联纳	男	1923.8.25		兰翔社区
49	徐雪鸥	女	1924.1.1		藻江社区
50	潘爱娣	女	1924.1.3		飞龙社区
51	陈国英	女	1924.8.1		府新社区
52	洪林娣	女	1924.9.3		府田社区
53	陆惠芳	女	1924.10.28		巢湖社区
54	周珍大	女	1924.10.7		巢湖社区
55	胡玉梅	女	1924.12.24		华山社区
56	徐福娣	女	1920.9.2	龙虎塘街道	腾龙社区
57	周凤妹	女	1922.4.10		玲珑社区
58	杨产根	男	1922.10.20		腾龙社区
59	朱盘娣	女	1924.5.18		玲珑社区
60	谢仁海	男	1922.9.23	春江街道	滨江社区
61	颜正妹	女	1923.1.21		友谊河社区
62	陈秀秀	女	1923.9.28		黄海社区
63	朱桂英	女	1924.12.23		象墩社区
64	张兰娣	女	1916.12.7	魏村街道	魏村社区
65	钱黑度	男	1922.1.27		安家村
66	赵巧妹	女	1922.7.3		绿城墩村
67	王三娣	女	1922.12.5		绿城墩村
68	金汉堂	男	1923.2.4		绿城墩村
69	吴凤娣	女	1923.4.15		济农村
70	钱洪英	女	1923.9.26		新华村
71	张美珍	女	1924.5.11		新华村

续表 66

序号	姓名	性别	出生日期	镇、街道	所属地区
72	黄登娣	女	1924.7.3	魏村街道	闸北村
73	耿菊英	女	1915.9.19		青城村
74	张金秀	女	1924.11.22		新魏花园社区

说明：该表统计的百岁老人为按农历惯例虚岁 100 岁及以上的老人

【孝老敬老环境构建】 2023 年，常州国家高新区（新北区）聚焦老龄健康工作重点，实施“老年友好行动”，新桥街道江湾社区被国家卫生健康委、全国老龄办命名为全国示范性老年友好型社区；春江街道友谊河社区、薛家镇橄榄城社区、三井街道世茂香槟湖社区创成江苏省示范性老年友好型社区。年内，新北区开展老年人认知障碍筛查，为三井街道兰翔社区、飞龙社区 1000 名 65 周岁以上老年人提供认知障碍筛查与干预服务。为罗溪镇、三井街道、龙虎塘街道、新桥街道 2043 名老年人开展心理关爱项目，筛查出临界人群 109 人、高危人群 26 人。提高老年人健康素养，组织镇（街道）开展健康银龄科普学堂活动，惠及老年人 1000 人。开展敬老关爱活动，区四套班子领导慰问百岁老人，走访薛家远晖康养爱心护理院、桑榆堂长者日间照料中心等养老服务机构。至年末，全区老年人意外伤害险覆盖率超 96%。是年，薛家爱心护理院获江苏省第四届“敬老文明号”称号；何雅萍、陶红亮获市级十佳老有所为人物称号，蒋亚斌、陈志坚获市级“十佳孝星”称号。

（区卫健局　高丹）

【适老化改造】 2023 年，常州国家高新区（新北区）落实民生实事，帮助老年人改善居住条件，提升老年人居家养老生活质量。年内，围绕老年人如厕洗澡安全、室内行走便利、居家环境改善、智能监测跟进、辅助器具适配 5 个方面功能，运用改造平台进行全过程监管，投入 240 万元为全区 400 户困难老年人家庭（家庭成员有失能、半失能、失智或重度残疾老年人的低保家庭及低保边缘家庭，计划生育特殊困难的老年人家庭，分散供养的特困老年人家庭，经认定有改造需求的其他困难老年人家庭）实施适老化改造。至年末，全区累计完成困难老年人家庭适老化改造 3200 户。

【老年助餐点全覆盖】 2023 年，常州国家高新区（新北区）民政部门聚焦老年人用餐难问题，持续完善养老助餐服务，丰富和升级养老助餐方式和内容，打造新北特色的智慧养老助餐服务体系。年内，利用居家养老服务中心（站）、社区综合服务中心等养老服务阵地，探索“1+3+N”（建有 1 个数字化养老助餐智慧平台，辖区内 3 家中心厨房，N 个老年人助餐点、N 名享受助餐服务的老年人以及 N 类为老服务项目）服务模式，升级打造集就餐、娱乐、康养、休闲等功能于一体的综合性助餐点。推广“个性化”订餐模式，为糖尿病人或有忌口、过敏老年人提供定制餐饮，为有额外需求的老人提供营养升级套餐，为失能、孤寡等特殊困难老人提供送餐上门服务，满足不同老年群体的个性化需求，形成以“镇（街道）中心厨房＋助餐点配送＋按需送餐上门”为主的老年人助餐模式。引进第三方考评机制，明确助餐点设立标准、运营规范、食品安全管理等制度，定期开展考评。加强日常监管，联合区市监局等部门开展检查，确保助餐服务安全、优质、规范。至年末，全区有老年人助餐点 63 个、中心厨房 3 家，实现老年助

三井街道为居家养老人员提供送餐上门服务　　（朱臻　摄）

餐点全覆盖。

（区人社局 曾艺）

退役军人事务

【概况】 2023年，区退役军人事务局以服务经济社会发展和国防军队建设为目标，以保障退役军人合法权益为宗旨，开展退役军人优待抚恤、就业安置、优抚褒扬、志愿服务等工作，营造关心国防、支持军队、尊重军人的氛围。推出“新心向戎”党建品牌，启动“戎心向党”党建项目，组建红色宣讲队11支，开展“红心永向党 尊崇暖军心”“军民共建道德讲堂”“保障法进乡村”等活动12场，举办党史知识竞答活动35场次，提升退役军人凝聚力。年内，区退役军人事务局被评为退役军人事务部宣传工作先进单位、江苏省就业创业工作先进集体称号，“新心向戎”党建融合项目入选江苏省退役军人工作创新创优项目。

（区退役军人事务局 吕晓倩）

【退役军人服务体系建设】 2023年，常州国家高新区（新北区）巩固提升“五有”（有机构、有编制、有人员、有经费、有保障）、“全覆盖”［区、镇（街道）、村（社区）三级全覆盖］工作成果，推动退役军人服务体系建设提质增效。年内，实地调研退役军人服务站100余家，完成86家服务对象100人以上的村（社区）退役军人服务站提档升级。组织开展区优秀退役军人服务站评选活动，罗溪镇、奔牛镇、龙虎塘街道、魏村街道被评为优秀镇（街道）退役军人服务站，孟河镇荫沙村、薛家镇吕墅社区、罗溪镇溪南社区等23个村（社区）被评为优秀村（社区）退役军人服务站。组织基层服务站180余人参加区退役军人事务系统业务培训班，助力基层工作人员掌握退役军人相关政策。区退役军人服务管理大数据平台2.0版项目入选全市平安建设优秀案例，实现全区退役军人事务系统数据共享和业务协同。开展“翰墨飘香迎新春 老兵送福过新年”“退役军人学雷锋 志愿服务立新功”等志愿服务活动4场，打响“迷彩先锋”退役军人志愿服务品牌知名度。引导更多单位参与“戎耀之家”建设活动，区税务局、常州市泰阳保安服务有限公司获江苏省优秀“戎耀之家”称号。薛家镇退役军人服务站高鑫被评为江苏省退役军人服务中心（站）“百名优秀主任（站长）”，三井街道飞龙社区退役军人志愿服务队志愿者徐国忠被评为2023年度全省退役军人志愿服务“双百”先进典型。

（区退役军人事务局 姚俊岐）

【退役军人优待抚恤】 2023年，常州国家高新区（新北区）发放优抚对象国家抚恤补助金2300万余元，对享受国家抚恤补助的优抚对象发放家庭有线电视费、网络宽带费和生活用水、电、气费等费用172万余元。发放“两节”（元旦、春节）节日补助金87.08万元，专项门诊补贴44万余元，义务兵家庭优待金及大学生入伍奖励金2681万元，现役军人立功奖励金31.98万元，部分“两参”（经军委、总部认定的1954年11月1日以后参加历次作战的和参加核试验的人员）退役人员专项慰问金160.32万元。下拨重点优抚对象大病补助金10.19万元。投入6.6万元，安排25名重点优抚对象参加短期疗养活动；投入33万余元，组织900余名优抚对象（含无军籍退休职工）参加年度健康体检。

（区退役军人事务局 李炳超）

【烈士褒扬】 2023年，常州国家高新区（新北区）落实《新北区烈士纪念设施保护管理暂行办法》《新北区烈士纪念设施管理保护考核奖补细则》，督促引导镇（街道）加强对烈士纪念设施的保护管理。全年修缮烈士纪念设施3处，下拨区级奖补资金40万元。4月，组织开展“崇尚·清明祭英烈”、英烈故事进校园等纪念活动，感受革命先烈为民族独立和人民解放所作出的牺牲和贡献。9月，在区烈士纪念广场开展“向革命烈士敬献花篮仪式”纪念活动，缅怀革命先烈的丰功伟绩，弘扬爱国主义精神。

（区退役军人事务局 张璇）

9月30日，“向革命烈士敬献花篮仪式”纪念活动在新北区革命烈士纪念广场举行

（区退役军人事务局 供图）

民族与宗教事务

【概况】 至2023年年末，常州国家高新区（新北区）有常住少数民族43个，常住少数民族人口4102人；外来流动少数民族人口1.58万人。全区有悬挂江苏省民族宗教事务委员会颁发清真标志牌的饮食网点3家，累计清真餐饮网点156家。全年向409名符合条件的少数民族群众发放清真食品补贴7.36万元。有批准登记的宗教活动场所28处，其中寺观教堂类6处、固定场所22处。有佛教活动场所14处、基督教活动场所10处、道教活动场所4处。处于筹备阶段的佛教活动场所2处、道教活动场所1处。天主教和伊斯兰教无活动场所，但有信众。全区经认定备案的教职人员61人，其中佛教52人、道教4人、基督教传道员以上教职人员5人。有区佛教协会和区基督教“三自”（自治、自养、自传）爱国会2个宗教团体。全年12名教职人员加入市级宗教人才队伍三级梯队建设、19人参加宗教界双学历提升。年内，常州市新北民族宗教事务局举办民族宗教系统理论政策专题培训、民族宗教政策法规宣传月、宗教政策法规学习月等活动，推动新时代民族宗教工作高质量发展。开展宗教界爱国主义教育培训，引领宗教界在政治上认同、文化上融合、行动上同步。扩大民族宗教政策法规的社会知晓度和覆盖面，组织开展民族宗教政策法规进机关、进镇街、进社区等活动13场，制作发放宣传资料8000余份，提升全区民族宗教工作法治化水平。

【民族事务管理】 2023年，常州国家高新区（新北区）继续推动全区“红石榴家园”品牌建设，打造全市“红石榴家园”社区工作站样板，办理涵盖各族群众户口迁移、子女入学等服务21项，为各族群众搭建“一站式”服务平台。召开各族群众互嵌式发展计划暨“红石榴就业行动”座谈会，推动“红石榴就业行动”实施。推荐江苏省奔牛高级中学申报江苏省精品“红石榴家园”，组织江苏省奔牛高级中学西藏班开展以铸牢中华民族共同体意识为重要内容的日常教育，构建课堂教学、社会实践等“多位一体”的“融情教育”平台，引领西藏学生不断增强对中华优秀传统文化的理性认识。打造“新融心2.0”服务品牌，组织全区30余支志愿服务队开展民族工作进机关、进企业、进社区、进学校、进家庭等活动，促进全区各族群众交往交流交融。发挥区人社平台以及各镇（街道）基础性平台作用，举办镇（街道）招聘会，鼓励用工单位提供就业岗位。年内，为永祺（中国）车业股份有限公司、常州信升汽车部件有限公司招收来自“民族八省区”（内蒙古自治区、宁夏回族自治区、新疆维吾尔自治区、西藏自治区、广西壮族自治区和少数民族分布集中的贵州省、云南省、青海省）职工157人。承办“文化润疆”剧目《英雄玛纳斯的婚礼》巡回演出，传承民族文化，促进民族团结。

【宗教事务管理】 2023年，常州国家高新区（新北区）在宗教活动场所开展重大事故隐患专项排查整治系列行动，重点排查燃气安全隐患整治，推动宗教活动场所“瓶改电”16家，安装工业燃气泄漏安全保护装置4家。通过互联网宗教信息服务许可3家，清理注销宗教活动场所停用的微信订阅号、微信服务号等账号7个。按照《宗教活动场所安全管理规范》，引入安全风险辨识管理机制，打造太平禅寺标准化试点场所。承办常州市宗教领域2023年消防运动会（技能大比武），提高消防安全意识、增强消防技能。有效挖掘、统筹配置辖区场所历史文化、传说故事、文物碑刻、公益慈善等宗教文化资源，打造可操作、易执行、好推广的“一教一品牌”（佛教品牌：坚定文化自信、弘扬中华文明，道教品牌：自然和谐、相融相长，基督教品牌：爱国爱教、同心同行）。加强宗教团体自身建设，打造政治上可信、作风上民主、工作上高效的高素质宗教团体领导班子，发挥宗教团体桥梁纽带作用。

（区委宣传统战部 蒋琳）

9月22日，“文化润疆”剧目《英雄玛纳斯的婚礼》首演　（朱臻 摄）

公共安全

安全生产

【概况】 2023年，常州国家高新区（新北区）围绕安全生产年度目标任务，推进各项重点工作，确保全区安全生产形势总体平稳。紧盯重点行业领域和重大安全风险，开展安全生产“三项行动”（执法行动、治理行动、宣传教育行动），通过加强队伍建设、科技赋能、建标立规和装备物资投入，推动安全生产责任落实、构建安全生产长效机制，筑牢基层安全防范的根基。全年发生各类生产安全事故14起，死亡6人，比上年（下同）分别下降6.7%、53.8%。其中，道路运输类事故11起，死亡3人，分别下降8.3%、57.1%；工矿商贸事故3起，死亡3人，分别持平和下降50%。

【省安全生产巡查问题整改】 2023年，江苏省安全生产第二巡查组对新北区开展安全生产驻地巡查。巡查组调阅各重点行业领域监管部门安全生产台账资料1176册，开展个别谈话51人次，召开调研座谈会18次，巡查滨开区及10个镇（街道），明察暗访危险化学品、工贸企业、道路运输、城镇燃气、消防等重点行业领域企业（单位）56家，发现问题隐患247处，全部完成整改。处理举报4件，对巡查组反馈的具体问题隐患督促相关部门和镇（街道）改正。

【安全生产责任落实】 2023年，常州国家高新区（新北区）出台《重点行业领域安全生产监管责任分工》，聚焦10个重点行业领域42个细分领域，明确监管主体和责任分工。区委常委会、区政府常务会每季度听取全区安全生产工作情况，落实《企业落实安全生产主体责任重点事项清单》，综合运用法律、经济、行政、社会信用等手段，从服务指导和执法倒逼2个层面督促企业落实安全生产主体责任。选树盛瑞（常州）特种材料有限公司、盖茨液压技术（常州）有限公司等企业为安全管理先进典型，总结推广“盛瑞工作法”“盖茨工作法”，建立“盛瑞工作法”企业联盟，形成一批可复制、可借鉴的经验做法。加大企业安全生产违法违规行为处罚力度，对主要负责人履职不力的企业实施“一案双罚”（对同一违法行为，相关行政部门会对涉事企业和企业主要负责人同时进行处罚）169次，倒逼企业主要负责人严格履行“第一责任”。加强基层应急管理和消防安全体系建设，镇（街道）全部完成人员配备和职责分工。深化安全生产网格化治理，建成基层安全生产网格205个，配备网格员227人，入网企业5402家。推动“九小场所”消防安全员应知应会工作落实，督促配备专兼职消防安全员3800余人。推动5407家冶金工贸企业配备专兼职安全管理人员和车间班组安全员1.03万人，并落实管理职责。

【安全生产专项整治】 2023年，常州国家高新区（新北区）围绕安全生产专项整治，制定《常州国家高新区（新北区）公共安全体系规划2023年实施方案》，推进86个公共安全重点项目。消防安全“除患清违”深化攻坚行动、群租房安全长效监管机制深化工程、危险化学品企业“健康画像”深度安全体检3个重点项目入围全市公共安全体系创新创优项目。制定《“危污乱散低”综合治理2023年推进计划》，通过工业园区更新改造、“厂中厂”整治、消防安全“除患治违”等方式，对孟河汽摩配产业集群、百丈工业园两大片区，安全问题突出的电镀、铸造等4个行业，龙虎塘印染园等7个工业片区实施综合治理。年内，建成孟河喷涂产业园一期项目，新北区表面处理循环产业园建设开工；完成治理企业1126家，其中关停290家、整治提升836家；实施工业用地提质增效地块97宗，全年投资额22亿元；完成生态腾退面积33.33公顷，低效用地再开发面积 291.53 公顷。加快实现园区更新、安全提升、环保提标、产业提效，推动全区“四个一万亩”政策落地，实现拓空间、强转型、提质效的总体目标。推进公共安全体验馆建设，在建成 4 家的基础上，新增 I 类馆 3 家，带动全民安全防范意识和安全防范技能提升。

【安全生产信息化建设】 2023 年，常州国家高新区（新北区）滨开区、镇（街道）均完成智慧屏配备，滨开区、孟河镇、罗溪镇、西夏墅镇、奔牛镇、魏村街道等区域安装布控球，定期调度、测试、拉动应急指挥车和镇（街道）可视化指挥调度装备，实现镇（街道、园区）30 分钟内反馈现场图像和音频。建设运行新北区危险化学品企业安全监管平台，全面接入危险化学品企业双重预防运行、特殊作业管理、领导带班值班、风险监测预警等数据，实现实时远程检查、动态智能研判、精准智慧监管，解决企业“五位一体”信息化管理平台和安全生产标准化体系建用“两张皮”的问题，推动促进企业时刻不忘安全生产、落实安全生产。运用“常安码”全流程风险管控系统，督促企业扫码自查，系统辨识“四类风险”（重大风险、较大风险、一般风险、低风险）、科学制定管控措施，至年末，全区 5458 家企业常态化运行“常安码”。

【安全生产监察执法】 2023 年，常州国家高新区（新北区）聚焦危险化学品、有限空间、粉尘涉爆、烟花爆竹等领域，提升隐患排查强度，1.78 万家生产经营单位持续开展隐患自查自改，各级各部门检查各类生产经营单位 7132 家次，排查问题隐患 2.8 万处，整改完成 2.79 万处，其中重大事故隐患 438 处、整改完成 435 处、整改率 99.3%。全年进行行政处罚 267 次，曝光违规动火作业、外包外租安全管理混乱等典型案例 37 件，形成“打击一个、震慑一批、教育一片”整治成效。全区行政处罚事前立案率 48.7%，重大事故隐患立案率 100%，“一案双罚”立案率 62.5%。年内，常州市新北区应急管理综合行政执法大队被评为全省应急管理综合行政执法工作先进集体。

【安全生产宣传教育活动】 2023 年，常州国家高新区（新北区）建立健全安全宣传“五进”（进企业、进农村、进社区、进学校、进家庭）工作领导小组，推动“五进”工作与日常宣传教育、人员培训、节日安全教育等结合，并结合“百团进百万企业千万员工”“安全生产月”“5 · 12 防灾减灾日”等活动，实现安全宣传工作长期化、标准化、规范化，最大限度体现宣传效果。全年开展企业现场宣讲专项排查整治行动 50 余次，答疑解难、提供专业指导服务。将重大隐患判定标准作为对企业负责人、安全管理人员和特种作业人员培训的重要内容，培训 3.7 万人次，提升企业发现问题和解决问题的能力。集中开展培训教育和排查整治，排查单位 3436 家，发现隐患 3325 处，整改完成 2318 处；组织警示教育培训 155 次，培训 2321 人次。组织开展安全宣传“五进”试点单位创建工作，形成示范效应。将安全宣传“五进”工作纳入安全生产和消防工作巡查考核内容，区安全生产委员会办公室不定期督导，并通报落实情况。

（区应急管理局 蒋秋月）

防灾减灾

【地质灾害防治】 2023 年，常州国家高新区（新北区）排查地质灾害隐患点 14 处（滑坡 5 处、崩塌 9 处），不稳定斜坡 1 处，逐点制定“两卡一案”（地质灾害防灾工作明白卡、地质灾害防灾避险明白卡，地质灾害隐患点防灾应急预案），发放给附近企业和居民。印发 2023 年度新北区地灾防治方案。开展地面沉降监测，动态监测分析预判全区地面沉降趋势，并将 5 年监测分析成果通报有关部门及乡镇，为查处盗采地下水行为提供数据基础。完善群测群防体系，落实《新北区地质灾害群测群防员管理办法（试行）》，年内聘任地质灾害群测群防员 10 人。区资规分局会同区应急管理局、龙城国控集团等单位在孟河林场开展地质

8 月，常州国家高新区（新北区）举办第九届安全生产执法技能竞赛暨应急管理行政执法业务培训 （区应急管理局 供图）

灾害应急演练，邀请专家开展专题现场培训，提升群测群防员“四知四具”能力（四知：知道灾害规模、影响户数、监测内容，知道转移路线和具体应急安置地点，知道灾害点发生变化时如何上报，知道各监测阶段的时间与次数。四具：具有一定的应变能力和组织能力，具备能够适应野外地质灾害巡查等工作的能力，具备熟练掌握监测方法、报警手段等基本知识的工作能力，具备采取简单临灾应急处置措施的工作能力）。健全群测群防+智慧系统+部门巡查的三维监测机制，全年开展督导巡查19次，参与人员96人次。

（区资规分局 邢妍）

【防汛抗旱与减灾工作】 2023年，常州国家高新区（新北区）6月17日入梅(常年6月18日),7月11日出梅(常年7月12日)，梅雨期24天，与常年相当；雨日20天；降水时空分布不均，呈过程性、间歇性特点；梅雨期出现6次降水过程，其中3次区域性暴雨降雨过程；全区面平均梅雨量410毫米，是常年梅雨量（251.9毫米）的1.6倍，最大梅雨量出现在奔牛镇671.4毫米；区汛期面平均雨量879.1毫米，是常年同期的1.27倍。2023年台风“杜苏芮”“卡努”对全区产生风雨影响，全年未有明显旱情、汛情整体平稳。年内，区落实防汛抗旱行政首长负责制，调整区、镇两级防汛抗旱指挥部成员，下发易淹易涝区域和防汛隐患分类责任表，明确18处易淹易涝点和9类防汛隐患的防汛责任人。组织修订新北区极端暴雨城市防洪避险预案；修订区防汛抗旱应急预案、防台风应急预案、超标洪水防御预案、城市突发性强降雨应急排涝抢险预案、水利工程防汛调度规程5个区级预案规程；全部预案统一开展预案推演，强化各部门协调联动。区、镇两级组建防汛应急队伍90支，总人数1195人，全面检查盘点防汛物资，按规定增储补足，完成机泵等设施设备的汛前养护和试运行。全年出动检查小组102个557人次，开展汛前汛后检查和防汛隐患整改。完成基层防汛预报预警体系搬迁，各镇（街道）防汛视频会商系统实现全部贯通。

（区农业农村局 朱笑侃）

【森林防火】 2023年，常州国家高新区（新北区）强化森林防火工作，多部门协同采用明察暗访等形式开展森林防火工作督查，聚焦违规焚烧祭祀等野外用火行为，督促相关单位不定时“回头看”，防止隐患“死灰复燃”。加快推进栖凤山地区引水上山工程、森林防火监控系统工程，向上争取专项资金，孟河林场推进项目施工，加快森林防火基础设施建设。全面推进通信铁塔安装火灾监测布控球，提升森林火灾监测信息化、科技化、自动化水平。在散坟周边、公墓等区域，设置集中焚烧点，落实重点时节火源管控。多重方式扩大森林防火工作宣传覆盖面，构建群防群治工作格局。全年未发生森林火情。

（区应急管理局 蒋秋月）

应急救援

【应急预案演练】 2023年，常州国家高新区（新北区）筹划部署各级应急预案演练,完成区级部门和各镇（街道、园区）年度演练计划。拍摄2023年商业综合体地震应急疏散演练视频，开展地震应急疏散演练。完成常州市危险化学品事故应急处置桌面推演、长三角地区防汛防台风联合演练——常州市城市地铁积水应急处置演练。首次采用“云指挥、云调度”“指挥中心+实战现场”相融合的“互联网+创新”演练模式，滨开区承办区级危险化学品生产安全事故联合应急演练，全面反映企业先期处置、区级响应启动与应急部署和各部门联动处置能力等全要素流程，提升队伍实战能力。全年完成165件各镇（街道、园区）综合应急预案和共性专项应急预案的修订工作，制定141件村（社区）现场处置方案，组织8596个区级、镇（街道）、村（社区）、生产经营单位开展应急演练。

【应急救援队伍建设】 2023年，常州国家高新区（新北区）筑牢应急管理处理突发事件的“最先一道防线”，围绕辖区内工业网格和重点生产经营单位，培育关键区域、关键岗位和关键人员的素质能力，下发《关于加强滨开区、镇（街道）综合应急救援队伍和基层应急预案体系建设的通知》，召开区基层综合应急救援队伍建设推进工作视频会、区“厂中厂”（指一厂区内经出租存在2家及以上生产经营单位的企业）示范点建设推进会等视频会议6次，将镇（街道）列入全省重大事故隐患排查调度会、全国钢铁企业和铝加工事故警示视频会等4次上级应急部门组织的安全工作部署会议；召开基层综合应急救援队伍建设推进工作视频会，明确综合性应急救援队伍建设相关负责人；组织滨开区、镇（街道）分管领导、综合应急救援队、地震森林防汛专业应急救援队伍负责人，参加市区两级基层应急救援队伍业务培训班；针对性开展各镇（街道）综合应急救援队伍的无预案拉动演练；初步完成1支滨开区危险化学品事故专业应急救援队和10支镇（街道）应急救援队组建任务。按照《2023年度辖市区党委政府、常州经开区党工委管委会应急管理水平考核评价指标及计分细则》要求，薛家镇、春江街道代表新北区随机接受应急救援和防灾减灾救灾拉动考核。

【应急值班调度】 2023年，常州国家高新区（新北区）建成纵向贯通、扁平指挥的省、市、区镇（街道）四级可视化调度体系，可视化指挥调度能力提高。至年末，全区可视化指挥调度装备配备包含组会系统1套、会议终端14台[区3套，11个镇（街道、滨开区）各1台]、移动指挥箱2台（区和滨开区各1台）、移动布控球7台(区、滨开区、孟河镇、罗溪镇、西夏墅镇、奔牛镇、魏村街道各1台)、卫星通讯电话2台；区应急管理局实行24小时技术值班,各镇（街道）落实专人值班。经过各级培训和应急实战演练，根据布控球信息，达到30分钟内赶到现场并展开上传信号；组建区一镇会议系统,实现镇（街道）全覆盖,与省（部）、市互联互通。

【应急管理巡查联动非现场执法模式】 2023年，常州国家高新区（新北区）应急管理局分类构建“非现场”执法信息化框架体系。在化工领域，依靠常州市危险化学品安全生产风险监测预警系统，常州滨江经济开发区新材料产业园智慧园区管理平台的安全基础管理、重大危险源管理、风险监测预警、双重预防机制、特殊作业监管、企业生产全流程监管功能，实现“两重点一重大”(重点监管的危险化工工艺、重点监管的危险化学品和重大危险源）等高风险区域、位置、环节的“全天候、无死角、全覆盖”监控以及安全隐患的“红橙黄蓝”四色预警、处置。在工贸领域，大起底、大摸排“厂中厂”，动态优化调整全区工贸领域安全风险等级较高的重点监管企业名单，依托传感器、AI可视化系统等技术手段将该类企业的涉爆粉尘、有限空间等重点区域、关键部位接入常州市工矿企业安全生产风险监测系统，逐步实现工贸领域重大事故隐患、异常情况的智能识别，为“非现场”执法夯实基础。按照法律法规立案处理相应违法行为，责令企业及时对安全隐患进行整改闭环，早发现、早消除隐患，防范较大以上生产安全事故发生。

（区应急管理局 蒋秋月）

【“环安·2023”暨江苏省化工园区突发水污染事件三级防控体系综合演练】 11月7日，环安·2023暨江苏省化工园区突发水污染事件三级防控体系综合演练在常州滨江经济开发区新材料产业园举办。演练由生态环境部环境应急领导小组办公室指导，江苏省生态环境厅、常州市人民政府主办，常州市生态环境局、常州国家高新区管委会（新北区人民政府）承办。来自生态环境部应急办，上海、浙江、安徽、江西、山东等省（市）生态环境厅（局）环境应急机构，江苏省应急管理厅、江苏海事局、江苏省消防救援总队，各设区市生态环境局和部分派出机构，全省28个化工园区管委会近200人现场观摩。演练模拟常州某化工发展有限公司甲苯原料储罐发生泄漏，并意外起火，灭火过程中产生大量事故废水，引发突发环境事件。演练共分为5个科目——检验多级预案和响应机制、验证化工园区突发水污染事件三级防控体系、强化应急监测协同体系、提升环境应急物资统筹协调能力、提高上下游跨区域应急联动水平。立足江苏省突发环境事件应急预案“统一领导，分级负责；属地为主，协同联动；快速有效，迅速控制”工作原则，按照“及时报、快速测、有序撤、有效堵、科学治、慎重讲、深入查”21字要求规范开展全过程应急响应和现场处置。演练检验各级预案响应衔接机制，验证园区三级防控体系、促进部门联动协同，展示应急保障实力。

（区生态环境局 苗甫）

【2023年新北区（滨江新材料产业园）危化品生产安全事故联合应急演练】 11月24日，区应急管理局、滨开区管委会开展2023年新北区（滨江新材料产业园）危化品生产安全事故联合应急演练。该次演练模拟某化工

11月24日，2023年新北区（滨江新材料产业园）危化品生产安全事故联合应急演练举行 （区应急管理局 供图）

企业粗苯加氢装置，高压分离器法兰破损，大量粗苯泄漏、爆燃起火，导致人员中毒受伤、粗苯加氢反应单元随时有爆炸危险；演练设置“一中心+多现场”（常州滨江经济开发区新材料产业园智慧园区管理中心，危险化学品事故处置现场、交通管制现场，穿插避险转移和应急环境监测等科目）模拟真实场景开展。模拟事故发生后，园区、企业立即启动应急预案，开展自救灭火、人员疏散等先期处置，并及时上报区相关部门。区政府启动《常州国家高新区（新北区）危险化学品事故应急预案》Ⅳ级应急响应，区危险化学品事故应急救援指挥部相关成员单位分管负责人带队，组织救援、增援力量赶赴事故现场开展联合处置。处置过程中，增设模拟交通保障现场突发一起交通事故，受伤人员被困，需破拆救援。经各应急处置队伍的协作，现场事故处置完成，次生衍生事故隐患消除，事故遇险人员得到救治，环境符合有关标准。

【常州救援基地驰援甘肃】 12月18日，甘肃临夏州积石山县发生6.2级地震，震源深度10千米。新北区企业中国安能二局常州分公司（应急管理部自然灾害工程救援常州基地，简称常州救援基地）第一时间启动应急响应机制，从青海羊曲练兵工程项目部、山东泰安练兵分队、常州救援基地调集专业救援力量52人至受灾区域救援。12月19日，第一批救援力量携带挖掘机、推土机、无人机、测绘仪、边坡雷达等装备26台（套）抵达震中展开救援工作；20日，抢险救援队员全部到达受灾区域青海省海东市民和县中川乡草滩村。青海省海东市民和县中川乡草滩村距震中20千米，地震引发次生灾害泥石流，村里的房屋、路面均受影响，震后次生灾害造成该村7户19人被埋。常州救援基地承担的主要任务为在草滩村3、4、5号点区域，利用挖掘机、推土机等机械设备开挖清淤，搜寻失联人员，并完成搜救任务。

（常新鉴）

市场安全监管

【食品安全监管】 2023年，常州国家高新区（新北区）有持证食品生产企业（含食品及食品添加剂）89家、食品销售经营者6664家、餐饮服务经营者8869家、单位食堂1016家、食品小作坊57家。年内，深化小作坊、小摊贩、小餐饮店“三小”治理，农村食品安全综合治理，校园食品安全守护等专项治理。推动全区2500余家食品生产经营企业及相关主体食品安全管理人员“应配尽配”（依法配备食品安全员和食品安全总监），建立健全主要负责人负总责，食品安全总监、食品安全员分级负责的食品安全责任体系，制定风险管控清单，100%落实“日管控、周排查、月调度”工作机制，推进“包保”（建立健全分层分级精准防控末端发力终端见效工作机制，推动食品安全属地管理责任落地落实）工作，共同督促食品生产经营主体落实食品安全主体责任，保障属地食品安全，自2022年9月“包保”工作开展至2023年年末，《食品安全责任与任务承诺书》《责任清单》《任务清单》签订率、督导完成率、问题整改率均为100%。制定综合风险评估计划，组织对全区学校食堂、养老机构食堂、医院食堂、大型商超、农贸市场等重点食品经营单位开展风险评估500余家次。结合经营主体类型开展食品安全技术及管理针对性辅导，对62家养老助餐点工艺布局、老旧设施设备进行改造和更换。对学校、养老机构等重点业态350名食品安全员开展培训。各镇（街道）结合实际情况分别以桌面推演或实战演练等方式开展食品安全事故应急演练。对自办家宴厨师开展定期培训，发放自办家宴保障套装。全年主要农产品质量安全监测总体合格率100%；食用农产品和食品抽检6348批次，合格率96.27%。利用快速检测方法筛查潜在隐患与风险，对食用农产品开展风险筛查5万批次。提升食品安全保障水平。开展“你点我检 随新（心）检”互动活动20余场，快检2000余批次，结果现场公布，提

8月16日，“你点我检”活动在常州市食品药品纤维质量监督检验中心举办

（区市场监督管理局 供图）

高社会群众参与度。开展“饭米粒食品安全公益活动”20余场次，关爱青少年健康成长。制作“珍惜粮食，刮干净”宣传视频，开展反餐饮浪费进校园、进社区、进餐厅等活动，发放宣传资料5000余份，群众食品安全满意度89.2%。年内，培育江南环球港、迪诺水镇、汉江路国际风情街3条餐饮质量安全示范街区，并通过验收。10个基层食安办通过常州市规范化基层食安办验收。

（区市场监督管理局 高成 夏文倩）

【药品及医疗器械流通企业安全监管】 2023年，常州国家高新区（新北区）检查药品经营企业288家、医疗器械经营企业183家、医疗机构（含15家疫苗接种点）89家、化妆品经营单位313家，抽检药品105批次、化妆品55批次，上报化妆品不良反应181份。检查过程中发现案源线索21条，均予以处置。

（区市场监督管理局 王昊）

【特种设备安全监察】 2023年，常州国家高新区（新北区）开展涉危险化学品安全监管，更新80家涉危险化学品使用单位清单，联合技术专家开展全覆盖检查，排查隐患94处；更新2022年退出化工企业清单（17家），对设备注销状况“回头看”，落实设备退出闭环管理。针对《社情民意》反映大型游乐设施安全问题，对全区5家大型游乐设施使用单位开展深度安全体检，聘请技术专家诊断安全管理和设备管理等方面问题，排查整治隐患15处，保障大型游乐设施安全运行。部署开展重点时段特种设备安全保障工作，分析研判公众聚集场所电梯、大型游乐设施等领域安全生产风险，督促使用单位落实安全主体责任；加强城镇燃气专项整治，检查辖区内2个充装站点，两站点气液双相瓶均处置完成。辖区内2家液化石油气瓶充装企业均完成充装台及二道门区域高清防爆摄像机配置并接入气瓶追溯信息系统，实现“阳光充装”全覆盖。全面整治港口起重机械，开展“码头吊”专项治理，在企业自查基础上开展现场检查，检查“码头吊”使用单位44家，发现问题隐患26处，均限期整改。推进电梯安全智慧管理，为罗溪镇和龙虎塘街道400台安置小区电梯安装物联网；深化电梯物联网应用，将平台发现的故障隐患等以月报形式抄送专委会成员单位和属地，推动构建电梯安全共治格局。

（区市场监督管理局 杜贞）

【农产品质量安全】 2023年，常州国家高新区（新北区）对8个涉农镇（街道）84个涉农村（社区）农产品质量安全实施网格化监管，对5021户入网主体开展主体更新、日常巡查。全年完成区级定量抽检1350批次，完成省、市级抽检345批次，合格率99.4%。对建成的23家村级服务站实施绩效考核，完善三级网格化监管服务体系。推进食用农产品承诺达标合格证开具和监管工作，全年开具合格证665万余张。围绕新“三品一标”（无公害农产品、绿色食品、有机农产品和农产品地理标志），加强技术指导，鼓励农产品生产主体申报绿色食品、有机食品和地理标志农产品，年内新申报绿色食品9个、续展绿色食品8个。至年末，全区有绿色食品70个、有机农产品14个、地理标志农产品1个，省水稻绿优基地面积3080公顷，全区绿色优质农产品比重73.45%，比上年上升15.44%。

（区农业农村局 宋俊贤 岳灵芝）

【农作物种子管理】 2023年，常州国家高新区（新北区）在水稻、小麦用种高峰期分别开展春季种子市场专项执法行动、秋冬种子市场专项执法行动等专项行动，加大对种子经营门店的监督检查力度，打击各类有关种子的违法行为，检查经营门店数70家，出动执法人员195人次，检查使用者35人。发放行政指导意见书和《中华人民共和国种子法》200份。检查内容包括经营主体种子网上备案、依法建立和保存经营台账、向购种者开具有效凭证情况；检查种子标签和使用说明规范情况；检查主要农作物种子审定登记情况和列入登记目录的非主要农作物种子登记情况；随机抽取市场种子样品，开展常规指标检测。

（区农业农村局 王超）

【农资经营监管】 2023年，常州国家高新区（新北区）以农资打假等专项整治行动为抓手，开展相关专项行动6次（农药贸易公司专项执法行动、春季农资打假专项执法行动、春季种子市场专项执法行动、农药打假夏季百日行动、秋冬种种子市场专项执法行动、兽药饲料专项执法行动），围绕春耕、三夏、秋冬种等重点农时，出动执法人员672人次，检查农资经营门店224家次，完成农业投入品抽样36批次（农药32批次、兽药2批次、饲料2批次）。针对全区农药经营许可证进入延续换证高峰阶段，区综合管理农业行政执法大队事前开展宣传，执法人员分组、分期开展现场勘察与“回头看”，增强执法工作的针对性和有效性。加大农资违法行为整治力度，围绕卫生用农药、网络销售等投诉举报多发态势，加大对相关传统农资销售渠道和互联网电商、社交平台监控力度，预防负面舆情扩散发酵。全年办理相关投诉举报30余件，查处案件（一般程序）10件，其中农药7件、兽药1件；指导镇（街道）办理饲料1件、肥料1件，处罚没款17.47万元。

（区农业农村局 赵志敏）

网络安全管理

【概况】 2023年，常州国家高新区（新北区）贯彻全国、省、市网络安全和信息化工作会议和区委网信委会议精神，履行管网、治网、用网责任，营造良好的网络舆论氛围和网络安全环境。年内，区网络社会组织“小橘灯”工作室开展的未成年人网络普法直播宣传受到中央网信办法制局肯定并向全国推广。中共常州国家高新区工委（新北区委）网络安全和信息化委员会办公室被评为江苏省委网信办网络安全宣传周表现突出单位、常州市委网信办网评工作优秀单位和网络正能量工作先进单位。创作编排的《守护个人信息、拒做“透明人”》（短视频）获江苏省委网信办省网络数据安全宣传作品优秀奖第一名。1人获评省网络舆情信息工作先进个人，4名网评员被评为常州市网评工作先进个人、112名网评员被评为常州市优秀网评员，1人获评常州市网络举报工作先进个人、10人获评常州市网络文明传播先进个人。新桥第二实验小学“星巢”青少年网络素养和网络安全教育基地被常州市文明办表彰为网络文明优秀单位。

【清朗网络空间】 2023年，常州国家高新区（新北区）开展从严整治自媒体乱象专项行动、综合整治假国企央企行动、清朗·生活服务类平台信息内容整治专项行动等专项行动，净化网络空间。加强网络阵地规范管理，清理整改政府网站不规范表述文章100余篇，检索违规信息80余条，开展互联网违法和有害不良信息举报，举报政治有害信息720余条。删除不实帖文30余篇，向中央网信办和省互联网违法举报中心举报约20件次。有效处置上级转办和涉区相关舆情信息20余条。区委网信办、区教育局、团区委、公安新北分局等部门走进商圈、社区和学校，围绕“一老一小”（老年人和未成年人）容易被诈骗对象结合案例进行现身说法，织密“一老一小”网络保护网。组织区“清云小分队”网络文明志愿者、属地企业网络安全红色卫士宣传队约100人，开展反诈宣传活动。参与策划拍摄的系列短视频《龙城少年派反诈系列剧》获评全省网信和公安机关反诈宣传优秀作品。春江街道“小江工作室”推出短视频《对网暴说“不”》，阅读量超10万。利用创意产业园、常州市新北区新桥第二实验小学2个省级网络文明素养实践教育基地和ASK网络主播党建实训基地，推出网络安全微课，组织网络安全论坛、开展网络安全活动、组织网络安全竞赛。区检察院的“小橘灯”工作室组织15名青年检察官成立法制宣讲团，轮流开展未成年人网络普法直播宣传，受到中央网信办法制局肯定并向全国推广。

【网络信息安全监测】 2023年，常州国家高新区（新北区）上级通报漏洞数比上年（下同）下降15%，网络安全事件通报数下降86%。年内，通过访谈座谈、实地检查等方式，对全区相关单位开展网络安全工作责任制落实情况督查。对辖区内网络资产进行全面排查和记录，推动政务信息系统跨部门互联互通、信息共享和业务协同。开展“网安新北”系列行动，排查隐患，防范重大安全风险。编印《党政部门网络安全管理手册》，明确各单位各部门网络安全责任人、资产管理情况、外包网络安全情况三部分内容，提高网络安全的整体水平。

【网络舆情监测】 2023年，常州国家高新区（新北区）落实《关于进一步做好全区网络舆情处置工作的通知》，围绕全国“两会”、亚运会等重大活动事件，落细落实突发事件舆情应急处置机制和重大事项舆论引导舆情管控提前介入机制，实现网上舆情发现早、研判准、处置快、效果好。健全“5+X”［5：区委网信办、区委政法委、区应急管理局、公安新北分局、消防救援大队5家单位，X：区各镇（街道）和各部门］舆情应急处置工作机制。年内，妥善处理涉及安全生产等网络舆情400余条，无较大舆情产生；制定舆情日报365期、舆情专报12期，组织开展全区网络舆情培训2期。在全省网络舆情直报点优化调整中，新北区再次被列为2023—2025年常州市唯一县区级省级舆情直报点。

【网络安全宣传周】 2023年，中共常州国家高新区工委（新北区委）网络安全和信息化委员会办公室联合属地围绕网络安全、网络普法、网络举报、网络文明等主题，制定《2023年新北区网络安全宣传周活动方案》。组织开展网络安全进社区、进农村、进企业、进机关、进校园、进军营、进公园系列宣传活动，营造网络安全人人有责、人人参与的社会氛围。在2023年常州市网络安全宣传周开幕式上自导自演《网络安全，关乎你我》情景剧，用案例讲授当心扫码陷阱、保护个人隐私、防范网络风险等知识，倡导守护清朗网络空间。邀请网安专家线上直播宣讲，针对网络安全陷阱、网络诈骗、拒绝不良网站以及个人信息保护等网络安全热点问题给予防范提示。在9

月11—17日宣传周期间，举办网络安全宣传活动15场，发放宣传材料2.1万份，线下活动参与人数2.5万人次，线上覆盖人数超10万人次。

（区委宣传统战部 孟令春 邵竟成 刘自力）

消防安全

【概况】 2023年，常州国家高新区（新北区）消防救援队伍接处警2137起，出动车辆3997辆次，出动警力2.03万人次，抢救被困人员80人，疏散人员14人，保护财产价值3.2亿元。其中，火灾扑救834起，火灾起数比上年（下同）下降25%，未发生亡人火灾事故。

【消防安全隐患整治】 2023年，常州国家高新区（新北区）深化消防安全专项整治三年行动和“除患治违”专项行动成果，部署开展“生命至上、隐患必除”、秋冬季重点行业领域排查整治攻坚、重大风险隐患摸排整治等专项治理。区政府召开全区消防工作会议，下发年度消防工作任务清单。组织召开消防安全委员会成员单位联席会议、消防安全重点单位例会、基层消防安全监管业务培训班，对相关责任人开展警示教育及业务培训。召开餐饮饭店、劳动密集型企业、公众聚集场所等标准化建设现场会7次，编发工作专报24期，下发建议提示函19份。固化专家检查、达标创建、挂牌督办等机制，化解大型商业综合体、群租房、劳动密集型企业等风险，政府挂牌督办的3家重大火灾隐患单位销案。针对乡镇工业园（集中区）消防安全现状，建立健全部门联动机制，区消防救援大队、区应急管理局等部门开展联合执法检查2轮次，统筹整治“口袋式”工厂（因分隔出租导致厂区仅一个出口，消防车难以通行）、生产型“三合一”（人员住宿场所与加工生产、仓储、经营等场所在同一建筑内）等突出问题。

【“除患治违”专项行动】 2023年，市委常委会、区委常委会、市消防救援支队党委会先后赴“5·30”九龙汽车灯具厂火灾事故现场和孟河镇安全生产综合监管局开展主题教育典型案例解剖式调研。全年开展“除患治违”专项检查单位8479家次，督改火灾隐患或违法行为9572处，拆除违建单位604家，拆除违建面积30.5万平方米，督促82家企业增设自动喷水灭火系统。2022年6月至2023年年末，全区1240家单位实施拆除违建，拆除违建总面积77.5万平方米。“多维发力攻坚克难 深入推进‘除患治违’”项目被市安全生产委员会办公室表彰为2023年度一等奖。

【消防救援综合应急能力建设】 2023年，常州国家高新区（新北区）、镇（街道）两级投入1020万元购置消防车6辆，完善主战车型“轻、中、重”系列化编成配备。区政府第4次党组（扩大）会议审议通过消防救援中心、西夏墅专职消防救援队建设方案，投入326万元完成常州港专职队改造并投勤使用。逐步完善“1+3+9+N”（1个区级消防救援指挥中心，3个国家综合性消防救援站，9支政府专职消防救援队，N个微型消防站）消防救援体系，形成快速精准保障、物资前置预储、现场卫勤遂行保障机制。举行区级灭火救援演练和联勤联训，提升灭火救援和攻坚克难能力。年内选派指战员至甘肃省兰州市开展地震救援培训，参加省总队攻坚组培训和市支队潜水员、绳索培训并取得相应资格证书。选派人员参加全国第二届火焰蓝实战化比武竞赛，分别获得单项第六名和第十五名。1人获2023年度全省火灾调查处理技能竞赛视频分析第三名，1人获常州市青年岗位能手称号，区消防救援大队在全市“差异化练兵”比武竞赛中获团体第一名。玉龙路特勤站被省消防救援总队评为基层建设标兵消防救援站，滨江特勤站被省消防救援总队评为基层建设先进消防救援站，1人被省消防救援总队评为消防安全专项行动先进个人。

11月10日，新北区委常委会开展“九龙汽车灯具厂‘5·30’火灾事故”典型案例解剖式调研交流研讨 （区消防救援大队 供图）

【镇（街道）消防监管体系建设】 2023年，常州国家高新区（新北区）推动滨开区管委会及各镇（街道）挂牌成立安全生产综合监督管理局，落实5名专职消防队管理干部和11名消防文员（队员）专职或兼职从事日常消防工作。每月制定下发《消防监督管理工作目标任务清单》，编发工作专报。对行业部门和镇（街道）开展分级分类培训，指导开展本行业、本辖区消防自查和隐患整改。发挥消防安全委员会办公室和网格化"两个平台"作用，强化业务指导和统筹调度。建立镇（街道）工作例会、每月调度、挂钩指导、隐患整改、消防宣传、约谈警示、督导考评7项工作机制。每季度督导滨开区管委会及各镇（街道）重点工作落实情况，每年开展消防工作考核。发动行业部门和基层力量开展检查巡查3.95万家次，发现问题隐患2.81万处，隐患整改率95%。

【消防宣传教育】 2023年，常州国家高新区（新北区）深化消防宣传"五进"（进企业、进农村、进社区、进学校、进家庭）"村村响"大喇叭工程，部署开展安全生产月、"119"消防宣传月活动。打造"张敏尖刀队""玉蓝工作室""逆行者"青年服务队3支党员突击队，建强校园宣传基地、蓝焰宣传小分队、青年学习社三大阵地。通过"请进来、走出去"的方式开展消防宣传158次、对沿街店铺发放消防安全告知书1.5万余份，以室内消火栓实操为主要内容，培训公民消防知识技能1.2万余人，并在常州比亚迪汽车有限公司开展"119"消防宣传月启动仪式，促进消防工作深入人心。年内，区消防救援大队被中央电视台播出稿件10篇，省级媒体刊文报道12篇。宣传贯彻《住宅物业消防安全管理规定》《单位消防安全管理规范》，印发专项培训方案，将室内消火栓射水实操纳入万名财政供养人员消防知识技能培训。

（区消防救援大队 李小琛）

卫生应急

【卫生应急体系建设】 2023年，常州国家高新区（新北区）依托传染病报告管理及预警系统，强化传染病疫情监测、预警和报告；中小学校、托幼机构开展每日学生因病缺课监测，监测覆盖率100%；区疾控中心每周开展突发事件公共卫生风险评估，每月撰写新北区传染病与突发公共卫生事件监测月报，为政府决策提供依据。完善规范全区传染病疫情响应机制与处置流程，一般聚集性疫情由属地医院先行调查处置、区疾控中心指导并跟进，暴发疫情、突发公卫事件由区疾控和属地联合处置，原因不明、复杂事件由市—区—镇（街道）三级联合处置，提高处置效率，重点突出基层医疗机构"快采样、快防控"。年内，制定卫生应急培训计划，对辖区基层医疗卫生机构举办应急处置培训6次。区疾控中心联合基层单位开展新冠病毒感染突发公共卫生事件、食源性疾病暴发、生活饮用水污染事件应急演练各1次，每次演练均按规范制定计划、方案、脚本，演练结束后及时总结评估，通过演练，检验区疾控中心在应对突发事件中的疫情报告程序、应急指挥、应急资源协调、流行病学调查、现场处置、应急检测等能力，巩固并提高参演人员理论知识及实践能力。

【突发公共卫生事件处置】 2023年，常州国家高新区（新北区）报告并规范处置传染病突发公共卫生事件10起（其中学校传染病疫情9起）、其他聚集性及暴发传染病疫情170起、疑似食源性疾病事件5起，发现并处置全市首例猴痘病例。开展学校常见传染病防控技术培训2次，区卫健局会同区教育局开展"家校同心真爱护航"秋冬季学校卫生健康教育在线直播讲座，受众18.4万人次。规范学校结核病疫情处置流程，处置学校结核病疫情14起，筛查1157人，配合学校开展传染病专题教育和PPD（结核菌素皮肤试验）强阳性师生预防性服药宣传。

（区卫健局 祝志军）

镇　街道

孟河镇

表 67　2023 年孟河镇经济和社会主要指标统计表

指标名称		单 位	数 值
行政区域面积		平方千米	88.66
行政村		个	13
社区		个	5
年末户籍人口		万人	8.09
地区生产总值		亿元	156.43
地方一般预算收入		亿元	5.33
居民人均可支配收入		元	41708
农业总产值		亿元	7.44
粮食总产量		吨	4025
工业总产值		亿元	354.56
工业产品销售收入		亿元	343.35
工业利税总额		亿元	46.60
企业	全部企业	家	4180
	其中：工业企业	家	3024
全社会固定资产投资		亿元	28.40
中小学		所	8
医院、卫生院机构		家	1

【概况】 孟河镇位于常州国家高新区（新北区）北部，东邻镇江扬中市，南连西夏墅镇，西接丹阳市后巷镇、访仙镇，北与丹阳市界牌镇相接。至 2023 年年末，全镇行政区域面积 88.66 平方千米，辖行政村 13 个、社区 5 个，有户籍人口 8.09 万人、常住人口 9.13 万人，城镇化率 62.28%。拥有省级文物保护单位 2 处（万绥东岳庙戏楼、巢渭芳故居），市级文保单位 17 处，省级非物质文化遗产项目 2 个（万绥猴灯、斧劈石造景艺术）。先后获中国汽摩配名镇、中国历史文化名镇、全国重点镇、全国特色小镇等国家级荣誉 9 项。2023 年，全镇实现地区生产总值 156.43 亿元，比上年（下同）增长 4.78%；地方一般预算收入 5.33 亿元，增长 8.5%；工业总产值 354.56 亿元，增长 6.45%；规模以上工业产值 178.71 亿元，增长 12.38%；工业利税 46.6 亿元，增长 5.64%；固定资产投资 28.4 亿元，增长 0.2%；实际到账外资 3720 万美元，实现进出口额 26 亿元。

【产业发展】 2023 年，孟河镇推进高效农业发展，全镇粮食播种面积 2498 公顷，其中水稻种植面积 1261.8 公顷、小麦种植面积 852.1 公顷、大豆种植面积 164.1 公顷、其他粮食种植面积 278.2 公顷，油料作物播种面积 273.4 公顷；推广新品种、优质水稻品种南粳 5055 和软玉种植面积 1266.67 公顷；实施机插稻轻型栽培技术，种植机插稻面积 1060 公顷。年内，树新孟城片 200 公顷高标准农田建设项目完成市、区、镇级验收，双亭村 253.33 公顷省级高标准农田项目、九龙村 46.67 公顷区级高标准农田项目开工建设，至年末主体工程完工。一期万绥粮油恒温大米成品库项目，常州市猛将农机专业合作社大米加工、烘干中心项目，东陆村股份经济合作社粮食加工中心项目完成建设，并通过区级验收和绩效评价。全年发放耕地地力保护补贴、稻谷补贴、农民实际种粮一次性补贴、耕地轮作休耕补贴、规模菜地补贴、

孟河镇银河村的蟹塘　　（孟河镇　供图）

水稻田生态补偿补贴、区级水稻田生态补偿资金约1330万元。在13户种植规模较大的农业经营主体设立监测点，对农药、化肥等投入品使用情况进行监测。以点带面推行食用农产品合格证制度，开具合格证73.01万张。加强动物防疫，全年生猪口蹄疫防疫251头、蓝耳病防疫250头、猪瘟防疫600头；禽类禽流感防疫3.08万羽、新城疫防疫6.88万羽，犬狂犬病防疫997只。加大池塘标准化改造力度，全年完成改造面积108公顷，其中2个村级区域和6个个体水产养殖场完成省级下达的2022—2023年池塘标准化改造任务100公顷，实现养殖尾水循环利用和达标排放。

提升产业质效。全年净增工业企业23家，累计3024家。完成招引总投资额1亿元以上先进制造业项目11个；市、区重点产业项目开工11个，其中续建项目6个、新建项目5个；新增入库市重点项目3个，“三高一资”项目2个，高新技术企业及优质科技型中小企业项目3个，技术合同登记额超4.62亿元。常州市乐萌压力容器有限公司全年销售额超30亿元，纳税超2亿元，获常州市市长质量奖；常州市瑞悦车业有限公司、常州市明宇交通器材有限公司、江苏永成汽车零部件股份有限公司全年销售额均超10亿元。新增高新技术企业17家，累计90家；新增研究生工作站省级1家、市级3家、区级4家，市工业设计中心2家；新增省级、市级专精特新中小企业12家，上云企业四星级1家、三星级4家。新增科创载体面积1.83万平方米。其中，新建瀚博车业（常州）有限公司、常州市超宇灯件有限公司2个产业载体项目，总建设面积8.1万平方米；永光汽车零部件产业孵化项目、喷涂中心项目竣工，总建筑面积10.1万平方米。系统梳理全镇产业资源，实施工业用地增效项目13个，提质增效用地面积26.65公顷。发挥汽车零部件产业集聚发展优势，打造“特色产业＋电商服务＋海外仓库”新模式，镇入选第三批江苏省县域电商产业集聚区，常州市凌越装备科技有限公司获亚马逊汽车碰撞件销量冠军。

商贸服务业稳步发展。全镇完成服务业增加值59.95亿元，增长9.85%。其中，批发零售业30.53亿元，增长5.1%；住宿餐饮2.78亿元，增长6.9%。净增商贸、服务业企业11家，累计941家，全年实现开票销售额109.95亿元。其中，规模以上批发零售企业41家，批发零售额95.29亿元，增长26.4%；规模以上服务业4家，销售额1.47亿元，增长15.75%。常州栖凤山国际人文陵园有限公司实现销售额1.03亿元，缴纳税收2137.04万元；温德姆五星级酒店项目建成并投入运营。小黄山头圩埭美丽乡村全年接待游客约35万人次；孟河医派名医故居全年正常开放，接待各类游客1万余人次；斧劈石盆景园全年接待参观团队100余次，各类参观人员3000余人次。

【镇村建设】 2023年，孟河镇持续推进城乡融合发展，全面改善人居环境品质。推进全镇国土空间规划编制和报批工作，同步开展全镇7个行政村的村庄规划编制，覆盖面积38.75平方千米。强化全镇基础设施体系化建设，新建燃气中压管5.5千米，完成5个村（社区）燃气管道敷设，惠及居民500余户；完成468户餐饮单位工业级燃气报警装置和紧急事故自动切断阀安装；开展燃气入户“瓶改管”底数摸排和方案设计，完成800余户自建房天然气入户管道接入；投入500万元，完成15千米自来水总管和3个自然村的自来水管网更新。推进雨污水管网建设，全镇5条主干道路、7个城中村、2个老旧小区雨污水改造工程年内全部完工，新建雨水管道26.8千米、污水管道26千米。优化全镇交通路网布局，启动石桥路（滕龙路）东延工程，7条农路、3座农桥完成竣工验收。全面实施水环境全域综合治理工程，申报江苏省太湖流域水环境综合治理专项资金5107万元；对老孟河、安定河、黄山河、东风大沟等7条支流支浜进行改造提升；全镇60个小微水体完成升级改造并通过区级验收。完善公共服务配套设施，完成小河农贸市场改造工程，并引入第三方运营单位；完成富民欣园老小区改造提升工程，实现硬件设施和文化氛围同步更新；孟城北街公园完成施工，10万平方米新孟河生态湿地完成施工图设计。推进和美乡村建设，年内新建198户现代化宜居农房；在九龙村、南兰陵村和树新村开展"宜居宜业和美乡村积分制"试点；南兰陵村入选2023年江苏省乡村振兴示范村创建名单，郑塔里被评为江苏省特色田园乡村。推进各项拆迁安置工作，完成3处房屋腾空拆除，保障东陆大沟建设工程有序推进；完成黄山河水系老河段（浦河—兴镇桥）范围内98%地上附着物签约迁移；完成全镇所有安置小区土地使用划拨转出让工作，同步启动富民欣园、富民花园一期不动产权证办理，办结不动产权证500余本；对常州伟达科技有限公司、常州冠军冲件厂、小河影剧院实施拆除腾空。优化建筑业市场环境，全年招引建筑施工企业4家、建筑业服务企业2家。出台《孟河镇危房管理改建办法（试行）》，全年完成29户民房、16户危房的建设审批及批后管理工作，完成4家工业企业危旧房屋改造；对全镇68幢初判存在安全隐患的自建房实施清单化管理，完成自建房解危销号53幢。投入400余万元改造砖砌垃圾箱785座，新建生活垃圾转运站进场施工，南兰陵村创成区生活垃圾分类示范村；建立餐厨垃圾收运体系，统一收集转运至常州维尔利餐厨废弃物处理有限公司合规处置。开展"两违"联合执法3次，查处新增违法建设59起、历史违法建设2起，拆除违章57起，拆除面积6498平方米。集中喷涂中心厂房竣工验收，完成厂房二楼生产线及RTO（蓄热式热力焚化炉）环保设施建设。持续推进"危污乱散低"整治，完成整治211家，其中退出32家、提升179家。对133家未按要求使用水性漆的喷涂企业实施"三个一批"[关停一批、整治一批、集中（进绿岛）一批]整治，关停取缔喷涂企业83家，其中72家拆除或封堵喷台、11家停产，并由村（社区）严格落实网格化管理，加强关停企业巡查频次，防止反弹回潮。整治提升企业47家，除小河宏光塑件厂未验收完成外其他均取得相关环保手续；集中进绿岛类企业3家，其中1家建成投产、2家缴纳入驻意向金。集中喷涂中心由江苏孟享智能环保科技有限公司管理运营，完成7条生产线和RTO建设，并取得环评批复。年内，集中喷涂中心对接孟河镇18家关停取缔或提升类企业，将部分喷涂业务委托至集中喷涂中心加工。

【社会治理】 2023年，孟河镇推进政务服务跨域通办，与丹阳市丹北镇、界牌镇签订政务服务跨域通办协议，制定24项跨域通办事项清单，实现"进一扇门办三地事"。镇便民服务中心全年受理各类事项15.4万件，其中，咨询服务7.33万件，个人事项7.95万件，企业事项1127件；网上受理2788件，窗口受理7.79万件，办结率100%。推进全科社工培育，东陆村创成省"暖心居保"服务品牌示范点、市"全科社工"服务示范窗口。推进执法队伍规范化建设，镇综合行政执法局被评为全市城市管理和综合行政执法队伍规范化建设5A级单位。提升网格事项办结率，新增综合网格6个，上报网格事项5384件，办结5363件，办结率99.6%。放大"红孟"物业品牌活力，每月对18个住宅小区落实日常考核和长效管理考评，映像江南花园、富民景园（明苑）入围区物业提质创优活动红榜。开展"信访突出问题攻坚化解巩固提升年"行动，全年办结信访案件165件，督办交办积案22件，化解12件。落实网格联动、执法巡查、集中警示等措施，健全一站式多元化解纠纷机制，镇级调委会受理并调处矛盾纠纷262起，涉及金额1300余万元。开展禁种铲毒摸排行动，组织观

9月24日，"初秋美拉德·孟'想'新夜色"美丽乡村文化节在南兰陵村举行
（孟河镇 供图）

看反诈警示教育视频，开展反诈宣传进校园、进村委、进企业、进商场等活动。

【社会事业】 2023年，孟河镇发放低保救助金、残疾人补贴、困境儿童生活补贴等各类生活补助1123万元；为149户特扶家庭、6520名计划生育农村奖励扶助对象发放帮扶救助金；开展各项慰问活动，发放慰问金195.54万元。为全镇2807名老年人提供居家养老援助服务1.7万人次，发放尊老金180万元；为58名分散供养“五保”老人发放五保供养金90.58万元。宣传生育政策，推进生育登记网上办理；开展科学育儿活动，提升托育照护水平；推进“暖心行动”，落实奖励扶助政策。为3855名适龄妇女开展“两癌”筛查，组织1.2万名65岁以上老年人和3500余名企业退休人员开展免费健康体检。优化教育资源和教学设施，总投资额3500万元的常州市新北区万绥小学完成竣工验收并投入使用，总投资额3500万元的常州市新北区孟河中学改扩建工程完成竣工前验收，总投资额超1.2亿元的代英幼儿园新建工程完成主体竣工验收并启动装饰装修；常州市新北区孟河实验幼儿园富民分园、常州市新北区小河中心幼儿园东六分园创成省优质幼儿园，常州市新北区孟河中心幼儿园完成省优质幼儿园复评。孟河中医医院消化内镜诊疗中心被评为2023年江苏省农村区域性医疗卫生中心十大相关功能中心。推进医派传承工作，配合常州市新北区孟河中医医院实施名中医签约和孟河医派医馆建设工程，邀请15名国医大师、孟河医派传人及市内外名中医坐诊。新时代文明实践所、文体中心、代英书院等投入使用，全年文化场馆服务覆盖64万人次。推动乡村文旅发展，开展龙登集市、五月槐花文化旅游节、南兰陵村“初秋美拉德·孟‘想’新夜色”美丽乡村文化周等活动。举办“齐梁故里 孟河有志”系列活动。新建2条总长度2千米的新孟河沿岸健身步道，面积约1万平方米；完成羽毛球场地建设300个，总面积5万平方米。全年城镇新增就业2000人，新增就业困难人员就业200人，培养高技能人才230人，支持成功自主创业680人，创业带动就业860人，定期开展精准创业扶持人员服务、登记、跟踪工作；举办春节招聘会，组织规模企业参加普通高校企业专场招聘会7场，建立高校引才工作站2家。开展企业职工社保和医保扩面工作，全年完成企业职工基本养老保险、医疗保险净增缴费1400人；创成“暖心居保”服务品牌东陆村示范点和村（社区）公共医保服务点18个。

【孟河商贸广场历史遗留问题化解】 孟河商贸广场项目由常州中盛房地产开发有限公司开发。该项目2014年12月开工建设，由于资金链断裂，开发商申请重整，项目因无人接手而宣告破产。随后，政府筹资推动项目建设。2021—2022年，项目在区、镇两级党委政府协调下完成竣工验收。2023年，市主要领导包案，区委主要领导牵头成立工作专班，各职能部门协同会办，提出“三个一点”（购房业主“补贴一点”：购房业主在缴纳全部房款的基础上，额外补交部分费用，用于补贴其他债权人损失。普通债权人“让步一点”：材料商、供应商、投资借款人等普通债权人，降低预期受偿比例，从至少50%下降至30%。属地政府“帮扶一点”：属地政府筹措1500余万元专项资金支持项目结顶、竣工验收。协调各方力量，组织剩余房源拍卖，招引资产竞买人）解决路径。9月，项目完成办证交付，部分业主开始装修。剩余项目以8190万元拍卖价成交，用于后续债务清偿。截至12月28日，179套房屋全部办理产权证，其中41套开始装修，6套完成装修对外营业。该历史遗留问题成功化解的经验做法得到省委副书记沈莹批示，是全省唯一。市主要领导作出批示，并带队专题召开全市信访突出问题攻坚化解专题推进现场会，肯定孟河镇相关做法。

【“帮帮香”网格驿站多元共治工程被评为全市平安建设典型案例】 11月14日，孟河镇南兰陵村“帮帮香”网格驿站多元共治工程被评为全市平安建设典型案例。3月，南兰陵村成立“帮帮香”乡村治理服务团队，打造群众身边的“红色堡垒，平安家园”。针对村内农业产业转型升级带来的各类社会矛盾、信访投诉和警情频发问题，“帮帮香”乡村治理服务团队创新基层矛盾纠纷化解的方法和手段，营造“矛盾源头化解，问题就地解决，服务直达家门，促进平安美好”的基层社会治理格局。发挥网格党员作用，在入户走访、村民议事等日常工作中，及时了解民情民意，摸排矛盾纠纷信息，纵向延伸到网格、户、人，横向延伸到婚姻家庭、邻里关系、劳务纠纷、生产经营等领域，实现层层网格化排查，提前知晓群众矛盾纠纷情况。坚持调解与法治宣传教育相结合，整合法律顾问、爱心志愿者、各行业“法律明白人”、邻里社会名人等力量，全年开展法律政策宣传进村委活动5次。至年末，团队化解各类纠纷20起。

【跨域通办业务启动】 12月14日，孟河镇与丹阳市丹北镇、界牌镇签署政务服务跨域通办战略合作协议书，两地三镇24项跨域通办事项正式启动。孟河镇地处常州与镇江两市交界，与丹北、界牌两镇接壤，为解决两地群众企业办事“两头跑”难题，孟河镇与丹北、界牌两镇签署合作协议，制定24项政务服务跨域通办实施清单，并设立“跨域通办”专窗，明确统一受理标准，配备专职工作人员，负责专窗业务衔接、政策解读和业务办理等工作，专人专策为群众、企业纾难解困。整合网格力量，以志愿者代收代办服务模式为基础，构建全方位、多层次、多元化服务网络。至年末，办结跨区域业务45件，其中医保业务30件、人社业务15件。

（孟河镇 沈婷婷）

薛家镇

【概况】 薛家镇位于常州市西北部，常州国家高新区（新北区）中部区域，东与新桥街道及三井街道相接，南与钟楼区新闸街道毗邻，西与奔牛镇及罗溪镇相连，北与春江街道交界。至2023年年末，全镇行政区域面积37.37平方千米，镇区面积4.2平方千米，辖社区11个、行政村3个，有户籍人口5.56万人、常住人口10.7万人。先后获国家外贸转型升级基地等国家级荣誉23项，江苏省特色创新示范园区等省级荣誉68项，是全省唯一被省委、省政府授予“江苏制造突出贡献奖”的乡镇基层单位，位列全国镇域高质量发展500强第32位。全镇形成以生命健康和智能装备为主导的产业格局，拥有市场主体1万余家，其中工业企业2000余家、规模以上工业企业291家、外资企业132家。2023年，全镇实现规模以上工业总产值527.7亿元，完成固定资产投资44.9亿元，高新技术产业投资占比50.9%，实际到账外资9273万美元。

表68 2023年薛家镇经济和社会主要指标统计表

指标名称		单 位	数 值
行政区域面积		平方千米	37.37
行政村		个	3
社区		个	11
年末户籍人口		万人	5.56
地区生产总值		亿元	223.69
地方一般预算收入		亿元	16.62
居民人均可支配收入		元	63642
农业总产值		亿元	0.62
粮食总产量		吨	2413.70
工业总产值		亿元	613.65
工业产品销售收入		亿元	617.50
工业利税总额		亿元	65.93
企业	全部企业	家	4829
	其中：工业企业	家	1888
全社会固定资产投资		亿元	44.93
中小学		所	5
医院、卫生院机构		家	1

【产业发展】 2023年，薛家镇坚持农业农村优先发展，全镇粮食总产量2413.7吨，新增204.7吨，实际种植经营耕地面积501.58公顷。其中，水稻种植面积149.65公顷，新增20.25公顷，理论亩产659.98千克，每亩增长5.81千克，总产量1482.7吨，种植品种主要有南粳46、南粳5055和软玉

位于薛家镇的雁荡河水利风景区 （韩中德 摄）

等；三麦种植面积172.09公顷，新增19.01公顷，总产量931吨，理论亩产361.05千克；小麦种植面积168.75公顷，理论亩产364.11千克，种植品种主要有镇麦15号、杨麦21号等。完成轮作休耕面积1.33公顷，蔬菜、瓜果播种面积约100.05公顷（含复种指数），花卉苗木种植面积135.4公顷，全年生产生鲜蔬菜瓜果2400吨。年内，14.81公顷“新吕农”牌阳光葡萄获绿色食品认证。全年完成农药残留检测任务2915批次，其中区级及以上定量、定性和风险检测采样330批次，检测合格率大于99%，完成104家农产品质量安全监管入网主体纳入省级监管平台，实现农产品质量安全监管全覆盖。

至2023年年末，薛家镇智能装备制造、新能源汽车及汽车核心零部件、生命健康三大主导产业实现产值369.49亿元，占全镇规模以上工业总产值的70%。全镇有工业法人企业2536家，全年实现工业总产值613.65亿元，规模以上工业入库税收21.24亿元；有外资规模以上工业企业70家，总产值282.37亿元，实现重点企业进出口总额231.2亿元；有年开票收入超10亿元工业企业14家，1亿～10亿元工业企业94家，税收超1000万元工业企业50家。

推进优质高效现代服务业发展，天宇购物广场、奥园路购物街、聚怡花园步行街等商圈业日渐成熟，集镇生活区配套完善；薛家国际4S汽车城新入驻海之森、智鹏、埃安等国内外一线品牌，与雷克萨斯、英菲尼迪等17家知名品牌形成全面的汽车消费商圈；全年实现汽车城销售额46.43亿元，第三产业增加值84.81亿元。

【镇村建设】 2023年，薛家镇镇级工程招标项目14个，零星工程66个，总投资额1997.69万元，其中薛家中学易地新建、全民健身中心、生态河道提升、农村污水管网全覆盖、残疾人圆梦中心、社区建设提升及老小区车位改造、薛家农贸市场等工程完工并投入使用。推进旧城改造，常蒸地块7家企业全部腾空，腾退土地面积23.35公顷，并移交区相关部门；常蒸地块民房征收涉及民房16户、非住宅3家，总面积约1.5万平方米，补偿总额1.4亿元，年内民房全部拆除；龙江路以西生命健康产业园区（薛家片区）叶家村计划搬迁民房476户，特殊附着物289户，年内全部完成搬迁签字，房屋拆除99%，特殊附着物签约95%。推进黄河西路与顺园路、奥园路段内的顺园一村、二村、三村及香槟广场、怡景名苑5个小区周边146家沿街商户“瓶改管”改造工程，完成20家餐饮商铺“瓶改管”；开展港口码头行业监管，完成治超地磅9家、扬尘监测设备及省级监控平台接入17家，码头岸电设备依据省交通运输厅要求完成设备更新及使用。开展自建房隐患排查，发现安全隐患4户，完成整改3户。强化物业监管，推进电动车充电桩安装专项行动，全镇25个小区安装充电桩计1438套，插座1.05万个。实施村庄沟塘清淤工程，投资17万元完成15条沟塘疏浚，清淤土方2.2万立方米；完成北童子河、童子河市政段、松林河、童子河南段4条省级农村生态河道创建，累计投入180万元；完成丁家河河道综合整治工程，累计投入480万元；完成32个小微水体整治，累计投入90万元。

【社会治理】 2023年，薛家镇推进“放管服”改革，持续完善“镇—村—站”三级服务体系，25个条线365项业务现场直办，年服务量突破8.6万人次。城市运营平台实体化运作，“19:00议事厅”、网格化治理有序推进，薛家镇社会工作服务站被评为常州市社会工作服务站示范点；答复“12345”市民诉求约3000起，办结信访问题81起，满意度100%，区级重点信访事项全部化解。常态化开展扫黑除恶、打击电信网络诈骗。发动各村（社区）参加基层社会治理典型案例比赛，橄榄城社区参加常州市最美城乡社区公共空间“微改造”项目及常州市基层治理与服务创新典型案例展示；任葛村参加常州市社区治理品牌项目展示，获三等奖。原创歌曲《网格员的朋友圈》获常州市公共文化“青果奖”。推进社工队伍建设，19人通过2023年全国社会工作者职业资格考试，组织村（居）委会成员参加市、区社会工作人才专项培训、全科社工业务技能竞赛等。开展社会组织年检，全镇5家社会团体、民办非企业、基金会参加年检；薛家镇慈善协会申报成功江苏省社会组织A等级。强化安全生产管理，优化工业厂房租赁“先审后租”机制，实施“危污乱散低”综合治理工作，集中力量对消防、危险化学品、建筑工地、港口码头等12个重点领域重点行业开展排查，整改各类隐患约900处。全区首家企业安全体验馆落户常州中车铁马科技实业有限公司，薛家镇获常州市基层消防监管工作先进单位、规范化基层食安办称号。

【社会事业】 2023年，薛家镇城镇就业率97.3%，新增就业2089人，企业职工基本养老保险和基本医疗保险参保人数超4.02万人，全年就业困难人员享受社保补贴280万元。全镇有低保70户91人，新增低保户6户，全年发放低保金92.42万元，为30户低保边缘对象放发救助金5.4万元；为13户因家庭成员突发重大疾病、交通事故等意外事件导致基本生活暂时出现严重困难家庭发放临时救助金4.35万元；发放困难残疾人生活补贴和重度残疾人护理补贴约480万元；发放困境儿童家庭基本生活保障金约58万元，为60名儿童提供康复训练救助金120万元。全镇设“夕悦薛家”社区居家养老服务站点15个，全年为老年人提供助餐6万余份，上门援助服务2.65万人次；为1446名80周岁及以上老年人发放尊老金96.91万元，对20户老年人家庭实施适老化改造。开展慈善救助，为困难家庭和儿童发放慰问金14.5万元；举行“慈善一日捐”活动，募得善款8.09万元；年内，镇、村（社区）两级慈善工作站组建完成。组织无偿献血活动2场，献血233人，献血量78.8升。助力残疾人就业，对薛家镇残疾人就业圆梦工作室实施改造提升，为1名残疾人申报自主创业扶持资金5000元；对辖区内80家安置残疾人就业的企业开展残疾人就业保证金申报。新北区向阳花儿童康复中心在薛家镇落成，被认定为常州市定点儿童康复中心。创成薛家镇德康驿站，精神障碍患者到站康复训练35场（次）。推进教育事业，薛家中学易地新建项目竣工投用，通过与江苏省常州高级中学合作办学持续提升办学品质；连续第6年开展流动就业创业人员随迁子女积分入学工作，有296名流动人口随迁子女通过参加积分申请就读公办小学起始年级；薛家镇幼教集团被评为常州市集团化办学工作表现突出集体，常州市新北区薛家实验小学被评为常州市义务教育新优质学校。开展“普惠托育，共同行动”主题宣传活动，发放免费托育服务券300张；在嘉禾尚郡小区打造全镇首个嵌入式托育服务中心。开展社区卫生服务，建立家庭病床16张，薛家人民医院妇女儿童诊疗中心、居民健康体检与管理中心通过农村区域性医疗卫生中心十大相关功能中心市级评定。

（薛家镇 顾诚）

罗溪镇

【概况】 罗溪镇位于常州国家高新区（新北区）西南部，东与薛家镇毗邻，南与薛家镇昌墅村、奔牛镇接壤，西与丹阳市运河镇交界，北与西夏墅镇、魏村街道相连。至2023年年末，全镇行政区域面积53.79平方千米，辖行政村6个、社区6个，有户籍人口4.33万人、常住人口6.8万人。罗溪镇是常州市发展多式联运的重要基地之一，先后获国家卫生镇、江苏省生态文明建设示范镇、江苏省高端装备制造业特色基地、江苏省新型工业化产业示范基地等称号。2023年，全镇实现地区生产总值195.09亿元，比上年（下同）增长11.8%。其中，第一产业增加值2.52亿元，增长1.5%；第二产业增加值140.48亿元，增长15.3%；第三产业增加值52.09亿元，增长4.2%。实现地方一般预算收入14亿元，增长58.6%；全社会固定资产投资48.4亿元；实际到账外资4175万美元。罗溪镇被评为省域突出单位优秀示范班点、常州市智能制造示范区。

（罗溪镇 贵玺文）

【产业发展】 2023年，罗溪镇粮食、油料及其他农作物种植面积1147.38公顷。其中，水稻种植面积385.15公顷，小麦种植面积454.45公顷，油菜种植面积57.8公顷，休耕轮作面积13.59公顷，大豆种植面积236.39公顷。投入210万元建成龙珠山村高标准农田20公顷，同步开启2024年度王下村

表69 2023年罗溪镇经济和社会主要指标统计表

指标名称		单位	数值
行政区域面积		平方千米	53.79
行政村		个	6
社区		个	6
年末户籍人口		万人	4.33
地区生产总值		亿元	195.09
地方一般预算收入		亿元	14
居民人均可支配收入		元	57553
农业总产值		亿元	4.18
粮食总产量		吨	6859
工业总产值		亿元	867.90
工业产品销售收入		亿元	864.70
工业利税总额		亿元	69.70
企业	全部企业	家	3218
	其中：工业企业	家	1568
全社会固定资产投资		亿元	48.40
中小学		所	3
医院、卫生院机构		家	1

40公顷高标准农田建设。全年夏、秋季秸秆机械化还田面积466.67公顷，生态型犁耕深翻还田面积76.45公顷，受益农户（农业组）347户次；耕地地力保护补贴面积367.66公顷，发放补贴资金66.18万元；实际种粮农民一次性种粮补贴面积321.52公顷，发放补贴资金9.65万元。推进涉农企业提档升级，创建市级“全程机械化+综合农事”服务中心1家，区级全程机械化示范基地1个，区级节水型企业1家，水平衡测试企业1家；常州东方航空食品有限公司被认定为农业产业化区级龙头企业，常州市贝特蓝莓种植专业合作社被认定为区三星精品采摘园和A级诚信单位。提升农产品质量安全监管能力，完成镇级农产品种植户采样检测6461个，开具合格证100万张；2个村级服务站共服务农户203户，提供免费检测530次。重大动物疫病防控实行常年防疫与春秋两季普防相结合，全年采集禽类血样8次300余份，发放消毒药品180千克。全年小麦保险投保面积324.67公顷，高效设施农业保险投保面积118.82公顷，水稻保险投保面积358.28公顷。

聚焦新能源汽车及汽车核心零部件产业转型升级。至年末，全镇新能源汽车产业产值511亿元，增长51.5%。全年实施重点项目18个，其中省重大项目1个、市重点项目9个、区重点项目8个；13个重点项目竣工，全年完成投资额52.4亿元。年内，空港产业园围绕新能源汽车及核心零部件、智能装备制造两大主导产业，引进意大利迈威、捷佳创超高效光伏装备、新泉智能座舱、贸联特种电缆等重大产业项目15个，总投资额99.4亿元；引进总投资额超10亿元的重大产业项目5个，总投资额32.3亿元的汽车零部件项目7个，嘉宏空港国际星光城美爵酒店等优质服务业项目5个；引进“三高一资”企业、高新技术企业、科技型中小企业等14家。全镇有各类企业3218家，规模以上企业287家，其中工业企业178家；全年实现工业总产值867.9亿元、规模以上工业总产值778.8亿元，分别增长38.9%、41.1%。

推进现代服务业集聚化、规模化、高效化发展，全镇限额以上批零业销售额90.29亿元，下降1%；列入统计重点服务业营业收入17.53亿元，增长8.4%；新增个体工商户497家（含注销）。常州综合物流园区货物吞吐总量1200余万吨，实现总收入155亿元，税收总额1500万元，入园企业355家；江苏万商商贸城市场成交额61.98亿元；常州吉瑞物流信息咨询有限公司达新评定规模以上服务企业条件，获2023年市级小微服务业企业上规模奖励10万元，被评为市级示范物流企业，获批现代服务业发展专项奖励资金20万元；常州跨越物流有限公司、常州友好速递有限公司获国家AAAA级物流企业认证，并获2022年度新北区服务业创新发展政策兑现资金50万元。

（罗溪镇 贯玺文 张云叶）

【镇村建设】 2023年，罗溪镇实施建设工程16项，其中结转上年项目1项。罗溪卫生院提档升级改造项目开工，12月进入室内装饰阶段；碧春湖幼儿园竣工验收并交付使用，碧春缘体育公园工程竣工验收并交付使用。空港一村三期项目开工，同仁苑小区改造（一期）工程、同德苑三网融合改造工程、贸联电子（常州）有限公司配套工程完工；吕汤线（宝塔山—东沙河）改造工程确定施工单位，罗浮山路、罗南路、通和路、罗东路主要道路新建与改造工程确定施工单位；南村谢宅文物迁移保护工程完成招标并进场施工。实施汉江西路（民营三路—叶汤路）路灯更换工程，新增路灯7套，原有13盏路灯拆装出新、更换LED灯头。实施兴欣路、盛意路、塑化路等市政道路收水井改造，将收水井侧立式井改直立式收水井。实施紫金山路（延河西路—京沪高铁以北200米）、延河西路东延建设项目（比亚迪配套）等6个项目的绿化迁移、修剪；改造老孟河湿地公园配套绿化，建设罗浮山路东侧景观绿化。完成团结河、韶山河生态河道建设工作，西绕河创成区农村幸福河湖；投资209万元推进团结河综合整治工程建设，提升景观效果。配合区住建局和常州中泽环境有限公司实施镇域内5个行政村10个自然村农村污水接管工作。投入45万元实施小微水体整治（村庄沟塘轮浚）项目，涉及7个村48个沟塘，清淤总量5.91万立方米；在温寺村、窑井村、龙珠山村等村开展15个小微水体整治提升工作，实施岸坡修整、绿化栽植，增设护岸木桩。提升垃圾转运及处置能力，实施汤庄垃圾压缩站升级改造，于10月底完成设备安装、调试并运行；全年收集转运生活垃圾2.43万吨。推进村（社区）垃圾分类工作提标，提高空港八村生活垃圾智能化分类系统利用率，推进邱庄村委实施垃圾分类行政村提标改造，完成设备采购并交付运营。配合道路交通“示范乡镇”建设，投资约250万元改造“四好农村路”4条。完成农村地区道路交通安全综合治理试点项目工程及团结河人行桥栏杆改造。实施安置小区骑行电动车停车场地及雨棚工程、充电桩安装工程，增加车位1360个，配套雨棚3950平方米，安装充电桩2772个。规范建设液化气供应站点，在汤庄桥老中学和罗墅湾老中学各建1座液化气二级供应站；配合港华燃气公司推进聚集街区“瓶改管”，高巷社区4月底完成15户餐饮商户和4户非居民接管通气工作，罗墅湾社区完成主管建设。组织村委工作人员对全镇76栋C、D级隐患农房开展危房回头看工作，完善管理措施；联合市建科院开展危房再排查，维修加固整改后出具房屋安全排查报告，完成60栋危房工程措施整治。全年完成12户房屋抽签安置工作，总安置面积约1080平方米；办理空港二村不动产证1070套，邀请市公证处对空港二村120余户安置户进行房产继承集中公证。

（罗溪镇 季洁 张云叶）

【社会治理】 2023年，罗溪镇综合窗口办理企业和居民社保、医保类业务6736件，生育服务联系单、一次性奖励等1027件，单位公积金、店招申请、卫生许可证、民生档案查询、市民卡、宅基地审批等620件；“12345”政府公共服务平台受理群众诉求2918件，办结率100%。镇公共资源交易中心电子化招标平台上线，实现全区首家零星工程项目招投标全流程电子化。推出“周六不打烊”延时服务和“企业新职工一件事”等11项主题集成服务，全年办理业务239件。建立“蜘蛛网”细胞化服务点位，依托“15分钟医保圈”市级示范点，建设12个村（社区）医保公共服务点和龙珠山村便民服务站“畅通办”示范点。“应进必进”政务服务事项进驻12个村（社区）便民服务站，开展“家门口办好事”便民服务业务培训；升级“智航罗溪”微信公众号“网上办”，实现“零见面”“零跑腿”业务办理。持续提升基层法律服务能力，至年末，全镇有省级法治文化阵地1个、省级民主法治示范村4个，村（社区）公共法律服务中心建成率、“一村（社区）一法律顾问”配备率均达100%。全年处理各类矛盾纠纷700余起，其中重大矛盾纠纷19起，涉及金额1500余万元，调处成功率100%；建成村级公共法律服务室6个、法律援助示范点1个、溪星人才公寓公共法律服务室1个；创成比亚迪公共法律服务室，为全市首个驻企公共法律服务室。全年驻村（社区）法律顾问开展现场服务2场、法制讲座1次，覆盖人群1500余人；信访事项及时受理率、按期办结率100%；推进网格化社会治理，全镇网格采集处置各类问题1885件，其中办结1878件、入选优秀事件37件，办结率99.52%；调整出台《罗溪镇网格化社会治理考评细则（第三版）》，加速“网格+代办”有机融合，推出“扶残助困一件事”网格员帮代办服务。

（罗溪镇 王文思 梁海鸥）

【社会事业】 2023年，罗溪镇发放各类民政资金990.6万元，其中临时救助金21.9万元、慈善救助资金25.6万元、困难和重度残疾人“两项补贴”427.6万元、低保家庭最低生活保障金248万元、大病救助37万元、尊老金115万元、困境儿童补助资金31.5万元、“五保”对象保障资金84万元；发放被征地农民社会保障支出4309.3万元；为247名优抚对象发放补贴553万元，新增、换领优待证67张，退役军人服务保障率100%。开展残疾预防活动，完成白内障筛查207人，组织精神病防治医生定期入户随访精神病人106人；协助残疾人就业，实名制新增就业9人、培训22人，圆梦工作室和圆梦星家31名残疾员工全年完成产值43万元；开展全镇1085名持证残疾人基本状况调查工作，为42名证件到期残疾人换证。开展“冬暖夏凉”和“常有众扶”慈善救助项目，针对低保、低保边缘、分散特困和支出型困难家庭一次性赠送200度电，向全镇31户重点帮扶对象发放爱心包131件。为1454名高龄及经济困难失能老年人提供专业居家养老服务；与分散供养五保老人签订爱心协议，完成43户困难老年人家庭适老化改造，为145名老年居民提供助餐服务；开展老年人免费体检6092人、心理健康评估782人，对12名心理健康高危老人进行入户关爱。组织51名特扶对象参加“肿瘤”早筛免费体检并为患病对象提供治疗；开展免

1月5日，溪南社区文艺团的特色节目器乐合奏《龙城欢歌》在中央电视台星光演播厅展演，并获金奖（罗溪镇 供图）

费“两癌”筛查1302人，退休职工体检1119人，各类优抚对象及无军籍退休职工健康体检129人。成立镇、村（社区）慈善工作站，共募集资金96.5万元，救助辖区内105户困难群众，共计9.57万元；召开罗溪镇良春爱心慈善基金发放大会，发放助医助学资金5.5万元；开展“慈善一日捐”活动，向市慈善总会捐赠善款10.74万元。全年新增就业4586人次，处理各类劳动争议案件1200余件，涉及人数1300余人，案件涉及金额3000余万元。组织40余家企业参加校园招聘会，提供就业岗位500余个；与四川攀枝花学院、盐城工学院达成人才输送合作意向，共建引才工作室；自主就业退役士兵就业稳岗率100%，推荐项目参加第四届退役军人创业创新大赛并获二等奖。投入约1700万元改造罗溪镇卫生院。投资超1亿元的罗溪镇碧春湖幼儿园投入使用。举办罗溪镇“致未来 争朝溪”教育发展大会暨庆祝罗溪中心小学建校100周年活动；常州市新北区汤庄桥幼儿园创成公立普惠托育点，常州市新北区罗溪中心小学创成市新优质学校；常州市新北区老年大学罗溪分校正式开学。打造“溪韵”文化品牌，全年文化场馆服务人数31.4万人次，组织送戏下乡30场、开展综合性大型群众文化活动10场；挖掘罗溪镇文旅资源，镇推介官张佳惠被评为区“美好生活‘新’推官”。溪南社区文艺团的特色节目器乐合奏《龙城欢歌》在中央电视台星光演播厅展演并获金奖。开展送电影进军营活动，观影驻地部队官兵4000余人；依托志愿者服务，开展老兵贺新春、金婚老兵圆梦、老兵故事会等活动。承办常州市首届“村BA”篮球联赛暨罗溪镇“夜精彩”活动；举办罗溪镇全民健身运动暨罗溪镇第四届篮球联赛，发放体育消费券5万元，吸引近3万名观众观看比赛。至年末，全镇新增健身路径70平方米，村（社区）及企业足球场、篮球场、羽毛球场等健身场地100片1.89万平方米，完成24处全民健身路径点器材更新。

（罗溪镇 王文思）

【罗溪镇智能制造示范区入选市智能制造示范区】 1月18日，罗溪镇智能制造示范区入选2022年常州市智能制造示范区拟认定名单。罗溪镇智能制造示范区规划西至老孟河、东至民营一路，南至龙城大道，北至天河路，面积8.09平方千米。主导产业是新能源汽车及汽车核心零部件产业和智能装备产业，有规模以上工业企业52家。2023年，罗溪镇围绕智能制造示范试点建设、智能制造项目推动、智能制造服务体系完善等方面发力，常州豪爵铃木摩托车有限公司被评为江苏省智能工厂，北汽重型汽车有限公司被认定为全区首家江苏省5G工厂。至年末，全镇新能源汽车及汽车核心零部件产业集群完成产值511亿元，增长51.5%；实施金额超1000万元以上智能化技改项目16个，有市级及以上智能车间（智能工厂）30个。

（罗溪镇 贾玺文）

【常州国家高新区与贸联集团签约】 10月11日，常州国家高新区与贸联集团签约，合力推进电缆制造业高质量发展。新项目注册资本3000万美元，扩充贸联特种电缆（常州）有限公司产能，增加标准电缆、特种电缆、组件系统及其他智能化产品和服务。贸联集团（BizLink）创立于1996年，总部位于美国加州硅谷，2011年在台湾证券交易所上市，是全球连接器、线束方案供应商。产品涵盖电脑零部件、车用、医疗设备、通讯、太阳能以及工控移侧设备等相关接线组、连接器、线材，以及光电子元件等产品研发、生产及销售等，产品应用于半导体、新能源、高端智能装备等产业。2017年、2022年该集团分别收购莱尼电气线缆组件（常州）有限公司和莱尼特种电缆（中国）有限公司，成立贸联电子（常州）有限公司和贸联特种电缆（常州）有限公司。

（常新鉴）

西夏墅镇

【概况】 西夏墅镇位于常州国家高新区（新北区）西部，东连春江街道，南邻罗溪镇，西接丹阳市吕城镇，北靠孟河镇。至2023年年末，全镇行政区域面积51.96平方千米，辖行政村5个、社区5个，有户籍人口4.3万人、常住人口5.8万人。拥有始建于500余年前的孔庙、200余年前的东林寺及160年前的梅村古戏楼，其中梅村古戏楼被列入江苏省古戏楼群保护名录。先后获全国环境优美镇、全国生态镇、国家卫生镇、江苏省特色文化镇、江苏省文明镇等称号。2023年，镇建设局档案室被评为江苏省一级村镇建设档案室，东南村创成全国乡村治理示范村、江苏省乡村振兴示范村，东南村有机稻米种植专业合作社被评为国家级生态农场、国家级生态农场创新创业典型案例。全镇实现地区生产总值85.73亿元，比上年（下同）增长7%；地方一般预算收入4.79亿元，增长36.99%；工业销售收入225.7亿元，入库税收7.8亿元，增长132%，其中规模以上工业总产值126.4亿元、销售额121.6亿元，分别增长7.4%、6.5%；全社会固定资产投资17.15亿元，其中工业技改投入13.57亿元、服务业投入3.58亿元；实际利用外资10万美元，自营进出口总额28.1亿元。

表 70　2023 年西夏墅镇经济和社会主要指标统计表

指标名称		单 位	数 值
行政区域面积		平方千米	51.96
行政村		个	5
社区		个	5
年末户籍人口		万人	4.30
地区生产总值		亿元	85.73
地方一般预算收入		亿元	4.79
居民人均可支配收入		元	56710
农业总产值		亿元	2.50
粮食总产量		吨	7327
工业总产值		亿元	230
工业产品销售收入		亿元	225.70
工业利税总额		亿元	8.80
企业	全部企业	家	5188
	其中：工业企业	家	3456
全社会固定资产投资		亿元	17.15
中小学		所	4
医院、卫生院机构		家	7

【产业发展】 2023 年，西夏墅镇加快推进现代化农业发展，省级现代农业产业示范园通过实地考核，常州市润果农业科技有限公司创成市级果园生产全程机械化示范基地，常州维尔利农业科技发展有限公司、新北区西夏墅万果农业生态园等申报区级农业龙头企业，江苏顶润绿色农业发展有限公司入驻镇农业产业园区；推动无人农机耕种技术运用到复垦插秧环节，稻麦轮作面积超 666.67 公顷；发展生态循环农业，打造以常州维尔利农业科技发展有限公司、常州市兴华牧业有限公司为主导的示范园区农业发展新模式。至年末，全镇水稻、小麦种植面积 1048.59 公顷，总产量 8827.39 吨，总产值 2222 万元；新增水稻种植面积 80 余公顷，水稻平均公顷产 10.48 吨、小麦平均公顷产 5.53 吨；完成 73.33 公顷高标准农田建设。全年家禽存栏 16.8 万羽，羊存栏 600 头，生猪存栏 2.68 万头；水产养殖总面积 408.73 公顷，总产量 280 余吨。全年完成产地检疫生猪 2.1 万余头，生猪尿样“瘦肉精”检测 200 余份；开展区级蔬菜农残速测 5500 余个，合格率 100%。800 个纳入省农产品质量追溯平台的农业经营主体全年开具合格证 90 余万张。

2023 年，西夏墅镇实现工业销售收入 225.7 亿元，入库税收 7.8 亿元；新材料行业纳税销售 41.95 亿元，纳税 0.72 亿元；刀工具行业纳税销售 46.07 亿元，纳税 2.9 亿元。至年末，全镇拥有年销售亿元以上企业 18 家，税收超 1000 万元企业 9 家、500 万～1000 万元企业 13 家，新增规模以上工业企业 21 家。完成技术合同登记备案 6.01 亿元，招引“三高一资”项目 3 个、高新技术企业和科技型中小企业 5 家、科技型小微企业 15 家；新增科技企业孵化器国家级 1 家、市级 1 家，工程技术研究中心省级 2 家、市级 1 家，市级众创空间 1 家。启动市、区重大建设项目 10 个，其中新建项目 6 个、续建项目 4 个；完成项目总投资额 14 亿元，其中市级重大项目总投资额 3 亿元，完成新入库市重大项目 1 个、市重大项目竣工 1 个。制定《关于进一步完善招商引资工作激励机制的若干意见》，招引项目 8 个，其中总投资额 1000 万美元或 1 亿元以上的“两特三新”产业及其他先进制造业项目 5 个、注册资本 500 万元以上优质服务业项目 3 个，盘活低效用地 24 公顷。

2023 年，西夏墅镇服务业投入 3.58 亿元，完成服务业增加值 33.67 亿元，占全镇 GDP 的 40%。至年末，全镇新增贸易规模企业 4 家、现代服务业企业 2 家、文化产业企业 1 家，有各类金融机构 4 家、规模餐饮业企业 2 家、小吃排档 300 余家、休闲娱乐场所 13 家、大型超市商场 2 家。西夏墅工具产业带动 2000 余家各类工具原、辅材料、工具产品营销、其他媒体、平台企业或个体工商户发展。推进乡村观光农业项目建设，稻田理想精品民宿全年客流量 3.5 万人次；区农民丰收节连续 5 年在东南村举办，带动地方特色农产品销售，其中东南大米全年销售额 250 余万元。

【镇村建设】 2023 年，西夏墅镇初步形成“一廊一轴三片”（新孟河生态廊道、122 省道和三个片区）的总体规划结构，重点推进交通安全示范镇、西夏墅初级中学新建、主题口袋公园、东南李家村民宿酒店四大项目。实施交通设施、道路改造、智能化设备三大工程，改造提升镇区道路 24 条，完成城巷桥与239省道顺接，3条农路、2座农桥竣工并通车；完成主要路段监控优化，新增智能化设备20个；新建停车场3个、机动车车位185个并全部免费对外开放。常州市新北区实验中学西夏墅分校全面竣工并交付使用。投入1200万元新建6个主题口袋公园并对外开放。投资1000万元的东南李家村民宿完成建设并交付使用，项目占地面积2528平方米、建筑面积2237平方米。全镇办理安置房不动产证545套、集体土地房产证108套，浦河社区4.67公顷集体土地经营性入市。完成零星工程招投标项目37个，涉及开标金额3727万余元，为财政节约资金726万余元。推进河东新镇区建设和老镇区改造，打造新孟河沿线生态走廊，南桥改造项目签约12户并全部腾空，新孟河沿线40户危房动迁工作启动。深化美丽乡村和居民集聚点建设，完成浦河、水塔口、池上社区村庄规划编制工作，梅林村现代化宜居农房96套竣工并交付，总用地面积3.56公顷，总建筑面积2.42万平方米；完成东南村李家村美丽乡村建设，承办市中国农民丰收节、区羊肉美食文化旅游节。提升农村人居环境长效管理，推进“三标融合”，开展村庄垃圾清理集中攻坚整治，试点开展37个自然村积分制管理工作；完成农村乱占耕地试点整治，拆除乱占耕地违建面积1.07万平方米；完成华墅袁家村自来水管工程，总投资约189万元新建和改建管道6条，实施长度约3690米；强化河道长效管理，疏浚沟塘35座，整治小微水体47个，东南村创成市级小微水体整治示范片区；完成十里长沟、夏史巷大沟、午塘河、永胜河4条生态河道整治以及东风河、午塘河、永胜河、新南长沟4条幸福河湖创建；完成72.07公顷池塘标准化改造，镇级河道水质消除黑臭达标率100%。全年完成镇区、工

西夏墅镇东南村李家村民宿 （西夏墅镇 供图）

业园区、浦河集镇区共19条道路行道树修剪，全镇绿化空秃补种面积1.5万平方米；完成239省道镇区段沿线路口、现代农业产业园、福园南桥共9处节点绿化提升面积1.06万平方米。

【社会治理】 2023年，西夏墅镇持续提升社会治理能力，划分网格76个，其中综合网格63个、专属网格13个，微网格198个；推进“一网格一支部一阵地”建设，建成网格党群直通站47个，建立以网格长、专职网格员为主体，党员兼职网格员、微网格联络员、网格志愿者共同参与的网格力量体系；全年发现上报矛盾纠纷、社会治安等网格事件1.18万件，办结网格事件2207件，办结率98.05%。强化平安建设，线下接待信访事项441件次564人次，线上数字信访平台162件次，初次信访办结率100%，满意率99.31%。持续点亮“法润万家”普法品牌，运用“润展宣释”普法四字工作法，承办常州市法治宣传走基层活动；开展法律明白人、宪法宣传月、法治文化下乡等普法系列宣传活动24场，开展“心航家园”特殊人群心理矫治帮扶项目，受益人数5000余人。年内，西夏墅司法所被评为全省“法律明白人”培育工作成绩突出集体。以镇公共法律服务中心为枢纽，搭建“1+10+N”三级公共法律服务平台架构，镇级“一站式”矛调中心建成并投入使用；发挥“墅融解纷”矩阵机制、村矛调站、老娘舅调解工作室、公调对接、访调对接等作用，全年共调处各类纠纷450余起。

【社会事业】 2023年，西夏墅镇居民人均可支配收入56710元，有低保户123户，发放最低生活保障金148余万元、分散供养“五保”老人生活补贴71余万元、困境儿童生活补助33万余元；享受上门服务老年人1450余人，发放居家养老服务费170余万元、尊老金108万余元。开展关爱困难残疾人活动，全年发放残疾人“两项补贴”480万元、残疾人临时救助金12万余元、租赁补贴4.5万元、残疾学生及残疾人家庭子女助学金9750元，发放免费辅助器具10件，精准发放率100%；完成区残联下达的残疾人就业圆梦中心产值任务指标26.8万元；为

345名老年人开展“防残助残·光明行”白内障脱盲复明筛查。开展持证精神病人以及监护人体检和培训，参与人数163人，精神病人免费服药138人。开展失独家庭关爱活动，组织走访慰问计生特殊家庭92户142人，发放慰问金和慰问品价值12万余元；慰问计生特困家庭10户，发放慰问金1万元；开展六一助学行动，慰问贫困儿童10名。开展服役、退役军人迎送、立功军人配套奖励工作，优化镇（村）两级退役军人服务站建设；完成退役军人优待证申领工作以及就业创业需求调查，组织12人参加退役军人职业技能培训，推荐就业岗位100余次，年度退役士兵就业稳岗率100%。开展“慈善一日捐”活动并募集善款7.94万元，镇慈善基金会向各村（社区）下拨临时救助款80余万元。全年新增社保人员400人、居民医保人员663人，办理省社保卡1080张；“15分钟医保服务圈”示范点通过省级验收，实现全镇10个村（社区）医保公共服务全覆盖。办理居民养老退休454人、失业登记242人，灵活就业人员社会保险优惠补贴102人；开展离校未就业高校毕业生实名制登记53人，就业率100%；立案调处劳资纠纷353起，责令单位支付职工工资、补偿金等900万元；开展多形式就业服务，组织70家企业参加春风行动新年专场招聘会，提供岗位2875个，达成岗位意向300余人，全年新增城镇就业人员2685人；依托镇域内创办的常州斯乃刻技术培训学校，开展就业创业培训，全年组织申报大学生创业项目2个；举办新北区化学检验员和物流管理师技能竞赛，创业人员登记120人；开展电工、数控磨工等技能提升培训，856人完成培训并取得相应技能证书。举办第七届“乐动四季——舞动小镇”广场舞展演、第九届运动会、精品戏曲进社区等各项文体活动；镇视频作品《一把刀的四次“裂变”》获全市优秀视频作品二等奖，《乡村振兴 常州有“稻”》获全区优秀作品三等奖。持续推进社区教育品牌建设，实施积分入学，服务流动就业创业人员随迁子女160人次。年内，常州市新北区老年大学西夏墅分校获江苏省优质老年学校称号，常州市西夏墅初级中学与常州市新北区实验中学签约合作办学，常州市新北区西夏墅中心幼儿园创成省级普惠托育机构，常州市新北区西夏墅中心小学被评为常州市体育乒乓特色学校。提升医疗服务水平，镇卫生院创建糖尿病省级特色专科，成立王永清劳模工作室。完善体育设施建设，全年新增体育场地1.56万平方米，更新健身器材126件。

常州市新北区西夏墅中心幼儿园开展一日活动 （区委宣传统战部 供图）

【刀工具产业】 2023年，西夏墅镇刀工具行业有企业2000余家。西夏墅镇刀工具产业发端于20世纪60年代，后发展为西夏墅镇重点发展的特色产业，打造成“中国工具名镇”的金字招牌，拥有从国外引进的先进生产设备1500余台套，具有国内较先进的研发能力、制造设备和生产技术。年内，镇新增科技企业孵化器国家级1家、市级1家；新增工具行业省高新技术企业26家、潜在独角兽企业1家、苏南自创区瞪羚企业3家、市种子独角兽企业1家；与上海交通大学、江苏海博工具产业研究院等科研院所签订产学研协议28项，完成技术合同登记备案6.01亿元。至年末，镇刀工具行业完成销售额46.07亿元，占全镇销售额的21%，入库税收2.9亿元。重点刀具企业常州市海力工具有限公司（江苏省高新技术企业）与上海交通大学共建高效精密工具研究基地，年内销售额1.5亿元；常州创伟工具制造有限公司被春保森拉天时集团收购，实现亩均税收229万元。

【纺织印染产业】 至2023年年末，西夏墅镇高新纺织工业园有纺织印染企业22家，其中规模以上企业14家；镇纺织印染行业全年完成销售额22.66亿元，入库税收0.7亿元，增长27%；常州市德易印染有限公司、常州京江源纺织有限公司2家企业入库税共2996.16万元，占镇纺织印染全行业的42%。西夏墅镇高新纺织工业园于2003年经省政府批准成立，定位是重点发展纺织印染和服装行业，适当发展机械和金属加工等行业的工业园区。年内，镇推进印染园区提档升级，制定《新北生态织染工业园区转型升级工作方案》，完善22家印染企业“一企一策”；全年关停1家、转型1家、整治提升4家。

【西夏墅镇便民服务中心被评为省级“15分钟医保服务圈”示范点】 2月12日，西夏墅镇便民服务中心入选2023年度“15分钟医保服务圈”省级示范点名单。2023年，镇便民服务中心持续推进医保服务体系建设，提供基本医疗保险参保人员异地就医备案、参保人员医疗费用手工（零星）报销、生育保险待遇核准支付等23项业务办理；配备医保服务专职人员，设立医保自助服务一体机，办事群众只需携带身份证或社保卡便可快捷办理；“线上＋线下”联动，通过微信公众号、微信朋友圈、悬挂横幅、设置咨询台、发放宣传资料等多种形式宣传医保政策；实行“通办＋专窗＋机动”模式，常规业务“一窗通办”，特殊情况“专人专办”，高峰时段“机动辅办”，实现即时审核、即时办结；针对老年人、残障人士等特殊服务对象开辟绿色通道，提供“跑腿办”“帮代办”服务，对特殊情况提供预约、延时服务；通过网上办、掌上办、终端自助办等多样化渠道，落实“不见面”办理，拓展医保便民、利民、惠民服务新领域。至年末，镇便民服务中心完成生育保险待遇报销287件，医疗费报销152件，异地就医145件，新增参保663人。

【主题公园】 2023年，西夏墅镇投入1200万元新建工业主题文化公园、农耕文化展示园、红色主题文化公园、时光公园、滨水休闲公园（福园四期西侧）、交通安全主题公园六大主题公园，总占地面积7.42万平方米，年内均投用。工业主题文化公园占地面积1170平方米，结合工业文化主题和水文化，采用立面引导、补种植物、公园景墙设计、增加工业元素装置等手法，配套人行步道、观景梯步、商业外摆、活动平台和文化Logo景墙及灯光，营造具有文化价值以及休闲价值的滨水节点。农耕文化展示园占地面积4661平方米，通过对原有粮仓修旧如旧，展现境域农耕特色；公园以突出原址原貌为主线，使用万安桥老石材打造入口景墙、融入地面铺装，同步梳理交通流线，人车分流，为居民打造休憩游园；园内设置互动体验装置，增加稻谷市集、景观步道、稻谷广场，观稻廊桥，观稻平台等基础配套设施，通过各类主题活动和民俗表演，增加游客的趣味性和娱乐性。红色主题文化公园占地面积3223平方米，通过对闲置公共空间改造，植入特色红色文化主题，园内增加红色星光步道、红色宣传栏、红色标识牌等红色文化展示版块，并通过种植红梅、修缮拱桥烘托主题特色。时光公园占地面积4420平方米，根据老街居民的年龄组成和相关生活属性，载入智慧停车、街角公园、健身环路和儿童游乐等功能；园内设置健身环形步道、智慧停车场等，并沿街设置开放入口，激发镇老街的景观新活力。滨水休闲公园（福园四期西侧）占地面积1.89万平方米，是根据老街人员组成、地理位置等因素，沿新孟河设计的滨水观景区域；园内设置观景平台、全龄休闲活动场地、环形步道、车行道等基础配套设施，并新增生态修复区，引入雨水花园、花境等景观，吸收涵养水源，提高新孟河的生态恢复力。交通安全主题公园占地面积4200平方米，以“地域特色与交通文化融为一体宣传教育与景观赏析共为一色”为理念进行设计，园内设置交通标志识别墙、沉浸式模拟道路、电动车互动标识区、“童”行平安路、交警Logo打卡互动区以及道路交通安全主题打卡座椅等，在休闲娱乐之际提高游客交通安全意识。

（西夏墅镇 张溯渊）

奔牛镇

【概况】 奔牛镇地处常州市西侧大运河畔，位于常州国家高新区（新北区）西南部，东与薛家镇、钟楼区新闸镇及北港街道接壤，西与丹阳市吕城镇及皇塘镇蒋墅社区毗邻，南与钟楼区邹区镇相连，北与罗溪镇衔接，有2100余年历史。至2023年年末，全镇行政区域面积56.31平方千米，辖行政村11个、社区5个，有户籍人口5.35万人、常住人口6.8万人。先后获国家级卫生镇、全国综合实力千强镇、江苏省文明乡镇等称号。年内，镇被评为国家级、省级智慧健康养老应用试点示范镇，江苏省首批生态宜居美丽示范镇。2023年，全镇实现地区生产总值88.67亿元，比上年（下同）增长7%；地方一般预算收入4.47亿元，增长30.72%；规模以上工业产值123.78亿元，增长19.04%；完成支撑GDP核算服务业营业收入9.91亿元，增长33.7%；实际到账外资8098万美元。

【产业发展】 2023年，奔牛镇粮食生产面积656.4公顷，其中种植水稻面积318公顷、小麦面积278.53公顷、大豆面积55.13公顷，祁家村片区53.33公顷高标准农田通过区级验收。完成全镇高效设施农业保险调查摸底工作，全年小麦保险投保面积285.51公顷，水稻保险投保面积5公顷，油菜投保

表71 2023年奔牛镇经济和社会主要指标统计表

指标名称		单 位	数 值
行政区域面积		平方千米	56.31
行政村		个	11
社区		个	5
年末户籍人口		万人	5.35
地区生产总值		亿元	88.67
地方一般预算收入		亿元	4.47
居民人均可支配收入		元	54367
农业总产值		亿元	3.66
粮食总产量		吨	4791
工业总产值		亿元	128.34
工业产品销售收入		亿元	125.77
工业利税总额		亿元	9.25
企业	全部企业	家	3742
	其中：工业企业	家	1382
全社会固定资产投资		亿元	21.24
中小学		所	7
医院、卫生院机构		家	13

面积5公顷，高效设施农业保险镇补贴资金55.51万元。推进绿色食品产业发展，常州市润土瓜熟观光采摘园、新北区贤春农场观光采摘园分别被认定为区四星级、三星级精品观光采摘园；落实全镇入网主体的承诺书签订和告知书发放等工作，开展区级定性、定量农产品监测抽样工作，监督检查入网主体1004家1046次，开具合格证98万张。推进新型农业经营主体培育，完成全镇169家家庭农场和种养殖大户信息调查；创成新北区奔牛镇贤春生态家庭农场、新北区奔牛镇姚头沟家庭农场2家市级示范家庭农场，常州市润源农业生态园等9家区级示范家庭农场。开展畜禽产品质量安全监管、动物疫病监测与流行病学调查、禽养殖场（户）液体粪污贮存设施安全生产巡查工作，采集禽蛋产品340余份，采集环境样、畜禽血液样品和组织样品330余份。以土地整理带动村级增收，实施复垦地块5.47公顷，占全区的60%，为村级增收1640万元。年内，镇被评为市、区耕地保护先进单位。

2023年，全镇完成规模以上工业产值123.78亿元，增长19.04%，其中九号智能（常州）科技有限公司成为镇首家产值超45亿元的企业、增长72.71%。新招引星宇车灯、九号移动出行、虫洞工贸一体等重点项目11个，总投资额约178亿元，其中超100亿元项目1个、30亿元项目1个、10亿元或1亿美元项目3个。推进普莱克着色材料等市、区重点项目13个，完成投资额13.6亿元。完成工业用地增效27.77公顷，高新·奔牛智造港和奔牛智能装备产业园实现拿地即开工。建成科技创新和产业载体14万平方米，新增高新技术企业13家，落户科技型中小企业和“三高一资”项目14家。新增国家级、省级专精特新企业各3家，新增省科学技术一等奖、省绿色工厂、“江苏精品”企业各1家，江苏容大减震科技股份有限公司成为奔牛首家新三板挂牌企业。

加强现代物流运输体系建设，提升政成物流智慧供应链平台经济效益，江苏政成物流股份有限公司“司机之家”被评为全国AAAAA级“司机之家”；奔牛港智慧物流港项目建成投用，奔牛港物流中心被评为省现代服务业高质量发展集聚示范区。

【镇村建设】 2023年，奔牛镇重点推进综合交通枢纽工程，保障龙城大道高架西延项目建设，完成腾龙大道智慧快速路、新孟河铁路桥改线搬迁项目签约。全年实施镇级工程123项，完成五兴苑小区绿地改造车位项目，新增停车位92个，安装新能源充电桩20个；时代路、孟渎路、润园路等道路通车，星光城农贸市场投入使用。开展集镇区管网改造工程，完成全镇污水管网改造11.8千米，九里铺农村污水管网修缮工程竣工，南观路污水管网升级改造工程启动施工。推进“两违”整治，拆除违章面积9532平方米，文明城市全年考评成绩位列全区第一，镇被评为江苏省首批生态宜居美丽示范镇，农村人居环境长效管理考核获得全区“七连冠”。美丽乡村提标扩面，新市村、贺家村被评为省生态宜居美丽示范村，祁家村被评为省特色田园乡村、省生态文明建设村，东桥村被评为省乡村振兴示范村、省健康村，祁家塘创成市级美丽乡村，连续两届民盟中央“村长论坛”在史陈家村举办。多措并举带动村级增收，陈巷村实施新政策下全区首宗集体建设用地

奔牛镇贤春农场种植的番茄 （区委宣传统战部 供图）

入市，祁家村盘活村级资产打造人才公寓，祁家村、东桥村年度经营性收入超500万元。农村生活污水设施建设覆盖自然村45个，西沙河和金孟河完成消劣整治，祁家村创成市级小微水体示范村。

【社会治理】 2023年，奔牛镇持续提升政务服务能力，便民服务中心办件量3.8万件，其中农村不动产登记受理291件、医保服务8292件；新设企业公积金窗口，开通全市首家建设工程档案“一网通查”远程利用服务，“人大+政务”开启便民利企新体验项目获全区基层政务服务创新项目一等奖。完善法治建设，规范重大行政决策程序，执行政府法律顾问制度，全年政务信息公开26件；建成镇级“一站式”矛盾纠纷调处化解中心1个、村（社区）公共法律服务室8个、法律援助工作站1个和联络点1个，开展全民普法宣传活动20场，覆盖4万人次。深化综合行政执法体制改革，联动区市场监管局、交警等部门，开展联合执法100余次，办理行政处罚案件68件。全年受理线上线下各类信访问题84件，按期办结率100%；受理各类矛盾纠纷191件，涉及金额1455万元。年内，镇人民来访接待中心被评为省人民满意窗口，劳动人事争议调解中心被评为省金牌劳动人事争议调解组织；镇被评为市平安建设工作绩效突出镇。

【社会事业】 2023年，奔牛镇发放低保金、救助金、尊老金、残疾人“两项补贴”等各类补助877万元，镇、村两级慈善工作站实现全覆盖。全面落实城乡居民基本养老保险集体补助政策，纳入集体补助1634人。开展“千企万岗”百日服务和“百人百企”联系服务活动，组织创业培训12次，创业带动新增就业860人，就业困难人员再就业200人，新增高技能人才220人。年内，常州市新北区奔牛初级中学新校区竣工交付；镇被评为全市履行教育职责先进乡镇，常州市新北区奔牛实验幼儿园获全国基础教育教学成果奖，常州市新北区奔牛实验小学被评为全国家庭教育与学校文化建设创新示范学校。江苏省奔牛高级中学召开建校90周年高质量发展大会，被评为全国民族团结进步示范单位，并创成全省首批高品质特色高中。“银杏”教育发展基金会通过AAA等级评估，新募集社会捐助金额超600万元，表彰先进师生145人、先进集体13个。常州市新北区奔牛人民医院二级甲等医院创建有序推进，新住院大楼投入使用，综合门急诊楼改扩建工程启动。村（社区）医保公共服务点实现全覆盖。全市首家5G智能化养老院投用，镇被评为国家级和省级智慧健康养老应用试点示范镇。全面开展文化惠民活动，举办送戏下乡、文化讲坛等各类活动143场；万缘桥、伯牙桥入选2023年省级地名文化遗产；视频《奔牛有故事》入选市级文化下乡示范项目，在“精彩奔牛”微信公众号累计点击量超250万次。

【3家企业入选省级专精特新企业】 12月14日，常州市阳光药业有限公司、江苏龙城洪力液压设备有限公司、常州力安液压设备有限公司3家企业入选2023年省级专精特新中小企业名单。常州市阳光药业有限公司位于奔牛镇，是集研发、生产和销售为一体的高新技术企业，主要从事医药、精细化学品等产品的研发与生产，公司获得出口欧盟药品证明书、欧洲GMP（良好生产规范）证书，80%的产品销往美国、欧洲、东南亚等国际市场。江苏龙城洪力液压设备有限公司成立于1992年，主导产品有液压油缸、液压冷拔机、液压系统、液压启闭机等，公司获得发明专利9件，实用新型专利42件，省级高新技术产品2个，常州市高新技术产品5个。常州力安液压设备有限公司成立于1997年，位于奔牛镇工业集中区，是专业的大型液压油缸设计制造企业，产品出口美国、德国、加拿大等地区，其中“力安”牌液压接力器和液压启闭机先后用于三峡工程、龙滩水电站、河南燕山水库等国家重点工程。

【奔牛镇入选国家级智慧健康养老应用试点示范镇】 12月8日，奔牛镇入选2023年智慧健康养老应用试点示范镇。2023年，镇持续建立和完善智慧健康养老服务体系，推进居家、社区、机构、医院等智慧健康养老融合发展，利用信息技术手段推动实现健康养老资源的合理优化配置，通过优质服务扩大服务人群，让老人享受科技成果。新建并投入使用镇第一家公建民营养老机构——氢春颐养院，打造全市首家5G智能化养老院。至年末，全镇形成"养老+助餐"的社区养老服务模式，拥有镇级居家养老服务中心1家、养老站点6家（其中在建1家）、养老助餐点6家。

【奔牛镇劳动人事争议调解中心被评为省金牌劳动人事争议调解组织】 9月21日，奔牛镇劳动人事争议调解中心获江苏省第三批金牌劳动人事争议调解组织称号。奔牛镇劳动人事争议调解中心于2016年挂牌，调解中心坚持协商、预防、调处"三环联动"，调解中心、企业、村(社区)、部门"四联调解"，营造"矛盾不出厂区、矛盾不出社区、矛盾不出镇区"的氛围，促进辖区劳动关系和谐稳定。2023年，中心处理简易劳动纠纷166起，涉及金额525.69万元；劳动人事争议调解立案71起，结案71起，涉及金额387.68万元，总体调解成功率100%；仲裁巡回庭立案26起，仲裁调解10起，裁决16起。

【氢春颐养院建成5G智能化养老院】 2月，奔牛镇建成全市首家5G智能化养老院——氢春颐养院，是镇首家公建民营养老机构。颐养院总建筑面积5200平方米，内设床位173张，配备全自动消毒喷雾机、送餐机器人、全新电动护理床、整屋覆盖5G语音操作系统等智能设备，是一家专业为高龄、失智、半失能老人提供个性化康养照护服务，集生活照料、医疗康复、文体娱乐等于一体的智能化养老机构。颐养院依托1个大平台、3款软件，同时实现政府端、子女端、服务端"三端结合"。家属可通过平台实时观看老人每天用餐、用药情况以及老人常见病的护理，政府可通过平台进行老人服务相关测评。年内，颐养院与奔牛人民医院签订2023年度"医养结合"协议，定期为老人开展健康宣教与健康管理。

【首届"供销夜市"开市】 9月30日，奔牛镇首届"供销夜市"在奔牛公园举行。夜市集结20余家单位，汇集当地肉制品、果品、特色小吃等50余种名特优农产品，吸引大批市民和游客品尝购买。来自奔牛东润农业、祁家家庭农场的阳光玫瑰葡萄，刘伟农场的秋月梨、梨膏和贤春农场的芦丁鸡广受欢迎。该场夜市接待市民1000余人次，销售金额约5万元，将"供"和"销"有机融合，畅通农产品从田间地头到家庭餐桌的渠道。

【奔牛智能装备制造产业园】 11月28日，奔牛智能装备制造产业园项目在奔牛镇开工。奔牛智能装备制造产业园由常州滨江国有控股集团有限公司斥资打造，项目总投资4.8亿元，规划占地面积10.67公顷，总建筑面积约13万平方米，包含11栋2层至3层高标准厂房，配套1栋1万平方米综合楼，展现"产、城、人"融合发展理念。项目整体预计2024年底竣工交付。项目建成后，拟招引汽车零部件、高端智能装备制造生产企业以及科技研发型企业，推动产业结构转型升级。园区为入驻企业提供办公楼、综合活动中心、食堂等公共服务及配套生活设施。

（奔牛镇 王露）

新桥街道

【概况】 新桥街道位于常州国家高新区(新北区)中心地带，东临澡港河，南接龙虎塘街道、三井街道，西依薛家镇，北靠常州滨江经济开发区。至2023年年末，街道行政区域面积27.14平方千米，辖行政村7个、社区6个，有户籍人口4.18万人、常住人口8.23

9月30日，奔牛镇首届"供销夜市"在奔牛公园举行(区委宣传统战部 供图)

万人。年内，高铁新城核心区绿色宜居城区项目获2023年中国人居环境奖，江湾社区被评为全国示范性老年友好型社区，江湾残疾人之家被评为全省首批书香残疾人之家，街道社区卫生服务中心被评为江苏省健康促进医院，道乡社区异地新建党群服务中心被评为常州市平安法治和谐示范点，锦海社区建成区级未成年人救助保护中心。全年实现地区生产总值100.05亿元，公共财政预算收入6.38亿元，全社会固定资产投资61.42亿元；农业增加值0.87亿元，第二产业增加值36.72亿元，第三产业增加值62.46亿元；限上贸易销售额（营业额）70.47亿元，实际到账外资6278万美元。

表72　2023年新桥街道经济和社会主要指标统计表

指标名称		单 位	数 值
行政区域面积		平方千米	27.14
行政村		个	7
社区		个	6
年末户籍人口		万人	4.18
地区生产总值		亿元	100.05
地方一般预算收入		亿元	6.38
居民人均可支配收入		元	60139
农业总产值		亿元	1.22
粮食总产量		吨	3066
工业总产值		亿元	95.81
工业产品销售收入		亿元	94.70
工业利税总额		亿元	11.37
企业	全部企业	家	1889
	其中：工业企业	家	559
全社会固定资产投资		亿元	61.42
中小学		所	5
医院、卫生院机构		家	2

【产业发展】 2023年，新桥街道提升农业综合生产能力，三麦种植面积244.33公顷，水稻种植面积205.81公顷，新增水稻面积4.33公顷，完成休耕轮作面积0.99公顷；收获小麦面积244.33公顷、玉米面积27.92公顷、水稻面积205.81公顷；推广种植水稻优质品种武科粳7375、银香38、南粳8911等185公顷；引进抗赤霉病、白粉病优质高产小麦品种“扬麦34”0.64万千克；下发农户水稻专用配方肥92吨、小麦专用配方肥76吨、商品有机肥217.6吨。推进农产品质量安全建设，设立农产品质量安全服务站，辖区内135家农业生产经营主体和2家农资经营店均签订农产品质量安全承诺书；街道建设局通过智慧农业移动监管平台对辖区内135家农业生产经营主体开展监督检查191次，抽样检测2580批次，合格率100%。投入83.83万元，购买喷雾机、谷物联合收割机、轮式拖拉机、育秧（苗）播种设备、辅助驾驶（系统）设备、插秧机各1台，购买秸秆粉碎还田机、无人植保机各2台。

围绕“1115”大企业集团培育，持续推动产业转型提升，全年实现工业总产值95.81亿元，新增“四上”企业42家，工业开票销售超1亿元企业2家，高新技术企业41家。年内，入选国家级专精特新“小巨人”企业2家，专精特新企业省级6家、市级7家；完成“智改数转”诊断企业45家，入驻龙城金谷北区企业17家，汉得利（常州）电子股份有限公司入选全省两业深度融合试点单位；落户高新技术企业11家，优质科技型中小企业3家，“三高一资”项目5个；入选省“双创”创新类项目1个，市“双创”优选项目1个，龙城英才创业类项目8个、创新类项目2个；精瓷研究院被评为省级研究生工作站，新增市级“三站三中心”企业6家；拨云科技园被评为江苏省电子商务示范基地。全年招引先进制造业产业项目4个、优质服务业项目15个，其中晶讯聚震滤波器项目总投资额超10亿元；在库的12个市、区重点项目累计完成投资额30.88亿元，越新传动齿轮箱项目全面投产，龙环环境总部项目、科创水镇二期开工。

提升服务业发展能级，招引注册资本超500万元的优质服务业项目15个；35家规模以上服务业企业完成营业收入23.42亿元，比上年（下同）增长24.7%；限额以上批零住餐企业销售额70.47亿元，增长12.8%；限额以上社会消费品零售额24.73亿元，增长6.5%。探索“一楼一品”主题化楼宇运营模式，街道8座商办楼宇入驻企业520家，总面积34.03万平方米；中建七局、常州市签证服务中心等落户高新广场，领航大厦、科创水镇三期竣工验收，星耀城、国际人才广场、创智大厦主体封顶；全年产业类载体开工建设面积2.6万平方米，竣工面积2.1万平方米；科创类载体开工建设面积20.3万平方米，竣工面积13.4万平方米。

【城乡建设】 2023年，新桥街道实施万亩产业园建设规划，完成非住宅签约47家，腾空9家；清理附着物187户，整理土地面积74.67公顷。推进新欣嘉园、新尚嘉园安置房建设，安置居民814户，安置房屋2259套。对接“城市大管家”，推进市容环卫、智慧停车、垃圾分类、物业管理等业务融合，完成交接全域安置小区物业管理6个，25个居民小区垃圾分类建设达标。完成云河路两侧智慧停车建设，新增车位553个；星星充电公园建成投用，为全市首个新能源车充电主题公园；推进安置房小区停车收费工作，清理滞留车辆1275辆，保障9252户居民停车。持续优化街道生态环境，启动嫩江路以北河道三年综合生态提升和维护工程，整治小微水体20个，疏浚沟塘32条，清淤2.62万立方米；全年空气优良天数比率90.3%，上升14.5%。加大农村自建房安全隐患排查力度，全年开展恶劣天气应急巡查5次，整治隐患建筑2栋；组织排查房屋1889栋，其中存在安全隐患的自建房16栋，全部整治销号。

【社会治理】 2023年，新桥街道持续推进社会治理精细化，创建“一网格一支部一阵地”示范点2个，网格化综合考评列全区第一，网格工作知晓率列全市第一。街道一站式矛盾纠纷调处中心全面建成；开展协调问题面对面活动，梳理群众“急难愁盼”问题5个，制定整改措施15条。完善社区建设，江湾社区、锦海社区党支部升格为党总支；在长江路以西设立乐山社区，以儿童友好型社区为定位，建成党群服务中心并投入使用；道乡社区异地新建党群服务中心，打造家门口就业服务站，被评为常州市平安法治和谐示范点；江湾社区创成全国示范性老年友好型社区，并入选全国完整型社区试点；锦海社区建成区级未成年人救助保护中心。加强食品安全监管，开展春秋两季校园周边食品安全专项检查、中高考保障食品安全检查及食品摊贩专项检查，办理食品安全案件47件。

【社会事业】 2023年，新桥街道聚焦民生，推进健康关爱工程、教育提优工程、文化惠民工程、创业就业赋能工程、交通畅行便民工程、社区布局优化工程、安全提升改造工程、居民安置工程、城市环境提升工程9项民生实事项目。年内，常州市局前街小学新龙湖分校签约落户高铁新城，新龙湖幼儿园完成民转公，并通过省优质幼儿园验收。街道社区卫生服务中心被评为江苏省健康促进医院，完成中医馆改造升级。成立街道慈善工作站，“爱立方”残疾人工作室实施升级改造并被评为全省首批“书香残疾人之家”。开展各类社会救助，为辖区困难群众发放各类补助467.61万元。丰富各类文化活动，举办“新桥春韵 声动新城”精品文艺节目会演、文明新桥美好夜、“青春留常 新北有约”新北区首届大学生创享文化节等活动；街道华声合唱团和癌症康复协会入选省2023年度“优秀群众文化团队”培育对象。扩建高标准门球场，承办全市门球比赛。

【“帮一帮您”呼叫中心上线】 3月1日，新桥街道“帮一帮您”呼叫中心便民服务热线（0519-81808180）开通试运行，辖区内居民只需拨打一个电话就可以直达便民服务中心各业务窗口和街道办事处各职能部门。“帮一帮您”呼叫中心集合政策咨询、业务对接和帮办代办等服务功能，通过对便民服务中心的服务流程进行优化再造，

2023年，新景运动公园全貌　　（新桥街道 供图）

实现能远程答复的无须来现场咨询，能远程指导的无须来现场办理。改进政务服务评价方式，综合运用线上、线下等多种“评价”形式，对服务过程进行全程监督和大数据分析，形成服务管理“闭环”，提升业务窗口及职能部门办事效率，建设群众满意的政务服务队伍。至年末，“帮一帮您”呼叫中心接听电话1500余起，现场答复700余件，群众满意度99.99%。

【江湾社区农家书屋被评为省五星级示范农家书屋】 4月，江湾社区农家书屋被评为江苏省五星级示范农家书屋，道乡社区陈润萍被评为江苏省优秀农家书屋管理员。江湾社区农家书屋于2020年建成，面积180平方米，有藏书1.02万册、报刊种类20余种。2023年，江湾社区聚焦“一老一小”重点群体，推进全民阅读活动，营造全民读书氛围；设立志愿服务站点，以“邻里守望”等为主题，开展有特色、有实效的主题志愿服务活动；通过“老带小”的方式培育青少年志愿者，举办图书交换、图书捐赠及社区清洁、改造等志愿活动，激发老年人和青少年参与社区建设，提升居民参与感和获得感。

（新桥街道 谢凯）

三井街道

【概况】 三井街道位于常州国家高新区（新北区）东南方，常州市行政中心坐落境内。至2023年年末，全街道行政区域面积24.88平方千米，辖社区25个，有户籍人口16.61万人、常住人口26万人。先后被评为全国智慧养老示范街道、全国妇女儿童权益先进集体、江苏省文明单位等。年内，街道藻江社区被评为江苏省巾帼志愿服务十大优秀社区，衡山社区入选2023年度共青团城市基层组织改革省级试点单位，三井街道德康驿站被评为省级精神障碍社区康复示范点，世茂香槟湖社区被评为江苏省示范性老年友好型社区。2023年，街道实现地区生产总值581.18亿元，比上年（下同）增长6.5%；地方一般预算收入28.07亿元，增长10.64%；规模以上工业总产值374.7亿元，增长3.4%；固定资产投资61.4亿元，其中工业投资10.1亿元，增长12.2%；实际到账外资1.24亿美元。

（三井街道 宣云燕）

【产业发展】 2023年，三井街道有市、区重点项目10个，总投资额110.08亿元，其中新增市重点入库项目3个，7个新建项目全部开工；引进总投资额1000万美元或1亿元以上“两特三新一智能”产业项目及其他先进制造业项目6个，引进优质服务业项目16个。至年末，街道有规模以上工业企业134家，全年实现规模以上工业总产值374.7亿元，其中营收1亿元以上企业56家，主要分布在汽车零部件、仪器仪表、电子元器件和医疗器械等行业。组织重点企业完成智能车间、首台套、“两化融合”和企业上云等各类专项申报，全年工业、科技条线获上级扶持资金约1.8亿元。全年新增国家级专精特新“小巨人”企业4家、省级专精特新中小企业13家，省级工程技术研究中心3家、省星级上云企业17家，国家级绿色工厂1家、国家级绿色供应链管理企业1家，省级智能车间1家。通过项目辅导、融资路演

表73　2023年三井街道经济和社会主要指标统计表

指标名称		单 位	数 值
行政区域面积		平方千米	24.88
行政村		个	—
社区		个	25
年末户籍人口		万人	16.61
地区生产总值		亿元	581.18
地方一般预算收入		亿元	28.07
居民人均可支配收入		元	75693
农业总产值		亿元	—
粮食总产量		吨	—
规模以上工业总产值		亿元	374.70
规模以上工业产品销售收入		亿元	389.10
规模以上工业利税总额		亿元	61.40
企业	全部企业	家	26325
	其中：工业企业	家	1178
全社会固定资产投资		亿元	61.40
中小学		所	11
医院、卫生院机构		家	5

等多元方式，分层培育建设创新企业梯队。全年落户“三高一资”项目8个；落户科技型中小企业项目23个，新增高新技术企业58家，总数累计327家；新增潜在独角兽企业2家、瞪羚企业7家，新增孵化器国家级1家、省级2家；入选省“双创”项目3个，市“龙城英才计划”创业类项目15个，市领军型创新人才项目5个，HW人才（海外人才）4个。

持续发展高端医疗器械、新能源汽车配套、新一代信息技术、科创文创、现代金融、高端商贸等主导产业，培育健康养老、教育培训、文化旅游等服务类项目，丰富“互联网+”应用场景，优化“三新”（楼宇经济、街区经济和总部经济）经济培育。全年完成规模以上服务业营业收入139.8亿元，增长8%；完成服务业投入50.8亿元，占固定资产投资比重的82.7%，第三产业占GDP比重的72.1%；38处重点楼宇群全口径纳税超21亿元。

（三井街道　钱渊源　周晶等）

【城市建设】 2023年，三井街道打造老旧小区改造精品，投入8800万元提升改造富都花苑片区和汇丰一村，项目总建筑面积20.53万平方米，涵盖地面硬化提升、外墙出新、雨污分流、车位改造等项目，惠及65幢住宅楼223个单元2579户居民。完善零星维修工作，全年完成安置小区、幼儿园、自然村、河道、公共区域小微修缮申请200项，推进400万元以内零星工程92项。加强街道水利建设，太湖河、长沟河等5条河道创成区级幸福河湖；细化河道管理，全面推行“河长制工作交办单”，确保辖区内2条市级河道、6条区级河道、10条镇级河道巡查整改、督办查办工作落实到位；全面推行小微水体整改工作；强化水环境协同治理，完成三井河、北童子河消劣任务，推进柴支浜等生态治理，常林桥省考断面优Ⅲ比例保持100%。统筹推进新能源汽车充电桩建设与推广，充电桩保有量2504套。推进加装电梯工程，至年末，投入使用13台，施工7台，完成初审4台。推进“瓶改管”改造和工业级燃气报警器安装，对巢湖路两侧商铺、绿色家园周边商铺、天山花园沿街商铺、大诚苑沿街商铺、前桥新村周边商铺5条街区进行“瓶改管”改造，签约商户170户，完成辖区内490户瓶装液化气餐饮商户和企事业单位食堂工业级燃气报警装置的安装工作。

（三井街道　何秦）

【社会治理】 2023年，三井街道全年接待办事群众约7万人次，线上咨询办理业务超1万人次，按时办结率100%；公积金业务进驻街道便民服务中心窗口，全市首个劳动保障监察“和谐号”调解直通车商圈站点在万达商圈成立，藻江社区“家门口”就业服务模式获国务委员谌贻琴肯定。街道行政审批局便民服务中心通过向街区商管人员介绍群众点单、社区派单、中心办单、群众评单的帮办代办流程，演示办理步骤，搭建中心、社区、商管三方联动沟通平台。聚焦纳税人、缴费人需求，联合区税务局创新打造“新税共治驿站”，推出“井心·帮办代办”“15分钟便民办税服务圈”等举措，为辖区群众提供税费辅导服务，实现就近办、马上办。推进“城市大管家”管理模式，龙城国控集团全面接手河海新村、河海二村东区、汇丰一村、绿色家园和现代城物管工作。完善城市长效管理、文明城市建设与网格化社会治理“三网融合”体系，推动形成“巡查—反馈—整改—再督查”全闭环工作机制，全年对辖区221个综合网格进行检查29轮，督查出问题1.65万个并均落实整改。创新搭建“井上添话”网格会议平台，以“面对面”线上直播短会形式，随时随地联线分析处置共性问题，全年上报网格事项1.48万条，办结率100%；建立网格微信群221个，及时回应解决群众合理诉求。年内，三井街道被评为常州市城市长效综合管理先进单位、2023年度常州市平安建设工作绩效突出街道，三井街道人民调解委员会驻三井派出所人民调解工作室被评为全省公调对接工作成绩突出单位，汉江路社区“党建引领‘五线’治理体系谱写街区专属网格共建共治新篇章”与“外籍人士服务管理‘四化’工作法”分别入选2023年度全市网格化社会治理“最美网事”十佳案例和2023年度全市平安建设优秀案例。

【社会事业】 2023年，三井街道落实基础养老和高龄居家政策，发放尊老金188.3万元，通过精准摸排为24名老人进行适老化改造；对73户110名在册低保、86户133名在册低保边缘人员，42户突发困难家庭、117名困境儿童以及724名在册享受“两项补贴”的残疾人等民政对象发放各类补贴810.22万元。组织残疾人参加专场招聘会，全年新增残疾人实名制就业9人，其中企业按比例就业7人、辅助性就业1人、灵活就业1人；至年末，街道2个辅助性就业工作室有残疾人25人，完成劳动产值25万元。提升社区建设能力，国宾社区创成常州市平安法治和谐示范点；激发社工站活力，开展燕归来——退休居民赋能计划2.0、儿童关爱之家“井彩童行”、三井街道德康驿站社区康复、空巢老人探访等服务项目。围绕儿童党建、文体艺术、亲子教育、志愿服务、心理健康、科学探索、安全教育等主题开展儿童小组活动16次，服务约150人次。针对辖区内252名持证精神障碍患者，开展2轮入户居家康复指导，更新档案信息；定期访问辖区内空巢老人，电话访问667次、入户探访153次；兰翔社区联合常州市第一人民医院，对辖区500名65周岁以上老年人开展认知障碍筛查，成为江苏省老年人认知障碍（老年痴呆）筛查与干预试点。兑现计生奖励优惠政策，发放独生子女父母奖励金3.37万元，窗口集中登记持独生子女证企业退休人员一次性奖励1217人、非从业居民11人；服务计生特殊家庭132户208人。加强托育机构日常监管及安全生产专项整治，建立嵌入式社区普惠托育点——国宾社区托育园；常州市新城樾隽幼儿园创成常州市普惠托育机构，常州市新北区悠悠爱托育园获江苏省社区托育示范点称号。推进“常有优学”工程，推进前桥幼儿园、龙城幼儿园项目建设，全年新增幼儿园学位540个。提升基层医疗服务水平，常州市三井人民医院与常州市第一人民医院专科共建医联体，创成常州市医联体建设优秀基层单位。打造“三生有幸 繁花似锦”文化活动品牌，开展惠民文化讲座9场、颗粒艺术巡展24场、专场演出16场；以“非”一般的三井为主题开展非遗系列活动16场，以“馆藏四季 艺展空间”为主线开展四季展；联合常州市文化馆开展“市民艺术课堂”之水彩素描、形体培训60余场，对街道特色文体团队组织每两周一次的专业培训，提升全民艺术素养；融合汉江路街区文旅元素，开展区首届国际美食文化节、汉江嗨啤夜国际啤酒文化节、汉江路万物生活节等品牌活动。由常州市文化馆和三井街道共同推选的以汉江路国际街区为素材的歌曲《嘿！我回来了》参加第二届长三角原创流行歌曲大赛并获金奖。构建全民健身服务体系，完成体育设施器材维修50余件，新增、更换小区健身路径各1处；组织街道文艺团队阳光社区拉拉舞蹈队参加2023年“舞动江苏”全身广场舞大赛活动，并获特等奖；举办三井街道第十三届运动会，开展五人制篮球邀请赛、新创健身舞作品征集等活动；全面摸排辖区体育场地，新增录入场地面积5万余平方米。

5月19日，“世界珍馐 味你而来”区首届国际美食文化旅游节在汉江路举行

（区委宣传统战部 供图）

【“和谐号”调解直通车商圈站点成立】 10月10日，全市首个劳动保障监察“和谐号”调解直通车商圈站点在万达商圈成立。商圈调解站点以“市级设计+基层服务”为理念，在原街道便民服务中心劳动调解职能基础上，深化拓展劳动人事关系指导服务和维权援助2项功能，通过引入社会力量参与矛盾纠纷化解，探索实现“一级架构、四级管理、网格结合、协调统一”的调处服务新模式。至年末，“和谐号”调解直通车商圈站点调解案件63件。

（三井街道 赵砚香）

【三井德康驿站被评为省级精神障碍社区康复示范点】 4月，三井街道德康驿站被江苏省民政厅评为省级精神障碍社区康复示范点。德康驿站是市民政局打造的社区精神康复品牌，通过建立“医院+社区+家庭”三位一体的康复模式，因地制宜开展精神障碍社区康复服务。三井街道德康驿站位于兰翔社区党群服务中心内，以康复训练、辅助性就业和家庭辅导三大模块作为社区康复服务主要内容，依托常州市德安医院专业技术支持，把医院开展的专业模块化训练延伸到社区，让精神障碍患者在家门口就能享受到包括服药技能、生活技能、劳动技能、人际沟通在内的专业康复服务项目以及音乐治疗、原生艺术治疗和健康管理等特色治疗手段。

（三井街道 郭薇）

【国务委员、全国妇联主席谌贻琴到藻江社区调研指导】 3月，国务委员、全国妇联主席谌贻琴到藻江社区“家门口”就业服务站调研指导工作，谌贻琴对藻江社区“四早”（情况早知道、需求早服务、技能早培训、人员早上岗）模式提升基层就业创业服务能力，实现更高质量、更加充分的就业予以肯定。2020—2023年，藻江社区“家门口”就业服务站总结推广“四早”工作法，累计帮扶社区就业困难居民120人实现就业，被评为第五批国家级充分就业社区，获市主要领导批示；社区“家门口”技能培训学校参训学员累计2569人次，取证率91.5%，取证就业率超90%。

（三井街道 韩挺）

【《巾帼巧构思“议”起促融合》案例被评为省十大妇女议事优秀案例】 12月，汉江路社区“常阿姐”妇女议事品牌的《巾帼巧构思“议”起促融合》案例被评为第二届江苏省十大妇女议事优秀案例。2023年，汉江路社区以增强社区凝聚力，促进和谐家园建设为目标，以妇女议事会为抓手，擦亮“常阿姐”妇女议事品牌。议事会开展基层走访，摸排家庭情况，经调查发现小区存在年轻群体多、婴幼儿多、外来隔代带娃老人多、童车乱停放的现状与问题，经议事会讨论与多方力量参与，最终探讨出“儿童友好社区+童车治理”的初步解决方案和路径。方案包括购买社会组织专业服务，升级改造小区空置用房和小区户外居民活动空间，划分童车停放空间；定期开展“童声治理”“议童成长”等系列活动，受到居民欢迎。

（三井街道 魏洁）

龙虎塘街道

【概况】 龙虎塘街道位于常州国家高新区（新北区）东部，东临江阴市，西接常州高铁北站，南与中华恐龙园接壤，北与春江街道毗邻。至2023年年末，街道行政区域面积17.12平方千米，辖社区6个，有户籍人口3.45万人、常住人口7.8万人。年内，街道被评为江苏省智慧社区建设点、江苏省红十字会基层组织工作先进集体、第五批江苏女性融媒体创意十佳基地，龙虎塘街道社区教育中心被评为江苏省首批社区教育共同体。2023年，街道实现地区生产总值247.5亿元，比上年（下同）增长8.9%，其中第二产增加值131.88亿元、第三产增加值115.62亿元；实现地方一般预算收入20.5亿元，增长14.9%；完成固定资产投资34.22亿元，实际到账外资2.51亿美元，进出口总额374.9亿元。

表74 2023年龙虎塘街道经济和社会主要指标统计表

指标名称		单位	数值
行政区域面积		平方千米	17.12
行政村		个	—
社区		个	6
年末户籍人口		万人	3.45
地区生产总值		亿元	247.50
地方一般预算收入		亿元	20.50
居民人均可支配收入		元	74037
农业总产值		亿元	—
粮食总产量		吨	—
工业总产值		亿元	636.85
工业产品销售收入		亿元	889.24
工业利税总额		亿元	71.59
企业	全部企业	家	6711
	其中：工业企业	家	650
全社会固定资产投资		亿元	34.22
中小学		所	3
医院、卫生院机构		家	1

【产业发展】 2023年，龙虎塘街道围绕“一特一新一现代”（智慧能源产业，新一代信息技术产业，现代服务业）主导产业，招引中能创低碳新能源科技（常州）有限责任公司异质结光伏组件和配件项目、深圳市众诚达应用材料科技有限公司新材料华东制造基地项目等超1亿元产业项目15个。全年有市、区重点项目18个，新入库市重点项目5个、竣工3个、新开工4个，重大产业项目完成投资额约20亿元。出台《关于鼓励企业高质量发展的实施意见》，围绕企业做大做强、科技创新等6方面推出惠企政策26条，全年为企业争取各类奖补资金7300余万元。推进企业股改上市，莱赛激光科技股份有限公司登陆北交所，常州优谷新能源科技股份有限公司挂牌新三板，天永诚高分子材料（江苏）股份有限公司、天合富家能源股份有限公司完成股改，新增“龙腾计划”市重点上市后备企业3家。至年末，街道拥有规模以上工业企业100家，完成规模以上工业产值612亿元，增长7%，实现规模以上工业营收865.76亿元；智慧能源产业完成产值393.68亿

元，增长12.34%，对街道工业经济总量的支撑度为64.28%；新一代信息技术产业完成产值124.9亿元，对街道工业经济总量的支撑度为20.4%。全年新增高新技术企业25家，增长32%，累计拥有有效期内高新技术企业101家，有效发明专利1147件、授权发明专利149件，技术合同登记成交额7.12亿元；新增省级独角兽企业1家、省级潜在独角兽企业1家、瞪羚企业6家，新增国家级专精特新"小巨人"企业4家、省级智能工厂2家、省级工业互联网标杆工厂2家；招引市标准科技型中小企业22家、"三高一资"项目10个，技术交易成交额10.72亿元；引育国家重大人才工程7人，入选省"双创人才"创新类项目2个，市"龙城英才计划"创业类项目14个、创新类项目6个。年内，新增聚和博士后工作站、优谷省级企业技术中心、宇峰省级企业工程技术研究中心等省级以上企业研发机构5家，新增产业科创载体面积12万平方米；天合光能股份有限公司与复旦大学共建光伏科学与技术国家重点实验室正式揭牌，国家专用集成电路系统工程技术研究中心常州分中心签约，科技树创新中心落地建设。

龙虎塘街道有江南环球港、常州月星国际家居广场、江苏长江塑料化工交易市场、江南五金机电城、常州长江自由贸易中心等服务业市场9个。至年末，街道实现限额以上贸易额749亿元，增长30%；社会消费品零售额65.8亿元，增长37.4%；常州长江自由贸易中心实现成交额52.27亿元；常州月星国际家居广场有限公司实现营收1.66亿元，上缴税收229.8万元；江苏长江塑料化工交易市场有限公司实现营收138.4亿元，上缴税收4354.2万元；常州长贸中心市场发展有限公司实现营收38.86亿元，上缴税收1168.9万元；常州农机机电市场有限公司实现营收3.68亿元，上缴税收169.8万元；常州市江南五金机电城市场管理有限公司实现营收12.51亿元，上缴税收1062.5万元；江苏江南环球港商业中心有限公司62.47亿元，上缴税收1803.2万元。

【城市建设】 2023年，龙虎塘街道投资建设项目启动25个，投资额8368万元。其中，盘龙苑老小区改造项目、盘龙社区散居楼改造项目、盘龙农贸市场光伏充电示范项目、安置小区电梯维修等24项工程项目年内全部完成；龙虎塘中学改扩建项目为跨年度项目。重点推进河道治理和管护工作，连续第4年河道长效管理位列全区第一；澡港河东支创成省级骨干幸福河湖，获奖补资金10万元，李大河被评为省级生态河道和区级幸福河湖。全年新建口袋公园3个，完成新苑三路提升修整，三江口公园被评为江苏省示范体育公园；改造停车区域10处，启动退红线停车项目6个，共计车位数764个。推进垃圾分类试点建设，水岸国际被评为省级城乡生活垃圾分类红榜居民小区，辖区生活垃圾分类达标小区达80%。推进南部印染园改造计划，加快常州市天卓纺织品整理有限公司、常州市新浩印染有限公司等印染企业转型升级，全年改造面积4.7万平方米，新建厂房4万平方米。实施3个"1000亩工程"，全年增效用地16.9公顷，其中重点地块增效完成12.87公顷，完成率128.67%。

【社会治理】 2023年，龙虎塘街道创新专属网格化治理，制定专属网格考核细则，划分专属网格37个；强化网格阵地建设，全年网格党群直通站覆盖率80%，街道被评为省智慧社区建设试点。全年走访住户8.68万次、出租屋1.11万次、群租房2306次，处置上报各类事件3568件，办结率100%。街道建成一站式矛盾调处化解中心，化解信访积案7件，"龙和"调解品牌入选市平安建设优秀案例；龙虎塘司法所依托街道矛盾纠纷调处化解中心和矛盾纠纷多元化解"一站式"平台，化解常州环球港美吉姆早教中心矛盾获市领导肯定。全年公开政府文件11件，"12345"平台回应民生热点3180件，办结率100%；受理各类劳动纠纷投诉案件777件，办结率100%，调解成功率81%，调解涉及金额655.7万元；全国根治欠薪线索反映平台欠薪线索发生率控制在1%以内，未发生拖欠农民工工资群体性事件，街道创成市金牌劳动争议调解组织。成立全区首家由街道层面牵头的"反诈联盟"，开展反诈宣传活动379次，追回群众财产61万元。常态化开展审管联动工作，全年开展联动47次，服务市场主体453家；餐饮行业审管联动相关工作经验被国家、省、市、区级媒体平台刊登报道，街道便民服务中心全年办件4.27万件，新设各类市场主体2402户，增加62.95%，发放食品经营许可证710张，常州公证处龙虎塘服务站揭牌；完成漫柏未来人才社区便民服务点提档升级，在全区率先实现开餐饮店"一件事一次办"。深入推进"城市大管家"，创新安置小区收费管理模式，城市长效管理实现全区"八连冠"。

【社会事业】 2023年，龙虎塘街道发放低保金、困境儿童生活补贴、残疾人"两项补贴"、慈善助孤助残救助金等各类补助344.85万元。开展嵌入式养老，为辖区104名老年人提供居家助餐服务，全年送餐2万余次；提供老年人居家养老服务，新增服务老年人119人，服务率提升至98%；协同爱心企业开展"助老黄扶手"公益活动，为辖区243户老年人家庭进行适老化改造。加快社会心理服务指导中心、区家庭教育指导中心、区未成年人成长指导中心一体化融合，街道省级示范未成年人保护工作站正式投用。优化教育资源，红溪龙贝贝托育园正式开园，被评为省级普惠托育机构；启动科学育儿进社区项目，开展各类活动70余场；常州市新北区龙虎塘中心幼儿园被评为全国家园社协同育人项目园，常州市新北区龙虎塘实验小学被评为国际环境生态校，常州市新北区龙虎塘第二实验小学被评为省健康促进学校（银牌）；社区教育品牌项目“隔代共学互学大学堂”被评为江苏省社区教育特色品牌培育项目、常州市社区教育特色项目二等奖。街道红十字会完成应急救护培训10场992人次，被评为省红十字会基层组织工作先进集体。全年开展“春风行动”、人才夜市、校园招聘等系列招聘会10余场，达成就业意向1900余人；开发非全日制公益性岗位10个，协助110人办理就业困难人员资格认定；开展游学活动3场，为辖区各企业吸引大专及以上人才3481人；协助3家企业申报技能等级认定试点，举办电子专用设备装调工技能大赛，250余名职工、学生参加；协助辖区4家规模以上企业申报和谐劳动关系企业；辅助性就业全年产值29.7万元，增长36.9%。联合区退役军人事务局在江南环球港打造“拥军港”，开发“拥军联盟商户”130家；发放优抚对象生活补助、无军籍职工工资、义务兵优待金等各类资金930余万元，慰问优抚对象、现役军人家属等110人；全年实现5名退役士兵稳岗就业。深化打造“龙虎夜里厢”文化品牌，开展特色主题活动193场，完成“龙虎夜里厢 民星齐亮相”精品文艺进社区文艺演出24场，举办“我们的节日”等各类节庆活动10余场；举办“龙虎夜里厢 探新生活季”文旅生活节，开展文体旅商游购娱活动50余场，服务15万余人次。开展群众文化新品创作，音乐作品《微尘之光》获第二届常州市公共文化“青果奖”。打造“家门口”的智慧健身中心，提供24小时健身服务。

2023年，常州市新北区红溪龙贝贝托育园被评为省级普惠托育机构

（区委宣传统战部 供图）

【常州智能传感小镇】 常州智能传感小镇位于龙虎塘街道，占地面积3.28平方千米，分为南北两区，先后获江苏省传感产业基地、中国国际传感谷（常州）、全国产业集群区域品牌建设传感器产业试点地区等称号。2023年，龙虎塘街道深化机制体制改革，推进生产、生活、生态“三生融合”，形成功能完善、产业集聚的区域特色。至年末，小镇拥有智能制造企业174家，其中规模以上企业86家，实现产值216.67亿元，增长13.68%；完成税收8.32亿元。小镇集聚一批自主创新能力强、核心竞争力强的优势传感企业，全年申报高新技术企业47家，新增25家；培育国家级专精特新“小巨人”企业9家，上市企业6家。小镇加强智能化建设，实现Wi-Fi全覆盖，并将传感运用于幼儿园、菜场、海绵城市建设、智能探漏设备、资源循环化利用等领域；提升公共服务水平，区首个社会心理服务指导中心、家庭教育指导中心、未成年人成长指导中心入驻小镇，为居民打造广覆盖、多维度、深融合的心理咨询、服务、指导阵地；打造绿色低碳新样板，开发街道“红绿蓝”三色研学线路，打造光伏产业公园、高铁公园、三江口公园等九大主题公园，实现文、体、教、旅、商深度融合，绘就“家门口的幸福地图”。年内，常州智能传感小镇创成全省首批特色小镇。

【未成年人保护工作站投用】 7月，龙虎塘街道未成年人保护工作站成立，并通过省级考核评定。工作站通过定期开展家庭监护指导、文体活动、心理健康服务、学习教育帮扶、安全、法制教育等，满足未成年人及家庭多方面需求，为街道未成年人提供一站式服务。2023年，工作站完成辖区49名困境儿童的走访评估，并建立“一人一档”；全年开展各类活动40余场，参与活动400余人次。

（龙虎塘街道 许艳）

春江街道

【概况】 春江街道位于常州国家高新区（新北区）北部，东邻无锡江阴市，南临沪宁高速公路，西接魏村街道，北靠长江。至2023年年末，街道行政区域面积45.6平方千米，辖社区11个，有户籍人口5.03万人、常住人口约10万人。2023年，街道实现地区生产总值226亿元，其中第二产业增加值153.2亿元、第三产业增加值63.26亿元；完成规模以上工业企业总产值518.7亿元，规模以上工业企业开票销售539亿元，规模以上工业企业实缴税金15.7亿元；实现地方一般预算收入13.34亿元，完成进出口总额8亿元；居民人均可支配收入58770元，比上年（下同）增长5.3%。

【产业发展】 2023年，春江街道完成农业总产值1.7亿元，粮食总产量209吨，耕地总面积751.45公顷，其中小麦种植面积158.64公顷、水稻种植面积138.36公顷、大豆种植面积75.33公顷；全年免疫家禽鸡4371只、鸭2271只、鹅752只、羊140只，渔业养殖面积13.33公顷。

街道有规模以上工业企业172家，限额以上批发零售业40家，规模服务业企业27家，有资质的建筑业、房地产企业11家。其中，街道服务区域内规模以上工业企业66家，直接服务规模以上工业企业完成总产值49.2亿元，实现工业产品销售收入50.7亿元。全年新增高新技术企业认定24家，直接服务有效期内高新技术企业累计44家；新增国家专精特新“小巨人”企业1家，省级专精特新中小企业2家，省高新区瞪羚企业2家，省三星级上云企业1家；新增省工程技术研究中心1家，市工业设计中心1家，常州柠檬树科技企业加速器1家；通过省新产品新技术鉴定1家；入选市“龙城英才”计划创业类项目4个。加速园区转型，超云科创园、东方银河等6个项目开工建设，新增建筑面积15万平方米；招引落户各类科技型中小企业、“三高一资”和产业类项目13个；关停“危污类”企业20家，完成低质增效20.4公顷，实现亩均税收同比增长35%。

至年末，街道有直接服务各类重点贸易企业、现代服务业企业33家，直接服务物流企业2家，规模餐饮企业1家，新增直接服务限额以上贸易企业3家；有直接服务企业投资额500万元以上项目18个，其中当年完成投资额5000万元以上项目5个。

【城市建设】 2023年，春江街道聚力花园城市建设，实施赣江路、祁连山路等主干道路绿化改造，完成祁连山路精品街（创业路—赣江路段）项目；推进新业街、百胜路基础设施建设，浇筑混凝土8000平方米，划设停车位100个；开展常规道路养护，维修道路面积7000平方米，常规检查农村公路桥梁1次，发现问题并整改到位；实施集镇区天然气供应管线改造工程，惠及居民户412户。开展新民家园、友谊家苑老小区提升改造工程，维修屋面2200平方米，新增停车位588个，改造污水管道1050米。推进百馨西苑五期安置房抽签工作，完成2168户3668套安置房屋抽签。推进污水管网改造建设，实施中央花苑周边雨污分流整治工程，摊铺沥青混凝土6000平方米；完善百丈、圩塘老集镇污水管网，新建龙圩路（永新路—346国道）污水管网350米、友谊家苑污水管道500米。投资150余万元实施建新河小流域综合治理工程，保障九号桥国考

表75 2023年春江街道经济和社会主要指标统计表

指标名称		单 位	数 值
行政区域面积		平方千米	45.60
行政村		个	—
社区		个	11
年末户籍人口		万人	5.03
地区生产总值		亿元	226
地方一般预算收入		亿元	13.34
居民人均可支配收入		元	58770
农业总产值		亿元	1.70
粮食总产量		吨	209
工业总产值		亿元	576
工业产品销售收入		亿元	575
工业利税总额		亿元	45
企业	全部企业	家	2939
	其中：工业企业	家	1244
全社会固定资产投资		亿元	86
中小学		所	9
医院、卫生院机构		家	3

断面水质稳定达标；推进老桃花港河道整治工程项目，完成签约率100%，腾空率83.3%；投资530万元开展前、后横墩村水系治理，清淤1.13千米，种植岸坡绿化5522平方米。涉农社区试行“积分制”管理，梳理土地资源，投资42万元建设圩塘小菜园；实施圩塘农贸市场改造提升工程，改造外立面、加装智能化系统。完成楠木厅南侧提升工程，新增亲水平台60米，改造绿化活动场地700平方米。开展市容大整治行动，拆除各类违章面积1.64万平方米，集中整治、清理长江路东侧比亚迪地块商贩经营集装箱12个。定期使用无人机巡航扫描，运用专业软件开展图斑比对，精准遏制新增违章建筑和违法用地，有效管理拆迁闲置地块504.47公顷。

【社会治理】 2023年，春江街道便民服务中心设置综合窗口16个，提供服务事项203项，服务5万余人次。开展信访积案化解“百日会战”“双月攻坚”行动，化解重点信访件10户11人，受理初信初访79件，按期办结率100%。优化城市长效管理，与龙城国控集团沟通对接，探索“城市大管家”治理模式。通过实施技防、红外感温遥测、自动报警、监控抓拍，协同调度网格员赶赴现场处置指令，形成与人防日常巡视监管相结合的综合管理体系。以“十个一”（举办一轮主题宣讲、铸造一支“破浪舰队”、发出一份行动倡议、开展一期法治宣传、举办一场文艺会演、组织一次志愿服务、开展一轮走访调研、组织一场民声评议、选树一批先进典型、实施一批为民实事）活动为主线，推进文明城市建设，依托“小江工作室”特色宣传平台，开展线上线下各类宣传活动22场；拍摄文明创建、生态环保等主题视频8部，其中《美丽春江我的家》获区首届原创文艺作品“优秀奖”。

【社会事业】 2023年，春江街道发放低保金、困境儿童生活补贴、残疾人“两项补贴”、慈善助孤助残救助金等各类补助853.81万元。实施康复救助工程，为2名残疾人免费发放轮椅，为17名长期住院的精神病人提供“残疾人之家”服务，实施残疾人辅助性就业及康复服务40余人，无障碍改造困难残疾人家庭2户；提供老年人免费白内障检查160人，开展精神残疾患者健康体检263人；开展残疾儿童康复救助37人，减免金额69万元。继续实施三孩生育政策，全年新出生人口226人；实行生育登记制度，办理生育服务联系单437例；兑现奖励扶助政策，登记一次性奖励437人，在册管理服务农村奖扶571人，帮扶计生特殊家庭61户。年内，投资8400余万元新建滨江幼儿园，投资330余万元维修改造中小学、幼儿园；通过积分制统筹保障425名流动就业人员随迁子女入学；完成常州市新北区春江幼儿园托幼一体化建设。常州市新北区春江中心小学被评为江苏省书香校园建设示范点，常州市滨江中学被评为常州市集团化办学工作表现突出集体，常州市新北区新港幼儿园创成常州市优质幼儿园、“宝爱保乐”托育中心创成省级普惠托育机构，常州市新北区圩塘中心小学创成常州市义务教育“新优质学校”。常州市新北区春江人民医院慢病管理中心成立并投入使用，春江人民医院圩塘分院门诊部完成提升改造。全年开展线上、线下专场招聘会4场，联合常州大学举办校园招聘会，服务企业377家次，提供就业岗位6000余个，达成就业意向637人；举办高技能竞赛1场，技能培训700余人次，增高技能人才200余人。数字化管理退役军人基本信息，开展退役返乡军人培训和推荐就业11人。开展文艺演出249场，各类文化培训31场，“五小”（小发明、小创造、小革新、小设计、小建议）活动12场，优秀电影展映210场，服务群众45万余人次。打造“春江花月夜”文旅融合新IP，举办“春江花月夜”长江文化节启动仪式暨“弘扬文明风尚 共建美丽春江”中秋文艺晚会；完善楠木厅文旅品牌化建设，开展“书香楠木 · 亲子阅读”等活动50余场，接待5623人次，春江楠木厅被评为江苏省最美公共文化

春江街道圩塘新业街夜景 （春江街道 供图）

空间；春江书院全年接待阅读人员 2.63 万人次，图书借阅 3.49 万次。新增体育场地 13 处，面积 8000 平方米，新增和更新健身器材 11 套。

【百丈工业园】 百丈工业园位于春江街道，东至通江路，南至 122 省道，西至龙圩路，北至建新河，涉及春江街道徐墅、百丈、东海 3 个社区、10 个自然村、民房 567 户，面积 2.87 平方千米。2023 年，园区有工业地块 140 宗，工业企业 407 家，55 家规模以上企业完成工业总产值 35.9 亿元，实现工业销售收入 37.8 亿元，实缴税金 1.6 亿元。年内，园区招引新能源、汽车零部件等产业类项目 5 个、科技型中小企业 3 家；推进重点建设项目 7 个，其中晟威机电、大千科技竣工投产，超云科创园、东方银河、黑马合成革、三美工业、欣达植绒5个续建项目在建。

（春江街道 江越）

魏村街道

【概况】 魏村街道位于常州国家高新区（新北区）北部，东邻春江街道，西接孟河镇、西夏墅镇，南临新桥街道、薛家镇，北靠长江。至 2023 年年末，街道行政区域面积 106.5 平方千米，辖行政村 12 个、社区 5 个，有户籍人口 7.1 万人，常住人口 9.5 万人。街道拥有 1000 余年历史的古银杏树，800 余年的魏村老街、渡江桥等历史遗址，以及集加工、销售、维修服务于一体的魏村眼镜市场。年内，魏村街道魏村社区被评为江苏省传统村落，临江社区被评为江苏省 2023 年度优秀博爱家园。街道实现农业总产值 8.36 亿元，比上年（下同）增长 1%；完成工业总产值 129 亿元，工业产品销售收入 131 亿元，工业利税总额 7.6 亿元、增长 4.7%；完成全社会固定资产投资 6.2 亿元，城镇居民人均可支配收入 58770 元。

【产业发展】 2023 年，魏村街道新增水稻种植面积 51 公顷，完成滨开区高质量发展综合考核指标任务 735 公顷；规模水产养殖总面积 165 公顷，年产值 9500 余万元。年内，街道发放水稻配方肥 530 吨，绿色防控农药 7680 瓶；申报农机购置补贴 25.47 万元，协助理赔政策性农业保险 197 件，理赔金额 148.69 万元；畜禽防疫使用各类疫苗 5.2 万毫升，免费犬只防疫 830 只；加强农产品安全质量监管，街道农产品快速检测室正式启用，协助省、市、区级抽查 36 次，抽检合格率 100%，并被评为全市四星级乡镇农产品质量安全监管机构。至年末，街道登记在册家庭农场 136 家，申报市级示范家庭农场 1 家、区级示范家庭农场 9 家。持续提升街道农文旅影响力，举办魏村美食文化旅游节，发布“原汁原魏”农产品区域公共品牌，推出具有地方特色的“魏村一桌菜”，绘制农文旅地图。年内，全区首家农产品展销中心正式营业，举办供销周末集市 2 场，吸引 40 余家农业企业参展，展出百余种特优农副产品。

2023 年，魏村街道有重点项目 19 个，其中区重点项目 3 个，年内开工建设 12 个，完成 7 个。至年末，街道有工业企业 1585 家，其中规模以上工业企业 189 家、高新技术企业 72 家；全年完成规模以上工业总产值 91 亿元，占工业总产值的 85%；新增登记法人企业 300 家，固定资产投资项目 19 个，完成全社会投资额 6.2 亿元。新增国家级专精特新“小巨人”企业 2 家，专精特新中小企业省级 6 家、市级 6 家，

表 76 2023 年魏村街道经济和社会主要指标统计表

指标名称		单位	数 值
行政区域面积		平方千米	106.50
行政村		个	12
社区		个	5
年末户籍人口		万人	7.12
地区生产总值		亿元	由滨开区统筹
地方一般预算收入		亿元	由滨开区统筹
居民人均可支配收入		元	58770
农业总产值		亿元	8.36
粮食总产量		吨	9211
工业总产值		亿元	107
工业产品销售收入		亿元	111
工业利税总额		亿元	7.60
企业	全部企业	家	3013
	其中：工业企业	家	1585
全社会固定资产投资		亿元	6.20
中小学		所	6
医院、卫生院机构		家	13

2023 年，位于魏村街道的德胜河魏村枢纽扩容改建工程竣工验收

（卢伟荣 摄）

“专精特新”千企入库 20 家；入选上云企业四星级 1 家、三星级 1 家，“江苏精品”企业 1 家，江苏省质量信用 AA 级企业 3 家、A 级企业 4 家；完成规模以上企业“智改数转”诊断服务市级 24 家、区级 22 家，新增首席质量官企业 118 家，计量执行官企业 70 家；新建省级工程技术研究中心 2 家，市级企业技术中心 3 家，市级绿色工厂 5 家，市级科技企业孵化器 1 家；入选龙城英才创业类项目 1 个，高新技术企业、科技型中小企业项目招引落地 3 个。

2023 年，魏村街道全年完成规模以上服务业营业收入 2.8 亿元，有各类重点贸易企业、现代服务业企业 53 家，新增贸易规模企业 16 家、现代服务业规模企业 7 家；有各类金融机构 16 家，眼镜零售企业 198 家，物流快递企业 84 家，餐饮企业 85 家，小吃排档 473 家，休闲娱乐场所 101 家，超市商场 9 家。

【城乡建设】 2023 年，魏村街道持续完善基础设施建设，推进龙魏路、永安路提升改造工程，精品路魏中路改造完成并通车；新华村、青城村、安家集镇 461 户天然气管道完成改造签约，年内主管道铺设完工。完成安家苑老小区改造，安家苑四期安置房建设有序推进，钢材市场东安置地块项目完成拆迁及申报手续。推进乡村建设，实施 11 个村编制实用性村庄规划，开展沿江国土空间生态整治，一期土地整理项目年内完工。按程序完成农村宅基地资格权认定，审批宅基地建房 4 户，其中 3 户建设完工并通过验收。完成青城村五丰大沟综合整治和 33.33 公顷养殖池塘生态化改造工程，实施小微水体整治 77 个，青城村创成区级小微水体整治示范村，安宁黎亚河创成区级幸福河湖。深化“城市大管家”管理模式，龙城国控集团全面接管临江大型货车停车场、环卫、绿化业务。开展“两违”整治，拆除违章建筑 70 处，面积约 4500 平方米，清理违法用地、乱占耕地 15 处，面积约 2000 平方米；全年完成 97 户民房、11 户非住宅签约腾退，64 户 33.33 公顷特殊附着物处置和 3 户遗留户攻坚；滨江 30 伏变压线新水线项目完工，老粮管所完成签约。规范化整治入河（湖）排污口 113 个，国考断面水质均达标；开展全域水环境综合治理，省庄河中段雨污混流排口完成改造并投运；完成济农河“一河一策”一期水质提升、北岸 25 家企业雨水井整治提升工程，以及丰收河两岸排口排查溯源、丰收桥南北 2 座截污井建设工程。

【社会治理】 2023 年，魏村街道升级窗口服务功能，推行畅通办服务模式，新增交管业务和出入境业务，为新生儿、个体工商户、企业等对象提供特色套餐服务；推进“不见面审批（服务）改革”和“一网通办”工作，全年办件 4.6 万余件，“12345”承接平台接收交办单 1864 件；完善特色代办体系，在街道及社区便民服务大厅设置综合代办窗口，形成线上线下办理为主、代办服务为辅的服务格局。年内，闸北村创成市级全科社工窗口，济农村、新华村、长江社区 3 个村（社区）创成区级家门口好办事示范点。开展“百日会战”和信访突出问题“双月攻坚”，化解国家交办重点人员 2 户，处理各类信访件 88 件，调处矛盾纠纷 272 件。年内，龙城 e 诉中心魏村站揭牌，内设诉讼服务和视讯服务 2 块区域，开通线上立案、联系法官、案件查询、网上信访等功能，实现远程在线调解、在线听证、在线开庭，为群众打造家门口的“微法院”。开展全民反诈集中宣传月等活动 1730 场次，覆盖人数 2.9 万人。

【社会事业】 2023 年，魏村街道继续落实各项惠民政策，为 100 名五保户、189 名低保户、887 名困难残疾人等民政对象发放资金 1700 万元。推进助残、老龄工作，全年免费办理残疾人意外伤害保险 1797 人，申报残疾家庭学生及残疾学生助学金 10 人，低收入家庭无障碍改造 5 户，残疾人庇护性就业 22 人；为 3.12 万名失地农民发放保养金 4261.31 万元，城乡居民养老保险新增（续保、停保）268人、退休400人、死亡391人；街道综合养老服务中心改造投用，第三方社会组织入驻运营，提供助洁、助餐、助医、助浴、助行、助急、助办、助法、助乐九大助老服务。继续推进拥军优属工作，全年登记退役军人及家属120人，办理优待证85张，帮助15名退役义务兵就业和复学；至年末，街道享受抚恤补助待遇的优抚对象435人，发放各类补助600余万元，走访慰问58人，发放慰问金6万元。优化提升教育、医疗资源，魏村卫生院联合常州市第一人民医院共建消化内科专家工作室，安家卫生院基础设施改造提升完成并投用，创成江苏省健康促进医院；推进常州市新北区安家中心幼儿园、常州市新北区魏村中心小学一期改扩建工程，辖区学校食堂“瓶改电”“瓶改气”完工投用，常州老年大学魏村分校被评为江苏省优质老年大学。搭建就业创业平台，全年举办各类专场招聘会5场，提供岗位4300余个；开展职业技能、高技能人才、创业等各类培训班，培训人数239人，帮助就业困难人员就业150人，协助企业职工获得技能等级证书533人。实施文体领域惠民工程，全年新增公共体育场地2.78万平方米；创新打造“魏来有约”文化服务品牌，举办美食文化旅游节、集市文化节、五人制足球比赛、“万康杯”篮球赛、“常胜杯”乒乓球赛等文体活动142场，覆盖12.32万人次；新北区戏剧曲艺协会宣传演出基地落户街道，选送戏剧《江边夜事》获新北区首届“新星奖”原创作品大赛新星奖；“江南黄酒文化”游学项目入选常州市第三批社区教育游学实验项目。

【魏村眼镜市场】 魏村眼镜市场位于魏村街道沿江东路，建于1987年，占地面积1.4万平方米，经营范围包括水晶眼镜批发、水晶制品零售、眼镜装配、各类眼镜零售等。1957年10月，魏村第一家眼镜作坊——南岗眼镜生产小组正式创办。此后，村办眼镜厂兴起，眼镜产业成为各村经济支柱。20世纪80年代末90年代初达到鼎盛时期，变色镜片、人造水晶、光学玻璃镜片打破水晶眼镜一统眼镜市场，并由单一加工进入批量生产和经销阶段。1987年，魏村眼镜市场开业，吸引全国各地客商，当年成交额2.5亿元。经过40年发展，魏村眼镜市场包揽国内大部分水晶原料加工成镜业务，产品远销日本、韩国、欧美等地区。随着技术不断发展，魏村眼镜产业从原来作坊形式的加工生产，到现在的产供销一体化，形成一个成熟的全产业链。至2023年年末，魏村眼镜市场有商户110家，销售额5000万元。

【魏村街道便民服务中心安家分中心揭牌】 1月12日，魏村街道便民服务中心安家分中心揭牌。安家片区存在距离街道便民服务中心路程远，群众办事不便的难题，为方便群众办事，魏村街道整合资源，联合安家派出所，创新推出全市首家便民服务中心分中心。分中心设置服务窗口5个，其中公安窗口3个、综合窗口2个，梳理便民服务事项清单153项，涵盖档案、公安、民政、人社等部门条线。至年末，安家分中心办件2.32万件，群众满意率100%。

【魏村街道农产品展销中心开馆】 5月15日，魏村街道农产品展销中心正式开馆。作为全区首家多功能本土农产品展销馆，该展销中心集农产品展示、销售、农资供应、技术交流、快检服务于一体。展销中心设在集镇居民居住区，邻近安家新菜场，营业面积300余平方米，一层设有农业主体展示区、各类农产品展销区、直播区、鲜货专柜和快检室，二层设有农合联办公区、业务洽谈区、农业合作技术交流区和农业学习功能区。展销中心引入街道优质农产品品牌的农业企业、合作社、家庭农场、农业体验园，展销大米、蔬菜、瓜果、水产、黄酒等一批具有魏村特色的农产品；通过线上线下模式为街道各农业主体推销农产品，方便各地消费群体购买，推动优质农产品“走出去”，擦亮魏村农业品牌。

【品乡“魏”话乡音 叙乡情——高质量发展大会系列活动】 8月4—5日，魏村街道举行品乡“魏”话乡音 叙乡情——高质量发展大会系列活动。活动邀请60名来自各地的魏村街道乡贤实地参观常泰大桥项目建设现场、红帆文化广场、魏民之家综合馆、魏村街道便民服务中心安家分中心、魏村街道农产品展销中心等点位，并组织“情系桑梓 共话‘魏’”来座谈会，向乡贤详细介绍街道在经济发展、环境面貌、民生福祉等方面取得的成绩，展示魏村新变化、新形象、新发展，介绍魏村下一步发展蓝图。乡贤进言献策，表示将关注家乡变化，为家乡经济社会发展贡献力量。

（魏村街道 陆俊楠）

人物　荣誉

先进人物

·全国先进个人·

盛鹏云　男，吟飞科技（江苏）有限公司技术项目经理。2023年1月，被中国乐器协会评为2022年度中国乐器行业科技之星。

江苏常州人，1982年3月出生。盛鹏云一直从事电子乐器的研究开发工作，在电子乐器技术方面拥有丰富的经验和良好的业绩。自担任公司技术项目负责人以来，他带领技术团队完成多项研发任务。先后获得江苏省新产品样品鉴定1项、发明专利1项、外观设计专利1项、计算机软件著作权2项，参与完成中国轻工业工程技术研究中心建设项目1项、省级工程技术研究中心建设项目1项、省重点实验室建设项目1项。

赵晓东　男，吟飞科技（江苏）有限公司技术项目经理。2023年1月，被中国乐器协会评为2022年度中国乐器行业科技之星。

江苏常州人，1969年11月出生。赵晓东在担任公司技术项目经理期间，专注于电子乐器的研究开发工作，先后带领技术团队完成各种研发任务20余项，多项产品取得CCC、UL、CE、FCC等国内和国际产品认证，为电子乐器的研发和公司的产品经营作出重要贡献。曾获得江苏省新产品样品鉴定1项、实用新型专利3项，参与完成中国轻工业工程技术研究中心建设项目1项、省级工程技术研究中心建设项目1项、省重点实验室建设项目1项。

［吟飞科技（江苏）有限公司］

戈亚芳　女，常州高铁新城投资建设发展有限公司和常高新集团有限公司党委书记、董事长、总经理。2023年2月，被全国妇女联合会评为全国巾帼建功标兵。

江苏常州人，1972年3月出生。2012年起，戈亚芳担任黑牡丹（集团）股份有限公司（简称黑牡丹）党委书记、董事长。在她的带领下，黑牡丹打造了以创新、工匠精神、家文化、最佳合作伙伴为核心的企业文化，企业业绩稳步增长，2021年，黑牡丹正式入选江苏省第二批国有企业混合所有制改革试点单位，全市唯一，戈亚芳被评为江苏省国资系统先进个人。2022年7月，戈亚芳调任至常州高铁新城投资建设发展有限公司、常高新集团有限公司担任党委书记、董事长、总经理。她始终坚持廉洁自律，对班子成员高标准严要求，推进作风建设常态化，形成风清气正的企业政治生态；践行深入基层一线，访民情、听民意、解民忧、暖民心，担任市人大代表期间积极建言献策，取得较好成效；带领公司出资设立“邓建军金蓝领人才奖”奖励基金，奖励技术创新先进人物；参与发起设立常州教育发展基金会，助力地方教育事业发展，体现地方国企社会担当。

（区妇联　黄瑀汝）

吕路　男，南京大学教授、博导，南京大学常高新国际环保产业技术研究院院长，恩宜瑞（江苏）环境发展有限公司董事长。2023年2月，被中国产学研合作促进会授予2022年中国产学研合作创新奖（个人）奖。

江苏南京人，1975年12月出生。吕路在担任恩宜瑞（江苏）环境发展有限公司董事长期间，带领团队锐意进取，创新发展，围绕工业三废综合利用、特征污染物深度处理、污水治理信息化和智慧化管控，开发了系列具有强化吸附分离和催化转化的新型环境功能材料，系统探究了相关材料高效净化污染物的构效机制，构建了多种水处理过程控制算法模型。主持开发30余项有机化工废水、重金属废水和高氨氮废水的提标减排与资源化技术与智慧管控新技术，并实现工程应用与推广。曾获江苏省最具成长潜力的留学人员创业企业、常州市龙城英才奖，发表论文10余篇，获得发明专利54项、实用新型6项、软件著作权20项，主持完成江苏省重点研发科技项目1项、常州市重点研发科技项目2项、常州市国际合作科技项目1项，作为骨干参与国家科技重大专项课题1项。

［恩宜瑞（江苏）环境发展有限公司］

郭庆伟 男，扬子江药业集团江苏紫龙药业有限公司制造部小容量注射剂1号车间主任。2023年4月，被全国总工会授予全国五一劳动奖章。

江苏徐州人，1995年2月出生。自2015年加入公司，郭庆伟始终坚守在药品生产第一线，不断学习转化先进制药技术和管理经验，凝练出制药车间现场管理六大模块和人员行为10条规范，并结合精益生产理念，提出“一日工作流程”管理方式，把生产管理中的七大任务分解到日常工作，降低药品生产过程的风险。8年间，他牵头完成杂质含量控制、产品溶解速率提升等质量改善攻关项目13项、降本增效项目62项，申请个人实用性专利1项；攻关成果连续3次获得全国医药行业QCC（品管圈）课题一等奖，其中2个产品攻关后产能提升100%，累积实现降本1000万元以上；攻关论文在《医师在线》杂志、期刊网平台上发表，申请的实用性专利被《中国质量报》专题报道。

（区总工会 张凤娇）

须萌 女，区市场监管局魏村分局副局长。2023年6月，被国家市场监督管理总局评为“长江禁捕 打非断链”专项行动表现突出个人。

江苏常州人，1982年1月出生。须萌长期奋战在基层，尽心尽力处理复杂的投诉案件，积极参与各项重大活动的监管工作。她努力创新工作方法，推行“一站式”服务模式，为企业提供便捷、高效服务的同时，充分利用信息化手段，及时向企业和经营者发布政策法规、解答企业疑问，实现与企业的实时互动和沟通。在长江大保护专项行动中，她认真贯彻落实行动精神，围绕线上线下无销售、餐饮单位无供应的目标，对辖区范围内的农贸市场、餐饮单位等开展长江禁捕退捕工作；每年检查农贸市场30余次，对400余家餐饮店进行全覆盖检查、宣传，切实做到监管到位、执法有力、不留死角、不走过场。曾获常州市民营经济关工委先进工作者称号。

（区市场监管局 陈必宇）

赵革伟 男，区税务局税源管理五科副科长、三级主办。2023年6月，被中央文明办评为中国好人。

江苏常州人，1973年5月出生。1995年父亲中风瘫痪，2003年母亲因患类风湿性关节炎卧床不起，赵革伟扛起生活重担。29年间，他积极面对苦难生活，坚持以孝立身，照料病患双亲，遍访周边名医，传承良好家风。尽管家庭情况困难，却从未因家事影响工作，是同事眼中的业务能手，因工作成绩突出多次受嘉奖，并获三等功。先后获江苏好人、常州道德模范、龙城十大孝子、常州好人、常州高新区30周年突出贡献先进个人等荣誉称号。

（区税务局 张媛）

赵煜 男，区农业管理综合行政执法大队工作人员。2023年7月，被农业农村部长江流域渔政监督管理办公室评为渔政协助巡护优秀队员。

江苏常州人，1990年9月出生。参加工作以来，赵煜秉持对工作的热情和敬业精神，严格执行国家禁渔政策，致力于维护水域生态平衡。日常工作值班期间，他始终坚守岗位，第一时间出现在禁渔区域，开展巡查和执法工作。对待工作一丝不苟，对待违法行为坚决果断，多次成功制止非法捕捞行为，有效保护水生生物资源；加强自身建设，参加各类业务培训学习，提升专业知识和技能；积极参与宣传教育工作，向公众普及渔业资源保护的重要性，提高公众法律意识和环保意识。

（区农业农村局 赵煜）

赵善麒 男，江苏宏微科技股份有限公司董事长兼总裁。2023年9月，被中华全国归国华侨联合会评为全国归侨侨眷先进个人。

江苏常州人，1962年11月出生。赵善麒是国内第一位电力电子半导体器件博士，曾在法国INSA de Lyon、北京电力电子中心、香港科技大学等机构从事研究工作。2006年，他回到国内和团队创办江苏宏微科技股份有限公司（简称宏微科技）。17年间，公司专注于功率半导体器件领域的研发和技术创新，产品400余种，广泛应用于工业控制、家用电器、电动汽车、新能源等领域，模块业务90%以上采用自研芯片。在他的带领下，宏微科技逐步成为国内该领域的头部企业。赵善麒拥有美国专利2项，中国专利184项；获国家发明奖1项，部、省级科技奖各1项；发表学术论文30余篇，出版专著2部；被授予国家“千人计划”特聘专家、全国优秀科技工作者等称号，是国务院突出贡献专家特殊津贴的获得者。

（江苏宏微科技股份有限公司）

蒋波 男，江苏省常州技师学院教师、新北区红十字星火救援队队长、红十字志愿者。2023年12月，被中国红十字会总会评为全国红十字志愿服务先进典型。

江苏常州人，1980年10月出生。2017年5月，蒋波获得红十字救护师资，成为红十字志愿者。6年来，他积极参加应急救护培训、新冠疫情防控、大型活动保障、应急救护等各类主题宣传活动，累计完成培训200余场，志愿服务时长668小时，受益人数超过2万人。曾代表新北区红十字参加2021年常州市红十字应急救护大赛，获个人第二名。先后获常州市五一创新能手、常州市技术能手、常州市红十字应急救护能手、常州市“美德之夜公益之星”、常州市优秀志愿者等称号。

（区总工会 张凤娇）

·全省先进个人·

钱辉金 男，中节能城市节能研究院有限公司研发总监。2023年4月，被江苏省总工会授予江苏省五一劳动奖章。

江苏丹阳人，1988年3月出生。钱辉金专注于建筑低碳能源供应技术领域的研发与应用10余年，带领团队完成10余项国家及省市级课题，研发浅表热能高效规模采集、增源升能能源子母站、智慧能源微网、两相蓄能等技术。他编写了《区域供冷供热系统技术规程》等6项行业技术标准，有授权专利20余项，相关技术成果经科技评估达到国际先进水平，促进城市建筑能源低碳发展。先后获江苏省职工十大科技创新成果、华夏建设科学技术一等奖等10余项科技奖项，被评为中国区域能源优秀青年工作者。

汤荣年 男，常州合全药业有限公司绿色发展部项目工程师。2023年4月，被江苏省总工会授予江苏省五一劳动奖章。

江苏东台人，1976年2月出生。2015年，常州工厂废水处理工程启动，汤荣年主动加入废水处理工程设计、建设和运行工作中。他带领团队在废水处理方法、施工方案细化打磨、处理技术与设施设备改进等方面形成了一套符合CDMO行业废水治理的方法，成为行业领跑者。2021年，汤荣年组建企业溶剂回收车间，建设首套废液焚烧炉处置装备，每年可为企业回收10万吨绿色蒸汽，实现降本增效2000万元。先后获市五一劳动奖章、药明康德杰出员工奖、创新变革团队奖、新能力建设奖等多项荣誉。

王辉 男，常州千红生化制药股份有限公司总经理助理。2023年4月，被江苏省总工会授予江苏省五一劳动奖章。

江苏常州人，1985年1月出生。王辉参加工作后致力于靶向抗癌新药的临床前研究，先后进行3个品种的靶向抗肿瘤药物的临床前药学研究，其中进展较快的项目分别于2019年4月和2021年6月获得国家药品监督管理局颁布的临床试验申请批件，截至2023年年末完成I期临床试验的安全性评估，进入II期临床试验。他主持完成2项市级科技项目，作为项目骨干成员先后参与国家重大科技项目1项、省级科技项目2项，发表SCI论文8篇，申请发明专利9篇。他始终深耕基础研究的工作，以积极的创新精神和认真负责的态度为项目研究团队树立先进榜样。

（区总工会 张凤娇）

吴心怡 女，区综合抽样调查队一级科员、区统计局团支部书记。2023年10月，被共青团江苏省委、省文明办、省青年联合会评为江苏好青年。

江苏常州人，1991年5月出生。从事统计工作10年来，吴心怡先后参加3次全国经济普查、1次全国人口普查。在统计工作中，她扎实练就看家本领，组织多场专题培训，提高乡镇、街道业务水平；定期走访调研，为企业开展精细化统计辅导，同时收集整理企业经营问题并与相关部门探讨解决方案，为企业排忧解难；积极开展法治宣传，是首批获得国家统计执法证的工作人员之一，多次被省执法监督局抽调参加执法检查。在2021年6月至2023年6月担任奔牛镇何家塘村第一书记期间，她强党建、抓经济、促民生，累计调解矛盾30余起，走访村民500余户、企业20余家，收集建议300余条；帮助种田大户改良粮食品种，实现年收入翻番；推动“万企联万村 共走振兴路”行动，与3家企业签订协议，每年增加集体收入60余万元；牵头制定《何家塘党员积分制管理实施办法》、村庄养老长效管理制度，主动对接融媒体平台宣传村内农产品品牌，扩大农产品销路。

徐佳 女，区统计局综合处（统计执法监督处）处长。2023年11月，被江苏省人力资源和社会保障厅、省统计局、国家统计局江苏调查总队评为江苏省统计系统先进工作者。

江苏常州人，1988年12月出生。从事统计工作11年来，徐佳先后负责综合、核算、科技、法治等多项统计工作，同时长期负责党建、人事等办公室工作。在经济运行监测方面，她牵头多部门建立“每月双报”工作机制，搭建高质量指标监测平台；在数据发布及咨询方面，她及时、精准回应各方数据需求，每年为全区各类会议、报告和各级各单位提供数据咨询千余次；在分析研究方面，她常态化负责全区经济运行分析，撰写的多篇分析报告被省、市统计网站录用；在法治建设方面，她建立健全执法检查、普法宣传、统计监督等各项工作机制；在普查调查方面，她牵头完成文稿、经费、物资、会务服务等各项保障工作，起草多篇经验交流材料。先后获常州国家高新区（新北区）优秀共产党员、常州市基层统计先锋等称号，获区级行政嘉奖5次，2021年因连续3年考核优秀，记三等功。

（区统计局 丁一洋）

韩沁 女，区市场监管稽查大队一级行政执法员。2023年12月，被江苏省文明办评为江苏好人。

江苏常州人，1995年8月出生，肢体残疾三级。工作以来，韩沁积极投身扶残助残事业，走街串户，拜访700多户残疾人家庭，帮助近千名残疾人解决各类困难，并利用业余时间参与各类残疾人专门协会的志愿服务近1000小时；立足岗位职责，积极参加疫情防控、文明典范城市创建、党员义工集市等志愿服务，组织“饭米粒”青年志愿服务团队，围绕食品药品安全、特种设备安全、消费维权等内容，前往学校、社区等地开展公益课堂。先后获常州市最美自立自强追梦人、常州市残疾人全民阅读代言人、常州市残疾人文体大使、常州好人、常州市优秀志愿者、常州市道德讲堂百优宣讲员等称号。

（区市场监督管理局 陈必宇）

表77 2023年常州国家高新区（新北区）获得全国（条线）表彰及竞赛获奖的先进个人一览表

荣誉称号	姓名	性别	工作单位	获奖时间	授奖部门
2022年度中国乐器行业科技之星	盛鹏云	男	吟飞科技（江苏）有限公司	1月	中国乐器协会
	赵晓东	男			
全国乐器学研究高峰论坛作品二等奖	赵　平	男	吟飞科技（江苏）有限公司	1月	中国乐器协会
全国巾帼建功标兵	戈亚芳	女	常州高铁新城投资建设发展有限公司	2月	全国妇女联合会
2022年中国产学研合作创新奖（个人）奖	吕　路	男	恩宜瑞（江苏）环境发展有限公司	2月	中国产学研合作促进会
全国五一劳动奖章	郭庆伟	男	扬子江药业集团江苏紫龙药业有限公司	4月	全国总工会
“长江禁捕 打非断链”专项行动表现突出个人	须　萌	女	区市场监管局魏村分局	6月	国家市场监督管理总局
中国好人	赵革伟	男	区税务局	6月	中央文明办
渔政协助巡护优秀队员	赵　煜	男	区农业管理综合行政执法大队	7月	农业农村部长江流域渔政监督管理办公室
全国归侨侨眷先进个人	赵善麒	男	江苏宏微科技股份有限公司	9月	中华全国归国华侨联合会
中国民族医药学会科学技术奖·科技进步奖二等奖	巢　丽（项目成员）	女	孟河中医医院	10月	中国民族医药学会
全国红十字志愿服务先进典型	蒋　波	男	江苏省常州技师学院	12月	中国红十字会总会

表78 2023年常州国家高新区（新北区）获得省级（条线）表彰及竞赛获奖的先进个人一览表

荣誉称号	姓名	性别	工作单位	获奖时间	授奖部门
2022年度省级信息工作先进个人	严锦娟	女	区党政办公室	1月	省委办公厅
全省100名优秀退役军人服务中心（站）主任（站长）	蒋建荣	男	区退役军人事务局	1月	省退役军人事务厅办公室

续表 78

荣誉称号	姓名	性别	工作单位	获奖时间	授奖部门
2022年度全省开发区信息工作个人二等奖	高　雯	女	滨开区综合办公室	1月	省开发区协会
全省检察机关信息工作先进个人	周铭翊	女	区检察院	2月	省人民检察院
2022年全省政府网站工作先进个人	杨广斌	男	区党政办公室	2月	省政府办公厅
江苏省推进行政复议体制改革表现突出个人	范红佳	女	区司法局	2月	省司法厅
全省人力资源社会保障系统2022年重点工作成效明显的个人	钟春涛	男	区人社局	2月	省人力资源和社会保障厅
个人三等功	巢洪平	男	区公安分局网安大队	2月	省公安厅
2022年省级“暖心之星”（工作者）	孙国英	女	孟河镇行政审批局	2月	省卫生健康委员会、省计划生育协会
江苏省优秀工会工作者	祝　琳	女	区总工会	3月	省总工会
	牟　静	女	永安行科技股份有限公司		
	汪　婷	女	常州迪诺水镇商业管理有限公司		
	何剑青	男	孟河镇总工会		
	陈志清	男	奔牛镇总工会		
	束仁标	男	新桥街道总工会		
2022年江苏省健康科普先进工作者	朱　婷	女	区疾控中心	3月	省健康教育协会
第十一届先进个人	徐　良	男	区自然资源和规划技术保障中心	3月	省测绘地理信息学会
全省公安机关考试安保维稳工作成绩突出个人	史洪波	男	区公安分局新桥派出所	3月	省公安厅
全省公安机关打击长江非法采砂犯罪专项行动成绩突出个人	缪涵泽	男	区公安分局百丈派出所	3月	省公安厅
江苏省污染防治攻坚巾帼标兵	李　姣	女	常州市生态环境监控中心新北分中心	3月	省生态环境厅
全省“法援惠民生”成绩突出个人	陈建丽	女	区司法局	4月	省司法厅
江苏省五一劳动奖章	汤荣年	男	常州合全药业有限公司绿色发展部	4月	省总工会
	钱辉金	男	中节能城市节能研究院有限公司		
2022年江苏省生态环境保护执法大练兵表现突出个人	凌　晨	男	常州市生态环境综合行政执法局新北分局	4月	省生态环境厅
江苏省优秀农家书屋管理员	陈润萍	女	道乡社区农家书屋	4月	省新闻出版局

续表 78

荣誉称号	姓名	性别	工作单位	获奖时间	授奖部门
工程质量监督人员考核优秀	戚　钰	女	区建设工程质量安全监督站	5月	省住房和城乡建设厅办公室
	曹　欣	男			
建筑施工安全监督人员考核优秀	朱　勇	男	区建设工程质量安全监督站	5月	省住房和城乡建设厅办公室
江苏省生态环境系统“最美家庭”	钱宇章	男	常州市生态环境综合行政执法局新北分局	5月	省生态环境厅、省妇女联合会
江苏省巾帼志愿服务十大感动人物	叶　茹	女	奔牛镇“知音”舞蹈队	5月	省妇女联合会
个人二等功	何　飞	男	区公安分局罗溪派出所	5月	省公安厅
江苏省最美家庭	杨明晖	女	三井街道衡山社区	5月	省妇女联合会
省红十字会基层组织工作先进个人	丁冠杰	男	三井街道富都社区	5月	省红十字会
江苏省交通运输行业优秀共产党员	杨　欢	女	区住建局	7月	省交通运输行业委员会
江苏省住房和城乡建设行业优秀共产党员	花　媛	女	区房产管理中心	7月	省住房和城乡建设行业委员会
个人二等功	刘广平	男	区公安分局魏村派出所	7月	省公安厅
个人嘉奖	钱冠廷	男	区公安分局案件侦查大队	7月	省公安厅
社区教育优秀志愿者	周耀清	男	三井街道汉江路社区	9月	省成人教育协会
2022年废旧农膜回收工作先进个人	戴　源	男	区农业管理综合行政执法大队	10月	省农业农村厅
江苏好青年	吴心怡	女	区统计局	10月	共青团江苏省委、省文明办、省青年联合会
全省火灾调查处理技能竞赛视频分析第三名	钱旭东	男	区消防救援大队	10月	省消防救援总队
江苏省优秀企业家	杨永岗	男	中简科技股份有限公司	10月	省工业和信息化厅
	赵善麒	男	江苏宏微科技股份有限公司		
全省社区矫正和安置帮教工作成绩突出个人	陈湛丰	男	区司法局	11月	省司法厅
中国农民丰收节江苏活动组织实施工作中表现突出个人	奚力中	男	区农业农村综合管理服务中心	11月	省农业农村厅
全省血寄防专业技术人员能力提升培训班技能考核一等奖	吴云霞	女	区疾控中心	11月	省血吸虫病防治研究所

续表 78

荣誉称号	姓名	性别	工作单位	获奖时间	授奖部门
江苏省统计系统先进工作者	徐 佳	女	区统计局	11月	省人力资源和社会保障厅、省统计局、国家统计局江苏调查总队
百名示范村（社区）书记	徐爱平	男	罗溪镇鸦鹊村	11月	省委组织部
江苏省退役军人志愿者服务“双百”先进典型	徐国忠	男	三井街道飞龙社区	11月	省退役军人事务厅
全省检察宣传优秀特约记者奖	韩文豪	男	区检察院	12月	江苏法治报社
全省检察宣传优秀通讯员奖	钱 悦	女	区检察院	12月	江苏法治报社
全省检察机关优秀法治副校长	史 可	女	区检察院	12月	省人民检察院
全省农民教育培训工作先进个人	郝小燕	女	区农业农村综合管理服务站中心	12月	省农业广播电视学校
全省农业外来入侵职务普查先进个人	宋俊贤	女	区农业农村综合管理服务站中心	12月	省农业外来入侵植物普查办公室
江苏省水产技术推广系统先进个人	曾疆雪	女	区农业农村局	12月	省渔业技术推广中心
江苏省“百名卫生防疫之星”	祝志军	男	区疾控中心	12月	省疾病预防控制中心
江苏“学习达人”挑战赛三等奖	郑步伟	男	区行政审批局	12月	省委宣传部
江苏省公平竞争审查业务技能竞赛三等奖	祁逸轩	男	区市场监管局价格处	12月	省市场监督管理局
2023年第四季度“江苏好人”	韩 沁	女	区市场监管局机关党委	12月	省文明办
江苏省退役军人服务中心（站）百名优秀主任（站长）	高 鑫	男	薛家镇退役军人服务站	12月	省退役军人事务厅办公室
江苏省深入打好污染防治攻坚战宣传工作先进个人	巢 猛	男	西夏墅镇综合行政执法和安全生产监督管理局	12月	省深入打好污染防治攻坚战指挥部办公室
江苏省“千名领先”社区书记	周耀清	男	三井街道汉江路社区	12月	省委组织部
江苏省技术能手	滕 菲	女	区劳动人事争议仲裁院	12月	省人社厅、省总工会、省劳动人事争议仲裁委
江苏省金牌劳动关系协调员	韩 强	男	区劳动人事争议仲裁院	12月	省人力资源和社会保障厅
	盛正平	男	江苏奔牛港务集团有限公司		

集体荣誉

表 79　2023 年常州国家高新区（新北区）获得省级（条线）以上的综合荣誉一览表

荣誉称号	获奖单位	获奖时间	授奖部门
全国无偿献血促进奖	新北区	2月	国家卫生健康委、中国红十字会总会、中央军委后勤保障部卫生局
2022年度“企业创新积分制”优秀工作单位	常州国家高新区	5月	科技部火炬中心
全国县域商业“领跑县”	新北区	11月	商务部
智慧健康养老应用试点示范基地	新北区	12月	工业和信息化部、民政部、国家卫生健康委员会
2023年度高质量发展先进县（市、区）	新北区	3月	省人民政府办公厅
省政府通报激励节约集约利用工作成绩优异	新北区	4月	省人民政府
2022年度江苏省自然资源节约集约利用模范区	新北区	4月	省自然资源厅
2022年度江苏省土地执法模范区	新北区	4月	省自然资源厅
2022年水利建设投资落实好、省水利基本建设投资计划完成率高、水利综合治理成效好的地方	新北区	5月	省人民政府
2022年促进乡村振兴、改善农村人居环境成效明显的地方	新北区	5月	省人民政府
2022年度水环境治理经验做法通报表扬	新北区	7月	省生态文明建设领导小组办公室

表 80　2023 年常州国家高新区（新北区）获得全国（条线）表彰及竞赛获奖的先进集体一览表

荣誉称号	获奖单位	获奖时间	授奖部门
国家级生态农场	常州市东南有机稻米种植专业合作社	2022年12月	农业农村部农业生态与环境保护总站、中国农业生态环境保护协会
2021—2022年全国侨联系统“侨胞之家”典型选树单位	三井街道“侨胞之家”	1月	中国侨联
2022年度中国乐器行业科技十强	吟飞科技（江苏）有限公司	1月	中国乐器协会
2022年度中国乐器行业人才建设年活动优秀组织奖			
节约型机关	区检察院	2月	国家机关事务管理局、中共中央直属机关事务管理局、国家发展和改革委员会、财政部
2022年度中国家庭健康守门人	区疾控中心“健康口腔”守门团队	2月	国家卫生健康委员会能力建设和继续教育中心
药品监管统计数据上报示范单位	区市场监管局药品处	2月	国家药品监督管理局
全国巾帼文明岗	交警支队新北大队女子中队	2月	全国妇女联合会
2022年全国生态环境保护执法大练兵表现突出集体	区生态环境局	2月	生态环境部

续表 80

荣誉称号	获奖单位	获奖时间	授奖部门
第九届亚太人力资源服务奖——创新产业园奖	江苏常州高新区人力资源产业园	4月	亚太人力资源开发与服务博览会组委会
全国五一劳动奖状	常州千红生化制药股份有限公司	4月	全国总工会
全国工人先锋号	常州八益电缆股份有限公司辐照班组	4月	全国总工会
全国供销合作社品牌建设优秀案例	区供销合作社——“常高新农”	5月	2023年中国品牌发展国际论坛供销合作社品牌建设分论坛
第二批国家级文明旅游示范单位	环球恐龙城休闲旅游区	5月	全国旅游标准化技术委员会
“依法严惩毒品犯罪 强化禁毒综合治理”十大典型案事例	区检察院	6月	最高人民检察院
完整社区建设试点	新桥街道江湾社区	7月	住房城乡建设部办公厅、国家发展改革委办公厅、民政部办公厅、商务部办公厅、国家卫生健康委办公厅、体育总局办公厅、国家能源局综合司
检察机关与妇联组织加强司法救助协作典型案例	区检察院	8月	最高人民检察院、全国妇女联合会
《中国退役军人》宣传工作先进单位	区退役军人事务局	9月	退役军人事务部办公厅
全国侨联系统先进组织	区侨联	9月	中华全国归国华侨联合会
中央台办“两刊”对台宣传工作先进单位	区台办	9月	中共中央台湾工作办公室宣传局
国家生态农场创新创业典型案例	常州市东南有机稻米种植专业合作社	9月	中国农业生态环境保护协会
高质量发展化工园区（30强）	滨开区	10月	中国石油和化学工业联合会、化工园区工作委员会
全国示范性老年友好型社区	新桥街道江湾社区	10月	国家卫生健康委老龄健康司
人民网网上群众工作单位——民心汇聚单位	区信访局	11月	人民网股份有限公司
首批五星市场监督管理所	区市场监管局薛家分局	11月	国家市场监管总局
国家绿色工业园区	滨开区	11月	国家工业和信息化部
年度百佳园区党建品牌案例	滨开区全域党建品牌“创智滨江 先锋领航”	11月	非公有制企业党建杂志
第三批全国乡村治理示范村	西夏墅镇东南村	11月	农业农村部、中央宣传部、司法部
智慧健康养老应用试点示范镇	奔牛镇	11月	国家工业和信息化部、民政部、国家卫生健康委员会

续表 80

荣誉称号	获奖单位	获奖时间	授奖部门
国家级绿色供应链管理企业	扬子江药业集团江苏紫龙药业有限公司、常州市范群干燥设备有限公司、梅特勒-托利多（常州）精密仪器有限公司、常州华威模具有限公司、江苏宏微科技股份有限公司、常州市巨泰电子有限公司	11月	工业和信息化部
全国AAAAA“司机之家”	常州聚盟物流园“司机之家”	11月	中国公路学会
国家级绿色工厂	常州星宇车灯股份有限公司、常州市范群干燥设备有限公司	11月	工业和信息化部
中国人居环境范例奖	高铁新城核心区绿色宜居城区项目	12月	住房城乡建设部
全国绿化模范单位	区住建局	12月	全国绿化评选表彰工作领导小组办公室
国家级生态农场	常州笙绿农业科技有限公司	12月	农业农村部农业生态与环境保护总站、中国农业生态环境保护协会
全国最美工会户外劳动者服务站点	“安心港”户外劳动者驿站、中华恐龙园旅游度假区户外劳动者驿站	12月	全国总工会
全国便利型职工阅读站点	常州聚盟物流园“司机之家”、常州市创意产业基地工会联合会、常州友好速递有限公司	12月	全国总工会
中国建筑装饰奖	常州合全药业新药生产和研发一体化项目三期项目厂前区产品检测分析中心、2#综合楼（含餐厅）及生产管理中心机电装修工程	12月	中国建筑装饰协会
	常州市新北区龙城中学新建项目装饰装修工程		
	恐龙人公共安全实训馆装修改造项目设计、采购、施工工程总承包一体化（EPC）		

表 81　2023 年常州国家高新区（新北区）获得省级（条线）表彰及竞赛获奖的先进集体一览表

荣誉称号	获奖单位	获奖时间	授奖部门
2022年度省级优秀信息工作单位	区党政办公室	1月	省委办公厅
全省法院“优化法治化营商环境执行年”1+4专项行动先进集体	区人民法院执行局	1月	省高级人民法院

续表 81

荣誉称号	获奖单位	获奖时间	授奖部门
全省首批应急管理综合行政执法规范化建设示范单位	区应急管理综合行政执法大队	1月	省应急管理厅
江苏省一体化示范园区	滨开区	1月	省军民融合办公室
“法律明白人”培育工作成绩突出集体	西夏墅镇司法所	1月	省司法厅
江苏省一级村镇建设档案室	西夏墅镇建设局档案室	1月	省住房和城乡建设厅
全省第三批“红石榴家园”	江苏省奔牛高级中学	1月	省民族宗教事务委员会
2022年江苏省现代服务业高质量发展集聚示范区	江苏奔牛港物流中心	1月	省发展和改革委员会
全省首批“书香残疾人之家”	新桥街道江湾残疾人之家	1月	省残疾人联合会
2022年度全省检察机关信息工作先进单位	区检察院	2月	省人民检察院
2022年度全省政府网站工作先进单位	区党政办公室	2月	省政府办公厅
江苏省推动厂务公开民主管理工作先进单位	区教育工会联合会	2月	省总工会
集体二等功	区公安分局政务服务管理大队	2月	省公安厅
“15分钟医保服务圈”省级示范点	西夏墅镇便民服务中心	2月	省医疗保障局
全省科技创新示范所队	三井派出所	2月	省公安厅
江苏省厂务公开民主管理先进单位	盛瑞（常州）特种材料有限公司、常州天山重工机械有限公司、电装（常州）燃油喷射系统有限公司	2月	省总工会
2022年度全省发展改革系统综合先进单位	区经发局	3月	省发展和改革委员会
江苏省农业农村法治动漫优秀微视频	区农业农村局视频《农膜的循环人生》	3月	省农业农村厅
2022年度江苏省信息化健康传播工作先进单位县区级优秀奖	区疾控中心	3月	省健康教育协会
全省“雳剑2022”专项行动十佳案例	区市场监管局稽查处	3月	省药品监督管理局
第十一届先进集体	区自然资源和规划技术保障中心	3月	省测绘地理信息学会
2022年度学会工作先进单位	区自然资源和规划学会	3月	省土地学会
全省公安科技创新大赛优秀奖	区公安分局指挥保障中心	3月	省公安厅、省总工会
江苏省模范职工小家	薛家镇综合行政执法局工会小组、迪砂（常州）机械有限公司小件装配班组工会小组、江苏华冠电器集团有限公司工程技术研究中心工会小组	3月	省总工会
江苏省现代服务业高质量发展集聚示范区	常州创意产业园	3月	省发展和改革委

续表 81

荣誉称号	获奖单位	获奖时间	授奖部门
江苏省模范职工之家	区总工会、区住建局联合工会委员会、常州市新北区新桥实验小学工会委员会、龙虎塘街道总工会、龙虎塘街道玲珑社区工会联合会、常州市乐萌压力容器有限公司工会委员会、盛瑞联合工会委员会	3月	省总工会
第18届江苏青年五四奖章集体	区检察院	4月	共青团江苏省委、省青年联合会
江苏省五四红旗团支部（团总支）	区商务局团支部	4月	共青团江苏省委
2022年度江苏省生态宜居美丽示范村	孟河镇南兰陵村 西夏墅梅林村	4月	省农业农村厅
江苏省“暖心居保”服务品牌试点单位	孟河镇东陆村便民服务中心	4月	省人力资源和社会保障厅
首批基层医疗质量控制省级联络点	奔牛人民医院	4月	省卫生健康委员会
省级精神障碍社区康复服务示范点	三井街道德康驿站 龙虎塘街道德康驿站	4月	省民政厅
江苏省红十字会基层组织工作先进集体	龙虎塘街道	4月	省红十字会
江苏省传统村落	魏村街道魏村社区	4月	省住房和城乡建设厅
江苏省第十六个全国疟疾日“抗疟大作战”线上活动“精英荟萃奖”	魏村街道社区卫生服务中心	4月	省血吸虫病防治研究所
江苏省四星级乡镇农产品检监管站	魏村街道德农产品快速检测室	4月	省农业农村厅
省级夜间文化和旅游消费集聚区	江南环球港	4月	省文化和旅游厅
江苏省五一劳动奖状	联影(常州)医疗科技有限公司	4月	省总工会
江苏省工人先锋号	中简科技股份有限公司设备专业组、江苏达实久信医疗科技有限公司数字化手术室系统设计工程技术研究中心、常州千红生化制药股份有限公司依诺班组、常州市范群干燥设备有限公司流水线1车间、常州市新北区疾病预防控制中心传染病防治科	4月	省总工会
江苏省最美公共文化空间	春江楠木厅、常高新蔚蓝馆	4月	江苏省文化和旅游厅
江苏省“优秀群众文化团队”培育对象	常州华声合唱团、常州市新北区癌症康复协会	4月	省文化和旅游厅
江苏省船舶碰撞桥梁隐患治理三年行动先进集体	区住建局（区交通运输局）	5月	省交通运输厅
建筑施工安全监督机构考核优秀	区建设工程质量安全监督站	5月	省住房和城乡建设厅办公室

续表 81

荣誉称号	获奖单位	获奖时间	授奖部门
2022年度心血管病高危人群早期筛查与综合干预项目先进单位	区疾控中心	5月	省心血管病高危人群早期筛查与综合干预项目管理办公室
省政府督查激励	区市场监管局质量处	5月	省人民政府
2022年度“15分钟医保服务圈”省级示范点	孟河中医医院	5月	省医疗保障局
江苏省巾帼志愿服务十大优秀社区	三井街道藻江社区	5月	省妇女联合会
共青团城市基层组织改革省级试点	三井街道衡山社区	5月	共青团江苏省委
全省公安机关系列安保维稳工作成绩突出集体	区公安分局百丈派出所	5月	省公安厅
江苏省化工园区	常州滨江经济开发区新材料产业园	5月	省人民政府
第18届江苏青年五四奖章	“小橘灯”未成年人综合保护团队	5月	共青团江苏省委、省青年联合会
江苏检察机关第二批党建与业务深度融合典型案例	区检察院	6月	省人民检察院
江苏省老年人认知障碍（老年痴呆）筛查与干预试点	三井街道兰翔社区	6月	省卫生健康委员会办公室
2022年度江苏省科学技术奖一等奖	常州英集动力科技有限公司、江苏容大减震科技股份有限公司	6月	省人民政府
2022年度江苏省科学技术奖二等奖	常州寅盛药业有限公司、常州新东化工发展有限公司、常州市宏发纵横新材料科技股份有限公司、常州市新创智能科技有限公司、江苏华复轨道交通科技有限公司、常州市乐萌压力容器有限公司、浙江大学常州工业技术研究院、浙江大学常州工业技术研究院	6月	省人民政府
2022年度江苏省科学技术奖三等奖	天地（常州）自动化股份有限公司、江苏常荣电器股份有限公司、常州工学院、江苏凯特汽车部件有限公司、常州中车铁马科技实业有限公司、常州星宇车灯股份有限公司、常州能源设备总厂有限公司	6月	省人民政府
全省检察机关数字检察模型竞赛二等奖	区检察院	7月	省人民检察院
全省司法行政系统推进高质量发展“十大项目”优秀新闻作品三等奖	区司法局《主动靠前一步 急群众之所急 常州新北创新培育“高新事·高兴办”品牌打造一流政务服务》	7月	省司法厅

续表81

荣誉称号	获奖单位	获奖时间	授奖部门
第三批江苏省县域电商产业集聚区	孟河镇汽摩配集聚区	7月	省商务厅
江苏省特色田园乡村	孟河镇南兰陵村郑塔里、奔牛镇祁家村祁家塘	7月	省住房和城乡建设厅
江苏省首批社区教育共同体	龙虎塘街道社区教育中心	7月	省成人教育协会
2022年度江苏省水利工程文明工地	老桃花港整治工程江边枢纽	7月	省水利厅
全省“安全生产月”先进单位	区应急管理局	8月	省安全生产委员会办公室
第四届江苏省“敬老文明号”	薛家爱心护理院	8月	省老龄事业工作委员会办公室
江苏省旅游重点村培育单位	西夏墅镇东南村	8月	省文化和旅游厅、省发展和改革委员会
江苏省老年友善医疗机构优秀单位	三井街道河海社区卫生服务中心、魏村街道社区卫生服务中心	8月	省卫生健康委员会、省中医药管理局
江苏省“五社联动”试点单位	三井街道	8月	省民政厅
2022年度党建引领物业管理服务工作省级示范点	雅居乐星河湾苑、龙城花园、高新广场	8月	省委组织部、省委非公有制企业和社会组织工作委员会、省住房和城乡建设厅党组、省住房和城乡建设行业委员会
江苏省农业全产业链骨干企业	常州笙绿农业科技有限公司	8月	省农业农村厅
全省退役军人就业创业工作先进单位	区退役军人事务局	9月	省退役军人事务厅
江苏省基层医疗卫生机构管理干部培训实践基地（第一批）	孟河中医医院	9月	省基层卫生协会
江苏省科普教育基地（社会科学普及基地）	西夏墅镇东南村	9月	省教育厅、省科学技术厅
江苏省第三批金牌劳动人事争议调解组织	奔牛镇劳动人事争议调解中心	9月	省人力资源社会保障厅、省总工会、省企业联合会/企业家协会、省工商业联合会
第五批省重点文化科技企业	常州恐龙园文化科技有限公司	9月	省委宣传部、省文化和旅游厅、省市场监督管理局、省广播电视局、省统计局、省工商联
江苏省电子商务示范基地	常州拨云科技园	9月	省商务厅
2022年度省级宜居示范居住区	中海锦珑湾花园、河海新村	9月	省住房和城乡建设厅
2022年废旧农膜回收工作先进集体	区农业农村局	10月	省农业农村厅
99公益·优秀组织奖	区妇女联合会	10月	省妇女儿童福利基金会
江苏省美丽家园省级示范点	孟河镇南兰陵村	10月	省妇女“双学双比”竞赛活动领导小组
江苏省妇女“双学双比”活动示范基地	孟河镇南兰陵村	10月	省妇女联合会办公室
江苏省工业设计示范园区	常州创意产业园区	10月	省工业和信息化厅

续表 81

荣誉称号	获奖单位	获奖时间	授奖部门
江苏省巾帼新业态助农创新基地	常州笙绿农业科技有限公司	10月	省妇女“双学双比”竞赛活动领导小组
“合作共建”先进集体	致公党新北基层委	10月	致公党江苏省委
全省十佳检察文化品牌	区检察院	11月	省人民检察院
2022年度江苏省打击骗取留抵退税违法犯罪成绩突出集体	区检察院	11月	省税务局
民盟江苏省县（市、区）组织“模范集体”	民盟新北基层委	11月	民盟江苏省委员会
民进江苏省先进基层组织	民进新北基层委	11月	民进江苏省委员会
省级地名文化遗产名单	孟河老街、万缘桥、伯牙桥	11月	省民政厅
江苏省基层党组织书记实训基地	罗溪镇鸦鹊村	11月	省党支部书记学院
江苏省域突出单位优秀示范班点	罗溪镇爱心暑托班	11月	省希望工程办公室、省青少年发展基金会
江苏省“在你身边”文明实践巾帼志愿阳光站	新桥街道锦海社区“彩虹”文明实践巾帼志愿阳光站	11月	省妇女联合会、省精神文明建设指导委员会办公室
江苏省健康促进医院	新桥街道社区卫生服务中心	11月	省卫生健康委员会办公室
第五批江苏女性融媒体创意十佳基地	龙虎塘街道办事处	11月	省妇女联合会
江苏省文化产业示范基地创建单位	吟飞科技（江苏）有限公司	11月	省文化和旅游厅
江苏省公共机构节能低碳示范单位	区机关事务管理处	12月	省机关事务管理局、省发展和改革委员会、省工业和信息化厅、省财政厅
全省优秀农村学法用法短视频	区农业农村局《巡航千里 护法千日——周太明做法治宣传的带头人》	12月	省农业农村厅
江苏省禁捕退捕工作专班表扬信	区禁捕退捕工作专班	12月	省禁捕退捕工作专班
血吸虫病监测工作先进集体	区疾控中心	12月	省血吸虫病防治研究所
血防查灭螺及防急感工作先进集体			
疟原虫和重点寄生虫实验室检测工作先进集体			
晚期血吸虫病治疗救助及管理工作先进集体			
四星级市场监管分局	区市场监管局春江分局	12月	省市场监督管理局
江苏省小型微型企业创业创新示范基地	常州创意产业园区	12月	省工业和信息化厅
江苏省优秀劳动关系和谐企业	江苏龙城国有控股集团	12月	省协调劳动关系三方委员会
江苏省女大学生创业就业实践基地	恐龙园文化旅游集团股份有限公司	12月	省妇女联合会、省人力资源和社会保障厅、省女企业家协会

续表 81

荣誉称号	获奖单位	获奖时间	授奖部门
江苏省现代服务业高质量发展第三批集聚示范区	环球恐龙城	12月	省发展和改革委
江苏省现代服务业高质量发展第三批集聚示范区	环球恐龙城	12月	省发展和改革委员会
江苏省优秀“戎耀之家”	区税务局、常州市泰阳保安服务有限公司	12月	省退役军人事务厅、省总工会
江苏省绿色工业园区	滨开区	12月	省工业和信息化厅
江苏省绿美乡村	孟河镇小黄山村、西夏墅镇东南村	12月	省林业局
江苏省工会职工书屋示范点	罗溪镇职工书屋	12月	省总工会
江苏省优质老年学校	常州市新北区老年大学西夏墅分校	12月	省老年大学协会
江苏省普惠托育机构	常州市新北区西夏墅镇中心幼儿园	12月	省卫生健康委员会、省发展和改革委员会、省财政局
江苏省康复治疗师岗位技能竞赛优秀奖	龙虎塘街道社区卫生服务中心	12月	省康复医学会
江苏省智慧社区建设点	龙虎塘街道	12月	省民政厅
江苏省优秀博爱家园	魏村街道临江社区	12月	省红十字会
江苏省示范性老年友好型社区	薛家镇橄榄城社区、三井街道世茂香槟湖社区、春江街道友谊河社区	12月	省老龄事业工作委员会办公室
江苏省健康村（社区)	奔牛镇东桥村、龙虎塘街道腾龙社区、玲珑社区	12月	省爱国卫生运动委员会办公室、健康江苏建设领导小组办公室
江苏省乡村振兴示范村	孟河镇南兰陵村、薛家镇任葛村、西夏墅镇东南村、奔牛镇东桥村	12月	省农业农村厅、省乡村振兴局
江苏省农村区域性医疗卫生中心十大相关功能中心	孟河中医医院消化内镜诊疗中心、奔牛人民医院康复疼痛诊疗中心	12月	省卫生健康委员会办公室
江苏省创业投资集聚发展示范区	龙城金谷（北区）	12月	省发展和改革委员会
江苏省小型微型企业创业创新示范基地	常州碳纤维及复合材料科创港、常州创意产业园区	12月	省工业和信息化厅
江苏四星级绿色港口	常州港录安州港区录安州码头长江1～4号泊位、夹江1～9号泊位	12月	省综合交通运输学会
2022年度全省城市户外广告和店招标牌设施设置“特色街区”	汉江路	12月	省住房和城乡建设厅
全省最美工会户外劳动者服务站点	环球港户外劳动者驿站、中通快递常州分公司户外劳动者驿站、万达广场“井小驿”户外劳动者驿站	12月	省总工会

附　录

常州国家高新区、新北区组织机构及负责人名录

（2023.1.1—2023.12.31）

中共常州高新技术产业开发区工作委员会

书　记	
副书记	周　庆
	石旭涌
	封　毅
党工委委员	纪海平※
	吴　寅
	李　皓（至4月）

常州国家高新技术产业开发区管理委员会

副主任	张　超（5月任）
	陈旭光
	杭宏伟（6月任）
	邹晓风（挂职）（11月任）
	李　皓（至4月）

中共常州市新北区委员会

书　记	周　庆
副书记	石旭涌
	封　毅
	张　敏（挂职）（至10月）
常　委	李　敏
	纪海平※
	吴　寅
	路　琦
	樊　烨
	姜　浩
	陈　瑛※（6月任）
	徐雪春（8月任）
	李　皓（至4月）
	朱海颖※（至8月）

常州市新北区人大常委会

主　任	王宇伟
副主任	杨金忠
	季晓东
	沈春英※
	刘金曙
党组书记	王宇伟
党组副书记	杨金忠
党组成员	季晓东
	沈春英※
	范春苟
	夏志文

常州市新北区人民政府

区　长	石旭涌（1月任）
副区长	樊　烨
	陈旭光
	杭宏伟
	陈建生※
	张袁元（挂职）
	章　俊（8月任）
	巢　彬（8月任）
	张　敏（挂职）（至10月）
	李　皓（至4月）
	陈　瑛※（至6月）
	徐雪春（至8月）
党组书记	石旭涌
党组副书记	樊　烨（4月任）
	张　敏（挂职）（至10月）
	李　皓（至4月）
党组成员	陈旭光
	杭宏伟
	张袁元
	章　俊（8月任）
	巢　彬（8月任）
	张华锋（7月任）

樊　烨（至4月）
陈　瑛※（至7月）
徐雪春（至8月）
恽志群（至7月）

政协常州市新北区委员会

主　席　安春燕※
副主席　孙泽阳
孙秀峰
李小平
徐　红※
钱亚娟※
党组书记　安春燕※
党组副书记　陈　瑛※（7月任）
孙泽阳
路　琦（至7月）
党组成员　李小平
徐逸峰
胥荣伟
恽志群（7月任）

中共常州高新技术产业
开发区纪律检查工作委员会
中共常州市新北区纪律检查委员会

书　记　纪海平※

常州市新北区监察委员会

主　任　纪海平※

常州市新北区人民武装部

部　长　李　敏
政　委　王立刚

常州国家高新区（新北区）人民法院

院长、党组书记　任志清

常州国家高新区（新北区）
人民检察院

检察长、党组书记　朱文俊

常州国家高新区（新北区）所辖部门、
园区（镇、街道）
（收录2023年年末在职主要负责人名单）

中共常州国家高新技术产业开发区工
作委员会、中共常州市新北区委员会
工作部门

党政办公室主任　张华锋（6月任）
恽志群（至6月）
组织部部长　吴　寅
宣传统战部部长　陈　瑛※（6月任）
路　琦（至4月）
政法委书记　徐雪春（8月任）
朱海颖※（至8月）
机构编制委员会办公室主任
王　东
巡察办公室主任　杨栋梁（4月任）

常州市新北区人大常委会工作部门

办公室主任　张肖洁※
环境资源城乡建设工作委员会主任
夏志文
财政经济工作委员会主任
黄丽娟※
农业和农村工作委员会主任
高应红
教科文卫工作委员会主任
姚慧博（7月任）
潘仁山（至7月）
法制和内务司法（民宗侨务）工作委
员会主任　陆文其
人事代表工作委员会主任
顾　菁※

常州国家高新区管委会、
常州市新北区人民政府工作部门

经济发展局局长　童广武
教育局局长　王华国（6月任）
张华锋（至6月）
科学技术局局长　吴雪强
财政局局长　王建军
人力资源和社会保障局局长
章　俊（8月任）
潘永洄（至6月）
住房和城乡建设局局长
杨　磊
农业农村局局长　高　栋
商务局局长　骆晓霞※
卫生健康局局长　唐爱民
退役军人事务局局长
陶文忠（6月任）
应急管理局局长　徐　俊
审计局局长　沈传宝
行政审批局局长　赵文君※（9月任）
章　俊（至8月）
市场监督管理局局长
潘永洄（6月任）
陶文忠（至6月）
统计局局长　邹　申※（4月任）
刘　斐（至4月）
综合保税区管理局局长
程　宇
创意产业园区管理办公室主任
杨　波

政协常州市新北区委员会工作部门

办公室主任　薛　醒
提案和委员工作委员会主任
王丽芳※
经济科技和农业农村委员会主任
陈万华
教文卫体和文史委员会主任
谭伟良
环境资源和城乡建设委员会主任
刘　斐（3月任）
张银龙（至3月）
社法民宗和港澳台侨委员会主任
陈锁平

社会团体

总工会主席 万丽平※
团委书记 陈俊玮
妇联主席 陆 霞※
红十字会会长 王宇伟
工商联党组书记 朱旭耀（8月任）
何宝华（至8月）
侨联主席 李浩杰（7月任）
余 奋※（至7月）
残联理事长 王忠良
科协主席 刘效禹（11月任）
蒋如山（至11月）

园区（镇、街道）

滨江经济开发区党工委书记
姜 浩
孟河镇党委书记 严卫国（12月任）
徐雪春（至12月）
孟河镇人民政府镇长
顾科卫（12月任）
严卫国（至12月）
生命健康产业园区管理办公室主任、薛家镇党委书记 程 宇
薛家镇人民政府镇长
高 翔
空港产业园管理办公室主任、罗溪镇党委书记 白正堂
罗溪镇人民政府镇长
史科新（7月任）
刘 波（至7月）
新北现代农业产业园区管理办公室主任、西夏墅镇党委书记
封 毅（1月任）
王 东（至1月）
西夏墅镇人民政府镇长
蔡 刚
奔牛镇党委书记 江文亭※（7月任）
王华国（至7月）
奔牛镇人民政府镇长
俞建君（7月任）
江文亭※（至7月）
新桥街道党工委书记
刘 奔
新桥街道办事处主任
徐科勤
三井街道党工委书记
谭振华
三井街道办事处主任
王子晶
光伏产业园区党工委书记、龙虎塘街道党工委书记 吴文博（11月任）
陈 瑛※（至11月）
龙虎塘街道办事处主任
蒋如山（11月任）
吴文博（至11月）
春江街道办事处党工委书记
刘 波（7月任）
高月锋（至7月）
春江街道办事处主任
赵鹏霞※
魏村街道办事处党工委书记
路建刚（11月任）
巢 彬（至11月）
魏村街道办事处主任
单正中（11月任）
路建刚（至11月）

说明：
1. 姓名右上角有“※”号者为女性；
2. “常州国家高新区（新北区）所辖部门、园区（镇、街道）”收录的是截至2023年12月末在职的负责人。

统计资料

表 82　2023 年常州国家高新区（新北区）主要指标占全市比重统计表

名称	单位	2023 年	2022 年
土地面积	%	11.6	11.6
年末户籍人口	%	16.4	16.3
地区生产总值	%	20.9	20.8
一般公共预算收入	%	21.2	21.0
工业开票销售收入	%	23.6	24.0
规模以上工业总产值	%	22.6	22.5
规模以上工业利润总额	%	32.3	33.1
社会消费品零售总额	%	14.8	14.0
实际利用外资	%	41.0	31.3
进出口总额	%	40.8	37.9
出口总额	%	39.9	35.7

表 83　2023 年常州国家高新区（新北区）主要经济指标统计表

名称	单位	2023 年
地区生产总值	亿元	2118.65
第一产业	亿元	20.78
第二产业	亿元	1075.02
工业	亿元	1024.73
第三产业	亿元	1022.85
财政总收入	亿元	424.98
一般公共预算收入	亿元	144.40
农业总产值	亿元	34.18
工业总产值	亿元	4368.53
工业产品销售收入	亿元	4530.26
工业利润总额	亿元	460.15
固定资产投资完成额	%	–9.8
工业投资	%	0.8
社会消费品零售总额	亿元	450.6
实际利用外资	万美元	84608
进出口总额	亿元	1298
出口总额	亿元	997.9
全体居民人均可支配收入	元	61929
城镇居民人均可支配收入	元	74789
农村居民人均可支配收入	元	41729

说明：地区生产总值以国家最终反馈数据为准。

表 84　2023 年常州国家高新区（新北区）行政区划与人口统计表

区域	村民委员会（个）	社区居民委员会（个）	土地面积（平方千米）	年末户籍人口（万人）
全 区	57	85	508.91	63.89
滨江经济开发区（春江街道、魏村街道）	12	16	152.11	12.15
孟河镇	13	5	88.66	8.09
生命健康产业园区（薛家镇）	3	11	37.37	5.56
空港产业园（罗溪镇）	6	6	53.79	4.33
现代农业产业园区（西夏墅镇）	5	5	51.96	4.30
奔牛镇	11	5	56.31	5.35
新龙国际商务区（新桥街道）（含高铁新城）	7	6	27.14	4.18
三井街道（含创意产业园区）	—	25	24.88	16.61
光伏产业园区（龙虎塘街道）（含综保区）	—	6	17.12	3.45

表 85　2023 年常州国家高新区（新北区）地区生产总值统计表

区域	单位	合计		第一产业		第二产业		第三产业	
		2023 年	2022 年	2023 年	2022 年	2023 年	2022 年	2023 年	2022 年
全区	亿元	2118.65	1999.63	20.78	20.49	1075.02	1038.45	1022.85	940.69
滨江经济开发区（春江街道、魏村街道）	亿元	440.31	420.23	5.67	5.60	291.99	289.67	142.65	124.96
孟河镇	亿元	156.43	149.29	5.27	5.20	91.21	89.52	59.95	54.57
生命健康产业园区（薛家镇）	亿元	223.69	212.83	1.36	1.34	137.52	133.82	84.81	77.67
空港产业园（罗溪镇）	亿元	195.09	170.73	2.52	2.49	140.48	119.40	52.09	48.84
现代农业产业园区（西夏墅镇）	亿元	85.73	82.56	2.50	2.46	49.56	48.76	33.67	31.34
奔牛镇	亿元	88.67	83.69	2.59	2.55	33.63	32.96	52.45	48.18
新龙国际商务区（新桥街道）（含高铁新城）	亿元	100.05	88.91	0.87	0.85	36.72	34.23	62.46	53.83
三井街道（含创意产业园区）	亿元	581.18	559.31	—	—	162.03	159.36	419.15	399.95
光伏产业园区（龙虎塘街道）（含综保区）	亿元	247.50	232.08	—	—	131.88	130.73	115.62	101.35

说明：2023 年各镇、街道地区生产总值数据为初步核定数；2022 年各镇、街道地区生产总值数据为最终核定数。

表 86　2023 年常州国家高新区（新北区）财政收入与支出统计表

区域	单位	财政总收入	一般公共预算收入	一般公共预算支出
全　区	万元	4249847	1443980	1025163
滨江经济开发区（春江街道、魏村街道）	万元	745406	296470	111794
孟河镇	万元	269551	53264	45437
薛家镇	万元	314477	166177	44901
罗溪镇	万元	358747	140078	47223
西夏墅镇	万元	88753	47962	29024
奔牛镇	万元	124515	44725	35234
新桥街道	万元	118349	63762	38991
三井街道	万元	557820	280772	51863
龙虎塘街道	万元	387015	205050	38960

重要文献

政府工作报告

——2024年1月4日在常州市新北区第五届人民代表大会第三次会议上

区长　石旭涌

一、2023年工作回顾

2023年是全面贯彻落实党的二十大精神的开局之年，也是常州冲刺"GDP万亿之城"的决胜之年。一年来，我们坚持以习近平新时代中国特色社会主义思想为指引，深入贯彻落实习近平总书记对江苏工作重要讲话重要指示精神，在市委、市政府和区委的坚强领导下，在区人大、区政协的监督支持下，深入实施"532"发展战略，聚力推进"三大工程"，持续扮靓"六张高新名片"，经济社会各项事业发展取得新进步。

一年来，我们紧紧围绕冲刺GDP万亿之城，主力军的担当有效彰显。预计全年实现地区生产总值超2100亿元，同比增长8.5%；完成一般公共预算收入144.38亿元，同比增长9%；规上工业总产值3770亿元，同比增长8%；全口径工业开票销售首破5000亿元大关，同比增长7.5%；进出口总额1300亿元，同比增长6%；实际利用外资8.46亿美元，总量全市第一；社会消费品零售总额增长12%左右，居全市第一。全年新增"四上"单位623家，净增548家，均居全市第一。主要经济指标增幅高于全市平均、贡献占比持续扩大，充分彰显了"走在前、挑大梁、多作贡献"的高新担当。

一年来，我们紧紧围绕打造新能源之都，核心区的作为有力展现。出台实施《加快打造新能源之都核心区实施意见》，全年签约睿恩高倍率锂电池、库博储能系统、拜特测控等新能源相关产业项目56个，"发、储、送、用、网"全产业上下游不断聚链成群。新能源领域预计实现产值1900亿元、同比增长25%，新能源汽车及汽车核心零部件成为全区首个千亿级产业，新能源汽车电气设备产业成功入选国家级中小企业特色产业集群。全国首个超大规模"光伏+气膜"电站（录安洲码头"光伏+气膜"电站）、全市最大光储充检超充港（正辉光储充检超充港）、全市首座充电公园（新桥星星充电公园）等接连建成投用，已累计建成公共充（换）电场站156个、充电桩1158个、既有住宅小区内充电桩超5000个。全年新增光伏备案装机容量超16.7万千瓦，累计达52万千瓦。新能源之都核心区"见车率、见桩率、见板率"全面提高。

一年来，我们紧紧围绕建设高铁新城，桥头堡的能级持续提升。常泰长江大桥南接线全线贯通，龙江路高架北延、腾龙大道等城市主干道全面开工，常州机场改扩建工程加速推进。高铁新城核心区楼宇载体稳步起势，领航大厦、科创水镇三期竣工验收，星耀城、国际人才广场、创智大厦主体封顶。高品质城市功能配套加快完善，市第一人民医院高新院区、市第二工人文化宫方案设计、用地报批加快实施，市足球训练基地、三江口运动公园正式开工，市签证服务中心入驻高新广场。新龙音乐节品牌热度持续攀升，累计吸引观众超14万人次，高铁新城核心区绿色宜居城区项目荣获"2023年中国人居环境奖"。

回顾2023年，主要做了以下六个方面的工作。

（一）坚持项目为王，优化产业体系，经济增长的底盘进一步稳固。 项目引育成果丰硕。蒂森克虏伯、美敦力等超50家跨国公司CEO及高管来访交流，投资热度持续攀升。全年累计招引优质项目156个，其中星宇智能汽车电子及视觉系统中心百亿项目1个，欧科空调、晶讯聚震滤波器等超10亿元或1亿美元重大项目28个，瑞士埃莱普、意大利迈威等精品外资项目20个，瑞士中心华东区域城市中心、汇鸿贸易供应链服务平台等服务业项目50个。"招推服一体化2.0模式"迭代升级，国能机组扩建项目等7个省重大项目全面开工，78个在库市重点项目"四项指标"超额完成年度目标任务，捷佳创泛半导体装备产业园、中简高性能碳纤维、贺尔碧格压缩机等28个市重点项目竣工投产，竣工数全市第一。重点产业全面发力。"两特三新一智能"主导产业产值超3000亿元，同比增长10%左右，占规上工业总产值比重突破80%，智慧能源、高端智能装备制造产业规模双双突破500亿元大关。新材料产业园连续6

年入选“中国化工园区30强”，创成全国智慧化工园区和全国绿色化工园区。五大重点产业“八个一”推进机制初步构建，产业集群“磁吸耦合”效应不断凸显。数字经济蓬勃发展，167家规上数字经济工业企业预计完成产值835亿元，同比增长19%，增速高于规上工业11个百分点；新增43家省级星级上云企业，总数破500家。入选首批全国县域商业“领跑县”、全市唯一；创意产业园区获评省现代服务业高质量发展集聚示范区、全市首家省工业设计示范园区；综合保税区在全市率先获批开展保税维修新业态。金融支撑日益强劲，龙城金谷北区新增入驻各类机构超210家、新增注册资本超92.5亿元；总规模1.5亿美元的QFLP杉盛基金成功签约，全市最大。骨干企业引领支撑。深化“1115”大企业集团培育，天合光能、新阳科技入选“2023年中国民营企业500强”；星宇车灯成为全区首家国家级智能工厂；比亚迪全年产量预计突破30万辆、产值440亿元，11.7万辆远销海外；全区百亿企业达到7家，捷佳创销售迈上50亿元新台阶；长青科技、天元智能主板上市，莱赛激光北交所上市；达实久信获评国家级服务型制造示范企业；澳弘电子等3家企业获评省工业互联网标杆工厂；梅特勒－托利多获批省级外资研发中心、全市唯一；圣戈班（中国）获全市首家世界500强外企总部认定。9家单位获评国家级绿色制造荣誉，总数全市第一。新增国家级专精特新“小巨人”企业25家，总数达45家，占全市27.1%。

（二）*坚持创新驱动，加快前瞻布局，攀高逐新的动能进一步激发。*创新生态持续优化。预计完成高技术投资96亿元，实现高新技术产业产值2575亿元，同比增长13%，R&D经费占GDP比重提升至3.95%。获评省科学技术进步奖15个，占全市47%。新增国家级标准化试点项目2个、省级3个，万人发明专利拥有量达100.42件，累计建成国家级博士后科研工作站13家，均居全市第一。“科创积分贷”为企业融资超6.2亿元，同比增长30%。中国遥感大会、碳纤维及其复合材料产业技术创新战略联盟（国家试点联盟）年会等重大创新活动成功举办。创新主体活力激发。天合富家成为全区首家“独角兽”企业，“独角兽”和潜在“独角兽”企业总数达18家，占全市29%。新增瞪羚企业42家，总数达164家，占全市51.3%。净增高企307家、总数达1371家，分别占全市29.5%和29%。引进“三高一资”企业（项目）63家。新增人才总量2.8万人，引育国家重大人才工程A类22名、居全市第一。8家高品质人才公寓获星级评定，总数全市第一。创新平台有效布局。在全市率先抢占合成生物产业制高点，引进黄和院士领衔的南师大常州合成生物学产业研究院，长三角合成生物产业创新园闪亮开园。碳纤维及复合材料技术创新中心总部大楼全面启用，天合光能与复旦大学共建光伏科学与技术国家重点实验室揭牌。新增国家级孵化器2家，省级工程技术研究中心22家，规上高企研发机构覆盖率提升至87.9%。达成产学研合作73项，完成技术合同登记成交额100.86亿元，同比增长38.8%。

（三）*坚持产城融合，促进城乡均衡，宜居宜业的画卷进一步点亮。*四个一万亩扎实推进。比亚迪二期、中瑞产业园二期等重大项目在滨开区万亩产业园落地开工，龙江路以西产业园完成征迁总建筑面积36.97万平方米，全区存量集体建设用地数据摸排工作全面完成。实施用地增效项目97个、4147亩，高铁站南片区等重点城市更新试点启动，全区工业用地亩均税收同比增长20.6%，“工业企业用地增效工程”成功入选全国“亩均论英雄”改革典型案例。科创水镇二期、高新·奔牛智造港等高品质产业载体开工建设，全区产业和科创载体竣工140万平方米，新开工130万平方米。城市大管家成效显现。整合环卫绿化、停车管理、物业服务等业务，以“管理＋服务＋运营”模式实现多元主体协同治理。抓实做细“三标融合”，深入开展背街小巷、空中线缆治理等13项年度重点攻坚行动，实施中心城区美丽街区提标工程，文明城市常态长效水平不断提升。乡村振兴开启新篇章。新建高标准农田4900亩，完成3300亩养殖池塘标准化改造，“常高新农”农产品公共品牌入选全国供销合作社品牌建设优秀案例。全面推行农村人居环境整治积分管理制度，南兰陵村郑塔里、祁家村祁家塘被评为江苏省特色田园乡村，东南李家村美丽乡村正式开园，民盟中央“未来乡村·村长论坛”在史陈家村成功举办。长江大保护走深走实。破解“化工围江”入选2023减污降碳绿色发展典型案例，获新闻联播和新华日报专题报道。长江国家文化公园建设和沿江国土空间生态整治试点稳步推进。铁腕整治高耗能高排放行业，关停低质低效印染企业13家，孟河喷涂产业园一期顺利完工，金属表面处理循环产业中心建设稳步推进。生态环境质量持续改善，8个国省考断面优Ⅲ比例保持100%、优Ⅱ比例突破87.5%，$PM_{2.5}$浓度降至33.9微克／立方米，优良天数比率80.1%、改善幅度与优良率均居全市第一。

（四）*坚持民生为本，用心办好实事，幸福生活的品质进一步提升。*民生保障不断改善。完成12个老旧住宅小区改造，惠及居民超2100户。深入开展“千企万岗”活动，扎实开展就业援助专项服务，建成区级规范化零工市场，新增城镇就业3.3万人，城乡居民人均可支配收入预计增长至6.23万元。完成困难老年人家庭适老化改造400户，创成全市首个“全国智慧健康养老应用试点示范基地”，创建省普惠托育机构4家。获评全省首批“15分钟医保服务圈”省级示范区，发放各类社保补贴7700万元。社会事业加快发展。深化与局前街小学合作办学，设立局小新龙湖分校，实施奔牛初级中学、飞龙二小等新建、改扩建项目22个，新增学位近6000个。区疾控中心新址启用，龙虎塘街道省级示范未成年人保护工作站正式投用，公共卫生康复中心等重点项目有序推进，邀请国家级、省级名中医及其团队来区坐诊带教，扩大孟河医派文化影响力。文化内涵有效提升。推动城乡文明融合发展，试点推广乡风文明积分制。区图书馆服务人次超190万，春江楠木厅和常高新蔚蓝馆入选2023年度省级“最美公共文化空间”。环球恐龙城获评国家级文明旅游示范单位，入选江苏省现代服务业高质量发展集聚示范区，常州首届青年潮流文化艺术周、中国国际动漫艺术周成功举办，高品质文化消费场景日益丰富。

（五）坚持精管善治，构建和谐环境，现代治理的能力进一步增强。营商环境更加优化。发布年度十大最受欢迎营商环境改革举措，“高新事·高兴办”品牌内涵不断深化。出台打造一流营商环境三年行动计划和重点任务清单，推出18个大类60项改革举措，营商环境综合评价提升至全省城区第一名。推出重大项目服务“五即工作法”，开设“新创企业训练营”，扎实推进涉企经营许可事项清单管理省级改革试点，编制基层政务服务体系建设规范草案并获省级立项，累计服务重大项目超120个，节约企业开办费用超2800万元。安全底板更加牢固。“一企一策”落实“危污乱散低”综合治理，关停、提升企业超1100家。深化“除患治违”专项行动，新增拆违面积30.5万平方米，全年火灾警情同比下降25.3%。燃气安全排查整治扎实开展，安装工业级报警装置2667台，建成瓶装液化气在线监测平台。工业厂房租赁“先审后租”、餐饮行业“审管联动”机制持续优化。基层应急管理和消防监督体系建设实现全域覆盖，生产安全事故起数和死亡人数分别压降17.7%、26.8%。治理体系更加完善。城市运行管理中心实体化运行，三井街道入选全省“五社联动”机制创新试点单位，新桥街道江湾社区入选全市唯一“全国完整社区建设试点”。社会大局持续平安稳定，信访矛盾化解成效显著，常态化开展扫黑除恶，全力打击以电信网络诈骗为重点的新型违法犯罪，快侦快破涉企侵权案件和群众关注的“黄赌毒”“食药环”“盗抢骗”民生案件，法治环境更加优质高效。

（六）坚持实干担当，加强自身建设，高效廉洁的作风进一步巩固。政治担当有力增强。全面贯彻落实党的二十大精神和习近平总书记对江苏工作重要讲话重要指示精神，扎实推进主题教育走深走实、见行见效。积极开展“四下基层”走访，统筹推进第五次全国经济普查，全力落实国务院关于促进消费、支持民营经济发展的一揽子政策，有效推动了一批重点难点工作，办成了一批民生好事实事。深化与新疆乌恰和陕西紫阳、岚皋等地区的对口交流协作，携手推进共同富裕。作风建设深入推进。严格落实中央八项规定及其实施细则精神，大力整治形式主义、官僚主义，优化考评奖惩机制，持续为基层减负松绑。贯彻落实政府“过紧日子”要求，不断加强财政支出管理，提高资金使用效能，政府债务规模和融资成本持续压降，国企信用评级稳步提升，新增评价AA+企业3家。深入推进党风廉政建设，扎实开展国有企业、国有资产、政府债券等领域专题审计，廉洁防线更加牢固。履职能力持续提升。坚持真抓实干，激发全社会干事创业活力，让干部敢为、地方敢闯、企业敢干、群众敢首创。大兴调查研究，保持深入基层一线找问题寻对策的良好作风，不断提高政府决策科学化水平。严格依法行政，自觉接受重点领域和关键环节的联动监督，落实人大代表、政协委员列席区政府常务会议机制，按时办复区人大代表建议116件、政协委员提案172件，办理满意和基本满意率达100%。

二、2024年工作总体要求和目标任务

今年是中华人民共和国成立75周年，也是常州“万亿之城再出发”的第一年，做好全年工作意义重大。当前，长三角一体化发展、长江经济带高质量发展等国家重大战略交汇叠加，新北正处于红利释放、乘势而上的关键机遇期。刚刚结束的区委五届七次全会，对2024年的工作作出了全面部署，号召全区上下要感恩奋进勇担当、攀高逐新走前列，我们要在区委的坚强领导下落实好各项重点工作和任务。

今年政府工作的总体要求是：以习近平新时代中国特色社会主义思想和习近平总书记对江苏工作重要讲话重要指示精神为引领，深入贯彻落实省委十四届五次全会、市委十三届七次全会和区委五届七次全会精神，强化全局思维，坚持稳中求进、以进促

稳、先立后破，始终保持敢闯敢干、一往无前的奋斗姿态和锐意进取、永不懈怠的攻坚状态，全面落实全市“532”发展战略，纵深推进“三大工程”，持续扮靓“六张高新名片”，全力打造新能源之都核心区，为常州“万亿之城再出发”勇挑大梁、多作贡献，为推进中国式现代化高新实践而不懈奋斗。

今年经济社会发展主要预期目标是：地区生产总值增长6%以上，一般公共预算收入增长6%左右，固定资产投资保持正增长，社会消费品零售总额增长6%左右，规上工业总产值增长8%左右，实际到账外资和进出口总额稳中有进，居民人均可支配收入增幅与地区生产总值增幅基本同步，生产安全事故起数和死亡人数持续下降，主要污染物减排、单位GDP能耗下降率、大气和水环境质量完成市下达任务。

三、2024年重点工作

围绕今年工作总体要求和目标任务，重点做好七个方面工作：

（一）聚焦产业强基升级，不断提高经济增长质量

1. 聚力做强重大项目支撑。坚持“项目为王”理念不动摇，围绕壮大“两特三新一智能”主导产业，加快布局合成生物、第三代半导体、氢能、人工智能等未来产业，强化“三招三引”协同，培育更多新经济增长点，打造具有国际竞争力的先进制造业基地。力争全年招引优质产业项目不低于100个、服务业项目不低于50个，其中总投资超10亿元或1亿美元产业项目不低于30个、精品外资项目不低于20个。优化国资基金管理运作机制，“以投带引”强化产业投资精准带动和资本市场协同支持。持续优化“招推服一体化2.0模式”，提升信息化管理水平，打造权责明晰、协同联动、环环相扣的闭环推进模式。全力推进比亚迪二期、星宇智能汽车电子及视觉系统中心、捷佳创钙钛矿电池设备产业化等重大产业项目快建设、快投产、快见效。

2. 聚力攻坚重点产业强链。做强“新能源之都核心区”，以太阳能光伏及储能、新能源整车及核心零部件、风能氢能关键装备等产业链创新升级为突破口，深化“发、储、送、用、网”各环节融合发展。围绕五大重点产业“八个一”工作机制，加速“筑峰强链”，打造更具优势、更有特色的产业名片。纵深推进“1115”大企业集团培育攻坚行动，力争全年新增百亿级企业1家、50亿级企业2家。积极应对资本市场形势变化，抢抓北交所“高质量建设”机遇，力争新增上市企业4家。深化“链上有约·邻里配套”等活动，加大科技孵化、检测认证、审评核查等公共服务平台供给，构建互相支撑、互促共荣的产业生态圈。

3. 聚力加快智能制造赋能。积极响应新型工业化浪潮，落实智能化改造、数字化转型、网络化联接“三大行动”，以新质生产力点燃高质量发展新引擎。持续深化智改数转，推动省级星级上云企业占规上工业企业比重突破30%，打造市级以上智能车间（工厂）15家。聚焦能源物联网、AI大模型、元宇宙等新赛道，力争全年引进数字型企业5家以上。推动“专精特新”矩阵扩容提质，鼓励更多企业聚焦产业链关键环节加强技术创新，力争全区制造业“单项冠军”企业突破10家、专精特新“小巨人”企业突破60家。着力培育现代服务业龙头企业，力争新增市级以上服务业品牌6家。

（二）聚焦科技自立自强，不断激发区域创新动能

1. 建设“势能”更高的平台载体。加快“卡脖子”技术攻关，全力推进长三角碳纤维中心争创国家级技术创新中心，推动光伏科学与技术全国重点实验室加快跻身世界一流科研机构。充分利用黄和院士资源优势及江苏省合成生物标准化技术委员会落户常州机遇，吸引一批优质项目进驻长三角合成生物产业创新园，打造“北有天津、南有深圳、中有常州”的合成生物产业发展新格局。坚持“政产学研”融通发展，鼓励企业与浙大、南师大等双一流高校及院所共建联合实验室，深化与常工院等本土院校合作，新建省级及以上企业研发机构不少于20家。增强创新载体平台承载及服务能力，全年新增产业科创载体面积不低于130万平方米。

2. 引育“效能”更强的科技项目。准确把握产业发展演进趋势，加强基础研究、技术创新和产业化一体部署，力争在关键领域、关键环节率先取得突破。强化企业创新主体地位，精准摸排创新质态优、发展潜力大的科技型企业入库培育，探索新型科技招商模式，围绕“投行思维”试点“招投管退”新路径，通过科技项目育种未来产业，确保全区高企总数超1500家，力争引育高质量科技项目150个，其中“三高一资”企业（项目）50个。

3. 塑造“功能”更优的创新生态。修订出台新一轮创新政策，强化苏南一站式服务平台运行管理，提高政策精准度和获取便捷性。大力推广“科创积分贷”，积极对接天使投资引导资金、孵化器种子基金等专项投资基金，探索形成“股权+债权+股债联动”系列科技金融创新产品。突出人才带动，强化创新引领，力争培育入选国家重大人才计划人才10名以上，省“双创计划”人才12名以上，市“龙城英才计划”创业类项目80个以上、创新类项目15个以上，引育各类人才不少于2.8万人。

（三）聚焦全面深化改革，不断扩大对外开放水平

1. 推动重点领域改革。树立系统思维，强化顶层设计，坚定不移全面深化改革，变“路径依赖”为“模式创新”。深化工业企业资源集约利用综合评价结果运用，探索土地持有成本阶梯定价，倒逼低效企业转型升级。探索城市更新，鼓励“工业上楼”，加快供给M0新型产业用地，允许同一地块内工业、仓储、研发、办公、商服等用途互利功能混合布置、灵活分割。高标准推进知识产权和质量强区建设，加强精准监管，切实维护企业合法权益，营造公平有序的市场环境。严格执行工业厂房租赁“先审后租”、餐饮行业“审管联动”等创新监管举措，以制度机制筑牢安全防线。

2. 推动营商环境优化。锚定“常州市数一流、江苏省站前列、长三角有影响”营商环境建设目标，持续围绕企业法人、自然人、重大项目开展全生命周期服务，建设AI智慧政务体验区、重大项目帮代办中心等服务载体，深化重大项目服务“一件事”、人才服务“一件事”、自然人服务“一件事”改革，确保营商环境综合评价继续走在全省前列。全方位呵护民营经济发展，推动各项利好政策精准直达，不断提振企业发展信心。

3. 推动对外开放加速。融入国内大循环格局，抢抓长江经济带高质量发展、长三角一体化发展等重大契机，找准切入点、发力点，常态开展经贸洽谈、产业对接等活动，在新一轮产业分工体系中寻求优势位置。增强对国际循环的吸引力、推动力，打造“三外”联动高地，主动参与“一带一路”建设，做强中瑞、中日等国际产业园区，扩大QFLP基金等外商投资新渠道。用好综合保税区平台，大力发展跨境电商，积极引导外贸企业培育新业态、打造新品牌、拓展新市场，巩固对外开放高地新优势。

（四）聚焦产城融合共进，不断推动城乡一体焕新

1. 加速提标功能支撑。抢抓常泰长江大桥建设机遇，打好中轴崛起、跨江融合先手牌，加快龙江路高架北延、腾龙大道等重点骨干路网建设，启动实施德胜河高等级航道工程，畅通区域交通主动脉，带动信息流、资金流、人才流加速汇聚。加快高铁新城核心区建设，确保星耀城主体形象年内亮相、导入国际知名品牌高端商务酒店，国际人才广场、领航大厦等入市开业，引导天合光能、澳弘电子等上市企业、跨国公司总部落地生根，积极推动高铁北站站房改造提升、北出入口打开，实施新龙湖片区环境提标及功能完善工程，多维度彰显城市形象魅力。

2. 加速空间重塑优化。完善国土空间规划，提高规划设计水准，借力城中村改造等政策，主动争取试点支持，滚动实施高铁站南片区等重点城市更新，打造科创融合社区、零碳智造园区、沿河生态廊道等标杆示范。持续完善工业企业资源集约利用综合评价办法，统筹“危污乱散低”整治提升和重点区域更新提升，确保全年工业低效用地再开发不低于3500亩。加快集体建设用地利用，健全完善存量建设用地入市管理机制，有序启动试点项目6个，进一步盘活土地资源。

3. 加速乡村全面振兴。争创国家级现代农业产业园，加强高标准农田建设，守牢耕地保护红线和粮食安全底线。全面推进“苏式”宜居宜业和美乡村建设，持续深化“三标融合”，系统实施乡村片区整治更新、农村人居环境提升、现代宜居农房建设。全面推动农村路域环境整治、道路提档升级、样板路建设，争创“四好农村路”全国示范县。统筹抓好农业产业发展、农业项目招引和品牌建设，打响“常高新农”农产品公共品牌。系统实施沿江国土空间生态整治，高水平推动高效农业、生态保护、文旅休闲、文化传承协同发展，打造常州唯一、苏南独有、全国知名的沿江万亩农文旅融合示范区。

4. 加速管理能力提升。推动城运中心“一网统管”架构建设，加快整合经济管理、社会治理、城市服务等功能，全面提升城市数字化、现代化治理能力。统筹“城市大管家”业务延伸、品牌运营、队伍优化等工作，深化文明城市建设，提升整洁度、美观度、品质感，确保城市长效管理考核保持在全市第一梯队。有序实施老旧小区改造，高效完成垃圾分类达标创建，系统整治停车难、停车乱，新增公共泊位不低于1500个。

（五）聚焦增进民生福祉，不断促进发展成果共享

1. 夯实社会保障基础。坚持就业优先战略，创新开展群众“家门口”就业服务，完善线上线下一体化零工市场，全面优化就业创业生态，新增就业不少于3.3万人。有序推进社保缴费“统模式”改革，深化“15分钟医保服务圈”省级示范区创建成果。深化“党建+”社会救助改革创新，推动重特大疾病医疗保险和救助制度、门诊特殊病等医保市级统筹政策落地落细，确保各类困难群体应保尽保、应救尽救。

2. 供给优质公共服务。综合研判学位需求趋势，科学谋划全区教育资源布局，加快龙虎塘初中改扩建等项目建设，做强做优做大“龙城”系列教育品牌，争创省级义务教育优质均衡发展区。整合家校社资源和专业力量，健全完善未成年人心理健康阵地建设。加快市第一人民医院高新院

区、奔牛人民医院改扩建项目建设，与南京中医药大学等单位开展深层次合作，推动孟河医派传承创新。聚焦“一老一小”，大力扶持医养结合机构发展，因地制宜开展托幼一体化服务，支持托育机构进社区、进企业。

3. 提升城市活力温度。秉持开放大气包容，着力打造青年友好、儿童友好、人才友好的“创智之城、未来之城、活力之城”。高水平提供文旅产品，深化“恐龙园”IP 内涵外延，拓展虚拟现实、沉浸交互等数字文创领域，进一步释放新龙生态林生态休闲功能价值。依托江南环球港、汉江路国际街区等热点区域，拓展更多文体旅商融合新业态、创新更多沉浸式体验新场景。加快市第二工人文化宫、市足球训练基地等项目建设，高水平举办文旅活动，擦亮新龙音乐节等特色品牌，以文化惠民、乐民、富民。

（六）聚焦优化发展环境，不断加快治理水平提升

1. 打造绿色秀美的生态环境。持续巩固长江大保护成果，全力推进长江国家文化公园建设。深入打好污染防治攻坚战，力争优良天数比例保持在 80% 以上；实施新一轮水环境治理三年专项行动，打造 20 条幸福河湖，国省考断面优Ⅲ比例保持 100%，国考断面Ⅱ类比例不低于 87.5%。持续攻坚环保督察交办问题整改，全力争创国家生态文明建设示范区，加快生命健康产业园区污水处理厂、金属表面处理循环产业中心和集中喷涂中心建设，推动专业电镀企业 100% 入园。持续拓展公共绿化空间，新改扩建口袋公园 6 个、公园绿地 2 个、绿化景观路 3 条，努力让“推窗见绿、出门入园”成为生活常态。

2. 打造基础更牢的安全环境。深化风险分级管控和隐患排查治理双重预防机制，紧盯危化品、城镇燃气、食品药品、特种设备等重点领域，牢牢守住不发生重特大安全事故底线。全面提升基层监管水平，实现“安消一体化”运作，督促企业加强消防安全培训和力量配备。系统推进“危污乱散低”综合治理，持续攻坚“除患治违”行动，加快出清风险隐患。常态开展安全宣传“五进”工作，发挥恐龙人防灾避险体验馆等平台作用，分层分类组织事故隐患集中警示教育，进一步提高全社会整体安全意识水平。

3. 打造和谐稳定的社会环境。坚持和发展新时代“枫桥经验”，健全网格化治理分级响应、协同处置制度。深入开展信访问题源头治理三年攻坚行动，加快实现矛盾纠纷“存量”清仓见底、“增量”动态清零，扎实推进平安新北、法治新北建设，创新完善社会治安防控体系，始终保持对各类违法犯罪的严打高压态势，持续夯实基层基础工作根基，确保社会大局持续安全稳定。

（七）聚焦政务效能革新，不断锤炼务实清廉作风

1. 提高领悟强化履职担当。学深悟透习近平新时代中国特色社会主义思想，坚定捍卫“两个确立”、坚决做到“两个维护”。始终胸怀“两个大局”，牢记“国之大者”，把执行重大决策和全区发展实际有机结合起来，确保政府各项工作始终对准跑道、瞄准赛道。写好主题教育“后半篇文章”，聚焦人民群众“急难愁盼”问题，持续深入开展调查研究，不断研究新情况、解决新问题，切实把主题教育成效转化为全区高质量发展质效。

2. 优化机制提高行政效能。深入推进法治政府、数字政府建设，利用信息化手段助力企业管理服务、综合执法效能提升等工作，有效推动政府治理流程再造和模式优化。严格财政“过紧日子”要求，坚决防范化解债务风险，充实国资专业化监管力量，实施国企改革深化提升行动，推动国有企业高质量发展。深入践行全过程人民民主，加大政务公开力度，自觉接受区人大、区政协和社会各方面监督，高质量办好人大代表建议、政协委员提案和民生实事项目，进一步提高政府公信力和执行力。

3. 健全制度守牢勤廉底线。驰而不息推进政府系统党风廉政建设，突出抓好工程建设、政府投资基金、政府采购等重点领域廉政风险防控，大力整治侵害群众利益的不正之风和腐败行为。严格落实中央八项规定及其实施细则精神，严肃财经纪律，深化审计监督、财会监督等手段贯通协同，用制度管权管事管人，努力营造干部清正、政府清廉、政治清明的干事创业环境。

重要文件

常州国家高新区管委会 常州市新北区人民政府关于印发常州国家高新区（新北区）加快构建新能源汽车零部件产业生态工作方案的通知

滨开区管委会，各镇人民政府、街道办事处，区各委办局、园区、公司、直属单位：

《常州国家高新区（新北区）加快构建新能源汽车零部件产业生态工作方案》已经区政府常务会议审议通过，现印发给你们，请认真组织实施。

常州国家高新区管委会 常州市新北区人民政府

2023年12月30日

（此件公开发布）

常州国家高新区（新北区）加快构建新能源汽车零部件产业生态工作方案

为深入贯彻落实《中共常州市委 常州市人民政府关于加快新能源之都建设的实施意见》（常发〔2022〕25号）、《关于印发〈常州市加快构建新能源汽车零部件产业生态工作方案〉的通知》（常政发〔2023〕60号）和《中共常州国家高新区工委 常州国家高新区管委会关于印发常州国家高新区（新北区）加快打造新能源之都核心区的实施意见的通知》（常开工委〔2023〕15号）等文件精神，有效发挥全区新能源汽车先发优势，深度聚焦汽车核心零部件产业转型升级，从产业、创新、资本和政策层面加快构建新能源汽车零部件产业生态，助力全市打造国内知名的新能源汽车产业城市，特制定本方案。

一、总体要求

以习近平新时代中国特色社会主义思想为指导，全面贯彻落实党的二十大精神，完整准确全面贯彻新发展理念，服务构建新发展格局，着力推动高质量发展，深入落实全市“532”发展战略，深入推进“三大工程”，持续扮靓“六张高新名片”，在厚植全区新能源汽车零部件产业优势的基础上，按照产业集群化、管理专业化、品牌高端化、形象国际化、政策特色化原则，以更加突出高新区重点产业项目招引、可持续发展为方向，进一步整合各类资源，更大力度推进全区新能源汽车零部件产业高质量发展，加快提升产业核心竞争力，努力形成产业特色鲜明、企业竞争力强、空间布局合理的先进制造业和新兴产业集群。

二、主要目标

（一）产业规模迈上新台阶。至2025年，全区新能源汽车零部件产业规模以上企业力争突破300家，产业规模力争突破1200亿元。上市企业数和专精特新企业数实现倍增，力争新增省级以上专精特新中小企业25家，新增上市企业7家，新增工信部制造业单项冠军2家。

（二）产业布局进入新高度。聚焦电池电机电控、车用芯片、智能网联、智慧底盘、智能座舱、车身轻量化、研发检测机构等前沿领域，坚持向内培育与向外招引相结合，持续“延链强链补链”。至2025年，全区力争新增新能源汽车零部件技术改造投入项目30个以上，总投资200亿元以上，其中固定资产投资100亿元以上；产业链完整度力争达90%。

（三）产业协同达到新阶段。坚持“集聚集约，协同发展”，加快推动全区新能源汽车及汽车核心零部件产业相关企业实现创新协同、生产协同、管理协同，集中建设比亚迪新能源乘用车核心零部件产业园等一批现代化产业集聚区。至2025年，全区新能源整车重点企业本地零部件采购额占比力争突破30%。

三、重点方向

（一）电驱电控系统。积极引进国内外具备核心技术竞争力的企业总部落户，带动存量企业关键技术研发创新。立足新材料产业既有优势，积极引育燃料电池质子交换膜、催化剂等基础材料项目，做强电子化学品配套能力。围绕电芯制造和电池管理系统领域短板，坚持研发和生产并重，进一步提升在动力电池生产设备、原料加工、成品模组封装领域的配套能力和车联网相关领域的软硬件集成能力，支持企业在电池热管理及相关部件领域优先布局。充分依托电机行业的技术沉淀，补强驱动电机产业链薄弱环节，加快发展车用大功率驱动电机，培育电控功率器件等相关产业。引导光洋轴承、常胜电器等传统动力汽车零部件厂商聚焦电控领域主动转型，抢占市场份额。

（二）新型汽车电子。引导和推动电气设备领域企业向智能网联汽车市场渗透，加快布局新型汽车电子、第三代半导体等产业，引导汽车、能源、交通、信息通信等领域企业协同攻关交叉关键技术。鼓励森萨塔等传感器和安费诺、贸联电子等车用线束制造企业发展壮大，为突破多源协同的感知技术、推进辅助及线控底盘等系统提供硬件支持；支持新泉汽车、辰瑞光学等企业跨界参与智能座舱等新兴领域，推动智能座舱图像识别、语音识别、抬头显示等融合应用，提升生活场景承载力；鼓励宏微科技、常荣电器等“专精特新”中小企业加快实现车规级IGBT芯片、微控制单元（MCU）芯片、人工智能（AI）芯片、网联芯片等新型产品量产。

（三）底盘系统及其他重要部件。支持诺贝丽斯、新创碳谷、永成汽车等内外饰件相关企业巩固传统领域先发优势，向新能源汽车轻量化部件、高附加值零部件领域转型升级，进一步加快铝合金底盘系统工艺更新及轻量化车身应用延伸，推动碳纤维及复合材料在汽车内外饰件上的应用，不断增强汽车轻量化材料供应能力。科学做好区内充（换）电站、光储充检一体等充（换）电设施规划布局，鼓励中小企业立足自身实际，适度跨界充电桩制造领域，支持充电桩设备制造企业发展壮大。

四、重点任务

1. 健全工作机制，持续完善上下联动的工作体系。落实《常州国家高新区（新北区）关于加快推进重点产业高质量发展的实施意见》中“八个一”工作举措，以“一个领导协调小组、一个产业规划、一批优质项目、一批科创平台、一批产业载体、一批品牌活动、一个发展基金、一套扶持政策”为主要抓手，通过制定五年规划、明确三年目标、压实年度任务的方式有序推进，集中资源、集中力量，着力解决新能源汽车零部件产业发展质效不够高、旗舰型企业不够多、核心竞争力不够强、配套体系不够完善等问题，加快形成龙头企业和中小企业彼此紧密联系、互为支撑的产业生态，推进产业高质量发展。（区经发局、科技局、财政局、商务局，滨开区及各镇、街道按职责分工负责）

2. 聚焦既有优势，持续推动头部企业的链式牵引。充分发挥比亚迪品牌号召力和影响力，加快谋划新车型承接、核心配套供应商引进和华东片区出口基地建设。坚持“现有土地高效利用”和“储备用地科学布局”并重，有序推动比亚迪汽车零部件生产商集聚区建设，切实做到新招引比亚迪零部件供应商目录内企业优先向集聚区集中、本地配套企业优先向集聚区集中、生活生产等其他配套基础设施优先向集聚区集中。坚持“智能制造”和“绿色发展”并重，前瞻布局5G网络等新型基础设施建设、节能减排等环保基础设施建设，高标准打造新型现代化智能制造集聚区和绿色零碳发展集聚区。（区经发局、科技局、商务局、资规分局，滨开区及各镇、街道按职责分工负责）

3. 锚定转型创新，持续推动存量企业的跨界发展。以提升创新能力、激发产业活力为导向，鼓励现有新一代信息技术、高端智能装备制造细分领域头部企业在坚持深耕主业的基础上，围绕核心技术攻关、首台（套）重大技术装备等领域攻坚突破，进一步加强新产品开发和新技术研发，做大做强以薛家镇、罗溪镇为核心区的新能源汽车电气设备特色产业集群。坚持优质中小企业培育和低质企业腾退相结合，深入推动产品质量、创新能力、安全生产“三提升”，加快实现孟河镇汽摩配产业的迭代更新。抢抓新能源风口，推动北汽重卡、东风日产“油改电”产能释放。积极开展“链上有约，邻里配套”等专题活动，加强上下游产业链和整零对接，鼓励整车龙头企业实施供应链本地化部署，优先选择本地企业纳入配套体系，引导本地中小企业通过“智改数转”等方式自我提升，主动成为新能源汽车产业配套企业。至2025年，全区力争引导60家企业跨界进入新能源汽车零部件领域。（区经发局、科技局、商务局，滨开区及各镇、街道按职责分工负责）

4. 实施定向招引，持续加快增量项目的落地转化。进一步梳理全区新能源汽车零部件产业缺项弱项，常态化更新产业链图谱，编制新能源汽车零部件产业招引目录，做大潜在增量项目库。开展新能源汽车零部件产业全要素招商，推进产业链招商、科技招商、人才招商、资本招商、乡贤招商、以商引商联动。依托中瑞产业园、龙江西路产业园等产业载体，聚焦德国、日本、韩国、以色列、美国等国家和地区，以及长三角地区和粤港澳大湾区等制造业发达地区，通过外聘、委托招商代理、代表、顾问等多种方式开展驻点招商。配合全市做好上海、深圳经贸活动以及科技经贸洽谈会、进博会招商活动等境内外重大经贸活动的举办工作，适时开展境外小分队招商。至2025年，全区力争新招引新能源汽车零部件头部企业项目25个，总投资400亿元。（区商务局、经发局、科技局，滨开区及各镇、街道按职责分工负责）

5. *统筹有序供给，持续优化要素资源的综合保障。*配合全市做好新能源汽车零部件产业基金相关工作，撬动引导更多社会资本加大新能源产业投资力度，发挥基金招商作用，着力延链强链补链。优先支持符合条件的新能源汽车零部件产业相关企业加快推进股改、挂牌、辅导和上市步伐，制定“线路图”一对一助企选好赛道。引导“创新贷”政策资源向新能源汽车零部件企业倾斜，鼓励银行机构通过绿色再贴现、碳减排支持工具等货币政策工具为符合条件的企业提供低成本贷款资金，破解企业融资难题，提升普惠金融工作质效。加快建立工业用地产权交易、股权交易、法拍交易的存量工业用地管理机制，有效促进土地资源有序流动；加快建立新增用地、存量用地、出租厂房等全流程管理制度，对市场前景好、投资见效快、带动作用大的新建、扩建类新能源汽车零部件产业项目给予有效保障。至2025年，全区力争新增新能源汽车零部件产业上市企业7家以上。（区经发局、科技局、商务局、行政审批局、资规分局，滨开区及各镇、街道按职责分工负责）

6. *突出政策引领，持续做强惠企助企的精准撬动。*贯彻落实好国家、省、市和区级产业扶持政策“四位一体”，帮助企业科学设定向上争取中长期规划，全面提升向上争取的数量和质量。优化创新资源配置方式，确保各类产业、创新资金向新能源汽车零部件领域倾斜。加大新能源汽车产业关键技术攻关、各类标准制（修）订等的支持力度。引导企业拓展产品应用场景，主动为列入《常州制造创新产品推广应用目录》的新能源汽车零部件企业产品首张订单投保争取保险补贴。加大新能源汽车在各领域的推广力度，布局光储充检多功能一体化站，持续加快充电基础设施建设。在新能源汽车零部件产业领域落实落细优秀人才引育政策，在人才创业、住房、生活医疗、社保、子女入学、出入境、居留等方面给予重点保障。（区经发局、住建局、教育局、科技局、财政局、人社局、商务局、卫健局，滨开区及各镇、街道按职责分工负责）

五、保障体系

1. *强化产业平台建设。*进一步扩大科创平台在新能源汽车产业电机、电控、车用芯片、智能网联等领域的覆盖面。加快推进长三角碳纤维及复合材料技术创新中心等重大创新平台建设，全力争创国家级创新平台。围绕新能源汽车电气设备产业加快打造国家级中小企业特色产业集群。在电机、电控、智能网联、氢燃料电池及相关联领域进一步提升创新平台能级，在汽车电子电器、底盘系统等领域布局建设创新平台，增强自主创新能力和核心竞争力。（区科技局、经发局按职责分工负责）

2. *强化公共服务输出。*围绕研发设计、生产制造、销售维保等产业全流程，加快建设达姆斯监测技术等一批高水平公共服务平台，为行业企业提供检验测试、检定校准、认证服务、知识产权保护等服务，不断优化平台服务模式，提升服务质效。到2025年，新增公共服务平台2家，其中力争新增国家级1家。（区市场监管局、科技局、经发局按职责分工负责）

3. *强化金融工具支持。*围绕新能源汽车产业链龙头企业开展供应链金融，依托商业保理工具为链属上下游企业提供应收账款融资服务。鼓励融资租赁公司为新能源汽车生产制造企业提供设备直接融资租赁。支持各银行机构与新能源汽车龙头企业开展业务合作，打造专属供应链金融产品，促进资金链与产业链、创新链深度融合，为新能源汽车产业链上下游企业提供方便快捷的全线上化金融服务。（区经发局、科技局按职责分工负责）

4. *强化口岸功能支撑。*配合全市做好常州港总体规划调整，强化交通物流、口岸功能等要素保障支持，整合优化港口资源，通过多种渠道保障常州新能源汽车运输及出口通道畅通。充分利用常州港获得港口新能源包装危险货物出口资质，发挥口岸进出口通道物流功能，促进新能源整车及关键零部件等新能源货物出口。推进运输结构调整，积极开展“公转铁”“公转水”等多式联动，发挥中欧班列、海铁联动、水水联运功能。（区商务局、住建局、综合港务区管理办公室按职责分工负责）

六、组织领导

1. *建立健全组织保障。*强化区新能源之都核心区建设领导小组协调职能，进一步加强对新能源汽车零部件产业的谋划推动和资源统筹，强化部门协作和上下联动，形成工作合力。滨开区及各镇、街道，各有关部门加快明确目标任务和实施路线图，做好责任落实和跟踪服务。

2. *营造良好发展环境。*完善新能源汽车零部件产业统计指标体系，深入跟踪监测新能源产业发展情况。定期进行阶段性评估，督导落实情况，分析实施效果，及时查找和解决问题。

对重点项目实施动态管理、精准服务。完善推进机制，保障重点项目顺利实施。

3．强化建设任务督查。区新能源之都核心区建设领导小组办公室将对照年度目标，细化任务分解，对产业规模、项目招引、股改上市、专精特新等方面组织开展专项督查，结果及时通报。按照职责分工对督查发现的问题建立问题协调机制，落实责任人，明确解决时间，确保各项工作任务按时完成。

附件：1．主要单位职责

2．产业规模发展目标

3．产业招引目标

4．产业技术改造投入目标

5．上市企业培育目标

6．省级以上专精特新企业培育目标

7．新能源汽车零部件产业重点技术方向清单

附件 1

主要单位职责

1．滨开区及各镇、街道：负责围绕比亚迪、北汽重卡等整车企业开展链式招商和综合服务，并结合自身实际围绕关键零部件有选择地开展招商和综合服务；滨开区、罗溪镇负责重点推进新能源汽车零部件专题园区建设及招商。

2．区经发局：负责统筹产业布局谋划；负责财政、金融扶持政策措施的梳理汇总；负责牵头加快新能源汽车零部件产业生态建设，按职责分工推进创新载体建设、技改投资、智能化改造数字化转型、专精特新培育等，做好产业生态建设的沟通联络协调；负责加大金融服务力度，协调推进企业股改上市、并购基金、信贷支持、供应链金融等工作。

3．区科技局：负责推进产业关键核心技术攻关，负责推进创新平台、载体建设等。

4．区财政局：负责统筹各类财政资金，落实各项扶持政策，倾斜支持新能源汽车关键零部件产业发展。

5．区商务局：负责编制新能源汽车零部件产业招商目录，梳理新能源汽车产业招商政策、汇总国内外市场开拓情况，组织协调产业链招商，分解滨开区及各镇、街道重点方向招商任务，建立健全新能源汽车关键零部件项目招引统计体系。

6．区市场监管局：负责新能源汽车产业企业的标准、计量、合格评定（检验检测和认证认可）、专利提升，协调促进产业相关的质量基础设施一站式平台服务能力提升，帮助申报国家级、省级平台基地。

附件 2

产业规模发展目标

单位：亿元

区 域	2023 年	2025 年
滨江经济开发区	80	250
孟河镇	110	170
薛家镇	120	180
罗溪镇	50	200
西夏墅镇	10	20
奔牛镇	7.5	15
新桥街道	12.5	15
三井街道	160	200
龙虎塘街道	50	150
合计	600	1200

附件 3

产业招引目标

责任单位	项目总投资额（亿元）		细分领域头部企业项目数（个）	
	2023 年	2023—2025 年	2023 年	2023—2025 年
滨江经济开发区	75	150	—	6
孟河镇	—	20	—	1
薛家镇	—	60	1	5
罗溪镇	15	80	2	5
西夏墅镇	—	10	—	1
奔牛镇	15	10	—	1
新桥街道	5	10	—	1
三井街道	—	10	2	1
龙虎塘街道	10	30	1	4
合计	120	400	6	25

备注：1. 新能源汽车关键零部件项目及细分领域头部企业项目须根据《新能源汽车关键零部件产业招商建议》有关分类界定；

2. 项目原则上须当年完成工商登记注册或立项；

3. 外资项目外币总投资以工商登记注册日当天汇率折算为人民币。

附件 4

产业技术改造投入目标

区 域	项目数（个）	项目总投资额（亿元）	项目固定资产投资额(亿元）
滨江经济开发区	5	100	50
孟河镇	5	15	7.5
薛家镇	5	20	10
罗溪镇	5	40	20
西夏墅镇	1	1	0.5
奔牛镇	1	1	0.5
新桥街道	1	1	0.5
三井街道	4	12	6
龙虎塘街道	3	10	5
合计	30	200	100

附件 5

上市企业培育目标

序号	企业名称	所属地区
1	常州晟威机电股份有限公司	滨开区
2	常州金康精工机械股份有限公司	滨开区
3	常州通宝光电股份有限公司	滨开区
4	江苏欣战江纤维科技股份有限公司	滨开区
5	常州理工科技股份有限公司	滨开区
6	常州中源技术股份有限公司	滨开区
7	江苏永成汽车零部件股份有限公司	孟河镇
8	常州市凌越装备科技有限公司	孟河镇
9	江苏浩峰汽车附件有限公司	孟河镇
10	常州环能涡轮动力股份有限公司	薛家镇
11	江苏欧朗汽车科技股份有限公司	薛家镇
12	常州艾龙森汽车饰件有限公司	薛家镇
13	常州市常蒸蒸发器有限公司	薛家镇
14	江苏博之旺自动化设备有限公司	薛家镇
15	江苏裕成电子有限公司	奔牛镇
16	江苏利多多利新材料科技股份有限公司	新桥街道
17	常州东风轴承有限公司	新桥街道
18	辰瑞光学（常州）股份有限公司	龙虎塘街道
19	江苏常荣电器股份有限公司	龙虎塘街道
20	宝顿电子机械股份有限公司	龙虎塘街道
21	天永诚高分子材料（江苏）股份有限公司	龙虎塘街道

附件 6

省级以上专精特新企业培育目标

区 域	省级以上专精特新企业（个）
滨江经济开发区	5
孟河镇	3
薛家镇	3
罗溪镇	3
西夏墅镇	1
奔牛镇	3
新桥街道	1
三井街道	3
龙虎塘街道	3
合计	25

附件 7

新能源汽车零部件产业重点技术方向清单

领域	重点技术方向
电池	全气候/宽温域/高安全/长续航动力电池取得重大进展，高比容量及高安全正极/负极材料、耐高温隔膜材料、耐高压阻燃电解液、电池管理系统（BMS）、钠离子电池、固态锂离子等下一代电池前瞻技术取得重大突破。
电机电控	聚焦纯电驱动总成、插电式机电耦合总成等，电驱动系统集成度、驱动电机功率密度与效率、电机控制器功率密度提升取得重大突破。
智能网联	以智能车辆、信息交互为重点，突破智能驾驶算法、车载操作系统、车载宽带网络、车载计算单元、域控制器、汽车环境感知、汽车线控底盘、车联网信息安全等关键核心技术。
氢燃料电池	重点推进燃料电池堆、关键材料（双极板、质子交换膜等）、空压机、氢气循环系统、高压储氢瓶等核心产品的技术攻关。
充换电设施	在大功率快充、有序充电、分布式储能、V2G车网互动等创新技术产品方面实现显著提升。
制造装备	在制造装备和生产线柔性化、信息化和智能化方向开展技术攻关。
零部件共性技术	重点突破关键基础材料、车规级芯片、轻量化设计、计算与控制基础平台等基础共性技术，智能视觉、智能座舱等集成式功能模块实现智能化升级。

常州国家高新区管委会 常州市新北区人民政府 关于印发常州国家高新区（新北区）金融高质量发展 2023 年工作要点的通知

滨开区管委会，各镇人民政府、街道办事处，区各委办局、园区、公司、直属单位：

《常州国家高新区（新北区）金融高质量发展 2023 年工作要点》已经管委会（区政府）常务会议审议通过，现印发给你们，请认真贯彻执行。

常州国家高新区管委会 常州市新北区人民政府

2023 年 3 月 31 日

（此件公开发布）

常州国家高新区（新北区）金融高质量发展 2023 年工作要点

2023 年全区金融高质量发展工作总体要求：深入贯彻党的二十大精神，落实全市“532”发展战略和新能源之都建设主题，积极吸引优质金融资源集聚，努力提升金融服务实体经济水平，全力以赴推动企业抢抓全面注册制实施机遇，加速资本市场“常高新板块”扩容提质，为高标准建设长三角产业中轴强支点，推进全区经济高质量发展提供坚实保障。

一、工作目标

（一）首发上市取得更大突破。北交所上市推进成效显著，力争新增上市公司 4 家。

（二）资本运作实现更强支撑。推动更多上市公司开展资本运作，资本市场直接融资额突破 100 亿元。

（三）后备培育取得更好成效。年

度新增5家以上企业申报、6家以上企业辅导、10家以上企业股改，市级“双百行动计划”后备企业数量达130家。

（四）金融服务实体更大力度。围绕重点产业、重大项目、重点领域、薄弱环节和民营企业，加大金融对实经济支持力度，信用贷款比重稳步增长，新增“首贷户”企业900户、制造业贷款60亿元，普惠金融业务贷款余额456.3亿元，较年初增长30%，普惠型金融重点领域贷款余额占比16.2%，综合金融服务平台注册企业总量达19000户。

（五）创新资本支撑更强动能。股权投资（创业投资）基金服务体系进一步完善，“龙城金谷”（北区）新增入驻机构超200家、认缴注册资本超150亿元。

二、主要举措

（一）股改上市

1．强化组织推进

（1）开展北交所上市推进专项行动。积极抢抓北交所上市扩容机遇，结合全区实际情况，制定北交所上市培育三年行动计划，抢抓重点节点，分层分类推动企业对标、对表北交所上市标准和直联机制，踊跃挂牌、冲刺“升层”，“抢跑”布局北交所“IPO赛道”，筑牢北交所上市梯队基础。

（2）充分发挥上市工作领导小组牵头协调作用。定期通报股改上市工作进展情况，及时妥善帮助后备企业协调解决股改上市过程中的困难问题。加强对上市后备企业行政执法的协调指导，整合内容、方式相似的执法检查，为上市后备企业提供更加优质的法治环境。

（3）建立目标执行通报反馈机制。根据市委、市政府及上级条线部门下达的目标任务，结合各园区、镇（街道）股改上市工作基础，科学合理设置考核指标体系，调整优化考核办法，建立全区股改上市目标任务完成情况定期通报反馈机制。

（4）建立重点上市后备企业挂钩联系制度。对辅导、申报、在审等重点后备企业建立区镇（街道）两级挂钩服务机制，按照企业上市推进进展，开展个性化精准服务。定期开展后备潜力企业走访，在上市后备企业走访调研全覆盖的基础上，深度挖掘科创苗圃企业。

（5）加强股改上市强氛围打造。加大正面宣传，弘扬企业积极上市正能量，通过座谈会、高新区报、微信公众号等载体加强上市工作宣传力度，积极营造“想上市、能上市、敢上市、比上市”的浓厚氛围，引导更多企业积极通过资本市场实现跨越式发展。

2．强化培育赋能

（6）加强上市后备企业储备。探索区级上市后备企业培育办法，在全区高新技术企业、“专精特新”企业和重点科创人才企业内挖掘、筛选后备企业资源，积极开展“科创苗圃培育计划”，及时将符合条件的企业纳入后备企业名单进行培育，再从中择优选出“种子选手”进行“一对一”量身定制服务，形成数量多、产业新、发展快、潜力足的上市后备企业梯队。

（7）加大企业及高管培训力度。协调和组织三大交易所、头部券商、会所和律所等业内人士以及相关专家，采用线上或线下、联合或单独、综合或专题、走出去或请进来相结合的方式组织上市后备企业开展全方位培训和现场交流学习，全年组织培训不少于10场，培训企业500家次以上。

（8）开展上市后备企业信息系统构建。全过程跟踪收集后备企业经营、财务、股权融资、股改上市等情况，对企业立体画像动态更新。依托市“龙城上市通”平台，为已上市和拟上市企业的政策申请、事项办理进行一站式网上办理，提升服务效能。

（9）扩大与交易所合作广度深度。推动与沪深北三大交易所人员挂职交流和业务互动沟通，不定期邀请交易所专家实地调研上市后备企业，实现业务指导的本地化、常态化。

3．强化节点推进

（10）在规范股改上提速度。围绕当前资本市场对企业规范运营的持续严格要求和审核关注重点，推动企业做好股改上市工作规划，主动提升规范化水平。通过有效化解企业股改中涉及的资产重组、税收成本、权证办理等方面的痛点难点问题，加速推进企业规范股改，走好企业上市第一步。

（11）在推进上市上求突破。坚持以沪深北三大交易所为“主战场”，畅通向市地方金融监管局、省证监局、交易所等部门的沟通机制，与各中介机构紧密协作，积极推动后备企业按照不同上市板块要求加速辅导、申报、审核、注册和发行上市进程。坚持用好国际资本市场，引导符合条件的企业赴境外发行上市。全力提升全区上市公司规模体量，持续擦亮资本市场“常高新板块”底色、特色。

（12）在为企服务上强支撑。深入分析研判资本市场宏观政策动向，准确把握各大板块发行审核节奏，建立重点后备企业工作推进群，第一时间掌握企业上市推进进度和难点问题，并妥善帮助企业协调解决。发挥好企业股改上市政策的引导作用，提升政策覆盖面、突出过程精准度、增强扶持有效性。

4．强化高质量发展

（13）鼓励上市公司开展资本运作。支持上市公司依托资本市场，围绕产业链上下游重点领域、关键环节、创新要素等开展并购重组，鼓励有利于理顺业务架构、突出主业优势、优化产业布局、促进价值实现的上市公司在境内外主流资本市场再上市或分拆上市，并参照享受相关政策。

（14）鼓励上市公司再融资。引导上市公司根据自身发展需要，综合运用增发、配股、可转债等方式募集资金，优化资本结构，降低融资成本，加大研发投入，提升发展能级，加快转型步伐。

（15）支持上市公司加大员工激励。鼓励上市公司对高管团队、技术骨干等实施股权、期权激励，调动企业内部积极性和创造力，切实增强企业凝聚力。

（16）支持国有控股上市公司高质量发展。引导区属国企充分发挥其控股上市公司的资源布局和功能发挥作用，在聚焦主责主业和做强做大的同时，积极参与全区产业经济发展，全面提升经营效益和经营效率，做强做优国有资本和国有经济。

（17）建立风险监测预警和应急处置工作机制。协同区委宣传统战部，实时开展上市公司风险舆情监测，对发生重大风险的上市公司“一企一策”研究风险分类应对措施，引导上市公司平稳开展风险处置，守住不发生系统性风险底线。

（18）争创省上市公司高质量发展试点。把服务上市企业与服务企业上市放在同等重要的位置，积极创建省上市公司高质量发展试点示范。

（二）金融助企

1．强化金融服务

（1）畅通“产科金”循环。打好产业+科创+金融组合拳，提升主导产业金融服务力度，聚焦“1115”重点培育企业、“专精特新”中小企业、产业链主链心企业、高新技术企业，引导金融机构充分发挥开放性、政策性金融工具，创新金融产品和服务，提升企业信贷可获得性和融资服务效率。关注创业创新企业融资供给，进一步扩大“首贷”规模，鼓励“投贷联动”“投担联动”，优化企业融资结构，发挥融资担保、保险机构风险分担作用，支持轻资产企业获得信用贷款。

（2）提升普惠金融质效。持续优化并做大“园区保”普惠金融产品规模，提升“创新贷”“小微贷”“首贷融”等普惠金融产品的全市占比，充分发挥省综合金融服务平台注册信息功能，梳理有经营活动的小微企业、新创企业和个体工商户无贷户名单和诉求清单，鼓励银行机构主动对接服务。组织开展各园区、镇（街道）科创人才、“专精特新”企业等普惠金融专场活动，全力争取中央财政支持省普惠金融示范区建设，普惠金融考核争先进位。

（3）探索绿色金融发展。整合打通绿色企业、绿色项目、绿色金融信息壁垒，为“绿色工厂”“绿色车间”开展银企精准对接，引导金融机构大力支持分布式光伏发电、节能降碳资源利用改造、企业绿色工艺改造、传统制造业绿色转型项目融资需求，加大“常绿贷”“苏碳融”“环保贷”“节水贷”等绿色信贷产品宣传力度，进一步加大绿色金融支撑。

（4）推进金融改革创新。进一步加强资源集聚，提升金融服务重点产业能力。支持金融机构做强实力，做大规模，鼓励金融分支机构在功能层级、业务权限上吸引更多的总部资源配置，加大对金融机构落户的吸引力度。支持区内优质企业发行科创券、绿色债券等新型债券品种，进一步拓宽多元化融资渠道。

（5）优化金融服务环境。积极组织举办高端金融论坛、金融沙龙，提升区域金融影响力，充分发挥“金钥匙服务联盟”的桥梁纽带作用，促进金融企业合作交流。依托省综合金融服务平台和区企业信息管理综合平台，设立企业融资需求、征信评价、综合金融服务模块，为企业精准画像，聚合省、市、区金融机构及金融政策资源，提供全方位融资服务，推动融资支持增量、扩面、降本、提质。

2．强化资本能效

（6）持续深化创新资本赋能。依托区科创基金促进创新资本与创新产业深度融合，推动各类创投机构、龙头上市公司与区科创基金开展战略合作，实施“金融资本+产业资本”双轮驱动，导入更多优质资源，引导更多创新资本投入区内上市后备企业、科创苗圃企业，加速培育壮大战略性新兴产业，有效改造提升传统优势产业。

（7）建立项目信息交流机制。充分发挥区科创基金、股权投资基金、QFLP基金等项目发现优势，鼓励其加大与区内产业和项目合作力度。各园区、镇（街道）和区级相关职能部门持续加强与区科创基金的联动协同力度，对优质项目和优质企业相关信息及时推介共享，搭建资本与产业双向赋能的信息平台。

（8）聚力服务上市公司股东。进一步凝聚区镇（街道）两级共识，汇聚两级合力，鼓励拟上市公司设立员工持股平台，对上市公司（上市后备企业）主体在区内但员工持股平台在区外的，引导“回流”。在龙城金谷（北区）设立前成立的，动员注册机构“北归”，做好区内上市公司股东招引工作，掌握上市公司股票解禁节点，提升精准服务“大小非”减持和税源管控效率效益。对区外上市公司且在区内有投资项目的，营造政策宣传和金牌服务环境，做好企业上市服务“后半篇”文章。

（9）扩大载体集聚辐射效应。从强化招商、优化服务、政策兑现三个维度做大龙城金谷（北区）发展成效。加速服务团队成长，进一步打通注册登记、市场监管、税务服务等政务信息壁垒，强化职能部门协同，做好创新发展基金、优质股权投资机构在龙城金谷（北区）的一站式服务，打造“金谷事、金谷办”服务品牌。充分发挥龙城金谷双向对接和资源池的集聚辐射作用。

3．强化风险防范

（10）持续强化地方金融组织监管。对区内地方金融组织，通过备案核查、年度审计、监管评级、现场检查、非现场监管、“双随机、一公开”抽查，抓好全覆盖穿透式监管，督促树牢“内控优先、合规为本”的经营理念，切实完善公司治理结构，加强内控合规管理，提升风险管控水平，争创省对地方金融监管动态评级优胜等次，确保全区地方金融组织经营无违规、无风险。

（11）持续严防严控非法集资风险。落地落实处置非法集资牵头部门、行业主（监）管部门职责，坚持早发现，在监测预警和风险排查上下功夫。完善线上监测、线下排查、群众举报“三位一体”监测排查体系，做细做实基层综治网格、金融网点网格排查，对名称中包含涉“金融”类字样的市场主体，对反馈的非法集资风险隐患点，迅速实施“双随机、一公开”抽查。深入推进存量案件清积，加快实现“案结事了”。持续营造涉众型金融风险防范宣传氛围，强化节日、安全日等关键时间节点的集中宣传互动，通过多部门联动，区镇（街道）两级协同，开展季度现场宣讲互动，丰富宣传手段，提升基层金融安全意识，营造良好金融法治环境。

附件：1．2023 年全区股改上市工作目标任务分解表

2．2023 年资本与产业双向赋能项目信息推介任务分解表

3．2023 年龙城金谷（北区）目标任务分解表

附件 1

2023 年全区股改上市工作目标任务分解表

单位：家

序号	园区、镇（街道）	新增市级双百行动后备企业数量	新增后备企业股改数量
1	滨江经济开发区（含春江街道、魏村街道）	5	2
2	孟河镇	2	1
3	薛家镇	5	2
4	罗溪镇	2	1
5	西夏墅镇	2	1
6	奔牛镇	2	1
7	新桥街道	2	1
8	三井街道（含创意产业园区）	5	2
9	龙虎塘街道（含综保区）	5	1
合　计		30	12

附件 2

2023 年资本与产业双向赋能项目信息推介任务分解表

单位：个

序号	园区、镇（街道）	有效项目信息推介数量
1	滨江经济开发区（含春江街道、魏村街道）	10
2	孟河镇	6
3	薛家镇	10
4	罗溪镇	6
5	西夏墅镇	6
6	奔牛镇	6
7	新桥街道	8
8	三井街道（含创意产业园区）	8
9	龙虎塘街道（含综保区）	10
合　计		70

附件 3

2023 年龙城金谷（北区）目标任务分解表

单位：家

序号	部 门	招引机构数量	备 注
1	滨江经济开发区（含春江街道、魏村街道）	16	
2	孟河镇	5	
3	薛家镇	31	
4	罗溪镇	6	
5	西夏墅镇	4	
6	奔牛镇	2	
7	新桥街道	13	
8	三井街道（含创意产业园区）	37	不包含小微金融服务中心存量机构
9	龙虎塘街道（含综保区）	17	
10	常高新集团	50	
合　计		181	

重要文件目录

高新区党工委文件

文件标题	施行日期
关于表彰2022年度“明星企业家”和优胜企业的决定	1月19日
关于印发建设江苏省制造业高质量发展示范区2025行动计划的通知	1月19日
关于下达2023年度重大项目招引推进任务计划的通知	1月20日
关于印发中共常州国家高新区工委、常州市新北区委常委会2023年工作要点的通知	3月28日
关于印发常州国家高新区（新北区）加快打造新能源之都核心区的实施意见的通知	3月28日
关于印发关于深化重大项目“招推服一体化”工作机制的实施意见（2023修订版）的通知	4月11日

中共新北区委文件

文件标题	施行日期
关于印发加强“高新监督”体系建设的实施意见的通知	6月20日
关于表彰2022年度全区“实施‘532’战略，推动高质量发展”突出贡献奖先进集体和先进个人的通知	8月21日

高新区管委会文件

文件标题	施行日期
关于印发《关于加快推进重点产业高质量发展的实施意见》的通知	3月28日
关于印发常州国家高新区（新北区）北交所上市培育三年行动计划（2023—2025年）的通知	3月30日
关于调整常州国家高新区（新北区）职能机构的备案报告	4月27日
关于进一步推进标准化、质量品牌及知识产权高质量发展的实施办法的通知	10月25日

新北区政府文件

文件标题	施行日期
关于下达2023年常州市新北区政府投资计划的通知	1月16日
2022年度法治政府建设情况报告	3月28日
关于印发2023年新北区深入打好污染防治攻坚战工作方案的通知	6月14日
关于印发《常州市新北区创建“四好农村路”全国示范县实施方案》的通知	12月29日

高新区党政办文件

文件标题	施行日期
关于印发常州市新北区经济发达镇培育工作方案的通知	1月17日
关于印发常州市新北区“无废城市”建设实施方案（2022—2025年）的通知	1月17日
关于印发《常州国家高新区（新北区）建设江苏省制造业高质量发展示范区2023年工作要点》的通知	3月27日
关于印发常州国家高新区党工委（新北区委）全面深化改革委员会2023年工作要点的通知	3月27日
关于印发常州国家高新区（新北区）金融高质量发展2023年工作要点的通知	3月31日

续表

文件标题	施行日期
关于印发2023年匠心打造“六张高新名片”年度目标任务清单的通知	5月12日
关于印发2023年新北区秸秆机械化还田实施方案的通知	5月29日
关于印发常州国家高新区（新北区）优化营商环境三年行动计划（2023—2025年）的通知	8月9日
关于印发常州国家高新区（新北区）深入推进“常有健康”三年行动方案（2023—2025）的通知	12月28日
关于印发常州国家高新区（新北区）加快构建新能源汽车零部件产业生态工作方案的通知	12月30日

索 引

说 明

一、本索引采用主题分析法编制，由分目、副分目（子目）、条目标题及有关图片、表格名称分析编制而成。按标引词首字汉语拼音字母顺序排列，同音字按声调排列，首字相同按下一字的音序排列，表格和链接的后面加括注。

二、大事记、统计资料、附录及概述条目等未编入索引。

三、分目、副分目的标引词用小 5 号黑体加粗标示，其余款目的标引词用小 5 号宋体标示。

四、标引词后的阿拉伯数字表示内容所在页码，阿拉伯数字后的英文字母 a、b、c 分别表示左、中、右栏。标引词相同的，在同一标引词后按书中出现的先后顺序排列页码及位置。

条目主题索引

A

B

C

D

E

F

G

H

K

L

M

N

O

P

Q

R

S

X

Y

Z

表格索引

A

B

W

X

Y

Z

图片索引

A

B

C

D

E

F

G

H

J

K

L

M

N

O

Q

R

S

T

W

X

Y

Z

部分常用缩略语对照表

缩略语词	内容释文
1115	到“十四五”规划期末，全区拥有100亿元、50亿元、30亿元级规模企业各10家以上，10亿元级规模企业50家以上
1210	海关监察代码，简称“保税电商”，指境内企业把生产出的货物存放在海关特殊监管区域或保税监管场的仓库中，即可申请出口退税，之后按照订单由仓库发往境外消费者
“532”发展战略	加快建设长三角交通中轴、创新中轴、产业中轴、生态中轴、文旅中轴，高标准打造长三角产业科技创新中心、现代物流中心、休闲度假中心，不断提升城乡融合发展示范区、统筹发展和安全示 范区建设水平
5G	5th Generation Mobile Communication Technology，第五代移动通信技术
9710	海关监察代码，简称“跨境电商B2B直接出口”，指境内企业通过跨境电商平台与境外企业达成交易后，通过跨境物流将货物直接出口至境外企业
9810	海关监察代码，简称“跨境电商B2B出口海外仓”，指境内企业先将货物通过跨境物流出口至海外仓，通过跨境电商平台实现交易后从海外仓送达境外购买者
北交所	北京证券交易所
长三角	长江三角洲地区
城市大管家	通过引进专业城市服务团队，把城市公共空间整体作为一个“大物业项目”进行统筹运营管理，搭建网格化管理、精细化服务、信息化支撑的城市服务管理平台，推动城市管理进入平台化、场景化、智慧化阶段
瞪羚企业	指创业后跨过死亡谷以科技创新或商业模式创新为支撑进入高成长期的中小企业
独角兽企业	一般指成立不超过10年；估值超过10亿美元，少部分估值超过100亿美元的企业
放管服	简政放权、放管结合、优化服务
非遗	非物质文化遗产
两癌	乳腺癌、宫颈癌
两会	人大会议和政协会议
两特三新一智能	智慧能源、新材料，新能源汽车及汽车核心零部件、新一代信息技术、新医药及医疗器械，高端智能装备制造
两新	新经济组织、新社会组织
六张高新名片	现代高新、活力高新、开放高新、秀美高新、幸福高新、和谐高新
名特优	知名、特色、品优
强富美高	经济强、百姓富、环境美、社会文明程度高
三大工程	重大项目攻坚突破、高铁新城建设、长江大保护
三农	农业、农村、农民
“三新”经济	楼宇经济、街区经济、总部经济
扫黄打非	“扫黄”是指扫除有黄色内容的书刊、音像制品、电子出版物及网上淫秽色情信息等危害人们身心健康、污染社会文化环境的文化垃圾。“打非”是指打击非法出版物，即打击违反《中华人民共和国宪法》规定的破坏社会安定、危害国家安全、煽动民族分裂的出版物，侵权盗版出版物以及其他非法出版物
双减	减轻义务教育阶段学生过重作业负担和校外培训负担

续表

缩略语词	内容释文
九小场所	小商店、小市场、小餐饮、非寄宿制的学校、小生产加工企业、小易燃易爆单位、小汽车库停车场、小仓储场所、快递场所
两馆两中心	档案馆、规划馆，行政服务中心、社会管理服务中心
两违	违法用地、违法建设
两项补贴	困难残疾人生活补贴、重度残疾人护理补贴
双随机、一公开	在监管过程中随机抽取检查对象，随机选派执法检查人员，抽查情况及查处结果及时向社会公开
三标融合	整合“文明城市建设、城市长效综合管理、农村人居环境综合整治”三大测评指标
“三高一资”企业（项目）	具有“高技术含量、高成长性、高回报率、资本关注”属性的企业（项目）
三招三引	招商引资、招才引智、招科引技
双碳	碳达峰、碳中和
四个一万亩	在滨开区打造万亩产业园区，在龙江路西侧规划万亩产业空间，在“十四五”末提质增效工业用地超万亩，力争“十四五”末完成万亩存量集体土地盘活利用
四好农村路	把农村路建好、管好、护好、运营好
“四好”商会	以“政治引领好、队伍建设好、服务发展好、自律规范好”为主要内容建设的商会
“四上”单位	规模以上工业、限额以上批零住餐业、规模以上服务业、有资质的建筑业和房地产开发经营业
四种形态	第一种：党内关系要正常化，批评和自我批评要经常开展，让咬耳扯袖、红脸出汗成为常态；第二种：党纪轻处分和组织处理要成为大多数；第三种：对严重违纪的重处分、作出重大职务调整应当是少数；第四种：而严重违纪涉嫌违法立案审查的只能是极少数
“危污乱散低”企业	危：安全生产基础管理缺失，“三违”（违章指挥、违章作业、违反劳动纪律）作业现象普遍，存在重大安全隐患和事故风险的企业；污：无污染防治设施或污染防治设施不完备、不能对产生的污染物进行有效收集处理的企业，不能达标或稳定达标排放的企业及没有治理价值的企业；乱：手续不全，不符合我区产业发展规划，内部管理混乱、现场脏乱差、群众意见大、存在较大安全环保隐患的企业；散：未进驻工业集中区的小企业、小作坊以及低端、低效、落后产能的企业；低：按照工业企业综合评价，属于用地低效、利税较低的企业
五保	保吃、保穿、保住、保医、保葬
五进	进企业、进农村、进社区、进学校、进家庭
星级上云	企业通过互联网技术实现系统与设备、产业链上下游信息互通和数据共享，利用云计算资源来实现管理和业务数字化转型。工业和信息化部门根据企业上云领域、上云设备、上云投入等评定企业上云星级（一般为三星、四星、五星）
智改数转	智能化改造数字化转型
专精特新	专业化、精细化、特色化、新颖化
AI	Artificial Intelligence，人工智能
App	Application，指安装在智能手机上的软件
B2B	Business To Business，跨境电商企业对企业出口，指境内企业通过跨境物流将货物运送至境外企业或海外仓，并通过跨境电商平台完成交易的贸易形式，企业根据海关要求传输相关电子数据
B2C	Business To Customer，国内企业直接面对国外消费者，即是商家和消费者之间的电商交易，以销售个人消费品为主，物流方面主要采用航空小包、邮寄、快递等形式
IDC	Internet Data Center，互联网数据中心
VR	Virtual Reality，虚拟现实